本书的出版得到了北京科技大学研究生教育2
"商业伦理与会计职业道德"教材建设的资助

U0671443

# 商业伦理与
# 会计职业道德

## Business and Professional
## Ethics for Accountants

### (Second Edition)

第二版

张曾莲 ◎ 编著

经济管理出版社
ECONOMY & MANAGEMENT PUBLISHING HOUSE

图书在版编目（CIP）数据

商业伦理与会计职业道德/张曾莲编著.—2版.—北京：经济管理出版社，2020.7
（2025.9重印）
ISBN 978-7-5096-7309-6

Ⅰ.①商… Ⅱ.①张… Ⅲ.①商业道德—教材 ②会计人员—职业道德—教材
Ⅳ.①F718 ②F233

中国版本图书馆CIP数据核字（2020）第139168号

组稿编辑：杨 雪
责任编辑：杨 雪 陈艺莹
责任印刷：黄章平
责任校对：董杉珊

出版发行：经济管理出版社
（北京市海淀区北蜂窝8号中雅大厦A座11层 100038）
网 址：www.E-mp.com.cn
电 话：（010）51915602
印 刷：唐山昊达印刷有限公司
经 销：新华书店
开 本：787mm×1092mm/16
印 张：24.25
字 数：560千字
版 次：2020年8月第2版 2025年9月第5次印刷
书 号：ISBN 978-7-5096-7309-6
定 价：59.00元

# 前　言

本书分为四大部分介绍商业伦理和会计职业道德，分别是伦理学、商业伦理学、会计伦理学和会计职业道德，其中第三部分和第四部分是全书的重点。本书资料丰富，内容完整，重点突出，紧密结合实际。

本书不仅适用于 MBA 学生、会计专业本科生和研究生以及会计专业硕士（MPACC），同时也适用于在职的企业人员和财会人员提高商业伦理和会计职业道德。

本书的出版得到了以下基金的资助：北京科技大学研究生教育发展基金项目"商业伦理与会计职业道德"教材建设。

本书的最终形成得益于可供编者参考借鉴的大量研究资料，因此特向有关机构和同行们表示由衷的感谢！限于学识和水平，教材中错误与疏漏之处在所难免，恳请广大同行和读者批评指正，以便编者今后能够取得更大的进步。

编　者
2020 年 2 月

# 目 录

## 第一部分 伦理学

# 第二部分 商业伦理学

# 第三部分 会计伦理学

# 第四部分 会计职业道德

# 第一部分　伦理学

　　本部分为第一章的内容，主要阐述四个问题：伦理学概述；伦理学的基本理论；中国传统伦理思想；西方传统伦理思想。

# 第一章  伦理学

本章主要阐述四个问题：伦理学概述；伦理学的基本理论；中国传统伦理思想；西方传统伦理思想。

## 第一节  伦理学概述

本节主要阐述伦理学的定义、种类、学科特征、学科定位与意义这五个问题。

### 一、伦理学的定义

伦理学是哲学的一个分支。如果说哲学是对世界的思索的话，伦理学就是对人类道德的思索。由于伦理学家立场和世界观的不同，对伦理学的看法也不一致。

#### （一）关于善的科学

有些伦理学家认为伦理学的研究对象是至善，是有关善与恶的科学。伦理学是一门研究善的价值的学科，它特别要研究的是，人在对己、对人、对社会的多重关系中，哪些行为是有价值的，哪些行为是无价值的或负价值的。

亚里士多德认为，道德即为中之中，"中"即无过失无所及，合乎"中"叫"至善"。

英国霍布斯认为，道德哲学不外乎是人类社会和生存中有关善与恶的意义的科学。

冯友兰认为，伦理学的根本问题就是研究什么是善。分辨或区分什么是善的，什么是恶的；研究善和恶的关系及其转化；研究现实中善恶观念的冲突，并为人类树立起一个正确的价值指向；面向人类个体的善包括如何使个体的意识、行为、习惯、素质达到善的状态；面向人类社会的包括如何使人群结构、关系、秩序达到善的状态。

#### （二）关于道德的科学

也有观点认为伦理学的研究对象是道德，伦理学是有关道德的学问。

龙宝善认为，现代伦理学最重要的使命是探究人类行为的善恶是非和道德规范的建立，所以对人类行为的分析，是今后伦理学研究的重心。因此，现代伦理学已经演进为讨论人类道德行为的科学。他指出伦理学的任务有三项：探讨伦理行为的本质、树立伦理行为的标准、指引伦理实践的途径。

罗国杰认为，伦理学是一门关于道德的科学。或者说，伦理学是以道德作为自己的研究对象的科学。道，即行为的原则，德，即行为的效果。道德连用，即把外在的道理内化于己而有所得；人类的行为合于理，利于人。

法国霍尔巴赫认为，做善事，为旁人的幸福尽力，扶助旁人，就是道德。道德只能是为社会的利益、幸福、安全而尽力的行动。

德国康德认为，探求在"善良意志"中体现的作为绝对普遍的律令的道德原则，就是伦理学的实质所在。

### （三）关于伦理的科学

许慎的《说文解字》认为，伦，从人从仑。"仑"含有条理的意思，加人字旁并有人事之理。理，是条理、道理之意。伦理，含有做人道理的意思，即人类行动要合乎条理。该书对于伦理原则规范的性质、形式、层次、功能予以研究，并对人类社会何以需要伦理规范给予理论上的说明。同时，该书提供了一套自洽的伦理规范体系，并对其内涵给予了合理的说明，对于具体的伦理道德规范本身给予有力的理论证明。

### （四）关于伦理道德实践方式的科学

包尔生认为伦理学属于实践的科学，它的职能就是展示人生必须以何种方式度过以实现它的目标或目的。因此，伦理学处在实践科学之首，在某种意义上囊括了实践科学，因为所有的技艺根本上都服务于一个共同的目的——人生的完善。

包尔生的研究包括：个体道德的实践方式；个体成就善的可能、条件、途径、方法；道德实践中所遇到的道德冲突、道德选择问题；道德行为；个体的道德修养方法、境界和理想人格问题；道德和幸福的关系问题、社会群体的道德实践方式；德治与法治的相互配合、"以德治国"的良好的社会运行机制和正义的保障机制；社会的道德建设、人际的道德传承、伦理教育，道德舆论的体系、方法和机制；伦理道德评价和道德责任归咎等问题。

### （五）关于人类幸福的学说

法国唯物主义、英国功利主义等都认为伦理学是关于人类幸福的学说。边沁认为：伦理学是求得最大幸福之术。

总之，尽管伦理学家对伦理学的看法各不相同，实际上都是从不同侧面对伦理学的描述。总体看来，大家目前比较赞同第二种观点，即伦理学是研究道德的科学，是对道德现象的理论进行概括和现实考察。伦理学不只是理想理念，更是人的性善由潜能向现实生成的过程，而且，这个过程是在实践中实现的。读伦理学的书、听伦理学的课不能成为一个完人，只有实践伦理学的人才能成为一个完人。康德是这样描述他心目中的伦理的："有两样东西，我们愈经常持久地加以思考，它们就愈使心灵充满无限的景仰与敬畏：在我头上的星空和我心中的道德律令。"

### （六）伦理与道德概念的比较

伦理和道德基本相同。在中国，"道"最初的含义是道路，后引申为原则、规范、规律和道理。"德"指内心的情感或信念。从伦理学角度看，"道"是行为的原则，"德"是行为的效果，使人有所得。"道""德"合并为一个词，指人类的行为合于理、利于人。就西方而言，"伦理""道德"两个词的基本含义相同。总之，中西方伦理与道德的含义基本相近，都是通过一定的原则与规范的治理、协调，使社会生活和人际关系符合一定的准则和秩序。道德现象可以称为伦理现象，伦理学可以称为道德哲学。

伦理和道德也有细微的差异。伦理是客观存在着的人与人之间关系的条理，是个体在生活中所当依循的必然之理、当然之规；道德则与具体的主体联系在一起，是道德主体对于人际关系中存在的客观规律和规则的把握和获取。伦理侧重于不同道德主体之间的关系及其调节；道德侧重于道德主体（个体）本身的意识、行为和品质。伦理是社会和谐的道德途径、方法和规则体系；道德则是完善道德个体的途径、方法。伦理重调控，道德重修养。

## 二、伦理学的种类

伦理学可以分为理论伦理学和应用伦理学两大类。

### （一）理论伦理学

理论伦理学是研究道德行为、道德现象的一般原理和具有普遍性的规范，它分为描述伦理学、元伦理学、规范伦理学和美德伦理学。

#### 1. 描述伦理学

描述伦理学运用描述的方法研究各种道德现象。该学派知识客观地、如实地、中立地描述各种道德现象，并加以说明和探究。该学派不对各种道德现象进行评价和褒贬，不提出让人遵循的各种道德规范，也不教人如何做一个有道德的人。

描述的方法分为历史的方法和比较的方法。历史的方法主要探究各种道德现象的形成、发展、变化和消亡，探讨影响各种道德现象变化发展的经济、政治、文化和时空等因素，探讨道德对其他各种社会现象（如经济现象）和个人生活的影响，解释道德的本质和规律。比较的方法主要是比较不同类型、不同时代、不同民族和不同文化的道德，揭示其异同，并探究造成异同的原因。

#### 2. 元伦理学

1903 年，英国的 G. E. 摩尔发表《伦理学原理》，由此元伦理学或分析伦理学诞生。此后，元伦理学被普里查德、罗斯、罗素、维特根斯坦、石里克、卡尔纳普、艾耶尔、史蒂文森、图尔闵、黑尔等人发扬光大，统治西方伦理学界达半个多世纪。

元伦理学关心的是道德的语言和逻辑问题，不关心各种道德的实质性内容。比如，对于舍己救人这种行为是不是善？元伦理学不去考虑，它考虑的是善与恶这两个伦理学基本术语的确切含义。元伦理学对各种道德现象都持中立、不评价的态度，也不提出指导人的行为的道德准则和道德规范。

元伦理学的方法分为语言分析和逻辑分析。语言分析关注到的语言的意义，用分析哲学中的语义学等方法考察道德语言。例如，考察“伦理”和“道德”这两个伦理学术语的含义和异同。逻辑分析方法对道德规范和道德判断本身的内容和对错并不关注，它关注的是道德规范和道德判断是如何得到论证的、论证是否充分、论证方法是否正确、论证过程是否合乎逻辑判断等。例如，儒家伦理的核心命题是“仁者爱人”。对于该命题，逻辑分析方法要追问它的根据是什么。

根据道格拉斯·盖维特的归纳，元伦理学的研究对象和任务有两个方面：对道德术语的意义的分析；对道德判断的确证。弗兰克纳认为元伦理学的研究对象包括：①伦理学术语如正当与不正当，善与恶的意义或定义是什么？以道德术语进行判断的意义和功能是什么？运用道德术语进行判断的规则是什么？②道德术语的道德用法和非道德用法以及道德判断和其他规范判断的区别如何？与“非道德的”相对应的“道德的”意义是什么？③与道德有关的术语或概念，如行为、良心、自由意志、动机、责任和理由等意义是什么？

④伦理的和价值的判断能够被证明为合理，或显示其正确性吗？如果能够被证明，那么证明这种道德推理或价值推理的逻辑是什么？ ①

元伦理学关注的内容包括：与道德有关的术语的含义；道德规范如何得到论证、论证是否充分、论证的方法是否正确、论证的过程是否合乎逻辑判断。

元伦理学把伦理学变成只是一种脱离人道德实践的、空洞的、抽象的概念，但其对于伦理学理论的深化是有价值的。

元伦理学曾是西方伦理学的主流，但从 20 世纪 60 年代以来，其发展势头大大减弱，因为它不关心伦理道德的具体内容，不能为现实生活提供指导。

3. 规范伦理学

规范伦理学关注人的行为怎样才是道德的，它提出一系列道德规范，规定人们的行为应该如何、不应该如何。

儒家伦理具有规范伦理学的特点，它在处理自我与他人的关系时，提出了"己所不欲，勿施于人"和"己欲立而立人、己欲达而达人"两条基本规范。

规范伦理学的方法很多，但都有一个共同点，即确定一个或几个最基本的元规范，并把它们应用到各类具体的场合，提出各种具体的道德规范，解决各种具体的道德问题。

它提出一系列道德规范，要求人们遵循这些道德规范，达到指导和调控人们行为的目的。"规范伦理学探究什么是道德上的正当、不正当或责任；什么是道德上的善或恶；什么时候我们负有道德责任；什么是可以的、好的或值得做的。规范伦理学探求可接受的责任原则和普遍的价值评价，以便决定什么在道德上是正当的、不正当的或负责任的，以及什么或谁在道德上是善的、恶的或有责任的。"②

规范伦理学把研究人的行为和社会伦理道德规范、标准及其哲学的根据作为自己的研究目标，把研究伦理道德的根源、本质和发展规律作为自己的主要内容，把指导人们的道德实践，完善整个人类社会、提高人的境界作为自己的研究任务。这种理论的典型代表就是中西传统伦理学。

4. 美德伦理学

美德伦理学关注人的道德品质，以及如何使人成为有美德的人、高尚的人。该学派认为，伦理学固然应该为人们制定行为规范，但更重要的是培养人的美德。行为规范是由人来制定，让人来遵守的，如果制定规范和受规范制约的人，都不具有良好的品质，那么，这些规范本身的合理性和有效性就有问题，所以，品德比规范更重要。

美德伦理学采用的是历史的方法，它在叙述道德发展过程的同时，评价各种道德学说的是非得失，并非采取价值中立的立场。

20 世纪 50 年代末，在规范伦理学内部又分化出一种新的学说，人们一般称为"美德伦理学"。这种伦理学与传统规范伦理学在研究侧重点上稍有不同，传统规范伦理学以"我应该做什么"为研究中心，而美德伦理学则以"我应该是什么人"为研究中心。

美德伦理学的代表人物为美国伦理学家麦金太尔，主要著作有《追寻美德》《谁之

---

① Mark Timmons. Morality Without Foundations. New York：Oxford University Press，1999.

② 弗兰克纳. 伦理学［M］.，北京：生活·读书·新知三联书店，1987.

正义？何种合理性？》《三种对立的道德探究观》等。

一个按照某种道德规范的道德义务而行动的人，行为未必是道德的，因为这样做未必出于真心，未必是道德品质的体现。人们不应该着眼于遵守规则的问题，而应该更多地着眼于做哪类人的问题。美德伦理学关注人的道德品质，关注如何使人成为有美德、高尚的人。

巴巴拉·麦金诺区分了传统规范伦理学与美德伦理学：在规范伦理学中，美德是第二位的，它的主要的或基本的目的与其说是成为善良的人，不如说做善良的事；在美德伦理学中，主要的、基本的目的则是成为善良的人。[①]

总之，上述四种都是理论伦理学。其中，描述伦理学和元伦理学对各种道德现象持有中立的、不评价的态度。规范伦理学关注的是人的行为，重视我们应该做什么，美德伦理学关注的是人的品质，重视我们应该成为什么样的人。

### （二）应用伦理学

应用伦理学是理论伦理学在社会生活各具体领域的应用，研究社会生活各具体领域的道德现象和道德规范，为社会各领域提供指导行为的道德规范。例如，把理论伦理学应用于经济领域、商业领域和会计领域等。

应用伦理学是理论伦理学和现实生活的中介，一方面它要从现实生活中汲取研究的素材，另一方面要运用理论伦理学的一般原理和方法，对这些特殊素材进行研究。应用伦理学是 20 世纪 70 年代新兴起来的一种新型的伦理学形式。它把理论伦理学的成果、观念和原则应用于社会生活不同领域的研究倾向，以解决当代社会生活中出现的实际问题。政治伦理学、经济伦理学、生态伦理学、生命伦理学、医学伦理学、行政伦理学等带有边缘跨学科性质的冠以伦理学名义的学科都是应用伦理学，它们如雨后春笋般出现。

## 三、伦理学的学科特征

第一，伦理学既是一门理论学科，又是一门应用学科。伦理学分为理论伦理学与应用伦理学。理论伦理学是一门理论学科，应用伦理学是一门应用学科。理论伦理学的任务在于描述道德现象，解释道德规律和律令，阐述道德的起源、本质、功能、发展规律等一般原理。应用伦理学的任务在于应用理论伦理学的一般原理和方法，解决社会生活特殊领域存在的伦理问题。

第二，伦理学是一门行为规范科学。伦理学属于行为规范学科，它告诉人们什么样的行为是道德的、什么样的行为是不道德的。它作为行为规范，通过舆论、习惯、良心等起作用，不具有法律强制性，但能扬善。

第三，伦理学是一门精神价值科学。伦理学属于精神价值科学。伦理学追求善，关注人的行为、人生的价值。整个伦理学就是一个价值体系、道德原则和规范关注价值，道德品质、道德活动、道德行为的评价等也都关注的是价值。

第四，伦理学是一门实践科目。伦理学是研究道德现象的科学。道德现象存在于人们社会生活的各个领域之中。伦理学就要研究在社会实践中所表现出来的人们的道德意识、道德关系和道德活动，并且要反过来指导和影响人们的道德意识、道德关系和道德

---

① Barbara MacKinnon. Ethics. San Francisco：Wadsworth Publishing Company，1995.

活动。

第五，伦理学是一门批判性的学科。批判性是伦理学的一个重要特征，它是对人类自身的行为、关系的批判性的反思，以求获得至善的思维活动。

## 四、伦理学的学科定位

伦理学属于人文社会科学，是哲学的一个分支学科，是整个哲学的有机组成部分。苏联的施什金认为，伦理学直到现在仍然是哲学知识的一部分，而且主要是由哲学家来研究的。如果说哲学是对世界的思索的话，那么可以说伦理学是对于人们道德的思索。Pojman 认为，伦理学是哲学的一个分支，它是道德哲学，以及关于道德、道德问题和道德判断的哲学思想。《简明不列颠百科全书》认为，伦理学是研究什么是道德上的善与恶、是与非的学科。伦理学的同义词是道德哲学，它的任务是分析、评价并发展规范的道德标准，以处理各种道德问题。其他人文社会科学认为，认识社会的现实存在，发现现实事物的本质、规律和发展趋势，并提出符合事物发展规律的解决问题的系统理论和方法，重在研究事物的"是"。伦理学是对现实事物的"不足"进行批判性思考，探究对现实事物的完善和超越，重在研究事物的"应该"。

## 五、伦理学的意义

伦理学是价值意义最大的科学之一，因为它研究优良的伦理道德规范，确定人生的价值，使人类社会进步，使人生达于至善。麦金太尔认为，在伦理学的目的论体系中包括三种要素：偶然成为的人；一旦认识到自身基本本性后可能成为的人；使前者变为后者的伦理学观念或道德戒律。

【思考题】

1. 伦理和法律之间有何关系？
2. 有人认为，在现实生活中，我遵守法律规定就够了，伦理道德没有用处。你认为呢？

# 第二节　伦理学的基本理论

本节主要阐述九个问题：伦理学的相关概念、伦理学的公理与公设、伦理学的存在基础、伦理的本原、伦理的本质、伦理的类型、伦理的目标与功能、伦理价值内容和伦理价值实体。

## 一、伦理学的相关概念

1. 价值

价值是个关系范畴，它不是某物独立具有的属性，而是某物对于他物来说有的属性。价值是指什么东西对谁有价值，涉及价值主体与价值客体。价值主体是能够自主选择的活动者、主动者，而客体是活动对象、被动者。价值主体应具有自主性，即自主选择的能力，一方面表现为分别好坏、利害的能力，另一方面表现为了保持自己存在而趋利避害的选择能力。价值客体是客体事实属性对主体需要的效用。因为客体事实上具有某种属性，这种属性对主体具有利害好坏的效用，引起主体指向它的活动，以便获得有利、有好处的东西，而避免有害、有坏处的东西。

**2. 善**

段玉裁认为，善从羊字，羊就是祥的意思；而恶为人有过曰恶，人有过而人憎之，亦曰恶。

亚里士多德认为，人类的善，就应该是心灵合于德行的活动；假如德行不止一种，那么，人类的善就应该是合乎最好的和最完全的德行的活动。施太格缪勒认为，肯定的价值的承担者，就是善。如果涉及的是否定的价值，称之为恶。斯宾诺莎认为，所谓善或恶是指对于我们存在的保持有补益或有阻碍之物而言，即是指对于我们的活动力量足以增加或减少、助长或阻碍之物而言。因此，只要我们感觉到任何事物使得我们快乐或痛苦，便称那物为善或为恶。

善与恶的分类。罗斯和艾温将善分为五类：①最低善。成功或效率、快乐或利益、满足欲望、达到目的。②内在善。事物自身就是善。③手段善（外在善）。事物作为达到自身善的手段。④道德善（正当）。是行为对于社会创造道德的需要、欲望、目的的效用性，相符者即为道德善或正当。⑤至善。绝对的内在善，绝对不可能是手段善，而只能是目的善的内在善，如仁慈、幸福。罗斯和艾温将恶也分为五类：①最低恶。不成功或无效率、不愉快、阻碍满足欲望、达不到目的。②内在恶。自身是恶的。③外在恶。产生恶的结果的东西。④道德恶。是行为对于社会创造道德的需要、欲望、目的的效用性，相违者即为道德恶或不正当。⑤至恶。绝对的内在恶，如不幸。恶还可分为纯粹恶（自身和结果都是恶的东西）和必要恶（自身是恶的、结果是善的）。

总之，善和恶属于价值范畴，是价值概念的分类。善是客体有利于满足主体需要、实现主体欲望、符合主体目的的属性；而恶是客体不能满足主体需要、不能实现主体欲望、不符合主体目的的属性。善与恶、好与坏、正价值与负价值是同一概念。

**3. 应该与正当**

应该是指善的行为。一个人能够达到其目的从而能够满足其需要和欲望的行为，与他所追求的善一样，也符合善的定义而属于善的范畴。应该是行为的善，是行为对于目的的效用性。"应该"不同于"善"之处在于，它主要与行为有关，是一种特殊的善。

正当是指行为的道德善，即行为满足的仅仅是一种特殊的主体——社会的需要、欲望、目的，是社会创造道德的需要、欲望、目的。可以说，正当与非正当或道德善恶的东西极其有限，仅包括行为及其所表现的品德。正当与不正当是道德客体（行为及其品德）对于道德主体（社会）制定道德的需要、欲望、目的的效用性。

**4. 诚实**

诚实即诚信。与自己思想相符叫作诚；与自己的行为相符叫作信。诚实是动机在于传达真信息的行为。

诚实的道德价值。司马光认为，"匹夫行忠信，可以保一身；君主行忠信，可以保一国"。路德认为，尘世上没有什么比欺骗和背信弃义更为有害的恶习：它们会导致整个人类社会瓦解崩溃。因为欺骗和背信弃义先会使人心分裂，接着就会分开人们合作的手；而当手也被分开的时候，我们还能做什么呢？

诚实的适用范围。只有在正常情况下，即在诚实这种善与其他的善不发生冲突时，才应该诚实。在非常情况下，即在诚实这种善与其他更大的善发生冲突不能两全时，则不应该诚实。即两善相权取其重，两害相权取其轻。

5. 贵生

贵生就是贵生贱物、重生轻物，就是要善待自己的生命，正确对待自己的生命和自己生命以外的东西。

道家认为，"今吾生之为我有，而利我亦大矣。论其贵贱，爵为天子，不足以比焉；论其轻重，富有天下，不可以易之；论其安危，一曙失之，终身不复得"。

墨子认为，"今谓人曰：与子冠履而断子之手足，子为之乎？必不为，何故？则冠履不若手足之贵也。"又曰："予子天下，而杀子之身，子为之乎？必不为，何故？则天下不若身之贵也。"

6. 自尊

自尊是指尊敬自己，使自己受尊敬。自尊就是使自己受尊敬的心理和行为，也就是使自己受自己和别人尊敬的心理、行为。使自己得到尊重的心理，叫自尊心；使自己得到尊敬的行为，叫作自尊行为。自尊分为物质性自尊、社会性自尊、精神性自尊。

詹姆士认为，整个社会自尊比整个物质自尊高。我们为名誉、为朋友、为允诺、为信义，应该胜过为自己快乐、为自己发财。至于精神自尊，更属高尚得不可以道理计，宝贵得不可以金钱数。一个人宁可抛弃名誉、丧失财产，甚至牺牲生命，也不该丢掉它。

7. 谦虚

谦虚是较低看待自己而较高看待别人的心理和行为，是低己高人、以人为师的心理和行为。谦虚与自卑不同，自卑是自认不能改变自己卑下的心理和行为。关于谦虚的价值，《尚书》认为，"谦受益，满招损"。对于谦虚的修养，应以己之短量人之长，与强者比。

8. 智慧

智慧是相对完善的认知能力，是相对完善的精神活动能力，是相对完善的思想活动能力。智慧可以通过天资和学习取得。

9. 节制

节制是指理智支配情欲。柏拉图认为灵魂里有两个不同部分，一个是思考推理的，可以称为灵魂的理智部分；另一个是感受饥渴、激情等欲望的，可以称为非理智或情欲部分。

节制的价值。它可以使人不做明知不当作之事，不致害己害人，是一种极为重要的善。包尔生认为，"一切道德教化的主要目的，就是将理智意志塑造成为全部的指导原则……它是全部美德的根本条件，是人类一切价值的根本前提"。

10. 勇敢

勇敢就是对可怕事物的一种心理态度和行为表现，这种心理态度和行为表现就是不怕。孔子认为，勇者不惧。包尔生认为，"勇敢是依靠理智意志抗拒痛苦、危险和可怕事物的能力"。

勇敢的判断。勇敢如果背离道义和智慧，便是鲁莽和不义之勇。勇敢的价值。勇敢是人生成功的必要条件。蔡元培认为，"人生学业，无一可以轻易得之者。当艰难之境而不去不沮，必达而后已，则勇敢之效也"。

11. 中庸

中庸是一种品德，是一种伦理行为，是适当遵守道德的善行。

中庸、过与不及。过是过当遵守道德行为；不及是不遵守道德的行为。

中庸的价值。物极必反，任何事物都有保持其质的稳定不变的量化范围。孔子认为，过犹不及；君子中庸，小人反中庸。亚里士多德认为，过度与不及都属于恶，而唯有中庸状态才是美德。

中庸的方法。冯友兰认为，"中是相对于事及情形说的，所以中庸是随时易变，不可执定的"。

## 二、伦理学的公理与公设

价值推导公理。价值客体是事实如何；价值主体是需要、欲望、目的如何；主客关系是事实符合（不符合）主体的需要、欲望、目的；结论是正价值、善和应该，或者是负价值、恶和不应该。

道德推导公设。道德客体是行为事实如何；道德主体是社会道德标准如何；主客关系是行为事实符合或不符合社会道德标准；结论是行为正当或不正当。优良规范推导公理。它有三个前提：主体需要判断真假；客观事实判断真假；价值判断真假。结论是规范的优劣（规范是否与价值相符）。

## 三、伦理学的存在基础

道德存在的基础有两个。一是人是有理性的、能自主选择的高贵动物。但丁认为，"人的高贵，就其许许多多的成果而言，超过了天使的高贵。"皮科认为，"我感到自己终于领悟了人为什么是生灵当中最幸福的，是值得一切赞赏的，并且领悟了人在存在的普遍链条中占据着恰恰什么样的地位——不仅牲畜嫉妒，而且世界之上的星辰与精神都嫉妒的地位"。庞波那齐认为，"人是万物中的上选"；"人是伟大的奇迹，因为他是整个的世界，而且能变成每一种自然状态，因为他已被赋予追随无论任何为他所喜好的东西之性质的能力"。二是人类社会的存在需要道德。荒岛上的单个人通常不需要道德。

## 四、伦理的本原

本，树根之谓。原，初始之谓。幼芽乃大树之本，小溪乃江河之源。如果把道德看成是一常青树，本原是道德之所由生。

第一，道德起源于天的意旨或上帝的启示。孔子认为道德来源于天，是天把道德交给圣人，圣人制定规范，教导人们去遵守。董仲舒认为天是有道德的，而人是天的副本，天有道德，人有伦理。《春秋繁露·竹林》中认为，"道之大原出于天，天不变，道亦不变"。《圣经》中认为，"上帝是至善至美的，上帝的垂训就是道德的无上规范"。

第二，道德起源于人类的天性或自然本性，即人天生就有道德意识。王守仁提出致良知，也认为道德意识起源于心。孟子认为，"无恻隐之心，非人也；无羞恶之心，非人也；无辞让之心，非人也；无是非之心，非人也"。《孟子·公孙丑上》中认为，"仁义礼智，非由外铄我也，我固有之也"。苏格拉底认为，人一生下来就有德行，不过这时的德行还是潜伏的，只有当我们对它有所认识时，它才能成为现实。

第三，道德起源于人固有的感情之中，或感性与理性的结合之中。亚当·斯密认为，道德起源于动物的社会本能，道德并不神秘，不是人生来固有的，也不是外部来的启示，而是人类社会生活中慢慢发展起来的一种社会感情，即对同胞的同情心的发展结果。

第四，道德起源于天理或抽象的精神性理念。柏拉图认为存在一个理念世界，现实世界只不过是理念世界的影子。人的知识只不过是灵魂对于曾经生活过的理念世界的回忆罢了。依照此种观点，现实的道德只不过是客观道德理念的不完美的表达，只不过是道德理念的影子罢了。

## 五、伦理的本质

本质是与现象相对应的哲学范畴。伦理道德的本质是指它区别于他物的根本性质，是其基本要素的内在联系和其必然性、规律性的总和。

### 1. 伦理的一般性质

伦理的一般性质指伦理是一种社会意识形态，也是一种行为规范，是对社会现象的反映。

伦理是一种社会意识形态。社会意识是与社会存在对应的哲学范畴，指人们对于社会存在的反映，特别是人们对于一切社会生活存在的过程和条件的主观反映。社会意识是对社会经济基础和政治制度不同程度的直接反映，体现了一定阶级的利益和要求，具有鲜明的阶级性。

伦理是一种行为规范，它通过社会舆论、内心信念和价值观念，调节人与自然、个人与他人、个人与社会之间的关系。

伦理以善恶、正义非正义来评价人的行为，调整人际关系，以维持一定的社会秩序。其作用与法律互补。伦理受经济基础所决定，并为一定的经济基础服务。共同的社会生活、历史背景和历史阶段、共同的利益决定着共同的伦理。

### 2. 伦理的特殊性质

伦理可以惩恶扬善。在各类社会意识形态和行为规范中，伦理和法律在性质上最为接近，但伦理与法律又有所不同。伦理的形成比法律早；伦理的作用比法律宽泛；伦理对行为的要求比法律更高；伦理不仅有惩恶的功能，而且有扬善的功能，可以提高人们的德行；伦理发挥作用的方式与法律不同。

伦理是特殊的规范调解方式，与其他社会意识形态（艺术、宗教、政治）相异。①伦理是非制度化规范，伦理不是被制定和颁布的制度。制度的特点是有程序、有强硬的力量为保证，直接表现集团的意志，必须执行。伦理是处于同一社会或环境的人在共同生活中积累而成的秩序、要求和理想，与习性、性格、习惯、风俗、文化紧密地联系在一起。它不仅可以表现统治集团的意志，还以全体人群的共同意志为基础。②伦理不以强制性手段为支撑，而是借助于教育、示范、宣传、舆论、风俗、内心信念来实现，当然有时它也不排斥强硬手段的支撑。它有掌握人心的力量,其观念常常会渗透到政治、法律中,并对之产生决定性的影响。③伦理是内化的规范。伦理的规范是因为追求的是一种应当,故可为人诚心接受,从而影响道德情感、信念和意志,转化为良心。良心是内化规范、标准、情感、意志、理性与外在舆论力量的统一体。

3. 伦理是一种实践精神

伦理不仅是意识、规范,还是实践活动,不是一般的实践活动,是完善自身精神和品质的实践活动。德作为一种规范、范式、思想、精神,又是道德实践活动的产品,其本质上又具有实践性,可称为实践精神。

## 六、伦理的类型

1. 家庭伦理

家庭是以夫妻为主体的,包括父母子女等亲属在内的社会关系的组织形式。

家庭道德观念的演变。①封建社会的家庭道德观念包括:一夫多妻;男尊女卑、三从四德;父母之命、媒妁之言、门当户对、家产相当;妇有七去:不顺父母去,无子去,淫去,妒去,有恶疾去,多言去,窃盗去。②资产阶级社会的家庭道德观念提倡自由、平等。③社会主义社会的家庭道德观念主张:婚姻自主;废除男尊女卑观念,禁止重婚、纳妾,实行一夫一妻制;夫妻之间以诚相见,互敬互爱,互助互让;对待长辈要尊敬、赡养和关心;抚养、教育子女;妯娌邻里和睦相处、团结互助;勤俭持家、爱家爱国。

2. 社会伦理

社会伦理是维护人类社会公共生活所必需的行为规范,是人类社会的公共道德。社会伦理是全民性的道德,为社会的全体成员所承认,并为绝大多数人所拥护和遵守的道德。社会伦理是为了维护社会成员共同的生产和生活秩序,制止各种破坏公共利益和公共秩序的行为,逐渐形成的约束人们行为的道德训条。

社会主义的社会公德包括:彼此谦让、互相尊重;尊老爱幼、助人为乐;遵守公共秩序,爱护公共财物;行为文明、礼貌待人;遵守诺言、诚实守信。

3. 职业伦理

职业伦理是从事一定职业的人们在职业生活中所应遵循的道德规范,以及与之相适应的道德观念、情操和品质。特定的职业不但要求人们具备特定的知识和技能,而且必须具备特定的道德品质。

古代职业道德示例。官吏的职业道德:宽而栗,柔而立,愿而恭,乱而敬,扰而毅,直而温,简而廉,刚而塞,疆而义。春秋《尚书》中关于军人的职业道德:将者,智、信、仁、勇、严。《孙子兵法》中关于医生的职业道德:疏五过、征四失。

职业道德规范。它是基于一定社会经济关系之上的特定的职业关系及从业人员的行为和品质的概括和反映。它是职业道德的核心,也是评价从业人员的职业行为和品质的标准。

## 七、伦理的目标与功能

伦理的终极目标:一是提升人的精神境界,使人成为人;二是使社会达成至善。《荀子》认为，"人无礼则不生，事无礼则不成，国家无礼则不宁"。伦理的功能有以下三点。认识功能：明是非、辨善恶。道德教导人们认识自己对家庭、对他人、对社会、对国家等应负的责任和义务。它主要通过道德意识、道德判断来实现。调节功能：指导人生。它既可以指导和纠正个人的行为，又可以指导和纠正集体的行为，其目标是使个人和他人、个人与社会的关系完善、和谐。教育功能：成为高尚的人。道德通过舆论、习惯，特别是通过良心教育人们，培养人们良好的道德意识、品质和行为，提高人们的精神境界和道德水平。

## 八、伦理价值内容：道德修养

1. 道德修养的含义和目的

道德修养是社会成员根据一定的道德原则和规范自觉地改造自己，锤炼自己的品质，提高自己精神境界的道德实践活动。它是人们提高自身的道德觉悟的主要途径，是人格完善的必由之路。

儒家重视道德修养。孔子认为道德修养是一个人立身处世的根基，是治国安邦的重要条件："德之不修，学之不讲，闻义不能徙，不善不能改。"荀子认为，"君子博学而日参省乎己，则知明而无过矣"。

道德修养的目的至少有两个。一是塑造道德品质。道德品质是一定社会或一定阶级的道德原则和规范在社会成员个体身上的体现和凝结，是人们在处理自己同他人、同社会集体的利益关系时所形成的道德行为习惯。二是提高精神境界。这是人们遵循一定的道德原则和观念，在处理个人与他人、个人与社会的关系中所形成的一定的觉悟水平及思想感情和精神情操的总和。冯友兰在《新原人》中提出四种精神境界：①自然境界。其行为特征是顺才或顺习，例如"日出而作，日入而息；凿井而饮，耕田而食"。②功利境界。其行为特征是为利的，为自己的利，以占有为目的。③道德境界。其行为特征是行"义"的，求社会的利，以贡献为目的。④天地境界。其行为特征是"事天"，除了解社会的全之外，还了解宇宙的全。而现实社会的道德境界却通常是自私自利境界、公私兼顾境界、先公后私境界和大公无私境界。

2. 道德修养的内容

道德意识的修养。通过日常生活中的道德评价和道德理论的学习以及道德观念的斗争，从而获得道德知识或道德观念，成为一个有道德的人。

道德感情的修养。道德感情是人们坚持选择道德行为的直接推动力，包括正义感、义务感、良心感、荣誉感、幸福感等。

3. 道德修养的方法

人性善恶与道德修养方法。孟子认为人性本善，修养方法是反省、内求、存心、养气。荀子认为人性本恶，修养方法是后天圣人教化和自己学习。

道德修养的方法。一是立志与实践，孔子认为，"见贤思齐焉，见不贤而内自省也"。二是内省与慎独，孔子认为，"吾日三省吾身"。

# 九、伦理价值实体：伦理行为事实如何

## 1. 人性论

孟子的性善说认为，"人皆有不忍人之心，恻隐之心，人皆有之，仁之端也；羞恶之心，人皆有之，义之端也；辞让之心，人皆有之，礼之端也；是非之心，人皆有之，智之端也。性善，故以仁为本质，而道德之法则，即具于其中"。

荀子的性恶说认为，"人之性恶，其善者伪也。极伪而化谓之圣。圣人者，伪之极"。

韩愈的三品性说认为，"性有三品：上者善而已，中者可导而上下者也，下者恶而已"。

## 2. 人类行为的类型

人类行为有四种：利己、利他、害己和害他。这四种行为两两组合形成 16 种组合，其中，12 种是现实中的各种人类行为，例如，利己的行为、利己且利他的行为等，其余 4 种自相矛盾（利己害己、利他害他、害己利己、害他利己）。常见的人类行为有六种类型：无私利他，至善；为己利他，基本善；单纯利己，最低的善；纯粹害己，最低的恶；损人利己，基本恶；纯粹害他，至恶。

**【思考题】**

1. 老子说："可欲之谓善。"谈谈你的观点。

2. "善是欲望的满足"与"偷盗是恶的"矛盾吗？谈谈你的观点。

3. 有人说："法律是一种必要的恶。"谈谈你的观点。

4. 谈谈你对善和恶的看法。

5. 朱光潜说："美在心与物的关系上。"蔡仪说："美是不依赖于欣赏的人而存在的。"高尔泰说："人的心灵是美的源泉。"你赞同哪种观点？为什么？

6. 阿奎那写道："我们要驳斥那种认为人杀死牲畜是一种罪过的错误观点。因为根据神的旨意，动物就是供人使用的，这是一种自然的过程。因此，人类如何使用它们并不存在什么不公正：不论杀死它们，还是以任何方式奴役它们。"这种观点正确吗？

7. 孟子曰："人之有道也。饱食、暖衣、逸居而无教，则近于禽兽。圣人乃忧之，使契为司徒，教以人伦——父子有亲、君臣有义、夫妇有别、长幼有序、朋友有信。"这是哪种道德本原论？

8. 请举例说明"道德具有鲜明的阶级性"。

9. 有人认为：道德规范是人们任意制定、约定的。谈谈你的观点。

10. 如果一个社会制定或认可了"女人应该裹小脚"的行为规范，这些行为规范是道德的吗？一个女人如果裹小脚，她就遵守了道德，就是有道德的吗？

11. 谈谈你对道德功能的看法。

12. 冯友兰说，凡是求自己利的行为，不能有道德价值。以得到自己的利益为目的的行为，虽可以是合乎道德的，但并不是道德的行为。斯宾诺莎则断言，一个人越努力并且越能够寻求他自己的利益或保持他自己的存在，则他便越有德行；反之，只要一个人忽略他自己的利益或忽略他自己存在的保持，则他便算是软弱无能。谈谈你的观点。

13. 20 世纪 80 年代初，20 多岁的大学生张华为了救一个掉在粪坑中的老人而牺牲。

张华的行为属于善吗？是何种善？

14. 谈谈利害社会、利害他人、利害自己和利害动植物的善恶的大小高低之差等。

15. 波吉曼说，利他主义是认为人们的行为有时能够以某种方式而将他人利益置于自己利益之前的理论。谈谈你的观点。

16. 桑德斯在界定利己主义时写道："利己主义是认为每个人在任何时候都应该最大限度地追求自己利益而不应该牺牲他人利益的学说。"谈谈你的观点。

17. 阿奎那说，如果一个人说谎的意图在于损害他人，那么，谎言的罪恶就加重了，这就是恶毒的谎言；相反地，如果说谎是为了达到某种善或快乐，谎言的罪恶就减轻了。谈谈你的观点。

18. 荀子曰："争饮食，无廉耻，不知是非，不辟死伤，无畏众强，为利饮食之见，是狗彘之勇也。"以此为例，谈谈你对勇敢的观点。

19.《论语》曰："中庸之为德也，其至矣乎。"谈谈你对中庸的观点。

20. 穆勒说："做一个不满足的人比做一只满足的猪好；做一个不满足的苏格拉底比做一个傻子好。"你同意这种观点吗？如果你穷困潦倒而整天为衣食奔忙，你应该选择做一个不满足的苏格拉底，还是做一只满足的猪？如果你已经衣食无忧，应该如何选择？

# 第三节　中国传统伦理思想

本节主要阐述两个问题：中国传统伦理思想的演进及其主要伦理观点。

## 一、中国传统伦理思想的演进

### （一）唐虞三代：伦理思想的萌芽

唐虞三代指自尧、舜至夏、商、周三代。

尧认为，"其仁如天，其智如神，就之如日，望之如云，富而不骄，贵而不舒，黄收纯衣，彤车白马，茅茨不剪。存心于天下，加志于穷民。一民饥，约我饥之也；一民寒，曰我寒之也；一民有罪，曰我陷之也。百姓戴之如日月，亲之如父母，仁昭而义立，德博而化广。故不赏而民劝，不罚而民治"。

舜认为，"尽孝悌之道"。直而温，宽而栗，刚而无虐、简而无傲。耕于历山，历山之人皆让畔，渔于雷泽，雷泽之人皆让居；陶于河滨，河滨之器不苦窳。所居成聚，二年成邑，三年成都。定五伦之教：父子有亲、君臣有义、夫妇有别、长幼有序、朋友有信。

夏禹治水十三年，三过家门而不入。夏禹认为，"为人克勤敏给，其德不违，其人可亲，其言可信。悬钟、鼓、磬、铎、鞀，以待四方之士。曰：教寡人以道者，击鼓；谕以义者，击钟；告以事者，击铎；语以忧者，击磬；有狱讼者摇鞀。一馈而十起，一沐三握发，以劳天下之民。言三德：正直、刚克、柔克。言五福：寿、富、康宁、好德、终命"。

商成汤伐桀，三让天子之位。大旱七年，以六事自责曰："政不节欤？民失职欤？宫室崇欤？女谒盛欤？苞苴行欤？谗夫昌欤？"

周三代即周文王、周武王、周成王。周文王修其祖后稷、公刘之业，遵古公、季历之法，敬老慈幼、礼下贤者，至于日中，犹不暇食，以待天下贤士，士以此多归之。周武王反商之暴虐，行己之宽仁。周成王尝问于史佚曰："何德而民亲其上？"对曰："使之以时而敬顺之，忠而爱之，不令信而不失言，如临深渊，如履薄冰。"

### （二）春秋战国阶段：百家争鸣

**1. 儒家伦理思想**

儒家伦理思想的代表人物是孔子、孟子和荀子，其思想精华是四书。儒家伦理的主要思想是：以仁为核心，强调孝悌、忠恕。孔子理想中之完人，谓之圣人。圣人之道德，德之方面曰仁，行为方面曰孝，方法方面曰忠恕。仁是一种从内心发出的道德意识或情感，是一种爱人的意识，首先是孝亲，其次扩展到对社会上一般人的爱。仁是一切美德的总和，包括各种各样的品德，也是最高的道德境界。孝悌是行仁的基础。《论语》中有："有子曰：君子无本，本立而道生。孝悌也者，其为人之本与！忠恕中，忠是指尽自己的一切能力；恕是指推己及人。"《论语》还认为："夫子之道，忠恕而已矣。"

**2. 道家伦理思想**

道家伦理思想的代表人物是老子和庄子，其著作有老子的《道德经》和庄子的《逍遥游》。道家伦理的主要思想是：知道、法道、用道、以实现道的无扰运行，以道法论人法，主张和谐如道、法水不争等。所谓道，就是规律。道家伦理对道德的态度是：大道废，有仁义。智慧出，有大伪。六亲不和，有孝慈。国家昏乱，有忠臣。决圣弃智，民利百倍；决仁弃义，民复孝慈；绝巧弃利，盗贼无有。道家伦理主张清静寡欲、与世无争。持而盈之，不如其已，揣而悦之，不可长保。金玉满堂，莫之能守。富贵而骄，自遗其咎。功遂身退，天之道。道家伦理做人的修养目标是重回儿童天真无邪的状态。《老子》认为："常德不离，复归于婴儿。"

**3. 墨家伦理思想**

墨家伦理思想的代表人物是墨子，其著作是《墨子》。墨家伦理的主要思想是主张兼相爱、义相利、义利统一。①兼相爱。圣人以治天下为事者也。必知乱之所自起，焉能治之；不知乱之所自起，则不能治；察乱何自起？起不相爱；天下兼相爱则治，交相恶则乱。爱人犹己；远施周遍。②义相利。它是兼相爱的基础，也是其内容；《墨子》认为：有力者疾以助人，有财者勉以分人，有道者劝以教人；仁之事者，必无求天下之利，除天下之害，将以为法乎天下。利人乎即为；不利人乎即止。且夫仁者之谓天下度也，非为其目之所美，耳之所乐，口之所甘，身体之所安。以此亏夺民衣食之财，仁者弗为也。

**4. 法家伦理思想**

法家伦理思想的代表人物是管子和韩非子，其著作分别为《管子》和《韩非子》。法家伦理主要思想是主张法治，认为利害关系决定一切。

管子主张：①重视道德的作用。《管子》认为，礼义廉耻，国之四维，四维不张，国乃灭亡；国有四维，一维绝则倾，二维绝则危，三维绝则覆，四维绝则灭。②道德与经济生活有密切的关系。《管子》认为：仓廪实则知礼节，衣食足则知荣辱。

韩非子主张：①人与人之间的关系纯属利害关系。人主之患，在于信人。信人者治于人。医善吮人之伤，含人之血，非骨肉之亲，利所加也。匠人成棺，则欲人之夭死也。

②法制高于教化。仁义爱惠之不足用；先王之仁义无益于治。

### （三）汉唐阶段：成熟

汉唐阶段，儒家伦理思想占统治地位。魏晋时期，儒家思想融入道家思想，开创儒道合流的先河。东汉、盛唐时期，佛教传入，形成佛、道、儒的融合。汉唐时期伦理思想的主要代表人物包括董仲舒和韩愈等。

董仲舒在《天人策》中主张："正其义不谋其利，明其道不计其功；天覆育万物，化而养成之，察天之意，无穷之仁也；天生之以孝悌，无孝悌则失其所以生。地养之以衣食，无衣食则失其所以养。人成之以利乐，无礼乐则失其所以成。"

韩愈在《中论》中主张："夫先王之教何也？博爱之谓仁，行而宜之谓义，由是而之焉谓道，足于己无待于外之谓德。"

### （四）宋明理学时期：完善

宋代理学强调儒家仁义礼智信核心内容的同时，又吸收佛、道的思维方式，使自己的理论体系更为严密，更为雅致，即新儒学，其代表人物包括王安石、邵康节、周敦颐、张载、程颢、程颐、朱熹、陆九渊、王阳明等。以宇宙论来论证伦理学，即在天人合一的逻辑架构中，也可以以宇宙论的理气论来论证伦理学的心性。朱熹认为："天地间有理有气，理为形而上者，是生物之本；气为形而下者，是生物之具；是以人物之生必禀此理然后有性，必禀此气然后有形。"

### （五）近现代：复苏

近现代伦理思想开始复苏，其代表人物包括蔡元培和冯友兰，其代表作有蔡元培的《中国伦理学史》和冯友兰的《人生哲学》。

## 二、中国传统伦理思想的主要观点

### （一）人生的意义

中国传统伦理思想认为人生的意义包括：一是追求至高无上的终极真理。例如，孔子认为，"朝闻道，夕死可矣"。二是提升道德层次，服务社会、国家。《大学》认为："修身、齐家、治国、平天下；立德、立言、立功。"

### （二）人生的境界

中国传统伦理思想认为人生有三种境界。

圣人：仁且智。子贡认为："学不厌，智也；教不倦，仁也。仁且智，夫子即圣矣。"孔子认为："博施于民而能济众。"

君子：仁。孔子认为："修己以安人；君子无终身之间违仁，造次必于是，颠簸必于是。"

庶人：非仁非智。荀子认为："不学问，无正义，以富利为隆，是庶人也。"

### （三）人生的修养原则

中国传统伦理思想的人生修养原则为五常。

仁。爱人、爱一切人。仁主张由己推人、由近及远。孔子认为："仁者，人也；仁者爱人；仁，人心也。"孟子认为："老吾老，以及人之老；幼吾幼，以及人之幼。"

义。义是处理利益关系的适宜性，或遵循伦理准则规范的正确性。义主张：以义制利、见利思义、重义轻利。不以利为利，以义为利也；富与贵，是人之所欲也。不以其道得之，不处也。贫与贱，是人之所恶也。不以其道得之，不去也。君子喻于义，小人喻于利。

礼。仁义与礼是内容与形式的关系，理的形式必须具有仁的内容。实行仁义，须有一定的节度。利也者，贵者进焉，老者孝焉，长者弟焉，幼者慈焉，贱者惠焉。

智。对于道德和事物的认识，识别善恶是非。孔子认为："务民之义，敬鬼神而远之，可谓知矣。"董仲舒认为："仁而不智，则爱而不别也。智而不仁，则知而不为也。故仁者所以爱人类也，智者所以除其害也。智者见福祸远，其知利害早，物动而知其至，事兴而知其归。"

信。诚实，言语符合事实。孔子认为："人而无信，不知其可也。民无信不立。中也者，天下之大本也。和也者，天下之通达也；礼之用，和为贵；天时不如地利，地利不如人和。"

# 第四节　西方传统伦理思想

本节阐述两个问题：西方伦理思想的演进、西方伦理思想的主要观点。

## 一、西方传统伦理思想的演进

### （一）远古时期

远古时期（古希腊、罗马）分为三个阶段：奴隶制形成时期、奴隶制发展时期和奴隶制崩溃时期。

奴隶制形成时期。赫拉克里特认为：认为人生的目的是追求幸福与和谐，而且精神的幸福高于物质的幸福。如果幸福在于肉体的快感，那么就应当说，牛找到草料吃的时候是幸福的；最优秀的人宁愿取一件东西而不要其他的一切，就是宁取永恒的光荣而不要变灭的事物。可是多数人却在那里像牲畜一样狼吞虎咽。

奴隶制发展时期。①德谟克利特提倡幸福论，认为人生的目的在于追求幸福，精神的幸福高于物质生活的幸福。幸福不在于占有畜群，也不在于占有黄金，它的居处是在我们的灵魂之中；行善望报的人是不配称为行善者的；这称号只配给那只为行善而行善的人。正义要人尽自己的义务；不是由于惧怕，而是由于义务，应该不做有罪的事。②苏格拉底被认为是使西方哲学发生第一次转向的人，从研究自然的物理学（自然哲学）为中心转向以探索人生的伦理学（人生哲学）为中心。他认为知识就是道德，有了知识就会选择善行：美德即知识，无知即罪恶。③柏拉图在其代表作《理想国》中将现实分为两个基本的组成部分：理念世界、理念世界的复制品。人出生时灵魂遗忘了他与理念世界的接触，认为不管是谁，只要知道善，就会成为善，没有一个真正理解善的人可以成心作恶；认为道德赋予健康的灵魂以平静，道德的状态是灵魂健康的状态，而不道德则是灵魂病态的状态。

奴隶制崩溃时期。①亚里士多德在其代表作《尼各马科伦理学》中使伦理学成为一门科学。人是由目的和目标驱使的，如果人类没有终极的目标去追寻，我们的生命是没有结构、毫无意义的。人类的终极目标是追求至善。现在，在行为的领域中，如有一种我们作为目的本身而追求的目的，那么，显然这种目的，就是善，而且是至善。沉思的人生为唯一真正构成幸福的人生。②伊壁鸠鲁认为，人的本性是趋乐避苦，生活的目的就在于追求快乐。将快乐作为人生动因与目标。只有谨慎、正派和公正地生活，一个人才能过得快乐，而要过谨慎、正派和公正的生活，一个人也必须获得快乐。而且假如一个人得不到快乐，那么他的生活就不可能是谨慎、正派和公正的，一个不具备美德的人，是不可能快乐生活的。当我们说快乐是一个主要的善时，我们并不是指放荡者的快乐或肉体享受的快乐。我们所谓的快乐，是指身体的无痛苦和灵魂的无纷扰。

远古时期西方伦理思想的特点：幸福论和德行论为其重心；是一种伦理自然主义，将伦理学建立在对人类本质的思考上，建立在人作为人的好处上，是人生哲学。

**（二）中古时期**

中古时期（基督教中世纪）分为三个派别：教父哲学——奥古斯丁；经院哲学——阿奎那；神学哲学——培根、司各脱。

奥古斯丁在其代表作《忏悔录》和《天国》中主张：信仰高于理性；生活的目的，在求永生，避永劫，即追求天堂的幸福；爱、信和希望是基督教的三主德。

阿奎那在代表作《神学大全》《反异端大全》中提出：幸福是德行的报酬；人一定得靠上帝的恩赐，再添加某些原理，然后才能走上超自然的幸福之路。

中古时期西方伦理思想的特点是：绝对义务论和神学德行论为其重心；是一种神学伦理，将上帝的意志或上帝的善或上帝的威胁作为道德来源，将伦理学建立在形而上的基础上。

**（三）文艺复兴时期**

西方资产阶级的思想家们，借鉴古希腊、古罗马的文化和思想，来建立与封建主义意识形态相对立的资产阶级的新文化、新思想的运动。以人、人性、人权、人道主义，对抗神、神性、神权和神道主义；以尘世对抗天国；以现实的幸福对抗禁欲主义。

文艺复兴时期西方伦理思想分为三个派别：人文主义者的伦理思想——但丁、莎士比亚；宗教改革者的伦理思想——路德、加尔文；政治思想家们的伦理思想——马基雅维利、莫尔。

文艺复兴时期西方伦理思想的特点是：从神学一统天下的局面向人性、人本主义转变。

**（四）近代**

近代西方伦理思想派别众多。

*1. 法国启蒙派——伏尔泰*

伏尔泰认为人类有共同的道德行为：在任何地方，美德与过恶，道德上的善与恶，都是对社会有利或有害的行为；在任何地点，任何年代，为公益做出最大牺牲的人，都是人们会称为最道德的人。他对义与不义的看法为：社会的福利的的确确是道德上的善与恶的唯一标准，因此我们不得不根据需要改变我们对义与不义所形成的观念。

*2. 德国学院派——康德*

康德在其代表作《纯粹理性批判》中认为，唯一可以称之为善的东西不是行为或事物本身，而是一种特定的思想态度，即善的意愿。行为的结果并不能被判断为善或者恶，而对于这一行为的动机和理由才能作此判断。责任是一种义务，这种义务由当事人的理性天性和善的意愿派生出来。

3. 功利主义学派——爱尔维修、边沁、穆勒

爱尔维修的代表作包括《论精神》和《论人》，他认为趋利避害或自爱自利，亦即自私是人的本质：快乐和痛苦永远都是支配人的行动的唯一原则。他认为人们行为的规律，就是个人利益，无论在道德问题或认识问题上，都只是利益主宰着我们的一切判断。边沁在其代表作《道德与立法原则导论》中提出：一是应将快乐和善结合起来，善就是快乐，快乐本身就是善；道德和人的幸福相连；残忍是坏的，它给人带来痛苦；而容忍则使人避免这种痛苦；正义是一种理想，它避免了失望的痛苦。承担道德义务为的是不被社会所抛弃，所有这些归结起来就是求得快乐。二是快乐计算法，强度、持久度、确定性、达成度、繁殖力、纯度、广度。

该阶段的特点是：大体上是道德哲学，人性论、良心论等是其重心。反对将形而上的上帝作为道德来源，承认人类天性可是这样一个来源，包括人类尊严、幸福能力等。

**（五）现代**

现代西方伦理思想派别众多，包括唯意志主义流派（以叔本华、尼采为代表）、实用主义流派（以詹姆士、杜威为代表）、情感主义流派（以罗素、史蒂文森为代表）、现象伦理学流派（以舍勒为代表）、存在主义流派（以萨特为代表）、精神分析伦理学流派（以弗洛伊德为代表）、新实证主义伦理学流派（以艾叶尔、摩尔为代表）和美德伦理流派（以美金太尔为代表）。

## 二、西方传统伦理思想的主要观点

西方传统伦理思想的主要观点包括利己主义、功利主义、义务论和美德伦理四种。

**（一）利己主义**

利己主义的代表人物包括伊壁鸠鲁、爱尔维修、霍布斯、兰德。其主要观点是：只考虑什么对自己有好处，而将利他以及何为公正的考虑置于次要地位。其判断标准是只对我有利。利己主义只考虑什么对自己有好处，而将利他以及何为公正的考虑置于次要地位。利己主义的行动准则是永远做符合自己利益的事。利己主义最大的问题在于它不能解决争端。在会计行为中，利己主义是不可接受的，因为会计理论规范要求会计承担以某种行为方式为公众利益服务的义务。

**（二）功利主义**

功利主义的代表人物包括边沁、密尔和穆勒。其主要观点是：幸福不是行动者自身的最大幸福，而是全体人共同的幸福；应该采取哪些能够为最大多数人们带来利益的行动。其判断标准是：对大多数人而言，利益的总量超过损失的总量。功利主义认为与增进快乐的倾向相符的行动是对的，与增进快乐的倾向相悖的行动是错的。功利主义判断善恶的根本原则：能给大多数人带来最大幸福的行为就是善行，即道德的行为。功利主义优先关心是否对所有人有利，包括对他自己是否有利。功利主义比利己主义更符合我们的道德意识。按照功利主义的观点，一名会计师不应该利用他人，应有利于他人，还要避免伤害别人。

### （三）义务论

义务论的代表人物是康德。其主要观点是：①人有别于动物的能力在于：能够选择手段或方法来实现自我倾向；能够自由选择暂时放弃那些目标或倾向，以实现更大的目标。②反对以行为的效果来衡量行为的道德价值，主张只有且只要出于善良意志的行为，即出于履行义务的动机的行为，就具有道德价值。③善良意志的三条道德规范，又称为绝对命令，是所有人都必须无条件遵守的。当一个人行动的时候，必须考虑是否希望自己的行为准则成为一个普遍的行为准则，如果不愿意就不应当行为。当一个人行动的时候，要把每一个人当作目的，而不能仅仅当作手段自主自律的原则，即自己立法自己遵守。其判断标准是：不管结果如何，行动本身要符合伦理。正确的事情就应该去做，不管对己、对人是什么后果。

按照道德标准形式、超越动物的本能和倾向，是人类的一种本能。正是人类的这种本能体现了人类的特殊性，使人成为有道德的人，并赋予人类尊严和权利。义务论反对以行为的效果来衡量行为的道德价值，认为行动本身存在伦理关怀，这种伦理关怀会对行动起制约作用。义务论的立场是，不管行动的结果如何，行动本身要符合伦理，对义务论者来说，目的不能证明手段。公正、权利和承诺是第一位要考虑的问题。按照义务论观点，一名会计师由于已经对责任做出承诺而应该无愧于自己的职责。

### （四）美德伦理

美德伦理的代表人物包括：柏拉图、亚里士多德、阿奎那、美金太尔。其主要观点是：一个按照某种道德规范的道德义务而行动的人，行为未必是道德的，因为这样做未必出于真心，未必是道德品质的体现。人们不应该着眼于遵守规则的问题，而应该更多地着眼于做哪类人的问题。其判断标准是：按照这种观点，行为正确与否，不是以是否遵循了某个有效的伦理规则，而是它是否具有好的伦理品质的人所愿意从事的行为。它更多地着眼于做哪类人的问题，它要解决一个人应该是什么或应该成为什么的问题。伦理学更重要的是培养人的美德。行为正确与否的衡量标准不是以是否遵循了某个有效的伦理规则，而是它是否成为具有好的伦理品质的人所愿意从事的行为。按照美德伦理，会计师的目标是尽可能忠实地做出反应，如果实现了这一目标，他们的行动就是伦理的。一名会计师应当具有正直、诚实的美德，以保证自己一生实践德行。

**【思考题】**

1. 谈谈你对人性善恶的观点。

2. 对西方四种伦理学流派的观点进行简要评价。你赞成哪一个流派？为什么？

3. 一家公司正考虑对为其提供贷款的银行虚报公司价值。他们认为：既然银行在贷款时非常严格，我们只有向银行撒谎才能得到贷款，而得到贷款会救活企业，最终大家都会得到好处。试用不同流派的伦理学观点对此进行评价。

4. 有人说：经济学家假设每个人都是利己的，并根据这一假设研究制定经济和商业模式。他们称一个理性的追求自身利益最大化的人为经济人。经济学从根本上不同于学术界所有其他学说，包括其他社会科学。假如不是受经济学影响，任何其他学术领域都不会传授并提倡利己主义，所有其他学术领域本质上是传授知识和真理的。谈谈你的观点。

5. 用不同学派的伦理观点评论科龙电器的盈余管理行为。

6. 在利己主义、功利主义、义务论和美德伦理中，会计师的目标分别是什么？

7. 伦理学的研究方法有哪些？

8. 简述社会主义初级阶段道德建设的特点。

9. 如何理解"仓廪实而知礼节，衣食足而知荣辱"？

10. 请你谈谈对"以人为本，重在建设"的理解。

# 第二部分　商业伦理学

本部分为第二章的内容，主要阐述四个问题：商业伦理学概述；主要商业伦理问题；商业伦理观；商业伦理规范。

# 第二章　商业伦理学

本章主要阐述四个问题：商业伦理学概述；主要商业伦理问题；商业伦理观；商业伦理规范。

## 第一节　商业伦理学概述

本节主要阐述两个问题：商业伦理学的产生和发展历程；商业伦理学的任务、特征与意义。

### 一、商业伦理学的产生和发展历程

兴起时期：20 世纪 60 年代初。由于美国企业经营中出现的丑闻，如贿赂、价格垄断、欺诈交易、环境污染等，1962 年，美国政府公布报告《对企业伦理及相应行动的声明》，威廉·洛德调查并提出开设企业伦理学的必要性。1963 年，加瑞特编写《企业伦理案例》。1968 年，沃尔顿在《公司的社会责任》中，倡导公司之间的竞争要以道德目的为本。

正式确立时期：20 世纪 70 年代。20 世纪 70 年代初企业伦理问题更为严重，如非法的政治募捐、弄虚作假、窃取商业机密等活动。学术界就企业的社会责任、企业伦理问题进行了激烈的讨论。1974 年，在美国堪萨斯大学召开第一届企业伦理学讨论会。

全面发展阶段：20 世纪 80 年代。20 世纪 80 年代商业伦理从美国和日本扩展到了加拿大、西欧、澳大利亚及东南亚，相关课程进入了大学课堂，研究刊物和机构纷纷问世，理论研究进一步深化。企业伦理规范在美国大企业中得到了广泛应用，开始设立了伦理委员会和伦理经理。

巩固深化阶段：20 世纪 90 年代至今。1993 年，美国 90% 以上的商学院开设了商业伦理学的课程。西尔比格在其《MBA 十日谈》中谈到：在 10 家著名商学院的 9 门核心课程中，商业伦理学榜上有名。一流商学院均设立了企业伦理研究中心。2003 年，《商业周刊》在商学院的排名中加入了对商业道德的评价。

**【补充文献阅读】**
［1］李军等.基于儒家文化视角构建新时代商业伦理探析［J］.东岳论丛，2018（12）.
［2］陈忠海.中国古代的商业伦理观［J］.中国发展观察，2019（6）.

### 二、商业伦理学的任务、特征与意义

商业伦理学又称企业伦理学，是对企业各种商业行为进行道德评价，并制定规范的

一门学科。

商业伦理学的任务包括：描述企业道德现状；讨论企业道德规范；对企业及其成员的行为进行道德规范；探索新颖的、既符合企业道德又能给企业带来利益的经营管理模式；造就道德的企业和道德的个人。

商业伦理与企业法规既有联系，又相互区别。两者的联系体现在：①内容相互渗透。伦理是不成文的法律，法律是最低限度的伦理；伦理规范往往是法律制定、修改和废止的依据。②作用相互补充。道德引导人们尊重法律，法律维护道德。两者的区别体现在：①调节方式不同。法律具有强制性和外在性；伦理具有自觉性和内在性。②规范的行为不同。法律是人们所必须遵守的最起码的行为规范，伦理道德比法律有更广泛的渗透性。③法律只能惩恶，不能扬善。④法律是昨天的道德准则。

学习商业伦理学的意义包括：有助于明辨是非；有助于客观理解企业及其成员的责任；有助于追求卓越。沙德认为：商学院必须增强自身能力，以确保毕业生拥有运用知识做有益于社会而不是有害于社会的事情的品德。

## 【案例分析一】商业伦理与企业发展——以海尔集团为例 [①]

该文以海尔集团为例进行分析，系统地阐释了商业伦理与企业发展的影响。结果表明，合乎伦理的行为有利于企业的良好发展。

### 1. 前言

随着经济的发展、社会的进步与中产阶级的崛起，社会对企业的伦理水平越发重视，对公司伦理水平的要求也越来越高。在当今社会，企业的伦理水平将很大程度上影响企业的生存与发展，商业伦理正在成为一个越来越重要的课题。以海尔集团为例，客观分析商业伦理与企业发展的关系。

### 2. 案例分析

青岛海尔股份有限公司创建于1984年，在应对多变而又激烈的市场竞争中，海尔集团致力于提高自身伦理水平，并将之作为企业差异化服务的重要组成部分，从而形成竞争优势。时至今日，海尔集团已从那个亏损142万元、产品滞销、人心涣散的青岛冰箱厂变成了具有国际影响力的杰出企业。在2011年9月3日发布的"2011中国企业500强"榜单中海尔居家电行业首位。2011年8月12日海尔入选《财富》中文版2011"最具创新力的中国公司"榜。海尔跻身于世界级名牌行列，与其自身位于商业伦理的前沿密切相关。

（1）尊重员工。海尔集团将人视为企业的主体与企业活力的源泉，在对员工的管理上坚持以人为本。对于海尔来说，人是目的而不是工具，人的价值的实现值得企业的重视。第一，海尔为员工构建了系统化、立体化保障体系，这不仅体现在海尔严格履行法律责任，积极参与五大基本保险和住房公积金等社会保障措施的提供，也体现企业在对待那些因病残孤老、家庭成员失业造成家庭困难的员工时会慷慨地伸出援手，解决员工的后顾之忧。第二，与传统企业倾向于寻找选拔优秀人才为己所用的做法不同，海尔认为人人是

---

① 张津琛.商业伦理与企业发展——以海尔集团为例 [J].中国市场，2019（8）.

人才，所以海尔以赛马不相马为原则，将精力集中于发掘员工的潜能，培养员工的能力。为此，海尔建立了多个现代化培训基地，为员工提供了优质的培训。以海尔大学为例，它是海尔集团专门为培养具有国际水平的管理人才和技术人才而为内部员工兴建的培训基地。海尔通过在位监控、届满轮流、三工轮换的办法，将培训工作与升迁轮岗等激励机制结合，让培训效果最大化。除此之外，海尔还为员工提供了三种个人职业生涯规划，每一种职业规划都有相应的职业道路。随后海尔为员工准备了一系列个性化培训并将工作岗位与培训相联结，符合升迁条件的，参加下一轮培训与竞争。这样随着员工在职场道路上不断前行，他所接受的培训将越来越多，他的能力也将得到不断提升。第三，海尔集团为员工提供了实现自身价值的平台。海尔集团以"人单合一"和双赢作为企业利益观。"人"是指具有创新创业精神的员工，"单"即指用户价值，每个员工在为客户创造价值的同时实现自身价值，企业的价值也在这一过程中得以实现，这样，企业达成双赢。为了达到这一点，企业给予员工一定的自主权，让渡给员工部分决策权、用人权和分配权，让每个人都能不受干扰地以自己的方式实现自己的价值。海尔利用其独特的薪酬体系为员工提供了具有机制公平、结果公平等特点的竞争环境，员工的工资直接来源于客户付薪，这样员工收益就直接与员工创造的价值相关。这种制度使员工的报酬与员工的绩效结合起来，既保证了公平公正，又是对员工为企业所做出的贡献的肯定。海尔实行动态合伙人制度，员工不再是组织的附庸，而是企业的一位主人。员工从职员变成管理者，从被执行者变为执行者，变被动为主动时也有助于个人利益与企业利益的统一。第四，海尔始终在管理上将对人的关怀视作最终目标，为员工营造宜于工作生活的温馨的企业环境，以及和谐的人际关系。海尔开展了丰富多彩、形式多样的活动，通过文艺表演等方式促进员工与员工、员工与管理层的互动。企业重视员工的思想、生活和观点，定期召开各种座谈会，同时通过各种渠道听取员工的声音。现代企业之间的竞争很大程度上是人力资源的竞争，人才的合理利用有利于技术创新与管理水平的提高。为了充分发挥员工的作用，首先，企业应该将员工在知识技术方面的潜能充分发挥。其次，企业还应该激发员工对企业的忠诚与对工作的热情，将员工个人命运与企业命运相结合。

（2）尊重消费者。海尔集团在多年的发展历程中，始终以诚信为本，秉承着对消费者负责，努力为客户创造价值的理念。海尔认为产品的质量是品牌的培养、企业的发展和市场的开拓的先决条件，海尔将生产高质量的产品看作履行对市场的承诺。1985年，为了唤醒员工的质量意识，在企业举步维艰的情形下，张瑞敏带头亲手砸毁了76台有质量缺陷的冰箱。仅仅3年后，海尔就捧回了中国电冰箱史上第一枚质量金牌。后来此事得到了广泛传播，被人们视作海尔质量意识的象征。为了从制度上保障产品的质量，海尔采取一系列制度作为其质量考核评价体系。比如价值券制度，海尔根据工序编制质量责任务，若某工序发现上一道工序出现质量问题，即可直接撕券。海尔集团的这一制度核心就是质量否决权。这样做可以让员工树立起"下一道工序就是客户"的意识，将质量隐患最小化。同时海尔还提出了OEC管理理念，其中比较重要的组成部分就是日清工作法，日清工作法即由单位管理工作总账、部门管理工作分账、员工个人管理工作明细账，以日清表、3E卡和现场管理日清表作为工具，在员工自清为主、企业清理为辅的基础上做到当日工作当日清、班中控制班后清，通过严格的质量管理，保证其产品的质量水平。

此外，为了让顾客享受到更加优质的购物体验，海尔推出了星级服务。星级服务由三部分组成，一是售前服务，二是过程服务及提供送货上门安装等服务。三是售后服务。海尔集团以最大的努力满足顾客的需求，在各个阶段履行其真诚到永远的承诺。海尔对客户的责任意识赢得了市场的认可，为此海尔曾获得品牌中国华谱奖、全球最具声誉公司称号、中国电子领先品牌十强榜榜首等荣誉称号。毫无疑问，客户是企业最重要的利益相关群体，是企业存在的基础。企业必须通过为客户提供最优质的产品与服务满足客户的需求，才能实现其自身价值。

（3）企业社会责任。海尔十分重视对环境的保护，致力于推出环境友好型产品。以冰箱为例，海尔开发的冰箱日耗电已经实现了从1985年的1.2度到2004年的0.3度的飞跃。海尔在日常生产经营中注重绿色生产，早在1998年海尔就已通过了ISO14001环保认证，长期以来，公司多次投入资金提高对生产排出污染物的处理能力。海尔还注重减少不可再生能源的消耗。海尔热心参与公益事业，长期致力于儿童与教育事业，截至2016年底就已累计投入9200余万元，援建了246所希望学校；设立海尔爱心救助基金；利用互联网构建公益生态圈，将分散的社会资源与慈善相联系。海尔对于公益模式创新的探索为社会各界人士提供了更多的具有个性化特点的参与公益事业的平台，有助于提高慈善事业的整体水平。海尔对于环境与公益事业的积极参与赢得了良好的口碑与企业形象，得到了社会的认可。

3.结论与启示

海尔成长为一家具有国际知名度的企业，绝非偶然。从海尔集团的例子中我们不难看出，企业的伦理水平与企业的利益息息相关。企业对员工负责可以激发员工对其本职工作的热忱，培养对企业的忠诚；对客户负责可以为企业赢得忠实的消费者和良好的口碑；对股东和同行等利益相关团体负责同样会为企业带来正面的反馈；承担一定的社会责任，具有较高的伦理水平将帮助企业塑造正面的企业形象，赢得市场的认可，获得长远的利益。企业的商业伦理水平和企业的经济利益与可持续发展密切相关。在竞争日益激烈的今天，企业社会责任本身就是体现其差异化的一部分。重视商业伦理会给企业发展带来长远的利益。企业的高伦理水平会为企业带来忠诚的员工、良好的口碑与市场以及社会的认可。

**【案例分析二】华锐风电财务造假的商业伦理思考** ①

1.华锐风电财务造假回顾

华锐风电是我国风电行业的龙头企业，创造了中国制造业若干个第一。2013年公司因高管内斗，自曝财务黑幕，自此华锐风电财务造假一案被公之于众。为粉饰上市首年业绩，华锐风电通过伪造单据等方式在2011年度提前确认收入，虚增利润总额约2.7亿元，占2011年利润总额的37.58%。同时，利安达作为华锐风电2011年年报的审计机构，未能及时予以披露，也存在诸多执业问题。在该事件曝光后，华锐风电股价从上市首日的98元，一度跌至3.31元，影响重大。华锐风电财务造假的背后，有其深刻的原因，该文

---

① 徐灿宇等.商业伦理探究——基于华锐风电财务造假的案例分析［J］.新会计，2016（8）.

从商业角度对其进行剖析。

2.华锐风电财务造假商业伦理分析

（1）功利主义视角。功利主义要求考察一个人行为的价值应以其结果为标准，衡量该行为对所有相关者造成的损益，如果益大于损，则该行为是好的行为；相反，则为坏的行为。行为本身无好坏之分，只有当与其结果相联系时才具有道德价值。按照功利论在会计领域的理想原则要求，如实披露会计信息包括符合会计信息生成者与使用者各方在内的大多数人的利益，从而实现各方利益的一致和平衡。但这仅是一种理想状态，在复杂经济人开展的各项经济活动中，不同利益主体之间的利益并不总是能相互一致，由此便会导致利益的冲突和信息的不对称，继而会计信息会被歪曲和操纵，产生会计舞弊和造假行为。根据功利主义理论及其分析步骤，考虑华锐风电财务造假行为直接及间接影响的人群，包括投资者、债权人、会计师事务所、证监机构、政府社会公众等。综合分析其行为给这些利益相关者带来的损益，可能带来的收益包括：通过财务报表进行造假掩盖其真实经营情况，向市场中传递虚假的公司财务信息，借以吸引更多的投资者，募集更多的资金，来进行企业内部业务的开展，获取超额收益。但是与带来的短暂收益相比，其产生的危害却是多方面和难以挽回的。在造假事件披露后，公司股价持续下跌，损害了投资者的利益、带来监管调查和法律诉讼；华锐风电公然违背伦理学的诚实原则，造成了财务混乱，也损害了公司形象，使社会信用丧失，带来的是企业无法正常开展业务，整体战略也难以实施，危及企业自身的生存，更破坏了以诚实信用为基准的市场经济秩序，损害了国家和广大人民群众的利益。综上分析可以得出结论，华锐风电的财务造假是其相关行为主体在利益权衡中，因自身利益与他人利益及公众利益失衡而作出的逆向选择，产生的后果弊大于利，是不道德、反伦理的。

（2）道义主义视角。道义主义认为，行为的道德性与其结果无关，而是取决于行为是否符合道德法则。道德规范的源泉在于人的自身和人的理智，当人们的行为符合道德规范时，人们就是自觉选择了理性的方式行事。在道义论的立场下，每一种职业行为及相关主体都有"应该怎样"和"不应该怎样"的道德要求，形成了相关的职业道德与规范，即以道德规范限制、约束人们的行为，使求利行为做到讲诚信、守道德。从道义论的观点看，虚假会计信息之所以产生，是会计行为主体违背道德原则与规范，道德失去了其对行为约束的有效性，从而使行为产生逆向选择。就华锐风电财务造假案，依据道义主义的判断标准——永远具有一致性和普遍性，并被理性人所接受。华锐风电财务造假行为不仅损害了自身利益，更给投资者带来巨大的损失。投资者不敢将资金投入到企业中，企业经营缺乏资金支持，企业将倒闭破产，资本市场陷入混乱，国家经济发展受阻。很显然这一行为不能被理性人所接受，甚至被拒绝和唾弃。根据权利理论，公司有义务披露准确可靠的信息给投资者，投资者有权利知晓公司的经营状况、偿债能力、收入状况等。很显然华锐风电并没有做到这一点。此外，按照普遍性原则分析，如果公司管理人员和会计人员站在其利益相关者角度，在同样的情形下出于同样的原因，也一定不希望公司作出财务造假的选择，即不符合道德的普遍性原则。因此，华锐风电财务造假不符合道德规范的判断标准，是不道德的行为。

（3）美德主义视角。美德包括智力美德、道德美德以及自身个性。美德主义认为，道德无论在什么情况下都不仅仅是道德标准或道德规则的要求，还是拥有良好品质的表现和行为。人并非生来就具有美德，而是通过教育变得有德行，习惯按道德标准或规则做事的人会有好的个性。美德需要通过实例、故事或者道德楷模从小进行培养，如仁慈、智慧、勇气、坚韧、慷慨、自尊、耐心和正义等，这些都是最基本也是最重要的美德。当然也要避免产生不良的个性特征，如怯懦、不关心、不正直、欺骗和虚荣等。上市公司财务信息，除涉及商业机密的信息外，会计信息使用者，包括投资者、债权人、政府、社会公众等都有知情权。可是华锐风电为了尽快上市，谋求私人利益，不但没有如实披露财务会计信息，甚至伪造、编造虚假的信息，隐瞒企业真实的经营状况，误导广大投资者，这无疑是一种欺骗行为。而从美德主义视角看，欺骗是不道德的，华锐风电的财务造假是一种不道德的行为。

综合以上分析，无论是从功利主义、道义主义还是美德主义的视角，都可以认定，华锐风电财务造假都是不道德的。

3. 基于商业伦理的财务造假预防治理对策

（1）强化内部与外部监督。内部监督包括由于企业内部管理者和职工对职业道德认识不足产生的财务造假行为，要加强监事会和群众的监督力度。监事会作为企业内部唯一对董事会和经理层有权进行监督的职能部门，应当采取有力措施有效发挥监事会监督作用。针对当前监事会形同虚设的现实情况，公司监管者和管理者应树立正确理念，加强职业道德培训，防止公司管理者为了追求业绩而进行财务造假现象的发生，建立企业的良好信誉。营造良好的社会环境，发挥道德的调整作用，为会计人员职业道德的提高营造良好的氛围。外部监督一是充分发挥新闻媒体和社会舆论的监督作用。一旦出现上市公司财务造假的现象，应通过媒体曝光，利用强大的舆论攻势，间接影响企业的商誉和信用，使企业不敢再进行财务造假。二是发挥中介机构的监督作用。中介机构在履行其责任和义务时，不应只是流于形式，成为企业造假的间接帮凶，应从长远利益和集体利益出发，遵循职业操守和职业道德准则的要求，保证审计过程独立、客观、公正，提供真实的审计报告，维护广大投资者的利益。由政府部门或证监会、证交所聘任注册会计师对公司进行审计，劳动报酬由聘用单位支付，减少企业与会计师事务所之间的经济利益往来，这样可以有效地防止两者关系过于密切而丧失注册会计师审计的独立性。

（2）加大惩罚力度。要加大财务造假的法律惩处力度。现行法律制度对财务造假的惩罚力度过轻，使得许多造假者存在侥幸心理。因此，要根据我国实际情况，完善相关法律和规章，加大对财务造假舞弊的惩处力度。因对外提供虚假会计信息给投资者、债权人等信息使用者带来决策失误并造成损失的，应承担民事赔偿责任，情节严重的要追究刑事责任，从根本上遏制财务造假行为的发生，保护公平竞争的市场秩序，使造假者所付代价远大于其收益。同时，建立举报和监督奖励机制，从源头上有效防止财务造假行为的发生。只有从严执法、从重处罚财务舞弊行为，才能真正杜绝财务造假。除此之外，还要建立道德谴责与评价体系。长期以来，财务造假行为不受谴责，惩罚太轻，或者无须付出道德代价或代价低廉，也是财务造假屡犯难止的原因。因此，必须建立针对财务造假行为的道德谴责与惩罚机制，如建立道德评价体系，在道德上对会计人员的行为进行监督和评价，并根据道德评价的结果进行相应的奖惩和披露，将会计人员的职业道德状况置于单位内部和社会公众的监督之下，发挥"道德法庭"的威力，提高财务造假的道德成本。与此同时，把职业道德作为评价会计人员职业能力的组成部分，促进企业道德声誉的建设，有效抑制财务造假行为的发生。

（3）构建诚信企业文化。企业文化是美德的社会属性，企业需要有道德的人。不道德的企业会怂恿会计人员做出有损道德的行为。诚信是商业伦理与职业道德构建的核心，没有诚信，就没有秩序，市场经济就无法正常发展。诚信是企业的无形资产，它是企业实力、形象和良好信誉的展现。构建诚信的企业文化，要加强会计职业道德的宣传教育力度，使从业人员做到诚实守信、廉洁自律、客观公正，企业需要拥有一批具备较高的道德素质、较强业务技能和工作能力的财务人员，保证会计信息质量，自觉抵制和监督会计不诚信行为。企业内部管理人员和财务人员要严格遵循诚信原则，身体力行，把诚信经营理念作为企业发展和约束自身行为的准则。此外，要发挥媒体的宣传作用和社会舆论的监督作用，弘扬诚信为本、操守为重的道德风范，形成以诚信为本的企业文化。

### 【案例分析三】"因恶获益"令商业伦理一地鸡毛 [①]

2016年，某公号发布一篇文章，称宅代洗团队在4月底成立初期为获得订单，剪断某大学宿舍洗衣机电源线。此文一出随即被大量转发，众多网友指责该公司"做事没有底线"且涉嫌违法。宅代洗CEO和该公众号均发声明表示，不存在剪断电线一事，文章是商业炒作。警方表示，剪断电源线行为违反治安管理条例，律师建议工商部门介入调查。不管"宅代洗"剪电源线的新闻是真还是假，都是令人不齿的。倘若是真，不仅涉嫌违法，更可耻的是其胁迫了大学生接受其服务，属于下三滥的手段；即便是假的，自媒体捏造事实，制造噱头，恶意炒作，其营销策略尤显低劣，也会失去市场最起码的诚信。当然，仅仅停留于事件表面的争论并无意义，围绕着"剪电线"并不在于其"干了什么"，而在于其想得到什么以及得到了什么。事实上，尽管其恶意炒作而被舆论鄙夷，但相比它的所得，即史无前例的品牌曝光和服务传播，无疑都显得太过划算。骂得越凶，广告传播效果越显著，出名越快，这可能会让商业道德跌入崩溃的边缘。诚如有人所说，"当一个创业圈可以利用'恶'来营销时，不管这个恶是多么小，我们都要小心了"。它代表的是这个时代对恶的纵容，对恶的嘉奖，不管受不受到法律上的惩处，这种公司不受到商业上的惩罚，永远代表着商业文明的一大倒退"，因恶获益令商业伦理一地鸡毛。

类似恶意炒作的营销手段屡见不绝、屡骂不止，客观来说，并不是没有法律制约，只是法律之于炒作目的的约束与惩治缺少针对性，并且缺少可堪对称的成本。譬如，个案讨论其违法主要包括两个方向，一是是否构成了虚假广告宣传；二是是否属于无中生有的网络炒作，构成寻衅滋事罪等。而这些仅仅只是针对手段的惩处，而不是约束其商业伦理的设计。而且，炒作本身利用媒体传播与商业营销模糊的界线，不但对手段违法认定困难，并且就算认定被惩处，其支付的代价依然远小于其所得。毫无疑问，整治网络恶意炒作，筑牢商业道德底线，有必要从法律上修补漏洞，扎起篱笆。

---

从理论上说，资本的合作态度和消费者的理性选择也都是对商业道德伦理有效的约束。但宅代洗因恶获益的另一面，却是资本和客户对这种现象熟视无睹，导致其一边在自媒体上疯狂圈粉，另一边洗衣卡销量猛增，这岂非咄咄怪事？或许，商业机构热衷于恶意营销并不是最可怕的，真正可怕的是整个社会缺少对其用脚投票、理性选择的明确约束。

## 【案例分析四】德诚信：铸同仁堂金字招牌 [①]

同仁堂集团公司党委书记田大方在接受采访时说，同仁堂之所以长盛不衰，并不断发展壮大，很重要的一个原因是：同仁堂人的秘诀就是一直坚守的"德、诚、信"理念，以为百姓制好药为本分，追求诚实、守信的药德。能一以贯之地坚持诚信为本的药德思想，并随着时代的发展，不断融入新的内涵。

清康熙八年（1669 年），同仁堂药室招牌挂出，闯荡了 54 年后，在清雍正元年，同仁堂以独家供奉皇家用药成为当时中药行的典范。"炮制虽繁必不敢省人工，品味虽贵必不敢减物力"是同仁堂几百年来代代相传的堂训，也是同仁堂德、诚、信的具体体现。对待质量，同仁堂人过去如此，现在更是不逊分毫。孔子说："仁者，爱人也。"同仁堂从创建开始就贯彻了这种仁爱思想。创始人乐显扬说："同仁二字可以命堂名，吾喜其公而雅，需志之。"同仁堂的堂训是：同修仁德，亲和敬业，共献仁术，济世养生。300 多年来，同仁堂人都奉这样的堂训为圭臬，并取得了成功。其原因绝不是偶然的，中华民族几千年来形成了仁爱和睦、诚信尚义的道德观，只有植根于这种文化的经营者才能使自己的企业立于不败之地。

诚信首先表现在同仁堂的原材料购买和药品制造上。成书于康熙年间的《乐氏世代祖传丸散膏丹下料配方》的序言中明确规定：炮制虽繁必不敢省人工，品味虽贵必不敢减物力。从过去的手工作坊，到现在的大规模生产，质量一直是同仁堂生存的命脉。

近几年，医药市场曾出现混乱，有段时间同仁堂甚至丢掉了部分市场。但同仁堂人始终坚持以义取利、以义为先。他们谨记：拳拳仁心代代传，报国为民振堂风。20 世纪90 年代初，我国南方流行甲肝，特效药板蓝根冲剂抢手一时。有人提出，按原价出厂不划算，应适当提高药价。但同仁堂表示，绝不乘人之危，还专门派出一个车队将药品送到疫情严重的地区。为保证让患者吃上放心药，同仁堂建立了自己的六大药材种植基地，并拥有自己的养鹿场和乌鸡厂。

诚信表现在同仁堂的经营中就是以义为上，义利共生。同仁堂的负责人说，古人讲过，君子爱财，取之有道。对同仁堂来说，这个道就是义，把顾客的需要和满意放在首位。经营者无疑都想取得最大利润，但没有大义就不可能有大利。只追逐眼前的蝇头小利必然会失去消费者的信任。如今，同仁堂仍然坚持本小利微，甚至赔钱的代客加工、邮寄、代客煎药、为人送药等工作，不仅取得了社会效益，而且增加了客源，带动了其他药品的销售，取得了很好的经济效益。

问题：（1）北京"同仁堂"发展历史与目前状况如何？
（2）北京"同仁堂"成功奥秘及其对我们有何借鉴价值？

---

① 参考资料见：http://new.xinbuanet.com/fortune/2001-12/12/content-content_159089.htm.

**【案例分析五】商业伦理缺失的原因与责任——基于五粮液公司财务舞弊的案例分析**①

1. "五粮液"事件回顾

"五粮液"事件的起因是由于投资者查阅并信赖"五粮液"公开披露的 2006 年度、2007 年度的年报信息（该年报由会计师事务所审计并出具无保留意见的审计报告），购买了"五粮液"的股票，购买股票后投资者产生了巨额亏损，投资者对"五粮液"公开披露的会计信息产生了怀疑，要求五粮液股份有限责任公司依法进行赔偿。从 2011 年中国证监会对五粮液以及 8 名责任人员的行政处罚决定书中可知，自 2009 年 7 月对"五粮液"进行立案调查以来，五粮液在信息披露方面违法违规次数多，持续时间长，社会影响大。

2. "五粮液"违反商业伦理的原因与责任分析

会计职业道德。在五粮液事件中，对主营业务收入 10 亿元的差额，证监会查证的结论是会计录入错误，五粮液也承认该差错是笔误。这一差错属于会计人员工作差错造成的会计信息失真。会计人员在记录会计事项时，未能严格遵守会计职业道德，保持职业谨慎，未能对会计信息披露做到及时、准确、充分。

治理结构。①股权结构。数据显示，从 2001 年到 2009 年，"五粮液"第一大股东始终保持了绝对控股的地位，其股权结构呈现了国有股"一股独大"的特征。在 2001 年，五粮液公司第一大股东是宜宾市国有资产管理局，由于股权分置改革的进行，2002 年到 2009 年第一大股东成了宜宾市国有资产经营有限责任公司。形式上虽然有所变化，但实际上，最终控制人始终是宜宾市国资委。在这种股权结构下，其控股股东更容易"一手遮天"，为了业绩，违反商业伦理，允许管理层粉饰报表。②独立董事制度。五粮液公司在 2001 年、2002 年并未设立独立董事，在 2003~2007 年，独立董事也只有 2 人，从年报中可知，两位独立董事张小南、唐磊分别是经济学、法学博士，并不具有财务会计背景。2007 年 6 月公司补充聘请了两位独立董事，分别是郭元晞、彭韶兵。直到 2007 年，具有财务专长的独立董事才补充到位。而具有财务会计背景的独立董事彭韶兵在 2007 年出席董事会的次数明显少于其他几位董事，很难保证充分了解公司的状况并和其他董事之间进行充分沟通，其对公司财务舞弊情况的监督作用可想而知。五粮液公司的多次虚假披露都发生在 2007 年之前，开展工作的财务会计专业背景的独立董事并没有发现这些违规问题，以至于失去自行纠正问题的机会。因此，独立董事制度的不完善，是导致公司存在违反商业伦理进行财务舞弊问题的原因之一。

注册会计师审计。五粮液公司的会计报表存在主营业务收入 10 亿元的错报，且这一问题通过会计报表的比较分析等常规审计程序应能查出，但注册会计师却未查出，注册会计师审计质量值得商榷。从 2001~2009 年，刘均、陈更生都曾连续 5 年作为五粮液公司审计的签字注册会计师，且五粮液公司一直由四川华信（集体）会计师事务所审计，注册会计师审计"换人不换所"，很难保持高度的独立性，难免会影响审计质量。另外，作为五粮液公司 2004~2008 年连续 5 年首席签字注册会计师的陈更生存在职业污点，曾

---

① 仲燕萍 . 商业伦理缺失的原因与责任——基于五粮液公司财务舞弊的案例分析 [J] . 经营管理者，2014（10）.

因审计原四川电器股份有限公司时未勤勉尽责，出现重大错报，"出具的文件有虚假、严重误导性内容或者有重大遗漏"而受到证监会的警告处罚。五粮液公司未能选聘拥有更高声誉的注册会计师审计，导致审计质量存在问题，这使违反商业伦理进行财务舞弊的行为乘虚而入。

总之，提升企业商业伦理，保证会计信息质量，需要从加强会计人员职业素养、完善治理结构、提高注册会计师审计质量等方面共同努力。只有从日常核算到审计监督，每一环节的工作人员都恪守职业道德，才能为信息使用者提供真实可靠的会计信息，才能真实反映经济活动的运行情况，才能提升企业的商业伦理，营造诚实守信的经济环境。

【思考题】

1. 怎样理解"时代呼唤加强企业伦理与会计职业道德建设"？

2. 企业伦理研究的目的何在？

3. 企业伦理的研究范围与研究对象包括哪些方面？企业伦理与会计职业道德的关系如何理解？

4. 怎样进行"道德人""经济人""会计人"的角色辨析？"道德人"导向、"经济人"导向和"社会人"导向是否需要约束条件？

5. 开展企业伦理研究可采用哪些方法？

【补充文献阅读】

[1] 房秀丽等. 论儒家"诚信"观对建构现代商业伦理的启示 [J]. 山东工商学院学报，2019（12）.

[2] 张艳琴. 浅析企业社会责任与商业伦理的重建 [J]. 市场论坛，2019（9）.

[3] 王刚. 我国商业伦理的现状研究 [J]. 淮海工学院学报（人文社会科学版），2019（7）.

[4] 郭会斌等. 传统商业伦理在服务型企业的嵌入——基于六家"中华老字号"的扎根研究 [J]. 管理案例研究与评论，2016（6）.

# 第二节　主要商业伦理问题

本节主要阐述八个问题：企业与消费者关系中的伦理问题；企业与竞争者关系中的伦理问题；企业与供应商关系中的伦理问题；企业与政府关系中的伦理问题；企业与环境关系中的伦理问题；企业与员工关系中的伦理问题；企业与股东关系中的伦理问题；企业与债权人关系中的伦理问题。

**【文献阅读】利益相关者管理：企业伦理管理的时代要求**①

（一）企业要对利益相关者开展伦理管理

利益相关者管理奉行的核心思想是：企业的经营管理活动要为综合平衡各个利益相关者的利益要求而展开进行。与传统的股东至上主义的主要区别在于，该理论认为任何一个公司的发展都离不开各种利益相关者的投入或参与，企业追求的是利益相关者的整体利益，而不仅仅是某个主体的利益。这些利益相关者包括企业的股东、债权人、雇员、消费者、供应商等交易伙伴，也包括政府部门、本地居民、当地社区、媒体、环境保护主义者等压力集团，甚至还包括自然环境、人类后代、非人物种等受到企业经营活动直接或间接影响的客体。这些利益相关者都对企业的生存和发展注入了一定的专用性投资，他们或是分担了一定的企业经营风险，或是为企业的经营活动付出了代价，企业的经营决策必须要考虑他们的利益，并给予相应的报酬和补偿。利益相关者理论从根本上解决了企业具体应该对谁进行伦理管理这一核心问题，并形成了一个统一的研究范式，它认为伦理管理乃企业履行与利益相关者长期隐形契约的内在要求，企业作为一种治理和管理专业化投资的制度安排，必须以社会伦理道德规范为依据，认真处理好与利益相关者的关系，实行对利益相关者讲伦理道德的经营管理活动。那种认为企业只为股东利润最大化而生存的思想很可能会导致非道德经营和不道德经营，因为企业一旦把利润作为唯一的追求时，就会把自己束缚在急功近利的小圈子里，在经营行为上就难免把职工作为获利的工具，把顾客视为争夺市场份额的对象，把竞争对手看成对头冤家，把媒体视作祸水，把政府法令当作儿戏，把自然资源作为肆意攫取的目标。这种从不考虑利益相关者要求的企业是不可能真正做到伦理经营的，它们即使暂时获利，也无法保证持续发展。企业管理者必须清醒地认识到，企业绝不是游离于现实生活之外的一个产品加工器，企业经营时需要与各种社会成员打交道，当然要讲伦理道德。具体来说，企业要想真正做到关注利益相关者要求的伦理管理，必须认真开展以下工作。

第一，将企业的合法收入及时在股东、债权人、供应商之间合理分配，不拖不欠，形成良好的企业信誉。企业像人一样，也有着自己的性格、气质、个性、风貌和品德，企业要在市场立足，首先要有信誉，这是企业道德的第一体现。

第二，尊重员工，营造人道化的工作环境，伦理经营要求现代企业对待员工绝不仅仅是支薪了事，还需要给员工提供符合安全和卫生要求的工作场所，制定公正公开的奖惩制度，公平地对待每一位劳动者，为每位雇员提供广阔的生存和发展空间，不搞任何形式的种族、性别和工种歧视。

第三，真正将消费者满意视作企业销售产品的最高目标，绝不欺瞒消费者。顾客是上帝已经成为许多企业管理者的口头禅，但能否言行一致，则有赖于良好的道德观和高度的责任心。道德化经营的企业对于坑蒙拐骗、制假贩假的行为是嗤之以鼻的，法国有一家大商店向所有消费者承诺它所销售的产品一定是全城最低价，并且规定凡在此购买商品的消费者，如在两周之内发现同一商品在别处更便宜的话，一经查实，便会得到其差价的退款。这种言而有信的企业才是真正讲伦理道德的企业。据市场研究表明：因蒙

---

① 陈宏辉. 利益相关者管理：企业伦理管理的时代要求 [J]. 经济问题探索，2003（2）.

骗而得罪了一个消费者，其现身说法引起的连锁反应会影响25~30名消费者的购买决心，最终受损的还是企业自己。19世纪90年代，美国流行一句"公众该死"的名言，如今，我国许多厂家和商家都不约而同地表现出"消费者讨厌"的暗示。在现实生活中，企业要弄小伎俩来蒙骗消费者的例子比比皆是，这样的企业的道德水准怎么能高呢？

第四，依法经营、照章纳税，并尊重生产地、销售地社区居民的生活习惯和生活规律。正如一个讲道德的人往往是自觉守法并且不会粗鲁地打搅别人的生活一样，一个讲道德的企业自然会将法律作为最低的道德标准，也不会破坏当地社区、居民的既有生活秩序。

第五，保持与相关媒体的良好合作关系。如果万一出现了管理纰漏，对社会其他成员造成伤害时，则绝不推诿，要真心实意地致以歉意，并尽力为相关者弥补损失。正如一个有道德修养的人在犯错误后会主动向受到伤害的人赔礼道歉、给予适当的赔偿一样，企业经营也是如此，与公众坦诚相待的企业才会受到尊重。

第六，在力所能及的情况下积极从事慈善事业，回报社会，树立健康的公众形象。在我国，为富不仁始终为中华民族文化所不齿，只有将自身的经营行为融入社会发展的潮流之中，并主动为社会解难分忧的企业才可能真正实现道德化经营，并获得长远的发展。

第七，维护生态环境、注重可持续发展。当前，全球环境问题日益成为人们关注的焦点，随着许多企业掠夺式的发展导致自然资源急剧减少，环境受到严重污染，土壤退化、全球变暖等问题不仅影响着人们的生活，而且还对人类后代、非人物种的生存构成了威胁。企业作为破坏环境的罪魁祸首，必然要对其负责。以德治企要求企业在解决环境问题上发挥更加主动积极的作用。

（二）我国企业开展基于利益相关者要求的伦理管理刻不容缓

关注利益相关者的要求、开展伦理管理，已经成为许多西方国家企业奉行的经营理念，美国职业道德主管人协会1991年成立时只有12个会员，2000年已经达到了570个会员。在《财富》杂志的企业排行榜上名列前茅的500家企业都有自己的道德行为规范。我国也有一些优秀企业妥善地处理好与各种利益相关者的关系，并矢志不渝地追求伦理管理的经营理念，其经营行为体现出了强烈的社会责任感，如"真诚到永远"的海尔就是其中的典范。也正是由于长期奉行道德化经营，也才有了全聚德烤鸭、瑞蚨祥绸缎、盛锡福帽子等为人们所信赖的老字号。然而，也有许多企业没有树立起对利益相关者讲道德的经营理念，它们为了追求利润最大化而置员工利益于不顾，重利轻义刺探朋友的商业机密，做不适宜的广告诱惑未成年人消费，肆意疯狂地开采自然资源。现实生活中出现的种种不良现象，如坑蒙拐骗、制假售假、拖欠账款、故意违约、金融欺诈、超时用工、破坏环境等，都是企业伦理管理不善的表现。更有甚者，在钱塘江护堤工程关键部位的基础沉井施工中，施工企业竟以泥沙代替混凝土回填。这种为了节约成本赚取利润而置几百万人民的生命财产于不顾的企业行为显然是违法的，更是道德沦丧，这些企业即使能够暂时获利，但遭到了社会公众的唾弃，也无法保证持续发展，最终受损的还是企业自己。因此，守法经营只是社会对企业的最低的要求，对一个渴望有所作为、能够持续发展的企业来说，开展基于利益相关者要求的伦理经营刻不容缓。

## 一、企业与消费者关系中的伦理问题

根据《消费者权益保护法》，消费者的权利包括：安全权；受尊重权；知情权；监督权；选择权；结社权；公平交易权；获得知识权；求偿权。

根据中国消费者协会2007年制定的《保护消费者利益良好企业社会责任导则》，企业的责任包括：诚实守信依法经营；售后服务方便快捷；信息披露真实充分；化解纠纷及时公正；价格表示清晰明确；尊重人格保护隐私；合同规范公平竞争；开展教育引导消费；产品可靠使用安全；环保节能永续发展；品种决策中的伦理问题。

与产品相关的伦理问题包括以下几个方面：①品种决策中的伦理问题。在生产行业、服务行业（餐饮、超市）、娱乐业、广播电视行业和金融业都存在品种决策的伦理问题。②产品包装中的伦理问题包括：过度包装；豪华包装：金玉其外，败絮其中。③产品安全中的伦理问题。在食品、交通和房屋等方面都存在产品安全的伦理问题。④与价格相关的伦理问题包括：价格垄断；价格欺诈；暴利行为。⑤促销中的伦理问题包括：虚假广告；有奖销售积压、伪劣产品；推销人员虚假陈述。

**【案例分析一】用户数据商业使用的伦理问题——以华为腾讯的数据之争为例**[①]

华为荣耀Magic由于使用微信的数据资源，二者开展数据之争，探究其争端的本质是大数据时代，企业盈利的模式在于对"入口"端的控制，然后掌握海量的数据资源，再通过数据盈利变现。伴随着企业提供服务的升级，用户开始过上了更加智能和高效的生活，但是智能的基础在于数据的收集与分析，这种智能化势必会触及用户隐私的底线，随之而来的即是隐私和伦理的问题。本案例通过对基于数据的商业模式原因分析，探讨其背后的隐私与伦理问题，寻找技术创新与伦理冲突之间的平衡。

1."华为"和"腾讯"之争事件回放

（1）案件介绍。华为技术有限公司新研发了荣耀Magic智能手机，具有自动感知判断的能力，像一个智慧助理一样能够根据用户的需要主动为用户提供服务。更重要的是，在每一次感知、分析、理解之后，荣耀Magic的人工智能会越来越了解用户，使用越久，越明白用户的需求，可以实现自我的不间断进化。比如通过对用户的短信内容分析推荐适合用户的餐厅，通过对用户的短信和机票、酒店订购信息的分析加工，自动生成用户的日程安排表，俨然能够成为一个用户的私人助理。这款手机在设计之初的定位就不仅是一部智能手机，实际上，它是华为2012实验室开发的一款实验性的人工智能设备。这样强大的智能功能，需要全方位、大基数的数据支撑，因此荣耀Magic手机需要手机用户在使用手机的过程中留下各种信息以实现其智能分析。微信的所有者腾讯控股有限公司认为，华为上述的做法夺取了微信的用户数据，并且上述做法实际上侵犯了用户的隐私。华为方则认为用户的数据属于用户，与微信或者荣耀Magic其中任何一方并无归属关系，并且荣耀Magic是在获得用户授权的情况下收集和处理用户数据，腾讯公司为此请求工信部介入，认为华为公司存在严重的不正当竞争。

---

① 梁晓静.用户数据商业使用的伦理问题——以华为腾讯的数据之争为例［J］.河北企业，2019（5）.

（2）争议焦点。通过在各大媒体上已经公开的荣耀 Magic 相关信息，其中包括华为高管赵明在发布会中的产品介绍，各大电商对于该款手机的介绍，华为高管在新浪微博中对该款手机的演示视频、相关科技媒体的报道、论坛的相关讨论等，结合与个人信息隐私保护等相关的法律规定，概括本案的焦点具体如下：第一，法律对个人信息的收集做出了规定，应当遵循合法、正当、必要的原则，并且经用户的同意，华为手机用户对华为 Magic 系统的授权是否符合该法律规定。第二，华为是硬件和底层软件系统的生产商，其对手机软件数据的获取需不需要获得软件生产商及腾讯公司的同意。第三，应用软件的用户协议是否具有排他作用，可以禁止任何第三方读取数据，如华为 Magic 对用户数据的读取分析。归根到底，就是对数据使用权的一次争夺。

（3）案件思考。随着人工智能技术的不断发展，各种打着智能名头的产品（如智能音箱、智能家居等智能产品）逐渐占据消费者的眼球，而智能化的实现必将伴随着大量用户数据的收集和分析。即使企业不做智能产品，也需要收集和分析用户的数据，以实现自身服务的优化。菜鸟和顺丰就曾经因为对开放数据接口的争议而暂停合作，直接导致了卖家难以发货，买家无法掌握其购买商品的物流信息以及收货时间的延长。各种企业从做物流服务，到手机硬件生产商，都在以为用户提供更便利服务之名，实现用户隐私保护的目的，布局用户数据市场，展开对用户数据资源的角逐。

2. 互联网商业模式作用下的用户数据之争

（1）商业模式决定对用户数据的争夺。不难发现，尽管微信平台上的数据之争是腾讯华为大战的导火索，但背后深层次的问题是手机硬件生产商的自我定位问题。华为作为有战略的手机硬件提供商，突破过去"上不碰应用，下不碰数据"的管道战略，为了抢先布局人工智能市场，开始积累用户的大数据，这就是荣耀 Magic 手机的创新之处。这也是目前互联网公司的经营战略，创造一个一站式的入口，并排他地提供互联网使用的大多数服务。我们可以看到三大互联网巨头腾讯、百度、阿里已经呈现这样的格局。由此可见，在这个入口端的用户之争尤为激烈。而华为此次 Magic 手机的战略意义就在于，打破互联网企业对用户入口的控制，使手机硬件的服务也进入用户信息数据挖掘的市场中。

（2）商业模式形成的原因。我们先回到互联网经济的基本模式来探寻互联网这种商业模式的形成，互联网在 20 世纪 90 年代中期向商业力量开放并一直由商业力量和伦理主导其架构变化，中国引入互联网的主要目的之一也是增强信息技术和信息产业。概括说来，新经济的特征是"免费"。企业通过提供免费的内容（新闻、音乐、影视、游戏）换取用户的时间、注意力和黏度，再通过广告收入实现盈利。增值收入是另一种方式，通过向用户收取少量服务费用实现。比较好的模式是向用户提供个人化的定制服务，精确地定位用户的偏好和个人信息，进行预测和推荐。这就需要广泛地搜集用户信息，这些信息可以被转卖给其他商家，加快网络个人档案的整合。因此提供多方面的服务就可以产生规模效应，对用户的信息掌握得越多，就越可以向用户投放有针对性的广告，并提供更完善的服务。最后通过海量用户的吸引，成为互联网"入口"，只要占据了入口，任何用户使用互联网都必须经过自己的领地，就可以永远立足。

（3）这种商业模式对用户的影响。在这样的商业模式中，随着企业对人们生活各种领域的应用布局，人们生活各方面的数据被采集、聚合、储存、分析，原本孤立的信息被重新建立联系，从而挖掘出信息背后更丰富的内涵。"大数据挖掘、分析技术可以对原本孤立、匿名化的信息进行重组、关联，使得模糊和匿名的信息被挖掘出来。"只要采集的信息样本达到足够多的数量，数据挖掘和分析的广度和深度将会变得难以想象的大，从而挖掘出可能信息主体都意想不到的信息。大数据挖掘可以将各种信息片段进行交叉、重组、关联等操作，这样就可能将原来模糊和匿名的信息重新挖掘出来，所以对大数据技术来说，传统的模糊化、匿名化这两种保护隐私的方式基本失效。只要采集的信息足够多，数据挖掘技术就能挖掘出任何想要的信息。

3. 用户数据之争背后的伦理问题

（1）用户"隐私"自主权的丧失。大数据的收集与分析似乎便利了人们的生活，但是智能硬件与软件的生产商只有在对用户数据广泛收集和分析的基础上才能自动生成对用户的日程安排，实现便捷高效的服务。那么用户对这些智能硬件与软件生产商的信任就显得尤为重要，即通过平台方提供的隐私政策、用户协议，向这些商家授权收集使用其个人信息。由于目前的法律规范对数据的收集和使用的风险防范存在一定的滞后性，这种"信任"只在道德层面对双方具有约束力，用户在服务商面前随着数据收集的不断累积，分析的不断深入而显得愈发透明，而服务商掌握对用户隐私的绝大部分主动权。

（2）用户生存在被监控中。现实社会是一个庞大的公共领域，而每个公民都是生活在其中的独立主体，在传统媒介时代，公民个人生活空间与公共领域有着两者的物理媒介，只要公民不向公共领域公开其与隐私相关的信息，那么其个人的隐私信息就不会向公共领域流动。而随着技术的发展，人类社会逐渐步入数据时代，之前公民个人生活与公共领域之间的物理媒介逐渐消解，人们的一切活动成为可追踪的数据信息，不管公民的意愿如何，他的个人信息，实际上处在随时可以（可能）被泄露的状态。这样对人们的信息进行收集分析的技术系统对人们进行了全方位的分析，使得公民仿佛生活在一个全景的监狱之中，被信息收集者、数据分析者不断监视，在某种程度上，这些监视者甚至比公民自己更了解自己。

（3）用户生存在被分析中。数据处理者会根据其收集的有限数据对用户身份进行标签化处理，可能使用户医疗、财务、家庭、卫生等相关私密信息的泄露，增加人们被人利用、假冒、诈骗的风险；许多消费者在使用社交媒体或互联网服务时并未有太大的戒备心理，常常在不经意的情况下授权他人使用自己的信息；通过数据分析可以对某些人犯罪活动模式进行分析和预测，通过这种方式来防范犯罪行为的发生，然而这些犯罪模式是通过过去行为总结的，并不能够完全预测未来的行为。这些数据分析技术在零售商身上得到了最大化的运用，使得零售商能够通过用户数据的分析，得知其喜好，为用户提供更个性化的服务，从而促进了用户的消费行为，增强了用户的购买力，使得用户的商业利益得到最大化的提升。除此之外，大数据分析的结果可能会因为年龄、性别、基因、种群、信仰等而引发社会歧视。

4. 结语

大数据产业的蓬勃发展标志着信息时代的到来，这是人类社会前所未有的。技术是一把双刃剑，大数据的运用虽然给我们带来巨大的机遇，但也给我们带来了完全未知和不确定的风险。从伦理观来说，我们遇到了数据足迹、隐私保护、行为预测、人性自由等之前从未遇到过的伦理问题。自动化技术出现时就伴随着技术和人的未来这一问题的广泛讨论，控制论创始人诺伯特·维纳提出，人有人的用处，而技术永远是服务人的工具。这一观点在大数据时代同样适用，面对大数据时代产生的新问题和新挑战，我们应制定和遵循新伦理与新规范，以迎接更加自由美好的未来。

### 【案例分析二】淘宝购物过程中诚信伦理问题及解决对策①

淘宝网的营销模式能够充分发挥其才能并提供追求利润最大化的机会，即自由竞争保证了每个网络购物的参与主体既作为行为主体又作为利益主体的充分主权。因此，网络购物市场本身具有人类善的积极价值。淘宝购物等电子商务的营销模式因为有着极大的优势，即真正做到了消费者从生产者手中买到商品，这样就使商品流通过程中节省了很多中间环节，减少了商品的成本，使得在网上卖的商品要比在实体店便宜许多。但是由于市场经济趋利性的特点，即追求利益最大化，使得淘宝交易过程中存在很多诚信问题。

（一）淘宝交易过程中存在的诚信问题

1. 部分商品质量低劣

有的商家虚假宣传，夸大产品的优点、性能、功效，在店铺上将自己的产品吹得天花乱坠，对产品的图片用图片处理软件进行处理，并以此来误导消费者，因为消费者只能通过图片描述去判断该产品的品质，所以消费者认为质量很好的产品，实际销售的商品却质量低劣，与网上宣传的并不一致。

2. 淘宝商品真假难辨

很多的商家由于追求经济利益所以去销售仿品和假货。并且是以正品的价格去销售，并没有告知消费者是高仿品。而且有很多商家，即使是官方认证的天猫店，也有商品假货被曝光。以著名品牌七匹狼为例，被七匹狼官方授权的天猫店只有一家，就是说只有这家官方授权的天猫店可以卖七匹狼服饰。但是在购物过程中发现，以七匹狼官方旗舰店自称的店铺就有几十家。消费者很难辨别到底哪一家是真正的品牌店。

3. 刷信誉、刷销量的商家普遍存在

消费者在淘宝购物过程中，一般会通过搜索商品的类目去进行索引。而进行搜索出来的商品排名是以该类目下的所有商品按照该款产品的销量、信誉、人气等进行排名。而根据淘宝规则，排名靠后的商品很难被检索到，很难被消费者发现。在这种情况下，销量、信誉低的产品就很难通过正常渠道卖向消费者。因为利益驱使，商家就会以各种方式去人为地刷信誉和销量，提高该产品的综合排名，而不是通过提高产品的质量、服务水平和通过正常的渠道去做广告引来自然流量。

（二）淘宝交易存在诚信问题的原因分析

1. 经济利益的驱动

由于淘宝商家注册限制低，人人都可以做淘宝，而且监督体制不完善，所以卖家不

---

① 任志远.淘宝购物过程中诚信伦理问题及解决对策 [J].经营管理者，2014（10）.

讲诚信的动因主要源自于利益，对利益最大化的追求。互联网为网站经营者提供了一个发展的机会，但由于网上交易虚拟性强，买卖双方通常互不见面，消费者在受到欺骗后缺乏维权意识和维权通道。不良商家正是利用这些对于他们本身来说的天然优势去从事违反经济伦理经济法的商业活动。正是这些商家唯利是图的心态导致了淘宝交易缺乏诚信之风，引发网络经济发展过程中一系列道德失范问题。

2. 没有一套健全的经营法规对网上交易行为进行制约

淘宝作为一个比较成熟的网上交易平台，有它自己的一套规则条款，对于一些被举报的商家有相应的处罚措施，譬如说，如果淘宝网查出某个商家有刷销量的行为会对其商家进行封店并且处以罚金。但是并不能给不良商家真正的严厉处罚，这就要求法律不断地完善。我国现行的《消费者权益保护法》中没有涉及网络消费管理的内容，在网络购物过程中出现问题，监管部门很难进行取证，而且尽管能够取证也很难做到责任到人，真正地对商家进行处罚。

3. 部分淘宝商家网上交易的条件不够完备

从淘宝交易的整个流程来看，一个订单的完整建立，包括提交订单、网上付款、卖家发货、买家收货这几个流程。而有一些淘宝的商家并不具备全面开展网上购物的条件，有的商家仅仅是注册一个淘宝号，上传一些代购的商品的图片，甚至都没有跟代购商协商好具体的代购价格，也会发布宝贝。

（三）解决淘宝交易中诚信问题的对策

1. 建设电子商务企业商业伦理诚信认证标准体系

淘宝网作为国内发展比较先进的电子商务平台，成立了顾客评价系统，通过已购买过的消费者对商品的消费体验，对商家店铺的信誉度进行评分，也便于其他消费者以看评论这种最直观的体验对该商品进行选择。这种方式在一定程度上能够对不良商家种种虚假销售和刻意夸大的现象进行监督。但是还需要进一步加强政府的引导作用，建立和完善对商家电子商务的评级制度，对于一些商家在消费者对其商品进行差评后私自与消费者沟通，并承诺支付消费者金钱要求消费者删除其差评的行为进行有效的监督处理。

2. 淘宝商家要做好商业诚信和商业道德的建设在我国市场经济的大背景下，生产力的不断发展，促使商家在进行商品交易过程中不仅仅是卖一种商品，更重要的也是向消费者营销一种品牌和品牌文化。消费者在淘宝网购买商品并付款之后，购买商品的钱并不会直接打到商家的账户，而是先打到第三方平台，只有在消费者收到商品之后才会将消费者的钱打到商家的账户上，这样也在某种程度上保障了交易的公平。淘宝商家也应该不断地提高自身的道德修养和法律意识，切实地以一种公平、诚信的态度做交易。

3. 建立网络实名报告和弊端揭发平台

对于电子商务企业经济伦理缺失的问题，建立一个网络实名举报的平台，从技术层面解决电子商务企业商务伦理缺失问题，也是一个需要不断研究的新课题。真正地建立一个能够让消费者去维护自己合法权益的渠道，对于治理电子商务中企业经济伦理缺失问题是一个很好的解决途径。淘宝交易是一个潜力巨大的网上交易平台，虽然随着科技的不断发展，更加专业和真实的 B2B 平台也在不断地扩大自己的市场份额，但是淘宝仍然是人们最容易接受并且客户最多的一个网络购物平台。对于有些交易中所存在的一些诚信问题真正地重视起来并且有效地解决，同时建立好的诚信商家机制，让真正做到诚信交易的商家有更好的发展，并以此形成一种竞争机制，使淘宝商家懂得只有做一个诚信的商家才能有更好的发展。只有这样才能给消费者提供一个更加科学完善的网络交易平台。

### 【案例分析三】万科再度被评为 2006 年度"中国最佳企业公民"①

2006 年 12 月 6 日，万科第三次接过"最佳企业公民"的奖杯。王石说，做行业领跑者是万科一贯的理想，领跑不是简单地超越竞争对手，而是要在行业建立秩序和规则的道路上，起到引领和示范的作用。如今，在王石心目中，领跑房地产行业的示范之一就是做"企业公民"。他在做一个尝试，但只是开始。万科再度被评为 2006 年度"中国最佳企业公民"。

评选活动主办方告诉记者，万科获评今年"中国最佳企业公民"源自万科去年启动的"50 万征集城市中低收入人群居住解决方案"活动及其实践努力。

近年来，城市中低收入人群的居住问题已经成为社会瞩目的焦点，作为中国房地产行业的领跑者，万科也从未停止对这一问题的思考与探索。万科在去年发起了"50 万征集城市中低收入人群居住解决方案"活动，旨在通过本次活动，收集关于城市中低收入人群居住的多角度研究成果，并为未来政策的制定提供学术研究参考资料。同时希望通过各界人士的参与，唤起全社会对城市中低收入人群居住现状与未来的关注。活动启动后，报名者近 500 人之多，涵盖各行各业，共收集到有效方案 183 份，并全部提供给政府作为参考。

在方案征集活动之后，万科对"城市中低收入人群居住问题"的思考并没有停止。2005 年，万科组织专家学者对中低收入人群住房现状进行了调研，并专程前往福建山区考察，希望通过借鉴客家围屋这种有血缘关系的大家族聚居形式，建设适合集体居住的新式宿舍，进而改善包括城市外来工在内的城市中低收入人群的居住条件。目前"中低收入人群住宅"万科试点项目已在广州举行奠基仪式。

据了解，该项目主要面向两类人群，包括暂时性中低收入者，如毕业三年以内的大学生，以及长期性的中低收入者，如城市外来工、长期从事底层工作的群体等。该住宅项目充分借鉴了客家围屋的技术优点，从密度、尺度、空间模式、功能等方面，创造出"新式围屋"。项目物业管理模式将考虑首次尝试"互助自管模式"，从客户入住到日常居住，及至退出管理均作自助、互助考虑，以适应该人群日常生活成本特征要求。王石提到，管理模式经过多轮沟通和争议，这是一个新的管理课题，唯有"在发展中求发展，既然是互助自管，就需要在过程中完善制度"。

"这是一个试点，也是一个开始，今后万科还将在此项工作上付出更大努力。"王石12 月 6 日接受本报记者专访时表示，"新式围屋"的示范意义要大于它本身所带来的解决几百户低收入者住房问题所带来的社会作用。身为房地产行业领军企业的万科希望以自己的行动为行业树立一个典范：房地产企业不仅要赚钱，更要承担社会责任，尽自己

---

① http://www.stockstar.com，2006-12-12。

最大的努力为社会的和谐发展做点事情。

解决中低收入人群居住问题是一个复杂的社会工程，需要社会各界的广泛参与。万科的"中低收入人群住宅"试点项目，为这一长期社会课题提供了宝贵的理念素材与实践样本。

"这条路很长，愿有更多同行者！"王石说，"房地产企业做'社会公民'意义深远、范围宽广，当前万科在做解决中低收入人群住房问题的尝试，下一步万科将重点关注'城中村'拆迁安置问题及农民工子女教育问题"。

2005年初，王石去英国考察城市中低收入人群居住社区，其中"阳光城市花园"给他留下了深刻印象。它是100多年前一个肥皂厂的企业主李文为他的工人修建的，他的逻辑是如果能给工人提供比较好的生存环境，他们一定会安心工作，更有效地生产优质肥皂。今天这个小区还在，并发展成了一个高档住宅区，而这个肥皂厂规模也变得很大，现在叫"联合利华"。王石坦言："联合利华的故事给了我两个启发：一是在贫富悬殊的社会急剧转型期，既得利益的企业应该先行主动承担社会责任；二是所有的利己行为，都要以利他行为为基础，而利他的行为终归是利己的。所以，开发商不仅要为既有的消费者造房子，建设美好家园，还要考虑利益相关者，关注中低收入人群的居住和福利，并且有所作为。"

"城市中的本地低收入者和外来务工人员绝大部分居住在城中村里面，这些人虽然收入不高，但却是这个城市社会生态循环链上不可或缺的一环。"王石把思维转向了"城中村"。

王石曾惊讶于巴塞罗那的城市建筑规划之严密，虽然巴塞罗那城市低收入者也很多，但这些人的居住问题得到了妥善解决。因此回国后，王石曾对国内城市"城中村"现象做过考察，结果他发现，即便在经济发达的深圳，1200万人口中竟有近一半居住在"城中村"。这些"城中村"居住环境差、治安环境差。"当前解决'城中村'人群居住问题不仅仅是一个有没有房子住的问题，这么庞大的人群如何恰当地在市内解决住房问题而不使他们远迁到市郊，如何使他们新居住的环境保证治安、卫生等都是问题。"王石在讲这些的时候，这位早年的军人充满了"兼济天下"的情怀。

"做这些工作，仅靠一个企业的力量是不够的，需要政府、社会、更多企业的三方联动。"王石向本报记者透露，世界银行组织日前找万科企业洽谈，意欲与万科合作开展一项在中国帮助低收入者解决住房难问题的项目，目前这个项目正在洽谈中，还未签订具体的合作协议。

"做企业公民是需要学习的。我相信在中国的新兴企业中，有许多与万科志同道合的企业也面临着同样的问题。万科愿意和大家一起，共同探索成为企业公民和建立公民社会的道路，分享经验与心得。"这是王石自传《道路与梦想》里的一段话。

**【案例分析四】美国安利："企业公民"的快乐** [1]

"企业公民"是美国安利公司总裁德·狄维士2003年11月访华时说得最多的一个词。

---

[1] 人民日报，2003-11-11.

2003 年 11 月 9~11 日，由中华慈善总会与美中贸易委员会、国际联合劝募协会等发起的"跨国公司与公益事业高级论坛"在北京举行，德·狄维士是与会跨国公司代表中级别最高的企业领导人。9 日，在论坛发表完演讲后，德·狄维士接受了记者的采访。何谓"企业公民"，德·狄维士解释说，就是将公司视作社会的公民，一个有着自己"感情和想法"的公民，它在参加经济活动的同时，也承担着一定的社会责任。遵守企业道德、善待员工、注重环保、改善社区条件及资助慈善事业等都是题中之意。其中，资助慈善事业是"企业公民价值"的一个重要体现。自 1995 年以来，安利（中国）日用品公司参与了多项慈善公益活动，涉及环保、儿童、教育、赈灾等方面，对各项福利事业的投入及捐赠累计已接近 8000 万元人民币，被誉为公益楷模。德·狄维士介绍说，"安利在与许多慈善公益组织合作的同时，也有自己的侧重点，如儿童和环保"。他尤其强调了安利对贫困儿童的关注，因为儿童是未来，他们充满了潜力，当他们还是孩子的时候给予他们帮助，将使他们的人生有所不同。目前安利正在全球开展 5 年期的爱心手牵手关爱儿童大行动，安利（中国）将其命名为儿童慈善年，采取了一系列促进中国儿童福利事业的行动：大力支持全国妇联中国儿童基金会安康西部行活动，向云南、贵州、新疆、青海等省区儿童送温暖；在北京设立 300 万元孤儿救助专项基金；向 5000 所希望小学捐赠足球等。德·狄维士说，"每个孩子都是重要的和特殊的，帮助他们每一个人是参与慈善事业的最佳方式"。

不可否认，在西方的企业经营管理理念中，"企业公民"实质上是一种公益策略，据调查，公司的社会公益成绩与资产回报率、销售回报率显著成正比。面对记者关于"公益活动是否为安利的广告行为"的疑问，德·狄维士坦陈公益活动的确会为企业带来益处，因为企业的社会形象直接影响到消费者的产品选择，但他强调企业不能以寻求商业利益为出发点来做公益活动，而是要从心出发，积极去履行企业作为公民的社会职责。德·狄维士说，他个人成长的环境也影响了他的理念，因为他的父母经常向慈善机构捐赠，使他确信这是作为社会一员应该去做的正确的事情，并从中体验到价值和快乐。中国目前已成为安利在全球最重要的市场，2002~2003 年财政年度，安利（中国）的销售额达到 10 亿美元。日前，德·狄维士在美国国会就美中商业关系做证时指出，美中应建立长远稳定的合作关系，并敦促美国政府从自身政策寻找美国制造业衰退的原因，而勿怪罪于中国。

采访结束时，德·狄维士表示，安利未来将继续支持中国慈善公益事业的发展，也盼望更多的企业投身这项事业。他说，"企业首先要行事端正，然后环顾四周，看看可以为邻居和社区做些什么。诚然，我们希望越来越多的企业能够履行公民的职责，热心社会公益活动，并像安利一样，乐在其中"。

### 【案例分析五】朱燕翎告状雀巢[①]

一个女人，一场官司，使"转基因"这个词语一下子变得敏感起来。为我们对转基因食品的知情权和选择权，朱燕翎挺身而出，状告全球第一大跨国食品企业——雀巢。

---

① http://www.jcrb.com/ni/jcrb332/ca191836.htm.

因不满意雀巢公司在欧洲和中国采取的"双重标准",她飞赴瑞士雀巢公司总部,向其高层主管递交公开信,以示对抗。她说,她要撬开雀巢沉默的大门。2003 年 3 月,朱燕翎在上海家乐福古北店购买了一袋"雀巢巧伴伴",在包装上并没有标注含转基因成分,但实际上并非如此。4 月,她向法院状告瑞士雀巢产品有限公司、上海雀巢及销售该产品的公司,提出了"退一赔一"及要求雀巢公司在其产品上标注含转基因成分的诉讼请求。朱燕翎曾向瑞士雀巢公司高层写过信,但没得到任何答复。此次自费去瑞士,就是想与雀巢高层面对面交流,反对其在全球实施转基因双重标准,并呼吁在中国实施转基因标注。朱燕翎说,如果雀巢公司还是不理,就在当地召开新闻发布会。

朱燕翎的瑞士之行得到了国际绿色和平组织的支持。自 1999 年起,该组织就因转基因食品问题与雀巢交涉,包括通过独立组织测定并公布雀巢部分食品含转基因成分,朱燕翎也是因此才知道"雀巢巧伴伴"中含转基因成分的。经过朱燕翎及雀巢方委托的上海市农科院生物技术中心鉴定,"雀巢巧伴伴"中含有转基因抗草甘膦大豆成分。

对于转基因食品进行标识已经成为国际惯例。2001 年 1 月,包括中国在内的 113 个国家在加拿大共同签署的《生物安全议定书》规定:消费者拥有对转基因产品的知情权,转基因产品在越境转移时应当明确标识。而国际消费者联合会也提出,各国政府应要求食品生产商对转基因食品作明确标识。2003 年的国际消费者权益日,国际消联将主题专门确定为转基因食品。中国政府于 2002 年 3 月 20 日起已正式施行农业转基因生物标识制度。经过政府机构多次执法检查,目前国内市场上的转基因大豆色拉油等产品都已经公开标识,以便让消费者知情并自行选择。

雀巢公司公关部日前发出过一封《雀巢(中国)有限公司致媒体的公开信》,对于雀巢产品是否含转基因成分,信中没有明确承认也没有明确否认,"雀巢有些产品可能含有转基因农作物所制成的配料,如果有的话,它们的安全性是已经被证明了的,正像所有配料一样,都是严格遵守中国的法规和雀巢自己非常严格的标准、尊重国际准则的"。公开信还说:"在某些欧洲国家的法律法规要求对转基因产品进行标识,雀巢严格遵守这些规定。这不是雀巢执行双重标准,而是表明雀巢是一个遵纪守法、负责的公司法人。"信中声明:"在每一个运作的国家,雀巢都尊重当地的文化并融入当地环境。"按照雀巢公司的说法,在欧洲做出承诺是根据欧洲的法律环境,不在中国内地做出承诺也与中国现有法律环境有关。雀巢的产品不在中国农业部《农业转基因生物标识管理办法》规定的强制标识之列,所以就可以不标识。

根据欧洲基因时代公司的检测结果,"雀巢巧伴伴"的转基因成分来自美国孟山都公司的抗农达大豆。但雀巢公司认为,雀巢巧伴伴中的大豆磷脂是由巴西供应商提供的,是不含有转基因成分的。按国际惯例,雀巢也没有核实义务。从政策法律规定层面来看,雀巢似乎并未做出违反相关法条的行为。雀巢方面表示,中国对农业转基因生物实行标识制度,而雀巢食品不在标识目录管理范围之内,故无须申报转基因标识。

但是雀巢在欧美和中国市场使用的是双重标准。1999 年 5 月 11 日,德国雀巢做出承诺:将继续保证其在德出售的雀巢食品不使用转基因原料。随即,瑞士、法国、英国、巴西等国雀巢公司也做出了相应承诺。雀巢在欧洲和中国实行双重标准,主要是由于在欧洲国家反转基因的呼声非常高,食品公司迫于压力不能使用转基因原料。"在欧洲如果有转基因成分，就卖不出去了。"原中科院生物科学与技术局局长钱迎倩认为，正是商业利益促使雀巢实行双重标准。对于雀巢，一个危险的倾向是，尽管它的行为并不违背相关的中国法律规定，它也有可能轻松地扳倒一个中国消费者的指控，但它却可能因此陷入一个企业道德和商业伦理的困境。当一家企业因为藐视公众、消费者权利，缺失承担社会责任的道德心的时候，一旦陷于千夫所指的境地，它在未来所失去的无疑要远甚于它在短期内得到的金钱，或是一纸胜诉状。

今天，更多精明而有远见的企业经营者已经将提升企业的"道德指数"放在第一位，牢记自身的社会责任，树立道德为先的经营方针。事实上，在很多时候，这种道德的力量本身就是一种核心竞争力。英国伦敦股票交易所和《金融时报》共同拥有的金融时报股票交易所国际公司推出了8种"道德指数"，在世界各主要金融证券市场首先将道德因素纳入指数范畴。该公司行政总裁对此举所作的说明是：我们推出该指数的原因，是由于投资方在选择投资对象时，越来越多地希望挑选那些有社会责任感的公司。因此，只有那些在环境和社会责任方面起表率作用的公司，才能有幸被纳入这一指数，而那些只顾赚钱却不顾社会影响的公司是无缘进入的。追求从优秀到卓越的公司除了拥有先进的技术、严格的管理、旺盛的创新意识、崭新的人才观念之外，无一例外地都对外强调，自己拥有企业自身的道德行为规范，即企业道德。比如索尼公司就提出：以提高索尼集团的企业价值作为经营的根本，把自主性和自律性的道德标准作为企业的重要组成部分。又例如强生公司宣称公司存在的目的是解除病痛。

社会责任是指一种工商企业追求有利于社会的长远目标的义务，而不是法律和经济所要求的义务。该定义假设企业遵守法律，并追求经济利益。我们的前提是所有的企业都会遵守社会颁布的所有法律。同时，该定义将企业看作一种道德机构，在它努力为社会做贡献的过程中，必须分清正确的和错误的行为。社会责任加入了一种道德准则，能促使人们从事使社会变得更加美好的事情，社会响应是指一个企业适应变化的社会状况的能力。而社会责任要求工商企业决定什么是对的、什么是错的，从而找出基本的道德真理。社会响应是由社会准则引导的社会准则的价值，它们能为管理者做决策提供一个更有意义的指南。雀巢公司作为一个公司，仅仅是没有违反中国的法律，达到了最低要求，履行了社会义务，却置消费者的权利和利益而不顾，忽视其作为一个令人尊敬的公司所应履行的社会责任和道德准则。

**【补充文献阅读】**

[1] 张迪. 企业伦理行为对消费者响应的影响研究 [D]. 江南大学硕士学位论文, 2017.

[2] 刘颂澍. 中美消费者对网络零售商伦理感知的比较研究 [D]. 上海外国语大学硕士学位论文, 2017.

## 二、企业与竞争者关系中的伦理问题

企业与竞争者应互惠互利，实现双赢。竞争道德，首先，是指那些符合法律制度及有关规定的、用以指导竞争行为的思想观念和行为规范。其次，竞争道德还应该包括超出法律要求的道德高标准。企业必须以高于法律要求的道德准则来要求自己，考虑社会和公众的长远利益，与竞争对手公平竞争，通过竞争使企业得以壮大，使企业得以繁荣，使社会得以进步。

企业竞争道德的相关法律包括：《反不正当竞争法》《商标法》《专利法》《著作权保护法》。企业竞争包括产品竞争、价格竞争和信息竞争等。产品竞争中的伦理问题包括：压低别人，抬高自己；顺风搭车走捷径：仿冒、盗版。价格竞争中的伦理问题包括：压价排挤竞争对手；限制价格。信息竞争中的伦理问题包括：侵犯商业秘密；散布虚假信息。

企业竞争中讲求伦理的必要性体现在三个方面：

第一，企业竞争中讲求伦理道德是市场经济的必然要求。竞争既是一种激励机制，又是一种淘汰机制。获胜者达到自己的目标，满足自己的需要，失败者则被淘汰出局。正是这种巨大的激励和压力的双重作用，才使得参与竞争的各方不断进取，奋力向前，最终推动整个社会经济、文化的发展与进步。首先，不正当竞争使守法之人吃亏，正直之士遭损，阴险狡诈之辈得利，凶狠歹毒之徒获胜。这样的竞争不仅不能激发人们积极进取、奋发向上的积极性，不能使社会有序地、健康地发展，而且会导致道德沦丧、治安混乱，阻碍社会进步，必然会出现争必乱、乱比穷的后果。其次，无序和不正当竞争扰乱社会经济秩序，使社会陷入无序和混乱。在社会经济交往中，人们必须依靠基本的规则，才能使社会经济正常运转。

第二，竞争规则以个人自律为基础，道德约束是维护有序竞争的重要工具和手段。市场经济是法制经济，法律无疑是维护正常经济秩序的重要工具和手段。但市场经济却是以个人自律为基础的，它离不开伦理道德规范的约束。由于社会经济的发展和法律本身的特点，单独依靠法律并不能完全解决问题。而作为保证和协调市场经济正常运行的另一支重要力量，伦理道德一直在发挥着重要作用，并日益受到人们的重视。

第三，企业竞争中讲求道德是企业追求长远利益和兴旺发达的根本要求。首先，竞争是参与各方相互依存、相互制约、相互作用的过程，是自利和他利的结合。企业只有在自利和他利的平衡中，讲求竞争道德，实现有序竞争，才能保持生机与活力。没有竞争的企业不可避免地会停滞、没落。其次，讲求竞争道德有利于在企业内部形成良好的风气，使企业更具战斗力。最后，讲求竞争道德也有利于企业树立良好形象，建立良好的商誉，这样不仅会给企业带来巨大的、持久的经济效益，而且有助于企业建立起良好的内外关系，良好的内外环境对于企业的生存和发展至关重要。在竞争中讲求伦理道德，最终会使企业的经济利益目标和发展目标得以实现；而如果不顾竞争道德，即使在短时间内飞黄腾达，也必不长远。因此，从长远利益出发，<u>企业也应讲求竞争道德</u>。

企业竞争中讲求伦理的措施则可以从以下四个方面考虑：

第一，营造合乎道德的竞争环境。企业竞争具有一个良好的竞争环境非常重要，竞争环境指市场的经济运行机制正常，有完全竞争的经济条件，有健全的经济法等。但往往为企业家们所忽视的是竞争环境的人文因素或者说是文化因素（其中道德占主要方面），即在竞争环境中道德等文化因素制约、协调着竞争，营造一个为多数企业认同的竞争的道德要求，对所有竞争企业提出同样的文化因素的要求。

第二，制订企业竞争的伦理的共同游戏规则。社会主义市场经济中的竞争，目的是优胜劣汰，促进企业的发展和国民经济发展。企业竞争的原则是"公平竞争"，要打破过去的条条块块的分割、封锁、垄断，反对非法牟取暴利的垄断，反对假冒伪劣产品等。所谓"公平竞争"就是企业都应在合法经营的前提下，遵守法律规定、道德制约的共同的游戏规则。企业在经济活动相同的条件下开展竞争，这是公平。也意味着企业竞争不应受行政手段、长官意志的干预，国家政府只从宏观上为各企业提供同等的条件，市场为各企业提供同等的经济条件和共同的信息资源。

第三，企业竞争的伦理核心是为消费者谋利益。企业运行的目的是为了营利，这是企业生存和发展的基本前提，有的企业家说企业就是为了营利，这也是无可非议的。然而要达到营利这一目的，通过什么途径、采取什么手段，则要受法律限制和道德的制约。一些经济学家和企业家认为我国有些行业已进入同质化时代，例如家电业已步入同质化时代。一些企业认为同质化的家电业的竞争核心是价格竞争，因为其他方面已经同质就没有竞争的空间，所以彩电业、空调业等大打价格战。有一些经济学家和企业家则持不同观点，认为中国的产业还没有步入同质化时代，即使步入同质化时代各企业的产品依然可以有个性化的发展，可以为消费者实行个性化的服务。他们认为，企业竞争不只是一个价格战，反对不分场合和时间，动不动就挥舞价格大棒。实际上企业竞争还大有空间，可以在营销、企业管理、技术创新、广告、品牌和企业文化等多方面的竞争。因此，有的企业家提出实行企业的综合竞争，寻找、树立本企业的核心竞争力，依靠不断创新、树立品牌在竞争中获胜。

第四，企业竞争中需弘扬合作精神。回顾西方近代以来市场经济发展的历史，确实在相当一段时间内企业之间竞争是你死我活的竞争，存在相当普遍的"大鱼吃小鱼"现象。相应在对竞争的道德评价上，主张适者生存、强者吞并弱者是合乎道德的。因此，道德上往往颂扬竞争中的胜利者，功利主义的道德理论应运而生，并广为流传。随着现代市场经济的发展，企业之间的竞争内容和形式都发生了变化，经济发展本身决定企业之间不仅有竞争，而且通过竞争合并为更大的企业集团，以顺应现代市场的发展需要，相应地在竞争道德理论上强调企业之间的合作精神。例如，德国的菲利浦与日本的索尼是竞争对手，但两家却又合作联合开发一种线路芯片，原因是这可以使两家企业的科研投入和风险都降低一半，有利于两家企业各自的发展。我国实行社会主义市场经济体制，生产目的是为了发展社会生产力满足人民不断增长的需要、为了最终实现共同富裕。企业的发展、企业的竞争从战略上都要服从这一总的目标，因此企业竞争中弘扬合作精神就很自然了。

**【案例分析一】基于华帝公司俄罗斯世界杯策划案的企业对消费者伦理思考**[①]

在俄罗斯世界杯足球赛开赛之前，2018 年 5 月 30 日华帝公司发布题目为"法国队夺冠华帝退全款"的声明：若法国国家足球队在 2018 年俄罗斯世界杯足球赛夺冠，则对

---

① 张玉鑫. 基于华帝公司俄罗斯世界杯策划案的企业伦理思考［J］. 现代商业，2019（12）.

于在 2018 年 6 月 1 日 0 时至 2018 年 6 月 30 日 22 时期间，凡购买华帝夺冠套餐的消费者，华帝将按所购夺冠套餐产品的发票金额退款。线上线下同时进行，活动细则详询华帝当地各终端门店或各电商平台华帝授权店。当世界杯结束时，法国队如愿捧起大力神杯，华帝公司如约"退款"，但是线上退款变成现金购物卡，线下门店退款缓慢，期间京津地区代理商王伟，因为公司债务问题失踪，更使华帝世界杯策划案扑朔迷离，消费者投诉不断。

1. 华帝公司的企业伦理

企业伦理隐含着企业及其领导者在其经济活动中能否有益于社会和能否可持续成功的奥秘，是一个企业成功与发展的关键。企业伦理规范是对人们在企业中的道德行为和道德关系的普遍规律的反映和概括，是人们判断和评价企业行为是与非、对与错、善与恶的标准，是企业权利与责任的统一。在现代社会中，企业是社会财富的主要提供者，其影响力也越来越显著，并正在通过各种方式与我们所有人发生关系。人们已离不开企业，企业已成为人们生活的一部分。社会有理由要求企业为履行伦理职责所产生的后果承担责任，诚信经营。

企业伦理问题是以企业道德为研究对象，而企业道德又是以企业经营管理活动中的道德责任为核心的。企业伦理就是要求企业在经营管理活动中对其利益相关者的利益要合乎道德的考虑，就是要求企业意识到自己对于利益相关者的道德责任。企业伦理切切实实地影响着每一个企业、个人。企业伦理渗透在企业战略和决策的方方面面，伦理决策已经不再是少数人的个人追求，而是为了所有企业获得持续性成功的根本所在。成功的企业决策最重要的因素之一就是顾客的满意。伦理决策有利于企业与顾客建立持久的合作关系，其为顾客提供反馈的机会，让顾客参与解决问题。通常，企业会聚焦于"顾客利益第一"这一核心价值观，符合伦理地对待顾客可以建立起强大的竞争优势，对企业绩效、产品创新、提升品牌影响力和提升销售额都有积极的影响。

华帝公司的世界杯策划案显然是非常成功的，在此之前华帝已经正式签约成为法国足球队官方赞助商，并签下法国传奇球星亨利作为品牌代言人，并推出法国夺冠套餐，承诺若法国夺冠全额退款，借助世界杯这个大平台，华帝公司的超一流品牌策划与其完美的商业运作营销，使华帝的品牌想不红都难。中国足球队虽然没有进入世界杯，但是华帝成功的运作成为那个夏天的全国焦点，其品牌营销取得了很大的成功。公开数据显示，在世界杯促销期间，华帝的线下零售额约为 7 亿元，同比增长 20%，其中"夺冠退全款"套餐的销售额约 5000 万元，占 7%；线上零售额约为 3 亿元，同比增长 30%，而"夺冠退全款"套餐的销售额约 2900 万元，占 9.67%。由此可以看出，无论是线上渠道还是线下渠道，华帝需要向消费者退款的份额并不多，但由于"夺冠退全款"的活动提高了其知名度，华帝整体的销售额提高了约 25%。所以，华帝公司的策划案是成功的，增加了品牌知名度，带动了销售额的提升。

2. 华帝公司企业伦理状况的剖析

华帝押中法国队夺冠是有一定运气成分的，而在 2018 年 7 月 16 日凌晨，法国队夺冠的消息又让华帝成为了焦点。随后，华帝开始履行"全额退款"的承诺。但是，线上退款变成了退各平台购物卡，线下门店退款缓慢，消费者投诉不断，加上之前的京津经销商王伟因债务问题失踪的神助攻，使华帝又一次登上热搜。

第一，企业的商业广告虽然是以盈利为目的，通过一定的媒介或形式向社会传播的是产品和服务等方面的商业信息，可以在合适的程度上夸张，但是不能虚假、误导、媚俗、诋毁他人、宣扬有伤风化和道德的内容，其真实性是广告的生命。因此，广告是经济性与社会性的统一，具有深厚的伦理底蕴。企业在对待顾客时，应该遵守广告真实这一道德规范，而且《中华人民共和国广告法》第四条规定："广告不得含有虚假的内容，不得欺骗和误导消费者。"华帝公司在退款的时候，把全额退款最后变成了各电商平台的现金购物卡，属于误导消费者，其法国队夺冠华帝退全款广告宣传的真实性有待商榷。

第二，企业与顾客之间的法律维度关系是企业与顾客通过法律而建立起来的关系。法律既是企业的愿望、意志和根本利益的反映和表达，也是对企业行为的限制；既是对企业应享受的权利的规定，也是对企业履的义务的规定。企业比客户拥有更多的社会资源，掌握更多的信息沟通渠道，因而企业有可能利用这种优势违法经营、欺骗客户。企业的义务包括向消费者提供产品信息时不用欺诈手段，要在平等互利的基础上交易，对消费者的投诉积极做出改进等。华帝的应急预警机制不完善，既然推出法国队夺冠华帝退全款的广告，就应该形成完善的退款应对机制，不应该在法国队夺冠之后仓促应对，引起线上线下消费者对退款的不满。有消费者认为华帝用平台购物卡替代全额退款是一种欺骗，有违当时广告的承诺，华帝的危机公关这一次做得也不好，没有能很快做出对应的解决方案，从而引起大量投诉，引发舆论关注。

第三，互利互惠是企业伦理的一个基本规范。在市场经济条件下，企业自身价值的实现，只有通过市场经济这一舞台，市场交换这一唯一的渠道。企业的生产经营活动首先是一种利他性、服务性的活动。企业又是一个独立的利益主体，有维持自身生存和发展的需要，企业追求利益是独立的、不可侵犯的。这又决定了企业的生产经营活动的利己性、服务性和牟利性特征，从伦理学角度看，企业的这种利他性和利己性、服务性和牟利性是其伦理的二重性。企业的这种伦理的二重性决定了互惠互利是企业伦理的一个基本规范。也就是说，市场经济存在的必然逻辑决定了企业既不可能只利他而不利己，也不可能只利己而不利他，而只能通过互利互惠来调节自身与顾客的关系。交易双方要达到双赢，就必须根据这一规范，承认和鼓励企业经营者的适度利己行为，但是这种利己必须是正当的，不能通过生产假冒伪劣产品和坑蒙拐骗而获得利益，不能搞虚假宣传，必须诚实守信、合法经营。所以，华帝公司既然广告宣传承诺法国队夺冠华帝退全款，不论是在线上还是线下，都应兑现广告承诺，给予符合条件的顾客全额退款，提升顾客的忠诚度，从而在满足顾客以后购物需要的同时，获得相应的利润，实现双赢，互利互惠。

3. 华帝的企业伦理对其品牌的影响

华帝此次法国队夺冠华帝退全款策划案是非常成功的，提升了品牌的知名度，但是后期由于种种无法预测的因素，加之线下退款缓慢，线上换成退各平台购物卡，使得华帝品牌的影响力锐减，消费者呈现两极分化，毁誉参半，对品牌造成了不小影响。

第一，企业与客户构成了道德关系，这种道德关系对企业的基本要求是企业要讲究诚实守信。诚信是市场经济对企业的基本要求，是市场经济的道德灵魂。市场的生存离不开诚信，市场的维系有赖于信守诺言和相互信任。企业只有建立诚信经营的良好形象，才能拥有不断增长和扩大的顾客群，才能获得扩大再生产和经营的良好形象，以诚信树商德，才能不断占领目标市场份额，才能获得规模经营的资金和其他资源，从而获得利润并保持基业长青，创造百年品牌，提升品牌的知名度，创造市场价值。

第二，企业获得合理的利润是企业生存和发展的基础，但这个基础只有通过企业向顾客提供相应的产品和服务并得到顾客认可、购买才能具备。企业在市场上的竞争，实质上是在争夺顾客，企业必须充分了解顾客的心理和需求，并在此基础上以合适的价格和促销手段，供符合顾客心理和需求的产品和服务，从而获得较大的市场份额以赢利。华帝法国队夺冠退全款，确实抓住了当时的顾客心理，促进了销售额的提升，使顾客对华帝的品牌开始关注。华帝世界杯策划案后期退款工作进展缓慢，线上又换成各平台的购物卡，造成二次消费，对华帝来说又增加了一次销售份额，但是对于顾客的体验度和满意度是非常不好的，对其品牌影响力的扩张也是不利的，忽视了顾客的口碑营销在现代商业促销活动中的重要性，对其品牌后续的促销活动也是不利的。所以，企业与顾客之间是一种交换关系，企业通过为顾客提供产品和服务获得利润，顾客通过购买企业的产品和服务获得物质需求和精神需求。企业在促销活动中，应该遵守广告促销的真实性这一商业伦理道德规范。诚实守信，切实履行广告中的承诺，后期法国队成功捧杯后，华帝的应对策略非常缓慢，对其品牌造成了不小的影响，华帝的危机公关处理能力也是欠缺的。

4. 结语

华帝此次世界杯策划案是非常成功的，但是其商业伦理道德建设是非常失败的，对品牌的影响是毁誉参半的，没有做好法国队真正夺冠的退款预警机制，造成一些顾客对退款不及时的投诉，引发网络热点，对品牌造成了一定的影响，对后续的品牌策划产生了一定的反作用，降低了顾客的忠诚度。所以，在商业策划案中一定要考虑企业伦理的要素，对顾客的承诺要兑现，要有相应的预警机制及完善的危机公关能力，把顾客的利益放在首位，实现双赢，从而提升品牌影响力，提高市场占有率，打造百年品牌。

**【案例分析二】从"3Q之争"看竞争者的伦理问题** [①]

腾讯 QQ 和奇虎 360 是目前国内最大的两个客户端软件。腾讯公司成立于 1998 年 11 月，是目前中国最大的互联网综合服务提供商之一，也是中国服务用户最多的互联网企业之一。公司成立初期的主要业务是为寻呼台建立网上寻呼系统。目前，腾讯把为用户提供"一站式在线生活服务"作为战略目标，通过即时通信 QQ、腾讯网（QQ.com）、腾讯游戏、QQ 空间、无线门户、搜搜、拍拍、财付通等中国领先的网络平台，成功打造了中国最大的网络社区，满足互联网用户沟通、资讯、娱乐和电子商务等方面的需求。截至 2010 年 9 月 30 日，QQ 即时通信的活跃账户数达到 6.3 亿，最高同时在线账户数达到 1.187 亿。腾讯正是以 QQ 即时通信为基础，以其强大的客户群体和市场占有率，几乎人手一号的资源，不断发展在互联网的各个领域。

奇虎 360 公司创立于 2005 年 9 月，是中国领先的互联网安全软件与互联网服务公司。随着互联网应用的普及，一些不法个人和机构通过木马盗取网游网银账号、偷窃用户隐

---

① 彭义容. 我国企业商业伦理建设中的政府角色研究——以"3Q之争"为例［J］. 复旦大学硕士学位论文，2011.

私、恶意广告点击等牟取暴利，导致木马泛滥，严重危害互联网的健康发展。正是在这种传统网络安全公司不能适应互联网木马等安全危机的新形势下，奇虎360于2006年7月17日推出360安全卫士，以杀木马、防盗号、全免费、保护上网安全为方针，有效遏制了木马泛滥的趋势，受到网民和互联网服务商的极大欢迎。据艾瑞统计，360安全卫士是中国最受欢迎的杀木马、防盗号安全软件，拥有71%的市场份额和2.5亿互联网用户。360安全卫士以其永久免费的策略，在很短的时间里占有了绝大多数安全市场份额，在目前3亿中国网民中，首选安装360的已超过2.5亿人，已成为继腾讯之后第二大客户端软件。此外，奇虎360还拥有360安全浏览器、360保险箱、360杀毒、360软件管家、360网页防火墙等系列产品。其中，360浏览器已经进入中国包括微软在内的浏览器市场三甲行列；360保险箱在网络游戏玩家中的覆盖度接近80%，在游戏产业链中的地位也快速上升；360软件管家，已经成为网民下载软件和升级软件的最主要的平台。

作为我国互联网的两大客户端软件，腾讯QQ实质是基于即时通信的社交网络，而奇虎360则主推互联网安全服务。但随着奇虎360的不断壮大，长期独霸桌面端的腾讯也不得不将其视作最重要的竞争对手，并开始布局对阵。

腾讯2006年12月7日推出QQ医生1.0 Beta版本，这是针对盗取QQ密码的木马病毒所开发出的一款安全软件，此后很长一段时间内只作为查杀盗号木马的小工具。2010年1月，腾讯又推出了QQ医生3.2版本，界面及功能酷似360安全卫士6.2版本，同时宣布赠送诺顿防病毒软件半年试用，并利用春节期间推广。敏感的360很快意识到QQ医生的威胁，一些正在休假的员工被紧急召回以应对这起突发事件。360快速反应，加上QQ医生本身产品并不成熟就匆忙上阵，很多用户陆续卸载QQ医生，其市场份额也快速降至10%以下。360成为此次交锋的胜利者。

2010年5月31日晚间，腾讯QQ实验室发布QQ医生3.3升级版，并更名为"QQ电脑管家"，将QQ医生和QQ软件管理合二为一，增加了云查杀木马、清理插件等功能，涵盖了360安全卫士所有主流功能，与360安全卫士展开直接竞争。2010年中秋节期间，"QQ软件管理"和"QQ医生"自动升级为"QQ电脑管家"，涵盖了云查杀木马、系统漏洞修补、安全防护，系统维护和软件管理等360安全卫士的主流功能，而凭借着QQ庞大的用户基础，QQ电脑管家将直接威胁360在安全领域的生存地位。

9月27日，360发布直接针对QQ的"隐私保护器"工具，宣称其能实时监测曝光QQ的行为，并提示用户"某聊天软件"在未经用户许可的情况下偷窥用户个人隐私文件和数据。引起了网民对于QQ客户端的担忧和恐慌。10月14日，针对360隐私保护器曝光QQ偷窥用户隐私事件，腾讯正式宣布起诉360不正当竞争，要求奇虎及其关联公司停止侵权、公开道歉并作出赔偿，法院受理此案。10月27日，腾讯刊登了《反对360不正当竞争及加强行业自律的联合声明》，声明由腾讯、金山、百度、傲游、可牛等公司联合发布，要求主管机构对360不正当的商业竞争行为进行坚决制止，并彻底调查360恶意对用户进行恫吓、欺骗的行为。

10月29日，360公司推出一款名为"360扣扣保镖"的安全工具。360称该工具全面保护QQ用户的安全，包括阻止QQ查看用户隐私文件、防止木马盗取QQ以及给QQ加速，过滤广告等功能。72小时内下载量突破2000万，并且不断迅速增加。腾讯对此作出强烈说明，称"360 扣扣保镖"是"外挂"行为。

11 月 3 日傍晚 6 点，腾讯公开信宣称，将在装有 360 软件的电脑上停止运行 QQ 软件，倡导必须卸载 360 软件才可登录 QQ，这是 360 与腾讯一系列争执中，腾讯方面迄今为止最激烈的行动。此举引发了业界震动，网友愤怒，业内认为，腾讯这招是逼迫用户作出二选一的选择。晚上 9 点左右，360 公司对此发表回应"保证 360 和 QQ 同时运行"，随后 360 公司"360 扣扣保镖"软件在其官网悄然下线。11 月 4 日，360 公司发出弹窗公告宣布召回"360 扣扣保镖"，请求用户卸载，并发表公开信称：愿搁置争议，让网络恢复平静，"360 扣扣保镖"正式下线。当日，360 透露工信部和公安部已介入调查。

## 三、企业与供应商关系中的伦理问题

供应商伦理分成人权、环境、多样化、慈善与安全五种。①人权。供应商需要承诺尊重工人的人权，维护工人尊严并尊重工人。人权问题涉及工资待遇、福利待遇、工作与生活环境、工作时间、是否强迫劳动、是否歧视、结社自由和集体谈判、童工与未成年人等问题。②环境。供应商应该抱着对环境负责的态度，尽可能地最小化对环境的负面影响。供应商应该保护自然资源，尽可能避免使用危害性的原料，尽力能做到循环利用与重复使用。环境问题涉及环境法律与法规的遵守、废弃物及排放物、资源有效利用及保护等。③多样化。供应商的多样化问题包括供应商是否从少数民族企业购买与供应商是否从女性企业购买等。④慈善。供应商应该具有爱心，对社会表示关爱。具体包括应该给慈善机构捐助，鼓励员工成为慈善活动的志愿者，对灾区进行捐助、给社区活动提供应有的支持等。⑤安全。供应商应该提供安全的原材料、零部件等产品，并给员工提供安全的工作环境。安全问题包括产品安全、工作保护、生产过程安全、紧急情况处理与危险信息披露等。

企业（生产商）与供应商的伦理问题包括：拖欠货款；质量问题。

企业（零售商）与供应商的伦理问题包括：拖欠货款；名目繁多的收费，如补贴、介绍费、店庆费等，这是分销商和零售商购买新产品时，从生产商那里得到的额外补贴；对供应商的要挟行为。

随着社会化大生产和商品经济的发展，社会分工越来越细，对于企业与企业之间的协作要求越来越多，企业间的合作也逐渐频繁，企业只有本着互惠互利，互利共赢的理念与其他企业进行资源上的交流，互通有无，才能实现最后的可持续发展。我国目前的状况是各个企业过多地关注企业的短期利益，做出一些不合伦理、不道德的举动和行为。最明显的证据就是企业的应收账款居高不下，有的甚至威胁到企业的生产和发展。

**【案例分析一】沃尔玛成功关键：创新精神和合作精神**[①]

2000 年 7 月中旬，美国《财富》周刊公布了一年一度的美国企业 500 强排行榜，世

---

① 吴奕湖，陈春花．企业文化管理［M］．武汉：华南理工大学出版社，2002.

界最大的零售业公司沃尔玛由1999年的第四位跃至第二位，引起世人的瞩目。在40多年前，《财富》首次评选500强时，沃尔玛还没有诞生，但自从1962年第一家沃尔玛商店创办以来，在创始人山姆·沃尔顿的领导下，沃尔玛不断扩张，一步一步地走上世界零售业的巅峰。沃尔玛的成功，首先归功于闪现在沃尔顿身上的杰出的企业家精神，因为正是这种企业家精神促使沃尔顿在关键时刻作出选择，领导企业对环境的变化作出反应，从而不断地创造优势并获得成功，其中最关键的就是创新精神和合作精神。同时，还有以下几点启示：

1. 企业的内部合作是企业成功的基础

沃尔顿一直强调的是：公司不仅将顾客视为上帝，而且将员工视为上帝。在沃尔玛，员工被视为"合伙人"，而不是简单的雇员。在物质层面，公司设立了一项利润分享计划，使每位员工都能因公司盈利而获利，而且员工还享有购买公司股票的优先权。在精神层面，沃尔顿重视公司内部相互之间的思想沟通，创造了一种让员工感到自己是公司重要一员的文化氛围。沃尔顿恰恰用合作精神再造了企业，通过各种方式不断地改革不合理的因素，创建和谐的企业文化，使部门和个人都充满高度的合作精神，最终通过部门之间、个人之间的合作行为促进企业的发展。

2. 企业间的合作是扩展企业能力的重要途径

沃尔玛在计算机通信和配送系统方面有竞争优势，而这种优势恰恰是与其他企业合作的结果。公司在20世纪80年代初就与休斯公司合作发射了一颗人造通信卫星，先后投资近7亿美元建立起据说是世界上最大的民用电脑与卫星通信系统。通过该通信网，每天各个分店的各种商品的销售信息将会迅速地传到公司的信息中心和相关制造商的信息系统，从中得出哪种商品畅销、哪种商品滞销的信息，并促使其及时地补充供应。沃尔玛的分店提出的订货要求，最多在两天内就可送到，而一般的零售商需要5天的时间，从而在资金周转速度上有很大的优势。由于先进的设施和良好的管理，沃尔玛的配销成本仅为大多数连锁商的一半。通过企业间的合作，沃尔玛低成本、高效率地获得了一系列资源，扩展了自身的能力，为其进一步的成功打下了坚实的基础。

3. 企业与非营利组织的合作是获取竞争优势的新方式

沃尔玛在美国与许多非营利组织合作，开展了一系列的社区援助活动，其中包括：为高年级学生升学投保；为儿童医院捐款；同受过特别训练、负责商店环境问题的"绿色协调员"一起，帮助人们了解有关再利用等环保知识。在全国范围内，沃尔玛还致力于以下工作：每年为小镇及城市提供工业捐款以支持其经济发展；为那些攻读工程技术学位的大学生提供捐款。在整个工业时代，人们仅仅为了追求利益而不考虑其他后果的动机破坏了人类与自然之间、企业与社会之间的平衡关系。随着绿色观念和可持续发展观念深入人心，企业必须越来越重视自己的社会责任。此时，回报自然、回报社会成为企业的一个基本信念，也成为企业打动消费者的又一种利器。各式各样的非营利组织，无论其出发点是为了关心自然还是关心人类社会的某些群体，都会在社会上对某一类或某几类消费者存在着特定影响。通过与某些非营利组织的合作，既可以协助该组织实现其组织目标，也可以扩大企业在某些类型的消费者中的影响，这将具有重要的战略意义。

**【案例分析二】CS 公司的供应商道德风险管理** [①]

CS 苏州有限公司（以下简称 CS 公司）自 1997 年以来，取得了巨大成功。苏州工厂位于中国新加坡苏州工业园，占地面积 20000 平方米。该工厂现有员工超过 2500 人。工厂生产射频同轴电缆、基站天线、接头、电缆组件和微波天线和滤波器等众多产品。因公司产品线较多，所需物料、零件品种繁多，需求物料品种差异很大，供应商采购总额庞大，供应商数量众多，但对每一类的物料、零件的需求数量差异相当大。采购物资的种类从大宗原材料，如铜材、塑料粒子、电路板到众多的结构件，如钣金件、压铸件、机加工件、塑料件、紧固零件等。因为不同物料需求对供应商的不同需求，所以各供应商从公司性质、公司规模、经营理念到加工设备、工厂结构、管理水平上的差异性也是非常大。这也就造成了供应商管理上的难度，不可能用单一的管理模式来处理所有供应商的问题。供应链中不乏来自欧美国家的管理相对完善的大厂商，但是更多的是国内加工制造业的民营企业，大部分公司的现代经营理念相对比较薄弱。CS 公司对供应商的道德风险采取了以下控制策略。

（一）供应链构建阶段的围堵和规避策略

1. 供应商保密协议（NDA）

任何潜在供应商在接触 CS 公司的商业信息、工程图纸、技术规范、产品应用等产品要求之前，都被要求签署供应商保密协议。该协议明确定义了"保密信息"系指披露方向接收方披露的、未对外公开的所有信息，包括但不限于商业或技术信息、财务信息、市场预测、客户名单和其他客户信息、计划、战略、合同条款、产品、图纸、材料属性、研发、理念、销售量、价格、产品配置、部件规格、逻辑图、商业技术发明、产品开发计划、过程、设备设计和接收方合理地认为未公开或披露方专有的其他信息。而且协议规定，在没有特殊说明的前提下，供应商被要求对以上信息的保密工作是一直持续的，除非 CS 公司本身已经对外披露了的信息。

2. 供应商行为守则

CS 公司要求每个和 CS 公司有生意往来的供应商在正式合作关系建立之前就签署供应商行为守则。CS 公司承诺以合乎道德、合法和对社会负责的方式从事经营活动，CS 公司希望其供应商同样能遵守这一承诺。供应商被要求应按照道德行为最高标准从事经营活动。例如，供应商不得串通投标、限价、价格歧视或实施其他违反反垄断法的不公平；供应商不得支付、借贷或以其他方式支出资金或资产作为贿赂、回扣或其他款项以影响 CS，其雇员、代表的行为或使其让步。

3. 供应商公司资料和预审查

这是对每一个潜在供应商在考察最初期的信息收集。内容包括公司基本情况、业务结构、主要工厂、销售额、客户群及业务分布、制造能力、产能、质量体系等。从以上这些信息可以反映出供应商的整体实力，实力强大的企业更具有保证供应链绩效水平的能力，更具有克服来自内外部风险因素的能力，更具有长期稳定合作的能力。

---

[①] 徐伟红. 供应商道德风险管理研究——以 CS 公司为例 [D]. 兰州大学硕士学位论文，2013.

4. 供应商选择评分卡

是整个供应商评估和选择过程中最重要的一份文件，它记录供应商的完整信息，它涵盖了潜在供应商公司的基本情况、对客户需求的服务水平、对产品的需求的匹配程度、供应商风险、质量和成本。各参数的权重比例可以根据不同物料类别做适当调整，然后得出各供应商的最后得分。各项指标包含的分指标又有非常具体的清单。①供应商的财务状况。当一个公司财务状况出现问题，没办法保证日常生产运作时，供应商很可能采取对客户隐瞒的方式，防止客户停止业务合作。但这样的方式对于 CS 公司来讲无疑是定时炸弹，时时威胁着日常物料的供应，一旦供应商断货，将影响 CS 公司对客户订单的满足。所以供应商的财务状况是供应商评估中的一个重要指标。供应商被要求提供其真实的财务数据，然后由 CS 公司的来自财务的专门人员对此供应商的财务健康水平评分。而这样的财务数据供应商不仅在刚进入 CS 公司供应链时需要提供，而在过后的定期（一般为一年）供应商评估中也需要提供，以供 CS 公司了解供应商的近期财务状况。2011 年在浙江临安的一家供应 CS 公司电缆的供应商因其将资金投向了房地产行业，并为其他房地产公司提供连环担保，造成公司资金流动不畅，最后工厂无法正常运作。但 CS 公司从其定期提供的财务报告中早已看出端倪，并通过第三方调查核实，所以 CS 公司提前启动了取代供应商的开发和认证，最后顺利将业务转移到新供应商处采购，并未对客户需求造成延误和不能满足。②供应商营业执照和特殊行业的营业许可。这是最基本的也是合作的基础，供应商应该取得相应的营业许可才可以开展业务活动。但在国内还存在这样很少一部分地区公司，尤其是特殊行业，如气体业务、废旧物资回收、电镀行业等，因取得这样的营业许可有相对的难度，部分公司采取对客户隐瞒真实情况，先争取客户和业务，但这样的方式对于 CS 公司是有很大的风险的。③供应商对于社会责任、员工健康安全等方面的做法。这是近几年提出的要求，CS 公司在供应商评估中必须了解供应商在这方面所做的努力程度和公司管理层的经营理念。近几年来，即使在中国国内政府对这一方面的宣传和引导也在加强。供应商如果在此方面有相较于国内其他企业超前的做法，无疑是让 CS 公司供应链的稳定性更上一个台阶。CS 公司不用担心供应商由于违反环保条例，员工不稳定方面的问题而使供应商日常运转被打断。

5. 柔性的多供应商策略

对于大部分的具有稳定和可观需求的物料类别，在不涉及 CS 公司生产设备或模具投入的前提下，尽量开发认证多家供应商同时供应此类物料。总部要求全球各工厂每季度报告该工厂采购金额在 30 万元的物料类别清单，并列明各物料类别的主要供应商和替补供应商。如果这些主要物料只有单一供应商，则该物料的类别经理和该工厂的采购被要求给出替补供应商的开发和认证计划，并需在规定时间内完成。这样的多供应商策略使得 CS 公司的物料供应更具有弹性和柔性，在一个供应商出现任何影响供应的问题时，有其他供应商可以持续供应。目前 CS 公司 95% 以上的物料都是由多家供应商供应。

6. 适时的供应商整合策略

由于 CS 公司的物料种类繁多，涉及的供应商数量相对庞大，而每个供应商的业务量差异很大，造成每个供应商给到的对业务的支持力度和服务水平不一。公司总部每年年初会提供年业务量在某一金额以下的供应商清单，要求各工厂的采购团队给出供应商整合的计划和完成期限。有特殊情况不能做整合的，需要给出足够的原因解释来支持这一决定。通过对小供应商的整合，一方面，消除了小供应商配合度不高的问题；另一方面，将此部分业务转移给了核心供应商，使得 CS 公司在核心供应商的管理上增加了筹码，双方的合作关系进一步加强。

7. 增加供应商对于 CS 公司业务的投入，使合作关系更稳定持久

CS 公司鼓励供应商自己承担成本对 CS 公司的业务做一定的投入，如专用生产设备的投入，生产模具的投入，有时候还会鼓励供应商在 CS 工厂就近设立工厂或仓库。供应商在有对某一客户有专门的投入的情况下，往往会更多考虑双方的长远利益和长期合作关系，不会因为一些自身短期便利产生败德行为而置客户的利益于不顾。

8. 借助网络平台，实现内外部信息的流动和处理

CS 公司在采购时，保证了与供应商双方信息分布向对称性发展，实现信息共享，信息技术的发展为此提供了解决手段，通过网络平台，采购机构公开发布采购产品规格、供应商的资格条件、供应商选择的基本程序等信息，消除供应商对进入供应链的顾虑；同时，采购机构可以利用网络广泛搜索供应商信息，打破地域的限制，促进供应商之间的竞争。通过网络加强与供应商之间的信息沟通，随时掌握供应商的产品信息，跟踪产品技术发展，适时调整产品标准，供应商也可将自己的技术创新成果，最新研制的产品及时告知政府采购机构，在采购机构与供应商之间形成信息的双向交流和实时互动。另外，总部要求全球各工厂的采购团队一旦有突发供应商供应问题，需要在第一时间汇报，并调动全球范围内的资源尽早恢复供货。CS 公司通过完善供应商准入标准，确保高质量供应商进入供应链竞争环境。通过对供应商严格的资格审查，确保高质量、高能力的供应商进入到供应链环境参与竞争，降低采购活动中的交易成本和采购风险，对于治理制造商采购活动中供应商逆向选择行为大有裨益。

（二）发展与供应商的合作伙伴关系

CS 公司与供应商的合作伙伴关系是发生在双方之间，在一定时期内的共享信息、共担风险、共同获利的高度协调合作关系。2012 年 CS 公司在苏州的工厂共有 400 多家直接原材料供应商，其中与公司合作关系超过 10 年以上的占到了 55% 以上，没有长期的合作和共同建立的信任基础，双方的业务往来不可能持续这么长时间。所以是 CS 公司致力于打破传统的买卖交易关系，通过双方重复多次的交易建立彼此的信任关系，实现双方之间的信息共享、风险共担，在肯定一方的独立利益的前提下，最终达到双赢的目标。为建立与供应商的合作伙伴关系，CS 公司更加深入地了解供应商的真实实力，通过重复多次的交易在双方之间培育宝贵的信用资源，也有效解决了供应商隐藏信息的逆向选择行为。

（三）供应商激励机制

1. 价格激励

在供应链环境下，各个企业在战略上是相互合作关系，但是各个企业的利益不能被忽视，而供应商的利益分配主要体现在价格上。CS 公司由于业务范围较广，在其整体业务中有一些小批量多品种的订单，是大多数供应商都不愿意承接的业务。CS 公司往往将这部分业务捆绑给一些核心供应商，同时给予供应商一部分的产品价格上弹性和上浮，这是对于这部分供应商所付出的额外努力和支持的回报和激励。供应商通过发现降低成

本机会和方法降低产品制造成本参加 CS 公司的成本降低行动。供应商只有经 CS 公司事先书面批准，方可执行成本降低措施，这相当于是双方共同努力的成果。CS 公司为了鼓励供应商持续做这些投入和引导其他供应商做同样的努力，往往将这些共同努力带来的收益中的一部分留给供应商，最后形成价格激励。价格包含供应链利润在所有企业间的分配、供应链优化而产生的额外收益或损失在所有企业间的均衡。

2. 订单激励

对绝大多数的 CS 供应商来说，获得更多的订单是一种极大的激励。CS 公司对 95% 以上的物料类别的供应都拥有多个供应商，而供应商之间的竞争来自 CS 公司的订单，多的订单对供应商是一种激励。如果某个供应商获得来自 CS 公司多订单的激励，这表示 CS 公司对该供应商所提供的产品或服务比较满意，愿意跟这个供应商进行更大的交易，这无疑向供应商传递了非常积极的合作意愿，使两者之间的合作达到了双赢。

3. 商誉激励

商誉来自于供应链内其他企业的评价和在公众中的声誉。CS 公司会有每年一次的优秀供应商评选，然后在供应商大会上颁奖，这对被颁奖的供应商是一个极大的商誉激励，也是对其他供应商的榜样作用。因此，即使没有显性激励合同，供应商也要积极努力，因为这样做可以改进自身市场上的声誉，提高未来收入。如果某些企业因为眼前利益而出现败德行为则会为同行所不齿，没有企业愿意和它合作，它就很难在这一行业立足，甚至被迫退出，上了这一行业道德败坏的黑名单，鉴于此行为的机会成本的大，自然会避免此类的道德风险问题。

（四）强化规避供应商道德风险的协议条款

第一，规定违约责任，包括违背最惠客户价、交货延迟、产品质量缺陷等都在协议里做了非常明确的规定。①违背最惠客户价。供应商提供给 CS 公司的产品价格永远不得高于供应商向其任何情况类似的客户提供的产品或类似产品的价格，包括一切折扣、溢价、抵免或免费产品、返点以及其他补贴。如果供应商以较低价格向其任何其他客户销售产品或类似产品，供应商应立即通知 CS 公司；协议项下受影响产品的价格应调整到该价格，并追溯到供应商同另一客户约定该较低价格之日。②交货延迟。协议项下的交付，时间至关重要。如果任何预计交付日期将发生任何延迟，供应商应立即通知 CS 公司。供应商应采取一切合理措施，以避免或结束任何延迟，包括自担费用采取加急发运方法。供应商未在计划交付日期当日或之前交付完全合格产品的（延迟产品），CS 公司将遭受损害，损害金额和性质无法轻易确定。CS 公司可全部或部分撤销包含延迟产品的任何采购订单，无须承担责任；并可由供应商承担费用，通过采购替代产品予以弥补。每延迟一天，供应商还将向 CS 公司支付延迟产品采购价款的 5% 作为 CS 公司因该项延迟而承担的违约金，而不是作为罚金，合计不得超过延迟产品总购买价款的 50%。双方同意如果没有关于该等款项的进一步证据，该等款项应视作 CS 公司因该项延迟而实际遭受的损害。该等款项可从 CS 公司欠供应商的款项中扣除或抵消。③产品质量缺陷。对产品进行检验和测试或者未对产品进行检验或测试，或者对产品付款均不应视作等同于 CS 公司接受产品，并不得限制 CS 公司接收不合格或缺陷产品的权利。未被接受的产品将由 CS 公司持有，风险和费用由供应商承担，直至收到供应商关于处置该等产品的书面指示。关于退还供应商的被拒收产品，供应商将给予 CS 公司全额抵免，包括采购价款以及全部运输费。除非 CS 公司另有书面同意，否则供应商不得重新提供或更换被拒收的产品。

第二，规定违约赔偿，提高欺骗成本防止相互欺骗和机会主义行为。关于 CS 公司因以下原因可能遭受或产生的任何及一切诉讼、要求、责任、开支、损失、损害、索赔、工作人员报酬、罚款、罚金和费用，供应商应对 CS 公司及其关联公司、承继人、受让人、高管人员、董事和员工进行赔偿并使前述各方免受损害：因协议项下供应之产品引起的或者与此存在任何关系的任何实际或声称的人员伤亡；供应商或供应商的任何作为或不作为致使协议项下供应之产品造成的实际或声称的任何财产损坏或人员伤害；关于产品侵犯或者 CS 公司使用、销售或对产品进行其他处置时第三方任何专利、版权、商标、商品名称、服务标志或其他任何专有权利的索赔。

第三，供应商协议中再次规定之前所述的保密协议和供应商行守则的要求。双方之前签署的保密协议作为协议附件，并通过引述的方式包括在供应商协议内。该保密协议的规定在本协议终止后继续有效。供应商应遵守 CS 公司合理要求的政策或程序，供应商确认其阅读、签署一份 CS 公司道德和商业行为规范以及 CS 公司供应商行为规范，并将始终遵守其规定。

## 四、企业与政府关系中的伦理问题

企业应依法纳税，对政府负责，建立和谐的政企关系。企业如果想做大做强，遵守国家的法律法规是一个基本的前提条件。而企业遵守国家的法律法规，最重要的一点就是要依法诚信纳税。

企业与政府关系中的伦理问题包括游说、贿赂和官商勾结。游说指通过各种方式说服政府官员，以促成或阻止某项立法的通过。贿赂是一种针对政府官员的可疑的或是不公正的支付行为，是为了影响政府官员做出本来他们可能不做的决定，或让政府官员采取一些本来他们可能不采取的行动。官商勾结指政府官员利用手中的权力为经商行为提供方便，并从中渔利；而商人则利用金钱等手段收买政府官员为自己的经营行为谋取不正当的利益。

**【案例分析】民营企业游说：邮政法草案历时 8 年、九易其稿** [①]

虽然民营企业的游说不如跨国企业那样直接和擅长走高层路线，但民营企业作为中国经济的新生力量，其利益诉求主要体现在人大立法和政策制定上，俗话说"立法是最高层次的维权"。民营企业的游说需求和动力并不亚于跨国企业。

2007 年以前陆续发生的邮政与民营快递公司的争议，以及房地产商对于清缴土地增值税中的商业游说，都从不同侧面反映了民企对于国家政策的利益诉求。

一份 2007 年发布的统计报告称，2007 年我国的快递企业的数量已经超过 2 万家，其中多数为本土企业。快递市场将以每年 30% 的速度增长，2008 年底达到 74 亿美元。

---

① "民营企业游说：道路艰且阻"［EB/OL］．金羊网，www.ycwb.com. 2007-9-7.

在这样庞大的市场面前，国有、民营、外资快递之间的博弈越来越激烈。邮政与民营快递公司的争议已持续多年，围绕《邮政法》修改版本的变化，双方的争议始终没有平息。

2003年11月，经过近两年的酝酿，由国务院法制办牵头、国家邮政总局起草的《邮政法（草案）》第五稿出炉。第五修改稿中规定"500克以下信件寄送由邮政专营"并对民营快递公司注册资金做出限定：市级注册资金100万元以上、省级500万元以上，跨省经营1000万元以上。消息一公布，立即在社会上引起很大的争议。2003年11月21日，中国外商投资企业协会、中国国际货运代理协会、中国对外贸易经济合作企业协会3家协会联名上书全国人大，明确表示对修改稿的强烈争议。邮政"变法"中各方博弈力量正式登场。《邮政法（草案）》第六稿、第七稿相继出炉。尤其在第七稿中，快递公司遭遇了"生存"问题，300多万快递从业人员有可能一夜之间变成"非法从业人员"。因为民营公司快递350克以下信件的业务将被法律所禁止。为了争取自己的利益，数十家快递企业联合起来，就草案中专营权、普遍服务基金、快递企业的门槛限制、内资国民待遇不一致等情况先后向国务院法制办、全国人大财经委、商务部等相关部门进行游说。

经过多方努力，在《邮政法》第八次修改稿中，虽然将信件重量从500克以下由邮政专营改为"150克以下信件寄送由邮政专营"。但本质上并没有变，因为目前快递的业务多以商业信函为主，而这些信函大多就三五十克重。150克的门槛，对民营快递公司而言，仍然足以使其濒临破产。

2007年6月13日，国务院法制办、信息产业部和国家邮政局在北京召开邮政法修订工作企业座谈会，并拿出第九次修改稿，其中有关邮政专营的条款空缺，理由是因各方面的争议很大，这部分内容"待研究"。

2007年1月29日，新的国家邮政局和中国邮政集团公司同时挂牌成立。这意味着，邮政系统真正实现了酝酿多年的政企分开——新的国家邮政局以监管机构身份出现，继续行使政府的监督管理职能；而企业职能则全部拨给中国邮政集团公司，新的公司业务主要包括普遍服务业务、竞争性业务（包括快递和物流业务）和邮政储蓄业务。在这种情况下，未能尘埃落定的邮政法修订就格外引人关注。

总之，与反垄断法孕育13年方才出台一样，历时8年、九易其稿，邮政法修改稿至今仍然"千呼万唤不出来"。有关专家认为，邮政专营权、新的普遍服务机制规范和建立以及市场监管三个核心问题，困扰着邮政法的修改。在原有体制下，国有邮政部门集政府邮政管理与立法执法、提供邮政公共服务、从事快递物流等商业化经营等多种功能于一身，既做裁判员又当运动员，因而在服务质量与竞争的公平性方面屡遭质疑。业内人士呼吁：立法应该听听民营快递企业的意见，让民营快递企业有更多的知情权和参与权。中国民营经济研究会会长保育钧表示，邮政部门参与修订邮政法可能会使邮政部门利益扩大化。为了公平、公正、公开，应该转变立法思想，建议多方立法或第三方立法。

## 五、企业与环境关系中的伦理问题

企业与环境的关系应该是"保护环境与经济同步发展"。企业带来的主要环境问题包括：大气污染、水体污染、海洋污染、温室效应、三废（废气、废液、废渣）。企业在环境问题上的做法直接影响企业的形象。企业在经营过程中，必须考虑企业行为对人类命运和生态环境的影响。企业必须遵循环境保护和经济发展同步的原则，不能以牺牲环境换取经济增长，而应当合理、有效地开发资源，研发环保技术，为社会提供绿色产品。企业应在保护环境中求发展，应承担保护环境的责任，积极发展循环经济，实现经济与环境的"双赢"。

### 【案例分析一】中国企业努力承担企业环境责任[①]

企业如何应对环境污染和能源短缺的挑战，如何承担社会责任？于2007年（2007-05-21）在京闭幕的"第六届中国贝迩年会"让中国企业有了向海外企业学习的经验。

年会由国家环保总局宣教中心、英格兰及威尔士特许会计师协会和北京大学光华管理学院联合主办，本次年会的主题是"企业环境责任与核心竞争力"，目的是学习可持续发展方面表现优异的公司的经验，研究中国国内企业如何承担社会责任。

会议邀请了可口可乐、碧辟、标致雪铁龙、西门子等跨国公司负责人，清华大学、中国人民大学、复旦大学、北京航空航天大学等国内著名高校以及英国斯莱斯克莱德大学、美国阿斯彭研究所的资深教授及世界银行、安永国际会计公司、企业责任联盟等组织的专家介绍境外企业是如何承担社会责任的。

国家电网公司、中国移动、中石油等中国国内著名公司也介绍它们近期发布的企业社会责任报告及社会责任报告发布所带来的巨大社会效应。它们表示，公司在不断创造经济效益的同时，必须勇于承担社会责任，这是一个成熟企业必备的素质，也是构建和谐社会的一个重要组成部分。它们认为，境外知名企业在这方面做出了很好的榜样，也积累了相当丰富的经验，这些经验值得中国企业借鉴。西门子和标致雪铁龙介绍了它们企业实施可持续发展的历程及经验，并对中国企业提出了中肯的建议。

中国贝迩年会此前已经举办过五届，每一届的年会都结合当时环境领域的热门话题，邀请中外知名专家，共同探讨中国环境问题的解决方案。英格兰及威尔士特许会计师协会是欧洲最大的专业会计师协会，其皇家特许会计师资格（ACA）以及其以思想领先著称的实力雄厚的技术部不仅在英国，而且在世界上都享有极高的声誉。

### 【案例分析二】从吉化事件看环境保护中的企业伦理[②]

1. 吉化事件概述

2005年11月13日，中国石油天然气股份有限公司吉林石化分公司双苯厂硝基苯精馏塔发生爆炸，造成8人死亡，60人受伤，直接经济损失6908万元，并引发松花江水污染事件。爆炸事故的主要原因是：中国石油天然气股份有限公司吉林石化分公司及双苯厂对安全生产管理重视不够，对存在的安全隐患整改不力，安全生产管理制度存在漏洞，劳动组织管理存在缺陷。

2. 环境保护中的企业伦理

企业道德要求任何企业之经营必须以合法方式营利。企业的伦理管理，就是要求企

①　http：//www.chinanews.com，2007-5-21.
②　李雨薇.环境保护中的企业伦理——以吉化事件为例［J］.中国外资，2013（1）.

业管理者在经营全过程中，应主动考虑社会公认的伦理道德规范，使其经营理念、管理制度、发展战略、职能权限设置等符合伦理道德要求，处理好企业与员工、股东、顾客、厂商、竞争者、政府、社会等利益相关者的关系，建立并维系合理、和谐的市场经济秩序。实施企业伦理管理一方面是企业保证自身竞争优势的必要措施，另一方面是社会发展的内在要求。企业作为经济实体，由人和其他要素共同组建而成，其从事的一切活动不可避免地受到环境的影响和制约，同时企业的经营活动也深刻地影响着周围的环境。一个企业在生产经营活动中，对社会、资源所承担的责任有以下方面：首先是资源的有效利用。提高资源的有效利用率是解决环境问题的一个重要途径。企业想要提高资源的有效利用率，就要节约原材料及能源，改进工艺，减少生产过程中的消耗，更替消耗量大的设备。其次是控制污染。污染对人类及整个环境的危害极大，因此企业要下大力气发展"清洁生产"工艺，对于生产过程中产生的废物及污染物要积极投入设备予以净化，尽量减少对环境的危害。最后是环境保护。企业不仅要从自身做起，搞好本企业内部的环境保护工作，同时还要积极参与社会性的环保公益活动，成为环境保护运动的主力军。吉化事件给环境带来了极大的影响，由于对环境污染的重视不够，还有应急预案的缺失、重视程度不够，后果极其严重，这其中蕴含了深刻的环境伦理问题。

3. 为什么企业应该承担环境责任

首先，环境问题是全世界面临的紧迫问题，不仅仅是国家，企业、个人都需要保护环境，这是每个人应尽的责任，相关法律也有明确的规定。其次，目前我国的环境保护形势非常严峻，有些企业置法律于不顾，不肯在环境保护方面投资，一味追求高额利润，严重地破坏了环境，为了建设和谐社会，我们要求这些企业应严格遵守法律，认真履行保护环境的社会责任。最后，因为企业的规模和技术等，企业对自身造成的污染问题更有专业能力，能更好地保护环境。

4. 企业应该如何做

首先，企业应该提高自觉保护环境的意识，落实建设生态文明的任务，把企业的社会效益、环境效益作为评价、考核企业生产经营的条件。

其次，解决负外部效应。根据科斯定理，可以根据明确产权，排污许可证等方式来解决，或者使效应内部化。

再次，采取清洁生产。清洁生产从本质上来说，就是对生产过程与产品采取整体预防的环境策略，减少或者消除它们对人类及环境的可能危害，同时充分满足人类需要，使社会经济效益最大化的一种生产模式。

最后，实施循环经济。废物并不是真正的废物，它也是一种资源，是一种被错置的资源，通过对废物的循环再利用，有效地控制污染的产生及扩散，提高资源的有效利用率，保证可持续发展战略的顺利进行。

# 六、企业与员工关系中的伦理问题

企业中员工的权利包括：工作的权利；接受书面合同的权利；取得公平报酬的权利；健康和安全工作的权利。

　　企业与员工关系中存在的主要伦理问题包括：①就业歧视：性别歧视、年龄歧视、健康歧视和户籍歧视；②劳动安全方面：工作场所安全、安全事故；③工作压力；④薪酬公平。

　　企业如果想要得到长远的发展，就必须将每一个员工的个人目标和企业的财务目标联系在一起，企业才可以超越个人的局限，发挥集体的协同作用，产生"1+1>2"的效果。因此，企业必须要重视员工的作用，发挥员工的最大优势。然而，目前我国企业由于过多地关注短期目标，不重视人才的培养，往往忽略了员工的发展和员工的福利。这在民营企业中是极为常见的。由于我国劳动力市场供过于求，使得普通员工与企业博弈中往往处于劣势，任意辞退职工、工作时间过长、工作生活环境过于恶劣和薪酬福利得不到保障等情况极易发生，引起大量劳资纠纷，劳资矛盾极为尖锐。如果企业的财务目标不强调伦理的重要性，没有伦理的约束，就有可能会使企业的某些原本就缺失责任观念、伦理观念的财务工作人员更加肆意妄为，为了个人利益不惜铤而走险。

### 【案例分析一】A公司绩效考核对员工非伦理行为作用机制探讨[①]

　　绩效考核作为一种有效的考核工具被企业广泛使用，通过实践发现绩效考核对企业的发展有着极大的促进作用，但随着实践的深入，这种考核方式也会带来一些非伦理行为。通过调查分析A公司平衡计分卡的绩效考核体系，深入研究企业绩效考核对员工非伦理行为产生的作用机制，认为管理者应该理性地运用绩效考核制度，警惕可能引起的风险，并提出相应的风险规避方法。

　　A公司成立于1946年，是一家集电子、娱乐、金融、信息技术为一体的大型跨国集团，A公司曾是世界视听、电子游戏、通信产品和信息技术等领域的先导者。为了不断提高员工的工作业绩，从1995年左右开始，A公司逐渐实行绩效主义，并且成立了专门机构制定了一套系统的绩效考核体系，业务成果和金钱报酬直接挂钩，因实行绩效主义，A公司内追求眼前利益的风气盛行，员工的唯一目的就是实现绩效目标，从而产生了一些非伦理行为，严重损害了A公司的整体利益，阻碍了其长期可持续发展。进入21世纪，A公司在电子业务上呈现弱势，仅在2003年，A公司一个季度就出现约59亿元的亏损，其品牌效应也逐渐减弱。

　　1. A公司平衡计分卡指标体系存在的问题

　　平衡计分卡（CBSC）是一种绩效管理办法，它通过财务、顾客、内部流程、学习与成长这四个逻辑相关的角度及其相应的绩效指标，考察公司实现其远景及战略目标的程度。A公司主要基于平衡计分卡进行绩效考核，通过调查发现，A公司的BSC指标权重为：财务角度共占35%，其中包括利润率（13%），总资产周转率（8%），生产成本（8%），产品订单生产达成率（6%）四个指标；顾客角度共占20%，其中包括顾客满意度指数（8%），客户回访率（7%），新客户获得率（5%）三个指标；内部流程角度共占25%，其中包括投诉及时处理率（8%），产品一次性合格率（9%），设备完好率（8%）三个指标；学习与成长角度共占20%，其中包括培训完成率（7%），员工流失率（6%），核心员工

---

　　① 陈渝. 企业绩效考核对非伦理行为作用机制探讨——以A公司绩效考核体系为例 [J]. 财会通讯,2018（23）.

保留率（7%）三个指标。从 A 公司的 BSC 指标体系可以发现，该体系的设计存在诸多问题。

（1）财务指标所占比重过高。从 A 公司的 BSC 指标体系可以看出财务指标所占比重为 35%，相对于其他三个角度所占比重过高，过于注重财务指标，将各种工作要素量化，使得员工只注重个人业绩的提高，在提高业绩的过程中难免会发生一些非伦理行为，违背了平衡计分卡从四个角度关注企业绩效的本质和要求。基于平衡计分卡的绩效考核要从财务、客户、内部流程、学习与发展等角度考虑，这意味着企业要想实现长期持续更好的发展，不能仅仅关注其财务指标，也需要从更广阔的角度关注企业的发展，这就需要适当提高非财务指标的比重。同 A 公司一样，在很多企业的绩效考核中，管理者更侧重于财务指标，如销售利润率、成本费用利润率等。为了达到企业的财务目标，于是就会催生一些员工的非伦理行为。Barton 和 Sutcliffe（2009）发现，在很多组织中，对经济计划或经济目标的追求导致巨大的工作任务压力，从而忽视具体行动中的安全性。陷入伦理困境的管理者往往具有较强的"自利动机"，倾向于考虑自己的获利和效率而牺牲其他个体的福祉。相比于达到生产和利润目标，他们对员工的安全问题关心不够，在组织的考核中很少将安全指标放入关键指标体系之中。且绩效考核结果往往涉及"问责制"，"问责制"若设计不合理，势必导致员工因害怕遭到"问责"而不愿意汇报自己的差错行为，从而将"小错误"演绎成"大灾难"。Edmondson（2008）研究发现，组织有效发挥"问责制"的前提条件是为员工营造心理安全感，关注实施过程中的公平性和领导的"担责性"。因此企业在制定目标绩效考核时相应地也要加入非财务指标，做到非财务指标与财务指标相结合。国内学者张川（2008）通过实证研究表明，企业业绩与非财务指标采用程度显著正相关，在同样的企业规模、市场竞争、领导者前途、管理技术多少、企业战略和生命周期的情况下，采用非财务指标程度越高，会带来越高的业绩。

（2）目标结果导向性过于明显。A 公司的 BSC 指标体系中几乎都是可以量化的指标，而且侧重于关注结果的财务指标，只注重于服务的结果，忽视了服务过程的考核，结果导向性异常明显。在这样的考核体系下，个体很容易只关注如何才能提高自己的工作绩效，如何更快地完成绩效目标，从而忽视了自己的行为是否对顾客有利，进而增加个体从事非伦理行为的风险。从理论上来讲，伦理决策的"染缸"学派进行了大量的实证调查，发现商业个体的非伦理行为主要是由于激烈的竞争，管理高层只注重结果而不关心过程的行为导向，组织缺乏道德行为强化机制等原因导致的。虽然清晰的目标使员工对自己的任务有准确的认识，降低工作模糊性，但基于结果的考核可能使得下属在目标达成的过程中面临巨大的压力。另外，从认知理论来讲，当目标是结果导向的时候，即企业对于员工的考察依据主要是其对于工作或者技术的贡献，结果导向目标特性决定了个体往往容易把注意力集中在完成绩效目标的行为上，是否有助于目标更快地完成可能成为个体行为方式的唯一选择。例如，一个销售人员向顾客宣传商品的行为标准是对销售额提高是否有利，而较少考虑自己的行为是否对顾客有利。所以，结果导向的绩效目标可能导致员工的非伦理行为的增加。

（3）过于注重评估型考核而忽视发展型考核。为了提高管理的有效性，过去学者更多地把绩效考核当作工具性问题对待。这就引发了一个关键问题：即在衡量绩效考核的有效性时，人们更加强调考核工具选择的精度，而对员工的考核反应关注甚少。Levy 和 Williams（2004）指出，绩效考核绝不仅仅只是工具性问题，它发生在社会环境中，身处该环境中的员工的考核反应才是衡量其有效性的最重要指标。根据 Meyer 等的研究，绩效考核主要存在两种目标取向，即评估型和发展型。其中评估型也称为秋后算账型，员工的绩效表现是企业进行薪酬和奖金发放、晋升降免等人事决策的主要依据。发展型也称为指点迷津型，主要根据员工表现，及时分析员工的潜力与不足之处，注重绩效反馈，将反馈结果作为培训发展员工的依据。袁凌等（2016）通过实证研究发现，评估型绩效考核与员工非伦理行为正相关，而发展型绩效考核与员工非伦理行为负相关。A 公司的 BSC 考核指标体系明显是偏向于对员工进行评估型考核，只关注员工的工作绩效，关注员工给公司带来的价值，而忽视了员工的绩效反馈，比如忽视对员工培训效果的评估，对员工建议采纳率的考核等。通过相关研究知道长期处于这样的绩效考核体系下的员工往往容易产生非伦理行为。

2. 企业绩效考核对员工非伦理行为作用机制的理论分析

（1）绩效考核对员工"计算式思维"的影响。计算式思维是通过"成本收益分析来做决策的思维方式，是经济学、战略管理、决策中的理性原则的体现。绩效考核能够在最大限度内激励员工自发、自主的精神，提高个体工作效率和企业绩效，同时这种特性也使得个体一味地追求业绩指标，而忽视其他工作内容。目标绩效考核与员工之间形成一种经济交换，这种经济交换激励个体完成其角色内行为，而避免没有经济回报的角色外行为。解释水平理论认为，低水平的解释水平容易产生计算式思维。计算式思维是一种低水平解释的表征方式，短视地聚焦于当前利益，忽视可能的、具有毁灭性的远期负面结果。Bennis、Medin 和 Bartels（2010）的研究表明，计算式思维将伦理决策量化成一种基于交换的决策方式，阻碍内在的道德价值的加工，从而会导致非伦理行为。计算式思维使得员工关注每一步自身行动所带来的成本与收益，并进行比较，从而逐渐偏离企业总体目标设置，导致非伦理行为。职场伦理行为是深思熟虑决策的结果，而非伦理行为，尤其是工作中危害他人安全的行为则更多属于非理性行为，利益的诱惑会加剧这种非理性行为。A 公司的 BSC 考核体系过于强调财务指标，尤其是"利润率"占比过大，公司自上而下一味追逐利润，上司不把部下当有感情的人看待，而是一切都看指标，用"评价的目光"审视部下，员工长期在这样的环境下工作，极易形成计算式思维，追逐眼前利益，最终做出一些非伦理行为。

（2）绩效考核对员工的道德推脱心理的影响。在组织情境下，员工的伦理观念与其对组织制度、规则的态度和行为密切相关，员工的道德推脱是对不道德行为的认知重建，通过将不道德的行为重新定义为无害的甚至是有益的行为，可以提高有害行为被社会理解和接受的程度。道德推脱往往把自己的不道德行为"合理化"，道德推脱可以解释为什么正常人做了不道德行为而没有明显的内疚和自责。道德决策是在跨期决策情景中，功利性收益和伦理原则、短期收益与长期目标之间的权衡取舍。道德推脱是道德决策失效的重要表现，员工发生道德推脱的常见原因是组织或社会情境中不道德的制度安排。当个体认为他们的行为直接来自权威要求时，会将自己行为的责任归因于权威人物，并否认自己在不道德行为中的责任。近年来层出不穷的企业安全问题对我国企业的伦理造成了很大冲击，促使我们关注企业伦理和员工在不安全行为中的道德推脱机制。Chan 和 Me Allister（2013）的研究发现，在东方文化背景下，组织成员往往将组织灾难事故的责任归因于群体，而管理者作为组织的代理人和政策的制定者，往往是归责和社会问责的对象。在这种文化背景下，集体的不安全行为会引发责任扩散，最终没有一个组织成员认为自己应该为集体的不道德行为承担责任，而且行为的有害后果的责任也会分散到组织中，最终导致个体对道德自我调节功能失效。在绩效考核中，个体为了达到组织目标，会利用各种手段实施多种行为，当某一行为对自身目标实现极为有利而对企业或者他人不利时，道德推脱心理便会产生。在道德推脱心理的作用下，员工往往将自身的这种行为进行认知重建或将这一行为造成的后果归咎于其他个体甚至是集体责任，通过道德推脱这一中介机制，非伦理行为就会发生。

（3）绩效考核对员工的价值观的影响。在人们的价值观中，如荣誉、公平、生命等这些保护性价值是高度概括的原则问题，并不会因为其他利益（比如金钱）而做出让步，这种价值偏好称为保护性价值观。价值观对于行为的预测也可以运用解释水平理论进行说明。高度的保护性价值观激发了人们的高水平解释，从而使人们更好地排除干扰，清晰地意识到抽象的价值观，倾向于做出非功利性道德判断。保护性价值观对于个体来讲具有一定的稳定性，但在具体问题场景中，人们对保护性价值的坚持并不严格，会为某些利益采取微小让步。如果企业绩效目标设置不合理，员工发现不得不实施一些不道德行为才能实现企业目标，在这种伦理困境下，面对巨大的利益诱惑，多数员工很容易动摇自身保护性价值观，从而实施非伦理行为。这提醒我们伦理困境可能使得员工的保护性价值观发生动摇，面对组织功利性而放弃自身原则，对"生命"等高价值的对象变得不太在意，以不安全的行为来获取眼前利益。

3.企业绩效考核中非伦理行为的风险规避策略

（1）结果导向性指标与过程导向性指标相结合。通过对 A 公司现状分析发现，该公司的 BSC 体系设计偏向结果导向性的指标。实际上，大多数企业在设计绩效指标时都同 A 公司一样，忽视对员工服务过程的考核，包括员工的服务态度、服务水平以及服务行为。在这样的考核体系下，员工在实现绩效目标过程中会逐渐养成一种思维习惯，即一切行为的目的都是实现最终结果，甚至会"不择手段"，于是就出现了员工服务态度恶劣、欺诈顾客、部门间和个人间恶性竞争等不良现象。基于以上考虑，企业在制定绩效指标时，应做到结果导向性指标与过程导向性指标相结合，在关注绩效结果的同时也要考核员工实现绩效目标的行为过程。因此，建议在 A 公司的平衡计分卡指标体系中加入"产品服务水平"和"老顾客保有率"这两个指标。只有产品服务水平高，服务态度好，老客户的保有率才高，所以老客户的保有率也是对员工服务过程的进一步考核。

（2）绩效指标的制定应实事求是，与任务特征相结合。企业在制定绩效考核指标时，要结合实际情况，切忌制定一些不符合实际的目标，这样就给了员工巨大的压力。绩效考核制度最典型的非伦理性是高压政策。高强度的绩效考核压力往往危及员工的身体健康，导致认知能力出现偏差，使其取得安全行为的能力受到限制。根据自我损耗模型，Barnes 等（2011）的研究发现，高度的工作压力往往剥夺员工的睡眠，导致自控能力降低，更容易犯错。现实中很多交通事故也往往是由于疲劳驾驶所致。同时，员工安全行为的保持需要员工不断对自己的行为进行反思，从而及时对自身的不安全行为进行调整。但是，当个体在非常危险的环境下还感知到巨大的考核压力时，往往变得"一叶障目"。压力让人们的行为变得鲁莽，不安全因素嵌入到工作行为的惯性中而难以进行反思，甚至排斥别人有价值的建议。绩效考核压力大的原因还在于考核周期短，Hershfield 等（2012）在实验结果发现，绩效考核的短周期性导致的短视是员工从事非伦理行为的关键因素。A 公司在初期的高压政策下能取得辉煌的成就，并不意味着这种辉煌可以持久存在。随着公司业务发展和绩效考核压力的逐步加大，处于高风险任务的员工由于认知的局限性，他们就会由最初的小心翼翼变为麻木不仁，对工作中的危险因素和不道德问题视而不见。所以，在平衡计分卡的调整中，建议增加"个体人身安全和设备安全事故次数"的评估，以达到规避非伦理风险的目的。

（3）在制定绩效考核制度时要促进组织目标与员工目标相融合。传统管理所隐含的假设是，员工需要调整自身来适应组织的需要，员工一旦追求个人目标就会使组织陷入混乱。遵循这一假设的管理实践必然会忽视甚至漠视员工的个人目标。近年来的研究发现，组织目标与员工目标的融合可以减少冲突，提升员工的工作动机，减少员工从事非伦理行为的可能性。在目标制定时要促进组织目标与员工目标的融合，力争实现个人目标与组织目标的一致性，当员工个人的目标与组织目标越一致，其实现目标的动机越大，就越能提升个体实现目标的自信，在实现目标过程中从事非伦理行为的可能性就越小。在企业管理过程中，组织目标与员工目标发生了偏差的情况有很多，目标偏差也是导致员工从事非伦理行为的原因之一。比如，如果企业的培训目标停留在培训学时和培训费用投入等方面，而不注重对员工培训效果的评估，个体就可能对企业培训的知识和技能不能充分掌握，导致其不能按照生产标准进行工作，进而通过非伦理行为来达到目的。所以，针对 A 公司提出增加"培训效果评估"这一指标的考核，达到有效规避非伦理行为风险的目的。

（4）提高员工从事非伦理行为的成本。员工从事非伦理行为的成本主要包括经济成本、社会成本和心理成本。个体在进行伦理决策之前会对非伦理行为的代价和收益做一个权衡。根据 Bandura（1993）提出的道德识别理论，目标的达成和心理收益紧密相连，包括更高的自我满意度、更高的自我效能感。目标的失败也会伴随着相应的心理成本以及相应的社会成本（知名度问题等）和经济成本。研究发现，员工在任务的截止期限到来时，离目标的距离越近，越有可能从事非伦理行为，因为一个"小小"的谎言付出的心理成本并不大，但如果不撒谎，可能失去丰厚的收益。在赢利性的企业中，员工的薪酬必须和其非伦理行为相联系，提高个体不道德行为的成本，并在企业的绩效考核政策中予以体现。在 A 公司的绩效考核体系中，建议增加"个体违规行为的处罚标准"，以达到事前惩戒的效果，进而有效预防非伦理风险。

**【案例分析二】腾讯科技有限公司处理好与员工的伦理关系** [①]

1. 案例背景

腾讯科技有限公司（以下简称腾讯）位于广东省深圳市高新科技园内，成立于 1998

---

① 莫申江，王重鸣 . 转型时期民营企业组织伦理构思的案例研究 [J]. 管理案例研究与评论，2009（12）.

年11月。腾讯成立十多年以来，一直秉承一切以用户价值为依归的经营理念，始终保持稳健、高速的发展态势，逐步形成以 QQ、QQ.com、QQ 游戏以及 QQ 移动手机门户四大网络平台为主体的面向在线生活产业模式的业务布局。2009 年，腾讯已经成为当时中国最大的互联网综合服务提供商之一，也是当时中国服务用户最多、市值利润第一的互联网企业。

腾讯的长期愿景是成为最受尊敬的互联网企业，目标以长远的眼光、诚信负责的操守、共同成长的理念来引领股东、员工、用户、合作伙伴和社会等公司利益相关者，协同发展公司事业。

2. 案例描述

作为一家典型的互联网行业企业，腾讯拥有一支年轻的人才梯队，他们学习能力强，敢于创新，且个性鲜明。基于此，腾讯并不拘泥于传统的企业运营管理模式，而是积极构建了一种被称为"后大学时代"的多元化发展空间，以适应不同员工的成长需求。一方面，腾讯允许员工自行开展个性化的工作环境设计，营造快乐健康的工作氛围；并针对企业内多数技术人员日常工作内容呈共性、业余生活单一乏味的矛盾，积极倡导组建了球类、舞蹈等多种形式的社团组织，并给予硬件及资金方面的大力支持。另一方面，腾讯创新地拓展了员工成长路径，提出了管理发展通道和专业发展通道并重的"双通道"职业规划体系，即在腾讯内部，并非仅有管理职系一条上升通道，在技术骨干体系中同样也能够成为极受人尊敬的权威人士，获得至高待遇。这种独特的人才发展模式正是腾讯兑现"将员工视为企业第一财富"的最佳表现。

依靠这支精英团队，腾讯自 2004 年上市以来，公司业绩一直稳步攀升，至今市值已经增长十余倍，为广大股东创造了丰富且稳定的利润收入；腾讯被投资业内评价为最令人放心的企业。与之相对应，腾讯一直努力追逐着"成为最受尊敬的互联网企业"的公司理想。作为社会纳税人，腾讯积极地看待企业与社会间的互动联系，甚至从不考虑采取任何避税行为，将纳税完全视为公司社会贡献的重要环节之一。作为文化引领者，腾讯积极响应国家营造健康安全网络环境的号召，在坚持"做好互联网"主业的同时，全力引导国民"健康网络""网络公益"等可持续发展理念，突破了传统网络媒介的功能局限。2008 年 4 月，腾讯更是与英特尔展开战略合作，共同致力于绿色数据处理技术研究，目标是构建能效大幅优化的环保型绿色互联网。

基于这样一种业务策略上求稳、发展愿景上进取的整体思路，腾讯在经济规模快速拓展的同时，愈加关注到自身与周围环境间的紧密联系，注重反哺社会。公司于 2006 年 9 月发起设立腾讯公益慈善基金会，着力关注青少年成长，推动环境保护成为人们的日常思维。2008 年 2 月，腾讯率先捐助 200 万元支持祖国南极科考项目；除提供大量测绘考察相关的软硬件支持之外，腾讯基于自身网络优势，积极倡导环保理念，大力普及全球变暖等人类发展困境知识，开创了企业推动国家科技进步、社会观念更新的崭新模式。

3. 案例解释

腾讯所实行的"双通道"职业生涯规划体系为员工创造了更为宽阔的晋升发展空间，使得处于任何岗位上的员工都能够安心、积极地完成本职工作，并依据自身特长，自主选择成长路径，合理规划未来。而轻松、弹性且较少限制的工作规范给予了腾讯员工较大限度地由发挥空间来实现工作绩效方面的突破。不难发现，这些内容是腾讯在传统公司管理框架基础上融入企业独有人才理念与发展思路的具体表征，体现了腾讯与组织成员间的协定性交换内涵。

腾讯对于"正直、尽责、合作、创新"的公司价值观的深刻理解，集中体现在其和外部利益相关者的互动过程中。例如腾讯一贯以积极正直的心态承担商业组织纳税义务，获得社会充分认可，进一步增强了企业自身荣誉感。此外，腾讯向股东做出持续稳定回报的承诺，发出一切以用户价值为依归的号召，并在过去五年中以卓越的业务绩效和绿色互联网环境，赢得了腾讯股东的长期投资信心和腾讯受众的一致好评。腾讯坚定地追随公司理念来为人处世，这并不意味着其随即能够从中得到直接利益反馈，而更多体现为营造获得一个潜在的、友好的、充分相互信任的公司成长环境，间接惠及公司的长期可持续发展。因此，这些方面较好地体现了腾讯公司理念中的互惠性交换部分。

被称为"后大学时代"的工作生活模式是腾讯针对绝大多数员工、特别是活力充沛且创意丰富的年轻人而精心定制的；在一般创新型企业的轻松高效氛围的基础上，腾讯更是不惜代价投入员工群落兴趣培养和技术梦想实现，使得员工体验到了超优质的工作享受。这些有助于员工工作幸福感提升的组织内部行为并不会为腾讯带来任何直接利润，事实上，腾讯也从未以获得对等回报为目标，而是真正将员工视为第一财富，珍藏它的同时使之具备更加卓越的价值，进而实现企业与组织成员间的概化性交换目标。

互联网企业的本质属性使得腾讯从创生以来就一直与社会环境之间保持着紧密联系。它充分发挥自身网络资源优势，承担着环境保护、绿色公益、社会科技等公民责任。显然，这些领域并非腾讯自身专长，但在认识到这些方面迫切需求得到社会各界广泛重视后，腾讯以极高的热情积极采取行动，或捐赠成立公益基金会，或联合研发社会性绿色资源；这些大额投入并不意味着腾讯的核心竞争技术得到了显著提升，而更多体现为腾讯品牌更加受到社会认同与尊敬，成为关系我国社会和谐发展的重要组成要素。

### 【案例分析三】忠诚管理：提高员工的忠诚度 [1]

忠诚是一种觉悟，觉悟有前觉后悟、不觉不悟，因此忠诚也需要一套管理方法，以使员工有所觉悟。中国历代都十分重视培养忠诚意识，从这个角度讲，忠诚管理可以说是一门国学——时至今日，中国人依旧抱守着那股强烈的忠诚情结。如今，随着国外一些先进管理方法的不断涌现，如幸福感管理、胜任力管理、价值观管理等，又为有效地提高员工的忠诚度提供了大量方法，这将使中国的管理者如虎添翼。《财富》杂志评价的世界500强企业的平均寿命不超过40年，其中大部分企业都不如它们的雇员寿命长，并且遗憾的是这些企业也都没能与员工一道成长。当我们发现"零库存"会为企业带来效益的时候，我们是否注意到"零流失率"也会创造价值呢？

美国国家农场保险公司承保的家庭总数超过了美国全部家庭的20%，比美国电话电报公司控制的还要多，并且公司依靠自身积累的资本仍在不断壮大，如此突出的业绩要归功于其设计周详的忠诚管理制度——再保险份额、奖励条款、代理选择、员工培训、

---

[1]　魏钧.忠诚管理［M］.北京：北京大学出版社，2005.

升迁降调、客户开发、广告宣传、价格制定、服务水准等方面都考虑到雇员与客户的忠诚度。国家农场保险公司的员工的在职时间往往是竞争对手的 2 倍以上，其客户忠诚度也高达 95%。

许多公司都已意识到忠诚可以创造财富，因此它们对客户忠诚度和员工忠诚度都十分重视。凌志公司是丰田公司的豪华车分部，其美国公司的第一位总经理曾说："在这个行业里，唯一有意义的满意度标准是再次购买所表现出来的忠诚。"它们同时发现，客户的忠诚也有赖于员工的忠诚。贝恩策略顾问公司对不同的行业一连进行了十几年的研究，最终发现员工忠诚对企业有 7 个方面的突出贡献，包括招聘、培训、效率、选择顾客、留住顾客、向顾客推荐本公司和向公司推荐员工。

服务行业以顾客回头率为其主要利润来源，而顾客之所以回头，除了对企业的依赖，还因为企业中有一位他们熟悉的人，或者熟悉他们的人。比如，去理发的人通常都会喜欢让一位固定的师傅来为自己服务，一旦找到合适的人，就不太愿意更换。

汽车修理业也一样，一般客户都会寻找并绑定一位富有经验的维修员，因为他们比较熟悉自己的车况，对问题会一目了然，而且随着其维修经验变得不断丰富，从前要用一个小时完成的修理任务如今只需用半个小时——这在无形中提高了客户满意度，也增加了顾客的转移成本。这就是员工忠诚的巨大优势，它使顾客与员工的长期交往和相互学习成为可能，从而忠诚也就变成了财富的源泉。

人们对于品牌的忠诚多半是通过产品和商家的服务形成的，不幸的是，客户对产品天生就喜新厌旧，这就使员工的服务表现成为留住客户的一种手段。由于与客户建立信任需要时间，通过与客户的交流来收集信息也需要时间，所以老员工的流失就意味着这一切需要重新来一遍。从顾客方面来说，由于商家人员的变化，顾客必须对着不同的人重复同一件事，这的确是件烦人的事情，因此有可能导致顾客的流失。

### 【案例分析四】联想裁员 [1]

2004 年 3 月，联想集团在 FM365 网站项目收缩之后，开始了近年最大规模的一次裁员动作。联想在书面文件中明确表示，此次裁员是公司战略调整的行动之一，与员工的表现及业绩无关；同时，集团安排了周详的补偿计划，并为离职员工提供心理辅导、再就业支持等服务，裁员的数量约占集团员工整体比例的 5%。虽然仅仅是 5% 的比例，但就这家员工总数超过 11000 余人的中国大型技术企业在中关村乃至国内 IT 业的影响，裁减 600 人足以造成重大影响。联想此番裁减人员的流程非常专业和顺畅。3 月 6 日启动计划，7 日讨论名单，8 日提交名单，9~10 日人力资源审核并办理手续，11 日面谈。整个过程一气呵成。

在宣布裁员的当天，秩序井井有条。经理们首先肯定员工过去的成绩，然后解释战略性裁员的意义，告知可能支付的补偿金数额，然后递上所有已办好的材料，让离职员工在解除劳动关系的合同上签字，平均每个人 20 分钟。更为高效的是，在员工进入面谈室的同时，公司已经帮他们办好了几乎所有的离职手续；等他们从会议室出来的时候，

---

① www.weste.net/2004/3-17/20040317QBI161421.htm.

邮箱、人力地图、IC卡已全部注销。这意味着，从面谈室出来的那一刻，他们就不再是联想的员工。被保留的人力资源部分根据联想新的业务规划重新确立为核心业务、重点业务、其他业务三个层级，主次级别标示为A、B、C。PC作为A类业务自然受到保护；手机业务被列为B类，因此联想移动通讯研究院并未受到大规模的裁员；而被归入C类业务的IT服务群组和高性能服务器则成为裁员幅度最大的部门。

配合业务调整，裁员的另一个形式是对人力在地域上进行重新分配。比如，上海本地消费者倾向于选择国际品牌的消费习惯使联想在上海陷入了洋品牌的包围中。联想因此致力于华东其他省份的市场，措施之一就是把上海的人力派往周边各省市。

联想（上海）有限公司市场部是改革力度较大的部门。原来的市场部已重新整合，改称"业务支持部"，员工部分转岗到其他业务部门。较之裁员，转岗成了更多人的选择。把全国的销售大区从原先的七个增加到十八个，"充实更多的力量到一线去"正是"转岗"的基本思路。转岗是一种更为柔和的裁减方式，但在整个集团大规模裁员的压力下，很多部门不得不完成一定的裁减指标，接收新员工的概率微乎其微。市场部、公关部、行政部是受到影响最多的业务部门，但一些硬性指标使B类业务部门也考虑裁减一些员工，上海的联想移动通讯研究院因此辞退了三个人。

"市场竞争这么严峻，裁员不可避免。"联想人力资源部高级秘书王莉莉对记者说，"这次是公司结构调整下的岗位调整，离开不是员工的错。""这一次，我们压缩了不必要的中间管理层次，可以提升资金的运作效率，减少人力资源成本，决策容易，效率更快。"联想集团企业推广部总经理李岚说。每个离开的员工都得到了丰厚的补偿，具体计算被表述为一个简单的公式——N+1（在联想工作了1年，补两个月的薪水；工作了3年，补4个月的薪水；以此类推）。但失败感困扰着一些离职者。一位中层经理说："人都有一种归属感，我们常常会对别人说我是北大的，或者我是联想的，但没有人会说我是自己的。而实际上这种归属感往往会使自己迷失，你其实不是联想的，联想也不是你的，你只属于你自己！我们其实都没有亲人之外的另一个家！"

"炒老板鱿鱼和被老板炒鱿鱼"都是正常的经济现象。雇员相对于公司来讲，属于弱势群体。雇员的"忠诚度"并不是要求和强迫就能做到，也不能通过合同达到目的，只能是培养、鼓励并最终获得。

## 七、企业与股东关系中的伦理问题

企业与股东：投资者是企业的上帝。企业伦理维护股东的合理利益；股东道德对企业伦理具有举足轻重的影响。股东特别是管理型股东对于企业目标、企业宗旨、企业发展战略的形成具有重要影响，其经营理念、行为模式将会极大地影响企业的经营行为。而且，股东特别是管理股东是企业文化的倡导者和表率。

企业与股东关系中的主要伦理问题包括：不发放股利；信息披露不及时、不全面；披露虚假信息。

中国股市存在一种不健康的发展形势，股民们的投机之心大于他们投资之意，他们善于利用股票的低买高卖来获取利益。然而，这一特点也给一些企业为了达到圈钱的目的提供了可乘之机。股票市场拥有着大量的资金，这对企业来说，是一块很大的"蛋糕"，因此，成为"上市企业"是大多数企业的心愿。但是，我国股票市场发行条件十分严格，所以有些不具备上市资格的公司就会通过譬如做假账、虚构企业报表信息等不伦理的手段来欺骗股票监管机构和蒙蔽投资者，以期达到迅速"圈钱"的错误财务目标。就算是合法的上市公司，其中也有恶意圈钱的例子。

资金用途的随意改变。我国法律明确地规定，公司通过募集方式得到的资金只能用于招股说明书中所列的资金使用目的。然而我国大部分企业，在发布的招股说明书中，往往有意识地虚增企业所需要的资金数额，使企业可以获得比实际需要更多的资金额度。这多出来的部分资金就会被企业隐藏下来，进行其他投资或经济行为。另外，企业还有可能在募集到项目所需资金后发布公告，改变资金的用途。虽然法律没有规定企业不可以改变资金，但是我国上市公司存在的问题还是较为严重的。

企业的短期性、投机性投资过多。由于不正确的财务目标的制定，使得企业的财务规划并不是为了大多数投资人的利益考虑，也不是为了企业的长远发展，而是着眼于企业的短期收益，使得企业在资金的运用上短期行为过多。许多企业上市时业绩一般，上市后也没有将主要精力放在自己的主要业务上，而是频繁地改变公司经营范围和投资结构，进行大量的短期投机，来分担企业的经营风险。这就有可能造成企业的主营业务利润的降低，企业投资回报率下降的结果。许多企业面对这样一个结果时，不思如何纠正自己的错误，反而将错就错，利用向股东配股送股的方式大肆圈钱，用大量的资金优势来掩盖其经营劣势。但是由于企业没有好的投资项目，导致企业的投资回报率较低，虽然企业有利润，但是真正能够使用的现金流量却不是很多，因此。有些企业通过不发放或少发放现金股利，甚至是发放股票股利等手段来变相地欺骗股东投资人，使得股票持有人纷纷抛售股票。

过度投资。由于企业的投资规模这一度量方式经常用于对企业经营者的考核指标中，因此就必然会使得某些职业经理人为了私人的目的（职位晋升、个人帝国、回避风险、物质及非物质奖励），将资金大量地投入到原有项目或直接投入其他行业中，使得企业的投资规模异常扩大。

企业对于股东在收入分配领域的失位。主要问题体现在企业不分红或少分红。股东将资金投入企业，最终目的是要使自己的资本升值，获得股利分红。由于我国财务目标存在缺陷，致使我国大多数上市企业的股利政策是常年不分红或是进行象征性的分红。

**【案例分析一】企业科学发展战略观：要适应两个"上帝"**[①]

19世纪新古典经济学框架中国际贸易的"比较优势"学说与20世纪90年代初期的战略管理学者波特教授的"国家竞争优势"学说，都无可辩驳地证明：社会的可持续发展，从本质上看依赖于作为经济组织的公司的长期生存与健康发展，而要支撑公司的可持续经营，就先要树立公司科学发展战略观。这种战略观要求透视并辨别那些为公司长期经营提供养料的"上帝"，牢固树立两个"上帝"理念。

---

① 李维安.企业科学发展战略观：要适应两个"上帝"[J].南开管理评论，2004（2）.

数百年市场经济发展的历程，给我们的最大收获就是认识到在商品服务市场上顾客就是公司的"上帝"，公司要立于不败之地，一定要服务好或适应这个"上帝"，全心全意服务顾客、适应顾客，尽量满足顾客的需求。然而，近年在安然、世通和帕玛拉特等全球大公司相继曝出的以财务丑闻为导火索的公司管理大地震中，就连为安然这类客户提供周到服务的安达信等大公司也陷了进去。这些大公司没有忘记在商品服务市场上顾客是"上帝"的警示，未曝丑闻之前它们在顾客看来口碑尚好，然而在资本市场上投资者对它们的信任几乎丧失殆尽。那么，失去作为公司"主人"——投资者的信任，像安然与世通等这样的公司不仅难以获得充足的资本供给，而且很难在以诚信与道德维系的市场经济环境中生存，就更谈不上可持续经营与发展了。

所以，为了实现公司可持续经营，我们必须在适应商品市场中"顾客"这个上帝的同时，一定要适应资本市场上的以股东为主体的"投资者"这第二个"上帝"。适应前者，可确保我们的公司能够有效完成商品和服务的供需交易；而适应后者，则可保证我们的公司能够获得源源不断的资本，从而像一艘在市场经济的海洋中的战舰一样破浪远航。有适应这两个"上帝"能力的公司就能在下游的商品市场和上游的资本市场上游刃有余，百战不殆。

## 【案例分析二】招商银行可转债对股东的影响 [①]

（一）案例材料

招商银行股份有限公司 2003 年第一次临时股东大会于 2003 年 10 月 15 日在深圳市深南大道 7088 号招商银行大厦五楼会议室召开，出席本次会议的股东及股东授权代表共81 人，代表股份 3808569147 股，占公司有表决权股数的 66.74%，实际投票 74 张，代表股份 3786078501 股，占公司有表决权股数的 66.34%，符合《公司法》和《招商银行股份有限公司章程》的规定。会议由董事长秦晓先生主持，会议审议并经逐项表决通过了如下决议：审议通过了关于发行可转换公司债券的议案。

（1）发行规模：不超过 100 亿元：同意票 3269851090 股，占出席会议有表决权股份总数的 85.86%；反对票 395338334 股，占出席会议有表决权股份总数的 10.38%；弃权票 120889077 股，占出席会议有表决权股份总数的 3.17%。

……

（2）向原股东配售的安排：本次发行的可转换公司债券向原股东优先配售，原股东可优先认购的招商银行可转换公司债券数量为其在股权登记日收市后登记在册的"招商银行"A 股股份数乘以 0.4 元（即每 10 股配售 4 元），再按 1000 元一手转换成手数，不足一手的部分按照四舍五入的原则取整。同意票 3240506762 股，占出席会议有表决权股份总数的 85.08%；反对票 400396322 股，占出席会议有表决权股份总数的 10.51%；弃权票 115831089 股，占出席会议有表决权股份总数的 3.04%。

招商银行 100 亿元债转股的再融资方案受到了众多流通股股东的攻击。47 家持有的基金和证券公司甚至结成了统一的"反对派"联盟，他们持有的招商股份根据二季度的

---

① www.docin.com/p-550392499.html.

公告在 36000 万股左右，超过 5%，所以他们不但在股东大会前就通过媒体发表改革可转债发行方案的建议，而且在股东大会上提交《关于否决招商银行发行 100 亿可转债发行方案的提案》议案和《关于对招商银行董事会违背公司章程关于"公平对待所有股东"问题的质询》《对招商银行本次可转债发行方案合法性的质询》两个质询案。认为"招商银行置中小股东利益于不顾，属于恶意圈钱行为，掠夺股民的血汗钱"。

（二）案例中主要利益相关者利益分析

招行的经营者：发行 100 亿元可转债无疑将提高公司的规模，招商银行的资金充足率也随之上升。

中金公司：作为发行 100 亿元可转债的承销商，中金公司通过招行发债可提取承销费用。

F 股股东：议案总"建议年利率第 1 年为 1.0%，逐年递增 0.375%，最后 1 年 2.5%"按今年中期净资产收益率 6.46% 计算，则利息支出将明显低于资本的增值；此外，初始，转股价格"以公布募集说明书之日前 30 个交易日公司股票的平均收盘价格为基础，授权发行可转债领导小组在上浮 0.1%~15% 的区间内最终确定初始转股价格"，当可转债转股时，每股净资产数据增加，F 股股东获利。

A 股股东：首先是转债转股价格低。二级市场上的价格必然向转股价格靠拢，市场价格下跌，从方案在 8 月下旬公布后招商银行股价最大跌幅达到 15%。其次发债方案中招商银行发债存在诸多优势的前提假设为招商银行未来收益增长"保持目前 25% 的增长速度"，但招商银行未来收益增长是否继续保持目前 25% 的速度具有不确定性，如若不然则在可转债转股后每股收益势必会被摊薄，A 股股东利益受损。传统的企业观点认为：管理经营者的义务在于在法律规定的范围内，尽其最大努力为股东创造最大的利润。根据这一观点，股东利益是至高无上的，高于其他一切利益。

但是，尽管股东在法律上是所有者，然而，他们往往只是一些对企业的长期发展中没有真正兴趣的投机者。他们的利益就在于从他们的投资中获得最大限度回报——即使这种回报导致对企业长期发展的损害。企业股票一旦下跌，他们就出卖股票将其投资转移到别处。从这种意义上说，为这种股东经营企业，必将为公司的生存和发展造成伤害，而且，由于大量的股票持有者是通过共同基金、投资计划或者保险政策的形式持有股票，他们甚至不知道自己持有哪一家公司的股票。

招商银行的经营和发展，不仅要考虑到股东的现有利益，更要考虑到股东的未来利益。只有公司长期的可持续发展，才能为长线投资者带来真正的长期利益。短期投资者和长期投资者在利益追求上有一定差异，任何上市公司都很难把各方面的利益完全顾及到，招商银行更为重视投资者的长期利益。从企业长期持续发展角度考虑，招商补充资本势在必行。

为补充资本进行再融资，招商银行也曾研究过除可转债外的次级债券、海外上市、定向增发或配股等方案。通过比较，最后还是选择了发行可转债，因为招商银行董事会认为该方案无论是对投资者还是对上市公司应该都是比较有利的选择。

第一，充实资本金，摊薄效应延后。本次可转债发行是以计入次级资本为条件设计，因此发行后即刻计入资本金，提高资本充足率，满足监管规定。而可转债设定转股期为债券发行后 6 个月，因此，对于每股收益的摊薄影响也将延后到 2004 年以后。

第二，股东权益增厚。一般投资者反对上市公司再融资的理由正是由于新增效益无法弥补再融资带来的摊薄效应。招商银行以可转债方式再融资所带来的新增效益完全可以弥补摊薄效应，给投资者带来实际的好处。

第三，为股东提供有效保护。如果本行的经营无法达到市场预期，可转债投资者选择不转股。一方面，招商银行到期还本付息，对于现有股东不会产生摊薄效应。另一方面，作为高负债经营企业的银行，通过较低融资成本得到资金，也可为股东创造效益。

第四，符合当前市场操作惯例。根据国内目前资本市场对再融资手段及效果的分析可以看出，市场对于增发持较为负面态度，而发行可转债的公司，股价表现良好，可转债发行得到市场认可。

可转债的确要比配股和增发更符合老股东的利益，也符合公司的利益，但是如果考虑到法人股和流通股股东的不同利益实现途径，考虑到流通股股东追求的是资本价差的现实，考虑目前市场状态对再融资的反感，考虑到二级市场的股价走势以及由此造成的流通股股东亏损，那么基金的讨价还价就是一种必然。

比较分析前期所有可转债方案的基础上，结合招商银行的特点，充分考虑投资者、股东和发行人三方利益，方案力争取得"三赢"的结果。认为方案所拟定的条款从目前市场情况看是比较合适的，可以为各方带来合理的回报。从市场上讲，因发行可转债，转股后对每股收益有一定幅度摊薄，短期内可能会对股价形成一定压力，但长期会带来每股收益增厚，对于股价增长具有积极的促进作用。

银行的发展如同逆水行舟，如果招商银行目前就满足于现有的成绩而止步不前，面对银行业不断国际化的竞争压力，不仅将丧失应有的发展空间，而且也必将降低竞争能力，最终被挤出市场，失去蓝筹股的资格，甚至丧失生存的能力。如果招商银行今天纵容这种情况成为现实，那才真的是对股东利益不负责任。如果只把招商银行作为一个短线炒作工具，那招商银行就失去了作为蓝筹股的价值，而只能成为助长股市泡沫的一分子。

### 【案例分析三】鸿仪系"掏空"上市公司的伦理思考 [①]

鸿仪系是由一系列上市公司和非上市公司构成的一个庞大的民营企业集团。鸿仪系旗下的上市公司主要有湖南国光瓷业集团股份有限公司（以下简称国光瓷业）、张家界旅游开发股份有限公司（以下简称张家界）和湖南安塑股份有限公司/湖南嘉瑞新材料集团股份有限公司（以下分别简称安塑股份和嘉瑞新材）。此外，鸿仪系还对湖南亚华种业股份有限公司（以下简称亚华种业）具有重大影响力。其中，鸿仪系对国光瓷业和张家界采用的是先"支持"再"掏空"的方式，而对安塑股份/嘉瑞新材和亚华种业采用的是直接"掏空"的方式。

（一）鸿仪系"支持"并"掏空"国光瓷业的案例分析

1.鸿仪入主国光瓷业

2000 年 9 月 5 日，国光瓷业第一大股东株洲市国有资产管理局与上海鸿仪投资发展

---

① 黎来芳.商业伦理，诚信义务与不道德控制——鸿仪系"掏空"上市公司的案例研究［J］.会计研究，2005（11）.

有限公司（以下简称上海鸿仪）达成转让国光瓷业 2700 万股国家股的意向。9 月 21 日，双方草签股权转让协议。上海鸿仪成为国光瓷业的潜在控制人。2002 年 4 月 17 日，国光瓷业 2700 万股国家股授权上海鸿仪托管经营。上海鸿仪对国光瓷业的控制权进一步加强。2002 年 9 月 10 日，国光瓷业 3240 万股股份（占国光瓷业总股份的 28.42%）正式转让给上海鸿仪。上海鸿仪正式成为国光瓷业的第一大股东。在 2000 年 9 月上海鸿仪与国光瓷业第一大股东草签股权转让协议后，鸿仪系即开始对国光瓷业进行人员渗透。等到 2002 年 9 月股权实际过户之后，鸿仪系进一步从人员上巩固了对国光瓷业的控制，鸿仪系派出人员在国光瓷业担任了董事长、副董事长、总裁、监事会召集人等重要职务。

2. 鸿仪"支持"国光瓷业

鸿仪入主国光瓷业后，立即对国光瓷业进行了大刀阔斧的资产重组，将一系列优质资产注入国光瓷业，还通过提供贷款担保等方式为国光瓷业的发展提供资金来源。此外，国光瓷业还通过虚增收入等手段增加账面利润。并且，国光瓷业 2000 年和 2001 年都向股东分派了红利。鸿仪系的这番苦心经营，无疑是为了国光瓷业能够达到配股条件，实现再融资。2002 年 11 月中旬，国光瓷业提出了配股方案。但令鸿仪系失望的是，此次配股方案遭证监会否决。方案遭否决的重要原因可能就是国光瓷业的配股资格是通过鸿仪系的"支持"得来的。

3. 鸿仪"掏空"国光瓷业

国光瓷业配股不成，鸿仪系大规模扩张的资金需求只能通过旗下上市公司大规模举债以及关联担保来满足。自鸿仪系入主国光瓷业以来，国光瓷业的银行借款和资产负债率都大幅上升，2004 年的资产负债率甚至超过了 95%，银行借款竟高达净资产的 21.8 倍。截至 2004 年末，据国光瓷业披露，控制性股东及其关联方占用国光瓷业的资金达 1.28 亿元，国光瓷业为控制性股东及其关联方提供贷款担保的金额更是高达 2.9 亿元，分别占 2004 年末国光瓷业净资产的 368.134% 和 831.17%。相应地，2002 年以后，国光瓷业的净利润以及净资产收益率都急剧下降。到 2004 年，国光瓷业净资产收益率甚至低至 -739%。在被鸿仪系"掏空"之后，2005 年 5 月 10 日，国光瓷业被实施退市风险警示，股票简称由国光瓷业直接变更为 *ST 国瓷。

（二）鸿仪系"掏空"安塑股份 / 嘉瑞新材的案例分析

1. 鸿仪入主安塑股份 / 嘉瑞新材

2001 年 6 月，安塑股份原第一大股东原湖南安江塑料厂集体资产管理委员会将其持有的安塑股份法人股 2880.9 万股（占公司总股本的 29.85%）转让给洪江市大有发展有限责任公司（以下简称洪江大有）。此次股权转让价格为每股 2.874 元，比 2000 年末安塑股份每股净资产 4.82 元低 40%。而洪江大有由自然人袁峰和李蜜于 2001 年 5 月 23 日设立。两个自然人设立的一个不足一个月的公司以超低价一举得到安塑股份这个天生好壳的控股权，这一度引起了市场的质疑。2001 年 12 月，洪江大有股东李蜜、袁峰分别将其持有的 40% 和 30% 的股份转让给深圳市荣涵投资有限公司（以下简称荣涵投资）。2002 年 4 月 18 日，安塑股份第三大股东湖南金利塑料制品有限公司将其持有的安塑股份法人股 1100 万股（占安塑股份总股本的 11.4%）转让给上海沪荣物资有限公司（以下简称上海沪荣）。鸿仪系的关联法人上海沪荣成为安塑股份第三大股东。2002 年 11 月 25

日，荣涵投资与李蜜签署了股权转让意向书，拟将其持有洪江大有70%的股权转让给李蜜。安塑股份的潜在控制权兜了一圈又转回李蜜手中。直到此时，市场才得知李蜜是鸿仪系实际控制人侯军的妻子，鸿仪系这才浮出水面，其操作手法不可谓不高明。2004年9月29日，荣涵投资解除了与李蜜的股权转让意向书，而与上海佰汇实业有限公司（以下简称上海佰汇）签署股权转让协议，将洪江大有70%的股权转让给上海佰汇。而上海佰汇两大主要股东湖南天龙产业发展有限公司（以下简称湖南天龙）和上海群仪实业有限公司（以下简称上海群仪）均为鸿仪系所控制。在2002年11月鸿仪系对安塑股份的潜在控制权公开之后，鸿仪系的人员就频繁出现在安塑股份的董事、监事及高管人员名单中。事实上，从2001年6月开始，除荣涵投资做了短时间的过客之外，鸿仪系几乎一直牢牢掌握着安塑股份/嘉瑞新材的实际控制权。

2. 鸿仪"掏空"安塑股份/嘉瑞新材

鸿仪"掏空"安塑股份/嘉瑞新材的主要手段仍是资金占用和贷款担保。截至2004年末，鸿仪系占用嘉瑞新材资金5187亿万元；嘉瑞新材为鸿仪系提供贷款担保4161亿元。自从2001年鸿仪系开始入主安塑股份/嘉瑞新材以来，安塑股份/嘉瑞新材的资产负债率和银行借款就节节攀升。到2004年末，银行借款竟高达净资产的4.56倍，其他应收款也高达净资产的4.2倍。可见，安塑股份/嘉瑞新材不顾风险进行巨额借款的目的就是为了满足控制性股东及其关联方的资金占用。经过鸿仪系的"掏空"，安塑股份/嘉瑞新材的净利润和净资产收益率都急剧跳水。2005年3月22日，嘉瑞新材被实施退市风险警示，股票简称由嘉瑞新材直接变更为 *ST嘉瑞。

（三）案例总结

1. 金字塔式股权结构加大商业伦理及诚信风险

Shleifer 和 Vishny（1997）、Wolfenzon（1998）以及 Bebchuk 等（1999）发现，现在的公司股权结构中，控制性股东在很多情况下只拥有公司较少的股权（现金流权），却掌握了公司的绝对控制权。Beb-chuk 等（1999）将这种控制权和现金流权不一致的现象称为控制权与现金流权的分离。金字塔式的股权结构是加大控制权与现金流权分离程度的重要方式。Claessens 等（2000）和 Bertrand 等（2002）对控制性股东利用金字塔式股权结构侵害中小股东利益的现象进行了检验。唐宗明和蒋位（2002）认为，在中国大陆，控制性股东利用金字塔式股权结构加大上市公司控制权和现金流权分离的现象也呈逐步上升趋势。通常，终极控股股东对上市公司的控制链条的层级越多，现金流权与控制权分离程度也会更高。鸿仪系对上市公司的控制都是通过金字塔式的间接持股实现的，并且控制链条都比较长。通过这种金字塔式的股权结构，鸿仪系以较小的现金流权掌握了上市公司的绝对控制权。我国资本市场中存在着大量的资本系。这些资本系往往都通过复杂的多层级的金字塔式股权结构，来实现控制权与现金流权的高度分离。从早些年相继出事的中科系、华晨系，到纷纷落马的鸿仪系、德隆系、托普系、飞天系，无不说明了金字塔式股权结构中隐藏着极高的商业伦理和诚信风险。

2. 控制性股东诚信义务与董事、监事及高管人员诚信义务合二为一

Berle 和 Means（1932）首先提出了所有权与经营权相分离的思想。自 Jensen 和 Meckling（1976）以后的很长时间里，大量公司治理文献一直围绕着所有者与管理者之

间的委托代理问题展开，进而引出了董事、监事及高管人员的诚信义务。直到 La Porta 等（1999）才澄清，股权的集中才是大多数现代公司所有权的特征。由此引出了对控制性股东与中小股东之间的委托代理关系的探讨，并提出了控制性股东诚信义务的概念。不管是国光瓷业，还是安塑股份／嘉瑞新材，鸿仪系在取得控股权的前后，都通过董事、监事及高管人员的派驻，牢牢掌握公司的经营决策权，让上市公司的经营决策为控制性股东的利益服务。可见，在鸿仪系"掏空"上市公司的过程中，是控制性股东与上市公司董事、监事及高管人员共同发挥作用，做出了不利于上市公司健康发展并有损于中小股东和债权人利益的逆向选择。中国的资本市场中，上市公司的董事会、监事会、管理层被控制性股东把持的现象十分普遍。这种情况下，控制性股东与董事、监事及高管人员共同作为中小股东及债权人等利益相关者的受托人，掌握公司的经营控制权。因而，控制性股东诚信义务与董事、监事及高管人员诚信义务合二为一。这无疑增强了控制性股东实施不道德控制的能力，为他们侵害中小股东及债权人等其他利益相关者利益提供了更加便利的条件。如果上市公司董事会、监事会及管理层脱离了控制性股东的掌控，使两种诚信义务分离开来，则中小股东、债权人等委托人的利益将得到更好的保护。

3. 脱离商业伦理与诚信约束的内部资本市场风险巨大

外部资本市场是用来解决资源配置问题的。在鸿仪系这样的大型企业集团中也存在资源配置的问题，因而内部资本市场应运而生。内部资本市场的主要职能在于资金在集团内部的融通和投放。如果内部资本市场运用得当，应当能够提高资源的配置效率，提高集团的经营效益。但是，内部资本市场是一把"双刃剑"，尤其当集团内部存在上市公司时更是如此。由于上市公司资金实力雄厚、融资渠道多、融资能力强，因而往往被作为企业集团内部资本市场与外部资本市场的连接口。此时，如果合理地运用这种连接口，内部资本市场的运作可能会更加灵活。然而，如果控制性股东违背商业伦理与诚信义务，则可能置上市公司利益于不顾，把上市公司当作提款机，一味利用上市公司圈钱。这种迫使上市公司进行违规贷款担保并肆意转移上市公司资金的内部资本市场，不仅置集团内部上市公司的健康发展于不顾，置上市公司债权人和广大中小股东的利益于不顾，而且极大地损害了整个上市公司群体的信誉，增加了整个资本市场的风险。鸿仪系要建立一个集医药、旅游、材料、金融等行业于一体的庞大的产业集团，必然需要大量的资金。正是在这种资金饥渴症的驱使下，鸿仪系开始控制一系列的上市公司，希望通过上市公司的超强融资能力来满足集团扩张的资金需求。在国光瓷业 2002 年提出的配股方案遭证监会否决后，鸿仪系转而依靠旗下的众多上市公司采用相互担保等形式进行大规模的银行借款，并通过赤裸裸地直接占用将上市公司借款得来的大量资金转移出上市公司。此外，鸿仪系内的相关公司又通过上市公司担保、质押上市公司股权等手段直接从银行获得巨额资金。通过关联占款和关联担保连接起来的内部资本市场将鸿仪系旗下的众多上市公司和非上市公司牢牢地拴在了一起。一旦内部资本市场中的某些环节发生了资金问题，其他公司便在"多米诺骨牌效应"中纷纷被卷进资金的黑洞，作为"提款机"的上市公司更是被拖入无底深渊。

4. 信息不透明为不道德控制现象设置天然屏障

鸿仪系旗下的上市公司无一例外地存在着不及时、如实披露巨额关联担保及关联资金占用的现象。鸿仪系旗下的上市公司被关联方占用巨额资金及为关联方提供巨额担保的情况早已有之，这种风险早就存在，但直到 2004 年鸿仪系的资金链越绷越紧，这些上市公司才像挤牙膏一样一点一点地对外披露这些事项。如果这些上市公司都及时、如实地披露所有关联资金占用和关联担保事项，那么鸿仪系的资金风险可能不会积聚到不可挽回的地步才被暴露，银行也应该会及早控制对鸿仪系的贷款，广大中小股东也不会等到上市公司几乎被掏成空壳才如梦初醒。德隆系、托普系等的相继坍塌，也与不及时、不如实披露信息导致风险积聚不无关系。2003 年 9 月，证监会和国资委联合发布了《关于规范上市公司与关联方资金往来及上市公司对外担保若干问题的通知》(以下简称《通知》)。《通知》对上市公司限期内的自查、报告及最近一期年度报告信息披露等作了专门规定。但是，单单披露上市公司的信息仍是不够的，因为在很多大型企业集团中，违规资金占用和违规担保越来越隐性化。例如，很多上市公司为其控股子公司提供资金或担保，再通过子公司向上市公司的控制性股东及关联方提供资金或担保。在 2004 年末，上市公司对控股子公司的担保余额 935185 亿元当中，部分担保就极有可能属于隐性的违规担保。这种情况下，如果只披露上市公司的信息，必然导致监管部门监控的困难。因此，大型企业集团信息的充分透明是防范资金风险的重要保障。

## 八、企业与债权人关系中的伦理问题

企业与债权人关系中的伦理问题包括有钱不还和故意逃债等。

当债权人将自己的资金借给企业之后，他们最关心的就是他们的资金安全，尽量规避风险，因此，债权人在将资金借给企业时，往往会附加上各种限制条款，如规定资金的使用范围，最低存款保证金限额等。债权人会限制企业向风险较高的行业投资。因为无论该项目的风险有多大，该项目一旦成功，债权人只是享有本金和利息的收益，不对企业剩余收益享有分配权，而如果项目失败，债权人就会面临着本金不能收回的尴尬局面。在没有财务伦理引导的企业，企业的财务目标是不会过多地关注债权人的资金安全的，尤其是负债比例过高的企业，它们往往乐于在不经债权人授权的情况下，将资金投入风险过高的项目和行业。这一方面问题集中表现在企业的银行借款大量的流入股票市场。国家有明文规定，要严格管控银行的信贷资金进入股票市场，但是我国企业由于受到利益的诱惑或者在不正确的财务目标指导下，企业想方设法将债权人的资金转入股市，为自己企业谋得利益。这一做法往往使债权人成了替罪的羔羊，企业的超额利润自己享有，企业的债务负担则转嫁到了债权人头上。

企业在资金不足的情况下，往往会向银行、第三方金融机构、其他企业等提出贷款要求，来获得资金，满足自己的发展需求。债权人最关心的就是自己的资金能否连本带息地按期收回。但是我国的现实情况是，银行往往存在着大量的呆账坏账不能及时收回，企业的应收账款往往数额巨大。而企业与企业之间的三角债务也是一个严重的问题，而产生三角债务的主要原因则是赊销。企业由于故意或者是企业资金短缺而不能及时清除债务，致使债权人的资金不能按时收回，这给债权人造成了严重的影响，甚至会危及债权人企业的生存。

**【文献阅读】基于企业与债权人伦理道德的温州企业破产现象的分析** [①]

温州企业破产现象的原因是多方面的。首先是人民币大幅升值；其次是通货膨胀带来原材料上涨的压力；再次是"用工荒"和加薪潮带来的影响；最后，就是国家收紧银根，使原来融资就很困难的中小企业更加雪上加霜。以上这些是温州企业破产的外部原因，由于这些原因，温州的一些企业由于自身的缺陷，开始转变企业的经营重心，形成了企业破产的内部原因：在经营举步维艰的情形下，温州中小企业一部分破产，一部分开始主动脱离实业，进入投资市场。大量资本脱离实业，变形成为资本市场"游击队"这叫空心化。目前，温州人手中有流动资本7000亿~8000亿元，这些钱大量流到省外，，参与炒煤、炒楼等行动。还有一些有规模的企业保持实业只是为了能向银行贷到款，但是，企业获得贷款后并不制造生产，而是把钱以更高一些的利率放出去，从中赚取利率差。还有温州大批企业转投房地产等导致现在危机，如今大批企业逐渐放弃实业，转向投资房地产以及虚拟经济，从而埋下了危机的伏笔。

当1998年全国取消福利房，推行商品房制度，敏锐的商业嗅觉让温州人感到了又一次投机的机会，于是温州炒房团声名鹊起，以至于发展成老公开厂赚钱，老婆全国买房的掘金路径。与此同时，富裕起来的温州商人也渐渐沾染上赌博的恶习，甚至靠高利贷筹集赌资。当开始能从房地产中获取暴利时，温州人就扩大在房地产行业的资金投资，从各方筹集资金。不幸的是，危机发生了，这些投资大量资金在房地产行业的企业无法收回资金，以至于不能按期偿还借款，大量的企业老板都纷纷"跑路"，债权人大量的资金付诸东流，这引起了社会轰动，关于温州企业破产的消息也更新不绝。

从企业与债权人伦理道德角度看，这些企业过分追求利润最大化，从债权人那里借贷了大量的资金进入高利润行业进行投资，不专心发展实业，甚至不惜抛弃自己一手创建起来的事业，不为社会生产，不为社会创造福利，作为一个企业，没有履行到企业该履行的义务，也没有承担起一个企业该承担的责任。从制造业到炒房放贷的产业升级，产业资本不断流向资产领域和虚拟经济，而当虚拟经济与实体经济严重脱节，"实业空心化"导致的泡沫经济还能繁荣多久呢？终于危机来临了，温州商人投资出去的资金不能及时回收，向债权人借取的资金无法按时偿还，在面临大量资金无法周转（资金链断裂）时，这些老板们就选择"跑路"来逃避责任，最终债权人的利益也无法得到补偿。纵观历史，实业让温州富裕、发展、繁荣起来，实业也是温州的骄傲和优势。其实温州人未必不懂得，实业是经济的根本，房地产和金融的繁荣必须建立在实业的繁荣之上，而目前在温州，商业精神正取而代之工业精神。前者以利益最大化为唯一目标，后者以做出什么成就为傲，即便当时零售一个打火机利润只有一角钱，一枚纽扣的利润只有几厘钱，温州人也要把它们卖到全世界。而当靠主业积累下来的资本与实体经济渐行渐远，并且一股脑儿地投入资本市场以及楼市时，危机就已经潜伏了。

---

① 方荡.基于企业与债权人伦理道德的温州企业破产现象的分析［J］.企业导报，2012（4）.

综上所述，企业伦理是企业赖以生存的基石，企业伦理是企业一种极为宝贵的无形资产，会对人的经济行为发生作用，从而促进对企业经济目标的实现。债权人是企业利益相关者重要的组成部分，是企业资金来源的渠道之一。企业在追求利益的同时应履行相应的义务，遵守企业与债权人的伦理道德。温州企业破产的主要原因不是因为经营不善，而是企业伦理缺失造成的。因此，民营企业自身要重视伦理建设。首先，树立正确的生产经营价值观。观念是行动的先导，没有正确的理念，就没有积极的行动。民营企业的经营者和管理者只有真正树立伦理经营的价值观，积极加强企业的伦理建设，才能将伦理优势转化为新的竞争优势，从而实现企业的持续快速发展。其次，民营企业内部伦理制度化建设。

【思考题】

1. 谈谈你所在单位面临的主要伦理问题。

2. 现在企业的组织形式有哪几种？各有什么内容？

3. 企业伦理与股东利益之间的相互影响是怎样的？

4. 支持企业股东与利益相关者之间的伦理道德规范的主要理由是什么？

5. 如何履行监事会的道德责任？

6. 请阐述董事会与独立董事的道德义务和道德责任。

7. 企业应该怎样处理发展经济与保护环境的关系？

8. 如何理解企业与社区的关系？

9. 企业应当怎样制订社区活动计划？

10. 什么是企业公民？它与企业社会责任、企业社会回应、企业社会表现关系是什么？

11. 如何理解企业对购销客户的责任？

12. 怎样看待企业与竞争者的关系？

# 第三节　商业伦理观

本节首先阐述三种商业伦理观：以盈利为唯一目的、考虑社会责任和服务社会，然后分析商业伦理的影响因素，最后构建商业伦理的基本框架。

## 一、以盈利为唯一目的的商业伦理观

以盈利为唯一目的的商业伦理观的理论基础是，企业是股东的，企业存在的目的是为股东赚钱。弗里德曼认为，企业唯一的社会责任就是为股东赚钱。该商业伦理观的行动依据是：只考虑为股东赚钱，不考虑社会责任。在该商业伦理观下企业与利益相关者的关系分别为：顾客是被鱼肉的对象；供应商是压榨的对象；竞争对手是敌人；环境与我无关；政府是"保护伞"；员工是机器零件与赚钱的工具；对股东及债权人"骗你没商量"；慈善责任"别找我"。该商业伦理观的典型代表是西方早期绝大部分企业和当今社会大部分企业。

**【案例分析一】从拼多多假货到链家甲醛风波：商业伦理为何后排就坐** [①]

2018年7月，拼多多上市，平台假冒伪劣引发大规模舆论讨伐。2018年9月才过两天，链家又曝出出租房甲醛过高的问题。两家公司，皆为行业"独角兽"，皆在扩张路上一路狂奔。它们相继被公众用放大镜集中检视，一方面显示这些企业已经大到可以影响巨量百姓的生活，另一方面也显示了社会对它们成熟度的焦虑。检视的结果并不如人意。

拼多多抓住四、五、六线城市在电商领域的剩余红利，一举抓住数以亿计的用户，但代价和前提是，平台机制为假冒伪劣留下了巨大的生存甚至发育机会，赢得了用户，却可以让四五个人的作坊，用螺丝刀拼装出品牌电视。这一"有毒"平台，传导到供给侧，规则与商业伦理双双沦陷。

对于链家，不断爆出旗下公司自如出租房甲醛超标问题。这事关健康，而且是可能导致严重疾病的问题。很难想象，这种房间是如何被公司认可并被推向市场的。

其实对于这些企业暴露出的问题，在一开始或者说在企业渐进成长的过程中都会显现出来，问题本来可以被扼杀在萌芽中，可为什么它们不呢？

拼多多的平台，一旦严格管控假冒伪劣，它们做的就是天猫、京东自营的生意，这显然不是它们愿意的，低价产品，才是它们的出路，如果产品提供商家无法像小米一样重新构建新的生产逻辑，成本根本降不下来，因此，默认或者默许假冒伪劣的肆意生长，反而成了平台运营的核心逻辑。自如，本质上一样是为了在收房价格与出租价格中间获得更大的利润空间，降低装修成本甚至管理成本，就是一种必然路径。

这些都不是市场竞争造成的，这里所有的出发点在于，平台利益第一，还是顾客利益第一的选择。反观两家公司，如果顾客利益第一，显然，拼多多的平台设置和技术逻辑将全部改变，商业模式的成立与否都是问题。当然有人抬杠说，有一个群体是需要拼多多的。但是实际上，如果拼多多以这样的方式满足需求，只会让整个社会为此付出更大的代价和成本，最终的受益人，并不是那些在买三五百元品牌电视的"刚需者"。而对于自如来说，只需要对甲醛含量符合标准的材料进行渠道控制，并在最终验收上设置标准，甚至在租客租房前，主动提供检验标准就可以。但是这些貌似简单的措施都没有做。它们在商业伦理与规则的博弈上，共同找到一条缝隙，穿越而过。但结果是：拼多多市值大折，自如不得不在舆论风暴中"接下所有的批评和责任"。

事实上，近期的两家独角兽企业，并不是穿越商业伦理之缝的全部。广遭诟病的游戏行业，让无数青少年沉迷其中不能自拔，甚至也闹出过人命，其隐形破坏力，可以说大过上述任何一家企业。是不能提供反沉迷系统吗？当然不是，事实的真相是，它们用成百上千的"码农"在让孩子们"上瘾"，从商业的角度说，这没有问题，但商业世界如果不能将孩子与成人分开，其实商业本身就有问题。具体到游戏，其实实名认证加人脸识别再加时间控制，这种普通到不能再普通的技术只需要加入系统中，孩子们的时间将被强制控制。游戏公司为何不做？不是不能，是不为。它们需要的就是让人将有限的生命投入到无限的游戏中去，以此获得利润。商业伦理在这里亦在后排就坐。

著名商帮晋商，曾在明代就有"利以义止"，在清代更是升级为"以义制利"；延续

① 红胡子. 从拼多多假货到链家甲醛风波，商业伦理为何后排就坐 [N]. 重庆商报，2018-09-03.

数百年的同仁堂则有"炮制虽繁必不敢省人工，品味虽贵必不敢减物力"。话题虽老，但其提示的商业伦理前排就坐的基本原则永不衰老：客户第一，商家第二。无论是互联网还是物联网，甚至人工智能新时代，这一原则都会颠扑不破。对于一家企业来说，如果商业伦理沦陷，商业规则被弃，就算你一万次说"所有的批评我收下，所有的责任我承担"，又有什么用呢？因为伤害永远在你的道歉之前，而且不可逆转。

### 【文献阅读】企业社会责任与利润取向 ①

古典观下的社会责任与利润取向。古典观所指的企业社会责任的范围是相当狭窄的，企业只需并且只能对股东承担责任。在持古典观的人看来，如果一个企业最大限度地满足了股东的利益，那么它就是尽了最大的社会责任；相反，如果一个企业从事一些社会活动，或为社会利益着想而把资源从企业中转移出去，则它不仅损害了股东的利益（管理者这样做是在慷他人之慨），而且更为严重的是，损害了其他社会群体的利益。因此，在古典观那里，企业的社会责任指的就是利润取向，企业的唯一目标是追逐利润，使股东的利益达到最大，在这样做的过程中就自然给社会带来最大的福利。这是亚当·斯密的"看不见的手"原理：每个经济主体在追逐或实现自身利益的过程中就在增进着社会的利益，并且这种增进的效果要好于它们刻意去增进的效果。由此，我们可以把古典观看作"看不见的手"原理在企业的社会责任问题上的表现形式。

社会经济观下的社会责任与利润取向。社会经济观所指的企业社会责任的范围很广，它包括了所有的利益相关者，企业不仅要对股东负责，还要对其他利益相关者负责。在大多数情况下，企业从事社会责任活动要付出代价，并且很难使成本及时得到补偿，这意味着企业要支付额外成本，这直接给当期利润造成不利影响。也就是说，对非股东的利益相关者负责通常给股东的利益带来不利的影响（至少从短期看或从静态上看）。但若换一个角度看，情况就未必如此。事实上，企业在力所能及的范围内进行一些社会责任活动相当于投资。虽然短期内这种投资或许牺牲了企业的经营业绩，但从长期看，这种投资由于改善了企业的社会形象和生存环境，吸引了大量优秀人才和减少了政府的管制等，可以使企业的收益增加，并且所增加的收益足以抵补企业当初所额外支付的成本。从这种意义上讲，企业在利他的同时也在利己。

上述判断已基本上为研究所证实。尽管在社会责任和经营业绩的度量方面存在着一定的难度，但"大多数研究表明，在公司的社会参与与经营业绩之间有着正的相关关系"。而最有意义的结论是，"没有确凿的证据表明，公司的社会责任行动会显著损害其长期经营业绩"。尽管在社会责任问题上同时存在两种观点并且每种观点所界定的企业社会责任范围差别很大，但论证表明，利润取向的企业也要承担一些力所能及的社会责任。这种论证分两个方面：在古典观下，企业在实现利润目标的过程中就在承担着社会责任，从而企业的社会责任与利润取向是完全一致的；在社会经济观下，有充足的理由表明，与不承担社会责任相比，承担社会责任或许会使企业的短期利益受到损害（承担社会责任通常要付出一定的代价），但换来的却是比所损害的短期利益多得多的长期利益，从而企

① 周三多.管理学［M］.北京：高等教育出版社，2005.

业的社会责任行为与其利润取向相容。

还需要指出，我们支持企业承担社会责任，但这种社会责任的承担是有范围限制的，是有选择的，即企业在日常的经营过程中，应关注那些对企业长期发展有利的活动并给予适当的支持，切不可把一些本不应由企业来做的事都包揽下来，从而走到改革前的"企业办社会"的老路上去。

## 二、考虑社会责任的商业伦理观

考虑社会责任的商业伦理观的理论基础是企业是利益相关者之间达成的一种契约关系。德鲁克在其《公司的概念》中认为，企业的目的必须在企业本身之外，事实上，企业的目的必须在社会之中，因为工商企业是社会的一种器官。

考虑社会责任的商业伦理观的行动依据是考虑利益相关者的利益，即企业的社会责任。孔茨、韦里克认为，企业的社会责任就是认真地考虑企业的一举一动对社会的影响。麦克格尔认为，企业的社会责任意味着企业不仅有经济和法律义务，而且要对社会负有超过这些义务的某些责任。爱波斯坦认为，企业社会责任就是要努力使企业决策后果对利益相关者产生有利的而不是有害的影响。企业行为的结果是否正当是企业社会责任关注的焦点。

卡罗认为社会责任包括四个方面：①慈善责任，社会希望企业做到的；②道德责任，社会期望企业做到的；③法律责任；④经济责任。全球报告倡议组织认为社会责任有经济、环境和社会三个维度。考克斯圆桌委员会认为，企业对社会的价值在于它所创造的财富和就业，及按与质量相称的价格提供给消费者的市场产品和服务。企业应肩负起这样的责任，即通过对所创造的利润在消费者、雇员和股东之间的分享，以改善他们的生活。企业应当保护，并在可能的情况下改善环境，促进适度开发，防止浪费自然资源。企业不应参与或者纵容贿赂、洗钱或其他贪污活动。

该商业伦理观下与利益相关者的关系（考克斯商务原则）如下：

（1）客户：无论客户是否直接购买我们的产品或享受我们的服务，我们都应尊重其人格尊严。我们负有以下义务：向客户提供与说明一致的优良产品和服务；在商业贸易的各个环节中公平对待所有的客户，包括提供高质量的服务及对客户不满意的服务进行补偿；尽一切努力以确保客户的健康和安全，同时，通过我们的产品服务，使客户生活的环境质量得以保持和提高；确保在提供产品推销和广告活动中尊重人格尊严，尊重客户的传统文化。

（2）雇员：我们崇信每个雇员的人格尊严，并认真对待他们的兴趣。我们承担以下义务：提供可以改善工人生活条件的工作和给予补偿。提供尊重每个雇员的健康和人格尊严的工作条件。除受法律和竞争的限制，应与雇员坦诚交往，共享信息。尽可能听取和采纳雇员的建议、想法、要求和申诉。出现争端时，进行善意协商和谈判。避免歧视行为，不论雇员性别、年龄、种族和宗教，确保平等对待，机会均等。防止雇员在工作岗位上蒙受可以避免的伤残和疾病。在不同的工作岗位上，雇用不同能力的人，确保人尽其才。鼓励和资助雇员掌握和相通知识和技能。对经常与企业决策连在一起的严重失业问题保持敏感，与政府、雇员团体或其他代表机构合作并在关系出现脱节时，相互予以配合。

（3）投资者：我们以投资者的信任为荣，承担以下义务：实行谨慎和专业化管理，使投资者能够获得公平而有竞争力的回报。除了受法律和竞争限制不能公开者外，应向所有人或投资者公开相关信息。保护、保持和增加所有人或投资者的资产，并且尊重投资者的要求、建议、申诉和正式决议。

（4）供应商：我们与供应商的关系必须建立在相互尊重的基础上。我们负有以下义务：在全部商业活动中，包括定价和销售权限方面，力求公平和诚信。确保商业活动免受威胁和不必要的诉讼。在还价、质量、竞争和可信度方面与供应商建立长期稳定的关系。与供应商分享信息，并将他们融于我们的计划进程中。按时并按照约定的交易条件向供货商付款。寻找、鼓励并优先选择在用工时尊重人格尊严的供应商。

（5）竞争者：我们相信公平竞争是增加国家财富、最终使商品和服务的公平分配成为可能。我们有义务建立贸易和投资的公开市场。促进有社会效益和环境效益的竞争活动，竞争者应相互尊重。禁止追求或参与可疑的付款或好处以获取竞争利益。

（6）社区：我们认为，作为世界的法人成员，我们应当对我们开展业务所在区域的改革力量和人权有所贡献。我们负有以下义务：与所在地区的旨在提高健康、教育、工作安全和经济富裕的社会力量合作。在小区和民事活动中，通过慈善捐助、教育和文化赞助以及雇员参与等，做一个好法人。尊重有形财产权和知识产权。拒绝通过不诚实或不道德的如工业间谍等方式获取商业信息。

考虑社会责任的商业伦理观的典型代表包括：中国的晋商、徽商；日本的松下幸之助、稻盛和夫创办的企业；美国的亨利·福特公司。①晋商经商的三大境界：义利：仁中取利真君子，义中求财大丈夫。宁叫赔折腰，不让客吃亏。生意无诀窍、信誉第一条。买卖不成仁义在。和利：与人相对而争利。群利：大家都有利可图。②松下幸之助：买卖或生产的目的，并不在于使商店或工厂繁荣，借着工作和活动使社会富足，这才是真正的目的。商店、工厂的繁荣永远应排在第二位。稻盛和夫创办的第一家公司京瓷公司的社训就是"敬天爱人"。③亨利·福特：在成本单上，工资只是数字而已。而在外面的世界里，工资却意味着面包、婴儿的摇篮和孩子们的教育。必须记住，应该给顾客提供高质量、低价格的产品。繁荣代表大多数人的舒适程度，而不是生产厂家的金钱收入。企业主的功能就是为此而做出贡献。生产不是低价买进高价卖出。它是这样一个过程，以公平的价格买进原材料，以尽可能低的成本把这些原料转化为可消费的产品，再把它们交给消费者。好的企业是能够做得最好，能够争得公平利润的企业。

**【政策导读】深圳证券交易所发布《上市公司社会责任指引》**①
**第一章　总则**
第一条　为落实科学发展观，构建和谐社会，推进经济社会可持续发展，倡导上市公司积极承担社会责任，根据《公司法》《证券法》等法律、行政法规、部门规章，制定

---

①　http：//cs.xinhuanet.com，2006-6-7.

本指引。

第二条　本指引所称的上市公司社会责任是指上市公司对国家和社会的全面发展、自然环境和资源，以及股东、债权人、职工、客户、消费者、供应商、社区等利益相关方所应承担的责任。

第三条　上市公司（以下简称"公司"）应在追求经济效益、保护股东利益的同时，积极保护债权人和职工的合法权益，诚信对待供应商、客户和消费者，积极从事环境保护、社区建设等公益事业，从而促进公司本身与全社会的协调、和谐发展。

第四条　公司在经营活动中，应遵循自愿、公平、等价有偿、诚实信用的原则，遵守社会公德、商业道德，接受政府和社会公众的监督。不得通过贿赂、走私等非法活动谋取不正当利益，不得侵犯他人的商标、专利和著作权等知识产权，不得从事不正当竞争行为。

第五条　公司应按照本指引要求，积极履行社会责任，定期评估公司社会责任的履行情况，自愿披露公司社会责任报告。

第六条　本指引适用于其股票在深圳证券交易所（以下简称"本所"）上市的公司。

## 第二章　股东和债权人权益保护

第七条　公司应完善公司治理结构，公平对待所有股东，确保股东充分享有法律、法规、规章所规定的各项合法权益。

第八条　公司应选择合适的时间、地点召开股东大会，并尽可能采取网络投票方式，促使更多的股东参加会议，行使其权利。

第九条　公司应严格按照有关法律、法规、规章和本所业务规则的规定履行信息披露义务。对可能影响股东和其他投资者投资决策的信息应积极进行自愿性披露，并公平对待所有投资者，不得进行选择性信息披露。

第十条　公司应制定长期和相对稳定的利润分配政策和办法，制定切实合理的分红方案，积极回报股东。

第十一条　公司应确保公司财务稳健，保障公司资产、资金安全，在追求股东利益最大化的同时兼顾债权人的利益，不得为了股东的利益损害债权人的利益。

第十二条　公司在经营决策过程中，应充分考虑债权人的合法权益，及时向债权人通报与其债权权益相关的重大信息；当债权人为维护自身利益需要了解公司有关财务、经营和管理等情况时，公司应予以配合和支持。

## 第三章　职工权益保护

第十三条　公司应严格遵守《劳动法》，依法保护职工的合法权益，建立和完善包括薪酬体系、激励机制等在内的用人制度，保障职工依法享有劳动权利和履行劳动义务。

第十四条　公司应尊重职工人格和保障职工合法权益，关爱职工，促进劳资关系的和谐稳定，按照国家有关规定对女职工实行特殊劳动保护。不得非法强迫职工进行劳动，不得对职工进行体罚、精神或肉体胁迫、言语侮辱及其他任何形式的虐待。

第十五条　公司应建立健全劳动安全卫生制度，严格执行国家劳动安全卫生规程和标准，对职工进行劳动安全卫生教育，为职工提供健康、安全的工作环境和生活环境，最大限度地防止劳动过程中的事故，减少职业危害。

第十六条　公司应遵循按劳分配、同工同酬的原则，不得克扣或者无故拖欠劳动者的工资，不得采取纯劳务性质的合约安排或变相试用等形式降低对职工的工资支付和社会保障。

第十七条　公司不得干涉职工信仰自由，不得因民族、种族、国籍、宗教信仰、性别、年龄等对职工在聘用、报酬、培训机会、升迁、解职或退休等方面采取歧视行为。

第十八条　公司应建立职业培训制度，按照国家规定提取和使用职业培训经费，积极开展职工培训，并鼓励和支持职工参加业余进修培训，为职工发展提供更多的机会。

第十九条　公司应依据《公司法》和公司章程的规定，建立起职工董事、职工监事选任制度，确保职工在公司治理中享有充分的权利；支持工会依法开展工作，对工资、福利、劳动安全卫生、社会保险等涉及职工切身利益的事项，通过职工代表大会、工会会议的形式听取职工的意见，关心和重视职工的合理需求。

## 第四章　供应商、客户和消费者权益保护

第二十条　公司应对供应商、客户和消费者诚实守信，不得依靠虚假宣传和广告牟利，不得侵犯供应商、客户的著作权、商标权、专利权等知识产权。

第二十一条　公司应保证其提供的商品或者服务的安全性。对可能危及人身、财产安全的商品和服务，应向消费者作出真实说明和明确的警示，并标明正确使用方法。

第二十二条　公司如发现其提供的商品或者服务存在严重缺陷的，即使使用方法正确仍可能对人身、财产安全造成危害的，应立即向有关主管部门报告并告知消费者，同时采取防止危害发生的措施。

第二十三条　公司应敦促客户和供应商遵守商业道德和社会公德，对拒不改进的客户或供应商应拒绝向其出售产品或使用其产品。

第二十四条　公司应建立相应程序，严格监控和防范公司或职工与客户和供应商进行的各类商业贿赂活动。

第二十五条　公司应妥善保管供应商、客户和消费者的个人信息，未经授权许可，不得使用或转售上述个人信息牟利。

第二十六条　公司应提供良好的售后服务，妥善处理供应商、客户和消费者等提出的投诉和建议。

## 第五章　环境保护与可持续发展

第二十七条　公司应根据其对环境的影响程度制定整体环境保护政策，指派具体人员负责公司环境保护体系的建立、实施、保持和改进，并为环保工作提供必要的人力、物力以及技术和财力支持。

第二十八条　公司的环境保护政策通常应包括以下内容：符合所有相关环境保护的法律、法规、规章的要求；减少包括原料、燃料在内的各种资源的消耗；减少废料的产生，并尽可能对废料进行回收和循环利用；尽量避免产生污染环境的废料；采用环保的材料和可以节约能源、减少废料的设计、技术和原料；尽量减少由于公司的发展对环境造成的负面影响；为职工提供有关保护环境的培训；创造一个可持续发展的环境。

第二十九条　公司应尽量采用资源利用率高、污染物排放量少的设备和工艺，应用经济合理的废弃物综合利用技术和污染物处理技术。

第三十条　排放污染物的公司，应依照国家环保部门的规定申报登记。排放污染物超过国家或者地方规定的公司应依照国家规定缴纳超标准排污费，并负责治理。

第三十一条　公司应定期指派专人检查环保政策的实施情况，对不符合公司环境保护政策的行为应予以纠正，并采取相应补救措施。

### 第六章　公共关系和社会公益事业

第三十二条　公司在经营活动中应充分考虑社区的利益，鼓励设立专门机构或指定专人协调公司与社区的关系。

第三十三条　公司应在力所能及的范围内，积极参加所在地区的环境保护、教育、文化、科学、卫生、社区建设、扶贫济困等社会公益活动，促进公司所在地区的发展。

第三十四条　公司应主动接受政府部门和监管机关的监督和检查，关注社会公众及新闻媒体对公司的评论。

### 第七章　制度建设与信息披露

第三十五条　本所鼓励公司根据本指引的要求建立社会责任制度，定期检查和评价公司社会责任制度的执行情况和存在问题，形成社会责任报告。

第三十六条　公司可将社会责任报告与年度报告同时对外披露。社会责任报告的内容至少应包括：关于职工保护、环境污染、商品质量、社区关系等方面的社会责任制度的建设和执行情况；社会责任履行状况是否与本指引存在差距及原因说明；改进措施和具体时间安排。

……

**【案例分析一】中石油："双赢互利、共同发展"**①

中国石油天然气集团公司作为国内最大的石油生产与供应商，在国民经济发展和保障国家能源安全方面肩负着重大的政治责任、社会责任和经济责任。中石油的成功与其"双赢互利、共同发展"的国际化合作战略密不可分。

中石油在海外项目运作过程中，始终坚持"立诚守信，言真行实"的诚信经营理念，恪守商业信用，履行公司的签约承诺，维护和树立了中国石油的良好信誉和形象。10多年来，中石油没有违反过一个合同，把中国石油建设成了具有感召力和震撼力的品牌。委内瑞拉国家石油公司评价：中国人是最诚信的合作者。中石油在国际工程中尊重所在国家和当地的文化信仰、风俗习惯，把当地雇员当作自己的兄弟，与他们和睦相处，重视当地社会公益事业和环境保护，营造员工与员工、施工与环境的和谐，带动所在地区经济和社会的和谐发展。

在苏丹，中石油累计投资公益事业3228万美元，受益人超过100万人，建学校22所，诊所101所，打水井156口，极大地改善了当地居民的生活条件；中石油还出资150万美元选派35名苏丹的教师和专家到中国学习深造，为苏丹石油工业培养了一批骨干力量；中石油向苏丹政府捐赠1000万美元，用于修建罗麦维大桥，并捐资修建机场以及道路、桥梁等基础设施。

---

① http://www.cpcic.com.cn，2007-4-18.

在哈萨克斯坦，中石油为孤寡老人和参加卫国战争的老战士提供住房80套；建成了年可接纳1.2万名孩子的夏令营，使他们享有学习、娱乐的机会；为学校、医院、市政提供了400多万美元的无偿援助；建立了一个年产90万吨蔬菜的温室农业基地，作为中石油在哈萨克斯坦的形象工程。

中石油的上述义举受到了所在国政府的关注与公众的好评。当地居民说："中石油不仅救活了我们的油田，还给我们做了那么多实事，我们欢迎这样的投资者。"

问题：（1）中石油在国际化经营中取得巨大成功的根本原因是什么？

（2）中石油社会责任履行情况如何？

## 【案例分析二】社会责任不等于口号 [1]

"一个好的企业能为顾客提供优秀的产品和服务，而一个伟大的企业不仅能为顾客提供优秀的产品和服务，还竭尽全力使这个世界变得更美好。"这是在2005年的中国第五届福特汽车环保奖上，福特汽车公司现任董事长兼首席执行官比尔·福特致辞里的第一句话。作为历史最为悠久的汽车企业，福特公司一直在追求企业与社会的和谐发展，而严格遵守企业的社会职责是这家企业成功的经验所在。

企业经营的两条底线在最近一段时间里，全球的汽车厂商大多陷入了困境，福特汽车公司也不例外。但是，福特汽车环保奖在全球依旧进行。比尔·福特认为伟大的公司在经营时会遵循两条底线：一条是财务方面的，另一条是社会方面的。一条好的财务底线的实现是通过有效率地生产人们需求的高价值、高质量的产品；而一条好的社会底线的实现是通过以遵守道德规范的形式雇用员工。企业作为市场的主体，处在"经济人"的位置，追求利润天经地义，这是一个企业生存和发展的基础。然而不能忽略，企业也是构成社会这个有机整体的基本单元，作为"社会人"，企业必须同时考虑社会的整体利益和长远发展，并自觉承担相应的社会责任。企业和社会是对立统一的，割裂与社会的脐带关系，企业将一事无成。以牺牲劳工利益为代价吸引外资的做法是不足取的。依靠廉价劳动力的产品竞争力并没有和中国的经济增长协调发展，这样的状况继续持续的话，不仅会影响企业劳资关系的稳定，而且会危及社会经济和政治的稳定。企业在取得利润时需承担社会责任，国家在发展经济的同时应维护社会公平。争取长远利益企业的目的是利润最大化，但是一个不关心社区发展的企业很难把公司做好做大。在现实世界中，恪守"企业公民"原则的公司可以获得很多优势：它能从监管机构获得和保持经营业务的执照；能够录用和留住高水平的管理、技术人才；更有利于开发被当地消费者所接受的新产品；它还能在消费者中拥有良好的形象，积累更多的社会资本。当今的消费者不仅购买产品，而且也重视价值观。

一家咨询公司对23个国家的调查表明，产品要有益于健康和安全，在生产过程中要保护生态环境和不雇用童工应作为企业必须履行的社会责任。在被调查者中，2/3的公民要求企业不但要谋求利润、纳税、守法，更要履行社会责任。1/5的消费者表示他们都是有道德的消费者，要求企业遵守社会道德，并拒绝购买不履行社会责任的企业的产品和

---

[1]　http：//www.wtoguide.net，2007-4-20.

服务。由此可见，企业利润的底线和社会的底线在一定程度上是统一的。

福特汽车（中国）有限公司董事长兼首席执行官程美玮表示，"作为一名企业公民，福特汽车的未来与中国的人民、中国的经济、中国的社会密不可分"。福特公司发现在全球各地，尤其是福特公司经营时间比较长的市场，其与消费者、与服务的这些社区，已培养起了另外一种感情和另外一种关系。福特汽车公司总裁兼首席运营官谢尼克认为这种关系虽然不能帮助福特挣钱，但是却关乎福特的生存。"如果我们只关心利润，就会变得自私，企业也就不可能长期生存"，谢尼克表示，这也是福特为什么一直坚持设立福特汽车环保奖的原因。

**【思考题】**

1. 什么是企业社会责任？
2. 什么是企业社会表现和社会回应？
3. 怎样理解企业社会表现与财务绩效之间的关系？
4. 什么是投资项目的后评价？
5. 如何理解企业社会责任的理论基础？
6. 企业社会责任的基本内容包括哪些？

## 三、服务社会的商业伦理观

尤努斯在《新的企业模式——创造没有贫困的世界》中最早提出"社会企业"的概念。社会企业是致力于实现社会目标的企业形式。社会企业不进行分红，产品的售价定在仅能保本的水平，公司的所有者在一定时期后能收回投资成本。企业利润被用来进行扩大规模、开发新产品和服务，为人类带来更大效益。

创立社会企业的原因存在。①自由市场应当是惠及所有人的前进动力和自由源泉，而不是面向少数精英阶层的"象牙塔"。试图将自由市场的好处带给那些被世界忽略的人群，那些并没有被经济学家和商人纳入市场中央的穷人群体。②企业社会责任的概念基于良好的意愿，但很多企业家误用这一概念来为企业盈利。他们的哲学是：尽可能赚取更多的钱，即使包括压榨穷人，然后将很小一部分利润用于社会事业或者创立基金进一步扩大利润，最后向外界宣传自己的慷慨，以便赚取更多的钱。③企业的本质并不是为了解决社会问题而成立的，这并不是因为企业经营者贪婪、自私或本性恶劣，而是企业的本质。

社会企业如何可能存在。①资本主义狭隘地理解人性。用王尔德的一句话来说：他们知道所有东西的价格，却不知道任何东西的价值。②人类并不是单维个体，而是生动活泼的多维存在。他们的情感、信仰、选择和行为模式就像由三原色形成的数以万计的色域一样差异万分。

社会企业运作的关键点：不是慈善机构，以改善社会福利为目标，要收回成本；克服资金依赖问题。

服务社会这种商业伦理观的典型代表是格莱公司群。经过20多年的实验，格莱公司群现在运营的组织达 25 个，领域涵盖教育、通信、基金、电信、产品、网络、电话、能源、医疗信托等，致力于推广小额贷款、改善农村生活、为年轻人创造机会、将每个村庄和世界联系起来。例如，格莱银行、格莱达能。

格莱达能。①公司概况：第一个跨国社会公司，2006 年由格莱和达能集团组建而成，双方各投资 50%。②经营理念：通过一种独特的为穷人供应健康的日常营养的社区商业模式来削减贫困。③具体目标：为穷人提供健康的日常营养，使孟加拉国的低收入消费者能够每天获得一系列可口且富含营养的食品或饮料，进而改善他们的营养状况。④更具体的目标：帮助孟加拉国儿童健康成长，他们每天可以食用富含营养的食品或者饮料产品，从而拥有更好的未来。⑤经营模式：无亏损，略有盈余；双方可以从盈余中收回投资。其后每年从盈余中为投资者支付 1% 的分红，作为对公司所有权结构的一种确认；在采购、生产和配送时，考虑当地社区居民；可回收的稻草杯。

**【案例分析】社会企业格莱珉银行** ①

1983 年，穆罕默德·尤努斯创立了孟加拉格莱珉银行（Uramccn Bank），主要专注于向最贫困的穷人提供无抵押的小额信贷业务，帮助他们通过个体创业脱离贫困。目前，格莱珉银行拥有 2565 个支行，已为孟加拉国 835 万名穷人提供贷款，其中 97% 是妇女。格莱珉银行取得显著的减贫效果，根据该银行的内部调查，58% 的贷款者实现了脱贫，其他贷款者的经济状况也得到一定的改善。诺贝尔奖委员会为表彰格莱珉银行对解决贫困问题所做的突出贡献，将 2006 年度诺贝尔和平奖授予尤努斯及其创办的银行。此外，令人惊奇的是除了创始年 1983 年及水灾严重的 1991 年、1992 年这三年外，格莱珉银行一直保持盈利，2006 年净利润更是高达 2000 万美元，而且它的贷款还款率达到 98.6%，这是一个让所有商业银行都美慕的数字。

（一）价值主张

古典经济学理论认为企业的目标是利润最大化，这是传统商业银行的企业理论基石。而作为社会企业性质的格莱珉银行，除了盈利目标外，同时需要兼顾社会目标，因此格莱珉银行相对于传统商业银行显示出不同的企业理论基石，对应的商务模式自然也就存在很大的差异性。格莱珉银行只有通过商务模式的创新，才可能成功实现经济利益与社会利益两者目标的统一。商务模式创新首先是需要进行价值主张的创新，格莱珉银行于1983 年成立起便提出专注于向穷人（特别是贫穷妇女）提供无抵押的用于个体创收目的的小额贷款、住房贷款等金融服务，进而帮助他们脱离贫困的独特价值主张。从商务模式构成要素看，格莱珉银行的价值主张相对于传统商业银行具有很强的创新性，并且富有吸引力。

格莱珉银行的价值主张创新，首先，体现在目标市场要素的创新。传统商业银行认为穷人是没有信用的，他们无法提供担保或抵押，所以商业银行不会向穷人提供贷款，它们的目标市场定位于可以提供担保或抵押并有固定收入的人。这样的结果便使孟加拉国的穷人被隔离于金融系统之外，他们只能向私人高利贷者借款，而高利贷者制订的不

---

① 傅鸿震.社会企业的商务模式创新研究——基于格莱珉银行的案例分析［J］.上海商学院学报，2012（2）.

公平协议，使借款者无论怎样辛勤劳动也无法脱离贫困。这是尤努斯在 1976 年开展的乔布拉村贫困家庭调研中所了解到的现实，并且后来他发现其早期（1976~1982 年）面向穷人开展的无抵押小额信贷试验项目的成功运作，也无法改变商业银行家对穷人的观点。在这样的情况下，尤努斯敏锐地意识到有必要成立一家专门服务那些无法提供担保或抵押的穷人（特别是贫穷妇女）的银行，并设法于 1983 年创立了服务穷人宗旨的格莱珉银行。根据孟加拉国当时的国情及尤努斯以往的扶贫实践经验，格莱珉银行的目标市场定位不仅可行，而且具有很大的市场挖掘空间及其发展潜力。因为尤努斯在早期开展的无抵押小额信贷试验项目，已初步证实穷人是有诚信的，并且他们有能力偿还贷款，这就确保格莱珉银行为穷人开展业务的市场定位的可行性。还有一个很重要的原因是孟加拉国是世界最贫穷国家之一，定位于服务穷人的目标市场，可以有效填补商业银行所忽视的市场空白，为穷人谋取福祉，具有很高的社会价值意义。同时由于穷人所占比例近半，市场规模巨大，其潜在需求存在着未被挖掘的经济价值空间。此外，格莱珉银行把贫穷妇女作为主要客户对象，可以有效改变她们原先备受压榨的最弱势群体社会地位，同时也是向社会贫穷宣战的有效途径，因为女性贷款者为家庭带来的利益远高于男性贷款者，比如孩子能直接从其母亲获益，而且女性比男性更勇于战胜贫穷。

其次，格莱珉银行对产品或服务要素进行创新。传统商业银行提供的业务是一些常规性的存款、贷款等金融服务。而格莱珉银行为穷人提供的产品及服务则是量身定制的，并且与帮助穷人脱贫目标紧密结合，比如提供个体创收目的的小额贷款、住房贷款、灵活贷款、养老金储蓄等金融服务。

最后，格莱珉银行对价值内容要素进行创新。传统商业银行通常只是考虑满足客户的金融服务需求这样单一的价值内容。而格莱珉银行除了满足穷人金融需求的基本价值内容外，还致力于帮助穷人摆脱贫困的价值内容，穷人可利用小额信贷开展一些很快产生收益的活动，如饲养奶牛、手工纺织等，能够保障穷人还贷并改善生活，使脱离贫困成为可能。

（二）价值支撑

格莱珉银行的价值主张是独特、明确并有价值的，但只有采取不同于传统商业银行的价值支撑措施，才有可能得以实现。在运营过程中，格莱珉银行主要采取了以价值支撑创新措施。

1. 营销策略要素的创新

传统商业银行的营销策略显得相对被动，它们通常是把营业场所装修得尽可能奢华，以便显示出银行的实力，能够吸引客户主动前往银行营业场所办理相关业务。而格莱珉银行让员工深入贫困地区，通过上门服务方式贴近穷人客户市场。穷人通常对富丽堂皇的商业银行望而却步，格莱珉银行采取了创新的对策，要求员工挨家挨户上门服务，与潜在穷人客户进行一对一、面对面的交流。这种方式表面上看来费时费力，其实是打开穷人市场的最有效途径，因为它可以让穷人充分感受到银行对他们的尊重，消除他们对银行的心理畏惧感，拉近穷人与银行的距离，从而极大提高发展贷款者的成功率，并与穷人建立密切的关系。

2. 价值获取要素的创新，保证客户及银行自身价值均能得以实现

传统商业银行在客户价值获取方面主要是为客户提供适合他们的存款或贷款方案的

建议。而在银行自身价值获取方面，传统商业银行则主要采取三个措施。第一，参照其他银行制定本行的存贷款商业利率，赚取商业利息费用；第二，对贷款者的还款通常采取一次性偿清贷款的方式；第三，吸引客户自愿储蓄，获取银行所需的部分运营资金。格莱珉银行在价值获取要素方面进行一系列的创新，比如在客户价值获取方面，采取"贷款者自力更生"与"十六条村约"相组合的方式。首先，格莱珉银行认为穷人依赖慈善捐助不能从根本上解决贫困问题，而是需要通过自力更生来改变现状，因此它要求穷人的小额贷款主要投资于可以很快产生收益的活动，以便能脱离贫困。其次，格莱珉银行在创立初便意识到除了资金匮乏是穷人面临的主要问题外，穷人还存在需要提高健康、教育意识等问题，由此专门制定了十六条村约，要求贷款者遵守其相关规定，以改善贷款者家庭生活及健康状况，并惠及子女教育。例如，"四季种植蔬菜，多吃蔬菜"应对维生素 A 缺乏症及儿童夜盲症，"要教育小孩，确保他们的学费"促使贷款者提供其子女教育机会等。同时，格莱珉银行在自身价值获取方面，采取了三方面的有效策略：其一，坚持商业化利息收取原则。格莱珉银行不是一家非营利性机构，因此除了提供给乞丐零利率的特殊贷款之外，其他贷款都按一定利率收取利息，确保银行能获得盈利发展空间。其二，还款机制的创新设计。当时商业银行一般采取一次性偿清贷款的方式，容易出现贷款者还款困难的问题。格莱珉银行则创新性地把还款机制设计成贷款期一年、每周一次分期还款方式，使穷人有能力偿还贷款。后来进一步把贷款期限调整为三个月至三年不等，可按日、周、月等方式分期还款。还款机制的人性化设计使得格莱珉银行的还贷率一直高于98%。其三，存款机制的创新设计。除了贷款者自愿储蓄外，格莱珉银行强制要求他们采取两种方式存款：一种是每周定额存款，另一种是扣留贷款5%作为小组税，这些存款设立为小组基金。强制性储蓄主要具有双重积极作用，一是为银行运营创造资金来源，二是贷款者在困难时期能从小组基金中申请一笔无息贷款。

3. 员工激励机制要素创新

传统商业银行对员工的激励方式主要有提升工资待遇、发放奖金等物质激励，以及树立标杆榜样、员工授权、职位晋升等精神激励。格莱珉银行则在实施常规的物质激励基础上，主要从精神激励层面进行相应的创新，比如建立了一套与帮助穷人脱贫目标相结合的五种星级激励体系，即所负责的贷款者无未偿还贷款的员工可得到一颗"绿星"，对分行贡献利润的员工可获得一颗"蓝星"，吸收存款高于发放贷款的员工可获一颗"紫星"，所负责的贷款者子女全都上学的员工将获得一颗"棕星"，如果所负责的贷款者都按照银行的"十项脱贫指标"脱贫的员工将能得到最高级别的令人羡慕的"红星"。获得星级奖励的员工能上光荣榜，以此激励其他员工努力获取属于自己的"星"。得到越多的"星"或星级级别越高的员工将深受同事及贷款者的尊重，这就有效地激发了员工工作的积极性与创造性，同时也可以很好地确保员工的工作不会脱离服务穷人的宗旨。

（三）价值保持

一个好的商务模式，除了提出好的价值主张及实施有效的价值支撑外，同时还需要做好价值保持方面的工作。传统商业银行为了降低银行坏账风险，要求客户必须提供符合资质的担保人，或者提供房屋等有形资产作为抵押。而格莱珉银行则在价值保持方面实施了全新的措施，先后采用了五人小组制、贷款者持股、灵活贷款、灾难计划来化解其各种潜在或面临的风险。这些措施构成了格莱珉银行有效的风险防范机制，对其价值主张及价值支撑发挥着重要的价值保持作用。为规避无抵押贷款可能存在的风险，格莱珉银行建立了"五人小组制"，要求每个贷款者加入一个具有相同经济背景、相似目的但彼此无紧密关系的人所组成的小组，每五人组成一个小组，贷款先发放给最需要资金的两人，如果他们及时偿还贷款，那么另两人再获得贷款，最后是小组组长得到贷款。只要有成员不按时或不偿还贷款，整个小组的信贷额度就会降低，甚至取消贷款权，这就促使小组成员相互监督与相互帮助。因此，五人小组制巧妙解决了无抵押贷款潜在风险问题，使银行管理成本和风险转移到小组成员身上，为小额信贷项目的顺利开展提供了保障。后来，在充分证实了穷人是有诚信并具有还款能力的情况下，格莱珉银行于1999年对"五人小组制"做出调整，小组五人可同时获得贷款，成员贷款不再受其他成员还款表现的影响。偿付责任由小组向成员个人的转移并不意味着五人小组失去意义，而是继续发挥积极作用，比如便于银行对贷款者的管理，小组每周例会有利于成员个体创收经验交流等。

格莱珉银行通过贷款者持股的方式，与贷款者形成利益共同体关系，消除贷款者利益与银行利益偏离或客户流失的风险。格莱珉银行要求每个贷款者均需购买1股银行股份，面值100塔卡（约合1.5美元），同时，小组基金的第一个100塔卡用于购买银行股份。目前贷款者拥有银行94%的股权，另外6%为政府所拥有，格莱珉银行由此成为一家穷人所有的银行。这就使贷款者对格莱珉银行产生很强的归属感，有效确保贷款者利益与银行利益的高度一致性。

贷款者在遇到意外灾害、亲人生病等需要大量资金支出时，往往无法正常还贷，有时甚至放弃还贷。为解决这个问题，格莱珉银行推出了灵活贷款项目：当一些贷款者无法按原计划还款时，可以把原先贷款转为灵活贷款，重新选定一个更长时间的分期付款计划，减少分期付款额，使他们有能力继续偿还款项。同时他们在六个月后还可再借已偿还的贷款，利用新的投资机会，使他们有可能很快恢复到危机之前的经济水平。因此，灵活贷款给予有困难的贷款者一个新的起点，并有效降低了银行坏账的风险。孟加拉国是一个自然灾害频发的国家，每次洪灾都可能使许多贷款者无法正常生活。为应对周期性洪灾所带来的破坏，格莱珉银行制订了一个周密的灾难计划，包括灾难准备与灾后重建策略。银行要求贷款者平时多储备耐腐的食物，使他们在6月洪灾高发期免遭饥荒威胁。洪灾过后，使用中心灾难基金和重建基金，为灾后重建提供短期信贷资金支持。灾难计划在战胜2001年的洪灾中发挥了重要作用，避免了洪灾所带来的不利影响。

## 四、商业伦理观的影响因素

影响商业伦理的因素很多，包括对不道德行为打击不力、讲求道德的企业没有得到好报、对什么是合乎道德的行为缺乏认识、短期行为、地方保护主义、社会风气差、国家或地方的经济落后和改善企业自身利益的压力大等。

1. 管理者行为和道德发展阶段相关

研究表明，人们道德的发展可以归纳为三个层次即前惯例、惯例、原则。前惯例仅受个人利益的影响，按怎样对自己有利制定决策，并按照什么行为方式会导致奖赏或惩罚来确定自己的利益。惯例受他人期望的影响，包括遵守法律，对重要人物的期望作出反应，并保持对人们的期望的一般感觉。原则受自己认为什么是正确的个人道德原则的影响，它们可以与社会的准则和法律一致，也可以不一致。上述的每个层次又包括两个阶段，共六个阶段：严格遵守规则以避免物质惩罚；仅当符合其直接利益时方遵守规则；做你周围的人所期望的事情；通过履行你所赞同的准则的义务来维护传统秩序；尊重他人的权利，支持不相关的价值观和权利，不管其是否符合大多数人的意见；遵循自己选择的道德原则，即使它们违背了法律。关于道德发展阶段研究的几个结论：第一，人们以前后衔接的方式通过六个阶段；第二，不存在道德水平持续发展的障碍；第三，大部分成年人处于第四个阶段上，遵守社会准则和法律。第四,一个管理者达到的阶段越高，越倾向于采取符合道德的行为。

2. 个人特征

一个成熟的人一般都有相对稳定的价值准则，这些准则是个人早年发展起来的，也是教育与训练的结果，它们是关于正确与错误、善与恶的基本信念。管理者通常有不同的个人准则，它构成道德行为的个人特征。由于管理者的特殊地位，这些个人特征很可能转化为组织的道德理念与道德准则。这是管理者的个性特征影响组织行为的最典型的方面。

3. 自我强度

自我强度是指管理者自信心的强度。实验表明，自信心高的人比自信心低的人更能克制冲动，也更能遵循自己的判断，去做自己认为正确的事，从而在道德判断与道德行为之间表现出更大的一致性。在管理过程中，管理者能否把自己的认识转化为行动以及在多大程度上转化为行为，自信心的强度具有极为重要的意义。

4. 控制点

控制点是指衡量人们相信自己掌握自己命运的个性特征。具有内在控制点的人自信能控制自己的命运，称为"内控者"；而具有外在控制点的人则常常是听天由命，称为"外控者"。从道德的观点看外控者不大可能对他们的行为后果负个人责任，更可能依赖外部的力量；内控者则更可能对其行为后果负责任，从而在道德判断与道德行之间表现出更大的一致性。

5. 结构变量

组织结构是影响管理者道德行为的重要因素。有些结构能提供强有力的指导，而另一些则只是给管理者制造困惑。模糊性最小的组织结构设计有助于促进管理者的道德行为。减少模糊性的最重要的要求是正式的规则和制度。职务说明以及明文规定的道德准则可以促进行为的一致性。

6. 组织文化

组织文化对管理道德的影响主要表现为两个方面：一是组织文化的内容和性质，对冲突具有高度宽容性的组织文化有助于促进管理者的道德行为；二是组织文化的强度，如果组织文化的力量很强并且支持高道德标准，那么组织文化就支持合乎伦理的决策行为，它会对管理者的道德行为产生强烈的和积极的影响。

### 7. 问题的强度

问题的强度是指道德对于管理者重要性的程度。影响道德问题强度的因素主要有六个：危害的严重性、对邪恶的舆论、危害的可能性、效果的集中度、接近程度、后果的集中度。其具体的内容是：某种道德行为的受害者（或受益者）受到多大程度的伤害（或利益）？舆论认为这种行为是邪恶的还是善良的？行为实际发生或可预见危害（或利益）的可能性有多大？在行为与所期望结果之间，持续的时间是多久？行为者和行为的受害者（受益者）的关系有多接近？道德行为对有关人员的集中作用有多大？这六个要素决定了道德问题的重要性。

### 8. 利益相关者的反应

各种利益相关者，尤其是顾客、股东、雇员、政府等都会对决策的伦理性产生影响。主要是企业的行为大都表现在他们对各种利益相关者权益的侵害。但是经营业绩出色的公司和基业长青的公司都不是被动对各种利益相关者的反应进行响应，而是主动对其利益相关者真诚关心。他们的决策表示着对利益相关者所做的诚挚的努力。

## 五、商业伦理观的提升

### （一）设立伦理委员会

从 20 世纪 70 年代开始，美国、日本、西欧的一些企业，就已经在组织内部逐步建立起严格的伦理制度和监管机制，将伦理因素引入企业的决策和经营过程中，改善企业的经营形象。企业内部伦理委员会的职责：制定企业伦理守则；制定道德标准的沟通体系；对员工进行道德培训；评价员工行为、对不道德行为进行惩处。

**【文献阅读】企业伦理委员会的四重功能与三类人员素质** [①]

1. 企业伦理委员会的四重功能

（1）咨询建议功能。伦理委员会为企业决策提供咨询建议是其最重要的功能。

第一，伦理委员会对公司重大决策进行伦理评价，并提出建设性的意见。伦理委员会可以就某一决策的正当性进行伦理调查，根据公司的具体情况提出改革建议，尤其要在公司的重大决策出台前为管理层提供伦理方面的建议。

第二，对可能涉及伦理问题的企业管理模式和生产技术的使用提供咨询。近年来新的管理方法和技术发明发展迅速，它们的应用都可能会涉及伦理问题，需要相关的伦理规则的指导，伦理委员会显然可以发挥重要的作用，它尽力为处于困惑中的企业主、管理者和员工提供合乎道德的伦理指导，避免出现不道德的行为。在推行新的管理和技术手段时，当然要考虑到其收益，更要考虑其实施过程中的道德风险。有时新的手段本身就存在道德上的问题；有时尽管手段本身也没有道德上的问题，但也可能由于没有经过足够长时间的试验而具有极大的道德风险。这些都需要一个专门的机构进行审查、控制，

---

① 曹刚. 关于企业伦理委员会的伦理学思考［J］. 湖南社会科学，2008（6）.

提出建议供决策者参考。

第三，对企业和利益相关方出现的分歧或纠纷提供伦理方面的建议。对于企业的相关决策，他们的意见可能会不统一，这些分歧有些是技术上的问题，有些则涉及不同利益冲突问题，有些直接就是道德判断上的分歧，对于这些情况，分歧各方都可以提出申请，请求伦理委员会进行讨论，分析可能出现的不同结果与影响，提出建议；或者对于已经实施的措施进行分析评估，提出各方都能够接受的对整个事件的比较公允的看法；对于重大的纠纷也可以在诉诸法律之前提供一个交换意见、澄清立场的机会，有助于事情的更圆满地解决。

（2）审查监督功能。企业伦理委员会的审查监督功能具体体现为五个方面：

第一，对企业决策的目的进行审查。保证决策的目的不单纯为了经济利益，还要符合社会公共利益，要遵循社会的基本道德要求。

第二，对决策者和执行者的资格审查。主要有两方面的考虑，首先要审查决策者和执行者有没有相关的经验和能力。其次也要审查决策者和执行者以往的声誉，特别是在涉及伦理问题时是否有过不当行为，以保证企业决策是由具有道德经验和能力的人做出和实施的。

第三，对设计方案的审查。包括两个方面，首先是科学性审查。这是为了保证方案具有可行性，能够达到预期的目的。其次是伦理方面的审查。方案中要考虑到并明确指出哪些方面或步骤中会涉及伦理问题，充分考虑了可能产生的任何道德难题，并且有充分的预防与应对措施。

第四，对决策涉及的相关事物的审查。这主要是为了保证决策实施中的安全。伦理审查委员会对相关信息进行研究、考察，看是否能够最大限度地有效避免可能出现的道德风险。如果经过委员会审查讨论，认为尽管使用某些手段和方法有助于达到目的，但是其道德风险太大或很难控制，可能产生道德上难以接受的后果，那么就是不适当的。

第五，上述四个方面是对企业伦理委员会的审查监督功能进行的分类型的描述，在实际的工作中，委员会还会对任何有关的伦理问题进行进一步的审核、查证，做出同意或者不同意的决议。就对决策的实施过程进行审查来看，伦理委员会的审查可以分为初始审查和持续性审查或跟踪审查，前者是指对新决策是否可以通过进行审查，后者是对项目进行过程中各步骤进行审查，特别是对改变了开始的决策的情况做出重新审查。

（3）教育培训功能。企业伦理培训的基本内容包括：

第一，公平原则。对任何与企业有业务往来的客户个人或者机构都应当公平地对待。公司不应当对客户有歧视性的看法或者做法。这里涉及的主要是两个方面的问题，一是公司不鼓励客户利用内部关系获得额外的好处，二是在公司的业务活动中不应当有任何歧视性的做法，包括种族、肤色、宗教、性别、年龄、国籍、怀孕与否、身体或心智障碍等等。

第二，诚实原则。诚信是一个企业必备的经营宗旨，任何时候都应当保证企业提供的是准确无误的信息，不应当误导任何人扭曲企业的形象。在企业的公共宣传和商品广告中保证提供真实的信息是伦理委员会监督和审查的一个重要方面。

第三，安全与卫生原则。企业应当保证其业务活动的安全性，特别是那些涉及人类安全的行业，保证生产经营过程中的安全和卫生是企业要遵守的最基本的道德准则之一。

第四，保护环境原则。尽管现在有关环境保护的法律法规已经相当完善，但是为企业树立起环保的道德要求仍然具有重要的意义。企业伦理委员会一方面宣传普及环保方面的法规，更重要的是在企业内部推广环保的理念，而在涉及公司的重大决策时，伦理委员会可就项目对于环境的危害提出相关的报告并指出项目可能对公司的社会形象及伦理标准产生的危害，为项目的决策提供重要的参考意见。

第五，清廉原则。企业经营活动中保证清正廉洁。与政府部门打交道时要特别注意。很多企业往往只关注企业的商业利益，采用各种不干净的手段来赢得项目的经营权。

（4）规则制定功能。规则制定不是企业伦理委员会的主要功能，其处于相对次要的地位。规则制定功能与审查功能的区别在于：审查是回溯性的，它是对过去的或现在的事实进行的审查，而制定规则则是前瞻性的，它意图确认和改变的是未来的利益关系和行为；审查行为总是与特定的主体和特定的项目相关，而规则制定总是普遍的，其调整的对象是以类为单位的。许多企业行为涉及各种问题，虽然有相关的法律法规，但是一方面有些问题不适合诉诸法律，另一方面又有很多新的问题出现，没有先例可循。在这种形势下，伦理委员会针对出现的伦理困惑进行广泛的调查研究和分析讨论，最终向主管部门提出政策建议，进而制定出具有一定效力的规定作为指导，以应对不断出现的伦理问题。规则制定往往涉及企业所属行业。一个例子是国际会计师联合会（IFAC），这是各国会计师协会的国际联合组织，是对于会计师行业具有很大影响的国际性行业内组织。伦理委员会根据适当程序吸收多个国家地区协会及其他公众成员的意见制定有关会计人员的伦理行为守则、宣言、倡议等。其中最重要的就是《职业会计师伦理守则》。

2. 伦理委员会中的三类人及其素质

伦理委员会的决策过程既是一个不同知识进行交涉和得以运用的过程，也是一个价值选择的过程。因此，组成伦理委员会的成员，不但需要具有不同的专业技能和经验知识，也能够代表不同的利益诉求和价值立场，更需要具备一般的道德能力。唯其如此，一个合理的道德决策才有可能。

（1）伦理委员会中的三类人。伦理委员会的组成原则包括以下几个方面：

第一，伦理委员会一般由相关专家、管理人员和普通员工代表三类人组成。其中，专家不但包括企业管理及技术专家，还包括人文社会科学专家。由于伦理委员会审查的项目主要是企业生产管理领域的研究和应用，因此必须要有相关领域的专家。但要避免把视野局限在专业研究背景下，否则有可能难以对企业活动中的道德风险进行全面的评估。管理人员和普通员工代表可以提供健全的常识、丰富的经验和切身的利益信息以弥补专家们的专业局限。

第二，由于公共利益的目标关乎未来的事实发展，所以需要决策者具有一定的预见性。而管理人员和普通员工作为利益当事人难以超越利益冲突，从而加大了认识真正的公共利益目标的难度。因此，需要受过伦理学知识的专门训练的专业人员，他们善于运用演绎的思维方法，获得对未来可能发生的情况的系统性推断，他们具有优于其他成员的专业优势。

第三，伦理委员会的决策是一个价值选择的过程。在这个意义上，没有哪种人（包括专家）具有特别的优势。在价值判断上不能说哪个更高明。因此，不同的专家可以有不同的知识准备和知识能力，但无论是专家、管理人员和普通员工，都需要具备一般的道德能力。在伦理委员会的决策中，专家和普通大众运用各自不同的专业技能和经验知识做出自己的贡献，但只有在他们都具备道德能力的前提下，一个合理的道德决策才有可能。

（2）伦理委员会成员应具备的三种道德能力

伦理委员会作为道德决策者，无论是哪一类人，不但需要具有一定的知识能力，而且更应普遍地具有起码的道德能力。其内涵有三个方面，即无偏私、规则意识和责任心。

第一，无偏私。无偏私的道德能力是指决策者不因自己的个人利益和偏见而影响决定的公正性的能力。这就要求伦理委员会成员在各种利益冲突和争议中，能审视、反思和超越自己独特的利益和立场；在各种不同的社会和集团的压力下，保持自身地位和判断的独立性；在决定的过程中，公开公平地收集和利用各方的信息。只有这样，决定的结果才不会因为包含决定者的特定利益和偏见，而丧失其合理性。具有无偏私的道德能力的伦理委员会成员，应具备认知和排除不当利益和偏见的能力。具体包括：首先，伦理委员会成员不能接受和索取物质利益和其他的利益，以做出不公平地有利于一方而有损于另一方利益的决定；伦理委员会成员也不能因为某种已存在的利益关联，而使得决定事实上有利于自己。其次，伦理委员会成员要防止和摆脱对事实的某种武断和对当事人的某种歧视所造成的不合理决策。所谓偏见，可以是价值立场上的倾向，可以是对事实的先入为主，也可以是对当事人的某种成见。价值立场的倾向难以排除也不必排除，因为伦理委员会成员的价值立场就应该是多元的甚至是冲突的。要加以排除的是后两者，尤其是对当事人的偏见和歧视。最后，伦理委员会成员应具有摆脱利益相关人的控制的能力，独立地做出道德决定。

第二，规则意识。企业活动不可避免会出现个人利益、企业利益和社会利益之间的矛盾和冲突。这种矛盾和冲突引申出如何处理这种关系的需求。这就要求个人与他人之间、个人与社会整体之间有一种恰当的结合方式。结合方式的恰当与否，取决于隐藏在偶然性的利益关系背后的必然联系的理性表达，这就是这些利益关系"应该如何"的规则。因此，伦理委员会在制定规则时，要意识到规则本身要体现相互性要求。严重妨碍自我利益和严重妨碍他人利益的规则都是违背正义的规范。在信守规则时，我们要意识到信守规则的承诺，实际上在承诺不损害他人的利益，他人的承诺也具有同样的意义。规则意识还体现为注重程序，程序理念决定了制度运作过程和结果的有效性和稳定性，也正是程序理念充分展示和保障了社会正义的要求。既然伦理委员会的决定有可能为少数人或执行者个人意志所左右，这就需要通过规定合理的程序，以限制权力的恣意。

第三，公共理性。在伦理委员会工作的空间里，不应该执着于唯一的价值目标。相反，不同的价值追求之间往往难以通约。不同领域的人士有不同的行动理性。管理者遵循的是等级权力的逻辑；经营者基于经济理性，遵循着盈亏逻辑；而普通员工更关心自身的福利。伦理委员会往往具有超越性立场，它们要达到的目的既包括公益又包括私益，因此既不能完全受权力控制，也不能完全受市场控制，而只能通过沟通机制，即通过对话、协商、妥协与平衡，来调节相关各方的关系，最终达到不同利益之间的协调，这是公共理性的运用。公共理性是一种中庸理性。持有这种理性的人们，不再作为一己之私而存在，他们自愿地为了公共利益，在持有不同的价值观的成员间实现沟通和合作，达成妥协和宽容，以接受他们彼此都认为共同的东西。

### （二）提高管理层的道德层次

管理者负有从非伦理经营向伦理经营转变的领导责任。孔子认为，"其身正，不令其行；其身不正，虽令不行"。孟子认为，"以力服人者，非心服也，力不赡也；以德服人者，心悦而诚服"。石滋宜文认为，假如一个企业的领导者只是想赚钱，他的员工也会不顾人情道义，只会赚钱。

科尔伯格认为人类道德发展分为三个层次。在前传统层次，人们遵守法律规定避免惩罚，根据自己的利益进行活动。在传统层次，人们根据外部道德规则选择生活，履行职责和社会赋予的义务，支持法律。在后传统层次，人们遵循自己选择的正义和是非标准，充分意识到人的价值观的多元化，试图寻找新方法，走出伦理困境；将个人利益和公众利益较好地协调起来。一旦达到第三层次，就会依据一种独立的伦理准则行事，决策和行为有很高的伦理质量。

管理者道德层次对商业道德的影响。在前传统层次，领导模式是独裁和强制，员工行为以工作为导向。在传统层次，领导模式是引导／激励、团队导向，员工行为是工作小组协作。在后传统层次，领导模式是服务性领导，员工行为被赋予权力全力参与管理。

### （三）提高员工的伦理素质

个人道德具有三个层次。第一个层次主要关注自己当前利益、外部奖励和惩罚。第二个层次则把与大的社团或一些重要参照团体所期望的和行为相一致的行为定义为正确的。第三个层次会看到准则、法律以及团体或个人的权利之外的东西。

个人伦理决策可以采用五问法。在决策的过程中充分考虑伦理要素的重要性，将伦理原则、规范及伦理要求引入实际的决策过程，使伦理要素对决策过程发挥规范、引导、制约和监督作用，并促成满意效果。五问法是指在个人伦理决策时提出五个问题，分别检查利益相关者利益是否满足。一是对股东而言，决策是否可获利；二是对于绝大多数的社会成员而言，决策是否合法；三是对于所有人而言，决策是否公平；四是对于所有人的其他权利而言，决策是否正确；五是对于特定权利而言，决策是否促进可持续发展。所以采用五问法决策时，通常会提出以下问题：该行动是否可获利？该行对社会（其他人）有益还是有害？该行动是公平的还是正义的？该行动侵犯别人的权利吗？我已经做承诺了吗？是含蓄的还是明确的？

### （四）企业伦理道德行为的改善

企业伦理道德行为的改善就是要求企业在处理与外部关系时不断完善自己，更有效地满足用户及社会的需要，做一个诚信经营、尊重他人、关心公益事业的"优秀公民"。①人员甄选。首先，在录用员工时剔除道德上不符合要求的求职者和候选人。其次，在招聘管理人员尤其是高管人员时，道德方面的考察特别重要。例如，巴林银行误用尼克·里森，导致200多年的老店破产。②制定伦理准则。制定伦理准则是减少道德问题、改善道德行为的有效办法。例如，Caltex 的价值观是 5I：Integrity（诚实）、Individuality（个性）、

Initiative（主动）、Involvement（参与）、Innovation（创新）。又如"惠普之道"。③管理者以身作则。道德是组织文化中的种子要素，而种子要素多是先在管理者的头脑中萌生的。从管理者行为的示范效应看，以身作则极为重要。④校正工作目标。为了预防怠工和投机取巧，必须确定明确的工作目标，并制定严格的评估标准。工作目标既要富于激励性，同时必须具有现实性。否则会使管理者为了实现工作目标"不择手段"。⑤提供道德培训。培训是不可或缺的一环，《财富》500强中60%的公司为雇员提供了某种形式的道德培训。

### 【案例分析】摩托罗拉的全球伦理文化战略 [①]

摩托罗拉公司成立于1930年，最早生产汽车收音机与音响，后来发展到无线对讲、宇航通信。1993年，近10万名员工的摩托罗拉销售总额达到170亿美元，在1999年《财富》杂志全球500强排行榜上，该企业排行第100位，营业收入额293.98亿美元，利润额9.62亿美元，资产额287.28亿美元。摩托罗拉企业文化的核心是：为用户提供品质超群、价格公道的产品和服务，满足社会的需要。企业也在这一过程中获得收益，不断发展壮大，从而为员工和股东提供实现各自合理目标的机会。

（一）三位一体的核心理念

精诚公正、以人为本、跨文化管理中的本土化，这是摩托罗拉三位一体的核心理念。摩托罗拉把"精诚为本与公正"确定为自己的企业理念，也是企业对自己数十年经营历史和成功经验的总结。

该企业的企业伦理顾问爱罗斯在布拉格第十届国际企业伦理研讨会上，用一个案例来说明企业家应该在确保产品安全、品质卓越方面承担起道德义务，并常年用这个案例来教育和提高摩托罗拉经理层的每一个经理和每一个员工。

1992年，E1A1企业的货机在阿姆斯特丹遭遇空难。尽管造成这场灾难的原因有许多，诸如天气、环境、行为、偶然性等，但灾难报告却表明，主要是引擎螺栓的设计问题。作为飞机制造厂商应该为自己的设计错误和迟迟没有发现而承担企业责任。这件案例的本质是可以让企业从中接受一条教训，即企业要改善设计，认真对待产品反馈信息。实际上，对于螺栓设计的错误，波音企业此前就已经发现了，但并没有引起重视。

摩托罗拉的质量技术培训不是出于对不幸事件的恐惧，而是为了增强企业家和企业员工的道德关切和企业责任感。每个人和每个企业必须在反复的做事和学习中来提高自己的技能。

摩托罗拉的CI手册中印着这样一段话"诚信不渝——在与客户、供应商、雇员、政府以及社会大众的交往中，保持诚实、公正的最高道德标准，依照所在国家和地区的法律开展经营。无论到世界的哪个地方进行贸易或投资，必须为顾客提供最佳的服务"。

（二）人本主义——致力于全球文化战略的定位

摩托罗拉企业的企业价值观是：尊重每一个员工作为个人的人格尊严，开诚布公，让每位员工直接参与对话，使他们有机会与企业同心同德，发挥出各自最大的潜能；让

---

① 刘光明.中外企业文化案例［M］.北京：经济管理出版社，2000.

每位员工都有受培训和获得发展的机会,确保企业拥有最能干、最讲究工作效率的劳动力;尊重资深员工的劳动;以工资、福利、物质鼓励对员工的劳动作出相应的回报;以能力为依据;贯彻普遍公认的——向员工提供均等发展机会的政策。摩托罗拉的这种企业价值观为每一个员工创造了一种健康积极的文化氛围。

摩托罗拉把人本主义作为全球文化战略的基点,摩托罗拉作为跨国企业,面对多元的文化,在制定自己的战略时既不固执于自己的文化,也不盲从他国的文化,企业始终认为,多元化是一种积极的工具,将企业伦理的见解应用于国际商务管理,其中的关键就是要妥善处理文化的多样性。这种能力可以通过培训而获得,并成为企业文化的一部分。对于跨国经营来说,对当地文化的体会不同,结果也会有巨大差异,熟悉外域文化,首先可以促进个人的成长,而更广泛地看,则又可以学到处理问题的不同方法。

摩托罗拉与杭州东方通信从谈判到合作成功,实际上也是两种文化的碰撞与交融,体现了摩托罗拉全球文化战略。摩托罗拉提出了在华投资的四大策略:一是加大在中国的投资规模,2000年之前要达到甚至超过25亿美元;二是全面实现人员本土化,包括中高级管理人员,而且要使用中国籍人员;三是要加快本土采购,2000年之前采购要超过10亿美元;四是扩大合资企业,带动国内企业包括中西部企业共同发展。摩托罗拉还宣传爱心文化,倡导向社会奉献爱心,世界文化是可以在不同文化背景、不同价值观、不同方法基础上进行整合的。人本主义强调的就是爱护人、尊重人,从这个理念出发,人类的不同文化可以整合,国际化结构使我们有可能综合一切文化之精华,剔除各种文化中的极端和糟粕,用和平、人道、人本主义的理念进行跨国经营。

(三)摩托罗拉的成功之道

摩托罗拉的以人为本不是停留在口头上,而是落实在企业的各项管理制度和企业行为中。例如,摩托罗拉肯定个人尊严,实施充分的培训,创造无偏见的工作环境,关心每个人的成长和个人前途,为每个员工创造事业成功的条件和体验成功的成就感。摩托罗拉的员工还享有充分的隐私权,员工的机密记录,包括病例、心理咨询记录和公安调查清单等都与员工的一般档案分开保管,企业内部能接触到雇员所有档案的仅限于"有必要知道"的有关人员。员工的私人资料,只有在征得本人同意后才能对外公布。

摩托罗拉制定工资报酬时所遵循的原则是"论功定酬",员工有机会通过不断提高业绩水平而获得加薪。在评级加薪过程中真正做到公平、公开、公正。对于直接从事生产的工人,其直属主管每月统计并公布所属员工的产量、质量、效率和出勤率,并以此为根据进行打分,在每年调薪时将主要根据这个积分来决定是否加薪和加薪的幅度。对非生产性工人来说,他们的积分要根据他们完成半年的工作计划程度来决定。每年的6月和12月,员工的直接主管将逐条对照计划,对员工的工作业绩进行审核和评分,充分体现了公平、公正、公开的竞争原则。

摩托罗拉企业普遍实行工作轮换制度,只要有能力、有要求,企业就给予他们各种机会和权利,尽可能做到能上能下和民主决策,这样可以使更多的人得到锻炼,也便于每个人发现自己最合适的工作岗位。管理人员之间也采用轮换的方式进行培养,人力资源、行政、培训、采购等非生产部门的领导多数具备生产管理经验,这不但有利于各部门更好地为生产服务,也有利于管理人员全面掌握企业的情况并成为合格的管理人员。生产工人的前道工序和后道工序、装配工人和测试检验工人也经常进行岗位轮换，这样可以使员工成为"多面手"。

企业为员工创造良好的物质文化环境和制度文化环境。摩托罗拉为员工提供每年80小时的带薪休假，以保证员工的身心健康和良好的工作状态。企业通过员工援助计划向员工及其家属成员提供心理健康咨询，举办健康和保健教育。摩托罗拉员工享受所在国政府规定的所有医疗、养老、失业等保障。企业还实施开放的沟通制度，随时了解和关注员工中存在的各种问题，企业领导认真听取员工的改善意见，员工可以通过各种渠道了解企业的有关政策以及生产经营、管理业务、教育培训等方面的情况，员工可以根据个人情况选择不同的直接沟通方式参与"总经理座谈会""恳谈会""业绩报告会""对话会"。企业创办了"大家庭"报，通过"我建议""畅所欲言"等栏目反映个人意见或提出合理化建议。

在摩托罗拉，教育培训既是企业的责任，也是员工个人的权利和发展机会。该项承诺支持员工在技术和能力方面寻求发展，提供多种类型的职业培训并鼓励员工参加。每一个新员工必须接受入职教育培训，培训课程包括摩托罗拉发展史、企业文化、员工教育与发展计划、企业人力资源部的相关政策、企业的规章制度及奖惩条例。企业每年为每个员工提供各种层次的在职培训，在美国，企业与菲尼克斯大学合作为员工提供在职MBA培训。企业在教育培训方面的持续投入，使员工在技术、知识和能力上不断提高，因此摩托罗拉在同业竞争中一直保持领先的地位。

问题：（1）是什么保证了摩托罗拉向用户提供品质卓越、货真价实的产品和服务？

（2）摩托罗拉的企业伦理文化理念对该企业在开拓中国市场中起到了什么作用？

## 【文献阅读】自律与他律①

自律，是指自我约束。他律，是指接受他人约束。所谓"律"，即约束之意也。约束，今人又常称"监督"。因此，自律，也可以说就是同体即自我的检查监督；他律，就是异体，即接受他人的检查和监督。

我看见某报登载着一篇《惊人之自律》的文章，文中盛赞一位"世界最诚实警察"的"惊人之自律"。事情是这样的：服务于英国警界30多年的尼格尔·柏加，他有这么一件令人称道的诚实之举：一次，他到英格兰风景如画的湖泊区度假，发现自己在时速30公里的限速区域以时速33公里驾驶之后，便给自己开了一张违例驾驶传票。驶抵市区后，他立即把此事报告交通当局。主管违例驾车案件的法官大感意外，他说："我当了这么多年法官，还从未遇到过这样的案件。"结果，这位荣获"世界最诚实警察"美誉的英警被判罚25英镑罚款。

我们的社会当然应该提倡"自律"，应该赞美"自律"精神，这是毫无疑义的。"自律"是属于道德修养和思想教育范畴的东西，忽视思想品德的教育是不对的，但我们的社会绝不能仅仅依靠"自律"。我们工作的着眼点，也绝不能仅仅依靠"自律"。人类的全部历史证明，仅仅依靠人的自觉性，是远远不够的，我们还必须有纪律和法律来约束规范

---

① http://bbs.peopledaily.com.cn，2007-6-12.

人的行为，而纪律和法律是建筑在古代哲学家"人性恶"理论基础上的。纪律和法律就是"他律"，或者说主要是"他律"。"他律"是属于法制范畴的东西。建设一个健全稳定的法制社会，缺少了"他律"是绝对不行的。缺少了"他律"，"自律"也绝不会得到可靠的保障，忽视或者排斥"他律"即异体监督，就是"人治"。"人治"则必然导致整个社会的无序和混乱，这也是无疑的。

我由此想到几乎每年一度的财税大检查，还有我们所进行的反贪污腐败的神圣斗争等——在这些问题上，我们是不是把"自律"和"他律"机制的关系都处理好了呢？这是不能不令人深思的。自律是德治，他律是法治，两者相辅相成，缺一不可。

**【思考题】**

1. 公司经营中可以选择两种伦理战略：守法战略与信誉战略。你赞同何种观点？为什么？

2. 如何赚钱有三种境界：一是单纯的赚钱技巧和方法；二是把握人性的优缺点，投其所好、从中渔利；三是将道德文化纳入经商理念。对这三种境界进行评价。

3. 晋商的经营理念来自于"义薄云天、精忠贯日"的武圣关公。美国加州大学圣地亚哥的教授戴维说："我尊敬你们的这一位大神，他应该得到所有人的尊重。他的仁、义、智、勇直到现在仍有意义。仁就是爱心，义就是信誉，智就是文化，勇就是不怕困难。上帝的子民如果都像你们的关公，我们的世界就会更加美好。"以此为依据，谈谈企业经营是否需要讲伦理。

4. 在韦伯的眼中，资本主义的初始基础是"一手拿算盘，一手拿圣经"的新教徒精神：节俭、诚实。基督教伦理节制了人们对欲望的追求，由此促进了资本主义的发展。以此为依据，对西方现代无节制的消费思潮进行评价。

5. 温家宝说：真正的经济学理论，绝不会同最高伦理道德准则产生冲突，经济学应该代表公正和诚信，平等地促进所有人、包括最弱势人群的福祉。以此为依据，谈谈你对经济学理论的看法。

6. 安德鲁说："拥巨富而死者以耻辱终；有了财富不会使用，是种负担；有钱不拿去做公益，是种罪过。"刘永行说："尽管在法律上它归在我的名下，但从长远看来，他并不属于我一个人，它将被用来继续增加社会财富，用来培养更多的人。"以此为依据，谈谈你对财富的看法。

# 第四节　商业伦理规范

本节阐述三个问题：商业伦理规范的含义及作用；商业伦理规范的制定；商业伦理规范的实施。

## 一、商业伦理规范的含义及作用

### （一）商业伦理规范的产生背景

在美国，当 20 世纪 80 年代后期出现的一系列财务丑闻削弱了会计职业的信誉时，全美反贪污委员会和麦克唐纳委员会于 1987 年和 1988 年相继成立，研究恢复会计职业的信誉。反虚假财务委员会认识到建立一套有效的企业伦理规范的重要性。

随后，在 1991 年 11 月 1 日，美国审判委员会下达了在美国具有里程碑意义的美国审判指南。该指南对因道德或环境引发的企业非伦理行为给予高达每天 200 万美元的罚款。但如果公司的董事们能表明他们已经做到了勤勉尽责，每天的罚款可以减少到 5 万美元。企业伦理规范被认为是进行有效的勤勉尽责的一个必不可少的组成部分。美国公司董事会很快对企业伦理规范产生了兴趣。

### （二）商业伦理规范的含义

商业伦理规范是企业组织对经营行为方面期望的书面语，反映出高级管理层希望企业内部遵守哪些支撑着整个伦理环境的价值观、规章和政策。

商业伦理规范是一个组织的价值观的具体体现，在一定程度上展现了一个组织的主要结构框架，而这种结构框架除了为组织提供战略及法律方面的定位外，还为组织贯彻道德政策提供了一定的依据，并且这种组织结构能够展现和传达组织的行为预期和文化。

商业伦理规范包含了指导员工的思想和行为的正式和非正式因素：公司主管的道德指导；结合道德因素考虑薪酬系统；可察觉的公正性；在组织中开展对道德标准的公开讨论；强调员工对其自身行为质疑的义务和责任的权利结构；组织的重心是关注员工和特定社团的利益而非自身利益；正式的政策和程序；支持性的机构，如伦理委员会；支持措施，如电话热线。

### （三）商业伦理规范的作用

#### 1. 缩小公司内个人道德行为的差异性

巨大的价值观和人生观反差影响个人制定伦理决策的方式。公司内个人道德行为差异性的意义在于：员工用不同的方式决定伦理决策。因为任何企业的大多数人服从于一定的工作角色。虽然企业伦理规范不能解决每一个伦理困境，但它们确实为员工提供了可供遵循的规章和指导，这些可用于许多不同的场景，缩小公司内个人道德行为的差异性，限制企业组织内的不道德行为。一项调查显示，如果利大于弊，且被发现的风险低，10% 的被调查者就趁机渔利；40% 的被调查者与工作团队保持一致；40% 的被调查者一直尽力遵守公司的政策与法规；10% 的被调查者奉守他们自己的价值观与信仰，认为他们的价值观比公司其他人优越。

#### 2. 产生一种道德的企业文化

企业伦理规范勾画了企业文化的蓝图。企业文化是做事的方式、计提思维的程序；是能将组织连为一体的社会性纽带，是企业高级管理层关于怎样经营生意的共同见解。有效的企业伦理规范有助于产生一种道德文化，在这种道德文化中，员工可以确信什么样的行为是正确的和被期望的，同时他们也相信在这种道德文化中，不道德行为会受到充分关注，以避免非伦理行为的发生。

## 二、商业伦理规范的制定

企业伦理规范的制定包括以下步骤：设立企业伦理委员会；确定企业伦理规范的价值取向；确定企业伦理规范的模式。

### （一）设立企业伦理委员会

企业伦理委员会是企业设立的，专门处理伦理问题的机构。伦理委员会能提高人们对道德问题的关注，解决组织内存在的道德两难问题，制定或更新公司伦理规范。伦理委员会是处理伦理问题的正式方式。伦理委员会的中心议题是发生在组织内专业的、与经营相关的伦理问题。企业伦理委员会负责伦理规范的制定、执行与监督，以强调企业伦理规范的作用。

伦理委员会的责任：与高层管理人员协调伦理规范的遵守计划；开展、制定并宣传伦理规范；有效地传达伦理规范；建立监督和控制体系，以确保规范的效力；采用协调措施推行规范；检查并修订伦理规范，以提高其效力。

### （二）确定企业伦理规范的价值取向

以正直价值观为基础的企业伦理规范，与其他价值取向的模式相比，具有许多优势。它通过在组织中建立信任从而对员工共享信息和想法的意愿产生积极的影响，并对企业创新、企业适应能力以及使企业抓住机遇等起促进作用。

企业伦理规范的价值取向主要有五种。以服务为基础的价值取向主要关注阻止、发觉和惩罚；以正直价值观为基础的价值取向主要关注定义组织的价值观并鼓励员工遵循；以外部利益相关者的满足程度为价值取向主要关注提高形象，同时改进与外部利益相关者的关系；以保护最高管理层免受责难为价值取向主要关注掩盖把柄；综合性方法价值取向同时以价值观和服务为基础。

### （三）确定企业伦理规范的模式

确定企业伦理规范的几种模式：利益相关者模式、组织的战略性政策或组织责任模式、问题导向或组织使命模式。利益相关者模式的特征是基于利益相关者对原则、目标和政策讨论的引申。战略性政策或组织责任模式的特征首先是总裁、董事会和董事长的引介，接着是关于组织自身对组织意向、目标、政策和管理哲学的引申。问题导向或组织使命模式的特征是不断处理的各种问题的原则和政策的框架。

确定了企业伦理规范的模式取向后，在具体制定时，可以按照伦理规范覆盖的深度，选择不同的制定形式。与关键价值观相关的激励性短句的制定形式是信念；简短的道德原则的制定形式是道德准则；涉及道德原则并附有相应例子的解释的制定形式是行为规范；实务的具体规定的制定形式是实务准则。

不同的企业伦理规范制定形式，都提供了对企业伦理行为的指导原则。不同的指导原则，其控制结构不同。企业伦理规范的价值取向、风格和内容必须代表一般通用的原则，而不仅仅是特殊的法规；否则，员工就会感觉伦理规范带有强迫性而难以接受。这些控制结构的范围包括从独裁式的强制性控制结构直到自我约束式的控制结构。强制性控制方法与人类低层次的需求相适应。自我控制的管理方法与高层次的需求相联系，它能提供支持和更高参与水平的激励因素。具体而言，企业伦理规范的指导原则包括：遵守这些原则（强制控制）、在行动前寻求意见；以个人的最佳判断来指导行动，但披露个人所做的事；体现出"我们是这样的以及我们支持这些"的指导性原则（自我控制）。

## 三、商业伦理规范的实施

### （一）企业伦理规范的实施

1. 企业伦理规范的宣传与培训

宣传和培训的内容：对伦理问题的认识；根据高层管理者的意向对企业伦理规范进行解释；超出企业伦理规范范围时为制定决策而采取各种道德分析方法；用于讨论的现实案例；对道德问题的讨论以及对检举行为所给予的法律保障。

宣传和培训的关键要素：帮助员工识别商业决策中的伦理因素；给员工提供一套发展伦理问题的途径；帮助员工理解伦理情境中固有的模糊性；使员工意识到他们的行为奠定了公司内部与外部的伦理态度；为能寻找到有利于解决伦理冲突的经理或其他人提供指导；拒绝通过强制方式证明不道德行为是合理的思想。

企业伦理规范的目标：提高员工对伦理问题的理解程度与识别能力；通告员工相关的程序与规章；认识伦理委员会的相关人员，让他们帮助解决伦理问题；理解企业组织的价值和文化；依据价值观估计伦理决策对公司的影响。

2. 企业伦理规范执行情况的监督

企业伦理规范执行情况的监督是一套对企业组织的伦理规范执行情况进行系统评估的过程，能够决定企业伦理规范的效力。监督有利于改进企业伦理规范或其他计划，进而控制商业组织中的非伦理行为；可以加强企业组织内部员工的学习，有利于员工和管理层之间的沟通等。

企业开展伦理规范监督的步骤：得到总裁的许可，由伦理委员会指导监督工作；任命一个监督小组，进行企业伦理问题的监督；对公司伦理规范进行诊断，对指定的职能区域进行调查；分析企业伦理规范的宗旨，查找预设的宗旨与伦理表现不一致的情形；得到总裁的许可，由伦理委员会指导监督工作；确认伦理表现和企业伦理规范不一致的隐性原因；在每个指定的职能区域收集相关的行业情报等可利用的情报；访问每个职能区域设计的利益相关者，询问他们对企业伦理和社会责任表现方面的观点；将伦理表现的内部数据与外部利益相关者的观点相比较；定期给伦理委员会写监督报告。

企业应通过激励、监督和简化对不当行为的报告程序等方式来加强对企业伦理规范的执行与监督。其中，激励方式包括：奖金、红利；业绩评价、报酬激励和晋升。监督方式包括：内部审计；由伦理委员会进行的监督。促使对不当行为的报告，方式包括：确保公正的听证过程；保护措施（绝对的保密性、对检举者的保护计划）；咨询信息（调查方案、调查人员、伦理咨询热线）。对伦理问题不能存有侥幸心理；否则，组织可能丧失避免灾难发生或实现理想伦理规范目标的机会。

企业伦理规范的监督将员工的表现与企业组织的伦理规范相比较，员工内部举报系统的存在对监督评估伦理规范的执行特别有效。企业可以设置伦理热线电话，为员工提供帮助，给员工一个反映伦理问题的机会。要确定一个人的表现是否称职、是否合乎伦理规范，主要应观察该员工在需要肩负伦理责任的情况下如何处理问题。

当员工遵守了企业伦理规范时，他们的努力应受到认同与奖励，如奖金、升职或其他方式；相反，当员工背离了企业伦理规范时，他们就应当受到申诉、调职、扣薪、停职甚至解雇的处罚。如果公司维护伦理行为，那么它的伦理规范就能发挥作用。如果高层管理人员不支持伦理行为，那么在公司内维护道德文化就有困难。

**（二）有效实施企业伦理规范应注意的问题**

企业伦理规范对组织的成功至关重要。因此，确保企业伦理规范的有效制定和执行，是非常重要的。

一是高层管理者的认同与支持。高层管理者必须认同并支持企业伦理规范，而且表现出自身行为与企业伦理规范的一致性；否则，企业伦理规范就不会被员工所重视。

二是员工应被授权进行伦理决策，包括达成决策议定书以要求员工使用并能在批评和问题出现时为他们自己所做的决策进行辩护。这一过程应该包括为决策者进行深层次的道德分析或寻求建议提供灵敏的、简捷的帮助。当正确的行为存在怀疑时，应当鼓励员工寻求咨询。

三是伦理规范的传达应面向所有的员工。这样员工才不会声称自己没有被告知如何行动；这样对公司伦理行为的支持率才会提高。许多公司都认为其生产线上的员工不应对环境问题、同事的行为以及类似事情所引发的后果承担责任。其实，不仅是极好的建议来自生产线，不良行为也可能出自这里。在面向管理部门的同时，也应面向全体员工传达企业伦理规范。

**【案例分析一】洛克希德·马丁公司的伦理规范** [①]

这本小册子已经被洛克希德·马丁公司的董事会作为公司的伦理规范加以采纳。我们致力于成为拥有世界最好的技术和体系的企业，这个小册子总结了在全球市场范围内指导我们行为的美德和原则。我们期望我们的主顾、咨询人员、合同商、代理人和供应商同样也在这个法规的指导下从事他们的活动。

在洛克希德·马丁公司，我们相信伦理行为要求并不仅仅是遵守管制我们的商业行为的法律、章程和法规。我们是一个尊重团体工作、制定团体目标、为行为共同承担责任、容许有不同意见和共同领导的公司。我们是一个要求更加卓越的组织，期待每一个行为都能被很好地执行。我们每个雇员的个人政治和他们个人的和职业的行为的最高标准是洛克希德·马丁公司潜在的和支撑的伦理。我们的法规同事处理"正确地做事"和"做正确的事情"，从而维持我们个人和公司的正直。

为了保持我们运营商所在的、不同的社会和文化制度的敏感性，洛克希德·马丁公司致力于为整个世界上我们所有的工作场所制定一个伦理标准。我们通过实施与以下六个美德相一致的行为而达到我们的这个目的：诚实、正直、尊重、信任、负责和公司权利。

诚实。我们所有的努力都要诚实；要诚实和坦率地对待彼此、消费者、社会团体、

---

① http://blog.sina.com.cn/blog_53208d1001009pr6.html.

供应商和股东。

正直。按照我们的用意去陈述、发布我们的承诺，站在正确的一方。

尊重。公平和尊重地对待每一个人，欣赏我们劳动力的多样性和每一个雇员的独特性。

信任。通过团队工作和开放坦诚的沟通建立信赖关系。

负责。不要害怕报复，要畅所欲言，报告工作场所的有关问题，包括违反法律法规和公司政策的问题，若有疑问，寻求清楚地解释和指导。

公民权利。遵守我们企业运营所在国家的所有法律，并尽我们的一份力量让我们生活和工作的社区更加美好。

有很多来源可以用来帮助你迎接执行你的职责和责任时的挑战。如果你面临一个困难的伦理决定，通常你的上级将是你获得指导的最佳来源。此外如有需要，人力资源部门、法律部门、采购部门、合同部门、信息服务部门、环境保护和健康部门、财政部门、安全部门和公司或团体伦理办公人员都可以帮助你。社团政策声明和当地提供的详细的许多相关的法律条款的政策和程序可以经由洛克希德·马丁公司信息网络中心得到（http：//pageone.global.lmco.com），或者可以从你的上级那里得到。尽管对你来说，没有比将通常意义和合理的判断应用于你自己的行为更好的方式了，但只要有必要，就毫不犹豫地使用那些可以利用的资源寻求清楚的解释。

我们为我们的员工自豪，为在这个让世界变得更加适于生活的过程中所处的领导地位而自豪。感谢你为创造和维持一个伦理的工作所做的事情，以及为这个标准的制定所做的事情。

首席执行官

万斯·D·考夫曼

### 以伦理的态度对待那些洛克希德·马丁公司对之有责任的人

对于我们的雇员，我们明确承诺诚实、公正地管理，为之提供一个安全和健康的、不用害怕报复、尊重每个人应有的尊严的环境。

对于我们的消费者，我们明确承诺生产可靠的产品和服务，并以公平的价格，及时地销售。

对于我们的生活和工作的团体，我们明确承诺遵守合理的环境商业行为，成为关系和负责的好邻居，表现所有好市民的一面。

对于我们的股东，我们明确承诺追求合理的增长和收益目标，并慎重地使用赋予我们的财产和资源。

对于我们的供货商和合作者，我们明确承诺提供公平的竞争和表现出一个好的消费者和同伴所应具有的责任感。

### 我们明确承诺要以伦理的态度对待我们对之有义务的人

遵守法律。我们应该依据所有适用的法律和章程来运作我们的企业。政府规定相关的法律和法规是影响深远的和复杂的，因此，摆在洛克希德·马丁公司面前的责任是要超过那些没有政府消费者的公司。遵守法律并没有完全构成我们的伦理责任。当然这只是最低限度，它是执行我们的职责最基本的条件。

### 我们应该依据所有通用的法律和章程来运作我们的企业

促进积极的工作环境。所有的员工都想有并且应该有一个他们感到受到尊重、得到满足和被欣赏的工作环境。作为一个全球性的企业，考虑到我们运作的企业所在的不同国家可能有着不同的适于工作场所的法律条款。我们尊重文化的多样性按照各自规定，我们将在所有的工作地点遵守法律规定的限制，而且，我们不会容忍任何类型的伤害和歧视，尤其是基于种族、肤色、信仰、性别、国别、残疾、年龄或婚姻状况的伤害和歧视。

提供一个支持诚实、正直、尊重、信任、负责和公民权利的环境，准许我们有机会在工作场所达到优秀。虽然每一个为公司工作的人都必须致力于营造和维持这样一个环境，但我们的执行者和管理人员有特别的责任来培养一个不用害怕遭到报复，并将对我们每个人给予最大鼓励的工作环境。上级主管一定在言语和行动上小心，避免将下级雇员置于或者看起来置于压力之下，使得他们偏离了可以接受的伦理行为。

安全工作：保护你自己、保护跟随你的雇员、保护我们生活的世界。我们致力于提供一个没有毒品、安全的和健康的工作环境，在全球范围内奉行环境可靠的商业行为。我们努力至少不做伤害别人利益的事情，只要有可能，就让我们工作的社区变得更加适于居住。我们每一个人都有责任遵守环境健康和安全方面的法律和法规，遵守发布的警告和法规，及时地向适当的管理部门报告任何工作中经受的事故或伤害或者你可能有的环境和安全问题。

保留准确和完整的记录。我们必须保留准确和完整的公司记录。公司和外部个体以及组织的交易应该根据通常的接收账目行为和准则，必须迅速和准确地记录到我们的账簿中。没有人可以使不如实叙述的事实和虚假记录合理化或者对之考虑。这将是不能容忍的，将会导致纪律惩罚。

适当的记录费用。雇员和他们的主管应该有责任确保劳动和材料花费记录的准确性，并在公司的记录上加以记录。这些费用包括（但并不限于这些）一般的合同费用、独立研究和发展相关的工作费用、投标费用和提案费用。

严格遵守所有的反托拉斯法律。反托拉斯是法律中总括的条款，是用来保护自由的企业体系，促进开放和公平的竞争。这类法律存在于美国、欧盟国家以及其他公司经营所在的国家。这类法律处理"限制交易"的协议和行为。例如，限定价格、抵制供应商和消费者的行为。他们同样禁止企图把竞争对手赶出这个商业行业的定价行为；禁止贬低、曲解或伤害竞争对手；禁止窃取商业秘密；禁止行贿以及给回扣行为。

反托拉斯法律被严格地执行。触犯反托拉斯法律可能会导致严重的惩罚，比如强迫出售部分商业、对公司的巨额罚款。同样，对个人雇员也有惩罚，包括大量的罚款甚至被判入狱。

涉及国际商务时要了解和遵守法律。在市场中，腐败行为侵蚀着信任，破坏着民主，扭曲了经济和社会的发展，伤害了每一个在商业交易中依靠信任和透明度的人。公司明确承诺我们的行为不受受贿的不公平的影响，在全球范围内培养员工和商业伙伴的反腐败意识。《涉外腐败行为法》是美国的一项法律，该法律禁止腐败地支付、提供或允诺任何有价值的东西给国外的政府官员或国外政治团体、成员或候选人，从而影响他们不正当地使用他们的政府才能，使公司获得、保留或指示商业或获得任何不正当的利益。此外，《涉外腐败行为法》禁止有意地篡改公司的账册和记录，或者有意地回避或不实施账目控制。涉及国际运作的雇员必须熟悉《涉外腐败行为法》和控制我们运作的、我们工作的其他国家的相关法律。

国际设备或技术转让同样也受一些法律和法规管制，比如美国的国际军火非法交易法规，在作出决策之前，必须要事先征得同意，注册并报告。

此外，在合同中拒绝给潜在的或实际存在的消费者和供应商做交易是非法的，同样也不能从事或者支持限制国际交易的行为或联合抵制行为。

通过对于参与国际事务的雇员来说，了解和遵守行为或交易中涉及的国家法律是很重要的。这些法律控制着洛克希德·马丁公司全球范围内的行为。如果你参与了这些国际商业行为，你应该知道、理解和严格遵守这些法律和法规。如果你对这些法律和法规并不熟悉，那么在进行任何国际事务谈判之前，请向你的上级和法律部门咨询。

在政治行为中遵守法律和使用常识。洛克希德·马丁公司鼓励公司雇员参加公民事务、参加政治过程。然而，雇员必须要理解他们的涉入和参加必须是基于他们个人自己的时间、自己的花费基础之上的。在美国，联邦法律禁止公司直接或间接地捐赠共同基金、物质或服务，这包括雇员的工作时间。本地和州法律以及其他国家存在的相似法律一样，同样在他们各自的权限范围内制约着政治捐赠行为。

谨慎投标、谈判和履行合同。我们必须遵守与消费者对物质和服务的获得有关的法律和法规，我们应该公平和道德地参与每个商业机会的竞争。没有理由相信非公开的信息的发布或接受并没有授权的情形下，不要试图获得、也不要从任何来源接受这类信息。

应采取适当的措施来识别和避免因一个商业组织单位阻止其他商业单位采取相关行为而造成的组织冲突。

如果你涉及提案、招标准备或合同提案，你必须要保证向所有的潜在消费者作出的声明、信息和描述都必须是真实和准确的。所有的合同必须根据详细说明书、要求和条款执行。

避免违法的和有问题的礼品或恩惠。洛克希德·马丁公司的产品和服务的销售应该远离这种行为甚至这种概念，即在交易中，为了商业的好处或企业的繁荣可以提供、寻求或接受相应的好处。雇员不能送出也不能接受可能构成或能合理地认为会构成不公平商业行为的诱因或者违反法律、法规、公司和消费者的政策，或者对公司的名声造成消极影响的商业好意行为。虽然风俗和行为可能在我们运作商业的很多市场有所不同，但在这一方面，我们的政策实质上在美国和世界上其他的地方都是一样的。在国际范围内，因为丰富多彩的风俗可能会在我们的商业关系中发挥作用，法律许可的行为根据适用的政策或商业单位的伦理办公室和法律部门的引导可能会有所不同。

### 对美国的州和当地政府雇员的礼品小费和商业恩惠

联邦、州、当地政府部门和机构对有关雇员接受款待、餐饭、礼品、小费和其他有价值的东西的法律和法规的管制，来自那些政府部门和机构与只有商业来往或者对之有管制权利的公司。严格遵守这些法律和法规是洛克希德·马丁公司的政策。

联邦行政，部门雇员。禁止洛克希德·马丁公司赠送任何有价值的东西给联邦行政部门的雇员，以下情况除外：①洛克希德·马丁公司的固有价值很小（一般 10 美元或更少）的广告或者促销产品，比如一个咖啡杯、日历或其他印有公司标识的类似产品。②在有关商业行为场合下提供的价值不高的食品或饮料，比如软饮料、咖啡或者油炸圈饼。③每一场总价值20美元或更少，一年内总计不超过50美元的与商业有关的餐饭和车费。虽然跟踪和监视这类最低限制是政府的责任，但是洛克希德·马丁公司的雇员不得有意对个人提供超过20美元的餐饭和车费，或者一年内总计超过50美元的餐饭和车费。④某些其他关于广泛注意的集会和商业活动的例外情况，在公司的政策中都有详细的描述。

联邦立法和司法机构以及州和当地政府部门的官员。联邦立法和司法机构的雇员以及州、当地政法部门和机构的雇员受范围很广的不同法律和法规的管制。这些法律和法规以及和他们有关的公司政策声明必须在向他们提供任何有价值的东西之前询问。

### 对非政府个人的好意

餐饭、食品或饮料和款待。在支持商业行为过程中，向非政府组织和个人提供价格合理的餐饭、食品和饮料、款待或其他商业好意行为是可以接受的，包括：①行为没有违反任何法律和法规或接受者所在组织的行为标准。在提供任何商业好意之前，提供者有责任去询问接受者所在组织的禁令或限制。②商业好意行为必须与市场行为一致，应该不经常发生，花费不是无节制的或者奢侈的。然而通过一个特殊的美元数目来定义"无节制的或者奢侈的"是很困难的，一个常识般的决定应该根据合理的市场行为做出。礼品。洛克希德·马丁公司的雇员不得为公司要与之做生意或者期望与之做生意的个人或实体提供或赠送100美元及以上的实体礼物（包括运动票、娱乐票或者其他事件的票），除非已经过他（她）的上司、商业团体伦理办公室或伦理和商业行为合作办公室的特别允许。

对国外政府人员和办公室办公人员的商业好意行为。《涉外腐败行为法》和其他国家的法律严格禁止公司向外国政府和外国公众办公人员提供餐饭、礼品、小费、款待或其他的有价值的东西，如果要提供款待而且款待标准在公司法律部门保持的款待指导和范围内也必须要预先得到法律部门的同意。

### 雇员必须要和法律顾问讨论这类情况

清楚地引导利益冲突和了解雇用前政府官员的规则。实际上或者表面上若有利益冲突则违背了赋予我们的公平对待其他人的资格。工作中，应避免任何可能危害或者甚至只是看起来会危害你做出客观和公平的决定的关系、影响或行动。有大量的关于雇用或者使用前军事或文职政府人员的利益冲突的法律和法规。这些规则也适于接触现在的政府雇员或同他们进行协商、讨论他们潜在的被公司雇用或作为公司的顾问或承包商的可能。必须要完全和小心地遵守利益冲突法律和法规。若有疑问，请咨询团体或公司的政策和程序，将你的情况如实告诉你的上级、法律部门、人力资源部门或者伦理办公室。

这里有些可能产生利益冲突的方式：①尽管是洛克希德·马丁公司的雇员，但又不顾雇用的性质被竞争对手或者潜在的竞争对手雇用。②接受来自于寻求与洛克希德·马丁公司进行商业来往的个人、公司的礼品、酬金或服务。③与一个由雇员或其家属拥有或控制的公司有商业活动。④拥有或在竞争对手或供应商的公司有重大利益。⑤担任洛克希德·马丁公司的消费者和供货商的顾问。

保持顾问、代理和代表的正直性。对于选择和保持洛克希德·马丁公司的代表来说，商业政治是选择和保留洛克希德·马丁公司的代表的一个关键的标准。代理人、代表或者顾问必须确信他们愿意遵守公司的政策和程序，一定不能回避我们的价值观和原则。行贿和送回扣、从事商业间谍活动、在未经授权的情况下获得第三方的私人数据或者获取内部信息，这可能会导致违反法律。

保护私人信息。未经适当的授权，私人公司的信息不能向任何人公开。保护私人文件，做好保密工作。在正常的商业活动中，供应商、消费者和竞争对手有时可能会向你透露一些私人的信息，请遵守这些秘密，不要公开。

### 保护私人文件，做好保密工作

明智地获得和使用公司和消费者的资产。正当地使用公司和消费者的资产、电子通信系统、财产，警惕浪费和滥用，未经管理人员的许可，不要外借或者将之搬出公司的办公地点。要有成本意识，留意能降低成本的情况下任何可能提高执行效率的机会。虽然这些资产是以用于洛克希德·马丁公司的商业行为为目的，但也应认识到在对公司利益没有明显的不利的情况下可以偶尔用于雇员的私人用途。个人使用公司的资产必须要遵守团体和公司的政策，如有疑问，请向你的上司咨询以获得适当的指导和允许。

所有的雇员都有责任遵守履行工作中使用的有关软件包的软件版权注册的要求。

不要从事投机或内部交易。作为一个跨国集团和公众所有的公司，我们必须时刻警惕和遵守美国和其他国家的安全法律和法规。

对于雇员来说，基于有关或涉及公司的材料和非公开的内部信息而去买卖公司的股票是违反法律的。安全地参与：当你意识到那些尚未公开发布的信息会影响公司的商务，或者在交易中会给你的判断带来麻烦的情况下，不要在洛克希德·马丁公司的安全方面投机。这包括所有不同类型的股票交易，比如股票预购、期货买卖、买卖选择权、卖空销售等。两个简单的规则有助于保护你：不要将非公开的信息用于个人获利；不要将这类信息传播给其他不必要知道这类信息的人。

这个规则也适于在你被洛克希德·马丁公司雇用过程中接收的其他公司（供应商、买方和分包商）的信息的安全保护。

### 更多信息

为了支持复杂多样的伦理和商业行为计划，洛克希德·马丁公司已经在许多主体范围内开展教育和沟通计划。

这些计划已经发展并提供给雇员有关他们工作的详细的信息，从而提高了他们对关键问题的意识水平和敏感度。

可以获得有关以下主题的互动录像训练模件：遵守反托拉斯法；回扣和小费；国内顾问；劳动力支付；没有毒品的工作环境；融资的不同；环境、健康和安全；材料成本；伦理组织；利益冲突；前政府雇员；政府订单；出口控制；采购正直；国外腐败行为法案；产品替代；政府财产；记录保留；工作场地危害；安全；内部交易遵守；软件注册；国际顾问；真实谈判法案；国际军火销售。

这个目录的有关以上主题或其他的互动录像交易模件和公司的政策声明可以经由洛克希德·马丁公司信息网络中心得到（网址：http：//pageone.global.lmco.com），或者也可以从你的上司那里得到。

警告信号——当你听到以下的话时，你正踏在伦理的薄冰之上："嗯，可能只有这一次……""没有人会知道……""这样做并不要紧""每个人都在这样做""撕碎那个文档""我们可以把它隐藏起来""没有人将受到伤害""对我又能怎么样呢""我们没有这次的谈话"。你可以想象更多的引起警惕的语句。如果你发现你使用了这之中的任一表达，请做以下的快速测验，并确保你在伦理上是站得稳的。

### 快速测验——当有疑问时，问你自己

我的行为合法吗？我公平和诚实吗？我的行为能经得住时间的考验吗？以后我将怎样评价我自己？报纸上将如何报道呢？今夜我能安心入睡吗？我将如何告诉我的孩子们我所做的事情呢？如果我的家人、朋友和邻居知道我所做的事情，我又是怎样的感受呢？如果你还是不能确定怎样去做，再问你自己，直到确定你做了正确的事情。

### 我们的目标——一个伦理的工作环境

我们已经建立副总办公室——伦理和商业行为办公室来强调我们在整个公司推行伦理行为的努力。

这个办公室直接向主席、董事会审计和伦理委员会报告，并监督企业范围内的努力来促使为全体雇员建立一个积极的、伦理的工作环境。

我们的伦理办公室人员在每一个运作公司开通保密的伦理帮助电话，同时也在集团内部开通。任何时候，你在你的工作团队或者同你的上级进行问题讨论或关注时，都可以使用这些资源。

### 联系伦理办公室

此外，如果你需要有关如何同当地的伦理办公人员联系的信息，或者期望就一个关注的问题和集团的伦理和商业行为办公室讨论，鼓励你使用以下的几种保密的沟通方式：电话：国内：800-563-8442；国际：800-5638-4427。倾听或诉说：800-441-7457。通信地址：洛克希德·马丁公司集团伦理和商业行为办公室邮政信箱34143，本斯德，MD20827-0143。传真：301-897-6442。互联网电子邮箱：corporate.ethice@lmco.com。

当联系你所在公司的伦理办公人员或者集团伦理和商业行为办公室时：你将受到尊重的对待；你的通信将被最大限度地加以保护；你的关注将被着重讨论，如果在打电话时没有得到解决，则在有了结果后就会通知你；你不需自己进行判别；记住，从来不会因为你使用伦理帮助电话而受到惩罚。有特权的人不能阻止你；如果他们试图这样做，将会对他们采取纪律行为，甚至包括解职。

---

**【案例分析二】公司伦理与管理层的盈余管理行为**[①]

冯雷是一家制鞋公司的部门经理。在2004年重点业绩考核之后，公司办公室令他在一年之内使他所在部门的业绩彻底改观；否则，他的职位难保。冯雷对此感到十分困惑，2003年在他上任时就得到公司的保证，只要他能够使所负责部门的投资收益率（ROI）每年都有一定的增长势头，公司就允许他利用5年的时间将该部门的投资收益率提高到

---

① http://docin.com/p-398267211.html.

10%。而冯雷上任前的 2002 年，该部门有 200000 元的亏损，其投资收益率为 –5%。冯雷上任后最初两年的收益及收益率情况见表 2-1。

表 2-1　2003 年、2004 年公司收益及收益率

单位：元

| 年份 | 2003 | 2004 |
|---|---|---|
| 销售收入 | 1000000 | 1500000 |
| 变动成本 | 780000 | 1000000 |
| 贡献毛益总额 | 220000 | 500000 |
| 部门的固定成本 | 240000 | 200000 |
| 部门经理的可控利润 | （20000） | 300000 |
| 投资收益率（ROI） | 0.3% | 5% |

冯雷被告知情况已经发生变化，最高管理当局急切地希望他所负责的部门的业绩有较为迅速的改观。

回到家里，冯雷又想起他上任时公司的承诺，如果他能使部门的投资收益率提高到 15%，公司会发给他一笔数额可观的奖金。或许是公司已经注意到在 5 年任期结束时冯雷很容易达到当时认为遥不可及的目标，而管理当局不愿支付这笔奖金。冯雷此刻意识到他的工作和奖金数额取决于 2005 年这一年的业绩了。为了保证能得到自己的奖金，冯雷在考虑如何在 2005 年把投资收益率提高到 15%。然而达到这一目标并不容易，受行业影响，预计 2005 年本部门的销售收入不会超过 20 万元。针对这些情况，冯雷决定孤注一掷，采取了以下措施：

（1）将每台设备的操作人员由 3 人减至 2 人，这将减少 3 万元的薪金支出，其结果是操作工人的公休时间大大减少了。

（2）出售一块价值 10 万元的土地，这块土地原准备用来扩建厂房。这块土地的出售，虽然没有利润，但可以减少 2 万元的财产税支出。

（3）通过以下措施将贡献毛益率提高到 45%：以非常低的价格购进低质量的原材料；解雇高薪工人，代之以工资很低的非熟练工人。

**问题：**

（1）如果冯雷采取的措施均能奏效，他所在的部门的投资收益率是多少？能达到所需的 15% 的水平吗？

（2）你认为冯雷为使部门的投资收益率达到 15% 而采取的盈余管理行为对公司有什么影响？

（3）公司管理层所创造的伦理文化如何影响冯雷的行为？

**【案例分析三】和商——"荣事达"品牌的灵魂**[①]

任何品牌都应该有其内在的精神力量,这种精神是整个企业发展的原动力,经由这股内在原动力,整合企业经营要素和经营过程,刻画企业个性。荣事达创牌成功,仍然是限于产品品质外的差异,达不到个性化品牌的要求,因此必须在荣事达的企业经营思想中寻求、提炼出具有个性的内在精神,形成企业今后长久坚持并不断将之发展丰富的企业理念,也就是"荣事达"品牌的灵魂。通过一系列论证后,我们发现,塑造荣事达品牌形象和贯穿经营实践始终都靠这种精神力量,即"和商理念"。我们向来强调"和顺国情,和衷共济,和气致祥,谦和自律",坚持"互相尊重、相互平等,互惠互利、共同发展,诚信至上、文明经营,以义生利、以德兴企",并将这种精神贯彻到企业工作的方方面面,无论是企业高级管理人员,还是普通员工,都以"和商"精神处理各方面的关系。市场充满竞争,但竞争必须有规范的竞争规则,这种规则既应有"他律"的规则体系,也应有"自律"的规则体系。"和商理念"就是构筑荣事达企业自律规则的基本指导思想。

这种精神是荣事达品牌的灵魂和内在底蕴,是荣事达全体员工的主导意识。早在洗衣机还是短缺紧俏商品时,许多大型商家的老总都纷纷向荣事达求援,荣事达再三强调"货俏人不骄",竭尽全力向各商家供货,"没有多也有少",绝不让商家空手而归。荣事达的这种精神,在创牌后得到商家的真诚回报,建立起融洽、和谐的工商关系。同样,在处理与供应商、合资方的关系上,荣事达以"和商"精神在一系列问题上取得了对方的支持与合作。

随着市场竞争的加剧,有些厂家不择手段、浮夸、恶性竞争等不正当行为相继出现。荣事达对此深恶痛绝,为对社会负责,对每个消费者负责,荣事达于 1997 年推出了中国第一部企业竞争自律宣言——《荣事达企业竞争自律宣言》,在企业界和社会上引起强烈反响。荣事达这种踏踏实实创业,光明正大竞争的行为打动了消费者,也赢得了竞争对手们的尊重。1998 年他们又推出《市场竞争道德谱》,进一步完善了企业竞争行为,将"和商理念"贯彻到生产经营活动中,使其成为每个员工的基本行为准则,同时在企业界倡导公平竞争,通过企业自律,共同创造一个良好的竞争环境。

1998 年初,民营企业家姜茹参股荣事达 2000 万元,与荣事达合资兴建了荣事达电工制品有限公司,此事引起社会各界的广泛关注,荣事达为其他国有、集体企业合资引资探索出一条新路。通过参股事件,人们对"荣事达·时代潮"的品牌形象有了更广泛的认知。

荣事达的经营思路理应跟随时代的脉搏,合乎市场的节拍,永远立于时代潮头。"和商理念"的总结、提炼并在一系列荣事达品牌营销活动中所表现出的惊人的爆炸力量,表明"荣事达"品牌已经有了自己的核心,"荣事达"从一个简单的产品品名顺利地发展成为真正意义上的具有个性的品牌。

---

[①] http://www.qg.com.cn, 2007-6-13.

**【案例分析四】联想公司诚信文化变迁与未来** [①]

在过去的十几年里，联想集团一贯秉承"让用户用得更好"的理念，始终致力于为中国用户提供最新最好的科技产品，推动中国信息产业的发展。

（一）联想文化变迁

1. 目标导向

创业的最关键问题就是实现预想目标，联想在这个时期最为注重的是工作结果和开拓拼搏精神，提出如"只认功劳、不认苦劳""质量就是企业的生命""宁可丧失金钱，绝不丧失信誉"等口号，在工作中表现出"目标一旦制定，轮番冲杀，不达目标誓不罢休"的精神。

2. 规则导向

成功创业之后，联想开始有了一系列的经营管理原则，通过规范化的行为准则和流程来追求精神和效率。具体如下：①管理三要素：建班子、定战略、带队伍。柳传志说，建班子是三要素中第一位的，班子不和，什么事情都做不成。班子没建好有两种情况：一种是"1+1<1"，就是一个班子做事还不如一把手一个人做好，主要原因是无原则纠纷和产生宗派；第二种是"1+1<2"，就是有了这个班子之后确实比一个人强了，但是远没有达到它应该发挥的能力，这主要是班子成员的积极性没有完全调动起来。建班子有三大难题：进了班子后不称职、班子成员意见不一致以及提高班子成员素质。联想的做法是：班子里进来的所有人要德才兼备，以德为主；班子里的话要放在桌面上讲，保证团结和保持正气，有不同意见，先集中后民主，先定原则后谈事；一把手工作方式有三种：指令方式、指导性方式、参与性方式，逐步改进领导工作方式。带队伍要做好三件事：一是如何充分调动员工的积极性；二是如何提高员工能力；三是如何使员工积极有序、协调、效率高。这些就是组织架构和规章制度要解决的事。带队伍中最重要的是领军人和骨干队伍的培养，联想形容道：第一把手有点像阿拉伯数字的"1"，后面跟一个0就是10，跟两个0就是100，三个0就是1000。这三个"0"虽然也很重要，但没有前面的"1"，就什么都没有。②管理四要求：认真——精益求精、刨根问底；严格——严要求、严管理、严处罚；主动——主动接受任务、主动发现问题、主动检讨自己、主动追求完美；高效——明确的工作计划和进度要求、明确的文件答复时间、零等待的工作作风（对没有条件的事情创造条件也要上，对责任界限不清的事情主动完成）。③做事三原则：第一条，如果有规定，坚决按规定办；第二条，如果规定有不合理处，先按规定办并及时提出修改意见；第三条，如果没有规定，在请示的同时按照联想文化价值标准制定或设定相应规定。④工作"四不"：不利用工作之便谋取私利、不收受红包、不从事第二职业、工薪保密。

3. 支持导向

随着联想的发展，公司文化塑造的重点进一步从每个人如何做事转移到如何做人上，提出亲情文化。亲情文化提倡"互为客户"的理念，要求员工"对内协作，对外谦和"，推行矩阵式管理模式，要求各部门之间互相配合，资源共享。

---

[①]　杨艳英，李柏松．企业文化修炼案例［M］．北京：蓝天出版社，2004.

4. 创新导向

不同文化阶段主要是表明了联想在不同发展阶段的管理重点，从"绩效文化"到"严格文化"，再到"亲情文化"，各种文化阶段中行之有效的管理方式都不是从提出该种文化开始，也不止于提出下一种新的文化。不过它们还是存在明显的时间间隔，"严格文化"是1997年被引入联想，并确立了"认真、严格、主动、高效"八字管理方针；2000年，针对联想内部缺乏沟通和协作的情形，亲情成分被正式引入联想文化，以此建立起一种相互信任和协作的文化。当前，面对激烈的竞争，联想开展"创业工程"的文化运动，重释创业精神，正在倡导"战战兢兢，如履薄冰""居安思危，从头再来"的危机意识，"坚持学习与开拓，在可承受的风险内大胆尝试新事物和新方法，持续改进工作"的创新意识。

（二）联想文化现状

1. 企业核心价值观

在理论上，一个企业文化导向的健康状态应该是菱形的，即各种导向文化都存在并且比较均衡。因此，在实践中，按照企业文化螺旋发展模型，联想打造出四大核心价值观，引领四大导向文化。联想四大核心价值观——服务客户、精准求实、诚信共享、创业创新，告诉员工四个基本问题——做什么、怎么做事、怎么做人、为什么，引导员工融入联想，建设四种文化——服务文化、严格文化、创新文化、亲情文化。①服务客户。服务客户是联想的首要价值观，是联想人要做的事情，是他们的工作方向。②精准求实。精准是一种程度，求实是一种态度。③诚信共享。诚信——以"诚实做人，注重信誉，以诚相待，开诚布公"为联想人最基本的道德准则；以"取信于用户，取信于员工，取信于合作伙伴"为待人之道。共享——在交往中尊重他人、注重平等、信任、欣赏和亲情；在工作时把个人追求融入企业长远发展之中，与同事分享远景、相互协作、共享资源、共同发展。④创业创新。创业——永不满足，勇于拼搏，不断地超越自我，主动承担责任，灵活地应对变化和挑战；创新——坚持学习与开拓，在可承受的风险内大胆地尝试新方法和新事物，持续地改进工作。

2. 企业使命

不同于国外企业精简的企业使命，联想提出了四个方面的企业使命：为客户——提供信息技术、工具和服务，使人们的生活和工作更加简便、高效、丰富多彩；为员工——创造发展空间，提升员工价值，提高工作生活质量；为股东——回报股东长远利益；为社会——服务社会文明进步。①创造发展空间。联想注重为年轻人创造发展空间，领军人物杨元庆、郭为被称为"少帅"，原因就在于他们的年龄。联想员工平均年龄不到三十岁，有一半员工是近两年新进的，不少高级主管都是在几年内提拔起来的，有的甚至一年连升三级。"联想"选人要的是"发动机"而不是"螺丝钉"，即不是仅仅要求员工能胜任岗位责任，而且是"以德为先"，注重"三心"，选择能把企业利益放在首位、把自己融入企业中，具有上进心、事业心和责任心的学习型员工，以期其成为能严格、认真、主动、高效工作并具有归属感和责任心的企业主人翁。②提升员工价值。联想提出与实施了"发展和成功的需求、完善的培训、多职业规划"这三种方式来提升员工价值，包括每年40小时的培训以及上级的指导、同事的交流、各类培训、发给员工图书自学、与国际厂商的业务交流，全面提升员工的职业技能、专业技能、管理技能、文化与战略。③工作生活质量。员工的工作生活质量实际上是企业与员工关系的一部分。柳传志在接受访问的时候提到，如何处理提高职工福利和培养企业持续发展机制的关系是企业追求成功必须处理的三大难题之一，激励机制是"好的运行机制"的核心。他说，企业不是一个养老的机构，必须要有一种好的机制，能够持续发展的机制。

3. 企业远景

未来的联想应该是高科技的联想、服务的联想、国际化的联想。①高科技的联想。在研究开发的投入上逐年增加，研发领域不断加宽、加深，尤其是要逐渐从产品技术、应用技术向核心技术领域渗透，技术将不仅仅为公司产品增值，使其更有特色，同时也将成为公司利润的直接来源；研发人员在公司所占的比重逐渐提高；产品中自己创新技术的含量不断提升；成为全球领先的高科技公司之一。②服务的联想。服务是DNA：服务成为融入联想每名员工血液的DNA，服务客户的文化根深蒂固；服务是竞争力：服务要成为产品业务的核心竞争力，成为带动营业额、利润增长的重要因素；服务是新业务：服务业务包括服务外包、运营服务、系统集成、管理咨询等，服务业务将成为联想业务（尤其利润）的支柱之一。③国际化的联想。10 年以后，公司 20% 的收入来自国际市场；公司具有国际化发展的视野和与之相对应的人才、文化等；公司的管理水准达到国际一流。

### 【案例分析五】赤诚燃旺百年炉火："全聚德"烤鸭名满天下 [1]

"不到长城非好汉，不吃烤鸭真遗憾。"全聚德之所以名头这么响，主要是靠"全而无缺，聚而不散，仁德至上"的经营观念。全聚德创办于清朝同治三年（1864 年），创办人为河北冀县的杨全仁。作为历经 130 多年发展历史的中华第一块饮食金字招牌，全聚德以其精品名牌的形象闻名于世，在中华饮食文化精粹的行列中独树一帜，靠的就是"诚信"二字。这主要体现在以下两方面：

一是以仁德诚信为经营宗旨。全聚德为防止欺骗顾客，向来保存"自选鸭坯写吉言"的节目：请客人在选中的鸭子头上用毛笔画记号，待烤好后可确认自己的鸭子没有被替换，以示童叟无欺，货真价实。全聚德将信誉体现在严格管理、提高质量上，给顾客提供高品质的产品、高品位的服务。在餐饮行业中，全聚德烤鸭店率先通过 ISO9002 质量体系认证，每道工序都一丝不苟，从不马虎，以确保质量达标。为了让国内外顾客在短时间内加深对全聚德美誉度的了解，以产生口碑效应，全聚德总结了"一生只一次，一次记一生"的口号。全聚德在诚信营销方面表现突出的正是这些小地方。例如，有一次一位员工将雨伞借给客人，自己却等雨停后才走，因此给这位客人留下了良好的印象，他主动给销售人员介绍客人，甚至一个月竟达到 500 多位，创造经济效益 10 多万元。全聚德给人们的启示是：诚信为本，以德取胜，既可赢得良好信誉和顾客的青睐，增强竞争实力，又能带来长久的丰厚回报，使企业持续健康地发展。诚信是安身立业之本、兴旺发达之源，信用度强弱与顾客忠诚度高低是企业核心竞争力的集中

---

① 榕汀. 诚信：未来社会通行证［M］. 福州：海峡文艺出版社，2002.

体现。

二是以顾客的需求为市场导向。让顾客满意是全聚德一贯的优良传统。经长期实践，全聚德集团总结出新的颇具特色的"三转"服务模式，即服务员围着顾客转，厨师围着服务员转，后勤围着一线转，使服务的质量和顾客的满意度显著提高。

全聚德始终坚持以顾客为导向开发新产品，推陈出新，创出铁板鸭心、香辣鸭肠、柠檬鸭柳等新菜，深受中外宾客欢迎。以顾客需求为中心是现代营销思想的精髓，全聚德130多年来的营销方式证明，只有顾客导向型的品牌才能获得成功。

### 【案例分析六】公司伦理对安然公司的财务丑闻的影响 [①]

安然公司成立于1985年，它通过兼并两家天然气管道公司而建立。1996~2000年，安然发展非常迅速，成为美国最大的综合性能源公司，经营天然气和电力的期货合约。

在安然公司的发展历程中，安然公司也奠定了相应的公司伦理文化。安然公司的伦理文化可以描述如下：

第一，明确的财务目标。安然公司反复强调，公司有两类目标：公司范围和部门范围的目标。这些目标都强调达到数值，这意味着从财务角度实现公司规模、收入和回报率的稳步增加。

第二，建立财务业绩上的业绩评估。公司每半年进行一次筛选制的业绩评估工作，根据财务业绩，将员工分为五等。第五等至少占15%，尽管他们的业绩与外界相比很好，但重要的是相对于其他个人业绩，他们被视为失败者，列入第五等的人员会遭到调遣，甚至被辞退。

第三，激励性的薪酬制度。安然公司将员工的薪酬和业绩评价相联系。在每半年的评比中始终处于一二等的员工将得到丰厚的奖励，会得到升职、加薪、年终分红，以及最有吸引力的股票期权。

金钱是人们来到安然的一个主要原因。基于财务指标的业绩评价体系、慷慨的股票期权，意味着报告丰厚的利润很重要。在这种伦理文化下，人们只关注部门和个人回报的利润，使得人们在会计记账和财务融资领域打法律的"擦边球"，如会计的盯市方法和融资的特殊目的实体。

2001年初，10年来一直稳步攀升的安然公司的股票开始下滑，起因是一系列传闻说公司报告的盈利质量下降了，而且该公司缺乏透明的会计记录。随后，其他报纸杂志上的文章也传达了同样的消息。其他能源公司担心安然的经济稳定状况，拒绝与它的交易。商业银行和投资银行的借款者也因为同样的理由拒绝谈判。安然的股票价格直线下降，很快公司宣布破产。几周时间，安然公司就因为财务丑闻案，从耀眼的明星公司堕落为破产的丑闻公司。

该案例反映了公司伦理对会计伦理决策的影响。会计界和会计专业人士正面临着日趋复杂的伦理问题，非伦理的决策给组织、会计界、会计专业人士带来不利后果的风险

---

① http://course.baidu.com/view/4ec79b8c6529647d272852d7.html.

很高。因此，被审计的企业或担任审计工作的会计师事务所应该实施可以提高充分伦理指导的伦理治理方案，其中企业伦理规范是其中的关键组成部分。

### 【案例分析七】企业商业伦理的会计核算评价——以 TZG 公司为例[①]

市场经济下，一些企业为了追求利润最大化而违背商业伦理，缺"诚信"的企业应马上开始重视商业伦理的建设。本文以定量分析的方法，选取装备制造业商业伦理口碑好的 TZG 上市公司 2013~2015 年公布的数据，采用基于改进的 Interbrand 品牌评估方法对该公司的商业伦理进行会计核算评价，并得出结论：商业伦理对该公司的销售收入作出了很大的贡献，商业伦理的建设能够给企业带来长期的高盈利，也有利于企业塑造出良好的道德形象，并可由此衍生出一个良性的循环机制。

1. 引言

伴随着"毒奶粉"、富士康的员工"十四跳"、美的与格力血拼的"暴力门"、"毒疫苗"等事件暴露在公众面前，如何构建企业的诚信道德伦理，再度成为大众讨论的热点话题。东京商工调查公司近期发表一份调查报告显示，全日本超过 150 年历史的企业竟达 21666 家之多，而在明年将又有 4850 家将满 150 岁生日，之后三年还将有 7568 家满 150 岁生日，日本企业长寿的秘诀就是诚信。而在我国，业内普遍认为最古老的企业或者说品牌是成立于 1538 年的六必居，之后就是 1663 年的剪刀老字号张小泉，再加上陈李济、广州同仁堂药业以及王老吉三家企业，我国现存的超过 150 年历史的老店仅此 5 家，现在作为"世界工厂"的我国，绝对不缺"中国制造"，缺的是企业"诚信"。如何让我们的企业和企业家重视诚信，该文提出的将商业伦理纳入会计核算也许是一剂良方。目前来讲，我国企业必须重视商业伦理，刻不容缓。通常，商业伦理的遵守不可避免地伴随着成本的付出，本文试图从会计核算的角度定量研究企业商业伦理导致的企业财务数据的变化的关系，从而揭露出企业遵守商业伦理的意义。借用企业品牌价值评估的方法，对以"诚信"为核心价值观的上市公司 TZG 公司进行研究，解读其商业伦理成本的付出是否能够为企业带来超额的收益。

2. 主要概念界定

（1）商业伦理。Lewis 认为，商业伦理指的是在特定情境下，合乎道德与真理的一种规则、规范、标准或原则；Archie 和 Carrol 认为，商业伦理是判断为企业工作的人的行为的对与错的依据；Jeffery 和 Nadine 认为，商业伦理是把道德价值考虑在内的管理决策。而研究认为，商业伦理是指企业组织应遵守一定的伦理规范和准则，并合法地从事商业活动。它是对道德意义上的自我约束，是一个企业持续经营、长远发展的基石。

（2）Interbrand 品牌评估方法。Interbrand 品牌评估方法是由全球著名品牌咨询公司 Interbrand 创立的，国际通用性和权威性较强的一种对品牌价值进行评估的方法，其估算模型为：品牌价值＝品牌收益 × 品牌强度系数。

（3）商业伦理的评价模型。目前，我国对于商业伦理的研究主要集中在理论研究和

---

① 肖岳峰等. 我国企业商业伦理的会计核算评价——以 TZG 公司为例［J］. 会计之友，2016（12）.

案例分析，就其现状、缺失原因、如何构建等方面的问题进行分析，而对于商业伦理的会计核算评价，我国尚处于空白状态。因此，本文尝试借用 Interbrand 公司创立的品牌价值的评估方法——Interbrand 品牌评估方法，并在此方法的基础上加以修正改进，使它更适用于企业商业伦理的会计核算评价。希望在计算出遵守商业伦理获得的超额收益的基础上，尝试估算商业伦理的成本，并根据成本效益原则，分析出商业伦理带来的长期战略效益，使研究对象觉得应该更加遵守商业伦理。

3. Interbrand 评估商业伦理的模型构建

为使 Interbrand 评估方法更适用于商业伦理的会计核算评价，根据品牌价值估算模型：品牌价值＝品牌收益×品牌强度系数，提出商业伦理的会计核算评估模型：$V=I \cdot G=C \cdot E \cdot R \cdot G$。（评估过程如图 2-1 所示）其中，V 代表商业伦理价值，I 代表商业伦理的未来预期收益，C 代表商业伦理作用系数，E 代表研究企业前一年的销售收入，R 代表研究企业前 3 年的加权平均销售利润率，G 代表商业伦理强度系数。

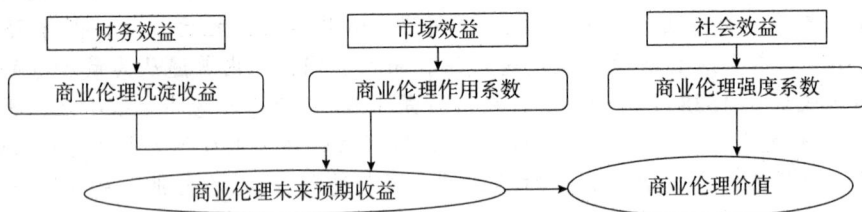

```
┌──────────┐        ┌──────────┐        ┌──────────┐
│  财务效益  │        │  市场效益  │        │  社会效益  │
└────┬─────┘        └────┬─────┘        └────┬─────┘
     ↓                   ↓                   ↓
┌──────────────┐  ┌──────────────┐  ┌──────────────┐
│ 商业伦理沉淀收益 │  │ 商业伦理作用系数 │  │ 商业伦理强度系数 │
└──────┬───────┘  └──────┬───────┘  └──────┬───────┘
       └─────────┬───────┘                 ↓
         ╭───────────────────╮   ╭───────────────────╮
         │  商业伦理未来预期收益  │ → │    商业伦理价值     │
         ╰───────────────────╯   ╰───────────────────╯
```

图 2-1　评估思路

（1）企业商业伦理带来的超额收益的确定。超额收益，即由于商业伦理因素带来的额外的收益。为避免商业伦理为企业带来收益的不统一，商业伦理企业与无商业伦理企业的年收益的差额，建议采用税后的净利润作为基数，从而别除税率的影响，也便于横向比较与纵向比较。研究是在假设将样本企业 TZG 公司所处行业内的平均收入近似于无商业伦理企业的收入，剔除了行业对其的影响，并假设将企业前 3 年的加权平均数（权重假定为 1：2：3）近似于企业的超额年收入，公式表示为：遵守商业伦理后的营业收入总额－企业遵守商业伦理付出的成本总额；企业遵守商业伦理的沉淀收益＝企业遵守商业伦理的营业利润－企业正常销售产品的营业利润－非商业伦理带来的利润；商业伦理的未来预期收益＝企业遵守商业伦理的沉淀收益×商业伦理的市场作用强度×（1－企业所得税税率）。

（2）商业伦理作用系数的确定。商业伦理作用系数，表示为商业伦理对企业收入的贡献率，指的是商业伦理的投入的增加量与企业年超额收入的百分比，即合理地预测商业伦理的投入对企业收入的影响。通过对已有文献的解读，不难发现影响消费者购买装备制造业企业产品的主要因素有产品质量 $Y_1$，品牌的口碑 $Y_2$、产品性能 $Y_3$，产品价格 $Y_4$、商业伦理 $Y_5$、售后服务 $Y_6$、维护费用 $Y_7$ 等，再运用德尔菲法，找 5 位专家对这 7

个主要影响因素进行评分，然后取 5 位专家打分的平均值作为最后的得分（精确到百分比的个位数），最后可得商业伦理 $Y_3$ 对企业收入的影响程度，即可得到商业伦理作用系数 C 为 11%，具体如表 2-2 所示。

表 2-2 商业伦理作用系数的确定

| 影响因素 | 产品质量 | 企业口碑 | 商业伦理 | 产品性能 | 产品价格 | 售后服务 | 维护费用 |
|---|---|---|---|---|---|---|---|
| 专家打分（%） | 18 | 6 | 11 | 19 | 21 | 9 | 16 |

（3）商业伦理强度系数的确定。商业伦理强度表示的是与同行业相对比，被评估企业的商业伦理的相对投入，进而推断出商业伦理有多大可能性可以保证企业的未来预期收益转换为真实的收益，衡量的是转变收益过程的风险大小，商业伦理强度越大，商业伦理强度系数越高，风险就越小，转变的可能性越大。Interbrand 品牌评估方法运用七个因子［市场（market），稳定性（stability），领导力（leadership），国际（international），支持度（support），潮流趋势（trend），保护力（protection）］加权综合法来确定强度系数，而对于商业伦理强度的确定，该文对 7 个因子做了调整（企业形象、信用伦理、社会贡献度、政府亲密度、员工满意度、顾客忠诚度、环境伦理），如表 2-3 所示。这 7 个方面的指标选取带有一定的主观性，故采用层次分析法来计算其权重及得分，以降低指标选取的主观性对会计核算评价结果的影响。

表 2-3 商业伦理强度的 7 个因子

| 因子 | 指标 | 计算公式 |
|---|---|---|
| 企业形象 | 商誉的自然对数 | Ln 商誉 |
| 信用伦理 | 利息保障倍数 | 息税前利润（EBIT）/ 利息费用 |
| 社会贡献度 | 社会公益捐赠率 | （公益捐赠支出额 / 营业收入）×100% |
| 政府亲密度 | 税收贡献率 | ［（支付的各项税费 - 收到的税费返还）/ 营业收入］×100% |
| 员工满意度 | 工资福利率 | （职工的工资福利 / 营业收入）×100% |
| 顾客忠诚度 | 销售增长率 | ［（本年销售额 - 上年销售额）/ 上年销售总额］×100% |
| 环境伦理 | 环境贡献率 | （环保事业支出额 / 营业收入）×100% |

①构建一个递阶层次结构。根据专家的意见，构建一个能使各个因素相互连接的递阶层次结构，如图 2-3 所示。其中，处在最高的一个层次是目标层，一般是指最终的目标，通常只有唯一的一个元素，中间一层是准则层，表示的是采取的某几种评判标准以帮助实现最终目标的中间环节，最底层代表的是可以解决问题的方法或待选的方案，即方案层。

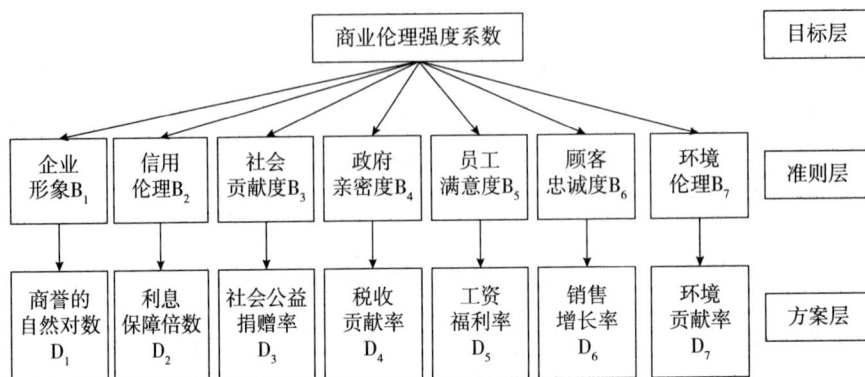

图 2-2　多层次分析结构

②1~9 标度法。根据图 2-2 所示的多层次模型，采用表 2-4 所示的 1~9 标度法，将准则层的四个元素进行两两比较，从而构建判断矩阵。

表 2-4　判断矩阵标度及其含义

| 标度 | 含义 |
| --- | --- |
| 1 | 两者相比，具有同等的重要性 |
| 3 | 两者相比，前者比后者稍微重要 |
| 5 | 两者相比，前者比后者明显重要 |
| 7 | 两者相比，前者比后者非常重要 |
| 9 | 两者相比，前者比后者极度重要 |
| 2，4，6，8 | 前者比后者的重要性介于相邻判断之间 |

③根据判断值构造两两比较判断矩阵。首先，根据专家意见，得到准则层的 7 个基本因素的重要性排序为：企业形象 > 信用伦理 > 政府亲密度 > 顾客忠诚度 > 社会贡献度 > 环境伦理 > 员工满意度。其次，对下一层两个元素相对上一层的相对权重设定判断值，两个元素可分别设为 i 和 j，相对权重值就设为 b，元素的数量设为 n，则判断矩阵可设为 B=（$b_{ij}$）n×n。对 $b_{ij}$ 值的量化标准一般采用表 2-4 所示的 1~9 标度法进行赋值，且判断矩阵应满足：$b_{ij} > 0$；$b_{ij} = 1/b_{ji}$；$b_{ii} = b_{jj} = 1$，判断矩阵的一般格式如表 2-5 所示。

表 2-5　判断矩阵的一般形式

| A | $B_1$ | $B_2$ | $B_3$ | ... | $B_n$ |
| --- | --- | --- | --- | --- | --- |
| $B_1$ | $B_1/B_1$ | $B_1/B_2$ | $B_1/B_3$ | ... | $B_1/B_n$ |
| $B_2$ | $B_2/B_1$ | $B_2/B_2$ | $B_2/B_3$ | ... | $B_2/B_n$ |

续表

| B₃ | B₃/B₁ | B₃/B₂ | B₃/B₃ | … | B₃/Bₙ |
|---|---|---|---|---|---|
| … | … | … | … | … | … |
| Bₙ | Bₙ/B₁ | Bₙ/B₂ | Bₙ/B₃ | … | Bₙ/Bₙ |

④层次单排序。对构造完的判断矩阵进行层次单排序。根据判断矩阵计算是对于上一层因素而言的，而本层次与之有关系的因素的重要性次序的权重值，层次排序中首先需要计算指标权重，其次还需要计算其最大特征根 $\lambda_{max}$ 及其对应的正规化特征向量 W。先对判断矩阵的每一列数据作归一化处理。对行向量相加后得到的列向量也做归一化处理。再求最大特征根 $\lambda_{max}$。

⑤一致性检验。由于构造的综合矩阵可能无法避免误差，因此按上述计算方法得出的最大特征根 $\lambda_{max}$ 不一定就等于 n（n 为判断矩阵的阶数，即判断矩阵的元素个数），为了限制这一误差，使其在容许的范围内，则可以取最大特征根 $\lambda_{max}$ 与 n 的相对误差作为判断矩阵的一致性指标，记为 CI，即 $CI=(\lambda-n)/(n-1)$。研究中，n=7>2，判断矩阵是不一致的，此时计算随机一致性比例，记为 CR，是一致性指标 CI 与平均随机一致性指标 RI 的比值，即 $CR=CI/RI$。其中，平均随机一致性指标 RI 可由 AHP 检验表查得，如表 2-6 所示。当 CR<0.1 时，则可以认为该矩阵具有满意的一致性，即权重计算是可靠的；当 CR≥0.1 时，则说明该判断矩阵不具有满意的一致性，存在较大误差，超过了许可的误差范围，需要重新调整构造的判断矩阵，直至其具有满意的一致性为止。

表2-6　平均随机一致性指标 RI

| N | 1 | 2 | 3 | 4 | 5 | 6 | 7 | 8 |
|---|---|---|---|---|---|---|---|---|
| RI | 0 | 0 | 0.5149 | 0.8931 | 1.1185 | 1.2494 | 1.3450 | 1.4200 |
| N | 9 | 10 | 11 | 12 | 13 | 14 | 15 | |
| RI | 1.4620 | 1.4874 | 1.5156 | 1.5405 | 1.5583 | 1.5779 | 1.5894 | |

⑥层次总排序及其一致性检验。层次总排序如表 2-7 所示，即计算最下层（方案层）所有因素对最上层（目标层）相对重要性的权向量。D 层的层次总排序，即 D 层第 i 个因素对总目标的权值为：$\sum_{j=1}^{m}b_jd_{ij}$。$D_1$：$b_1d_{11}+b_2d_{12}+\cdots+b_md_{1m}$，$D_2$：$b_1d_{21}+b_2d_{22}+\cdots+b_md_{2m}$，…，$D_n$：$b_1d_{n1}+b_2d_{n2}+\cdots+b_md_{nm}$。这一过程是由最高层次往最低层次依次进行的，B 层 7 个因素 $B_1$、$B_2$、$B_3$、$B_4$、$B_5$、$B_6$ 和 $B_7$ 对总目标层的排序为 $b_1$、$b_2$、$b_3$、$b_4$、$b_5$、$b_6$ 和 $b_7$，C 层的 7 个因素 $D_1$、$D_2$、$D_3$、$D_4$、$D_5$、$D_6$ 和 $D_7$ 对上一层 B 中 7 个因素的排序为 $d_1$、$d_2$、$d_3$、$d_4$、$d_5$、$d_6$ 和 $d_7$，由此可得准则层对目标层的权向量为 $W_A$；指标层对准则层的权向量为：$W_{B1}$、$W_{B2}$、$W_{B3}$、$W_{B4}$、$W_{B5}$、$W_{B6}$ 和 $W_{B7}$。以准则层的特征向量 $W_{B1}$、$W_{B2}$、$W_{B3}$、$W_{B4}$、$W_{B5}$、$W_{B6}$ 和 $W_{B7}$ 为列，构成一个准则层的特征向量矩阵 $W^*=(W_{B1}$、$W_{B2}$、$W_{B3}$、$W_{B4}$、$W_{B5}$、$W_{B6}$ 和 $W_{B7})^T$，然后用目标层的特征向量 $W_A$ 右乘 $W^*$ 得到 W。

层次总排序的一致性检验利用的是总排序一致性比率：CR=（$a_1CI_1+a_2CI_2+\cdots+a_mCI_m$）/（$a_1RI_1+a_2RI_2+\cdots+a_mRI_m$）。计算出来的CR<0.1，则可按照总排序权向量表示的结果赋予权重。本文中企业形象、信用伦理、政府亲密度、顾客忠诚度、社会贡献度、环境伦理、员工满意度的权重分别为0.27，0.21，0.09，0.15，0.18，0.03，0.07，最后得分就是商业伦理乘数K，再利用S曲线公式求出商业伦理强度系数G=210.5744。当0≤K≤50时，$250G=K^2$；当50<K≤100时，（$G-10$）$^2$=2K-100。

表2-7 层次总排序

| D ＼ B | | $B_1$、$B_2$、$B_3$、$B_4$、…、$B_m$ $b_1$、$b_2$、$b_3$、$b_4$、…、$b_m$ | | | C 层的层次总排序 |
|---|---|---|---|---|---|
| $D_1$ | $d_{11}$ | $d_{11}$ | … | $d_{11}$ | $\sum_{j=1}^{m}b_jd_{1j}=b_1$ |
| $D_2$ | $d_{11}$ | $d_{11}$ | … | $d_{11}$ | $\sum_{j=1}^{m}b_jd_{2j}=b_2$ |
| … | … | … | … | … | … |
| $D_n$ | $d_{11}$ | $d_{11}$ | … | $d_{11}$ | $\sum_{j=1}^{m}b_jd_{nj}=b_n$ |

### 4. 结论

根据商业伦理的会计核算评估模型：V=I·G=C·E·R·G，基于TZG公司的部分数据（如表2-8所示），得到的计算结果为：C=11%，E=6861101805.42，R=（0.3224%×1+0.3561%×2+0.2670%×3）/（1+2+3）×100%=0.8119%，G=210.5744。由此计算出商业伦理的价值V=11%×6861101805.42×0.8119%×210.5744=1290311779.16（元），即TZG公司的商业伦理价值约为12.90亿元。其中，商业伦理的综合作用系数=11%×0.8119%×210.5744=18.8062%。在TZG公司2015年的总销售收入（6861101805.42元）中，商业伦理的价值约占12.90亿元，其商业伦理的综合作用系数为18.8062%，可知TZG公司进行的商业伦理的建设，为其销售收入做出了很大贡献，说明了商业伦理的付出不仅能够给企业带来长期的高盈利，还有利于企业塑造出良好的道德形象，并可由此衍生出一个良性的循环机制。然而，目前我国企业盲目地追求利润最大化，导致了一系列的违背商业伦理行为的发生，正如亚当·斯密所说"冒险的人愿意为了可能获得的超额收益而违背商业伦理"。通过对TZG公司的商业伦理进行会计核算评价，认为商业伦理的建设可以给企业带来长期的超额收益，因此，对商业伦理的建设应是我国企业生产经营过程中的重中之重。

表2-8 TZG公司的主要会计数据

| 年份 | 2015 | 2014 | 2013 |
|---|---|---|---|
| 总销售收入（元） | 6861101805.42 | 9023321688.96 | 9551413326.73 |
| 净利润（元） | 22122021.45 | 32134979.94 | 25504728.89 |
| 销售净利率（%） | 0.3224 | 0.3561 | 0.2670 |

**【案例分析八】九家央企的工程伦理教育活动** [①]

1. 以日常员工培训形式开展

以神华集团为例，这家以煤炭工业为主的大型央企是目前世界最大的煤炭供应商。神华集团实施"人才教育培训工程"，实施统一领导、统一规划、分级管理、分层实施的模式，建立了集团公司、分子公司、厂矿、车间、班组等多层次、多渠道的培训体系。本文收集了从2016年9月至2017年1月神华集团各公司员工培训的信息并进行分类整理，发现在不到半年的时间里，集团开展了49次与工程伦理相关的培训活动，包括提升员工的安全意识、环保意识、法律意识、职业规范以及应急处置能力等内容，占到集团开展培训总数的23%。包神铁路公司是神华集团旗下负责包神铁路建设工程的公司，该公司定期举办班组长业务素质提升培训班，并着重强调安全生产、风险防控等内容。

中国化工集团有限公司（简称中化工）是目前中国最大的化工企业，其直属企业中国蓝星（集团）股份有限公司（简称蓝星公司）是以化工新材料及动物营养为主导业务的企业。根据《中国中化集团公司2015年可持续发展报告》，蓝星公司对员工开展安全生产方面的系统培训主要内容为《安全生产法》《环境保护法》等，仅2015年就有4万多人次参加。中化工另一家直属企业昊华宇航，则通过专门编制安全培训视频课件对员工开展日常教育。

中化工业务涵盖农药、化肥、染料、石油等与化学工程相关的领域，拥有多家化工研究院。集团自2013年开始每年举办青年干部轮训班，集团领导轮流授课，内容就包括"如何做真诚、守信的管理者"。此外，集团还定期举办工程管理专项培训班，围绕工程竣工验收等相关环节中需要注意的事项开展专项学习；定期举办环境保护培训班，学习《环境保护法》。

中国海洋石油有限公司是中国最大的海上油气生产商，其旗下上市公司中海油田服务股份有限公司（简称中海油服）高度重视新员工培训，其中最主要的内容就是安全培训。中海油服2015年新入职的泥浆实习工程师范佳旭说："入职的第一堂课竟是安全培训，而不是专业技能培训，真出乎我的意料！"

2. 以项目开工前教育形式开展

中国交通建设集团有限公司是从事交通基础设施投资建设运营的大型央企，在其承接港珠澳大桥主体施工工程建设时，因为施工区域横穿国家一级保护动物白海豚的保护区，在项目开工前，企业针对全体建设人员专门组织保护白海豚的知识培训，强调既要保证工程质量，又要对这些"海洋精灵"负责，保护当地生态，保证白海豚的生存和繁衍环境不受施工干扰和破坏。

贵州遵义赤水河谷旅游公路建设前，工程负责单位——中建四局三公司在建设者们进入现场时组织学习的第一课就是"生态保护、绿色施工"教育，沿线各乡镇、村居也召开了"支持建设，保护生态环境"动员大会，从施工管理人员到劳务民工、从乡镇村基层干部到普通群众，都必须接受"绿色洗脑"教育。

---

① 梁竞文. 企业开展工程伦理教育的可行性分析——以九家大型央企为例 [J]. 科技管理研究，2017（24）.

### 3. 以企业文化建设形式开展

中国中铁下属公司中铁四局于 2015 年举办的安全生产月活动中，组织全体员工开展安全质量宣誓活动，誓词的主要内容包括"忠诚企业、恪尽职守、珍爱生命、铸造精品"以及"遵守规章制度、遵守规范流程、遵守劳动纪律，不出事故、不出次品、不留隐患"等明确的与工程伦理相关的要求。在安全生产月中，还开展知识竞赛、报告、展览、研讨交流等各种文化教育活动。中铁电气化局发布了《安全文化手册》，着眼于普及安全知识、增强安全意识、提升安全能力、培养安全素质、统一安全价值观。该手册借鉴国内外先进安全管理思想和安全文化理论，包含安全理念篇、安全法律篇、安全名词篇、安全警句篇、安全歌谣篇、公司安全生产特点及安全常识篇、安全制度篇、职业卫生篇、安全通则篇、安全常识篇共 10 篇内容。

中国建筑集团有限公司（以下简称中国建筑）是发布《中建信条》以及《十典九章》进行工程伦理教育。《十典九章》中的第一部分"行为十典"是对管理行为与员工习惯的倡导和要求，主要是基于道德伦理方面的要求。其中，"组织行为"关注企业商业伦理，对如何营造良好组织环境、提高企业文化执行力提出明确要求；"个人行为"注重细节阐述，对中国建筑全体员工的日常行为进行重点引领和倡导；"反对行为"明确底线规范，对背离中国建筑文化倡导的行为予以高压警示。各分公司基于《十典九章》开展了文化教育活动，组织员工集体学习、讨论，并将落实情况纳入考核中。此外，还有诸如神华集团、中国交建、一重集团等企业举办的"道德讲堂"，中国中铁举办的"诚信敬业道德讲堂·劳模事迹巡回报告"等，都旨在通过不定期但有主题的文化活动来开展道德教育。

### 4. 以规范管理体系形式开展

HSE 管理体系，即健康、安全与环境管理体系，是近年来国际石油天然气工业领域通行的管理体系，突出"预防为主、领导承诺、全员参与、持续改进"的科学管理思想。HSE 管理体系的出现即是源于工业发展初期人类对于资源的盲目掠夺性开采，造成了在安全、健康和环境的种种问题，因此人们逐渐意识到要建立有效系统来避免重大事故和重大环境污染事件的发生。随着各大企业对其认识的逐渐深入，HSE 管理体系已成为现代企业的共识。以中国石油为例，通过 HSE 管理手册，将 HSE 管理体系进行详细描述，使 HSE 管理体系贯穿在集团企业的领导、战略、文化、资源、机构等各个环节；集团还明确要求各职能管理部门承担相应的 HSE 管理职责，成立 HSE 管理委员会，并对 HSE 管理代表、HSE 现场监督以及全体员工的相应职责都进行了规定。通过推进和落实 HSE 管理体系，企业实现了对于健康、安全和环境等伦理诉求理念的倡导，对员工也相应开展了 HSE 培训，实际上也是对工程伦理内容的教育。

【思考题】

1. 自律在企业道德建设中的作用有哪些？
2. 他律在企业道德建设中的功能是什么？
3. 企业怎样进行道德评价指标体系与评价标准的设计？
4. 企业道德自律与他律的辩证关系是什么？
5. 企业道德自律的建设内容有哪些，各自的主要内容是什么？

6. 企业伦理道德规范系统是如何构成的？

7. 企业伦理道德原则的特征与要求有何内容？

8. 公司推行集体主义原则的目的何在？

9. 怎样理解公司活动中的诚实守信原则？

10. 如何熟练运用公司伦理道德的义利统一原则？

11. 企业伦理道德有什么功能？

12. 契约经济、道德契约与信用机制有何要求？

13. 企业道德行为有何现实价值？

14. 怎样理解公司失德行为？公司失德行为产生的根本原因何在？

15. 当前我国企业伦理道德建设存在哪些问题？

16. 你认为应该如何提高我国公司的伦理道德水平？

17. 商业伦理的本质体现在哪些方面？

18. 商品交换的伦理基础是什么？

19. 简述道德的经济功能。

20. 基于企业权力理论的社会责任观点的主要观点是什么？

21. 评价企业社会责任的指标有哪些？

**【补充文献阅读】**

［1］肖岳峰等.企业商业伦理会计核算初探［J］.财会月刊，2016（11）.

［2］王晋丽等.论科学理性视阈下的晋商管理伦理［J］.经济问题，2019（12）.

［3］庄蔚等.论企业经济伦理建设——以苏南地区为例［J］.企业科技与发展，2018（4）.

# 第三部分　会计伦理学

　　本部分包括三章，分别阐述会计伦理学的三个问题：会计伦理学概述；会计领域的伦理问题；会计伦理决策方法。

# 第三章　会计伦理学概述

本章阐述两个问题：会计伦理学概述；会计伦理的基本内容。

## 第一节　会计伦理学概述

本节主要阐述四个问题：会计伦理学的产生与发展、概念与对象、分类与研究意义。

### 一、会计伦理学的产生与发展

20世纪70~80年代，国外企业虚假会计信息时有发生。同时，商业伦理不断发展，企业价值观发生转变。有些学者开始从伦理的角度思考如何规范会计行为，并形成了一系列职业道德规范，如《美国注册会计师协会职业道德行为规范》等，表明人们开始从伦理角度思考会计行为，而不再将会计职业仅仅视为一种纯技术性工作，也标志着会计伦理学的产生。

进入20世纪70~80年代，世界各地的财务丑闻层出不穷，特别是21世纪初，美国安然、世通等一系列财务舞弊案规模之大、性质之恶劣，令社会公众对会计职业丧失信心。从历史的角度看，无论是从事审计业务，还是企业内部会计信息的提供活动，职业会计人员一直被视为组织受托责任的仲裁人员及制定科学决策的专家。西方一些研究项目，要求在修订会计职业行为规则时确认新的道德行为水平，社会公众也期望执业会计师尊重那些用于保护社会公众基本权利的职业价值观，会计学者开始从伦理角度对会计行为及其设计的基本原则进行深入的分析和解释。迄今为止，西方学者出版了一些会计伦理方面的教程与专著，这些都促进了会计伦理学的发展。

### 二、会计伦理学的概念与对象

会计伦理学讨论如何将伦理学应用于人类活动的一个领域——会计领域。会计伦理学集中讨论会计领域中存在哪些伦理问题、如何分析和解决这些伦理问题以及组织如何改善会计伦理的决策。会计伦理学假设人类对自身的会计行为能够而且也一直被道德规范束缚着。会计伦理学需要解释这些规范、解释哪些人受这些规范的约束、论证为什么需要这些规范。这些构成了会计伦理学的主要内容。总之，会计伦理学关注会计活动在何处以及如何才能在更大范围与人类活动相嵌合。

会计伦理学是一门职业伦理学，它与会计职业道德有所不同。会计职业道德是指以通俗、具体的职业守则、章程、条例、岗位责任制等表示的会计职业行为规范。而会计伦理学不仅仅局限于会计领域的职业道德规范，它是一系列概念体系、规范体系和活动体系等对会计道德的发生、发展及其作用进行系统的理论研究和表述，使之成为论述会计道德问题的理论和学说，即会计伦理学是研究会计道德本质及其发展规律的科学。

### 三、会计伦理学的分类

1. 规范会计伦理学

它是以一定的价值判断为基础，提出某些标准，作为分析、处理会计问题的指南和制定会计政策的依据，是树立会计理论的前提，侧重于研究"应该或不应该"的问题。

2. 实证会计伦理学

它大多是与事实间的客观关系相关的分析，侧重于研究"是或不是"的问题，是关于客观性的论述。它避开价值判断问题，研究、确认事实本身，探讨管理运行的客观规律与内在逻辑，分析管理变量之间的因果关系，还对未来作出分析和预测。

总之，在研究会计伦理学时，要把规范分析和实证分析结合起来。规范分析要以实证分析为基础，实证分析也离不开规范分析的指导。实证分析将探讨社会中会计造假的原因，描述会计造假活动的特点，找出会计造假的规律；规范分析则探讨会计造假行为对社会造假造成的影响和应采取的政策。

### 四、会计伦理学的研究意义

首先，会计工作不仅是一门技术，伦理同样重要。会计工作是一门艺术，它最初是作为一种帮助人们记录经济交易活动而发展起来的职业技艺。如果会计信息说服人们按一种方式或另一种方式行动，并且该行动对提供或获取该信息的人不是有害就是有益，这就涉及伦理问题了。安然、世通等会计丑闻并不是因为会计技术存在问题，而是相关人员缺乏必要的伦理道德的约束。因此，会计职业要想在会计丑闻的挑战面前有所作为，就必须认识到伦理和技术同样重要。

其次，识别会计领域中存在的伦理问题，增强会计伦理敏感性。会计工作汇总面临许多伦理问题。对内部会计人员而言，他们面临的困境是如何利用职业判断，决定某些事项该不该确认等，即使遵守公认会计原则，依然面临许多问题。对于外部审计人员来说，如何处理公司和客户利益之间的关系，这也是难以抉择的问题。会计伦理学的研究可以帮助我们识别会计领域中存在的伦理问题，增强会计人员的会计伦理敏感性，避免会计丑闻对公司及个人的不利影响。

最后，掌握会计伦理决策方法，提高会计伦理决策技能。会计伦理学提供了对不同会计伦理问题进行决策的基本技能，能提高会计从业人员进行会计伦理决策的能力。

# 第二节　会计伦理的基本内容

本节阐述会计伦理的三个内容：含义与特点、原则和职能。

## 一、会计伦理的含义与特点

会计伦理是指在企业中从事会计工作的人们为了完成必要的社会职责和满足自己生活来源的需要而应遵循的具有会计职业特征的道德原则和规范的总和。

1. 鲜明的行业性

会计伦理道德是会计人员在其会计职业活动中所形成的特殊道德关系的反映，体现会计的特殊活动内容和特殊活动方式。

2. 内容的一致性

会计人员的个人利益、职业利益和社会利益是一致的，这导致会计伦理道德与社会公德具有一致性。

3. 规范的制约性

会计伦理道德通过员工手册、公司基础工作规范等形式和其他规章制度被固定下来，也含有必须这样做的内在规定性。

4. 稳定的连续性

会计伦理道德在内容上与会计工作的要求和实践是紧密结合的。长期从事会计工作的员工会形成一种比较成熟的职业品质，并且在一段较长的时间内保持不变。会计人员这种行为方向的稳定性决定了会计伦理道德的连续性。

5. 广泛的渗透性

从纵向看，会计伦理道德随着会计行为而贯穿人类社会的始终。从横向看，会计伦理渗透到同一历史时期的各个国家和地区，对这些单位的工作产生重大影响。此外，会计伦理道德还渗透到每个公民。

6. 范围的有限性

会计伦理道德的适用范围是特殊的、有限的。其约束的对象是从事会计活动的人员，超出这个范围就不具有对他人行为进行道德调节的作用。

7. 经济的实践性

会计伦理道德全面、深入、系统地扎根于社会与经济生活最基层的价值运动中，总是与社会经济实践活动紧密联系在一起。有经济活动的地方，就存在会计伦理道德；会计伦理道德起源于总结经济实践，又作用于会计实践。

## 二、会计伦理的原则

1. 诚信原则

诚信可以降低社会履约成本，如果缺乏诚信，必然导致经济运行不畅、秩序混乱。会计活动所提供的信息不仅是单位内部管理人员进行决策的依据，而且是外部投资者、债权人及利益关系人最为关注的信息。因此，坚持诚信原则尤为重要。会计诚信是会计对其反映真实活动的真实性和客观性向会计信息使用者和整个社会作出的基本承诺。就是会计信息必须客观公正、不偏不倚、如实反映，经得起复核和验证。

2. 效率原则

效率是伦理学中的一个重要概念，主要是指资源的有效利用和有效配置。会计资源同样也是有限的，让有效的会计资源发挥更大的作用，既是伦理学的要求，也是会计工作的自身要求。会计信息及时性、重要性和清晰性的质量要求，实质上就是会计人员对效率目标的追求。及时性要求信息具有时效性，是为了防止无效率；重要性的成本效益分析是为了追求高效率；清晰性要求信息便于理解和利用，避免低效率。

3. 公平原则

公平的直接目的是以人们之间的关系在某种程度上的均衡、合理来维持社会的稳定。公平原则是个人行为的根本原则，主要表现为个人在为人处事时，能以社会的法律、规章、惯例等为准绳，严格规范自己的行为，正直做事，公允办事，保持自己行为的合法性、合理性和正当性。在会计领域中坚持公平原则就是要以会计法律、规章、惯例等为准绳，正直做事、公允办事、客观公正、不偏不倚。

## 三、会计伦理的职能

会计伦理的职能是多方面的，具体包括以下五个方面。

一是调节职能。它是指会计伦理具有纠正会计人员的行为和指导社会经济实践活动的功能。它以使公司和人们的经济行为实现由"现有"到"应有"的转变为目标。

二是导向职能。它可以指导公众和企业员工自愿地选择有利于消除各种矛盾、调整相互关系的行为，避免相互之间矛盾的产生与扩大，改善企业内部人与人之间以及个人与国家之间的利益关系，促使会计人员协调一致。

三是教育职能。它是指会计伦理具有通过社会舆论，形成会计伦理道德风尚，树立会计伦理道德榜样等方式来深刻影响人们的会计伦理道德观念和会计伦理道德行为，培养会计人员的会计伦理道德习惯和会计伦理道德品质。

四是认识职能。它是指通过会计伦理道德判断、会计伦理道德标准和会计伦理道德理论等形式，反映会计人员与社会的关系，向会计人员指明其在现实世界价值关系中的取向，提供进行会计伦理道德选择的知识。

五是促进职能。一方面，会计伦理能促进会计人员从善而行之，促使会计人员的人格不断升华；另一方面，会计伦理对提高社会道德水准有着强大的能量。

**【案例分析一】乐视网的会计伦理困境**[①]

2019 年 5 月，乐视网因财务问题而暂停上市引起了社会的广泛关注。乐视网于 2004 年成立，2010 年在深交所创业板上市，成为 A 股首家上市网络视频公司。在经历了初期的快速发展后，2012 年，乐视网首次在其年报中提到有关"乐视生态"的构建。2013 年，乐视网通过垂直产业链整合，成功推出了"乐视超级电视"系列产品，实现了对传统电视行业的颠覆性改变。2014 年，乐视网的战略版图再次扩张，以 9 亿元的高价，收购了注册资本 1500 万元的花儿影视。终于在 2015 年市场环境的一片大好时，乐视网市值突破 1700 亿元达到巅峰，成为创业板龙头。然而乐视上市之初就饱受质疑，虚增收入和关联交易伴随始终。就在乐视网风头正劲之时，因揭发"蓝田"事件而被人熟知的刘姝威

---

① 潘峰等. 乐视网的会计伦理困境研究［J］. 国际商务财会，2019（6）.

教授，撰写文章质疑乐视网的经营业绩与治理效果。2016年，乐视网深陷舆论风波，贾跃亭发公开信承认乐视网的资金紧张问题。该年底，乐视网被爆料拖欠供应商百亿账款，"乐视网现象"终于浮出水面。2017年，乐视网经营饱受质疑，受到了监管机构的强烈关注，董事长贾跃亭的股份被冻结。2019年4月，经立信会计师事务所出具的审计报告确认，乐视网2018年归属于上市公司股东净资产为−30亿元，同比减少了102亿元，乐视网股票面临上市近9年来第29次停牌。2019年5月，乐视网由于财务问题暂停上市，此时乐视网总市值缩减至67.42亿元，仅为巅峰时期市值的4%。在资本市场，乐视网从被质疑到被肯定，从被肯定到被追捧，从被追捧到被神话，再到如今资本的弃儿，乐视网从快速繁盛到急速凋落仍未结束。从创业板市值第一股到如今行将就木，它的急速下坠对于我国社会产生深远影响。针对乐视网的财务问题进行分析，本案例分析将其进行归类并提出了"乐视网现象"的概念。"乐视网现象"是指企业运用盈余管理手段对于现有制度准则的挑战和对伦理道德产生冲击的现象。乐视网是该现象中最具典型性的案例，折射出当前我国社会所面临的会计伦理困境。

1. 会计伦理概述

会计伦理，即伦理道德，是一种非制度性约束。相较于制度约束，伦理约束更加侧重于价值取向。会计伦理要求管理层及财务人员遵纪守法，强化对伦理道德的学习，提升自身的会计伦理素质，以确保企业能够树立良好的社会形象，增加社会认同感。

按照规则作为指引制定的会计准则，容易造成会计信息者利用财务技巧以实现操纵会计信息的行为；按照原则作为指引制定的会计准则，也会容易造成会计信息者利用职业主观判断对会计信息进行不真实的披露。但会计准则无论是按照规则还是原则进行制定，本质上都是从制度约束角度形成对财务人员的强制性要求，保证会计信息能够得以有效真实的记录。然而，在会计政策、会计估计等事项中，《企业会计准则》更加强调的是会计从业人员通过职业判断进行处理，既然是职业判断又如何能够真正保障判断的公允性还有待商榷。不少企业通过盈余管理行为游走在遵守会计准则的灰色地带，实际上并没有违背准则的要求。因此，除了从制度操作层面对会计人员进行他律约束，还需要从会计伦理角度对会计从业人员进行自律约束。

2. 乐视网挑战会计伦理

（1）无形资产。

①无形资产的确认。影视剧版权、非技术专利和系统软件构成了乐视网的无形资产。连续多年无形资产占总资产的比重较大，可以看出无形资产在乐视网的重要性。其中，影视剧版权的收入远高于非技术专利和系统软件的收入。由此可见，影视版权是乐视网最重要的无形资产。企业对于内部研发的无形资产在确认和初始计量时，存在会计师对研究阶段和开发阶段界定的职业判断。实务中研究阶段所产生的支出和开发阶段未满足资本化条件的支出会直接计入当期损益，影响当期净利润，开发阶段满足资本化条件的支出计入无形资产，分期摊销计入损益，影响以后各期的净利润。正因为存在确认费用期间不同，给予了企业利用内部研发无形资产初始计量时，对于研究阶段和开发阶段的不同划分，从而达到盈余操纵的目的。实际上，企业利用内部研发无形资产初始计量进行操纵利润，可以在主观上将资本化、费用化作为利润调节器。会计人员会根据当

年的盈利情况好坏，决定研发支出的界定，即如果利润多，就多费用化一点，从而降低利润总额，少交所得税；如果利润少，就多资本化一点，提升资产规模的同时提高净利润。乐视网自从2013年起，研发支出资本化金额占研发投入的比例逐年增加，在2017年达到70%后有所回落。其中，2015年年报显示，当期研发投入金额为12.24亿元，研发支出占营业收入的比例为9.40%，其中研发支出资本化金额为7.32亿元，占研发总支出的比例为59.79%，相较于同行业20%~25%的资本化支出比例，显然乐视网这一指标远高于行业平均值。那么是不是乐视网所在的行业比较特殊，研发资本化率都很高呢？然而，2013~2015年只做软件的用友网络的研发资本化率基本保持在15%左右；只做硬件的海信电器研发投入全部费用化，研发资本化率为0。不仅如此，乐视网在2018年研发投入大幅减少，金额只有1.93亿元，但是乐视网的研发资本化率却高达68%。那么乐视网是否拥有远超同行业的研发实力呢？会计师界定为开发阶段资本化支出的费用是否都能够满足资本化确认的5项条件呢？对此乐视网在年报附注中并未进行披露，这类重要信息的缺失使管理层有机会进行对内部研发无形资产过度资本化，从而操纵利润，也让投资人对于乐视网年报中净利润的真实性产生质疑和担忧。

②无形资产的摊销。根据《中华人民共和国企业所得税法实施条例》第六十七条规定，"无形资产按照直线法计算的摊销费用，准予扣除"。乐视网采用直线摊销法对无形资产进行摊销，能够保证会计摊销方法与税法摊销方法一致，计算简单方便。但是乐视网选择直线摊销法违背谨慎性原则。影视视频内容行业的营收特性是，首次播放时浏览量大，企业获取的收益较多，随着时间的推移，流量将以断崖式曲线急剧下跌，收益会大幅度减少，具有明显的时效性，因此乐视网选择直线摊销法会使企业前期净利润提高，后期净利润减少。然而，按照会计准则收入配比的原则，视频网络应该采用加速摊销的方式摊销影视版权。因此，从长远来看，直线摊销法对于乐视网准确反映当期净利润无益，直线摊销法使收入与费用摊销不相匹配，造成后期摊销压力过大，形成恶性循环。

（2）关联交易。

在乐视网财务报表中，对归母净利润影响最大的一项数据就是为负值的少数股东权益。其中在2015年和2016年，归母净利润和少数股东权益出现了严重的两极分化，归母净利润正向增加，少数股东损益亏损增加。而解释乐视网"神奇"的少数股东损益减少和母公司损益增加的现象，从根源上离不开乐视网收入中的定价设计机制。根据乐视网2014年年报中的董事会报告，以及其对证监会2016年年报问询函的回复可以看到，乐视网在终端和服务费上实行的是捆绑出售的方式，即乐视终端硬件与会员服务费共同出售给消费者。这种捆绑销售会员费收入的确认，在《企业会计准则第14号——收入》中并没有具体的规定。现行企业通常的处理方式是：按照捆绑销售项目各自的公允价值占比，对收入进行拆分，分为硬件的销售收入和会员费用。再根据企业自身规定，将各个项目划分到相应的部分中。由于乐视网的硬件供应依靠的主要子公司是亏损严重的乐视致新公司，也就是说，对于乐视的终端业务，一直以等于甚至低于产品成本的价格进行出售，其本身根本是无法盈利的。这种将低成本高收入项目输送给上市母公司，将高成本低收入项目归于子公司的做法，成功将亏损转嫁给了企业的下属子公司。同时利用《企业会计准则》对于合并报表中企业合并范围的规定，又将需要合并的下属公司亏损数目成功"打折"，自然会导致合并报表中的少数股东损益科目越发亏损，而归属母公司利润却十分漂亮的结果。

每年第四季度都为其对少数股东损益亏损大量确认的季度，其粉饰报表、美化最终财务数据的目的不言而喻。这也是乐视网一系列关联交易的真实目的。因此，有理由怀疑乐视网通过关联交易协议定价的手段向母公司输送利益，达到粉饰报表的目的。

（3）所得税。

2015年乐视网的利润总额为0.74亿元，所得税费用却是-1.43亿元，主要原因是递延所得税费用为负。根据所得税费用明细附注具体来看，乐视网当期所得税为1.61亿元，递延所得税费用是-3.04亿元，所以所得税费用=1.61+（-3.04）=-1.43亿元。递延所得税资产的形成原因有很多，但2015年乐视网的递延所得税资产主要成因是可抵扣亏损。具体来看，递延所得税资产为5.07亿元，其中可抵扣亏损高达4.24亿元。根据《企业会计准则第18号——所得税》第十五条，企业对于能够结转以后年度的可抵扣亏损和税款抵减，应当以很可能获得用来抵扣可抵扣亏损和税款抵减的未来应纳税所得额为限，确认相应的递延所得税资产。而可抵扣亏损又来自企业对未来盈利的判断，可以抵减所得税费用。而这些亏损的来源，主要是这四家非全资子公司：乐视网致新、乐视网云计算、乐视网电子商务、乐视网文化发展。2015年，这4家子公司分别亏损9.74亿元、1.34亿元、942.7万元、412.26万元。由此可见，乐视网的下属子公司发生了未弥补亏损，乐视网管理层却预计企业能够在未来扭亏为盈，因此管理层确认了相应的递延所得税资产。具体来看，由于增加的递延所得税资产的数量远远大于递延所得税负债增加的数量，最终导致所得税费用的减少，进而增加了企业的净利润，导致合并利润表的净利润远比利润总额大，从而起到了盈余调整的效果，这也造成了2014~2015年乐视网的净利润为正，所得税费用却为负的情况。

综上所述，对于企业来说，只要预计未来五年内能扭亏为盈，那么这部分可抵扣亏损则可以计入"递延所得税资产"科目中，用于未来抵扣所得税。企业未来五年内是否能够盈利，这样的预计完全取决于管理层的判断。乐视网2015年营业成本130.3亿元，大于营业收入130.16亿元。由此可见，在营收超过百亿时乐视并不能依靠主营业务来盈利，而是需要依靠非常规利得来增加利润。从乐视网的后续事态发展来看，乐视网持续亏损，2016年的可抵扣亏损高达6.5亿元，然而2017年利润总额为-174.6亿元，当期所得税0.14亿元，递延所得税费用是7.08亿元，此时的所得税费用变为7.22亿元，直接减少了当期净利润。造成这种情况的主要原因是"递延所得税资产－可抵扣亏损"期末余额为0，这相当于对之前以为能补亏所以提前先增加的利润进行了恶性补偿，造成严重的恶性循环，导致财务报表信息失真。因此，在2015年乐视网会计对可抵扣亏损形成递延所得税资产的能力的估计，还是有些过于乐观了。

通过以上分析可知，2015年乐视网管理层在这种情况下仍然确认了大额的递延所得税资产，审计师根据职业判断也出具了无保留意见的审计报告。由此可见，乐视网在过去几年子公司亏损持续扩大的情况下，依然认为亏损可以由未来的盈利弥补，这样对可抵扣亏损中确认的递延所得税资产的处理不符合企业会计准则要求的谨慎性原则，有虚增资产甚至粉饰报表的嫌疑，审计师发表意见的合理性也值得怀疑。

3.破解乐视网会计伦理的对策

（1）构建制度约束体系。①无形资产准则挑战的对策。无形资产确认处理对策。由于专业的限制，会计师不可能对企业研发过程做到完全了解，这也从客观上造成了会计师在进行内部研发支出界定时，不能做到完全准确。同样的问题也困扰着外部审计师。为了应对上市公司通过内部研发支出的界定操纵利润，外部审计在对上市公司年报审计时，对于研发支出占费用中支出比重较大或者无形资产占企业总资产比重较大的公司，应当聘请行业专家协助审计，听取专家意见，对报告编制过程中会计师的职业判断是否合理，依据重要性原则进行评价。如果影响金额在可接受的审计风险之内，则认为会计师判断基本合理，上市公司没有通过该项目操纵利润。否则，审计师应当就事项进行风险提示，必要时出具非标准审计报告。无形资产摊销处理对策。乐视网的无形资产主要是影视剧版权。影视剧的主要特点是具有时效性，随着时间的推移，影视剧流量变现能力越来越差，企业的收益主要集中在热播的第一年。因此，企业应当秉持会计谨慎性原则对影视剧等无形资产采用加速摊销法，即第一年多摊销，之后几年少摊销，否则之后的摊销压力会越来越大。②递延所得税资产对准则挑战的对策。《企业会计准则》要求企业可以不披露不重要的会计估计，但要披露重要的会计估计。对于会计估计是否重要的判断，主要取决于要进行会计估计的关键事项的性质和金额。提高对会计估计信息披露，可以有效地保障会计信息的质量。但不少企业会对性质和金额的确定进行模糊处理，从而对会计估计不进行披露，造成会计报表的失真。因此，监管部门应当严格规范对会计估计性质和金额的界定，从律法角度明确哪些关键事项需要进行披露。③关联交易对准则挑战的对策。会计准则中并没有明确具体的规定需要披露的定价方式，而只是对披露价格进行笼统的规定。而定价策略又是判断关联方交易是否公允的核心，这就造成了企业容易只披露对自己有利的内容，而不披露重要的信息，如定价政策中的定价方式、价格等。这样也会造成企业量化信息不足，不利于报表使用者、投资者对企业会计信息做出公允判断。因此，监管部门应当针对我国关联方交易存在的披露不合理、避重就轻现象进行强制性规定，引导企业披露重要的会计信息，减少模糊做法，从根源上提高关联方交易信息披露的价值。

（2）构建伦理约束体系。①制定企业会计伦理信息披露准则。强化对信息披露的规范要依托于一套系统又全面的会计伦理信息披露体系，该体系要针对披露的形式、内容以及具体操作方法给予详细界定，尤其是在要求会计从业人员进行职业判断这样的关键事项中更需要进行明确的规定。只有通过强制性的规范要求，才能让企业遵纪守法，最大化的保障财务报告的真实性。②提升管理层会计伦理水准。企业信用伦理文化能否有效，与企业管理层紧密相关。一个公司的行为是具伦理还是非伦理，管理者起着关键作用。而管理者的职业素质决定了企业经营发展是否遵纪守法、合乎道德。管理层伦理素养是决定企业伦理水平的决定因素。由于企业盈余管理行为是在管理者的允许下进行的，所以提升管理者的伦理道德水平有利于约束"乐视网现象"。③加强会计伦理道德教育。制定会计伦理信息披露准则和提升管理层会计伦理水平是从社会和企业两个角度为会计伦理的实践性提供保证。但要想真正规范会计伦理行为，杜绝"乐视网现象"的发生，还需要提高企业会计从业人员的会计伦理教育程度。因此，通过定期给员工开展伦理培训、进行案例分析、举办伦理知识竞赛等活动可以有效地在平时加强会计人员的职业道德，从而实现整个企业的会计伦理水平的提高，从操作层面杜绝"乐视网现象"。

4.总结

从乐视网现象可以看出，我国《企业会计准则》的要求在一些关键事项上存在模棱两可的说法，需要会计从业人员通过职业判断来进行会计信息披露。但这样的职业判断取决于不同会计从业人员的专业水平、工作经验以及对会计准则的理解程度。因此，在相同或相似的经济事项上可能会做出不同的处理结果。"乐视网现象"只是巧妙运用会计财技游走在准则边缘。因此我们并不能一味地认为只是准则的漏洞，更应当重视会计伦理的缺失，在一定程度上减少会计伦理缺失的情况，这才能真正解决"乐视网现象"。

**【案例分析二】企业伦理与会计行为——基于世通公司财务丑闻的案例分析** [1]

在文化管理盛行的今天，伦理管理是当今企业界推崇的一种公司治理方式。作为社会科学分支的会计学也离不开伦理的人文支持，没有伦理内含的会计学是不完整的。该文在企业伦理的阐述和理解上，结合会计学科，对企业伦理和企业会计行为进行一定的研究；通过选择世通公司作为案例分析的样本，剖析世通公司的伦理丧失行为。

1.引言

2002年，安达信倒闭、世通公司财务丑闻等一系列恶劣事件震撼了美国与全球业界。曾屡次创造利润神话的 ST 银广夏，因伪造经营业绩、虚报财务报表而受到中国证监会的处罚。由此可以看出，企业伦理已成为全球企业共同面临的问题。在一个市场成熟的国家中，商业伦理是一种商业理念、商业规范，是市场竞争从无序状态到有序状态转化的一种必然结果。经济伦理的根本问题是经济与道德的关系问题。企业伦理作为经济伦理的一个方面，要求企业经营活动必须渗透伦理精神，受伦理原理的支配。从公司治理的角度来看，商业伦理的最基本原则就是遵纪守法，确保公司行为在法律允许的范围内进行。该文在企业伦理的阐述和理解上，结合会计学科，对企业伦理和企业会计行为进行一定的研究；通过选择世通公司作为案例分析的样本，剖析世通公司的伦理丧失的行为。

2.理论分析及文献综述

市场经济是信誉经济，健康的市场经济环境需要健全的商业伦理支撑。商业伦理规范的领域很广，对财务数据的准确性、合同的遵守情况、人事管理等方面都有要求。伦理管理是企业伦理的践行机制，是指企业在把握了伦理价值观后自觉地用伦理价值观来指导自己经营管理活动的行为，或者是企业用伦理价值观来进行公司治理的行为（龚天平，2010）。文化管理取代科学管理是企业管理发展的又一次革命，而伦理管理是文化管理的核心和文化管理的具体化，它具体包括内外两个方面，即内部的伦理管理和外部的伦理管理。在文化管理盛行的今天，伦理管理是当今企业界推崇的一种公司治理方式，其特点是以人与自然的和谐关系为中心，以道德竞争力作为核心竞争力，把企业道德建设作为管理中心工作。

具体步骤是：进行伦理决策，从源头上进行伦理管理，管理层要认识到企业的社会

---

[1] 蒋宏桥.企业伦理与会计行为——基于世通公司财务丑闻的案例分析 [J].今日中国论坛，2013（8）.

属性，从社会或公众的角度进行决策；制订伦理准则，管理层强调企业的核心价值观，具备法律和道德两方面的内容，从而使伦理管理有章可循；建立操作机制，实现伦理管理的保障。建立伦理委员会，领导给予支持，定期进行教育培训，使企业伦理被员工很好地吸收和内化。此外，他还认为企业经营的伦理模式可以细化为不道德经营模式、道德经营模式和非道德经营模式。企业伦理类型包括企业科技伦理、企业生态伦理、企业经济伦理和企业管理伦理等四种类型；内容是以互惠互利的企业伦理原则为统领，以合法经营和企业道德为具体内容的企业伦理规范，是一种相对独立的价值规范体系。从该论述中我们可以看出，企业伦理注重企业文化价值观在企业管理中的道德约束作用，强调公平竞争和长期有序的管理。企业伦理效力实现的基本理论基础包括人本管理理论、义利统一理论和社会责任理论等三个方面（张莉蓉，2010）。人本管理认为人是企业生产中最重要、最活跃的要素，企业必须以人为中心和出发点来进行管理，让员工参与企业的整个管理过程，通过人性管理充分发挥员工的积极性、创造性，从而提高企业的劳动效率和管理效率。义利统一理论认为当企业追求的自身利益与社会利益、公众利益发生冲突时，更应该以社会利益为重，如兴办公益事业、慈善捐赠等。企业社会责任理论不仅要求企业必须履行经济责任和法律责任这些企业应尽的社会义务，而且还要履行较高层次的道德责任和慈善责任。企业的道德责任和慈善责任是企业以伦理价值观为指导并采取的社会希望的额外行动，是企业社会责任的核心层次，是企业自愿、主动遵守伦理规范的责任选择，是对责任主体的"软约束"。因此，企业必须处理好各种利益关系，在基本理论框架的指导下，树立自己的伦理理念，并以此确立伦理规则和道德规范。

企业是"经济人""社会人""道德人"的统一，其在追求经济利润的同时更应为他人与社会服务，诚信则是企业伦理不可或缺的基本要素。魏文川（2010）提出，利益相关者对企业的道德评价发生于企业处各种利益冲突与矛盾等过程中，企业伦理品质是企业与利益相关者之间关系状态的表现。因此，企业应建立符合社会文明和进步需要的企业价值观，树立良好的企业形象和道德风尚，在追求经济利益的同时，考虑各种利益相关者利益，并以此作为企业制定经营战略和管理原则的伦理基础。

会计学的客观性和社会性需要伦理的支持和规范，需要伦理约束行为主体的行为过程，需要用伦理规范明确道德责任，需要伦理精神深入渗透到会计核算的理论和实践中去（张娟，2005）。会计行为的内在本质是伦理，而不只是会计信息的提供和评价。会计信息的提供与评价是一种手段，通过这种手段获得会计信息需求者的意见和要求，再通过各种财务行为进行会计信息提供者与需求者的双向式互动和反馈，最后获得会计信息需求者的信任，这是会计任务本质的利他性。同时，会计信息提供者也可以在互动中满足自身利益的需求。我们可以将会计任务的本质看成是利他性与利己性的统一。会计任务中的利己性与利他性表现为同一行为的两个方面，而不是两种不同的会计行为。因而，会计学原理中的会计任务是手段，伦理价值的实现才是内在本质。张娟、麻舜斌（2004）认为伦理作为一种无形资产，已成为会计行为中不可缺少的重要组成部分。会计活动离不开伦理道德的支撑和调节。伦理会计属于会计学的一部分，是发展会计学的一个分支，它主要从伦理角度对财务活动进行价值规范，包含大量价值判断和隐含会计价值的事实判断。伦理价值规范在财务活动中的运用，或运用伦理道德方法介入对财务现象分析的研究，其出发点是伦理，而落脚点则是会计学。伦理的内容将充分"溶解"到会计学的理论和实践中。

从以上的理论分析和文献总结中，我们可以明确企业伦理在公司治理中的重要作用和地位，企业伦理和会计的紧密联系。

3. 案例分析

（1）公司简介。世通公司是一家美国的通信公司。1983 年，LDDB 公司在密西西比州首府杰克逊成立，公司名字意为"长途话费优惠服务"。1989 年 8 月，公司在收购 Advantage 公司后上市。1995 年，公司更名为 LDDB 世通，随后简化为"世通"。20 世纪 90 年代，公司规模通过一系列的收购迅速膨胀，并在 1998 年收购 MCI 后达到顶峰。1997 年 11 月 10 日，世通与 MC 通信公司对外宣布了价值 370 亿美元的合并计划，创出当时美国收购交易的历史纪录。1998 年 9 月 15 日，新公司 MCI 世通正式营业。1999 年 10 月 5 日，MCI 世通与 Sprint 公司宣布将以 1290 亿美元合并，再创纪录。合并后的公司将一举成为史上规模最大的通信公司，首次把 AT&T 从此宝座拉下。但该项交易因触犯垄断法未获美国及欧盟批准。2000 年 7 月 13 日，两家公司终止收购计划，但 MCI 世通仍在随后再次更名为世通。世通公司于 2003 年破产，在 2006 年 1 月被 Verizon 以 76 亿美金收购，重组成为其属下的事业部门。目前公司已更名为 MCI 有限公司，总部位于弗吉尼亚州。

（2）财务丑闻回顾。世通的财务舞弊行为是被世通的三个内部审计人员（辛西亚·库柏、格林·史密斯和析恩·摩斯）发现的，世通利用会计造假虚构了近百亿美元的利润，创下了财务舞弊的世界纪录。2003 年 3 月初，世通无线通信业务的负责人约翰·思图帕克向辛西亚·帕克反映了首席财务官科特·苏利文的一笔不合理的会计处理。为应对电信业不景气可能产生的坏账，思图帕克所在部门按照行业惯例和会计准则的规定，于 2001 年第三季度计提了 4 亿美元的坏账准备。但苏利文勒令思图帕克将这 4 亿美元的坏账冲回，以抬升世通对外报告的盈利。思图帕克屈于压力，只好服从。同时，辛西亚就此事件向安达信作了反映，但安达信拒绝了辛西亚的质询，声称事务所只听从首席财务官苏利文。辛西亚命令其下属析恩·摩斯一查到底，并将此事通知了审计委员会主席马克斯·波比特。2002 年 3 月 6 日，审计委员会召开了例会，苏利文在委员会的压力下作出让步，同意予以更正。3 月 7 日，SEC 勒令世通提供更详细的资料以证明其 2001 年度盈利的真实性。SEC 的举动使辛西亚对世通的会计处理疑虑重重，对此，她将内部审计的范围由经营绩效审计秘密扩展至财务审计，由摩斯负责具体工作。通过调查，摩斯等人发现许多无法解释的巨额资本支出。2001 年前三个季度，世通对外披露的资本支出中，有 20 亿美元既未纳入 2001 年度的资本支出预算，也未获得任何授权。这一严重违反内部控制的做法，使辛西亚和摩斯怀疑世通可能将经营费用转作资本支出，以此增加利润。摩斯通过秘密进入电脑会计系统后，发现公司"内部往来"发生频繁，每月大约有 35 万笔。这样摩斯成功地收集了世通将 20 亿美元经营费用"包装"成资本支出的直接证据。2002 年 6 月 2 日，世通审计委员会在华盛顿召开了会议，讨论了辛西亚等人发现的重大问题，承认这一会计处理违反了公认会计准则。25 日晚，世通公司宣布：通过内部审查发现，公司在过去 5 个季度的现金流量被夸大，数额超过 38 亿美元。26 日，世通被指控和起诉，股价下跌至每股 83 美分，当日股票被暂时停牌。7 月 21 日，世通提出破产保护申请，以 1070 亿美元的资产、410 亿美元的债务创下了美国破产案的新纪录。8 月 8 日，世通再次浮现出 33 亿美元的假账，使公司自 2000 年以来的利润总额被夸大了 76.8 亿美元。10 月 7 日，前会计主管福德·耶茨承认犯有共谋和证券欺诈两项重罪，并承认在该公司的 72 亿美元会计丑闻中负有一定责任。2003 年 3 月 31 日，随着进一步的调查，彭博资讯曝光了世通会计欺诈金额高达 110 亿美元。4 月 15 日，世通重组方案得到多数债权人的认可，为实施重组计划，公司任命了罗伯特·布莱克利为新的首席财务官，并将公司改成 MCI 通信公司，以期摆脱"世通"品牌的不良影响。7 月 3 日，MCI 提出向在会计欺诈中蒙受损失的投资者支付 7.5 亿美元的赔偿金计划，随后公司和 SEC 达成和解协议。

（3）相关伦理分析。世通公司公然违背会计准则，将经营费用转成资本支出列支，以此增加利润，从这一点可以看出世通公司的伦理模式为不道德的经营模式。这种不道德经营模式损害于世通各利益相关者的利益，其经营行为不符合伦理道德原则和规范，这是世通公司自利行为的体现。少数管理层滥用投资者的资本，为了企业或自己的私利，在面对不利的行业环境时，不是采用合法策略和途径来挽救企业的不利境地，而采用的是公然利用会计操纵手段，违背企业会计准则的"捷径"这种不道德的方式，这种行为表现真正体现了企业"经济人"的特性，虽这并无可厚非，但违背了"社会人"和"道德人"的特性。这是因为，企业的社会性决定企业伦理，决策必须站在社会立场上进行，也就是必须舍弃私人性和情感性，从社会或公众的角度进行抉择。企业整体在作伦理决策时，关键是要认识到企业的社会性。企业整体的伦理决策会导致一系列的后果，所影响的绝不仅仅是做出决策的企业本身，而是会给利益相关者、社会带来非常大的影响。因此，企业整体的伦理决策必须体现道德经营模式，以社会利益、长远利益、整体利益为重，而不能局限于本企业的眼前利益、局部利益和小团体利益。只有在道德行为的范围内追求经济利益，企业决策才能彰显其内在具有的德性。

从世通案例中，我们可以发现现代企业和资本市场存在的一些显著性问题。第一，以规则为基础的会计准则存在弊端。基于规则的会计准则体系的运用，需要财会人员的专业判断和选择，在实务中具有容易被规避、重形式轻实质的缺陷。第二，注册会计师等中介机构独立性缺失。安达信自 1989 年起一直担任世通公司审计工作，直到安然事件之后的 2002 年，世通才辞退安达信，改聘毕马威，可想而知，安达信在世通财务丑闻事件中应该承担一定责任。从而可以说明，安达信对世界通信公司的审计缺乏形式上合实质上的独立性。第三，高级管理人员的激励机制不健全。以财务业绩为基础的奖金和以股价表现为基础的期权等报酬方案客观上为公司的财务舞弊起到一定的推波助澜作用，因为高级管理人员为获取丰厚的报酬，就会大力提高业绩，这些急功近利的行为往往伴随财务做假的出现。此外，公司治理机制存在缺陷。世通在董事会运作和内部控制方面存在严重的缺陷，正如案例介绍中所说的那样，当世通内部审计人员发现公司存在造假行为时，首席财务官却力阻他们的进一步调查，也力促安达信事务所对该事件的隐瞒。世通等公司财务事件的出现，促使美国政府高度重视，制定了一系列的防范措施，如 2002 年美国国会的会计监管法案和《2002 萨班斯-奥克斯利法案》等。

世通公司的财务欺诈行为主要违背的是企业经济伦理和企业管理伦理。经济伦理主要是用来协调和处理企业与外部经济活动的关系，管理伦理要用来协调和处理企业与内部员工之间的管理关系。企业的各种不道德行为，尤其是企业"大事件"的出现，都会直接导致企业经济交往中的伦理危机、公众信任危机和生存危机，这也会破坏企业的外部环境和经济秩序。伦理道德和价值观的缺失，往往伴随财务造假行为的出现和公司诚信的丧失，从而导致公司声誉和管理能力的下降，甚至导致公司的破产，这在世通事件中得到了有力的体现和验证。

4. 研究结论及启示

在经济全球化这一国际背景下，一些世界知名的企业，为加强自身的竞争优势，除了注意提高产品和服务的质量之外，还注意加强自身的伦理、道德建设（陈需，2010）。在文化管理盛行的今天，伦理管理是当今企业界推崇的一种公司治理方式。企业伦理作为经济伦理的一个方面，要求企业经营活动必须渗透伦理精神，受伦理原理的支配。从公司治理的角度来看，商业伦理的最基本原则就是遵纪守法，确保公司行为在法律允许的范围内进行。正如龚天平（2010）指出，现代企业伦理的特点是以人与自然的和谐关系为中心，以道德竞争力作为核心竞争力，把企业道德建设作为管理中心工作。只有这样，才能保证企业文化和理念的贯彻和执行，才能保证企业经营活动的合法、合理、有序开展，才能保证会计的客观性和诚信行为。通常，企业伦理实施的具体步骤是：进行伦理决策，从源头上进行伦理管理，要认识到企业的社会属性，从社会或公众的角度进行决策；制订伦理准则，应首先强调企业的核心价值观，具备法律和道德两方面的内容，从而使伦理管理有章可循；建立操作机制，实现伦理管理的保障，这就需要建立伦理委员会，领导的支持和教育培训，使企业伦理被员工很好地吸收和内化。企业伦理内容应以互惠互利的企业伦理原则为统领，以合法经营和企业道德为具体内容的企业伦理规范而构成的相对独立的价值规范体系。从中可以看出，企业伦理注重企业文化价值观在企业管理中的道德约束作用，强调公平竞争和长期有序的管理。

**【补充文献阅读】**

［1］王遂昆等.试析会计舞弊的伦理根源及治理［J］.财会通讯，2019（12）.

［2］赵团结等.会计伦理基本框架的构建探讨［J］.会计师，2019（5）.

［3］吴媚.基于会计伦理强化模式的财务舞弊深析［J］.当代会计，2019（1）.

［4］陆静娇等.基于伦理视角的会计忠诚缺失治理研究［J］.国际商务财会，2018（2）.

［5］董红星.组织伦理视角下的会计文化建设思考［J］.财会通讯，2018（1）.

［6］周碧娥.公共伦理视域下会计人员诚信问题研究［D］.云南大学硕士学位论文，2017.

［7］钟燕.经济转型时代企业会计伦理性研究［J］.中国商论，2016（9）.

［8］林志英.浅谈会计伦理下的企业会计政策选择［J］.行政事业单位资产与财务，2016（9）.

［9］段琳.经济腐败预防的会计伦理视角［J］.伦理学研究，2016（7）.

［10］刘颖斐等.伦理道德发展影响会计信息质量的行为学研究探讨［J］.经济评论，2016（3）.

# 第四章 会计领域的伦理问题

本章主要阐述五个问题：财务会计领域中的伦理问题；审计领域中的伦理问题；管理会计领域中的伦理问题；财务管理领域中的伦理问题；会计伦理问题的治理框架。

## 第一节 财务会计领域的伦理问题

本节从九个方面阐述财务会计领域的伦理问题：财务会计的产生与发展；财务会计的职能与目标；财务会计伦理的构建；伦理问题一，利润操纵；伦理问题二，盈余管理；伦理问题三，印象管理；伦理问题四，选择性信息披露；伦理问题五，会计政策选择；财务会计领域伦理问题的产生基础。

### 一、财务会计的产生与发展

1. 财务会计的产生

早期财务会计阶段（12 世纪至 18 世纪）。12 世纪，随着商业信贷与合伙经营业务的出现，在意大利、威尼斯等城市最早出现了借贷复式簿记。该阶段会计核算的主体是个体或合伙经营的商业业务，企业所有权和经营权合一。财务会计的主要职能是资产的记录与保管，防止因贪污盗窃而使资产遭受损失。

2. 近代财务会计的发展

近代财务会计阶段（18 世纪末至 19 世纪初）。在近代财务会计阶段，有限责任公司和股份有限公司诞生，企业所有权和经营权分离。该阶段会计核算的主体是个体或合伙经营的商业业务。财务会计的主要职能是提供准确、完整的会计报表，供股东和债权人进行相关决策。

3. 现代财务会计的发展

现代财务会计阶段（20 世纪至今）。20 世纪 30 年代，西方国家爆发了全面的经济危机，美国股票市场崩溃，公众要求公司会计报表能够客观、真实、公允地反映公司的财务状况。美国于 1933 年颁布并实施《证券法》，1934 年颁布并实施《证券交易法》，要求股份有限公司的财务报表必须根据公认的会计原则编制，并经注册会计师审计，通过证券交易委员会公布。该阶段会计核算的主体是公司特别是股份有限公司。

财务会计的主要职能是为社会公众提供真实、客观、公允的会计信息，供社会公众进行相关决策。从财务会计的历史演变可以看出，提供企业过去的资本运动的信息以供使用者决策，这一直贯穿着财务会计发展的始终，会计信息需要的范围也在不断扩大。会计报表最初只向业主提供,说明企业资产的保管和使用情况。当公司形式的组织出现后，由于公司只承担有限责任，公司的债权人也同样关心公司的财务状况，会计报表不仅需要向业主和企业管理人员提供，还需要向债权人提供。随着公司规模拥有资源的不断扩大，大型股份公司所发行普通股股份开始增加，为数众多的股东不再可能直接行使企业管理权，于是通过正式公布的会计报表向广大股东汇报经营管理情况就变得十分重要。广大股东需要依据企业会计报表做出投资或撤资决策。

## 二、财务会计的职能与目标

财务会计的职能主要包括：①计量各个利益主体投入企业的资源。②确定各个经济主体的约定利益。③把其他主体履行约定义务和获取约定收益的情形告知相关主体。④维持缔约地位的流动性。⑤提供重新商谈契约的信息。⑥维持缔约地位的流动性。为企业所需的投入资源创建和维持一个流动性的市场，这个市场需要符合参与者们的需要。会计被用来帮助为权益、债务资本、管理和其他技能等创建这样的市场。⑦提供重新商谈契约的信息。财务会计通过采取公开披露的方式共同分享信息来降低缔约各方之间的信息不对称。公开财务报表，在附注中披露的会计政策与重要细节、管理当局对财务报表和成果的分析等，在重新商谈契约时都有减少冲突的作用。总之，财务会计提供的会计信息是公司中不同利益相关者用作决策的信息基础，不论是契约的交易基础还是决策的信息基础，财务会计提供的信息数字的改变都可能导致不同利益主体之间的利益转移，即财务会计提供的会计信息具有经济后果。

财务会计的目标则包括：向利益相关者提供会计信息；向企业提供可靠、相关的会计信息。

## 三、财务会计伦理的构建

财务会计伦理不仅包括财务会计伦理规范，还应包括财务会计伦理意识和财务会计伦理实践，也就是说作为财务会计伦理主体的会计人（即从事会计工作的个人），首先应该是具有一定伦理道德意识和道德品质的人，其次有一系列会计人所遵从的会计伦理规范，最后还有会计人在一定的伦理意识和道德品质作用下，依据一定的会计伦理规范所进行的会计伦理活动。会计伦理是一种非正式约束，是会计人在会计这一职业领域依靠社会舆论、内心信念和传统习惯等，以善恶评价的方式来调节个人与自然之间、个人与社会之间、个人与自身之间的道德意识、规范和活动的总和。

1. 加强伦理道德教育，提高会计人员自身职业伦理

会计人员的伦理是整个会计伦理体系建设的核心和关键。他们是会计法规制度的具体执行者。会计人员有三种身份：一是个体自身，二是企业员工，三是会计行业的从业人员。会计人员既具有其自身的伦理道德标准，又必须遵守企业的伦理道德规范；还受会计行业的职业道德的约束。这三种伦理不尽相同，存在矛盾之处，会计人员往往遇到伦理困惑。只有加强对会计人员的职业道德建设，提高会计人员的道德素质提升，才能很好地构建会计伦理体系。为此，提出以下建议：一是学校专门开设会计伦理道德课程，加强会计职业道德教育，培养学生会计伦理意识，为以后学生从事会计工作打下良好的伦理道德基础。二是针对会计人员的继续教育要加大伦理道德培训的比重，可以结合最

新会计违规违法案例加以学习，给予警示。三是各培训单位要做好培训工作，一方面建立严格的培训教学管理制度，另一方面完善培训人员档案管理制度，严格考勤、考核、考试制度。四是会计职业道德教育管理工作的行政主管部门要认真履行职责，制订和完善规章制度、培训规划，加强对培训单位的审核监督，建设优良师资队伍，优化师资队伍配置，加大市场监管力度。

2. 加紧制定财务会计伦理道德规范

我国可以在借鉴美国经验的基础上，结合各种相关法律法规及《会计基础工作规范》的相关内容，提炼出适合我国会计师及发展情形的财务会计伦理行为规范。如美国《管理会计和财务管理从业者伦理行为标准》中的客观性、能力、保密、诚信正直等行为标准同样也适用于我国。制定规范的同时，还必须加强执行力度和惩罚力度，保证其遵守和执行。

3. 不断完善会计监督体系

会计监督分为企业内部监督和企业外部监督。企业内部对财务会计人员的监督可以从严格的职务分工和有效的内部审计制度着手。也就是在处理经济业务和会计事项时应严格分工，相互制约，相互监督，并且定期进行内部审计。通过有效的内部审计，可以及时发现并纠查会计人员的不道德行为。也应该加强企业内部的各相关人员会计法律法规意识。这样一来，在企业内部的互相监督机制下，一方面可以减少会计人员有意或无意地歪曲会计信息的机会，另一方面可以形成一个有助于会计人员培养会计伦理意识的良好环境。企业外部对会计人员的监督可以分为国家监督和社会监督。其中，根据监督对象的不同，国家监督又可划分为国家对企业内部会计人员的监督和国家对注册会计师的监督。社会监督则是指注册会计师对企业内部会计人员的监督。会计监督体系的完善与否可以很大程度地影响会计人员伦理道德的培养。

4. 建立财务会计伦理信息披露制度

一是加强会计伦理理论研究，为会计信息披露提供系统的理论指导。成熟理论指导的缺乏是造成会计伦理信息披露不足的重要原因之一，必须首先加强会计伦理基本理论的研究。一方面寻找坚实的理论依据；另一方面强化经验研究，积累经验证据从而增强会计伦理理论的说服力。统一目前不同的思想，深化会计伦理内涵、确认、计量和报告等方面的研究，形成逻辑一致的会计伦理理论的基本框架，以更好地指导会计伦理信息的披露。二是制定会计伦理信息披露准则，强化对会计伦理信息披露的规范。会计伦理信息披露准则，应对会计伦理信息披露的形式、内容和具体模式等进行详尽的规定和要求，使会计伦理信息披露问题由自愿披露范畴转变为强制性披露范畴。由权威机构对会计伦理信息披露问题进行强制性的协调和规范，促进会计伦理信息披露进一步走向规范化。根据我国目前的实情，建议由财政部作为准则的制定机构，并在财政部下成立专门的会计伦理委员会以监督准则的执行。在建立会计伦理信息披露制度的过程中，必须采取循序渐进的方法，由低级到高级，由简单到复杂，由个别到全面。三是开展伦理道德鉴证服务，促进会计伦理信息的有效披露。会计伦理建设的道德审计是指审计组织的审计人员受托对被审计单位进行审计时，衡量会计人（会计实务工作者）是否遵守道德管理制度规定及对会计道德管理制度的有效性进行评审的行为。目前，我国还没有针对会计伦理专门的鉴证服务。从长远来看，要不断加强会计伦理道德鉴证服务的理论研究，为会计伦理道德鉴证服务的实践工作提供理论基础。也可以初步进行伦理道德鉴证服务，积累经验，如在中国注册会计师协会下设专门的道德委员会，制定伦理道德服务标准，并监督其执行和实施情况，然后根据自愿原则由企业对其自身开展会计伦理道德鉴证服务，并公布其鉴证结果。[①]

## 四、财务会计领域的伦理问题一：利润操纵

利润操纵是指以不合法的手段来粉饰企业的财务报表，人为地造成利润的增加或减少，以达到某种目的。利润操纵的主要手段有虚构账目、不遵守相关的法律规定进行账务处理，如多计收入、少计成本和负债、长期潜亏挂账等。

利润操纵的典型案例包括：①蓝田股份：伪造虚假原料进库单、班组生产记录、产品出库单；②银广夏：伪造虚假出口销售合同、银行汇款单、销售发票、出口报关单及德国诚信贸易公司支付的货款进账单，1999 年虚增利润 17.78 亿元，2000 年虚增利润 5.6 亿元等。

对利润操纵的伦理思考：法律是伦理的最低底线；违法行为一定是不符合伦理的行为，是不道德的行为；利润操纵是非常严重的违法行为，其造成的后果极为严重，极大地损害了投资者等利益相关者的利益。

**【文献阅读】基于会计伦理视角的上市公司利润操纵行为分析：以绿大地为例**[②]

1. 引言

利润是企业获利能力的直接反映，是衡量一定时期内收入和成本情况的重要信息。利润的高低反映企业是否有足够的留存收益用于投资，在一定程度上决定了企业的发展潜力。因此，利润指标成为企业经营结果的指示器，成为投资者、债权人、管理者、政府等各个利益相关方普遍关注的综合性计量指标。财务指标越来越成为投资者关心的项目，上市公司为了能够在投资者心中留下好的印象，就利用利润操纵行为作为主要手段来粉饰会计报表，掩盖公司真实财务状况和经营成果，虚构公司投资价值与发展前景。这种行为严重影响资本市场的发展，因而利润操纵行为成为我们对上市公司诚信经营所关注的核心。

利润操纵是非常严重的违法行为，其造成的后果极其严重，极大地损害了投资者等利益相关者的利益。法律是道德的最低底线，操纵利润不仅在伦理道德范围是受谴责的，在法律范围内也是绝对不允许的。然而在当今会计制度运行下，公司操纵利润的丑闻依然层出不穷，而且有些操纵利润的公司还能成功地上市发行股票并募集资金。这些公司在虚报资产利润上市后，为了能使以前的假账瞒天过海，以后年度的财务报表必然也虚

① 刘爱平.财务会计伦理内涵、历史演进及其构建［J］.江西青年职业学院学报，2010（12）.
② 柳岚方.基于会计伦理视角的上市公司利润操纵行为分析［R］北京科技大学商业伦理与会计职业道德课程小论文，2013（10）.

假填报，如此继续下去，企业的造假越来越大，直到破产，最后受害的只能是小股东。企业的利润操纵行为一般存在着蒙混过关的侥幸心理，这种行为也代表了企业伦理道德的丧失。由于利润操纵所造成的影响很大，利润操纵行为会使资本市场的秩序受到影响，使投资者对资本市场丧失信心。所以企业的这种行为要引起足够的重视。

2. 绿大地上市公司操纵利润案例分析

绿大地于 2007 年 12 月 21 日在深圳证券交易所首次发行股票并上市，募集资金达 3.46 亿元。绿大地的主营业务为绿化工程设计及施工，绿化苗木种植及销售。

（1）绿大地操纵利润迹象。2009 年 10 月 30 日，绿大地的三季报预计，全年净利润将同比增长 20%~50%。但是到了 2010 年 1 月 30 日，绿大地将业绩修正为下降 30% 以内，大约 6000 万元左右。2 月 27 日绿大地又给了一个具体的数字，全年的业绩将下降 6212 万元。可是到了 4 月 28 日，绿大地的业绩又来了一个大逆转，变成了亏损 1.27 亿元；两天之后，年报正式公布了，亏损额竟然又增加了 2000 多万元，亏损达到了 1.51 亿元。绿大地被监管稽查后，绿大地采取了危机盈余管理，采用激进的会计处理策略，2009 年的财务报告几次变脸，这几次变脸更让证监会觉察出了绿大地的问题，证监会对绿大地进一步加大了调查，绿大地的一系列财务造假丑闻暴露出来。绿大地在招股说明书中虚增资产，虚增 2004 年至 2007 年 6 月间的业务收入；在 2007 年、2008 年、2009 年年度报告中虚增资产、虚增业务收入。

（2）绿大地上市准备阶段的操纵利润。绿大地在不具备上市条件的情况下，为达到在深圳证券交易所发行股票并上市的目的，绿大地建立了多达 35 个关联企业，通过虚增资产、虚增业务收入以达到上市的目的。在上市前的 2004 年至 2007 年 6 月间，绿大地使用虚假合同、财务资料，虚增企业资产 70114000 元。绿大地还采用虚假苗木交易销售，编造虚假会计资料，或通过绿大地控制公司将销售款转回等手段，虚增营业收入 296102891.70 元。绿大地在招股说明书中虚增资产、虚增业务收入的行为违反了《证券法》的有关规定，违反了企业向证券监督管理机构或国务院授权部门报送的证券申请文件必须真实、准确和完整的规定。绿大地无视法律法规，不顾会计准则的规定，突破法律的防线，任意践踏会计的伦理道德，这种行为是必定不能使企业长久发展下去的，被监督机构查处是早晚的事。

（3）绿大地上市后操纵利润。绿大地在上市后依旧在年度报告中造假，通过一系列手段在 2007 年、2008 年、2009 年年度报告中虚增资产、虚增收入。绿大地在 2007 年年度报告中虚增资产 21240000 元，虚增收入 96599026.78 元；在 2008 年年度报告中虚增资产 163353150 元，虚增收入 85646822.39 元；在 2009 年年度报告中虚增资产 104070550 元，虚增收入 68560911.94 元。绿大地在 2007 年、2008 年、2009 年年度报告中虚增资产、虚增业务收入的行为违反了《证券法》关于上市公司依法披露的信息，必须真实、准确和完整，不得有虚假记载、误导性陈述或者重大遗漏的规定。绿大地通过开具虚假发票、伪造印章而虚增公司资产、虚增业务收入，骗取上市的资格。绿大地上市后又连续几年通过伪造单据、合同等虚增资产、收入，提供虚假的财务报告，给投资者提供错误的财务信息，误导投资者，募集了大量资金。绿大地违背法律和伦理的行为最终受到惩罚，绿大地从一开始的强烈推荐买入到现在的退出推荐买入更好地证明了遵循伦理道德的企业才能长久地发展。

（4）绿大地案件的审理和判决。绿大地欺诈发行股票一案曾经由昆明官渡区人民法院审理。2012年3月，昆明市中级人民法院做出裁定，撤销了官渡区人民法院对绿大地案的刑事判决。2012年5月7日，绿大地案件在昆明市中级人民法院重审开庭。何学葵当庭翻供，并辩称之前的供述是诱供的结果。何学葵不仅当庭全盘否认公诉机关的指控，而且推翻了以前在侦查机关的供述。从何学葵的全盘翻供上可以看出她的伦理道德的缺失。正因她的全盘翻供，在昆明市中级人民法院开庭重审9个月之后，何学葵等嫌疑人均被加重判决。2013年2月7日，昆明市中级人民法院对绿大地欺诈发行股票案做出一审判决，认定绿大地犯欺诈发行股票罪、伪造金融票证罪、故意销毁会计凭证罪，判处罚金1040万元；公司原实际控制人何学葵被判处有期徒刑10年，原财务总监蒋凯西被判处3年有期徒刑，原财务顾问庞明星、原出纳主管赵海丽、原大客户中心负责人赵海艳被判处2年有期徒刑，并处相应罚金。绿大地案件在一审判决后，2013年2月17日绿大地原董事长何学葵向云南省高级人民法院提起上诉。2013年8月6日证监会发布公告公布了绿大地原董事长何学葵被终身禁入市场，深圳鹏城会计师事务所被撤销证券服务业务许可。

3. 操纵利润行为的理论分析

（1）管理人员的伦理道德的缺失，为追求利润不择手段。管理人员的伦理道德层次在很大程度上决定着企业的财务的伦理道德层次，所以管理层人员的伦理道德的建设和发展尤为重要。有些企业管理者为追求良好的企业形象，在年报上进行虚假填制，误导投资者。有的是为避免股票被摘牌，有些企业可能铤而走险，希望通过操作利润免予被退市。有些管理人员为获取上市的资格，取得首次发行股票的资格而不顾伦理道德耍起了小聪明，玩起了数字游戏；有些企业不是提出使企业利润真正增长的方案，而是为追求利润不择手段，不惜以身犯险，这正是管理人员的伦理道德缺失。绿大地的管理人员就是为达到企业上市发行股票的目的，采取虚增资产、虚增收入等方式，骗取上市资格获得募集资金的资格。绿大地的原董事长何学葵在案件重新开庭的时候当庭翻供。可以看出，绿大地的部分管理人员的伦理道德是丧失的。因为获取上市资格并不是只有财务造假这一条道路，而有些管理人员却偏偏选择了与伦理道德背离，用不正当手段获取利益。归根结底，还是管理人员的伦理道德意识的缺失，在企业发展的决策上，缺少伦理道德的思考。这样的企业是不能长久的。管理人员决定着企业的发展决策和命运，管理人员的伦理道德水平在一定程度上决定着企业的未来。

（2）公司董事未尽其责。公司的董事对企业本身的行为起着监督性的作用，所以公司董事的尽职尽责对公司的发展起着明显的作用。公司董事在通过一些决策的时候，就对这些决策有责任，而不能因自己不懂某方面知识而免责。在绿大地案件中，普乐在听证会上及陈述和申辩意见中称，其按时参加董事会会议，推动绿大地建立健全内部管理制度，督促绿大地完善治理结构，绿大地虚增资产、虚增业务收入隐蔽性强、不易察觉。赵国权在陈述、申辩意见中提出，对招股说明书、年度报告的决定主要依赖中介机构，作为非财务专业人员难以发现造假情况。胡虹在陈述、申辩意见中提出，其担任董事是由于委派，后果应由委托人承担，其勤勉尽责地履行了董事职责。黎钢在陈述、申辩意见中提出，其担任董事是由于委派，其已在力所能及的范围内履行了董事职责。罗孝银在陈述、申辩意见中提出，其勤勉尽责地履行了董事职责。郑亚光在陈述、申辩意见中提出，其按时参加董事会会议，勤勉尽责地履行了董事职责。以上几位董事的申辩都是出于想免除或减轻自己的责罚，但按照相关规定，上市公司董事应当根据公司和全体股东的最大利益，忠实、勤勉地履行职责，遵守有关法律、法规、规章及公司章程的规定，保证公开披露的文件内容没有虚假记载、误导性陈述或重大遗漏。上市公司董事应当对董事会的决议负责，保证上市公司定期报告的真实、准确和完整。上市公司的董事不能以自己不懂财务为由，就不认真履行自己的监督职责。所以绿大地财务造假的背后也有上市公司董事的不尽责。

（3）外部监督不力，给违法人员可乘之机。外部监督机关对企业的监督也是至关重要的。会计师事务所对上市公司年报的审计是对企业财务的有力监督渠道，是防范企业造假的有力措施。但审计契约中有些固有缺陷会造成外部的监督不力，给造假人员以可乘之机。因为会计师事务所的审计相关费用是由管理层支付，管理层雇用审计人员来出具一份对公司管理层的业绩意见，这份意见的使用者是投资者，然而投资者并不直接向审计人员付费，所以这有可能导致一些审计的伦理道德问题，审计人员可能为了赚取审计费而违背自己的职业道德，从而产生企业的外部监督缺失。在绿大地案件中，深圳鹏城会计师事务所对绿大地的监督就是失效的。为绿大地发行股票并上市，深圳鹏城对绿大地2004年、2005年、2006年年度财务报表和2007年半年度财务报表进行审计并出具无保留意见的审计报告。绿大地招股说明书披露的2006年销售收入中包含通过绿大地交通银行3711银行账户核算的销售收入，交通银行提供的资料显示，上述交易部分不存在。而深圳鹏城没有向交通银行函证绿大地交通银行3711账户2006年12月31日的余额。绿大地2004~2006年财务报表披露的各年度前5大销售客户与实际不符，深圳鹏城的审计底稿中没有记录对绿大地前5大销售客户的审计程序。深圳鹏城未勤勉尽责造成其未发现绿大地在为发行上市所编制的财务报表中编造虚假资产、虚假业务收入，从而为绿大地出具无保留意见的审计报告，发表了不恰当的审计意见。深圳鹏城事务所职业道德的缺失给绿大地的财务造假以可乘之机。

（4）守法与违法的收益成本博弈。企业的目标是追求利益的最大化，为了达到这一目的，在企业的运行过程中，企业会衡量守法的成本收益和违法的成本收益。企业会在一定程度上判断违法被查出的概率及处罚力度，还有违法所带来的收益。如果违法所带来的利益大于守法所带来的利益，虽然违法行为是不被允许的，但在利益的驱动下，公司的管理人员可能铤而走险选择违法行为。绿大地造假可能就是分析了这种收益成本的博弈。财务造假所带来的上市募集资金好处与违法处罚力度的比较下，促使了绿大地选择财务造假。

4.结论与建议

绿大地的案例说明上市公司有操纵利润的行为动机，而且操纵利润往往和危机盈余管理是相联系的，企业的违法行为一旦败露企业就会选择将危机事件的影响集中宣泄。上市公司为了筹募资金，会有粉饰企业财务报表的行为，操纵企业的利润，迷惑投资者，骗取投资者的投资资金。在利润操纵的背后又缺少监管力度，造成利润操纵企业更加的任意妄为。绿大地操纵企业利润的行为是违反法律的，更是违反伦理道德的。而且在绿大地的违法行为败露后，一些高管试图推卸责任或不承认。所以尽管操纵利润是受法律惩治的，但要想从根本上抑制操纵利润企业的滋生还是要从伦理道德出发。

（1）注重管理者的伦理道德建设。管理者对企业的决策具有一定的影响力。企业操纵利润的行为是在管理者的允许下进行的，所以管理者的伦理道德水平的提高有利于减少企业的利润操纵行为。管理者诚信的伦理道德思想，能正确地引导企业的发展。而企业管理者对诚信、真实的道德无动于衷，那管理层可能会想尽办法增加利润，而不会考虑决策是否违背伦理道德，进而可能触犯法律。所以伦理道德的建设变得很重要，尤其是高管的伦理道德建设。

（2）培养公司董事的责任意识。企业中公司董事对企业的作用是不容忽视的，他对企业的行为具有参与监督权，所以他的决策也会影响公司的决策。在绿大地中，很多公司董事以不懂财务报表或很难发现企业财务中的造假为由，企图免予造假处罚。可见绿大地的公司董事缺乏责任意识。公司董事具有责任的伦理观后，能对自己的行为进行很好的判断，从而更好地监督企业的运行。

（3）加强注册会计师的职业道德观念。绿大地中的财务造假事实被深圳鹏城等会计师事务所掩盖，注册会计师没有遵守应有的职业道德对绿大地进行外部监督，致使绿大地的多年财务存在造假。注册会计师作为企业的外部审计者，是对公司财务行为的外部控制的有力途径。注册会计师的职业道德观念的增强，有利于更有效率地发现企业的利润操纵行为，所以要加强注册会计师的职业道德观念建设。职业道德观念的建设是以伦理道德为基础的。

（4）构建社会伦理道德秩序。整个社会的伦理会影响个人的伦理选择。社会伦理道德的正确树立，有助于个人伦理道德的形成。在充满诚信的社会中，企业虽然判断出违法的收益强，但在整个社会伦理大环境下，企业在诚信的伦理环境下，企业的选择会跟随整个的社会伦理而变化。如果社会里有很多财务造假的公司，那么就会有更多的公司去造假。所以整个社会的伦理秩序建设可以减少公司的利润操纵等违法行为。

综上所述，市场的一些因素可能会诱使上市公司提供失实的财务信息，上市公司有选择利润操纵行为的倾向。由于上市公司的财务信息对资本市场非常重要，不仅影响着利益相关者的决策分析，而且影响着资本市场的秩序，所以对上市公司的引导不仅可以从法律方面入手，还可以从会计伦理道德的角度对上市公司的行为进行引导，从而避免上市公司的利润操纵行为。

**【补充文献阅读】**

［1］王婉婷等.我国某医药上市公司利润操纵的实证研究［J］.现代经济信息，2019（8）.

［2］刘季花.常见利润操纵与应对浅议［J］.新会计，2019（6）.

［3］孔令军.利润操纵现象的成因及对策分析［J］.广西质量监督导报，2019（5）.

［4］从绪超.企业利润操纵的动机及财务分析研究［J］.全国流通经济，2019（4）.

［5］徐凯等.基于 ADASYN-SVM 的利润操纵智能识别研究——来自成都高新技术企业的经验证据［J］.会计之友，2019（4）.

［6］杨娇.浅析上市公司利润操纵的成因及应对措施［J］.广西质量监督导报，2019（3）.

［7］徐凯等.基于 RU-SMOTE-SVM 的高新技术企业利润操纵行为识别研究——来自成都的经验证据［J］.会计之友，2019（2）.

［8］刘满丹.上市公司利润操纵研究——以欣泰电气股份有限公司为例［J］.纳税，2018（9）.

## 五、财务会计领域的伦理问题二：盈余管理

对盈余管理的概念，会计界存在不同的意见。斯考特认为，在一般公认会计原则（GAAP）允许的范围内，通过对会计政策的选择，使经营者自身利益或企业市场价值达到最大化的行为。雪帕认为，盈余管理实际上是企业管理人员通过有目的的控制对外财务报告过程，以获取某些私人利益的披露管理。希利和瓦莱认为，管理当局在财务报告中，通过构造交易或运用判断以改变财务报告结果，从而误导某些利益相关者对公司经营业绩的看法，或者影响那些依赖于报告中会计数字的利益相关者订立契约时，盈余管理就发生了。许艳芳认为，盈余管理是指管理层在财务计量、报告中，在会计准则或会计制度允许的范围内，采用最有利的会计政策或构建不具有实质性交易的事项来改变财务报告，以误导某些利益相关者关于公司财务状况现状或影响企业契约的行为。

盈余管理具备如下特征：盈余管理的目的是管理者自身利益最大化；盈余管理的主要策划者是企业管理当局；盈余管理的客体是企业对外报告的会计收益；盈余管理的方法是在会计准则允许的范围内综合运用会计和非会计手段，来实现对会计收益的控制和调整。

按照盈余管理的方法，盈余管理分为会计手段的盈余管理和非会计手段的盈余管理。

1. 会计手段的盈余管理

它是在会计准则和会计制度允许的范围内，选择有利的会计政策、控制应计项目或选择交易时间等办法，以使报告盈余达到期望水平。包括：会计政策选择、调整会计估计、控制应计项目、巨额冲销。下面介绍比较常见的两种：会计政策选择与巨额冲销。

（1）会计政策选择。由于经济交易事项的多样性和复杂性，不同企业的具体情形千差万别，会计准则不可能制定得很完备，势必留有一定余地，即对同一会计事项的处理会有多种被选择的会计处理方法，使法定的会计政策在对会计事项的确认、计量以及会计报告的编制等方面，为企业提供更大的选择范围，如对固定资产的预计使用年限和预计残值的估计、折旧方法的选择、存货计价方法的选择等。适当的会计政策选择，可以使企业的财务信息能够恰当地反映企业在所处的特定经济环境下的财务状况、经营成果，体现会计的谨慎性原则。企业会计政策在形式上表现为会计过程的一种技术规范，但其本质上是一种经济利益关系。管理层通过会计政策选择改变企业的业绩，是一种不通过实实在在的劳动就可以获益的不当捷径。

（2）巨额冲销。它是指企业为达到一定的目的，对会计项目采用选择性处理方法，尽可能把损失和费用在本期予以确认，以求在后续年度实现较高的会计利润。在以下情形，

企业会采取巨额冲销：①当企业无法掩盖亏损的事实，不得不报道亏损时，企业管理人员就会授意会计人员采取巨额冲销的方法操纵利润，消除以前累计的费用和损失，甚至提前确认将来可能发生的费用和损失，做大亏损，为来年扭亏做准备；③当公司主要经理人员发生变更时，后任经理也会采用巨额冲销扩大亏损或压低利润，以便将责任推给前任经理，为将来扭亏或增加盈利创造条件；③在我国，由于存在大股东控制董事会进而控制企业生产经营决策的特殊现象，企业大股东发生变更时，后任大股东也会进行巨额冲销，进行盈余管理。

### 2. 非会计手段的盈余管理

它是指利用关联交易、非货币性交易（如资产重组、债务重组、股权投资、并购、剥离）等手段改变企业盈余的行为。企业关联方之间由于存在控制关系，往往不以公平价格交易，这为盈余管理提供了便利。此外，有时公司通过秘密控制某些公司进行关联交易，而这些公司在法律上并不具备成为子公司的条件，因而并不影响合并报表。显然，这种关联交易的隐蔽性很强。如果公司关联交易、资产重组等方法，通过采取诸如买卖商品、转让资产、提供劳务等手段，在关联企业之间进行非实质性转移交易，粉饰上市公司的业绩，即使会计的反映职能做到了公正客观，其反映的也是在源头就被扭曲的信息。例如，在关联交易方面，波导股份 2000 年将 1.04 亿元广告宣传费用的 70% 转由其大股东奉化波导科技发展公司承担，转嫁的广告宣传费用占当年利润总额 0.44 万元的 165.8%，若剔除，亏损 0.5396 亿元。在资产重组方面，ST 中华 1999 年依靠与海外 10 余家银行达成的债务重组协议，获得账面利润 3.66 亿元，使全年净利润达到 2 亿元，避免了被 PT 和摘牌的危险。

盈余管理动机包括：管理者自身利益最大化；筹资动因；保上市动因；避税动因；政治成本动因；规避债务契约约束的动机。

对盈余管理的看法。威尔逊认为，利润平滑也许是有道理的，对公司未来和长远趋势作出了最好的说明。GE 财务主管单姆曼认为，只要管理层始终兼顾长期和短期目标，为达到当年的盈余目标而进行一次收购这种做法并没有什么不妥，只要收购有利可图。施利特认为，盈余管理对于投资者来说很危险，因为公司在创造人为的现象。数字应该反映公司实际情况。不管会计手段还是非会计手段的盈余管理，如果企业的盈余管理仅限于真实交易在时间和空间上的确认调整，从一个足够长的时间段来看，盈余管理并不增减企业的实际盈利；但如果盈余管理是故意制造不实信息，对企业本已下降的收益进行亡羊补牢，甚至恶意套取公众信任，以谋求更多能获得的资金，则盈余管理就变成了欺诈。

盈余管理的伦理思考。公认会计原则像是一门艺术而非科学。显然，有许多机会从对管理者有利的角度而非不利的角度去呈现财务报告，但又能符合公认会计原则。这种行为违反了立法精神，但又在法律的允许范围内。不管法律如何健全、如何完善，也不可能涵盖一切方面，总存在一些法律不能管或由于立法滞后暂时管不到的地方，这些空白地方也应有一定之规，这些一定之规就是伦理道德。

**【文献阅读】上市公司盈余管理行为研究——基于企业伦理理论的视角**[①]

目前上市公司的盈余管理行为仍然是影响我国资源配置的严重因素。Paul M.Healy 和 James M.Wahlen 认为，盈余管理是发生在管理当局运用职业判断编制财务报告和通过规划交易以变更财务报告时，旨在误导那些以公司的经济业绩为基础的利益关系人的决策，或者影响那些以报告数字为基础契约的结果。很多学者使用经济学理论对盈余管理行为进行了分析，大都将人看作理性（包括完全理性和有限理性）的"经济人"，以追求自身的利益最大化为目的，企业的盈余管理行为是某些"经济人"追求自身利润最大化的手段，并以此为假设提出了一些治理建议。然而现实中人并非完全的经济人，一旦财务主体成为"社会人"，则行为过程必然内涵信任和道德要素。经济学家亚当·斯密关于"经济人"假设及利己心是经济发展动力的观点被大多数经济学家熟知并认可，但许多人却忽视了亚当·斯密不但揭示了"经济人"追求自身利益最大化的倾向，而且也注意到了道德对经济人行为的约束。企业伦理学是当代西方企业管理学和伦理学双向互动与交叉而产生的，属应用伦理学领域的分支学科。

**一、伦理道德是企业理财行为的内生性因素**

现代企业理财过分强调"工具理性"，在所谓"科学"的框架内，寻求和提供达到目标的最佳技术手段。由于工具理性发达，企业理财的能力增强，理财效率提高，社会物质生活显著改善。然而也正是由于工具理性的威力，以致企业与其利益相关者之间的财务信用关系恶化，人与人之间的隔阂日益加深。实际上企业的理财过程从来就不是完全理性化的，理财的基本职能是有效培育和配置财务资源，而财务资源的培育与配置效率则受制于"技术性"和"制度性"两类因素，本文所指的"制度"，是与经济学中的"制度"概念相一致的。按照制度经济学的解释，制度是在特定社会范围内统一的、对单个社会成员的各种行为起约束作用的一系列规则，这种规则可以是正式的，如法律规则、组织章程等，也可以是非正式的，如道德规范、习俗、信任等。由此可见，伦理道德实际上是内含于制度特别是非正式制度之中的。内含伦理道德价值的非正式制度对企业理财不仅是有效的，而且对于一个具有高度不确定性和越来越复杂的企业财务系统的运行也是必需的。企业培育与配置财务资源的过程实际上也是恰当地处理与其利益相关者之间的财务利益关系的过程，而构成这一过程的不仅是财务资本与收益等经济因素，还有更重要的是社会因素和伦理道德因素。换言之，社会结构嵌入企业的理财行为之中，构成理财行为的内生性因素。伦理道德是利益冲突的产物，而企业理财正是处理有利益冲突财务关系的过程。因此，伦理道德也内含于企业的理财行为之中，成为理财行为的一个重要的内生性因素（李心合，2001）。目前信用危机和信用缺失已经达到十分严重的程度，说明了单纯强调工具理性的负面影响，同时确立了"以德理财"和"以信理财"的现实意义。

**二、盈余管理行为的伦理评价**

在市场经济条件下，西方伦理学中的功能原则和公平原则也成为企业伦理学的两大基本分析工具。独立自主、平等待人、诚实不欺和信守诺言是处理人与人之间关系的行

---

[①] 杨成文，成丽.上市公司盈余管理行为研究——基于企业伦理理论的视角［J］.财会通讯，2007（5）.

为规范，并且与"平等交易"这一市场体制的本质要求紧密相关，不可分离。若没有平等交易原则，这些行为规范尤其是独立自主和平等待人，就会失去意义而不为人奉行；反之，不遵循这些行为规范，平等交易的原则也就不复存在。从这个意义上讲，两者是市场体制本身的要求，是市场经济秩序的基石，一旦失去这些基石，市场体制就会崩溃。相对而言，勤奋、节约、创新和大胆谨慎只是有关个人的行为准则，而不是处理人与人之间的关系的，并非市场体制特有的行为规范，而是适用于一切经济制度，是一些更加基本而具体的行为准则，但市场经济持有的竞争压力却使它们带有特殊的含义，即任何体制成员如果不奉行这些准则，就必然要被市场竞争淘汰。换言之，这些虽然不是市场经济本身的要求，但却是市场经济对体制成员的必然要求，从这个意义上讲，其也是市场经济条件下的基本行为准则。据经济理论的研究，盈余管理既有"坏"的一面，也有"好"的一面。因而资本市场上企业的盈余管理行为不可能完全消除，也没有必要完全消除。

（一）适度盈余管理行为

任何事物都讲究"度"，一旦超过了这个界限，事物就会发生"质"的变化，企业的盈余管理行为也不例外。考虑到契约的不完全性和刚性，需要管理人员有一定的进行盈余管理的能力，适度的盈余管理行为可以减少契约摩擦，降低契约成本，同时也可以消除由于契约的刚性而造成的不公平现象。如企业的债务契约中资产负债率不得高于50%，然而假如当年企业实际的资产负债率为49.9%，就违反了债务契约，这样就会使企业失去债务融资，增加了谈判成本。并且对于企业来讲也是不公平的，由于契约的硬性规定而造成了不公平，因为资产负债率为49.9%与50%的企业相比偿债能力基本上是相同的，不会给债权人带来实质性的风险。从财务报告的角度看，适度的盈余管理可以向市场传递企业的内部信息，尤其是关于企业长期盈利潜力的信息，有利于资源的优化配置。由此可见，适度的盈余管理是符合经济效率与经济公平原则的。

（二）过度盈余管理行为

盈余管理行为一旦过度，性质就发生了变化。上市公司过度的盈余管理行为会使真实业绩好的和坏的企业混在一起，影响投资者的决策，从而产生逆向选择，造成了"劣币驱逐良币"的现象。久而久之投资者会对股票市场失去信心，进而导致股票市场的萧条，阻碍整个国民经济发展。并且过度的盈余管理行为使经济利益在利益相关者之间产生了不公平分配。波斯特指出，利益相关者是所有受企业决策、政策和行动影响，并可以影响企业的团体，主要包括政府、环境、社区、供应商、客户、股东、债权人、雇员等。目前，我国大多数企业中管理者的薪酬制度都是与企业业绩挂钩的，因而企业管理当局有动机利用各利益相关者之间的信息不对称，选择一定的会计政策，使经济利益的分配有利于自己或有控制权的大股东。过度盈余管理是企业管理当局有目的有意识使披露的信息偏离了真实信息，这种行为本身就违背了"诚信"义务。由此可见，过度盈余管理行为严重影响我国证券市场的资源优化配置功能，使资源流向了经济效率低的企业，降低了整个社会的经济效率，造成经济利益的不公平分配，是与企业伦理背道而驰的。

### 三、过度盈余管理行为的伦理道德根源

（一）个人价值观

弗里切指出，商业决策是由个人和团体做出的，因此商业伦理的讨论就是商业决策

者伦理的讨论。波斯特也认为，一个公司的行为是伦理的还是非伦理的，管理者是关键性因素之一。企业中的盈余管理行为一般是管理当局授意，由会计人员来执行的。这种情况下，尽管会计人员的行为是不道德的但往往是被迫的，在客观上存在一定的困难：会计活动属于企业的管理活动，必须接受企业管理当局的直接领导，从会计信息的传递程序看，信息的对外提供是一种企业行为，会计人员是代表管理当局向委托人汇报业绩。

所以，在会计核算和决策的过程中，会计人员总是要听从管理当局的控制和指挥，会计人员必须在"道义"和"利益"之间进行权衡，尽管作假时或许会产生不安和自责，但除了无奈之外会计人员别无选择，除非彻底退出该企业。因而，盈余管理行为的产生主要依存于企业管理当局的伦理道德取向。一旦管理当局自身的价值观偏离伦理道德，即道德水平较低、道德意识较弱，便容易产生盈余管理行为，会为了自身和某一方的利益而无视道德存在。

（二）组织伦理

企业组织中的一些客观性因素会对决策者行为，甚至对决策者价值观和道德意识产生影响，如罗宾斯指出，组织中结构变量和组织文化变量会影响决策者的道德行为。波斯特指出：个人价值和伦理特征在改进一个公司的伦理行为方面起着重要作用，然而这种作用不是单独发挥的，因为个人价值还受一个公司文化的影响。有时企业管理当局的价值观是符合伦理的，但由于一个组织的制度和文化偏离伦理，同样会造成个人价值观屈从于企业的伦理观，从而做出不合乎伦理道德的决策。企业作为组织行为者不同于"自然人行为者"，其不具备自我精神感受，当其行为不合乎伦理道德时，不会仅因为道德谴责而倒闭。企业"道德人"是人的集合体，其行为多数也是集合行为，应当看到"组织行为者"决策意志与行为是由多人意志与行为集合而成，其行为后果也应由多人承担，但同时也在这些个人之间形成相互推诿伦理责任的"缓冲空间"。

（三）社会风气

很多上市公司为了融资采用各种手段进行盈余管理，由于是在会计准则和其他会计法规允许的范围内，不会受到法律的制裁，这在客观上鼓励了企业的不道德行为。由于资本市场信息的不对称现象，导致投资者无法区分企业业绩的好坏，"逆向选择"和"道德风险"应运而生，使一些企业产生了"靠一家企业走正道也没有用，而且走正道还会碰壁，不如随波逐流"的念头。

### 四、盈余管理、企业利益和相关者利益与伦理道德的关系

在经济学的传统观念中效率是无可争议的目标，经济人和理性假设基本上视人和动物无异。服务于企业效率目标的会计融入伦理学的意义，可能导致与传统和现实经济意义出现表面上的不和谐，但不应该也不大可能存在真正的冲突。长远看道德建设和市场效率也并不是"二律背反"，而是相辅相成的。在会计信息披露体制安排中，道德是作为公司经济活动有效并实现其利润最大化的要素而存在的。无视道德的单纯利益驱动"理性"所造成的"逆向选择"和"囚徒的困境"最终对谁都意味着非理性。企业不可能存在于真空中，而是潜入一定的社会情境之中，必然与社会共同体中其他成员，如个体、其他企业、政府、社会组织等发生某种社会性的相互作用，与社会环境也具有一定的社会关系。企业系统与其他系统之间所存在的交换并不完全是一种经济交换，如企业做了

很多公益性事业，得到了公众的认可，这意味着企业用其行动获得了一定的荣誉、声望以及社会支持，这是一种社会交换。企业与利益相关者的交往也是一种双赢（或双输），既然以击倒另一方为游戏主旨会导致双方皆输的结果，赢得双赢（或双输）游戏的唯一途径就是帮助另一方获得至少足以使其满意的收益。过度的盈余管理作为企业调节利润方式的一种，影响了资源的优化配置和经济利益在相关者之间的分配，是与企业伦理道德相矛盾的。从短期看，盈余管理行为能够为企业融资起到帮助作用，有利于企业的短期发展，但随着时间的推移，盈余管理（非诚信行为）所产生的社会交换的后果最终会表现出来，导致股东（包括现有的和潜在的）对企业失去信心，竞相抛售股票，引起股价大幅下跌，如此不利于企业的长期发展。企业与利益相关者之间的交往是一种均胜游戏，企业发展状况不佳，利益相关各方的利益都得不到保障，管理当局的个人利益也会受到损害。诺斯指出，自由市场本身并不能保证效率，有效的自由市场在需要一个有效的产权和法律制度的配合之外，还需要诚实、正直、合作、公平、正义的道德基础，如果大家不遵守一定的道德规范，主体间就会相互欺骗，互相设防，互不信任，造成经济低效或者无效，提高产权保护的成本，这样不能长远地保证利益的最大化。

### 【案例分析】会计师哪儿去了

"小刘，我真的感到很困惑。过去我一直想成为一名会计师，可现在尽管我还希望在毕业后能在会计师事务所找一份工作，却不敢肯定自己是否真的想成为一名会计师。"

"这是为什么，小张？在咱们一起学习的所有会计课程中，你都相当努力地去学习，那正是因为你对会计真的感兴趣啊！现在怎么会这么想？"

"哎，我一直在读商业报纸、财务报告，最近又在读会计期刊，但却感觉没有意义。你知道，平时人民总是告诉我们，会计人员在计量和披露上具有专业技能，他们应该客观地编制财务报告，一旦有所怀疑便要根除错误。然而，看起来他们并没有做好这项工作，至少他们做得并没有我所期望的那么好。"

"记住，小张。我们还是财会人员，还有很多东西要去学习。你可能误会了一些事情。"

"好吧，小刘。这儿有几件事情值得你去思考。以近期报刊关注的四川长虹事件为例。2004 年 7 月，四川长虹换帅，赵勇就任四川长虹电子集团有限公司董事长、总经理，并开始全面清理前任遗留下来的问题。他对历史旧账进行一次性清理，计提三项巨额准备，计提应收账款准备 25.96 亿元，导致 2004 年长虹年报爆出上市以来的首次亏损，全面亏损 36.81 亿元，每股收益为 -1.701 元。2004 年年报公布后仅仅两天的时间，四川长虹公布的 2005 年第一季度的业绩，一季度实现净利润 1.74 亿元，同比增长 431.89%。四川长虹的业绩真的来自经营活动吗？显然不是。可会计人员在提供财务报告时，难道不知道应该真实地反映企业经营情况吗？以上问题显示出许多会计事务处理与会计工作的目标并不一致，也不符合实质重于形式的会计原则，而会计人员仍然继续这样做——至少他们并未反对这种做法。为什么没有呢？会计人员哪儿去了？"

"在发现财务舞弊方面，审计人员又做得怎么样呢？是否审计人员在防止和发现舞弊的问题上做得足够好？以银广夏为例，银广夏大量伪造原始单据，而审计人员竟然毫不知情，简直不可思议。我记得老师说过：不能期望审计师能发现每一件事情，他们的任务不是搜寻舞弊，除非在执行其他任务的过程中引发了对其舞弊的怀疑。审计人员的基本任务就是对财务报表进行审计。难道审计人员只能对已经发现的问题作出反应，而不能采取一些更为主动的措施？""我想不得不重新考虑一下做一名职业会计师的想法了。"

问题：（1）你对四川长虹的盈余管理行为作何评价？

（2）会计人员在其中扮演了怎样的角色？

（3）你对小张的想法有何感想？怎样回答他提出的问题？

**【补充文献阅读】**

［1］Bo Sun. Executive compensation and earnings management under moral hazard［J］.Journal of economic dynamics and control，2014（4）.

［2］Rafik Z. Elias. Determinants of earnings management ethics among accountants［J］.Journal of business ethics，2002（9）.

［3］George Lan et al. The role of intent on accounting students'ethical attitudes towards earnings management［J］. Journal of academic ethics，2015（12）.

［4］William E. Shafer. Ethical climate，social responsibility，and earnings management［J］. Journal of business ethics，2015（1）.

［5］Mary Curtis. Discussion of "ethical climate，social responsibility and earnings management"［J］.Journal of business ethics，2015（1）.

［6］A.C.Greenfield et al. The effect of ethical orientation and professional commitment on earnings management behavior［J］.Journal of business ethics，2008（12）.

［7］李姝等.社会责任偏重度、产权性质与盈余管理——道德行为还是机会主义？［J］.预测，2019（11）.

［8］张静等.从军高管能抑制企业盈余管理吗？——基于高管个人道德品性的视角［J］.北京工商大学学报（社会科学版），2019（9）.

［9］陈冬华等.盈余管理行为中的经理人惯性——一种基于个人道德角度的解释与实证［J］.南开管理评论，2017（6）.

［10］唐伟等.盈余管理视角下的企业社会责任行为："道德论"抑或"工具论"［J］.现代管理科学，2015（10）.

［11］吉利等."机会主义"还是"道德行为"？——履行社会责任公司的盈余管理行为研究［J］.会计与经济研究，2014（9）.

［12］陆宇建等.会计职业判断、盈余管理与道德评价标准［J］.上海立信会计学院学报，2010（3）.

## 六、财务会计领域的伦理问题三：印象管理

印象管理是人们用来控制其他人对事务所形成印象的过程。会计信息包括数据信息和语言信息。语言信息是指公司报告中除数据信息以外，其他所有以文字叙述为主要表达方式的信息，主要是非财务信息。语言信息的特点：在篇幅上占有绝对优势；具有灵活

性；整体信息含量上升，决策有用性持续增强；处于审计范围之外。语言信息易于被操纵。会计信息的印象管理是指公司管理层有可能利用语言信息的灵活性特点和法规的"空洞"，有意识地操纵公司报告语言部分的内容和形式，有方向性地诱导投资者对公司及管理层所形成的印象产生信任，并最终决定其决策。

印象管理的表现形式。①操纵可读性。当公司业绩好，管理层希望所有利益相关人更好地了解这种业绩时，就在年报的撰写中运用通俗明了的语言，提高年报语言的可读性；当公司业绩差、管理层试图掩盖公司的问题时，就会在年报的撰写中有意识运用更为抽象的会计术语和复杂的句式，通过加大阅读难度来影响读者的理解。②自利性归因。它指公司管理层在解释公司年度业绩的产生原因时，脱离客观性的基本原则，普遍存在自利性倾向，通过归因行为来保护自己和规避责任。在业绩表现好时将功劳归于自己，在业绩表现差的年份将问题归于经济环境。自利性归因包括选择性倾向和表述倾向。

对印象管理的伦理评价。年报中的印象管理是对真实信息的歪曲。公司原始信息经过管理层刻意的筛选和加工，被有意识地放大、缩小、隐匿甚至编造，这样的信息不仅不能帮助信息使用者预测企业的未来发展趋势，就连能否让信息使用者真切地了解企业的过去和现在，都是令人怀疑的。

**【文献阅读】浅谈财务报告的印象管理** [①]

最近几年，以美国安然公司为首的财务造假丑闻不断冲击着世界各国的资本市场，产生了一系列"多米诺骨牌"式的反应。同样，在资本市场刚刚起步的我国，财务造假现象更是数不胜数，其主要原因在于我国资本市场形成时间不长，尚待规范之处很多。

一直以来我国学者大多对盈余管理的研究较为重视，而忽视了对于财务报告另一重要组成部分——文字表述的研究，本文从心理学的印象管理角度，对此进行探析。

**一、印象管理的概念**

所谓印象管理，是指人们通过某种手段影响别人对其的印象。反映在财务报告上就是公司通过对财务报告文字描述的控制影响人们对公司财务状况、经营成果等看法的过程。通常，已审会计信息作为公司产出的替代变量是衡量监督与激励是否相容、剩余索取权与剩余控制权是否匹配的关键，并在一定程度上影响着公司的治理效率。而作为财务报告的重要组成部分的文字说明（即语言信息），大多处于审计范围之外，这在很大程度上降低了语言信息的质量，为管理当局的造假提供了可乘之机。上市公司通过对财务报告语言部分的粉饰来改变广大利益相关者对公司的态度，进一步影响他们的行为。

**二、印象管理对会计信息质量特征的影响**

会计信息作为缓解信息不对称的重要手段，其向资本市场不断传递着公司方面的情况，成为公司进行投资决策的重要依据之一，也为其他利益相关者所关注。美国财务会计准则委员会在第2号财务会计概念公告中将相关性与可靠性作为会计信息的两个重要特征相提并论，英国会计准则委员会在2000年通过的《财务会计原则公告》中则更强调会计信息的相关性。葛家澍（1999）认为"可靠性是会计信息的灵魂"，且不论相关性与

---

① 周泽将.浅谈财务报告的印象管理［J］.财会月刊，2006（9）.

可靠性何者更为重要，两者都是会计信息质量的重要特征。相关性一般由反馈价值、预测价值和及时性所组成，而可靠性则由如实反映客观情况、可验证性和不偏不倚所组成。自利性归因主要影响会计信息的可靠性，而操纵可读性则主要影响会计信息的相关性。通常自利性归因主要指将正面业绩归功为自己的主观努力，而将负面业绩归于客观的、个人无法控制的因素影响。操纵可读性主要指管理当局通过对语言信息表达方式的控制而使读者难以理解会计信息，可能使读者无法辨别会计信息相关与否。众所周知，财务报告越来越长，即所谓的"会计信息过载"。根据常理，财务报告提供的会计信息越多，利益相关者会对公司有更多的了解，事实并非如此。往往公司仅提供一些无关紧要的信息而没有提供至关重要的信息，或者重要信息被湮没在厚厚的财务报告之中。以上这些不可避免地都对会计信息的可理解性产生了负面影响，使投资者无法正确识别和利用相关信息，有可能使他们难以做出正确抉择，扰乱了资本市场的正常秩序。

### 三、财务报告的印象管理动因

在会计信息披露中，按照政府是否对会计信息进行管制，将它们划分为自愿性披露和强制性披露。根据透信理论，上市公司在强制性披露之外，还存在自愿性披露的动机。从整个资本市场的角度观察，拥有良好业绩的公司有披露会计信息的强烈欲望。在整个资本市场上，会计信息是衡量公司经营绩效的重要方面。由于在强制性披露的情况下无法让投资者辨别公司的业绩优良与否，质量较好的公司为了让自身价值得到良好体现，必须在法定披露（强制披露）之外增加额外信息披露，让利益相关者辨别出公司的优劣，从而体现出自身的优良业绩。而当公司业绩较差时，管理当局会通过采取自利性归因乃至操纵可读性进行印象管理，对自身应承担的责任予以开脱。而各国对于自愿性披露大多持赞成态度。美国证券交易委员会甚至列出20个自愿披露的项目，这些都为公司会计信息的自愿性披露提供了机会，那么就有可能为管理当局所用，对财务报告进行粉饰。

由于公司所面临的外部压力逐渐增大且受到的社会关注越来越多，披露社会责任和环境信息的公司也逐年增加。社会责任报告和环境报告对于传递一个经营业绩良好公司的信息越来越重要，直到现在甚至出现了绿色报告。那些负有社会责任的公司即使有时经营业绩比一般公司差也较为容易得到社会的认可。随着披露社会责任和环境信息的公司越来越多，社会责任和环境信息将来可能成为法定披露事项，公司只有更好地通过控制语言信息来进行印象管理。我国进行这种信息披露的公司尚为数不多，在产生较好的影响的同时，也难免给人以印象管理之嫌疑。除了在语言信息上面下功夫以外，公司还可通过传递其他综合信息来反映公司的状况，构建自身的良好形象。这些综合信息主要包括内容形式、封面、图片、字体、颜色等，所有这些都是为管理当局利益服务的。利益相关者在接触到财务报告之前，通常对财务报告存在一个大体的看法，即"自选性"行为。

管理当局为了实现自身利益，会尽量迎合投资者的看法，从而使投资者对公司产生良好的印象，这也是印象管理的行为之一。自由心理学引入印象管理的概念以后，其无论是在日常行为还是在期末财务报告中，都无处不在。而在相应的规范方面，在世界各国尤其是我国存在较大的缺陷，关于这方面的研究也相当少，不过其正日益受到重视。

## 四、应对策略

### 1.建立健全语言信息控制的相关法律法规，加强对披露信息的管制

目前，对于我国资本市场上的语言信息方面的要求几乎没有，且作为"经济警察"的注册会计师对语言信息不负专门的审计责任，使得管理当局采用语言信息误导投资者的行为更加猖狂。我国应借鉴发达国家的经验，结合我国资本市场的实际情况，尽快制定相关法规，对公司财务报告语言披露进行规范，并要求注册会计师加强对语言信息的审计，并切实对其承担法律责任，同时要求公司承担故意造假行为的责任。吴联生（2001）通过问卷调查发现广大的利益相关者关注的是未来的会计信息而非历史信息，而我国在语言信息披露方面多侧重于历史信息，这一点也应得到根本性转变。历史信息有时对预测未来毫无用处，甚至会迷惑信息使用者。这些改变都需要法律的健全和改进，同时加大信息管制的力度。完全依靠市场调节，不可能形成高质量的会计信息，上市公司的印象管理行为严重与否，直接与法律法规的严密与否相关。

### 2.提高财务报告的可理解性水平

财务报告是传递公司信息的重要手段，要使它能确实发挥其应有的作用，就是要被广大的利益相关者所理解。目前，我国财务报告的可理解性普遍较差。阎达五等（2002）通过对我国 B 股市场的实证研究发现，我国上市公司的财务报告介于难读和非常难读之间。陈少华（1998）也提出，财务报告上面存在的一个主要困难，就是当其传递关于公司发展及业绩信息时，其复杂的语言和结构可能超出大多非会计专业人员使用者的理解能力。这就意味着我国公司所公布的财务报告的可理解性存在较大问题，如果一份财务报告为广大的利益相关者所难以理解，其便毫无意义了。我们应在以下方面努力：首先应该注意根据事项影响投资者决策的程度来决定事项披露的详细与否，对影响投资者重大决策判断的事项需要重点披露，对于那些无关紧要的事项要尽量少予以披露，以不影响大多数投资者的理解为宜。如果面面俱到，报告冗长，反而不利于投资者的理解。其次提高会计信息语言表述的质量，减少会计术语的使用。语言表述往往由于晦涩或句子较长而难以理解，这是管理当局常用的操纵可读性的手段。投资者大多是非会计专业人员，对会计术语的了解不多，况且有时由于句子较长或意思表述不清，而更难以理解财务报告的内容。所以，在财务报告中应尽量将意思表述得简洁明了，但有时会计术语的应用不可避免，而对会计术语的解释难度又显得很大，目前这还是一个难以解决的问题。因为财务报告主要传递会计信息，会计术语的应用在所难免。建议在财务报告的语言信息部分应尽量减少会计术语的应用，使得财务报告的可理解性增强。

### 3.提供可理解性更高的经注册会计师审计的简化财务报告

由于利益相关者对公司年报披露内容的要求越来越多，使得财务报告越来越长，这大大降低了财务报告的可理解性，不仅没有达到预想的目的，反而成为管理当局操纵可读性的重要手段。简化的财务报告并没有改变其要反映的会计信息本质，且有助于利益相关者对会计信息的理解，帮助其做出正确抉择。不过简化的财务报告要经过注册会计师的审计，以确保其跟原报告表达的意思相一致，真正保护利益相关者的知情权。简化的财务报告尽管在内容上有所损失，但不容否认的是其可理解性会显著增强。同时，在

权衡成本效益的基础上面，可以让公司提供多层次简化的财务报告，即根据不同投资者的需要提供不同层次的财务报告，如短期债权人会更多关注现金流量，长期债权人和投资者则会更多关注长期的经营业绩，据此在提供基本财务报告的基础上，依据不同需求提供各部分详略不一的财务报告，以满足不同利益相关群体的要求。

4. 以各种方法帮助利益相关者理解会计信息，并对特殊情况进行解释，从而引起财务报告使用者的注意

计算机技术正日益普及，网上财务报告的开展为财务报告编制者与使用者提供了一个很好的交流途径，这为增加财务报告的可理解性提供了现实的环境。另外，在编制财务报告时，编制人员可采用图示法、形象法等多种更具有可理解性的方式予以说明。对于不具有会计专业背景的财务报告使用者来说，这无疑在很大程度上提高了财务报告的可理解性。当在财务报告中进行归因分析时，应确保客观公正，同时提请广大利益相关者的注意。必要时，可要求注册会计师对此负审计责任，以保证归因无误。由于归因可以在一定程度上决定委托代理关系的延续与否，所以要尤其注意。

**【补充文献阅读】**

［1］纪茂利等.社会责任报告印象管理对权益资本成本的影响——基于会计稳健性的调节作用［J］.财会月刊，2019（8）.

［2］柳宇燕等.政府财务报告图像印象管理策略研究——基于美国州政府财务年报的调查［J］.会计研究，2019（7）.

［3］黄溶冰等.外部融资需求、印象管理与企业飘绿［J］.经济社会体制比较，2019（5）.

［4］刘豆山等.企业年度报告印象管理测试——以英国复时350指数公司为例［J］.财经界（学术版），2019（1）.

［5］张正勇等.会计稳健性、公司治理与社会责任报告印象管理［J］.财经理论与实践，2017（5）.

［6］顾小龙等.证券监管处罚、公司印象管理与CEO过度投资［J］.经济管理，2017（2）.

［7］吉利.企业社会责任信息披露印象管理研究框架：动机、策略和经济后果［J］.郑州航空工业管理学院学报，2016（4）.

［8］黄艺翔等.企业社会责任报告、印象管理与企业业绩［J］.经济管理，2016（1）.

［9］陈昆玉等.印象管理：上市公司操纵信息披露方式的动机［J］.商业会计，2016（10）.

［10］林琳等.上市公司互联网投资者关系管理存在印象管理行为吗［J］.当代财经，2015（5）.

［11］刘丹.我国企业社会责任报告的印象管理研究［J］.太原城市职业技术学院学报，2015（6）.

［12］冯锐等.危机事件中企业印象管理策略与受众反应——基于归因理论的情境实验［J］.经济与管理，2015（7）.

## 七、财务会计领域的伦理问题四：选择性信息披露

选择性信息披露是指由于管理人员具有信息优势，有权决定公开披露何种信息以及披露的程度，他们有动机选择性地披露他们愿意披露的事项。选择性信息披露表现在几个方面：披露部分信息；信息披露中报喜不报忧；选择披露时机；含糊披露。选择性披露会降低信息披露的可信度，影响债权人和股东的利益。刘峰认为，信息披露过程中的报喜不报忧，与充分披露相违背；选择最适当的时机披露与及时披露相违背。

**【文献阅读一】"三毛派神"上市公司危机事件的边缘化行为——基于商业伦理视角的选择性信息披露案例分析** [①]

1. 引言

当上市公司发生危及企业形象、影响企业发展的重大事件时，公司往往会陷入经营危机，本文将这类事件界定为危机事件。为了尽可能减轻危机事件的影响，公司经营者对于相关信息的披露可能会选择以下几种方式：第一，虚假记载，即做不实披露，这是一种积极的、作为的虚假陈述，违背《证券法》《会计法》《会计准则》的有关规定；第二，误导性陈述，其特点是披露了应予以公开的事实，但通常使用不准确、似是而非的语言来误导投资者；第三，重大遗漏，指在信息披露中对应当记载的事项未予以完整记载；第四，不正当披露，公司没有在适当期限内或以法定方式披露应当披露的信息。实践中，由于第一种情形有较强烈的主观动机体现，直接后果就是造成会计信息失真，所以容易判别，可以清楚地界定为会计欺诈，属法律约束范畴。而对于后三种情况，虽然最高人民法院发布的《关于审理证券市场因虚假陈述引发的民事赔偿案件的若干规定》将它们也列为虚假陈述，但实务中很难判断和界定，当没有充分证据可以证明时，就逃脱了法律约束。所以在后三种情况中隐含着一个灰色地带，为公司边缘化的行为创造了条件，它应归属于商业伦理范畴。本文将上市公司在危机事件中采取的游离于法律和道德规范之间的机会主义行为界定为边缘化行为。在边缘化行为中，上市公司有可能采取选择性披露的方式来传达有关危机事件的信息。

我国有学者认为，选择性披露的概念范畴，除了美国证券委员会（SEC）提到的披露部分信息和只向部分人披露信息以外，还包括另外两层含义：一是信息披露过程中的报喜不报忧现象，与其对应的是充分披露；二是选择最恰当的时机披露，以强化好消息的正面效果，淡化坏消息的负面反应，与其对应的是及时披露。

2. 危机事件选择性披露："三毛派神"案例分析

三毛派神于1997年5月28日在深圳证券交易所挂牌上市，原为集团公司控股的股份有限公司。2004年5月28日，集团控股股东——兰州三毛纺织集团将所持有的5128.33万股国有法人股通过协议转让给上海开开实业有限公司，开开实业以28%的持股比例成为三毛派神的第一大控股股东。开开实业入主三毛派神以后，公司的经营进入新一轮的增长期，股票市场反应开始稳步回升，然而仅半年时间却急转直下，从2005年

① 王化成，刘亭立."三毛派神"上市公司危机事件的边缘化行为 [J].财务与会计，2005（9）.

1月7日股价开始大幅下跌，直跌至4月12日的2.81元，创历史新低。

2005年3月，三毛派神的危机集中爆发。主要危机事件表现为：3月14日，证监会甘肃监管局下达立案调查通知书，三毛派神涉嫌违反证券法律法规被证监局立案调查；3月25日，由于对2004年三次业绩预计不准确，且差异巨大，受深圳证券交易所公开谴责；3月31日，公司公告称卷入两起诉讼纠纷，按30%计提减值准备，共计3840万元，使2004年净利润减少3840万元。

三毛派神一度成为市场关注的焦点，在上述危机的表象后面，三毛派神至少面临五个方面的难题：①公司前董事长张晨涉嫌经济犯罪在逃，由张晨担任董事长和法人代表的大洋服饰有限公司拖欠三毛派神1899万元；②三毛派神重金参股的上海毕纳高房地产开发有限公司拟投资的东海广场项目是"烂尾楼"；③公司董事熊克力任董事长的上海驰寰贸易于2004年12月29日到期的民生银行定期存单4493万元未按期划入公司账户，而目前与熊克力联系不上；④公司2004年3月开始做转口贸易业务，从2004年9月到12月31日，向香港佛肯国际集团有限公司开出并承兑信用证计822万美元，而该公司涉嫌信用证欺诈；⑤应收约旦某公司2004年12月底到期款项2662万元，多次催收未果。

危机事件的核心人物就是公司前董事长张晨，他涉嫌经济犯罪并出逃是此次危机爆发的导火索。张晨是开开实业控股三毛派神后，由开开实业派到公司的第二任董事长，2004年9月29日上任。就在同一天，公司董事会通过一项决议：受让开开实业股份持有的毕纳高7000万元出资额对应的股权，并增资5000万元。2004年12月下旬，有关部门开始对张晨监视居住。12月30日张晨借机逃亡。三毛派神在12月31日发布公告免去其董事长一职。然而，公告内容非常简单，对于免职原因，解释为不善经营。同一天，开开实业也发布公告免去张晨总经理一职。由此各种传闻带动了股票市场波动，2005年1月25日，三毛派神发布公告，说明了自2004年5月28日被开开实业收购后公司的对外投资和关联交易情况，然而对公告中提的上海驰寰贸易到期未划入的定期存单、大洋服饰的欠款以及所投资的毕纳高公司的情况，均以"尚存不确定性因素""无法确定回收风险"为由"暂不计提"坏账准备和减值准备比原定披露时间推迟5天后，2005年4月6日三毛派神公布年报，披露了如下事项（见表4-1）。

表4-1　三毛派神2004年年报中披露的相关事项

| 事项 | 解释或说明 | 处理 |
| --- | --- | --- |
| 与关联公司大洋服饰的关联交易和非经营性资金往来情况 | 董事会不知情 | 对1899万元的应收款项全额计提了坏账准备 |
| 与广东发展银行和民生银行广州分行的借款合同纠纷及裁定 | 董事会不知情、未经董事会和股东大会审议 | 暂按80%计提减值准备 |
| 深圳市中院民事裁定书中认定的三毛派神为中深彩承担担保责任4500万元 | 未经董事会和股东大会审议 | 出于谨慎性考虑按80%计提或有负债 |
| 毕纳高公司股份原价转让，并已委托开开实业帮助联系股份受让方 | 已有了意向性受让方 | 不计提减值准备 |

与 1 月 25 日的公告相比，年报披露的态度发生了微妙的变化：事实上，三毛派神在危机之初的信息公布采取的是一种回避隐瞒的态度，当不得不发布重大信息时，与大股东保持步调一致，以求最大限度地降低不利信息的影响和对市场的冲击。随着各种不利消息逐渐得到证实，三毛派神表现出一种无辜的姿态，在公告中多次用到"董事会不知情"将事件原因一笔带过，将本应公司承担的责任一笔勾销。虽然宣称董事会不知情，但对事件可能造成的损失仍大幅计提坏账准备，从表面看，是遵循了谨慎性原则，然而，从信息披露的时机选择来看，不能排除公司具有危机盈余管理的动机。2004 年的业绩公告三次变脸（见表 4-2）且差异巨大就是有力的证据之一。

**表 4-2　三毛派神业绩公告变脸过程**

| 时间 | 事件 |
|------|------|
| 2004 年 10 月 23 日 | 预计 2004 年净利润比上年将有较大幅增长 |
| 2005 年 1 月 19 日 | 预计 2004 年业绩不会大幅增长 |
| 2005 年 2 月 04 日 | 预计公司 2004 年度将亏损 1.8 亿元 |
| 2005 年 4 月 6 日年报 | 亏损 3.6 亿元 |

当上市公司遇到危机事件时，如何披露相关信息及何时披露是信息披露的核心问题。

在法律与道德的权衡中，在以高管人员为代表的强势群体和以中小股东为主体的弱势群体的博弈中，在信息不对称的庇护下，公司有强烈的偏好实施"选择性披露"，包括选择披露的时机及披露的措辞。当重大事件不得不公之于众时，公司会转而进行危机盈余管理，采用激进的会计处理策略，选择"长痛不如短痛"，大幅甚至全额计提坏账或减值准备，将危机事件的影响集中宣泄，为危机后公司迅速转入正常经营竭力铺垫。

3. 选择性披露的理论分析

（1）相关制度规范赋予上市公司选择性披露的可操作空间。从各国的信息披露规范来看，重要性都是会计信息披露的重要原则之一。然而对重要性的判断并没有一个整齐划一且便于执行的标准，上市公司管理当局就有了较大的判断空间，比如将利好消息的重要性扩大，将坏消息的重要性尽可能缩小。三毛派神事件中，董事长张晨被监视居住及出逃，被公司视为"不重要事件"，未及时对外披露，但按证监会的要求，此类事件是应该公开披露的。三毛派神选择了"替换性"披露策略，在 2004 年 12 月 31 日的公告中，称由于张晨"不善经营"，免去其董事长一职，该解释使公司可以避免同时披露与张晨有关的更多业务信息，也为其后有关张晨事件的进一步披露留下余地，公司可以在事态的发展中进行投机性选择。事实也表明，公司在随后的两个月内，分次披露了张晨事件的影响。

（2）信息不对称条件下，上市公司信息掌握与披露程度的难以观察性。信息披露制度本来是解决公司内部控制人与外部利益相关者之间信息不均衡的有效工具，然而，在信息不对称的情况下，外部利益相关者只能看到公司已披露的信息，而不能确定应披露的信息是否已全部披露以及披露程度，同时，也不能判断公司是否确实拥有某类信息。这就为选择性披露提供了最好的庇护和借口，特别是在危机事件中，上市公司往往在信息披露中以"不知情"来搪塞，这在三毛派神案例中尤为突出，公司与大洋服饰的关联交易等事项在公告中多次以"董事会不知情"为借口开脱责任。

（3）上市公司印象管理的动机驱使。企业的印象管理行为指有意或无意地试图控制企业信息主要受众印象的企业行为。上市公司信息的广泛传播性能最大限度地发挥公司印象管理的效能。当企业处于危机事件时，总希望能继续保持原有的企业社会形象，设法在信息披露中传达这方面的信息，其后果是选择性的信息披露，并在披露的表述中带有明显的倾向性，将一些与重要信息无关或者不具有直接因果关系的事件联系在一起，给投资人造成一种因果关系的印象，以减轻管理当局的责任。

2005年1月19日，公司发布的异常波动警示和业绩修正公告将董事长被立案侦查和修正2004年业绩两事件放在一起，巧妙地在两者之间建立起因果关系，很容易使投资者认为，公司之所以修正业绩公告主要是因为董事长涉嫌经济犯罪造成的影响。

4. 结论与建议

三毛派神的案例说明危机事件中上市公司有实施选择性披露的动机，而且选择性披露和危机盈余管理具有较强的关联性，在危机事件发生的前期，上市公司会更多地进行选择性披露，当危机事件的影响无法通过选择性披露消解时，危机盈余管理就会出现。

三毛派神在危机事件中表现出的选择性信息披露是一种不受法律法规制约的边缘化行为，处于"道德自由空间"，从本质上来说是一种机会主义的投机行为，反映了危机事件中公司管理层"职位固守"的目的；但是如果超过道德的最底线，就会形成会计欺诈。会计欺诈必然源自伦理道德的缺失，商业伦理和职业道德的不完备是滋生边缘化行为的重要诱因，因此必须立足于商业伦理秩序和道德规范对此进行有效疏导。

首先，建立伦理道德与法律惩戒的衔接机制。通过多种途径，使更多的投资人认识边缘化行为并自觉防范，缩小边缘化行为产生的"道德自由空间"。同时加强法律规范的力度和广度，提高边缘化行为的道德成本和法律风险。

其次，完善公司治理机制，加强公司内部控制。认真落实我国已发布的内部会计控制系列规范，借鉴美国《萨班斯—奥克斯利法案》对财务呈报程序的规范。建立公司信息披露委员会，确定需要披露的重大事件和交易、监督重大的财务和非财务信息披露。

最后，构建广义的商业伦理秩序，扩大现有会计职业道德规范的外延。从对象设定上，将传统的针对会计操作人员的职业道德规范界定扩展到企业经理人层面；在内容设定上，从单纯的对虚假信息的制约扩展到对边缘化行为的约束。

**【文献阅读二】选择性不实财务披露的道德评价与防范**[①]

1. 界定及特征

选择性不实财务披露不同于财务造假。财务造假是指主观上采取伪造、掩饰的手法编造假账，是会计主体为实现其主观目的而蓄意违背会计准则、践踏国家有关会计法律法规而制造虚假会计信息的行为。而选择性不实财务披露是在一定的信息披露规范框架下，会计信息提供者或是以灵活的财务报告准则为基础，通过操纵核算方法或计算程序，

---

① 于而立. 选择性不实财务披露的道德评价与防范 [J]. 财贸研究, 2003（4）.

达到影响财富转移、均衡收益目的，或是通过选择所披露信息的详尽程度来规避信息监管的一种不违法的会计信息披露行为。由于会计准则、企业会计制度本身具有的弹性，使得在选择性不实财务披露下，对一经济实体财务组成要素"忠实"进行定量描述和定性解释变得十分困难。

（1）选择性不实财务披露具有明显的投机特征。与传统的稳健主义不同，选择性不实财务披露的过程是综合了簿记成本、契约成本、政府管制成本和政治成本的影响，使不同利益集团的收益得以均衡的过程。在该过程中，灵活的财务报告准则助长了各种机会主义行为，并使投机成为合法。

（2）选择性不实财务披露体现经理的偏好。经理们在利用现行财务报告中的自由度以求得自身利益的最大化。由于大多数上市公司都制定了与报告的盈余数字挂钩的经理报酬计划，导致经理们在会计准则灵活可操纵的前提下，将收益在各会计年度间随意递延或提前以求获得更多的红利，或是掩盖额外的费用。

（3）选择性不实财务披露可能使长期投资者获益而使短期投资者利益受损。如果经理们能通过选择性不实财务披露使报告的业绩呈平稳增长的趋势，这将大大降低市场对违约风险的警惕，使企业价值增大，并给长期持股的大股东带来正面效应。而对于广大中小短期投资者而言，会计信息中包含的诸多选择性不实财务披露，使其难以据此对企业状况做出正确的判断，其投机获利的目的难以实现。

（4）选择性不实财务披露使审计师与客户的关系更协调。审计师们同样偏好那些有时会歪曲经济事实的报告及相关准则，而这些准则使选择性不实财务披露成为可能，这与他们留住客户的明显意图有关（由于学习曲线的倾斜，重复的审计和约是非常有利可图的）。当报告的两难困境源于理论的争论，而非源于未来状况的不确定性时，审计师倾向于选择既包括严格的计算程序，又具有灵活性的报告准则，使他们与客户保持和谐关系。

2. 道德评价

对选择性不实财务披露的各相关利益者而言，围绕着道德实践的动态过程，表现出利益与道德的不同程度的冲突：一种是会计行为的结果对某个人或团体造成了实际的或潜在的经济性危害（比如会计信息导致投资人的决策失误）；另一种是会计行为的结果导致不同个人或团体之间的利益矛盾。外在的利益失衡将使内在道德感情受到伤害，并最终影响社会道德水平。

从宏观层次上讲，企业运营的外部环境，包括经济、法律、社会、政府等，其本身的道德正确或谬误，对选择性不实财务披露的产生具有重大影响。现行的《会计法》《企业会计制度》等会计法规和《公司法》《税法》等相关法律体系对道德本身虽无明确定义或要求，但整体上反映了公平分配和维护社会公正性的道德判断标准。从《企业会计准则》《企业会计制度》等的具体内容来看，涉及会计政策选择的有关规定显然为选择性不实财务披露提供了依据，使之在道德判断上存在模棱两可的趋势。这种趋势，不利于消除或部分消除选择性不实财务披露，反而暗示了选择性不实财务披露在法律上的合规性。相对而言，《税法》对选择性不实财务披露的限制很多，也从一定程度上减少了选择性不实财务披露发生的可能。

从公司层次上看，以公司或企业作为基本单位进行特定观测，所关注的焦点是选择性不实财务披露影响某个组织的决策或基于选择性不实财务披露所做的决策对其他机构（如政府、劳工或社区）的影响。由于公司结构和企业文化对企业做出道德性决策的能力必然产生影响，所以，选择性不实财务披露越严重的企业，反映出企业对公司外部利益相关者的非道德影响越大。这意味着当企业自身的道德标准明显偏低时，其道德行为的负效用也越大。而且，处于相同情境下的不同企业的表现也往往会给其他企业做出一种榜样或者暗示，这种从众行为最终将导致在道德选择上的趋同。这时，社会对道德实践者的利益若不加以维护，那么，培养不惜牺牲个人利益、局部利益的道德感情，或者已经形成的道德感情也会受到伤害，长此以往，社会道德水平势必随之下降，选择性不实财务披露必然泛滥。

从个人层次上看，当会计人员、公司高层管理人员面临某项财务披露相关的决策，特别是在是否采用选择性不实财务披露的问题上，一定会产生包含道德因素的问题，并考虑与不同的替代行为相比较。由于人们的行为要受满足程度最大化规律的支配，这意味着他们要比较选择性不实财务披露带来的体力、脑力付出及非道德感的负效用和由此带来的财富、受重视程度提高的正效用，而个人非道德行为带来的正、负效用的体验各不相等，导致最终他们对选择性不实财务披露的态度不尽相同。道德感很强的人固然能从放弃选择性不实财务披露中获得较高的满足（这种满足往往是精神上的），并平衡他们为道德行为承受的负效用（往往表现为降职甚至下岗、薪酬扣除等），但对大多数道德感一般和有限的人来说，选择性不实财务披露将占据其行为选择的主要空间。

总的来看，由于选择性不实财务披露更多地考虑的是公司内部的利益，使得其不得不放弃或损害（至少是部分损害）其他利益相关者的利益。一方面，反映了在宏观层次上各种法规在道德判断标准上的模糊性；另一方面，选择性不实财务披露是企业（尤其是股份公司）潜在道德风险显性化的表现，就个人而言，选择性不实财务披露也是大多数人道德与利益冲突下最终的选择。选择性不实财务披露使道德缺失表现得较为明显和普遍。

3. 建议

（1）法律环境方面，应从制度的完善入手，解决选择性不实财务披露问题。从《企业会计准则》等的制定来看，我国企业会计政策的形成中没有体现出各相关利益集团参与制订过程的决策民主性，从而可能使部分利益集团的利益得不到保障。加之企业会计政策制订者的有限理性，决定了其制定与实施是一个渐进的过程。选择性不实财务披露正是灵活利用了准则等相关政策中尚待完善之处，满足企业自身的利益需要。为了使各利益集团通过博弈达到较优的均衡状态，就要求政府在会计准则的制定环节上体现出更多的政策决策的民主性，并对企业会计政策的可选择范围加以适度限制。

由于会计政策的可选择性，使财务披露具有相当程度的人为可操作性。会计人员的职业判断和职业道德水平将直接影响到财务披露的质量。目前，我国在独立注册会计师领域已有《中国注册会计师职业道德基本准则》等文件和相应的监管机构。但在营利或非营利组织的财务会计领域及企业的成本与管理会计领域，尚缺乏针对会计人员职业判断、职业道德和会计责任的规范文件，应尽快建立一整套会计师职业道德准则框架，并在实施过程中切实提高其可操作性。

（2）就企业内部而言，强化内在的监督机制，是有效防止选择性不实财务披露的途径。由于选择性不实财务披露依托于企业内部环境，因此优化企业内部环境，强化内在监督机制，可有效防止选择性不实财务披露的发生。具体来说，包括完善法人治理机构和公司章程约束机制；建立股东对公司管理层强力约束机制；改善委托代理契约设计，构建科学合理的权、责、利平衡和激励兼容机制；建立管理参与制，有效监督公司管理层的日常经营活动，防止管理者的包括选择性不实财务披露在内的道德风险行为变为现实；建立健全企业内部控制制度等各项具体措施。另外，在企业文化中强调道德规范的作用，端正企业道德意识，建设企业道德规范，丰富企业道德实践，以企业道德有效调整涉及企业各方的利益关系，塑造企业良好的形象。

（3）建立企业外部监督机制，约束企业选择性不实账务披露行为的发生。除了运用《会计法》《公司法》《证券法》及《刑法》等法律武器，强化对企业特别是股份公司的法律约束机制外，通过培育职业企业家（经理）、职业财务经理市场和建立健全CEO职业档案制度，可使包括选择性不实财务披露在内的所有道德风险行为市场化，迫使其做出符合道德标准的决策。除此之外，规范市场中介机构、强化金融机构和税务机关对选择性不实财务披露的有效监督，证交所和证监会建立健全股份公司信息公开制度等手段，都能在一定程度上减少选择性不实财务披露发生的可能性。

### 【案例分析】韦达制窗公司的信息披露方式

韦达制窗公司的主要业务是定做木制及金属窗。高总是公司的总裁，公司约有100名股东，但他们并不积极参与公司经营。公司资产的40%来自股东权益，剩余60%则来自负债——包括供应商方面的应付账款构成的短期负债与一项长期信贷限额协议，该项贷款由一家商业银行提供，股东和银行主要通过公司的年度报告了解公司的情况。

12月中旬，公司的财务主管小徐拿着公司财务报表的初稿找到了高总，向他陈述了自己的两点担忧：

第一，本年度公司流动比率和速动比率偏低，前者为1.2，后者为0.75；而为公司贷款的银行要求的流动比率最低值为2，速动比率至少为1；否则，根据公司与银行的协议，后果如下：公司不能再从信贷限额中借款；公司必须在一年内清偿目前对银行的所有负债，否则公司的银行贷款将由目前的12%提高到15%。

第二，本年度公司的收益状况不佳。税前净利润虽然为正数，但这主要归功于一项20万元的非经常性损益，若剔除这一项，公司本年将有8万元的净损失。

小徐知道，公司董事会议有将公司出售的打算，而这家公司惯于在收购其他公司后解雇公司所有的管理人员，换上自己的嫡系。他还知道，公司今年的净营业损失很可能促使董事会出售公司。一旦这一不幸成为事实，他和高总也许都会失业。面对忧心忡忡的小徐，高总要镇定得多，他告诉小徐，他的对策如下：

首先，他将尽可能用可获得的现金偿还流动负债以提高流动比率和速动比率，若这仍不足以达到银行的要求，他打算从长期信贷限额中借款，偿还流动负债，最终使公司的流动比率与速动比率令银行满意。

其次，在年度报告开头的总裁致报表使用者的信中，他将只强调公司120万元的净利润，并预测公司下一年度盈利能力将显著改善，而对非经常性损失及其对利润的一次性影响，他决定避而不谈。并且，大部分股东并不能仅通过阅读报表而发现非经常性损益的意义。

小徐听了高总的想法，顾虑有所减轻，但仍对他的做法存有一些顾虑。

**问题：**（1）高总所采取的改善公司财务比率的策略是否对银行造成了误导？或者只是管理当局保护公司的一种手段？

（2）高总在其总裁致股东的信中只强调净利润是否合适？你认为他处理目前这些问题的最佳选择是什么？

（3）小徐应该怎么做？

**【补充文献阅读】**

［1］王莅等.自愿性信息披露等于选择性信息披露吗——以宝利国际违规披露案为例［J］.财务与会计，2018（10）.

［2］马丽莎.我国上市公司选择性信息披露的市场反应——基于第三季度盈余报告的事件研究［J］.商业会计，2014（8）.

［3］吴红军等.成本递增的选择性信息披露博弈［J］.生态经济（学术版），2013（10）.

［4］杜勤.浅析上市公司选择性信息披露的监管［J］.郑州航空工业管理学院学报，2004（6）.

［5］李晓华.美国的FD规则对我国选择性信息披露监管的启示［J］.上海会计，2002（10）.

［6］刘梦.限制性股票解锁与选择性信息披露——基于ABC公司的案例分析［D］.安徽财经大学硕士学位论文，2017.

［7］刘迢琛.股权激励公告日前后选择性信息披露行为研究——基于管理权力的视角［D］.北京理工大学硕士学位论文，2016.

## 八、财务会计领域的伦理问题五：会计政策选择

会计政策选择是指在既定的可选择范围内（一般由各国的会计准则、相关经济法规等组成的会计规范体系所限定），根据特定主体的经营管理目标，对可供选择的会计原则、方法、程序，进行定性、定量地比较分析，从而运用会计政策的过程（李姝，2003）。由于企业管理者和大股东处于企业支配地位、拥有会计信息优势，而中小投资者、债权人、雇员、社会团体等其他利益相关者获取会计信息处于弱势地位，这为企业管理者利用会计政策选择来实现自己的意图创造了条件。

1. 管理者选择会计政策的动机

瓦茨和齐默尔曼认为管理者作为资源投入运作的实际操作者拥有会计信息优势，管理当局通过分红计划和平滑收益来对会计政策进行选择，以实现自身利益的最大化。宋在科、王柱（2008）认为企业对管理者的激励和约束通常是以与经营业绩紧密联系的管理报酬来实现的。由于利润是衡量业绩的主要指标，这为管理者利用会计政策选择操控

利润来提高自身报酬提供了机会。管理者选择会计政策的动机主要有：①契约动机，管理者为了避免经营业绩的大幅度波动对其职位和报酬的不良影响，常常会采取收益平滑策略；②迎合资本市场动机，投资者总体上是风险厌恶型的，而企业业绩的大幅度波动会影响投资者的投资信心，于是企业便设法平滑收益，以减少盈利波动，树立稳健经营和稳中有升的财务形象，迎合资本市场对企业业绩稳定性的偏好，稳定和提升企业的股票价格；③利益动机，管理者控制会计政策选择还出于报酬、职位消费、政治地位、声誉、社会形象等经济和心理需求。

2. 管理者选择会计政策的手法

我国现行会计制度、会计准则（统称会计政策）还存在较大的选择空间，留有回旋的余地。而会计政策选择的回旋余地为管理者进行盈余管理提供了条件，且会计政策选择的回旋余地越大，管理者进行盈余管理的手法越多。如在金融资产的分类、投资性房地产的计量模式、无形资产的后续计量及摊销、资产减值测试及计提减值准备和会计计量属性等选择上，都折射出管理者进行盈余管理的手法。这里仅以金融资产分类为例加以说明。根据《企业会计准则第22号——金融工具确认和计量》的规定，金融资产可以划分为四种类型，其中交易性金融资产和可供出售金融资产都按公允价值计量，但是两者对于采用公允价值进行后续计量的会计处理却不相同，前者将公允价值的变动直接计入公允价值变动损益，直接影响当期利润；后者将公允价值的变动计入所有者权益，等以后处置该可供出售金融资产时再将其从所有者权益转入处置当期的投资收益。由于两者的后续计量方法不同，使得会计信息产生了很大的差异，为上市公司进行盈余管理带来了方便，于是可供出售金融资产就成为上市公司进行盈余平滑的蓄水池。

3. 会计政策选择的经济后果性

会计政策的选择会产生一定的经济后果性，这也是管理者之所以选择会计政策的目的之一。雷光勇（2001）认为，会计或会计准则的经济后果是指各社会经济主体通过利用会计信息在他们中间进行财富的非公平性转移而带来的社会性后果。瓦茨和齐默尔曼（1979）认为，不同的利益需求，导致了不同利益取向的会计理论，而不同利益团体的利益之争总是存在的，因此，一个使各利益主体都满意的会计理论体系是很难达成的。企业是各利益相关者的合约，每一个利益相关者都希望会计政策以有利于他们自己的方式对会计信息进行确认和计量，并披露满足他们所需要或者代表他们利益的会计信息。企业选择会计政策在形式上表现为会计核算过程中的一种技术问题，但本质上却是一种利益集团之间经济和政治利益的博弈。为形成会计政策一致的契约安排，各利益主体之间存在着一个博弈的过程，也就是通过对会计政策进行选择来实现对自己有利的经济后果的过程。

【案例分析一】企业会计政策的选择

小李是一家小电子产品零售公司的总裁兼执行经理。该公司主要销售便携式唱机、录放机、计算器和其他小电子商品。2004年12月8日，公司的财务经理提交了一份公司前11个月的利润表。小李看了以后，担心公司的利润无法达到董事会制定的目标。公司的董事长陈总就时常强调达到盈利目标的重要性。小李也知道陈总有两个顾虑：公司已有两年未完成预定的盈利计划，股东对董事会和总裁的领导能力感到不满意；公司于2005年初需要得到新的贷款以偿还即将到期的债务。持续的低盈利会使得贷款利息提高。

小李知道在年底通过增加销售或降低管理费来扩大盈利已经来不及了。他构想了一个获得高利润的计划，实现该计划的基础是：①公司要采取后进先出法计算存货，这样，新购进的存货成本大部分包含在销售成本中；②在过去一年里公司购进商品的成本大幅度降低，如果公司还能以较低的价格购进大量存货，那么这些近期较低的存货成本立刻体现在利润表的销售成本中，而较低的销售成本会给公司带来较高的收入。这样，通过在年底购进大量的存货，小李就可以使公司完成预计的盈利计划。

问题：（1）小李打算采取的行动是否能增加公司2004年的收入？

（2）小李打算采取的行动对公司有哪些正面和负面影响？

（3）这样的行为存不存在违背伦理的行为？

## 【案例分析二】会计政策变动

珍贝百货公司从1973年起就开始经营。在开始近30年其利润不断增加，但在过去几年里开始缓慢地减少。这一变化使公司股票的价格受到不利影响。担任公司总裁20多年的李总也面临着越来越大的压力。当地报刊已经登出了几篇文章，表示怀疑李总是否具备跟上零售业最新发展脚步的能力和愿望。

李总认为自己有几个方法可以使珍贝公司重新回到零售业的前列。但是实施这些计划并使盈利状况出现好转需要三年左右的时间。为了争取这些时间，李总指示公司负责赊销的销售主管和会计主管开始采取一系列临时利润增长的措施。首先是降低允许在本公司赊销商品的最低家庭收入标准，从而使许多收入不高的年轻人可以更容易地在本公司赊购家具和其他用具。其次是修改计算坏账时所需的不同账龄及应收账款的预计坏账比率。李总声称这些变化将使珍贝公司与零售业内的其他公司保持一致。

问题：（1）李总的做法对珍贝公司管理人员、职工、股东和顾客有什么样的潜在影响？

（2）如果你是会计主管，按照李总的做法，你是否会违背会计职业道德的要求？

（3）你应该怎么办？

## 【补充文献阅读】

[1] 张攀红. 我国企业会计政策选择探讨——基于××公司的分析 [J]. 农村经济与科技，2019（5）.

[2] 刘兴华. 我国上市公司会计政策选择动因研究方法综述 [J]. 纳税，2019（2）.

[3] 吕钰洁. 我国上市公司会计政策选择问题与对策研究 [J]. 商场现代化，2019（1）.

[4] 王爽. 股权投资会计政策选择与盈余管理——以雅戈尔为例 [J]. 财会研究，2018（12）.

[5] 史顺. 会计职业判断与会计政策选择 [J]. 财会学习，2018（10）.

[6] 刘福生. 企业合并会计政策选择与盈余管理——以上汽集团收购通用汽车1%股权为例 [J]. 纳税，2018（8）.

[7] 王方. 会计政策选择研究——以某地产股份有限公司为例 [J]. 商，2016（5）.

[8] 曹耕玮等. 政府社会保障负债的会计政策选择研究——以美国联邦政府为例 [J]. 国际商务财会，2016（6）.

[9] 李佳璇等. 房地产上市公司会计政策选择及影响分析——以万科为例 [J]. 财会研究，2016（9）.

[10] 金国英. 不同的会计政策选择对毛利率的影响——以江苏天工国际有限公司为例 [J]. 财会月刊，2015（5）.

[11] 朱树峰. 基于盈余管理动机下的若干会计政策选择——以新中基为例 [J]. 企业改革与管理，2014（3）.

[12] 杨红娟. 企业不同生命周期阶段的会计政策选择分析——以企业制造业上市公司为例 [J]. 会计之友，2014（10）.

[13] 毛大伟等. 会计政策选择的伦理思考 [J]. 商，2015（12）.

## 九、财务会计领域伦理问题的产生基础

企业契约模型将企业看作是各种契约的集合体。企业的各利益主体用会计信息来降低代理成本、维持缔约地位的流动性，从而提高企业价值。在公司契约中，最为重要的利益主体就是股东、管理层和债权人。这构成了财务会计领域伦理问题的产生基础。

1. 股东和管理层之间的利益冲突

某些企业面临着监督部门的严格管制和监控，而这些管制和监控往往与企业会计数据相关。一旦企业财务成果高于或低于一定的界限，企业就会招致严厉的政策限制，从而影响正常的生产经营活动。企业面临的管制越大，管理层越有可能调整当期报告盈余。战略性产业、特大型企业、垄断性公司，其报告盈余较高时，会引起媒体或消费者的注意，政府迫于压力，会对其开征新税，或赋予其更多的社会责任。为了避免发生政治成本，公司管理层通常会设法降低报告盈余。证监会在监管过程中主要以财务指标为基准，导致上市公司通过会计舞弊达到监管者的要求。

2. 股东与债权人之间的利益冲突

债权人与企业签订契约是为了限制管理者用债权人的资产为股东获利而损害债权人利益的行为。为了保护债权人利益，债务契约通常包含一些保证条款，如不能过度发放股利、不进行超额贷款、计提一定比例的偿债准备金等。这些都使得企业不敢轻易违反有关条款；否则，会招致很高的违约成本。如果企业的财务状况接近违反债务契约，管理层就有可能调整报告利润，以减少违约风险。盈余管理就是企业减少违约风险的一个重要工具。

3. 股东与监管部门之间的利益冲突

某些企业面临着监管部门的严格管制和监控，而这些管制和监控往往与企业会计数据相关。一旦企业财务成果高于或低于一定的界限，企业就会招致严厉的政策限制，从而影响正常的生产经营活动。企业面临的管制越大，管理层越有可能调整当期报告盈余。国外研究表明，战略性产业、特大型企业、垄断性公司，其报告盈余较高时，会引起媒

体或消费者的注意，政府迫于压力，往往会对其开征新税，或赋予其更多的社会责任。为了避免政治成本，公司管理层通常会设法降低报告盈余。

总之，会计领域存在大量的伦理问题，这些会计伦理问题产生的根源包括：公司高管人员唯利是图；内部会计人员屈从高管人员的压力；外部注册会计师不能保持中立、公正的立场；审计质量的隐蔽性；制度和环境的不利影响等。罗尔斯认为，从社会和政治的宏观角度去考察伦理道德，认为道德问题首先是一个社会正义问题，没有一个合乎正义的社会制度和环境，任何道德问题都无从解决。全美舞弊财务报告独立委员会主席小詹姆士·特雷德维认为，只有通过研究完整的财务报告过程，并将企业管理部门、审计委员会和公共注册会计师以及内部控制、企业文化和法律执行情况全部包括在内，才能找到解决问题的方法。

**【补充文献阅读】**

［1］刘爱平.财务会计伦理内涵、历史演进及其构建［J］.江西青年职业学院学报，2010（12）.

［2］鲜义龙.财务会计具备职业道德的必要性分析［J］.财经界（学术版），2015（7）.

［3］李灵.真实公允：会计活动中核心伦理概念研究［D］.云南财经大学硕士学位论文，2016.

# 第二节　审计领域的伦理问题

本节从五个方面阐述审计领域的伦理问题：审计的产生与发展；审计的目标与职能；伦理问题一——出具不真实的审计意见；伦理问题二——支付回扣和佣金；审计领域伦理问题的产生基础。

## 一、审计的产生与发展

审计的产生阶段（15世纪到18世纪初）。15世纪，在意大利的商业合伙企业中，有的合伙人只出资而不参与经营管理，希望监督企业经营，由此在意大利的商业城市中出现一批具有良好的会计知识、专门从事这种监督与检查的专业人员，这是审计活动的最初萌芽。18世纪初，工业革命使得生产的社会化程度大大提高，企业所有权与经营权进一步分离。企业主希望有外来的会计师来检查他们所雇用的管理人员，是否存在贪污、盗窃和其他的舞弊行为，于是英国出现了第一批以查账为职业的独立会计师，标志着外部审计活动的开始。审计是受企业主的委托，对企业会计账目进行逐笔检查，检查结果也只向企业主报告。审计职能在于查错防弊。

审计的发展阶段（18世纪至19世纪）。1721年英国发生"南海事件"，会计师查尔斯·斯内尔受英国议会委托对该公司进行审查，标志着审计活动的真正发展。为了监督经营者的经营管理，防止其营私舞弊，保护投资者及债权人的利益，避免"南海事件"重演，英国政府于1840年颁布了《公司法》，规定股份公司必须设监察人，负责审计公司账目。1862 年，进一步修订后的《公司法》规定监事可以用公司费用聘请外部会计师。外部审计师的职能是审计公司账目，防范虚假信息的产生，保护投资者的利益。

审计的完善阶段（20 世纪初至今）。从 20 世纪初开始，由于全球经济发展的重心由欧洲转移到美国，审计活动的中心也由英国转向美国。出现美国式的注册会计师审计：审计对象由会计账目扩大到资产负债表、损益表，审计方法从详细审计转向抽样审计。经历 1929 年的经济危机后，1933 年美国《证券法》规定，在证券交易所上市的所有企业的会计报表必须接受注册会计师的审计，并由其出具审计报告。注册会计师的主要服务对象是整个社会公众，职能是以能保持独立、客观、公正立场的第三者对公司财务报告的真实、客观、公允出具鉴定意见，进行社会监督。

## 二、审计的目标与职能

审计的基本目标有三个：对企业会计报表进行鉴证；提高会计报表信息的可靠性和可信性；进行社会监督。

审计的基本职能有两个：维护和稳定财产所有权服务；减少各种代理成本。

## 三、审计领域的伦理问题一：出具不真实的审计意见

如果说财务会计是一种商业语言，审计工作就是要确保这种语言得到正确使用，这样，有关信息才能得到正确表达与交流。但在审计领域中，出具不真实的审计意见，是审计职业面临的最主要的伦理问题。

### 【文献阅读】道德困境与审计意见购买 ①

1. 问题的提出

随着证券市场的发展，审计师在证券市场上起着越来越重要的作用。审计意见购买一般是指经营者通过一定的方式获得低质量的审计意见，而低质量的审计意见降低了会计信息质量，经营者通过信息不对称获得私人收益而损害了股东的利益。比如，当上市公司管理当局与现任审计师发生意见分歧且拒绝接受调整时，就有可能通过寻求其他审计师支持自己的会计处理以满足自身财务报告需求。目前各国监管部门对意见购买行为都高度关注，但理论界一直都未得到一致的结论。在早期的研究中一般运用审计师变更前后的审计意见是否得到明显改善来寻求经验证据。如 Krishnan（1995）比较了发生审计师变更的公司前任与后任审计师的报告决策行为，发现对于变更审计师的公司，前任和后任审计师对客户的处理并无差异，但与未变更公司相比，他们对客户的处理更加稳健，没有找到审计意见购买成功的证据。在国内也有相关的研究，如李东平、黄德华和王振林（2001）。Lennox（2000）认为不同年度的审计意见是不可比的，审计意见依赖于公司本年度的财务状况和审计市场的环境情况。Lennox 构建了审计意见评估模型，预测变更审计师和不变更审计师的公司所得出的审计意见平均概率的差额，分析认为审计师变更与审计意见的改善相关，公司成功地实现了审计意见的购买。但国内研究认为具有意见

---

① 王春飞.道德困境与审计意见购买［J］.审计研究，2006（5）.

购买动机的公司能够成功实现意见购买，不过只有微弱的证据，如李爽和吴溪（2002）、陆正飞和童盼（2003）、吴联生和谭力（2005）。审计师是会计报表的鉴证者，审计意见购买行为严重影响了证券市场的效率，历来是监管重点。但是不是通过加强监管就能消除审计意见购买行为呢？吴联生（2005）认为监管者的最优监管策略并不能杜绝审计意见购买行为，也就是说对一部分的审计意见购买行为是没法监管的，全面的监管是不经济的。李爽、吴溪（2002）认为，监管措施也可能存在一定的副作用，当上市公司难以通过变更审计师的途径实现其不当会计处理的目的时，就会转而付出更大努力以收买现任注册会计师。也就是说，审计风险并没有随着审计师变更监管环境的严厉化而减轻，只是说监管部门通过一定的措施避免了某一种形式的审计质量减损。当监管者加大对审计师变更的监管力度时，企业管理当局对现任注册会计师的收买一旦成功，就增大了监管的难度和成本，原先的显性监管转变成隐性监管。因此，审计师能否恪守道德规则是减少审计意见购买行为的一道重要的防线。从经济学角度来看，遵守道德规则属于一种非正式约束。与正式约束不同的是，非正式约束多以自愿的方式来履行。按诺斯（1994）对制度的论述，一些非正式的制度安排，也是制度的一个有机组成部分。在早期对审计师道德困境的研究中大多是用简单的囚徒困境模型，比如 Barry（1999），且都是从如何加强监管这个角度来分析，如王广明和张奇峰（2003）。我们认为道德自身有其内生的机理，有自我的新陈代谢和自我强化的机制。厘清道德本身的内生机理，有利于培植行业的价值观和道德观。

本文从联盟的视角分析审计师面临的道德困境，同时引入联盟稳定的概念来分析在自发情况下审计师在多大的规模上可能采取一致的行动减少审计意见购买的数量，以及影响道德联盟规模的因素。审计师的道德联盟是指在对待道德准则采取一致的行动，即恪守道德准则，减少审计意见购买，比如四大事务所，也可以是一些声誉好的事务所的集合。虽然这个联盟非常的松散，没有一个正式的协议，但它们的行动可能是一致的。

2. 完全合作与不合作情况下的审计意见购买模型

不合作情况下的均衡不是帕累托最优的均衡，但是完全合作情况下的均衡不具备稳定性，因为每个审计师都有动力去违反合作。审计师在不合作的情况下往往会接受更多的审计意见购买，但是每个审计师都接受审计意见的购买又会降低审计师的效用水平，而且与社会赋予审计师的职能相反。这就是审计师所面临的道德的困境。从理论上来说，审计师摆脱道德困境可以有以下方法：①通过无限次的重复博弈来达到完全合作的结果。②寻求制度安排，比如加大对违规者的处罚力度和监管力度来迫使审计师减少接受审计意见购买的数量，使得在追求审计师的利益最大时，也使得投资者的福利增加。

3. 结论

审计意见购买是目前学术界和监管部门关心的重要课题。对审计意见购买行为的治理是一个系统工程，完全依靠外部的监管是不够的，也是不经济的。因此，审计师能否恪守信用是减少审计意见购买行为的一道重要的防线。培植行业的道德和价值观，可以限定审计师可行的行动选择空间，提高审计师的道德阈值使审计师不容易被收买。注册会计师行业的规范发展与经济信息质量、经济运行机制密切相关。在资本市场日益发达的今天，注册会计师的执业活动越来越紧密地与公众利益联系在一起。只有维护好公众利益才能保护好行业生存的土壤，才能实现行业发展的长远利益。

研究结论表明，在完全合作情况下审计师被收买的数量要小于不合作情况下的审计师被收买的数量；但是完全合作情况下审计师的福利水平要高于非合作时审计师的福利水平。但是完全合作情况下的均衡不具备稳定性，因为每个审计师都有动力去违反合作，所以审计师正处于道德的困境之中。同时发现，审计师接受意见购买量与购买单价正相关；同市场对审计师的信赖系数和发现的概率负相关。完全合作与不完全合作情况下审计师的福利差和发现的概率负相关；与市场对审计师的信赖系数正相关。在联盟情况下，在道德联盟中的审计师的福利会随着联盟的扩大而增加。同时道德环境也会随着联盟的成员的扩大而改善。即通过道德联盟可以改善审计师的福利，也可以减少审计意见的购买量。更重要的是这种道德联盟是稳定的，会自我执行。

## 【案例分析】审计意见类型

小王是一家事务所的初级会计师。在他最初进入事务所实习的那段时间内，他有幸参加了多个中等规模企业的审计工作。当他结束了最后一个学期的学习后，他感觉他已经准备好将其在学校学得的知识应用于工作之中，并向会计师事务所的高级审计人员和合伙人展示其才华。

在他的第一项工作中，小王被安排在一个由他和一位高级审计师组成的审计小组中。这位高级审计师名叫张总，已经具有5年的注册会计师资格和超过10年的审计工作经验。他在公司中受到广泛的尊敬，并且以其能够连续不断地以低于预算的成本完成聘约的能力而闻名。

斯登公司是会计师事务所最大的客户。该公司有三个仓库，其年终结算日是4月30日。自小王在5月15日加入事务所工作之后，他还没有亲自参加过期末的存货盘点，因为存货盘点一般是在期末的最后一天进行的。张总和另一名参加实习的财会人员一起参加了期末的盘点工作。小王向张总询问为什么只有两个人就可以同时进行三个地点的存货盘点。张总回答说，依据管理当局的声明、公司记录和以前年度的审计资料，其中一个仓库的余额不大，因此审计人员只需参加另外两个仓库的盘点就可以了。斯登公司采取的是存货定期盘存制。

由于以前未参与过对该客户的审计工作，在开始外勤工作的头一天晚上，小王在事务所里阅读了该公司以前年度的审计档案、本年的审计工作程序和存货盘点记录，以便从中获取对客户经营情况的了解。花了一个小时阅读这些信息后，小王初步了解了客户的情况，但却没有弄清楚存货部分到底是怎么回事，因为存货部分的工作底稿杂乱无章、缺乏组织。在审阅当年盘点的存货清单时，他发现许多存货项目都是不熟悉的，而且只是用大类产品名称标注，存货清单上既没有顺序编号，也没有订单编号。

第一天的外勤工作开始了，小王负责应付账款截止日期的审查。在进行从发票追查至应付账款明细分类账的审计时，他发现有许多发票都无法找到相应的账务处理。于是，他向负责应付账款的会计进行询问，得到的解释是在结账日之后收到的应该计入当期账簿的发票尚未入账。小王获得了这些发票的清单，并据此追查至日记账会计分录以查找未记的应付账款。然后，小王对这些未记负债的清单实施了审计程序，发现这些清单仍是不完整的。据他估计，截止日存在的未计应付账款总额已超过40万元，他同时还注意到许多收到的发票日期是4月30日之后，但是这些货物的所有权却是在4月30日以前转移的。

管理层原先提供的财务报表显示了15万元的利润。当期的应付账款余额是140万元，比上年增加了约50万元。当期的应收账款余额为80万元，比上年增加了约10万元。销售收入由上年的800万元上升到今年的1000万元。公司在一家贷款机构拥有100万元的流动资金授信额度。公司拥有的仓库按当期公允市价计算净值为160万元。

小王将存货截止期的问题报告给张总，张总对这个问题感到十分困惑和惊讶。当晚两人回到办公室，小王被要求编制一份备忘录以说明他的发现。主管此项审计工作的合伙人在审阅了这份备忘录后，立即与斯登公司的管理层取得联系，寻求对该问题的合理解释。

负责应付账款的会计将小王所发现的未记录交易计入当前年度，因此事务所对应付账款的截止期问题和未计的应付账款再次实施了审计，以满足审计师对全部财务报表认定的审计要求。对应付账款所做的调整总计达35万元，追溯调整对存货和销货成本都产生了较大的影响，对利润净额的影响高达30万元，调整之后的财务报表呈现出15万元的亏损。

公司的总经理和拥有公司50%股份的史可对整个状况感到非常惊讶，他们确信某些环节出了问题，而这些问题将可以在余下的审计工作中得到修正。

在余下的审计过程中再未遇到任何问题，但是，当小王在应付账款会计的办公室审计时，他确实注意到公司花费了大量时间与供应商进行协商，讨论公司如何可以立即支付它超过90天的应付账款，以保证供应不被中断。

当外勤审计工作即将结束的时候，史可找到审计人员，并告诉他们很可能有一些存货未包括在审计盘点之中。他提供了一份金额高达20万元的清单，这份清单中的货物主要是存放于公司仓库中的货物、其他地点的货物和在途货物。

对清单感到十分震惊的小王决定对此实施测试，但很快发现由于公司会计系统的不完善，进行这一测试十分困难。小王向清单中所列的存放在"其他地点的货物"的公司进行电话咨询，但没有发现以斯登公司名义存放的货物。小王也向供应商进行了电话询问，但根据他们所提供的准确的发货日期和运输所花费时间等证据推断，可以确定这些货物已经包括在年末存货的盘点之中。至于存放在公司两个仓库的"货物"，没有可靠的证据证明它们没有包括在期末的盘点中，也没有确定的证据证明它们已包括在年末存货的盘点之中。从这份清单中所列的项目来看，有5万元的项目已经包括在期末存货或本期销货成本之中，而其余15万元存货的下落则无法确定。

史可被找来讨论这份清单，事务所合伙人、张总和小王都出席了此次会议。史可声明如果财务报表列示为亏损的话，银行肯定要求提前偿还100万元的流动贷款，那样的话公司将注定要破产。事务所合伙人询问史可是否有其他的方式可以确定另外15万元的存货方在何处，史可解释说由于公司不完备的存货系统，这是十分困难的，但他确信这些存货没有包括在年末存货的盘点之中。

会议之后，事务所合伙人解释说，我们没有理由怀疑公司管理层的良好信誉，而15万元在很大程度上应该计入存货并从本期销货成本中减除，张总也赞成这样做。但是，小王却十分惊讶，他觉得由于没有证据支持客户的声明，事务所应该谨慎从事。小王向合伙人和张总讲述了他所观察到的该公司处理其应付账款的情形。事务所合伙人向他解释说，15万元的存货应被加回，总之即使它是本期销货成本，也将在客户未来的经营中得以回收。"在这种情况下，我们必须帮助客户，我们不能对其破产负责。我们会向谁说存货中没有这额外的15万元的存货呢——我们只是猜测而已。"合伙人继续补充说，如果贷款被提前收回的话，公司也有充足的所有者权益偿还贷款。

那天，小王心烦意乱地回到家里。他感觉合伙人的决策是建立在审计收费的基础之上的，即财务报表的不良状况将导致公司的贷款被收回，那样的话合伙人将收不到审计费用。小王对张总所表现出来的责任水平也感到十分失望。此项审计业务是斯登公司在银行的要求下进行的，因为银行对斯登公司的流动贷款持续增长产生怀疑，因而从数年前就要求公司进行一次这样的审计。考虑到这些因素，小王不敢相信未来会发生什么，他还注意到斯登公司的主要供应商也要求获得该公司的财务报表，并据此决定是否给予斯登公司更多的信用额度。

第二天，小王在事务所合伙人办公室里召开的晨会上陈述了他的意见，合伙人也在场，但他仍被告知那15万元将被加回到存货项目中。

问题：（1）本案例中存在哪些伦理问题？这些伦理问题的产生基础是什么？

（2）如果你是小王，你该怎么办？为什么？

**【补充文献阅读】**

［1］梅波等.反腐败有助于缓解审计寻租行为——基于制度化反腐抑制审计意见购买并缓解审计费用的分析［J］.会计之友，2020（1）.

［2］刘芳.内部控制审计中存在审计意见购买行为吗？［J］.中国管理信息化，2019（11）.

［3］李成云等.浅析内部控制缺陷对于审计意见的影响——以海润光伏为例［J］.现代盐化工，2019（10）.

［4］邓琴.真实盈余管理与审计意见关系研究——以A公司为例［D］.上海国家会计学院硕士学位论文，2018.

［5］孙玉琦.审计意见修改分析——以A公司为例［J］.中国国际财经，2017（6）.

［6］熊高.审计意见影响因素的实证研究——以医疗制造行业为例［D］.云南大学硕士学位论文，2016.

## 四、审计领域的伦理问题二：支付回扣和佣金

支付回扣和佣金是指审计事务所为了得到客户而向介绍者支付报酬。它会导致利益冲突、导致审计人员丧失其独立性和客观性。首先，如果会计师事务所支付了回扣和佣金，那么，为了弥补增加的费用，会计师事务所就会向客户收取较多的酬金，从而使客户的利益受损。其次，介绍者为了自己的利益，会把客户介绍给支付更多酬金的会计师事务所，而不是以它们的专业水平作为衡量标准，这极易导致会计师事务所与客户之间的利益冲

突，客户可能因此而得不到最合适的专业审计服务。

【补充文献阅读】

[1] 李三喜等.收受贿赂或回扣舞弊审计案例及分析 [J].中国内部审计，2010（9）.

[2] 王雄云等.审计回扣、审计质量与审计监管 [J].会计研究，2004（6）.

## 五、审计领域伦理问题的产生基础

1. 审计契约中的固有缺陷

审计领域中面临的伦理问题源于其中涉及的股东、审计人员和管理者之间的三方契约关系。管理层支付相关费用，雇用审计人员来获得一份对公司管理层业绩的审计意见，投资者是审计意见的最终使用者却不直接向审计人员支付费用。因此，审计师将管理层视为自己的客户，而非公众投资者。

2. 管理层与审计人员之间的密切利益关系

审计人员不仅为公司提供审计业务，而且提供非审计业务。失去一个顾客的经济成本是从这个客户的全部收益而非审计费用衡量。在这样的环境下，审计人员就会采取有利于客户而不利于公众利益的不道德行为。

3. 审计服务质量的隐蔽性

审计工作是通过抽查来完成的，不可能有充分保证。审计人员可能屈从于管理层的压力，为了避免被更换而妥协。使用审计报告的投资者、债权人等利益主体，具有揭发缺乏诚信的审计人员的动机，但很少有办法获取足够的证据，并在承担巨额诉讼成本的同时，去控告审计人。

总之，在大多数情况下，审计失误缺乏应有的发现机制，这助长了审计领域中的伦理问题的产生。

**【文献阅读一】道德理论在审计领域的应用：国外实证研究述评** [①]

审计环境的一个突出特点是存在众多依赖审计师判断的审计信息使用者。众多的审计信息使用者存在潜在的利益冲突，因而道德困境是审计固有的环境因素之一。考虑到发表不适当的审计意见会对利益相关者造成潜在的不利影响，审计师在道德与专业方面应受职业行为准则的约束。对职业行为准则的完全接受并不意味着审计师的道德行为会毋庸置疑地遵循道德指南。引入道德理论，探讨审计师道德决策过程及其影响因素，考察审计师道德理性水平及其影响等问题，成为会计审计职业界研究的一个拓展领域。其取得的成果不仅曾推动了审计职业行为准则的改进，还从另一视角更好地理解审计师道德判断及决策过程并给予实践指导。

### 一、心理学中的道德发展理论

心理学家 Piaget 根据儿童道德判断力形成的实证研究成果提出道德发展理论，并提供了心理学中道德发展的基本原理。在此后的众多研究中，广泛应用于审计领域的道德

---

① 剧杰，施建军，殷丽丽.道德理论在审计领域的应用 [J].审计与经济研究，2010（11）.

理论主要有认知道德发展理论和道德行为理论。

（一）Kohlherg 的认知道德发展模型

认知发展理论在道德决策领域中占主导地位，认知发展理论者通常关注促成道德决策选择的认识理性结构的发展，其代表人物为 Kohlherg。Kohlherg 认为道德发展经过前习俗的（以个人为中心的）、习俗的（以团体为中心的）、后习俗的（讲原则的）水平三个层次，每一层次又有两个阶段。这六个阶段代表个体关于解决道德困境时对应当做什么这种决策所预想的不同方式。

对前习俗水平层次的客体，行动的道德接受度是由与各种行动结果相联系的奖惩所决定的。因此，对这一层次的人来说，外部权威决定其道德行动。对于习俗水平层次，不同行动的道德接受度是基于群体的解释。因此，社会群体决定道德行动。后习俗水平或以原则为中心的道德理性被与法律、社会或个体物质指标无关的普遍公正的复杂观念所影响。道德行动因此由责任或正义的内在感知决定。

道德决策的认识发展方法有四个特征。首先，这种方法是认知的，因为它承认道德推理是道德决策选择的固有组成部分。其次，它是结构化的，因为它关注描绘道德推理不同层次的认知结构。再次，它是发展的，因为它关注随着时间推移认知结构的获得。最后，它是有序的，因为道德只在一种方向上进展。道德判断的认知发展方法经常被简化为一种阶梯的隐喻，即道德发展进程由阶梯状的步骤组成，阶梯不断向上表明道德水平的发展一次只能上一个台阶而且总是按同一顺序。

认知发展传统的实证研究集中于调查个体道德发展的进展过程与阶段顺序方面。验证认知发展理论的大部分实证结果是基于横截面研究，这些研究通常比较不同教育水平的学生的道德发展层次，用来验证是否更年长的个体会有道德发展的更高层次。

（二）Rest 的道德行为模型

除了研究个体道德认知结构发展外，认知发展研究者们也调查了决策者潜在的认知结构与其道德行为之间的关系。实证研究表明在个体道德发展水平与其道德行为及判断之间存在弱相关。因此，与道德行为有关的道德发展实证检验可以得出道德发展影响并促进对道德行动/行为的理解的结论。

Rest 假设个体道德行为与他的道德发展水平相关。他构建出一个道德行为模型，该模型包括道德决策过程的四个组成部分：道德敏感性、道德判断、道德动机和道德品性。

在四个成分模型中，道德敏感性被理解为对情境的领悟和解释能力，是对情境的道德内容的觉察和对行为如何影响别人的意识。道德判断是个体评价特定状况下应当采取理想道德行动的评价过程，即判断在道德角度何种行动是最有理由的。遵守或不遵守道德判断的道德动机是 Rest 的道德行为模型的第三个组成部分，这一过程是个体对是否遵守其道德判断的选择依赖于他/她所给予"道德"选择相对于其他决策可选方案的重要性大小。它是在多种价值观并存的情况下，把道德价值置于其他价值之上，并采取道德行动为某种道德结果履行自己的道德责任。在这一阶段，个体看重和道德与非道德决策结果相关的价值衡量。道德品性是坚持不懈地履行道德职责、有勇气克服疲惫和诱惑的干扰，执行服务于某个道德目标的程序，表现为一种道德行为的实施技能。

Rest 认为四个道德心理成分或过程描述道德行为发生的分析框架具有一定的逻辑顺

序，但它们在现实中并不一定以固定的时间顺序呈现，因为它们之间存在复杂的前馈和反馈环路以及相互作用。Rest 也认识到个体的道德行为并不总是与其道德动机相一致。关注个体道德决策与道德行为的其他研究也发现个体道德行为依赖于一个人的道德动机和个人特征，如自我控制。一个意志薄弱的人也许由于缺少道德品性而不能遵从道德决策判断采取行动。因此，个体道德行为与道德决策选择间的差异反映了他／她实施决策的能力。

**二、道德理论应用于审计领域的实证研究**

道德研究可分为规范研究与实证研究两类。在审计领域，道德决策模型提供规范性框架，而应用模型的实证检验则提供个体决策的描述。国外道德理论应用于审计领域的实证研究主要集中于审计师的道德决策、道德推理等方面。

（一）审计师道德决策过程

应用道德理论对审计师道德判断决策过程的实证研究相对较多。这是因为审计师在职业判断过程中经常遇到道德困境。审计职业准则虽然为审计师解决审计业务面临的道德困境提供指南，但是准则在某些方面的不完整、不一致与模糊性也为审计师遇到的许多问题留下了大量运用道德判断的空间。道德困境是复杂而不可预测的，也是不易通过运用具体规则解决的。相应地，审计师道德判断也是非常复杂的，并非单一变量就能充分表示的，道德判断在职业判断过程方面表现了充足的能力，这充分证明了它也是适合描述审计师道德决策的，所以会计中的道德判断研究受 Rest 道德行为模型的影响最大。应用 Rest 的道德行为模型定义的审计师道德决策过程与 Rest 模型的四部分的对应关系如图 4-1 所示。

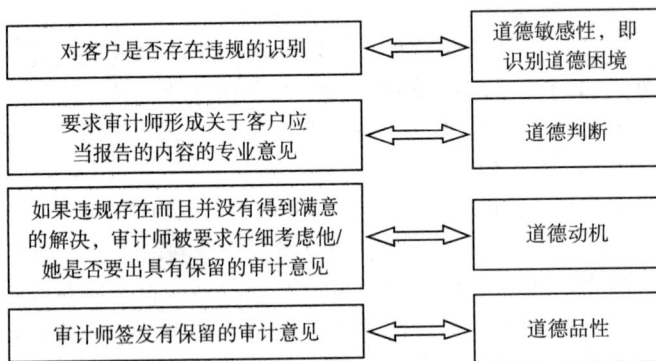

图 4-1 审计师道德决策过程的四个心理组成部分

1.道德敏感性

道德决策过程始于道德决策者认识到一种特殊情况是否会影响其他人的利益，从而鉴别这类事项的道德内容。一个人在采取符合道德伦理的行动前，必须理解道德事项的存在，即敏感地认识到"这是一个道德问题"。Shauh 等利用路径分析方法识别审计师对道德状况敏感性的影响因素，形成一个会计师道德敏感性模型，试图预测道德敏感性。

其结果表明审计师的道德行为与他们工作时对道德事项的认识能力有关，高度相对主义者和高度理想主义者认识到道德事项的可能性较低，而且未发现职业承诺和组织承诺影响道德敏感性。这说明文化环境和个人经验比职业承诺或组织承诺对道德敏感性的影响更大。这一研究的价值在于它说明了事务所通过测试或其他途径获得对其雇员道德倾向的理解，这能够更好地帮助雇员从事富有成果的职业生涯。

道德决策过程是由识别会影响他人利益的特定状况开始的。在审计中，这种情形类似于识别对"规则"的违背可能发生或已经发生的状况。几项研究调查了审计师道德发展水平与他/她对客户故意或以其他方式违规的觉察能力之间的关系。Bernardi 调查了审计师道德发展水平与其对客户虚假财务报告信息的觉察能力之间的关系，研究发现道德发展水平更高、经验更丰富的审计师比其他审计师更可能发现客户财务报告舞弊。Ponemon 和 Gabhart 调查了审计师道德发展水平与他/她对证明客户可能存在违规的审计线索的敏感性。这些研究说明对一个既定的技术能力水平的审计师来说，其道德发展水平越高，对违规发生的审计线索越敏感。Dreiko 和 Moeckel 以高级审计师为研究对象，调查他们如何辨别审计道德事项，结果发现审计师对道德决策的判断定义非常狭窄，而且审计师正是在识别道德事项时据以做出相应行动的道德决策。另外，即使审计师正确识别道德事项的存在，却坚信出于对客户保密的考虑应当胜过对普通公众履行责任的考虑，存在这种情况可能是由于这些高级审计师将来会成为合伙人。

2. 审计职业判断的形成

职业判断的形成比仅遵循规则所要求的更多，例如，审计师可能需要在标准不清晰或清晰标准还未具体化的状况中做出合理的审计判断。如果财务报告被发现存在重大错报，职业判断要求审计师正确评价合理行动。Gao 和 Ponemon 调查了更高或更低道德发展水平和更高或更低技术能力水平的审计师在解决处于两种冲突的会计原则间权衡的现实要求时所面临的审计困境，研究表明道德发展水平更高的审计师解决问题的能力更高，这与其以专家水平形成职业判断的能力高度相关。

3. 审计职业判断的道德动机

审计职业判断的道德动机包括审计师仔细考虑并选择是否遵守"规则"或由他/她自己习惯的道德推理过程所决定的道德理想。Ponemon 和 Gabhart 调查了审计师运用职业判断的意图，可选道德方案相关情景和由道德发展水平所测量的道德认知之间的关系。研究采取实验方法，询问不同道德发展水平的审计师对另一个审计师在三种不同条件的审计场景下解决方案的看法。研究结果显示，审计师职业判断的道德动机是其道德认知水平与相关情景的联合作用。这一研究也表明情景影响可能随审计师道德发展水平对其职业判断的影响不同而存在差异。

4. 运用职业判断实施道德行为

职业判断的运用是指审计师在其专业能力范围内的道德行动。Ponemon 用实验方法检验审计师道德发展水平与其少报完成模拟审计任务时间的倾向之间的关系。通过比较完成一项审计任务的实际时间与审计师自我报告的时间，来测量审计师少报审计时间的行为。这一研究结果显示，道德发展水平低的审计师比道德发展水平高的审计师更大程度地倾向少报自己完成审计任务的时间。而且，在实验条件下这种差异会更大。因此，研究结果意味着审计师道德发展水平与其道德行为倾向之间存在着相关性。研究结果还表明审计师道德发展水平与负面社会结果对其道德行为倾向的影响程度之间存在着相关性。

另有两项研究也检验了审计师个人特征，如"控制源"和他们在工作中遇到现实道德困境时做出反应之间的关系。Tsui 和 Gul 、Windsor 和 Ashkanasy 的研究都表明在特定的道德发展水平下，内向的审计师比外向的审计师更可能做出与高道德标准一致的职业判断。因此，这些研究为 Trevino 提出的个体个人特征和道德发展水平共同影响其道德行为的观点提供支持。

（二）审计师道德推理及其影响

在会计审计领域，实证研究已发现道德推理与多种因素相关，例如，敏感信息的披露、审计师独立性、非功能审计行为和管理层特征。会计审计领域中大部分审计师道德判断研究集中于道德判断的道德推理部分，很大程度上由于测量道德推理能力而发展了较好效度的量表（例如 Rest 1979 年的确定问题测验，简称 DIT）。

另外，Ponemon 采用 Kohlberg 的道德判断访谈方法调查了注册会计师执业人员的道德判断，得出在审计师解决审计角色冲突与他们在会计师事务所等级制度中所处位置之间存在着相关性的结论。他指出审计师道德推理与审计师在事务所中的级别有关，例如，道德推理能力在职员与监管层会得到增强，在高管层与合伙人层面会有所降低。Ponemon 随后又拓展了他的早期研究，探讨会计师事务所的社会化过程对 CPA 个体道德推理的影响。他认为管理层与合伙人更可能提升那些与他们自己的道德理性水平相当的高级审计人员。因此，道德推理能力在会计师事务所等级结构中的上层显得更严格。

Macintosh 则从道德角度调查研究了收益平滑问题。他认为收益平滑通常是基于经济理论观点来分析的，而没有从其作为道德事项的形式方面来看待，因为这类行为有时被看作是合理的，从而是可以被宽恕的。Jeffery 和 Weatherholt 分析了在公共和私人实践领域工作的个体的道德推理与职业承诺，发现在道德发展、规则遵循或职业承诺方面，两组个体之间没有区别，而且高职业承诺者和会计师较看重规则遵循。但是，有些研究也发现在六大事务所审计师的道德发展水平存在差异并把它归因于事务所高层基调。

Thorne 和 Hartwick 对审计师在理想上对道德困境应当如何解决的看法与审计师实际是如何解决道德困境进行比较研究后发现，当审计师在与同行就应当如何处理道德困境进行讨论后，更倾向于获得道德推理高得分。这一研究表明同行讨论能提供道德信息，而且这一信息有助于做出适当决策。

（三）其他研究

Jones 认为道德决策的认知发展模型，如 Kohlberg 的模型和 Rest 的模型是不完善的，因为他们没有将道德事项的特征作为一个独立变量或调节变量。Jones 指出道德决策过程是受道德事项特征与道德事项的类型影响的。比如，偷公文和复印纸有关的道德推理和行为与投放威胁生命的药物进入市场有关的道德推理和行为是不一样的。他还进一步指出道德事项的特征就是道德强度。他认为道德强度是一个多维概念，受事项后果的大小及社会舆论等因素影响。事实上在 Jones 之前，已有学者指出 Kohlberg 模型的不足，如 Levinek 对 Kohlberg 模型提出批评，尽管批评时没有用"道德强度"这一术语，但他指出研究者所设计的道德困境的差异可能导致其在调查对象的道德推理方面产生统计上的显著差异。Haan 指出道德能力并不单纯决定道德行动质量，她认为道德行动也是内容依赖的。Haan 也没有用"道德强度"这一术语，但是她的研究支持了道德行动质量是随条件（或道德困境）不同而不同这一假定。

Lampe 和 Finn 提出并测试了一个五要素的道德决策模型。他们以 Rest 模型作为五要素模型的主要参考，整合了 Rest、Trevino 和 Jones 的模型。从数据的统计分析来看，Lampe 和 Finn 指出他们的审计师道德决策五要素模型优于传统上保守的、以准则为基础的模型。因为准则基础的模型并未认识到个人对道德以外价值观的利用、审计师认知道德发展的差异、审计师对于不同行为对其他人的影响的考虑等内容。

### 三、研究述评

第一，已有研究表明 Rest 道德行为模型提供了一个有助于理解审计师职业判断所隐含的道德方面的认知机制，特别是这一框架提出以下四种关系：一是道德困境的识别类似于审计师识别客户违规的情形。二是道德判断类似于审计师从道德角度对合理行动形成的职业判断。三是道德动机类似于审计师决定是否要遵守他们的职业判断。四是道德行为描述审计师运用审计判断最终采取的行动。而且，将该框架运用于会计道德研究的大量文献都得出推论，审计师运用职业判断最终采取的行动与审计师道德发展水平和个人特征都具有相关性。

第二，现有实证证据也表明，除了道德发展水平与个人特征之外，环境等条件因素也影响审计师职业判断，特别是实证证据表明社会压力对依赖于道德发展水平的审计师运用职业判断有不同影响。

### 【文献阅读二】公司财务管理中的道德审计制度设计 ①

#### 一、企业道德审计的内涵

Muel Iaptein（1998）认为，企业道德审计就是系统地对企业道德的各个方面进行描述、分析和评价，并提出从道德素质评价、行为审查、利益相关者审查、公司道德管理制度和措施审查、摆脱道德困境方式审查、员工个人品质和所处环境的评估六个方面进行企业道德审计。

Muel Kaptein（1998）指出，如果利益相关者清楚企业的道德状况，就能够在企业行为不符合自己要求时做出是否终止与企业合作关系的决定。而企业自己如果了解自己的道德状况，就可以及时地采取措施来巩固相关利益者对企业的信任。Elsa Dawson（1998）指出，企业道德审计能够检查企业的道德目标与财务目标是否一致。当企业向相关利益者阐述自己的道德价值观时，企业道德审计能够使企业更具有说服力，使相关利益者信服和接受。

#### 二、道德审计的功能

第一，实施道德审计，有利于提高企业的社会形象，增强竞争力。现代企业的竞争不仅是产品和市场的竞争，而且是综合实力的竞争。实施道德审计可使企业对每项活动

---

① 乐国林，毛淑珍. 公司财务管理中的道德审计制度设计 [J]. 现代财经，2005（10）.

及活动的每一环节都承担起道德责任。在产品设计阶段，注重设计符合人性化的、有利于人类健康的、环保的、节约能源的产品和服务；在采购阶段，企业会多方选择供应商，充分考虑原材料的性态，以便从源头上对将来制成品的质量进行把关；在制造阶段，企业会主动使用清洁技术，以便给员工和周围的社区居民一个良好的工作和生活环境；在营销过程中，企业会主动向消费者传递真实而科学的产品和服务信息，销售质优且有利于消费者健康的产品和服务。这样企业在货币市场上即可获得大于竞争对手的利润，在资本市场上也能够获得股票升值的效益。

第二，实施道德审计，有利于规范职业经理人行为，使其带领企业健康发展。尽管现代公司治理结构在构建经理人激励与约束机制时采取了诸如股票期权、绩效股、股票增值权、虚拟股和奖金转股等具体形式，但仍然难以解决"内部人控制"等诸多道德风险问题。究其原因，行政式的企业代理权制度安排阻碍了职业经理人市场的培育，"官出数字，数字出官"的运作模式扭曲了经营者的行为。解决道德风险问题，还有赖于强有力的制度约束和监督机制。

第三，实施道德审计，有利于促使企业的高层管理者关注员工的进步和发展。员工是企业产品的设计者、制造者、销售者以及最终的服务者。负责任的企业主动关注员工的合理需求，关心员工的进步和发展，对员工进行物质激励和精神激励，提高员工士气，增强企业的凝聚力和向心力。高层管理者以推己及人的仁爱思维对员工进行管理，管理者收获的则是财富之财富——人心。关注员工进步与发展的企业是最有发展前途的企业。

第四，实施道德审计，有利于降低审计风险，提高审计工作效率和效果。审计人员在对被审计单位会计报表进行审计时，首先需要了解被审计单位的董事、主管人员及其主要股东的名称、声誉和职责分工情况，以此决定是否接受审计委托；在了解内部控制环境时，需要了解管理当局对待经营风险的思维方式和对会计报表所采取的行动；在出具审计报告前应获取管理当局的申请书，以明确会计责任和审计责任；在实施审计程序时，需要与管理当局进行沟通，以促使双方认真履行职责，同时避免审计人员可能受到的不公正指责或控告。

### 三、公司财务审计中的道德困境

（一）财务审计中的道德困境

1. 内部会计的审计的职责困境

财务人员的职能之一是监督，但是在很多企业中，对谁进行监督，监督什么，没有明确的规定和要求，会计的内部审计职能很难得到体现。同时，在信息披露过程中，往往加大了财务人员对信息质量的责任，却没有赋予相应的权利，形成权责不对称的状态。使得财务人员在企业中的地位要么成为企业行政管理人员的完全附庸，要么与企业行政管理人员形成对立，很难建立起一种正常的职业地位和职业关系。另外，财务人员还面临核算的职责困境。由于企业对会计政策的可选择性，财务人员在具体操作时，面临如何进行核算、为谁核算、站在什么利益角度核算，以及如何选择会计政策等问题。只有明确财务人员的职责，会计工作才能有序、有效地展开，才能保证会计信息的质量和信息披露的完整性和真实性。但是在实际工作中，会计政策的选择往往不是由财务人员决定的，而是企业经营者意图的显现，但责任却由财务人员承担，这给财务人员带来极大的精神负担。

## 2. 外部审计中的道德风险

在真实的审计风险很低或者审计风险成本很低的情况下，在利益面前CPA（审计事务所）极易诱发道德风险。这种道德风险有两个层面，一是事务所层面的，二是项目负责人层面或主管合伙人层面的。国内当前研究CPA道德风险时，没有很好地区分这两个层面的道德风险。现时存在这样两种极端情况：一种是项目负责人故意隐瞒被审单位的真实情况，以欺骗的形式通过事务所内部控制，如在实施审计过程中故意不对一些高风险审计领域实施有效的审计程序。由于项目负责人或主管合伙人与该项目的成败利益直接相关，有些项目负责人或主管合伙人与客户走得太近，因而成为客户的财务顾问甚至收受客户贿赂。在利益面前，这些项目负责人或主管合伙人做出了损害事务所整体利益的行为，这种情况在国内很常见。国内有这样的一个特点，项目负责人或主管合伙人转所，客户也跟着转所，这种情况在中天勤事件后表现得非常明显。另一种是事务所老板或主管合伙人逼迫项目负责人出具虚假的审计报告，这种业务本来就是事务所老板或主管合伙人拉来的，项目负责人不能从造假中得到额外利益，他为了自己的职业前途，不愿为事务所作出牺牲，这时的道德风险就是事务所道德风险。当然，事务所道德风险还主要体现在对审计过程控制上，事务所老板或主管合伙人往往在现场审计发现造假线索后要求项目负责人尽快结束审计，表面上是从审计时间和成本考虑，实则是走过场。

## （二）陷入审计道德困境的主要原因

### 1. 经营管理者与所有者利益目标不一致

由于经营管理者和所有者的利益目标不一致，一般所有者的目标是单一的，是追求企业价值最大化，而经营者的目标是多元化的，是追求尽可能多的薪水、奖金、闲暇和荣誉等。所有权与经营权分离是现代企业制度的根本特征，也是企业改革的基本目标。但从实现情况看，在"两权"关系上，存在的突出问题是所有者主体缺位和经营者行为失控。

### 2. 会计审计人员的职业道德水平不高

就当前我国会计、审计人员的基本素质和会计人员工作保障而言，会计人员职业道德的自觉性不高，容易受功利主义的诱惑，受公司管理层或者企业主的钱权双层利诱与胁迫，陷入挪用（侵占）资金、做假账、转移资金、伪造虚假信息等不道德甚至犯罪的泥潭。

### 3. 企业管理者与财务人员的侥幸心理

首先是公司经理层的侥幸心理。尽管新《会计法》强调了"单位负责人对本单位的会计工作和会计资料的真实性、完整性负责"，但有的单位负责人为了升迁和获取不当利益，不惜牺牲自己的人格，利用会计监督严重弱化和法律惩治违法力度不强的现实，产生侥幸心理。于是在依附型财务管理模式下，单位负责人违法干预会计工作，授意、指使、强令篡改会计数据来粉饰业绩的现象已非个别。其次是财务人员的从众心理。在现时复杂的环境中，拜金主义、贪污腐败等社会毒雾侵蚀着每一个人，对于那些个人素质低下的财务人员而言，其职业道德的基石很容易被击垮，最终成为单位领导的工具、社会的败类。再者就是公司经理层与财务人员的依附心理。在传统的财务人员管理模式下，财务人员的经济利益和发展前途依附于单位负责人，单位负责人的考核评价需要财务信息的体现，于是双方彼此利用，粉饰业绩，最终导致财务人员只是充当企业财务管理的工具。从公司外部审计看，会计和审计事务所很可能与被审计的企业达成利益上的一致，从而形成虚假审计和发布虚假的财务信息，保护受审公司"暗度陈仓"，给投资者和社会发展带来更大的风险。

4. 会计行为的制度环境缺失

会计人员、会计事务所不仅工作在会计领域，更生活在社会大环境中，其职业道德不可避免地受到社会各种因素的影响。当然，这种影响有消极的，也有积极的。消极的影响和干扰主要来自法律的不健全、制度的不完善和与会计人员相关的其他人员的职业道德缺失。一家会计公司曾对美国经济、教育和政府等多个部门 1000 名著名人物进行调查，结果显示，在美国，会计人员职业道德水准之高，仅次于神职人员。美国的会计人员职业道德水准就真的比中国会计人员高吗？当然不是。原因就在于美国有一套完整的会计职业道德规范体系和相对规范的外部环境。美国会计职业道德规范体系由注册会计师协会道德规范、管理会计师职业道德准则、财务经理协会道德法规等构成，甚至会计学术界、会计教师的职业道德也在研究之列。我们国家目前缺乏一套具有中国特色的可操作的会计职业道德规范体系，以减少消极的外部环境对会计职业道德的影响，铲除违反职业道德行为滋生的土壤。

## 四、财务管理中道德审计制度设计

（一）财务审计制度的完善

第一，坚持财务审计和会计部门及其工作人员履约的独立性。在当前环境下，必须要变革传统的依附型企业财务管理模式。在传统的依附型管理模式下，会计特别是企业单位会计基本上都是由所在单位选拔产生的，由于其个人经济利益和政治前途大多关乎和维系于所服务的单位，因而单位会计在积极维护单位利益和设法推进本单位发展方面十分投入。特别是随着企业化民营经济的产生，中小企业产权制度不断深化，财务人员与企业的关系已完全由过去的半独立转为依附关系，因而，会计法制观念淡薄，假造凭证、账表进行假审计、假评估，账外设账，转移国家资产，偷逃税收，粉饰业绩已成为公开的秘密。

第二，实施所有者与经营者目标协调。为了使所有者和经营者的目标尽可能地保持一致，所有者设计了各种各样的激励方案，试图以此来缩小两者之间的效用差异。然而，激励方案的存在仅仅能够缩小但并不能从根本上消除所有者与经营者效用目标的差异，无法避免内部人控制等现象的发生。因此，设立一套较为完善的公司治理结构，实行一种有效的所有权监督制度，激励并约束企业经营者为所有者谋取最大利益，是我国国企改革面临的重大课题。

第三，构建财务人员的激励制度。公司财务人员的职责对公司的经营安全责任重大，但其业绩衡量却缺乏一个与企业业绩相一致的标准，致使不少公司财务人员工作积极性不高，甚至利用职务之便挪用公司现金，或者出卖公司内部财务信息获取非法利益。未来的公司财务审计和会计制度，应当建构科学的标准来衡量和激励财务人员的工作。把财务人员的业绩和他们的个人信用、他们提供的公司以及股东的信息质量挂钩，以此不断提高公司财务审计和会计信息的质量，减少因为财务信息不真实而带来的经营风险。

第四，把道德信用作为公司财务审计、会计工作等职务行为的工作底线。正式的制度对遏制违规（法）行为固然是一种有效的手段，但是绝不能仅止于此。企业财务审计与会计制度中，应当把道德和信用质量作为公司财务人员录用、职务行为实施、业务绩效考核的首要标准，把道德和信用的"自律"作为财务工作的底线，建立相应的信用等级评定标准，根据评定的等级进行绩效激励和授权赋能。

（二）公司财务中道德审计制度设计

第一，外部制约与内部制约的结合。企业的财务行为在客观上受两种因素制约，一种是社会对企业会计行为的接受程度，这种行为的可接受程度包括财经法纪、审计准则和会计准则的要求、其他相关利益集团对企业财务状况的评价、所有者对会计应承担的财务责任履约的要求及评价、社会要求会计公布信息的真实性、对审计年报真实和公正性的信守等。另一种制约因素是行为主体（财务人员、公司）的行为意识。这两种因素相互作用推动着企业财务行为的合理化。企业会计行为和内部审计行为只要有条件，总希望把实现企业自身利益的条件推向极致；而社会审计和其他社会制约因素，则要尽可能抵制企业不良财务行为，防止其所带来的有损于社会利益、破坏社会稳定的消极影响。两者相互制约，必然在某一点上达成一个暂时的均衡（点）。这个均衡点便是企业财务行为在社会道德作用下的行为合理性所在。当然这个均衡点因社会发展、人员素质变化、行业的不同、产业的发展等因素会不断地发生位移，但均衡的存在是必然的。在企业和社会中，各种利益相关者应当做的便是信守并推动这种均衡的发展，达到既促进企业健康发展，又维护社会安全的双赢目标。

第二，以诚信为标准建立企业财务会计和审计行为的职业道德评价模型。通过企业（包括各种利益关联体）、社会会计机构、社会审计机构、社会公众及其组织确立一套可操作性强的企业财务行为的职业道德标准，并设立相应的机构履行对企业财务行为的诚信监督，对其诚信质量做出评价，并向社会发布评价报告，来促进企业及其财务人员行为的规范和信用水平的提升。同时，这套基于诚信的职业道德标准也适合于对会计师事务所和审计事务所的职业行为进行诚信道德审计，以规范这两种事务所的职业行为，促使其坚守会计和审计中的职业操守。道德审计能够促动企业在价值链每一项活动和活动的每一环节主动地进行道德投资，使企业成为员工的归宿、客户忠诚消费的对象、供应商的战略合作伙伴、投资人青睐注资的对象、政府的守法者、社区的优秀企业公民、媒体和代表正义的非政府组织宣扬的对象，使企业在内外部的相关利益者中树立负责任的良好企业形象，提升企业道德指数，积聚道德资本，增强企业软实力。道德审计也能促进企业的内部和外部会计与审计人员恪守自己的职业操守，促进企业的社会诚信度，防范企业的经营风险，使企业在稳定的财务底线和道德底线上运转。

**【补充文献阅读】**

［1］窦园园.“立信”对内伦理道德管理——“大智慧”审计失败［J］.中国管理信息化，2020（1）.

［2］林进添等.基于案例情景法的审计伦理水平测量与比较［J］.吉林工商学院学报，2018（4）.

［3］张雪霞.现代审计人员的伦理困境与对策［J］.人才资源开发，2017（3）.

［4］胡梅等.独立审计准则伦理基础探究［J］.财会通讯，2016（4）.

［5］曾繁英等.审计伦理认知水平研究综述与启示［J］.财会通讯，2015（7）.

［6］张秀慧.会计师事务所组织伦理气氛对审计人员道德推脱的影响研究——基于不同压力情境的比较［D］.东北大学硕士学位论文，2015（6）.

［7］赵晓健.内部审计职业道德与商务伦理风险研究［J］.当代经济，2015（4）.

［8］李宗彦.审计伦理判断能力能否通过教育提高——基于审计教育国际化项目的实验研究［J］.审计研究，2014（5）.

［9］程燕兵.审计人员职业道德缺失原因及对策分析［J］.理财，2019（12）.

［10］徐俊娴等.从《论语》看作为一名审计人的道德修养［J］.审计与理财，2019（9）.

［11］耿旭宁.审计失败中注册会计师职业道德遵循情况分析［J］.广西质量监督导报，2019（8）.

［12］薛改霞.审计职业道德的失范与体系重构——以我国CPA审计为例［J］.决策探索，2019（6）.

［13］刘记伟.企业内部审计人员职业道德规范建设分析［J］.现代经济信息，2019（6）.

［14］牛保明.审计机关党员干部道德修养的提升策略［J］.广西师范学院学报（哲学社会科学版），2019（5）.

［15］毛晓娟.注册会计师审计职业道德问题探究［J］.财会研究，2019（4）.

# 第三节　管理会计领域的伦理问题

本节从四个方面阐述管理会计领域的伦理问题：管理会计的产生与发展；管理会计的目标与职能；管理会计领域的主要伦理问题；管理会计伦理的建设。

## 一、管理会计的产生与发展

管理会计是20世纪后半叶建立起来的一门新兴的会计学科，它与资本主义世界经济和企业管理职能的发展变化有着密切的联系。资本主义发展到19世纪末20世纪初，进入垄断资本主义时代，经济危机频繁，竞争激烈，平均利润下降。资本主义企业为了提高竞争能力，保存和发展自己，就必须加强企业的管理职能。与企业管理要求相适应，会计管理在传统的事后核算外，也先后出现了标准成本、预算控制、差异分析、量本利分析等手段，大大扩展了会计管理内容和职能。"二战"后，企业竞争更为激烈。资本主义企业，除了继续运用标准成本、预算控制等手段强化内部管理，以降低成本之外，更为重要的是，把经营决策作为企业的指导方针。因此会计管理必须对未来的经济活动进行各种事前的经济效益预测工作，为经营决策提供依据。这就进一步扩充了会计管理的职能和作用。

与此同时，资本主义经济在这个发展阶段中，由于企业规模不断扩大，普遍采取了股份公司形式，企业所有权和经营管理权相分离，企业的财产权属股东所有，但他们大多不直接参与企业的经营管理，而企业的经营管理权，则属于直接进行经营管理的经理。前者所重视的是企业的财务状况，后者重在如何加强企业的经营管理。为适应这两种不同的需要，西方会计学者，把会计职能划分为两大部分：一部分是提供财务报表，满足股东的需要，另一部分是为管理提供服务，满足管理者的需要。对主要是执行事后核算职能，编制财务报表的传统会计，称为财务会计；执行规划和控制职能，主要是为管理服务的会计，称为管理会计。

## 二、管理会计的目标与职能

管理会计是指以企业现在和未来的资金运动为对象，以提高经济效益为目的，为企业内部管理者提供经营管理决策的科学依据为目标而进行的经济管理活动。企业管理会计职能主要涵盖四个方面：

1. 为决策提供客观可靠的信息

企业的决策按时间可以划分为短期与长期两种决策类型。对企业内部会计进行短期分析，采用了本量利、差量、增量等分析原理，对影响企业利润的相关成本与收入进行分析对比，为在企业经营过程中的短期决策与非正常方面提供有效的保证。

2. 制订计划，编制预算

只有缜密的计划和控制才能够让所选择的目标得以实现，决策方案才能更加完善。控制能够得以实施，最主要还是通过预算来完成，预算可以使量化的数据最大可能实现企业将来要实现的经济效益。这就需要管理会计对各项工作以及目标细化，具体到每一个关键的环节，管理会计用数据进行比较，及时发现数据的偏差之处，找出原因，并且及时沟通使之落到实处，让计划与预算达到最终要实施的方案的每个步骤和目标。

3. 指导经营，实施控制

决策目标的实现，预算的实施，都依赖于实际的计划与预算的执行过程中的控制来完成。管理会计通过对企业预算执行的跟踪来完成经营活动中的多方面数据资料的归集，并对预算数据与实际数据的差异进行比较与分析，及时地对问题做出合理的分析与调查，对预算实施过程中的差异进行合理的控制，从而实现经营活动的原定目标，并反馈至信息所，从而对长期投资决策进行合理的注解。

4. 成本确定和成本计算

管理会计在参与企业决策、编制计划和预算、帮助管理部门指导和控制经营活动的过程中，成本的确定与计算几乎无处不在。针对不同的管理需要，管理会计对成本的分类与定义给出了不同的注解与分类，对成本的确定也进行了梳理与计算。

## 三、管理会计领域的主要伦理问题

一是现阶段管理会计人员业务水平普遍较低。由于管理会计起步较晚，并且发展时期较短等原因，使得管理会计理论研究较少，而且研究领域狭隘、信息滞后，没有一套完备的管理会计体系，最终造成现阶段管理会计人员观念普遍陈旧，管理会计知识浅薄，业务水平与能力较低，大多数的管理会计人员并没有接受过真正正规的专业培训，在管理会计职能发挥方面只是停留在表面。许多管理会计人员安于现状，学习热情低下，不思进取，甚至不知道管理会计的职能。现阶段管理会计人员的专业知识能力差，业务水平低，不能很好地发挥管理会计的职能已成为普遍现象。

二是易受不同层次从业人员利诱威逼，弄虚作假现象时有发生。由于管理会计信息被用在控制以及业绩考核方面的时候，可以突出反映企事业单位各个方面的优势与劣势，而不同层次的从业人员都要实现自身利益的最大化，使得企事业单位中的各种从业人员想方设法使与其有关的产品、客户或生产线在管理会计报告中显得比实际上更加有利可图，例如，部门经理希望误报信息，以便使没有效率的过程或是大量的多余生产能力的存在不会在管理会计报告中显示出来。此外，其他高管人员希望管理会计报告所反映的信息按其自身意愿显示，从而获得奖金与晋升机会等。于是，他们就都会通过各种方法来笼络管理会计人员，从而达到自己的目的，实现自身的利益。因此，管理会计人员会受到来自不同层次的利益诱惑或是压力，最终使得部分会计人员违背操守，弄虚作假，而这样的现象在现实社会中是时有发生的。

三是为图个人安逸，懒散做事。由于管理会计信息的使用是对内的，管理会计并不像财务会计一样受一般公认会计原则和政府主管部门的规定约束，并且信息的制定是偏向于主观、判断性质的，信息的准确度要求没有财务会计信息的准确度要求高，这就使得管理会计人员自身发挥的空间较大。许多管理会计人员恰恰抓住这些方面，为追求个人安逸舒服，做事不认真，散漫成性，在工作方面不能做到尽职尽责，不能准确反映会计信息。

### 【文献阅读】企业社会责任的伦理观察——基于管理会计的视角 [①]
### 一、观点综述

企业社会责任（CSR）的基本原则是：企业不仅要关心利润和经济绩效，也应该回应和满足社会对企业的多重期望。自博文提出企业社会责任的观点之后，许多学者对此进行了探讨，如戴维斯认为，企业对社会责任的回避将导致社会所赋予权力的逐步丧失，因此，社会责任是指企业考虑或回应超出狭窄的经济、技术和立法要求之外的议题，实现企业追求的传统经济目标和社会利益。弗雷德里克强调，社会责任意味着商人应该监督经济体制的运行以满足社会的期望，促进社会的进步。麦克奎尔提出企业应该承担除经济和法律之外的其他责任。沃尔顿提出企业应该关心更广泛的社会系统。CSR 概念提出后，一直不乏来自各方面的批评。最激烈的批评者来自米尔顿·弗里德曼，他认为

---

① 冯巧根.企业社会责任的伦理观察——基于管理会计的视角［J］.当代会计评论，2009（6）.

CSR 的观点是对财产权利甚至是对自由社会的破坏性打击。企业的唯一责任就是盈利，环境保护作为一种公共物品，应由社会其他角色提供。否则，既损害股东利益，也违背了市场经济的自愿合作与分工原则。其他批评者认为，CSR 缺乏统一而清晰的定义，内容过于宽泛，学术性太强，缺乏可操作性等。也正是由于 CSR 概念固有的缺陷，因此，从 20 世纪 70 年代中期开始，大量研究者转向从多种视野来研究 CSR，提出了一些新的思想与观点。

（一）企业社会责任是否包含经济责任

进入 20 世纪 70 年代以后，有关 CSR 讨论出现了广义化的倾向，即将经济责任也包括在了 CSR 之中。比较有代表性的是 1971 年美国经济发展委员会（CED）报告中的观点：企业应该为美国人民生活质量的提高做出更多的贡献，而不仅是提供产品和服务的数量。这份报告详细阐述了"三个中心圈"的企业社会责任规定。即：内圈代表企业的基本责任，即为社会提供产品、工作机会并促进经济增长的经济职能；中间圈是指企业在实施经济职能时，对其行为可能影响的社会和环境变化要承担责任，如保护环境、合理对待雇员、回应顾客期望等；外圈则包含企业更为广泛地促进社会进步的其他无形责任，如消除社会贫困和防止城市衰退等。

一些学者也提出了类似的观点，如卡罗尔将企业社会责任概括为经济、法律、伦理和慈善四个层次，这是其 1979 年观点的延伸。卡罗尔于 1979 年提出的 CSR 概念至今仍被广为引用，他认为"企业社会责任包含了在特定时期内，社会对经济组织在经济、法律、伦理上的和自行裁量的期望"。卡罗尔认为，对于经济组织而言，经济责任是企业最基本也是最重要的社会责任，但并不是唯一责任；作为社会的一个组成部分，社会赋予并支持企业承担生产性任务、为社会提供产品和服务的权力，同时也要求企业在法律框架内实现经济目标，因此，企业肩负遵循法律责任的重任；虽然企业的经济和法律责任中都隐含着一定的伦理规范，公众社会仍期望企业遵循那些尚未成为法律的社会公认的伦理规范；社会通常还对企业寄予了一些无法或难以明确表达的期望，是否承担或应该承担什么样的责任完全由个人或企业自行判断和选择，这是一类完全自愿的行为，例如慈善捐赠、为吸毒者提供住房或提供日托中心等，卡罗尔将此称为企业自行裁量责任。

（二）CSR 的衍生概念与主题

自 20 世纪 70 年代中期以来，研究者为了更加完整、全面地研究 CSR，开始倾向于以 CSR 的履行作为出发点，通过各种衍生概念、主题来丰富对 CSR 的研究。"社会回应"管理一直是 20 世纪八九十年代研究的主题，并成为企业社会责任管理实践的重要方法。"公共责任"观点既表达了对企业经营中内外部社会问题的关注，也表达了公共社会对企业公共政策的影响。"企业社会绩效"观点注重企业社会责任与价值相关性（如财务绩效与社会绩效等）方面的实证研究。"商业伦理"观点虽然起始于 70 年代中期，然而注重将适当的伦理政策和战略融入企业组织管理中，并开始在实践中被广泛应用是进入 90年代以后才盛行起来的。"利益相关者理论"清晰地提出了企业社会责任管理的对象及相关责任，由于其具有较强的操作性，在管理学中得到了广泛应用。"企业公民观"认为，企业面对公共领域时，应自觉遵守公共利益。"社会责任投资"（SRI）也称伦理投资或绿色投资，它关注的是企业社会责任的实现，其基本原则是通过资本的引导，促进企业行使对社会负责任的行为。上述七种观点并非完全割裂存在，它们在实际应用中往往相互融合，即在发挥自身观点的同时，注意吸收其他观点的长处并为己用，以增强自身理论的有效性和包容性。

近年来，SRI 基金的管理和绩效以及与传统基金的比较研究一直是研究的热点。从 20 世纪 90 年代末开始，各国 SRI 基金急剧增长，并随之引起了一些重大的变化。首先，原来的 SRI 是以零售基金为主体，现在则以养老基金和保险基金等机构投资者为主流；其次，实施的方式从原来主要依靠负面筛选股票的方法（即将认为不符合伦理要求的公司从投资组合中排除出去）转向"三脚凳"结合的方法（即将股票筛选、股东主义和社区投资三种方法相结合），以一种更积极的方式来推动企业社会责任的实施；最后，一些国家，如美国、英国、加拿大和澳大利亚等政府通过立法、政策等手段来推动 SRI 基金的发展。此外，几大证券市场都推出相应的社会责任指数来支持 SRI 的实施，如美国的道琼斯可持续全球指数和纳斯达克社会指数、英国的《金融时报》社会指数和日本晨星社会责任投资指数等。随着跨国公司向全球公司的转型，越来越多的跨国公司在调整全球战略和管理架构的同时，强调应承担更多的社会责任和环境责任，保持可持续发展。跨国公司把股东责任、社会责任、环境责任看作是公司行为的三层底线。

**二、企业社会责任履行的基础：商业伦理**

伦理作为人与人之间相处时所遵循的道德和行为准则，在企业实践中具有更为广泛的延展效用。20 世纪 70 年代形成的商业伦理观，在进入 90 年代之后开始上升为战略的伦理理念。从管理会计的视角考察商业伦理，是寻求企业积极履行社会责任的重要途径。

（1）商业伦理观是企业可持续发展的保证

商业伦理以企业中的雇员以及企业自身为规范对象，旨在通过内约和自律的方式来弥补法律未加以规范而又与社会的伦理和文化相冲突的一些商业行为，以求员工行为和企业行为合乎社会伦理和价值规范。这种伦理规范主要用于调整员工与企业之间的关系，同时也涉及企业与社会、公众的关系，比如企业召回缺陷产品的制度就是基于商业伦理的一种道德规范。随着经济的发展，企业的竞争越来越依靠企业固有的价值理念和思维流，而这一点同商业伦理的构筑直接相关。从某种意义上讲，企业积极履行社会责任是其遵守商业伦理的内在要求。企业积极履行社会责任，可以提高消费者的满意度，增加顾客对企业产品的忠诚度，降低营销成本、提升销售业绩。商业伦理观赋予企业与社区和谐共存的发展关系。对企业而言，为社区做贡献会涉及慈善、捐赠、财政援助等纯公益性的支出，但良好的社区环境是企业可持续发展不可或缺的外部机制，诸如激励员工提高生产率、吸引和保留高素质的居民等。

企业从事慈善捐助事业还会有意无意地向有利于企业可持续发展所需的资源、技术和人才等方面倾斜。例如，捐助研发，可以使公司创新，而创新是企业生命之源；捐助教育，可使公司育人，而人才是企业发展之本；从事慈善，可使公司美名，而美名则可打造社会形象。这样一来，社会责任的伦理观与企业价值创造的发展观就得到了融合。譬如，贵州茅台股份有限公司根据新农村建设的要求，确立"四在农家"的新经营理念，扶植当地有机高粱的生产，既回报了所在地区，又建立了质量可靠的茅台酒原料生产基地。积极的商业伦理观在回馈社会的同时，也树立了良好的公众形象，建立了互利的社会关系，将来通过战略联盟、虚拟运作、资本运作以及体系运作等方式可以从社会上整合更多的有形资源，实现企业更大的发展。

（2）商业伦理是企业社会责任发展过程中的一个重要阶段

商业伦理与企业社会责任具有紧密的相关性，它们是相互促进及互相转换的一种发展路径。伦理一般是指个体的道德行为，而社会责任常常说的是社会对企业的期望。伦理是外延更为广泛的概念，适用于对人一生的行为的期望，而企业的责任则显得变化性较大，常随着社会价值的改变而改变。在开放系统中经营的企业从社会环境中获得利益，因而应坚守商业伦理，完成其社会责任。

现阶段，企业经营中出现诸多问题的本源最终均可追溯到商业伦理，商业伦理建设在企业经营管理中具有极其重要的意义。首先，完善的商业伦理体系可以为企业处理它和社会、生态环境之间的关系提供正确的指导原则，从而在企业和社会、环境之间建立一种融洽、和谐的关系。一个企业具有越高的商业伦理水平，就越有可能在市场上和社会上赢得消费者与同行的信任和声誉。其次，完善的商业伦理体系是正确处理企业内部的各种关系、化解企业内部的各种矛盾、增加企业内部凝聚力、有效降低企业的内部交易成本所不可或缺的重要因素。在企业内部，商业伦理作为一种矫正人们行为及人际关系的道德约束，能够使员工具有明确的是非观、善恶观，提高其工作效率。最后，商业伦理的建设也是企业走向国际市场的必然需要。随着中国企业产品竞争力的增强，西方发达国家越来越依靠设置各种认证壁垒来阻止中国产品的进入。OHSAS18000，SA8000等认证经常成为中国产品进入西方市场的必备条件，而这些认证中的许多条款都涉及商业伦理的问题。因此，商业伦理是管理会计战略有效实施的必要条件之一，它不仅可以直接提高企业的整体形象，而且还可以间接地增强企业的竞争能力。

## 三、管理会计与伦理

管理者为了履行企业社会责任，需要从不同视角制定相关的决策，同时拥有各种必要的信息资料。其中之一，便是管理会计信息。管理者使用这些信息开展决策时，其所依据的信息应该是既无法律问题也不存在伦理方面的问题，这是十分重要的。如果企业满足了上述企业社会责任的最基本要求，提供这类法律与伦理均相符的信息将是自然的事情。譬如，在设备投资决策方面，提高诸如折旧之类在法律方面存在选择余地的现金流量预测的准确性与合理性，以及提高信息的透明度等，能够使管理者或管理会计人员充分地理解信息的内容及其重要性。

（一）管理会计视角的伦理观

将管理会计从伦理视角考察，管理会计的有用性除了技术方面的有用性外，从其技术方法构成的信息形成到传输，再到依据这些信息开展决策的接受者的伦理观，也会对决策产生重大的影响。美国自1919年的NACA（1957年改成NAA，1991年改称IMAM）创立以来，围绕这个问题一直在进行着讨论，而我国尚未对这种状况做出明确的规范。

1. 美国伦理的展开

有关美国管理会计伦理的框架，可以追溯到1919年NACA的设立。在当初成立时，它就围绕组织的基本理念构建了伦理行为的框架，并在设立的12个常任委员会中设置了一个伦理委员会。该委员会以大都市为中心开展活动，经过长期地努力，1972 年有了注册管理会计师（CMA）制度，1983 年颁布了《管理会计工作者的伦理行为准则》。CMA 制度是 CPA 的管理会计版本，给予管理会计方面的业务专家相应的资格。即使在我国，设立这种制度的愿望也非常强烈，财政部也与有关国际组织达成了协议，近年来这种 CMA 资格考试在中国已经展开。美国的 CMA 资格需要根据考试与经验来加以授予。考试，不仅只考专家们出的一些知识题，还包括伦理等内容。因此，在没有明文规定，即在《管理会计工作者的伦理行为准则》发表之前，管理会计的专家们已经对伦理的重要性有了深刻的认识。

对于 1983 年发表的《管理会计工作者的伦理行为准则》，1969~1970 年担任 NAA 会长的麦亚斯作了如下的阐述："当时，管理会计工作者随着会计知识的理解接受了伦理。因此认为没有形成文本的必要了。之后，在利益导向原则、企业购并以及早期的谋求利益最大化的组织体制下，各种因会计惯例而发生的会计舞弊等事件使得企业内、外部环境发生了急剧变化，进而使人们对以前所接受的原则及准则的功能产生了怀疑。对此，NAA 于 1981 年设立了特别委员会，其成员深感伦理问题的必要性，并于 1983 年公开发表了这份报告。"1977~1978 年担任 NAA 会长的艾里斯也有如下的阐述："从 1919~1983 年的大部分时间，很多人认为没有必要设立伦理准则。"尽管从 1919 年成立之初，就设置了常任委员会的伦理委员会，且从 1972 年开始的 CMA 制度的考试里面也包含伦理方面的问题，但对管理会计工作者来说，伦理真正成为重要的规范是进入 1980 年之后的事情。Management Accounting 杂志于 20 世纪 80~90 年代设置了有关伦理的栏目，1990 年 6 月编辑出版了有关管理会计与伦理的专集。

2. 案例

以美国一家公司为例，现结合该公司某生产厂家的 CMA 对有关未来预测问题的判断为典型加以讨论。这是一家生产、销售玩具的工厂，自公开上市以来，企业实现了快速成长。这里的工作流程是：CMA 将业务报告交给 CFO，再由 CFO 交给 CEO。企业业绩自股票公开发行以来，一直顺利地推进着；同时企业通过引入新产品，前景非常乐观。然而，CMA 也有一件忧虑的事情，是关于这种产品每季度订货数量的变化问题。自从引入这种新产品以来，每季度的订货数量都在增加，但从第 2 年的第 4 季度开始，数量减少了，这种情况是该产品进入市场以来首次发生的现象。

公司方面预测这种产品的需求会逐步增加，因此决定增产。一时间，总的产品库存量比前年增加了 85%，库存中的大部分是这种型号的产品。CMA 担忧这种产品库存的增加、需求的减退可能对未来销售以及收益产生影响，为此展开调查。结果发现，原因在于竞争对手开发出了比自己企业在技术上更优秀的产品，对手的这种产品一推出市场就立即得到推广。于是，CMA 以财务报表审计过程中发现的需求减少、竞争对手产品的出现，以及库存增加等理由，向 CFO 汇报了本公司产品会产生减值的担忧情况。对此，董事会围绕这种新产品订货的减少和库存的增加等质询了 CEO。CEO 基于与 CFO 有关此事的交流作了说明，没有提出更充分的理由。CEO 和 CFO 认为调整库存从下期开始可能还不是时机，他们共同认为，基于销售副总的看法，这种产品的订货数虽然在第 4 季度减少了，但下一年度有可能回升。此外，CEO 就有关库存也作了申辩。

实际状况正如 CMA 所担忧的，总收益与去年相比有所减少，净利润与前年相比有所下降，这些减少的约 2/3 是由这种产品销售价格的下降和销售数量的减少引起的。在第 3 年的第 2 个季度，随着竞争对手公司产品的增加，更加严峻的状况出现了。在这期的报告公开发表之前，CMA 再次向 CFO 递交了担忧报告，指出为了减少库存，即使牺牲一时的利益也是值得的，建议降价促销。对此，CEO、CFO 以及 CMA 进行了讨论。在会议上，CMA 以库存价值的下降为由提出降价销售，然而，CEO 和 CFO 不支持在这一时期降价。CEO 期待着库存的逐渐降低，此外，CEO 也说明了今后公司期望引入新的产品。CMA 根据内部审计人员的询问和外部审计人员的调查事项等，向 CEO 建议调整库存以及编制每季度的库存报告，但没有获准。相反，CEO 请 CMA 注意，如果采取这种意见，那么会对包括 CMA 在内的管理层人员的津贴产生消极影响，要求 CMA 修改自己的意见。

（二）基于管理会计的对策

企业为了履行社会责任，在遵守法规的同时需要承担伦理规范的要求。为使组织整体符合伦理行为的要求，管理者本身及全体员工都有遵循伦理规范的必要。这既是管理者的权利，也是义务。这是因为，管理者从企业组织阶层的观点看，他处于首要的位置。因此，将管理者作为接受信息的决策者，管理会计工作者作为提供信息的人员来看，在组织的决策过程中，会存在 4 种模式，如表 4-3 所示。模式 1 是最伦理的，其他模式的定位都有必要向模式 1 的方向靠拢并加以改善。有关模式 4，可以说是一种极端的情况，模式 2 以及模式 3 均认为有面向模式 1 并加以改善的充分理由。特别是模式 2，向模式 1 转变的可能性较大，它符合经营管理者的意志。模式 2 情况表明，既是信息接受者又是决策者的管理者是有伦理意识的，而作为信息提供者的管理会计工作者则是非伦理的。在这种情况下，管理者可能会发生对伦理要求没有得到充分履行的情况。即管理者自身具有伦理的同时，也具有对组织整体的行为按伦理规范进行运作的管理义务。在这种模式下，管理者发挥强大的领导执行力，给下属的管理会计工作者予以指导，要求其遵循伦理要求。这是较为容易实现的。

表 4-3　信息接受者与传播者的伦理

| | 模式 1 | 模式 2 | 模式 3 | 模式 4 |
|---|---|---|---|---|
| 经营管理者 | ○ | ○ | × | × |
| 管理会计工作者 | ○ | × | ○ | × |

注："○"表示伦理的，"×"表示非伦理的。

我们来讨论前面提到的案例。考虑模式 3 的定位。在这种模式下，向模式 1 转变在很大程度上需要依赖下属管理会计工作者。在案例中，管理会计工作者对未来的担忧通过将有关证据转给上级 CFO，进一步再递交给 CEO。在这一点上，管理会计工作者充分履行了自己的职责；相反，CEO 没有就书面的问题及事情的进展做出充分的说明，对于来自生产部门经理所传递的担忧事项也未做出明确的回答。即 CEO 不仅没有传达下属的观点，而且根据自己的推测，以自己认为符合情况的信息做出决策。这里表现出的问题是，对不符合情况的信息揭示缺乏制约机制，伦理问题由此产生。管理者与管理会计工作者之间，直接或间接的是一种上下级之间的关系。假如考虑到这一点，作为上司的管理者是伦理主义的情况下，要求部下的管理会计工作者遵循伦理要求，这种控制是容易实现的。然而，相反的情况就需要从外部施加压力，或者说构建一种有引导力的机制加以强力推动则是当务之急。总的来说，管理会计信息要具有真正意义上的有效功能，不仅要使信息接受者的决策人（管理者）具有伦理观，信息传输者的管理会计工作者的伦理观也需要加以明确地规范。

伦理在很大程度上受一国文化和传统的影响。因此，管理会计工作者的伦理应该如何规范，可以参考美国的一些做法，并在此基础上构建具有我国特色的框架体系。管理会计以服务于企业内部管理为主要内容，真正意义上的功能是通过管理技术与方法来加以体现的。提供基于这些技术与方法的信息工作者的管理会计人员的伦理，以及基于这些信息开展决策的管理者的伦理研究不应该是欠缺的。有关管理会计技术与方法的研究，围绕信息技术的进步和企业环境的变化将变得越来越重要。与此同时，围绕管理会计信息就管理会计工作者以及管理者的伦理加以研究将是今后的重要课题。此外，在企业之外研究伦理问题，与构建管理会计技术与方法一样，伦理的架构必须充分考虑成本效益原则。

### 四、基于 CSR 伦理观的管理会计创新

1. 基于伦理导向的管理会计控制特征

Simons（1995）提出了管理会计的四种控制系统，即信念系统、道德行为系统、诊断控制系统和相互作用的控制系统。所谓信念系统，就是鼓励对新机会的探索，并把握其方向。它具有贡献社会的意愿，传达着组织的核心价值和使命。例如，作为信念，如有以顾客信任为前提的信念等，其中许多公司的经验可供借鉴。所谓道德系统，就是制定商业规则，明确员工不能操作的风险区域。为了正确规范行为，需要制定岗位职责并加以运用。例如，安然造假事件与三菱汽车隐瞒缺陷事件，就是这个道德系统没有很好发挥功能作用而导致的。所谓诊断控制系统，是指通过富有成效的方式实现控制的目标。在实现目标方面，首先要制定明确的目标。在明确规定了员工目标的前提下，即使没有日常的监督，管理者也能从事战略决策等原先应当进行的工作。所谓相互作用的控制系统，是指基于战略创新，促进学习、开展组织交流与沟通的活动。

Simons（1995）通过诊断控制系统与相互作用系统的比较，提出了四个特征：①以战略相关度和信息为焦点；②所有的来自组织系统的信息都是重要的；③期望员工之间相互传递信息、互相进行探讨；④对有关数据及假设、行为规划进行讨论。作为管理会计，从潜在的行为来看，经济方面是最能够履行社会责任的部分。这是因为，企业履行社会责任，是以收益作为前提的，而这些方面是依靠诊断控制系统和相互作用的控制系统来实现的。但是，现在的问题是不能仅追求收益，而将信念系统与道德系统相结合来履行社会责任是十分必要的。对此，有关信念系统应与社会贡献一起作为收益质量考虑的因素，并据此对商品和服务做进一步的开发。实践表明，有关道德行为系统自主的基准是与收益相联结的，社会责任与收益无关联的现象是不存在的。

CSR 是以促进、保护企业组织和社会的健康成长为目的，防患各种财务欺诈行为于未然，积极贡献于社会的有关企业内外各种活动方面的制度性义务与责任。它具有两个

特征：①利益相关者的特征。即顾客、职员、股东或投资家、供应商、竞争对手、政府关系、NPO、社会及环境等，它以围绕企业内外利害关系人为对象。CSR必须从利益相关者这一点上加以探讨。例如，安然利用经营舞弊对股东的信息加以操纵，这属于公司治理的问题。三菱汽车隐瞒缺陷，导致了顾客及社会信用的消失，这也是治理问题。②有关预防的伦理和积极的伦理。具体包括法律的责任、经济的责任、道德的责任和社会贡献的责任。预防的伦理，是将企业与社会的关系从各种风险防范的角度加以管理，并将各种消极意愿的道德违反行为，即一般所说的欺诈现象，通过预防达到防患于未然。积极的伦理是为了促进和保护企业组织和社会健康成长而开展的援助活动。虽然能否将CSR从伦理视角加以规范存在着不同意见，然而从预防这种积极的方面加以控制，以及促进主动的这种正面视角控制也是客观所需。根据这两种特征来研究CSR，有助于区别公司治理与管理控制的关系。

CSR的预防要求遵守法规及相关准则，预防活动与道德行为系统有密切的关系。在开展预防活动时，为了得到利益相关者的信赖，需要积极履行企业的社会责任。与此相对应，CSR的积极方面，是从社会贡献和经济方面履行社会责任。前者是与信念系统相关的社会贡献；后者是CSR的经济方面，与诊断控制系统和相互作用的控制系统有密切的关系。作为营利组织的企业获取收益是企业持续经营的前提，由此才能更好地对利益相关者履行企业的社会责任。CSR的经济方面，能够促进企业经营活动可持续发展。即一方面，依据预算管理和标准成本管理，围绕计划值与实际绩效，通过提升管理效率使实绩与计划值达成一致，杜绝不测事件的发生。这就是诊断控制系统。另一方面，为在竞争中获胜，提升顾客价值，有必要通过制定战略来加以实施。在这种情况下，需要求助战略学习的相互控制系统。使用这两个控制系统，管理企业的经营活动，能够使企业获得竞争优势，从而在经济方面实现企业的社会责任。如果忽视了这一点，将会导致企业破产、损害利益相关者的利益，其结果必然是难以履行企业的社会责任。

2. 信念系统与道德系统相结合是管理会计履行社会责任的重要手段

有关信念系统的企业社会责任，主要关注以下三点：一是公司的基本方针；二是社会贡献与财务成果的关系；三是通过经营主业拓展提升社会贡献的领域。

第一，为履行CSR，公司可考虑设置CSR部门。设置该部门的目的是应对企业欺诈，适应社会需求，并在CSR标准的基础上制定企业的评价体系。CSR部门的目标，是实现公司的基本方针，譬如"依据对产品的保证，积极履行环境保护的社会责任"。实施这一目标有助于强化企业与社会的信赖关系，使顾客获得最大限度的满足。公司的基本方针是透过信念体现出企业的道德行为。在公司的基本方针中将道德与顾客满足相结合富有积极的意义。公司在社会责任的履行与主业的关系方面，通过满足道德行为来提升信赖，并与顾客满足相结合加以解释。的确，在企业欺诈多发的今天，提高企业可靠性有助于顾客满意化的实现。但是，目前许多公司在社会贡献方面还是存在一些不足。

第二，明确社会贡献与收益的关系。Smith研究发现，开展环境保护活动对于提高收益是有相关性的。国内相关研究也表明环境责任的履行与财务成果具有正相关关系。在降低环境负荷的同时产生收益也是重要的。为此，对环境管理者来说，在现阶段的经营活动中开发具体的管理会计工具是当务之急，以便为企业降低负荷，同时提高经济性服务。

总之，无论环境与收益间的因果关系怎样，促进它们同时实现是一种社会共识。

第三，面向社会贡献开发产品。应当进一步拓展信念系统与企业理念相结合的社会贡献活动，如正确认识与主业不相关的如文艺活动及植树造林这种社会贡献，它对企业经营理念的传播具有积极意义。但对企业来说，最重要的是通过主业来为社会做出贡献。例如，日本经济新闻社在2004年5月25日的早报上介绍了资生堂的社会贡献活动，即资生堂谋求社会贡献的口号是，"让脸部受过伤的人们能够挺胸阔步地在大街上行走，即开发出能够修补伤痕的化妆品"，进一步讲，就是通过主业研制出有社会贡献度的新产品。基于社会贡献的产品开发，能够尽快地收回用于这种产品上的投资，然而也需要基于长期的视角考虑投资回收。总之，就社会贡献的产品开发而言，作为信念系统的控制是最为重要的。道德行为系统是提高利益相关者相互信赖性的系统。这一系统有两种类型：一是必须遵守的最低限度；二是自主决定道德准则的目标值，进一步提高其可靠性。首先是遵纪守法，它主要体现在企业的行为章程之中。一般的企业行为章程，通常就其行为方针会列出若干个原则，其最初的原则是提供"对社会有用的产品、服务，在充分考虑安全性、个人信息、顾客信息保护的前提下搞好产品开发、提供服务，并确保消费者、顾客的满意和信息使用的可靠"。

道德行为系统的另一种类型是自主制定道德准则。例如有的企业自主地制定 COZ 排放标准，并努力予以遵守。自主准则是企业独自的应对举措，不同的企业其道德准则是不尽相同的。在这种类型下，不只是遵守准则，还需要与利益挂钩。以个案为例，总部位于纽约的电气通信经营商 Verizon 制定了自身的道德准则，譬如，一旦由于发生通信纠纷或相关自主设定的服务质量的目标值下降，将向顾客返还电话费用。2002年纽约州认可 Verizon Incentive Plan（VIP）的这种规则。这说明遵纪守法的过程是将自主制定的规则与利益挂钩，并进而形成准则。面对经营中的风险，企业在管理过程中不能以消极的姿态将其仅仅看成是一种阻碍因素，而是应该以乐观的态度将风险看成是"企业对未来产生收益施加影响的经营业务发生的不确定性"。换句话讲，应该将风险作为企业价值的源泉，这种风险意识有助于引导企业开展战略性的风险管理。

## 四、管理会计伦理的建设

### 1.净化企业道德环境，创造高道德标准的企业文化

管理会计是多层次的，它不但可以将企业等组织作为主体，还可以把企业等组织内部的局部或者个别部门作为工作主体，甚至可以将某一个工作环节作为工作主体，对这些主体的日常经济活动等进行控制、评价以及考核，会涉及局部的具体问题。因此，在管理会计人员职业道德建设过程中，应当充分考虑到由于管理会计工作主体的多层次性而可能引发管理会计人员职业道德失范因素的多样性，不同于财务会计主要受到来自上级和自身的影响，管理会计是受到上下级以及自身共同影响的。当管理会计人员看到其他同事、上级或组织的领导者进行不道德的甚至是非法的活动时，他们就会感到这种行为是可以接受和认可的。当其他层次的从业人员为达到自己的目的而对管理会计人员进行利诱威逼时，面对各种压力，即使有很强定力的管理会计人员也是不能抵挡的。因此，

净化企业道德环境，创造高道德标准的企业文化对进行管理会计人员职业道德建设可以起到事半功倍的效果。具体方法如下：明确阐述每个职位的道德责任，并将雇员的职业道德表现明确列为业绩审查的一部分；培训雇员，使其掌握足够的知识确认可能遇到的道德困境，并学习如何处理；确定一套及时、严格、标准统一的处理违反职业道德准则的方法；确认雇员可以做出道德决策，或报告违反道德准则的地方，不必担心组织内上级、下属或是同级的报复。

2. 加强职业道德教育，增强管理会计人员责任感和使命感

良好会计职业道德的形成，要靠对从业人员的教育。只有加强了会计职业道德教育，才能使管理会计人员树立诚信等职业道德观念，有坚定的个人信仰和正确的价值观，才能使他们从心理上对职业道德规范有正确的认识，使其不至于"随波逐流"；也只有从整体上提高会计职业道德水平，最终才能使会计信息真实可靠。加强职业道德教育应抓好以下方面：①加强管理会计在校生和社会学生的职业道德教育。会计职业道德的教育从初学阶段抓起，对加强职业道德教育能够起到事半功倍的效果。②完善管理会计人员职业道德的后续教育。目前来说，虽然财政部会计司对会计人员后续教育也就是再教育办法有规定，即不完成每年规定的专业学时教育，会计证不得年检，但是后续教育的形式却是多种多样，极易造成会计人员不需做到真正再教育就蒙混过关的现象。③加强对单位会计负责人的职业道德教育。管理会计人员所从属的上司的职业道德水平高低将直接影响管理会计人员，表现在其所领导的管理会计人员效仿其威逼命令下级管理会计人员。因此，培养管理会计人员良好的职业道德，与加强单位会计负责人的职业道德教育是分不开的。

3. 加强责任部门对管理会计人员职业道德的监管

由于管理会计不受有关会计法规和固定会计程式的制约，且可以采用多种技术方法，可以从多种途径、渠道获得信息，其造假的隐蔽性较好，不容易发现，这就要求责任部门在监管力度和方法上下一番功夫。首先，正面的监管固不可少。虽然管理会计造假行为隐蔽，但是假信息总会有破绽。责任部门可以依据管理会计在其提供的管理会计信息中所用的数据和方法重新进行整理、计算，可以验证管理会计信息是否属实。企业也可以通过使用监听装置和监视装置来实现对管理会计的监督。其次，实施侧面监管。责任部门可以秘密安插一些人手对管理会计行为进行侧面监控，随时提供具体的支持，并提供相应的秘密通道，使其可以直接报告管理会计违反道德准则的地方，同时为报告者保密。

4. 借鉴国外管理会计人员职业道德建设的先进方法

应充分学习和利用西方国家的研究和实践成果，尽快加强管理会计人员的职业道德建设，加快管理会计的发展。

**【补充文献阅读】**

[1] 夏大慰. 职业道德是管理会计人才能力框架的基础 [J]. 中国总会计师, 2018 (7).

[2] 龚健. 管理会计职业道德规范之我见 [J]. 商, 2014 (7).

[3] 布日格勒. 管理会计人员职业道德建设研究 [J]. 中国管理信息化, 2013 (2).

［4］孟宪芹等.关于管理会计职业道德控制规范的思考——加拿大 6200# 管理会计准则的启示［J］.科技信息，2006（12）.

［5］王棣华.论管理会计的职业道德［J］.连云港化工高等专科学校学报，2001（6）.

［6］范淑洁.经济新常态下管理会计伦理建设的思考［J］.山西财税，2017（3）.

# 第四节　财务管理领域的伦理问题

本节从六个方面阐述财务管理领域的伦理问题：财务管理伦理的内涵与特征；财务管理目标的伦理问题；财务管理内容的伦理问题；财务管理方法的伦理问题；财务管理道德风险的伦理问题；财务管理伦理的提升。

## 一、财务管理伦理的内涵与特征

财务伦理指人们在经济环境中进行财务活动或处理财务关系时形成的一种自律性行为准则和价值观念，它既是调节企业利益相关者之间义与利、利己与利他、权利与义务的行为准则，又是财务主体把握财务活动运行规则的实践精神。

1. 伦理学特征

财务主体的伦理性表现为以追求精神利益、声誉收益为目标，通过人文价值渗透到经济活动中，通过非正式的价值规范结成网络组织，形成相互尊重、相互信任的人际关系，从而积累社会资本，最终为企业创造获得长远的、完整的经济利益的机会和条件。

2. 经济学特征

财务伦理是一种能促进经济发展的非正式制度，人们在不同的经济形态下会形成不同的伦理道德评价标准，比如在自然经济下为消极的天人合一的整体社会伦理观，在计划经济下为平均公正的伦理观，而在市场经济下人们更注重个体竞争、主体意识，其财务伦理观念倾向于个体本位主义伦理观。

3. 管理学特征

财务伦理是一种控制机制，是运用道德力量来约束人们行为的手段，它通过制定职业道德准则等财务制度来控制财务人员的行为，因此财务伦理控制是管理控制的重要方面。

4. 财务学特征

根据经济后果理论，财务管理具有经济后果性，其后果与利益相关者紧密相连。相应地，财务伦理也具有经济后果性，并且其后果应该是合理的、公平的，只有良好的财务伦理演绎，才能产生良好的经济后果。

## 二、财务管理目标的伦理问题 [①]

企业财务管理目标的主流观点有三种：利润最大化、每股收益最大化和企业价值最大化。这些财务管理目标是在基于企业的营利性质、关注企业所有者狭隘经济利益的基

---

① 刘光英，马玉林.财务管理目标伦理思考［J］.财会通讯，2014（8）.

础上设定的，长期以来因为缺乏一种伦理的反思，以至于不能关切到诸多利害关系人的利益，从而形成利益关系的不和谐状态，这些都是有缺陷的。

### （一）财务管理目标的伦理缺位

财务管理目标有一个共同之处，即都是以尽可能少的经济资源获取尽可能大的经济成果，即实现某主体在某一特定范围内的经济利益最大化。这样的财务管理目标理论的出发点显然是只将企业视为一个经济组织，而没有注意到以营利为目的的企业在市场经济条件下同时也应当是一个伦理主体。

1. 财务管理目标唯利性

财务管理目标理论仅仅关注某种直接经济利益的最大化，忽视甚至抹杀更大范围的伦理利益。财务管理首先是一种关注企业资金的管理活动，这种管理活动的对象和手段都决定了判断该活动效果的标准是高度货币化了的。这种管理活动的参与者可能根本不会考虑到货币之外的目标有什么重要性。虽然许多活动不可避免地面临伦理困境，但是行为人可能毫不困难地做到无视这种伦理困境。这种财务管理目标的唯利性具有很大的破坏性，可能从根本上塑造人的心理结构和行为模式，使人们认为赚钱本身无关伦理。然而伦理作为人的信念或行动原则，必然渗透到市场经济的所有领域，必须承认各种市场主体都有某种伦理利益存在，可能是与经济利益结合在一起的，也可能是与他人的经济利益相冲突的。

2. 财务管理目标封闭性

财务管理目标理论注重一个封闭体系内部的利益最大化，而忽视利益相关者的利益。人们逐渐认识到，追求股东利益最大化的假设是对企业目标的狭隘理解，由于企业的财务决策具有外部性，许多非股东群体，如员工、消费者或客户、供应商、债权人、当地政府，他们都与决策的结果或企业本身存在利益关系，都会受到企业决策的影响。因此，现代企业对股东和非股东的利益群体均负有责任，两者共同构成了企业的利益相关者。利益相关者有些根本不具有对企业的法定要求权，但仍有可能影响企业价值，这也就决定了企业要想顺利实现自己的财务管理目标，必须考虑利益相关者的利益，以获得利益相关者的支持。

3. 财务管理目标单面主体性

即财务管理目标理论强调企业和股东作为经济主体的一面，忽视其作为伦理主体的一面。企业面对复杂的市场经济环境，要实现生存、发展和获利的目标，除了扮演好市场主体角色，还必须扮演好伦理主体的角色。作为伦理主体，企业以及股东既是伦理规范和行动的供给者，也是其需求者。现代企业作为伦理主体，突出的表现是企业文化，企业在向市场提供产品的同时，也向市场灌输其价值观念，通过其伦理规范和伦理行为的传播，更好地服务于企业目标。然而，企业的这种诉求并未能体现在财务管理目标中。

### （二）财务管理目标伦理基础的检视

企业财务管理目标的确定，在根本上解决的是以谁为中心确定与企业财务管理有关的利益归属问题。确立财务管理目标，必然有其伦理学上的基础。在考虑多个主体之间利益关系时，要么偏重个别主体的利益，要么偏重所有主体的共同利益，要么谋求某种形式上公平的方案。具体到传统的财务管理目标的确立，更多的是考虑前两种立场，即采纳了利己主义或者功利主义的态度。

### 1. 利己主义

经典的利己主义和功利主义都是结果论的，都将结果是否有利视为一个行动在伦理上是否可以接受的最终决定因素。但利己主义完全站在主体自我的立场上考虑问题，并采取自利的行动，它可以被定义为一个人应该永远为自己的最大利益而采取行动的理论。在财务管理范围内，利己主义是不能接受的，因为财务管理以企业为背景，企业是多种利益甚至公共利益的聚合体，企业最终不过是一个制度工具，要为大范围的公众利益服务，承担社会责任，这决定了利己主义原则与这些目标的不相容性。实际上，利己主义从来都被认为具有极大的困境，比如无法解决利益争端，无法实现冲突主体之间的利益平衡。

### 2. 功利主义

面对行动的选择，功利主义立足于整体利益，优先关注这个行动是否有利于包括自己在内的所有人，即把自己的利益纳入整体利益之中，这个原则被表述为"采取那种能为大多数人带来最大利益的行动"。功利主义通过衡量某一个行动对每个受影响者带来的有利和不利结果来决定赞成或反对这个行动。如果这一行动为更多人带来的全体快乐超过了全体不幸，那么这个行动就是正当的。流行的观点将股东财富最大化视为最合适的财务管理目标，这实际上是功利主义伦理观在财务管理理论中的表现。这在股东财富最大化财务管理目标理论中至少引起了三个关键问题：一是分配问题。在企业实现这种财务管理目标的过程中，即使实现了企业价值最大化即作为股东整体的财富最大化，又有什么样的机制能确保企业作为股东个体的财富最大化呢？尤其是对在公众公司中大量的小股东来说，其财富最大化如何得以体现呢？权力的天然不平等使得大小股东之间在股东财富最大化上的利益往往是不一致的，作为股东整体的财富最大化以及大股东的财富最大化都不意味着小股东的财富最大化。这个问题实际上是功利主义的决策程序完全忽略的问题，不可能指望在功利主义伦理的框架内得到解决方案。二是如何理解财富或利益。财务管理目标中所讲的财富最大化显然直观上只能理解为现实的和具体的经济利益，而对企业个体或者股东总体来说具有经济利益的行动对社会其他成员来说却要承担某种成本，这种成本加总起来甚至大于企业个体的收益。财富最大化可以反映出来，而给社会造成的外部成本却不能反映在企业个别财务报表上，这种企业成员内部利益与更大范围的社会整体利益的冲突也无法在功利主义框架内解决。三是如何看待不道德甚至违法手段。财务管理是许多技术手段的运用，并且财务管理运行的制度框架往往不够完善，制度创新跟不上技术手段的创新，并且存在大量的依赖契约双方的诚信才能有效运行的制度，因而财务管理者为实现财务管理目标，总有足够的采用不道德手段的动机和空间。

### （三）财务管理目标伦理修正

必须引入更超然的伦理观念，在更大范围的利益关系中探讨财务管理目标的确定。现引入三种伦理观念对财务管理目标进行修正：

#### 1. 道德共同体企业不仅是一个利益共同体，而且是一个道德共同体

道德共同体观念来源于康德哲学，在康德看来，任何由人合作进行运作的企业都必然包含道德层面，其中人的尊严和他们的人性应该得到尊重。基于非工具论的观点，组

织不应该利用人，而应该帮助其发展为理性的、道德的人。就此而言，包括企业在内的组织都应该是道德共同体。而功利主义的缺陷是没有将道德行为的动机考虑进自己的体系中去，这种道德动机就是义务，这种义务是道义论（义务）伦理观的基石。作为一个道德共同体的公司，就是当然的义务主体，对其成员、对社会都承担一系列的道德义务。在确定财务管理目标时应当吸收这种理念，实现企业目标从根本上说是为了实现人的目的，使人发展成为更具道德的人，而不是为了实现企业目标而把人降低为工具。另外，通过对人的尊严和价值的强调，排除了功利主义作为道德公司的决策标准，因为人的价值是不可以用货币或财产来衡量的；并且因为每个人都具有必须尊重的独立的价值，人数的多寡也不应成为决定一个组织的基本规则的根据。这些都确保了公司的参与者作为公司一员获得某些最低限度的收益，而不是处于被其他成员利用不正当的规则剥夺的一无所有的境地。这样，财务管理目标无论如何表述，都不可能把公司某一成员排除在利益关系之外，确保了财务管理目标的实现与公司成员利益实现的一致性。公司行善的原则也是对传统财务管理目标的修订，一般观点认为公司行善涉及花费股东的钱用于股东并不同意的事情，似乎与公司财务管理目标相悖，但行善原则认为公司是依托社会而存在的，社会通过法律创建公司这种主体是因为公司有助于社会公众利益，因而公司的财务管理目标指示公司的某些行为做出调整，以适应公众关于公共利益的需要。

2. 将契约理论应用到财务管理领域，形成财务契约理论

契约就是交易主体之间的权利流转关系，财务契约便是"企业在理财过程中，为达到合理预期，在平等互利的基础上与各个权利主体确立的一种权利流转关系"。任何契约都建立在自愿、公平、合理、对等的基础上，在其中，每个契约当事人都预期到契约行为通过交易会增加其利益。财务契约当事人实际上就是所有"向企业投入各种资本的直接利益相关者，包括向企业提供人力资本的经营者和职工以及向企业提供非人力资本的股东、债权人、大供应商和大客户"。现代企业就是这一系列多边财务契约关系的总和。而这种财务契约关系的实质是在利益相关者之间如何确认和分配剩余索取权和控制权。因此，企业财务管理目标必须重视将剩余索取权和控制权对称分配给利益相关者的权利安排。因而，财务契约的目标是与财务管理目标一致的。财务契约观也与利益相关者理论有内在的一致性。知识经济时代的来临，使得企业契约各方的相对实力和地位发生了变化，财务资本所有者反过来却要依赖人力资本所有者才能获利，股东股权的运用要受其他利益相关者的制约，股东对企业的绝对权威是不存在的，企业实际上是归利益相关者共同所有，其通过控制权分配结成长期稳定的合作关系。这种利益相关者对企业的共同控制权观念与传统财务管理目标理论是不同的。在现代契约观下，利益相关主体的权力得到了明显的增长，可以将其影响力延伸到企业之内。在这样的背景下，企业价值最大化作为财务管理目标，使企业的活动更注重企业的长久发展，更注重潜在的获利能力，通常可以通过企业财富的整体增长来协调和满足契约各方的利益要求。因为关注到了企业整体价值的增加，也就关注到了权利各方的利益。

3. 新企业价值观的焦点是重视更为丰富的价值维度

①人力资本价值。作为市场经济微观单位的企业，就是物质资本和人力资本结合构成的一种契约关系，最终体现为财务管理目标的企业价值最大化必然是物质资本价值和

人力资本价值之和的最大化。这种目标要得以实现，一个先决条件是物资资本所有者与人力资源所有者之间形成互助，并克制各自的权力冲动，不过分利用各自的天然优势，防止出现道德风险。这些无疑需要伦理约束的介入。②外部性返射价值。外部性的存在意味着企业财务管理目标没有充分反映社会收益。契约观和社会责任一般都是针对这个问题展开的，不过，站在企业自身的立场上，这种外部性很可能会通过某种机制反射回来，影响企业价值目标的实现，即外部性返射价值是对企业价值的减损，形成企业的一种负价值。这种外部性返射价值必须添加到企业价值当中，企业财务管理目标才更加完整。③非货币性价值。社会经济价值最大化是利润最大化、企业价值最大化合乎逻辑的发展，是企业财务管理的终极目标。这种主张的含义仍旧没有完全进入精神价值的维度，因为所谓"经济"价值都还是要理解为货币性的，而精神价值不能还原为货币。对这三种价值维度的补充，一种极其可能的反对意见就是，这些价值维度的测量会非常困难。然而，任何价值维度的测量都面临这种挑战，例如采用目前主流的企业价值最大化目标测量企业价值本身就要面对未来的不确定性，这种情况下任何对未来的预期都不可能是理性和客观的。

## 三、财务管理内容的伦理问题

### （一）融资伦理 [①]

融资伦理主要指企业为获得生存经营所需资金而选择的融资方式和融资行为的合理性与合规性的伦理准则。

#### 1. 融通资金的合理性

即企业获得资金时应该遵循的融资规则的合理性。所谓资金获得的合理性，在不同的经济体制下会有不同的规定。在市场经济条件下，无论企业采取什么融资方式取得资金，都是要付出代价的，即承担资金成本。从企业经济理性上讲，企业追逐资金成本最小化无可厚非，但这种体现现代经济理性的谋利行为倾向和行为追求，应审视其道德的合理性。如果企业是通过科学的融资组合策略或利用正确的避税措施等实现资金成本最小化的，就是合理的；如果利用目前我国股票市场不规范的弱点随意制定股利分配政策、做假账、粉饰财务信息或以丧失商业信用为代价而追求资金成本最小化，就是不道德的或缺乏伦理基础的。

#### 2. 融资理念的合规性

即应该维护资金供给者的利益，营造一个尊德守信的伦理环境。企业资金筹集的活动，是受资者与出资者的互动过程。在这一过程中，出资者对资金使用权的让渡成为双方博弈的主要方面。企业在追求资金成本最小化的前提下，应保护资金供给者的经济利益，遵循诚实守信的伦理律令：按时支付本金和利息；合理分配股利收入。这样做能体现两大好处：一是节约交易的预期成本，即如果筹资者的信用度比较高，一向如期如数地归还银行贷款，银行就可以给企业以优先贷款、优惠贷款、扩大贷款等特殊对待，不需要因"请

① 王素莲.财务伦理：一个财务理论研究的新视角［C］中国会计学会第六届理事会第二次会议暨2004年学术年会论文集，2004.

客送礼"等寻租活动而支付额外的成本，这就是"信用就是金钱"的伦理准则。目前许多民营企业通过高利贷融资，背负着沉重的利息负担，这除了与民营企业的粗放型管理、残留的"所有制歧视"有关外，更主要的是民营企业的信用观念淡薄所致；二是为诚信的声誉转化为极大的品牌效应提供了认知模式。为了能够谋求长远利益，理性的筹资者选择诚信的交易方式是最有价值的，这样不但会和正在交易的对方结成牢固的交易伙伴关系，还会为自己创造良好的信誉，将迎来更多的出资伙伴。这两大好处均是"信任对复杂的简化"功能的现实表现。

**（二）投资伦理**

投资伦理主要是指企业在选择投资项目并付诸实施时，应考虑企业价值目标的实现，达到利己与利他的完美和谐。

1. 投资活动的效率制约于目的论的价值向度

投资是财务活动的一个重要内容，投资效果的好坏，是通过投资效率来体现的。按照通常的解释，效率概念属于经济生产和经济增长的范畴。通常，效率就是投入与产出之比。投入越少，产出越多，效率就越高；反之亦然。从财务伦理的角度看，效率是指企业目的性价值的实现。即只有有利于企业价值实现的行为或事件才是有效率的。如果生产的是假冒伪劣、以次充好的产品，即使很多，却积压在仓库里，企业为社会创造的价值得不到实现，则谈不上效率，或者说是低效率，甚至是负效率。因此，最佳的投资不仅要求在经济学的意义上是最优的，同时在社会价值的实现方面也是最优的。

2. 投资权能的作用交织在利己与利他之间

所谓权能，是指权利能否发生作用以及能在多大程度上发挥作用的一种能力。投资本质上是一个利益关系范畴，投资决策实际上就是利己与利他之间的动态平衡过程，投资权能的边界受利己与利他的双重制约。即使在产权界定清楚以后，投资主体仍不能任意处置自己的产权，基于产权界定而具有的投资权能，其作用是有边界的。这种边界，从经济学的角度看，受制于利己（企业利益）导向的"成本—收入"分析，即权能作用所带来的边际收入等于其边际成本，当边际收入小于其边际成本时，投资主体就会自觉地放弃超出边际收入的那部分权能。但是，事实上，权能的作用边界并不总是能用"成本—收益"分析来确定的。例如，在稀缺性资源开发和利用方面的投资，其权能就不仅仅取决于"成本—收益"分析，而要考虑人类的代际公正这样一个伦理道德问题。投资权能作用的伦理边界是：权能作用的发挥不能损害他人的利益。这里的"他人"既指与投资主体处于同一时空中的他人，也指与投资主体处于不同时空中的他人，它们都构成为权能作用的"雷区"。可见，财务伦理要求投资活动在利己不损人的背景下追求投资效率的帕累托最优。

**（三）分配伦理**

分配伦理是指通过财务意义的客观标准和道德意义的主观标准的有机整合所体现出来的分配正义。

从财务意义上讲，客观标准以劳动的"值"作为衡量标准。这个劳动的"值"泛指劳动的数量和质量，其中包括本经营期一般劳动的、特殊劳动（高科技知识、管理知识、策划知识等）、用以往劳动"值"的消费剩余投入的（资本）数量和质量。这样，按劳分配、按"知"分配、按资分配，就是一个相对合理的制度安排。它以各经济主体的参与能力和资本投入量为分配标准，客观地体现了绩效层面的分配机理，调动了利益相关者的积极性，使企业分配获得了形式公正的普遍保证和条件。但由于劳动、资本、知识对利润的贡献很难区分开来，而且不同的劳动、知识的"值"的折算缺乏公允的标准，对这种分配制度的单一依赖会导致相关主体的贫富差距、影响企业凝聚力的负面效应。因此，要达到真正的企业分配正义，还需要诉诸伦理规范的调整或修正。

从道德意义上讲，主观标准以大多数被分配者的主观满意度作为衡量标准。对这个标准的动摇，会影响企业的生产经营秩序。所以，按照伦理学家罗尔斯的观点，企业可以通过制定对处于企业最不利地位的弱势群体有利的分配方案，对初始的分配结果进行补充性的再分配。比如说，对企业的高收入者征收个人所得税；企业向社会捐赠时加大高收入者的捐赠份额；对低收入者享受困难补助等。

总之，财务伦理在分配正义问题上的主张应该是综合的，即财务伦理在分配正义问题上的要求是既符合经济理性的原则，尊重财务制度的原始分配的公正规则，又要依据财务伦理的正义安排和道德调节，把被分配者的收入差距控制在合理的范围内。

## 四、财务管理方法的伦理问题

经典企业财务管理学沿用了西方主流经济学推崇的个体主义方法论原则，认为人类社会是由个体组成的，个体行为是社会行为的前提和出发点，对个体行为的解释应当从个体的内在属性和动力或追求出发。

制度经济学家对此的评价是，作为一种社会存在，人的行为是直接依赖于他生活在其中的社会文化环境的。要从每个人的现实存在和他与环境的关系、制度结构、组织模式、文化和社会规模去理解人的经济行为。新制度经济学家认为，个人是一种"社会人和组织人"而不是"经济人"，单独考察个人的动机来发现经济规律是只见树木不见森林的片面做法。个体主义方法论还受到公共选择学派、新哲学派别以及自然科学等诸多领域的挑战，并且引发了下述的理论问题伦理化争论。

亚当·斯密有一个重要思想：在"自然秩序"下，受"一只看不见的手"的驱动，每个人从"利己心"出发追求自己的利益，会达到并非它本意要达到的目的，即更有效地促进社会的利益。这个思想蕴含的逻辑是，经济人从自身利益出发展开的竞争，会使生产成本降到可能的下限，并使产出最大化。这显然是一个从个体主义方法论出发强调经济中个人"利己心"的合理性法则。

社会学家迪尔凯姆则认为，"社会秩序"是不能还原为个人行为并且独立于个人而存在的"社会事实"，无论它是以法律或是习俗的形式出现，这种强制的约束力总是在社会利益受到侵犯时发挥作用，它凌驾于个人之上，引导着个人需求。美国社会学家默顿进一步指出，社会的协调运转需要建立在强制性私欲约束基础上的"社会秩序"，而这种社会秩序是现实中群体利益协调的结果。

以上作为不同学科逻辑基础的两个几乎相反的命题，存在着明显的"理论上的矛盾"。虽然方法论上的个体主义与伦理学中的利己主义相区别，前者假设"私利即公益"，后者则直接意味着损人利己，但是上述争论又不能完全回避伦理学问题，因为任何经济秩序都必须具有道义上的合理性，与一定社会的价值观相衔接。个体主义方法论把"自然秩序"当作既定的东西，或者认为经济秩序是市场选择的"自然结果"，忽略了在经济秩序的形成中，个人以及群体利益的冲突和协调、道德的自律性利他主义和法律的强制性利他主义都起着重要的作用。

## 五、财务管理道德风险的伦理问题

由于企业财务管理的特殊性使其面临一定的道德风险，在实际操作过程中，只有严格遵循一定的伦理原则，彻底消除这些道德风险，才能保证企业财务信息的真实性、公开性，充分发挥财务管理的内部理财功能和外部融资功能，为企业发展提供源源不断的养分。[①]

### （一）企业财务管理的道德风险

企业财务管理的最终目标是追求利益最大化，企业财务管理通过充分发挥内部理财和外部投资功能，能够不断为企业发展提供后续力量。但由于企业财务管理的复杂性使其面临着一定的道德风险，给企业乃至社会带来不少负面影响，研究企业财务管理道德风险的发生机制，加强财务人员道德风险防范对提高财务管理效率有着重要意义。

财务人员道德风险是指在财务业务过程中，由于财务人员的恶意行为或不良企图等道德问题，故意使财务风险事故发生或损失扩大，从而发生的财务风险。财务人员道德风险可分为职业道德风险和社会道德风险，前者是指财务人员不认真履行职责或玩忽职守造成企业损失，后者是指财务人员主观上具有强烈的不良企图和恶意行为，如贪赃枉法、徇私舞弊等给企业带来巨大损失。列温提出行为归因公式：B-F（P，E），即人的行为是个人特性与外部环境共同作用的结果。即财务人员道德风险是个人内在不良品质在财务管理环境中疏漏的刺激引诱下产生的。首先，由于企业所有者与财务人员之间的委托代理关系而产生道德风险。其次，财务环境的复杂性及市场机制的转变带来价值观念、道德标准的变化，使企业财务管理人员面临困境而产生的道德风险。再次，企业财务人员自身道德素质欠佳造成企业财务管理面临道德风险。最后，企业外部环境的变化使企业财务管理面临更大风险。

### （二）企业财务管理的伦理原则

#### 1. 真实性原则

真实性是企业财务管理的生命，是其价值所在。因为企业的资产及负债、流动性及偿债能力、收益能力以及现金流转等综合财务状况不仅直接涉及企业的财务管理，而且它同时也反映了企业的经营状况而涉及有关其他各方的利益。一方面，企业内部的管理决策要根据企业的财务状况进行，企业的管理制度、融资方式、投资领域、营销模式乃至企业文化都必须与企业具体的财务状况相适应；另一方面，企业外部的有关各方也要根据企业的经营状况进行决策，例如政府要根据它进行税收，银行要根据它决定是否贷款，股东要根据它决定是否对企业进行投资，投资市场上潜在的投资人根据它决定是否购买企业的股票等。从企业伦理看，根据经济效率与经济公平两大伦理原则，企业财务管理

---

① 伍妍. 企业财务管理中的伦理道德问题研究［D］. 中南大学哲学、伦理学硕士学位论文，2003.

的一条最根本的伦理准则就是真实，即以实际发生的经济业务的合法凭证为依据，真实、准确地记录企业的财务状况和经营成果。

### 2. 互利性原则

交易本来就是互通有无的一种权利交换，在市场经济条件下，各企业之间只有互相尊重对方的平等主体性，贯彻互惠互利的交易原则，才能保证"游戏规则"的正常实施。企业财务管理不仅为企业统筹安排资金服务，作为社会的经济细胞，每个企业只有与其他企业"和平共处"，才能利己又利他，实现"双赢"甚至"多赢"，企业财务管理还必须兼顾企业内部其他部门、企业外部利益相关者以及竞争对手的利益。尤其在电子商务日益发展的今天，更要充分发挥其带给企业财务管理的便利性，而坚决抵制其带来的负面效应。

### 3. 责任性原则

责任是指由一个人的资格所赋予，并与此相适应的从事某些活动、完成某些任务及承担相应后果的法律的和道德的要求。从伦理学角度看，这是对责任内蕴所作的形象阐发。责任具有的伦理意义体现了道德实践精神的内在要求，在道德关系主客体具备的前提下，道德主体还要依据社会所提供的道德规范积极行动，自觉地实践道德理想和道德目标。责任作为伦理范畴的实践精神规定是对道德主体更高层次的要求，是道德社会本质的内在规定。在市场经济条件下，存在着利益主体多元化趋势，而多元化的利益主体的经济活动基本上是利益驱动所致的，这样，一笔经济业务所涉及的利益主体往往也是多元的，财务管理能否依法、真实地反映这些发生的经济业务，一方面直接关系到各利益主体的利益分配，另一方面会间接地影响国家税收、社会分配等方面，这就涉及公众的利益问题。

### （三）企业财务管理中道德失范行为的主要表现

由于企业财务管理中存在较大的道德风险，如果不遵守伦理规则，就容易造成道德失范行为。企业财务管理中的道德失范就是违背会计职业道德和金融伦理的行为，目前主要表现为财务人员的违规、融资活动的混乱、企业兼并的恶意。例如，财务人员的违规中，一是少数财务人员职业道德败坏、沦丧、主动违法犯罪，二是相当一部分财务人员职业道德严重欠缺，违规现象严重。

### （四）企业财务管理中不道德行为的防范 [①]

#### 1. 严守财会人员道德

加强财会人员道德建设是保证企业健康发展、不断壮大的有力措施。同时也有利于财务领域反腐倡廉、纠正行业不正之风的开展。规范财务人员职业行为的规则主要体现在各种财经会计法律、规章、制度之中，但在强调运用会计法规、法令、纪律来规范财务人员职业行为时，仍必须辅之以财务道德规范。其原因在于法律的完备性总是相对的，再完善的法制也会存在某些空隙和疏漏。假如财务人员没有良好的财务道德的自我约束，他们就会利用财经会计法律的某些不完备的条款，干各种损人利己的勾当，想方设法搞投机、钻空子。

---

① 严碧芳.企业财务管理中的伦理道德问题［J］.决策与信息.2006（7）.

### 2. 完善财务管理制度

①加强企业财务管理制度建设可以规范企业财务管理行为。有了明确的法律界定，企业财务管理的运作就有章可循，对于某种行为是对是错以及是否有利于整个财务管理行业的规范就有了统一的评判标准，不至于出现对同一行为褒贬不一的现象。②加强企业财务管理制度建设可以保障合作企业的权利。如果某一企业在与其他企业的合作过程中，为了自身私利而不遵守企业财务管理制度，提供虚假的财务信息，就会误导合作企业，使其遭受损失。通过加强企业财务管理制度建设可以切实保障合作企业的权利不受侵犯。③加强企业财务管理制度建设，有利于稳定整个财务管理行业的运作秩序。通过加强财务管理制度建设，有利于尽快形成企业财务管理行业的道德规范。因为以法律保护道德的企业财务管理行为，为守德经营的企业提供了更多的支持与帮助，同时，以法律手段惩处企业财务管理中的不道德行为，使企业与财务管理人员为不道德经营付出代价，这就能够以强制手段维护企业财务管理行业的道德状况。

### 3. 优化资本运营环境

金融市场的完善程度，对提高企业经济效益，实现财务管理的良性循环有着重要作用。为了给企业创造良好的资本运营环境，必须花大力气、有计划、有步骤地开拓与完善金融市场。众多企业的成功证明企业伦理是市场经济运行的一种有效调节方式，尤其目前中国关于企业财务管理行业具体法律法规不够健全的情况下，加强伦理道德建设显得更加任重而道远。良好的企业财务管理是保证企业不断盈利的有效途径，是推动整个社会经济发展的强劲动力。

## 【案例分析】中航油事件的财务伦理分析 [①]

### （一）财务伦理环境

#### 1. 法规环境

新加坡对企业财务伦理的规范和监督比较严格。新加坡注册会计师协会作为新加坡唯一的一个专业会计师团体，是根据国会立法成立的，不隶属于任何部门，具有很强的独立性。其主要职能包括：负责会计师注册和管理新加坡会计职业的活动；通过本协会和其他机构，为在新加坡和其他地方从事或计划从事会计职业的人员提供培训、教育和考试服务；按照规定审查申请人入会和注册资格；颁发会员证和签发执照；制定新加坡会计准则；与国际会计团体进行交往，参加国际会计组织等。根据新加坡公司法以及新加坡证券交易所上市规章，中航油聘请了独立董事，成立了审计委员会。然而这些独立董事与审计委员会并没有发挥应有作用。对于中航油期货交易这项影响公司经营成果和财务状况的重大事项，对于中航油向投资者隐瞒交易损失虚报盈利、陈久霖擅自夸大期货交易范围等欺诈违规行为，以及与期货交易相关的内控制度形同虚设等问题，中航油的独立董事与审计委员会既没有向董事会也没有向交易所提出报告。

#### 2. 行业环境

国务院曾发布了一系列的通知和条例来限制期货交易，以对期货交易市场进行整顿

---

① 李昕.国有企业财务伦理与内部财务控制相关性研究［D］.南京航空航天大学，2009.

和规范。中航油自 2003 年开始做油品套期保值业务时，是经过我国证监会批准，并在取得母公司中航油集团授权后进行的。但中航油擅自扩大业务范围，从 2003 年开始从事石油衍生品期权交易，而石油期权投机是我国政府明令禁止的。

3. 沟通环境

新加坡《公司法》中对公司对外报送的会计报表有所规定，要求出具的财务报告包括董事会报告书、资产负债表、损益表、现金流量表、财务报告附注和注册会计师的审计报告等。对上市公司，新加坡证券交易所对其会计报表应披露的事项也有所要求。中航油曾被新加坡交易所评为"最具透明度的上市公司"，并且是唯一入选的中资公司。但在整个期货交易过程中，中航油及其母公司中航油集团对投资者不真实披露信息、隐瞒真相、涉嫌欺诈。到 2004 年 6 月，新加坡中航油炒期货账面已经亏损 3580 万美元，但在 8 月份公布的第二季度财报中，仍然报告了约 1000 万美元的盈利，对交易中的亏损只字未提，反而一再强调公司"严格的风险控制程序"。到 11 月 16 日，公司仍然公布其第三季度盈利约 550 万美元，而此时公司已在交易中账面损失了 3.02 亿美元，虽然市场分析员承认交易不成功，却只透露账面损失了 60 多万美元。这些行为严重违反了新加坡公司法和有关上市公司的法律规定。

（二）财务伦理执行

1. 融资活动

2004 年 10 月 20 日，中国航油集团提前实施了本准备在年底进行的股份减持，将所持 75% 股份中的 15% 折价配售给部分机构投资者。此次配售以购买新加坡石油公司股份的名义进行，但事实上中航油管理层已经决定放弃这次收购。此次配售筹得 1.08 亿美元，全部贷给上市公司用于补仓。然而，直至 11 月 30 日向法院申请破产保护之前，公众和投资者一直被蒙在鼓里。无论是中航油还是中航油集团，都没有向买家披露公司已因卖空期权将面临上亿美元亏损，也没有向投资者和公众宣布 15% 股份配售所获资金目标用途的更改。

2. 投资活动

中航油的长期战略不是成为一家从事期货投机赚钱的企业，而是成为一个在航油现货交易中具有扎实基础的实业企业。但是，在 2003 年，中航油来自企业收购以及其他投资的回报已占公司税前盈利的 68%。航油进口和国际石油业务交易才占业务的 16%。即"非经常性损益"远超过了"经常性损益"。中航油集团垄断了航空油料的进口。据报道，中航油以高于日本航油价格 60%、新加坡航油价格 2.5 倍、国际平均航油价格 1 倍多的价格向国内航空公司供销航油，获取暴利。这种因为行政行为而形成的行业垄断导致社会财富和社会福利向垄断者一方转移，垄断者通过行政权力向国家和社会"合法寻租"，称这种赚取暴利的行为实质是将公众利益私利化。

3. 分配活动

新加坡《联合早报》报道，陈久霖 2002 年收入达 490 万元新币，折合人民币 2350 万元，成为整个新加坡的"打工皇帝"。2003 年薪酬方案规定，陈久霖的年薪仍由三部分组成：基本工资 48 万元，3 个月分红 12 万元，外加集团利润分成。公司的税前盈利部分，头 2000 万元内不予分成；接下来的 2000 万元至 4000 万元，分成比例为 7%；下一个 2000 万元,分成比例为 8% ;再下来的 2000 万元,分成比例为 9% ;超过 8000 万元部分,分成比例为 10% 。中航油集团在 2000 年 3 月正式下发文件,要求包括参股企业在内的所有下属公司在未来几年进口航油必须通过中航油。2001 年 10 月,总公司又再次承诺绝不撤销以往的进口安排,保证了中航油获取高额的垄断利润。因此,中航油的利润直接源于垄断权带来的利益重新分配,而非创造的新价值,那么陈久霖为此拿到的巨额回报是否不太合理?

（三）财务伦理文化

1. 财务伦理价值观

2003 年 10 月,陈久霖被《世界经济论坛》评选为"亚洲经济新领袖"。而中航油基本上是陈久霖这个创业者说一不二的"家天下"。由于这种家长作风、个人专断没有得到有效地平衡、抑制与监督,陈久霖不断地违背国家法律法规、不断地破坏公司规章制度。在陈久霖成为集团副总经理后,便长期在新加坡独立主持公司运作。陈久霖不用集团公司派出的财务经理,而是从新加坡雇了当地人担任财务经理。在 2002 年之后,集团公司曾先后两次向中航油派出财务经理,第一次被陈久霖调任旅游公司经理,第二次被安排为公司总裁助理。陈久霖自称他只顾埋头处理危机而从来不按照规定向董事会和集团报告账面亏损情况。中航油党委书记任职两年以来从来不知道中航油在进行期货交易。

2. 财务伦理教育

新加坡注册会计师协会对会计人员的再培训有明确的规定,凡是会员每年都必须有从事会计实务工作和经过一定时间的会计及相关专业的教育和培训记录。各公司对职员安排一定工作时间和业余时间,或到学校,或请教师到公司进行培训,并支付相关的费用。他们认为,科学知识、经济业务不断发展,会计技术和处理手段也在不断地变化,会计人员需要更新知识,同时每个员工素质的提高也在于知识的培养。

**【文献阅读】财务理论中的伦理道德缺失与财务伦理道德体系的建设** [①]

本文中的财务指企业或单位的资金（资本）运动及其所体现的经济关系,"伦理"指人与人相处的各种道德准则,"道德"指人们共同生活及其行为的准则和规范。

1. 经典财务理论中伦理和道德的缺失

一般认为,西方现代财务理论由不相关定理、有效市场假设、资本资产定价模型、选择权定价模型、委托代理理论这五个主要部分组成,而它们共同的基础是完美资本市场假设。虽然很多人将它们奉为金科玉律,但是很少有人真正看到它们所存在的缺陷。

（1）不相关定理。

它指在公司的投资政策给定的情况下,财务决策尤其是资本结构和股利政策不会影响公司总体价值,因为投资者能够通过比较快的策略调整消除公司决策所带来的不均衡影响。该理论是建立在完美资本市场假设之上的,但资本市场的现实却总是不完美的。如果所有公司或大部分公司的大股东和经理人都承认不相关定理,也即认为资本结构决策和股利决策与公司总体价值是不相关的,那么这将意味着他们可以忽视公司整体价值

---

① 朱元午.财务理论中的伦理道德缺失与财务伦理道德体系的建设 [J].当代会计评论, 2009( 12).

和投资人的利益而进行资本结构决策及股利决策。他们可能会过度负债，并因此增大财务风险和破产风险，进而影响公司价值；同时，他们也可能为了自己的利益而不分派股利，或者分派次优股利。这两种情况的共同结果都是损害众多分散投资者的利益，我国具有国资背景的上市公司的股利决策已经为这一结论提供了论据。资本结构和股利决策与公司总体价值真的无关吗？尽管可能论证出"理论"无关，也不可能论证出"现实"无关，更不可能论证出企业价值与分散投资者无关。由此可见，不相关定理的确存在伦理道德缺陷，它非常有可能误导大股东和经理人做出损害分散投资者利益的财务决策。

（2）证券市场有效性理论。

它认为证券价格通常能够完全反映所有公开可用的信息，新披露的信息也能快速无偏地被吸收到证券价格中。因此，财务分析不会给投资者带来超额回报，虽然经理人可以利用内幕信息获取超额收益，但这不是有效资本市场假说本身造成的。这个理论可能存在几个问题：首先，虽然证券市场对真假信息的反应非常灵敏，但是所有公开可用的和新披露的信息会因某些原因而不能在证券价格中得到完全、快速和无偏的反映，一些重要信息会出现时滞和偏差，进而会影响投资人和投机人的决策。其次，如果相信财务分析不会给投资者带来超额回报和淡化经理人可以利用内幕信息获取超额收益，那么资本市场的有效性就会因更多参与者的盲目而受到削弱。最后，解决这个问题的办法非常有可能将投资人诱导到赌徒之路。例如，有人曾根据证券市场有效性理论建议，如果某些投资有可能获得高的回报，虽然这种可能很小，投资者就应该继续试着敲击市场。果真如此，该理论就会诱导投资者对风险大的赌注越来越感兴趣，也乐于看到证券市场更大的价格波动。其实，只相信证券市场的有效性、不做证券分析的投资人获得成功的概率是很小的，绝大多数情况下都是血本无归，并由此引发一系列的社会性的伦理道德问题，即证券市场有效性理论缺少伦理道德内涵。

（3）资本资产定价模型。

CAPM 的主要观点是公司市场价值与公司的特有风险不相关，因为投资者通过分散投资能够容易地消除它，唯一有影响的真正风险是公司与市场关系的系统风险。CAPM 在定价本身的意义上是具有科学性的，但是从伦理道德层面上去分析，它实际上可能会误导使用者仅仅关注对他们而言是不可控制的系统风险，而忽视至少是在相当程度上可以控制的企业内部风险。这是因为，根据 CAPM 公司市场价值与公司的特有风险不相关的观点，即使委托人和代理人努力规避了公司的特有风险，也是与公司市场价值不相关的，又会有谁可能花费力气去做与公司市场价值不相关的事情呢？系统风险在一定程度上是来自个体风险，而多个个体风险的存在和加大必然导致整个市场的系统风险加大并且爆发。例如，安然事件爆发以后就曾引起美国股票市场的波动。因此，CAPM 仅仅从技术层面考虑有价证券的定价是不够完备的，它有可能被大股东和经理们作为忽视企业特有风险管理的理论根据，并且进一步引发与企业特有风险有关的伦理道德问题。如果从投资者角度考察，CAPM 同时也在引导投资者更加关注没有办法控制的系统风险。

（4）委托代理理论。

它认为公司只是一个合法组织，该组织是股票持有者、债券所有者、经理人和其他集团维护契约关系的联结。只要委托人给予代理人足够的约束和激励，代理人就能够做出对委托人最有利的决策。现实经济生活中经常发生的巨大代理成本——大股东通过经理人或经理人利用公司的资源为自己谋利和他们为公司选择容易的次优风险和收益匹配的战略——却在提醒注意它的伦理道德缺陷。首先，委托代理理论因为隐含代理人是公司唯一决策主体的假设，这就导致所有者或委托人游离于决策之外，失去对决策本身和经理人的控制，使决策经常失败和使投资人蒙受巨大损失。其次，"足够的"或"适当的"约束和激励都是没有确定边界的说法，这很有可能成为代理人的"逆向选择"和"道德风险"行为的借口。例如，柯达公司 CFO 毕盛谈美国公司财务丑闻时曾指出，财务问题本质上是公司治理结构问题。针对美国近年来出现的丑闻，他认为美国不缺乏对企业的监管体系和手段，主要原因在于管理层和董事会没有共同遵循道德准则；过多的"内部人"担任董事；董事会下设委员会的领导人缺乏必要的专业知识；来自公司内外的警告被忽视；一些人利用"内部消息"进行股票交易。面对时不时见诸媒体的中国的经理人经济犯罪和"59 岁现象"，有人根据委托代理理论认为是激励不足的结果，主张"高薪养廉"。然而，"高薪"就一定能"养廉"吗？经常看到的却是一些拿着高于普通员工几十倍甚至上百倍高薪和享受巨额职务消费的经理人锒铛入狱，没有被查处的人可能会更多。委托代理理论隐含着比其他现代财务理论更为严重的伦理道德问题。

（5）利益相关者理论。

它的核心是认为企业是"大家"的企业，而不仅仅是所有者的企业，主张企业应关注包括所有者在内的其他利益相关方面的利益，如债权人、客户、员工等。将企业置于更广阔的社会空间中，不只是以所有者为单一的轴心，对企业充分履行社会责任，正确处理企业与各方面的关系，使企业的持续性得到加强，从本质上是积极的，也含有更多的企业伦理道德因素。但是，这个理论依然具有先天的缺陷，它显得相当理想化，其情况与说员工是企业的主人非常类似。在既定产权关系和由其所决定的分配关系没有发生改变的前提下，乌托邦色彩非常浓厚，看不到实际应用的前景。

综上所述，西方现代财务理论在伦理道德方面存在缺陷。当然，这并不是否认它们的积极意义，而是要说明流行的财会理论确实忽略了客观存在的伦理道德内容，它们往往是依据单纯的经济观点和财务与会计观点来提出或构建的。

2. 财务伦理道德建设

首先，如果把财务舞弊和会计造假现象等伦理道德问题放在当代中国的社会转型背景下，财务伦理道德建设和研究应当具有重大的社会意义。强制性制度安排的"硬"约束之所以不足，部分原因是伦理道德"软"约束的缺乏。中国经济体制改革所带来的许多变化已经并且将会产生一系列的伦理道德问题，有的对社会的安定团结构成了不同程度的负面影响，这其中当然也包括财务舞弊和会计造假。在伦理道德问题正在受到党、政府和社会的高度关注的大背景下，财会职业本身，进而它的理论和教育也必须充分关注自己的伦理道德建设及研究，逐步建立起以"诚信"为核心的财务伦理道德体系，恢复社会的信任，这显然具有重要的社会意义。

其次，财会伦理道德建设和研究对企业的生存和发展都具有至关重要的意义。在利润最大化目标和动机的引导下，会催生企业的各种财会行为，然而，它们都必须符合公认伦理道德的要求。如果一个企业和它的大股东及管理层在财务与会计问题上经常漠视伦理道德，损害投资人、债权人、客户、企业员工和公众的利益，就会失去有关方面的信任，甚至被社会所唾弃。通过加强财务伦理道德建设，树立企业良好的形象和信誉，使财会行为自觉受到法律法规、制度规范和伦理道德的双重约束，对企业的近期利益和长远利益、对企业的生存和发展都具有至关重要的意义。

最后，财会伦理道德研究具有理论意义。应当说，财会伦理道德建设的内容、路径及其成效等至少部分地取决于对它们的研究。我们需要通过对财会伦理道德的深入研究，形成比较系统的财务伦理道德体系，并对实际工作产生指导作用。在与财务学科建设直接有关的问题中，最重要的则是伦理道德内容要不要系统引进财务学科体系，如果需要引进，它们在财务学科体系中应当处于什么地位，与其他内容是什么关系，对这些问题目前还未出现高质量的研究成果。

3.建立财会伦理道德的自律和他律体系

既然财会伦理道德建设具有实践和理论两方面的重要意义，那就意味着我们需要建立一个由财会职业进行"自律"和由财会职业外部实行"他律"的伦理道德体系。其中，财会职业自律体系应从培养提高财会从业人员的伦理道德思辨能力入手，辅之以伦理道德量化指标的建设；来自财会职业外部的他律，主要是各种监管机构要对企业的财会行为进行伦理道德评估，媒体和社会舆论也要进行披露和监督。

培养提高财会从业人员的伦理道德思辨能力，对财会职业进行伦理道德"自律"显得非常重要。如果能使财会人员的伦理道德思辨能力不断提高，并且加大对企业行为的影响力度，那么财会伦理道德缺失现象就可能较大程度地减少。当然，要想实现这一点，企业家和财会人员都要完成从"经济人"向"道德人"的转换。尽管目前我们还看不到已经实现这种转换的更多表现，但是随着社会的进步，伦理道德必然会发挥应有的作用。

在培养提高财会人员伦理道德思辨能力的过程中，辅之以一定数量的伦理道德指标也是应当的和可行的。可以尝试设计并应用某些衡量企业财会伦理道德状况的指标，如财务案件发生率和会计信息失真率等，这类指标必须能比较准确地反映财会伦理道德的内涵，而且绝不宜多和简单化，还要防止因伦理道德因素量化诱使出现功利、虚伪和双重人格的现象。量化的伦理道德指标只能在自律体系中起到辅助作用，在他律体系中可能也只是起到补充作用。

虽然我们期待着人从经济人向道德人的转变，但是，企业和人的趋利动机却在经常地延缓着这种转换。许多案例一再证明，法律特别是伦理道德问题只是依靠自律还远远不够，还必须通过强有力的他律才能在一定程度上制止违法和不道德行为。对财会伦理道德来说，也只有建立起一个具有硬约束力的他律体系，才能有效防止和制止损害投资人、债权人、客户、企业员工和社会公众的不符合伦理道德的行为。

大力推行以诚信为核心的财会伦理道德教育，对财会伦理道德思辨能力的培养和提高具有特别重要的意义。这种教育应贯穿于财会学历和后续教育的全过程，且绝不应只是单独开设一门相应课程，而是在几乎所有专业课程中都渗透伦理道德内容。以知识传授为导向的财会教学模式已经显现出它在培养职业判断能力、良好职业道德和良好工作习惯方面的缺陷。我们需要加大财会伦理道德教育的力度，通过潜移默化实现伦理道德因素的积累，为上述的自律和他律体系的建立提供必要条件。

## 六、财务管理伦理的提升

1. 提升财务伦理的思辨能力

人们对行为的选择过程就是伦理思辨的过程，是选择伦理原则的过程。提升财务伦理的思辨能力，要考察伦理思辨与行为选择之间的关系。通常，选择高尚的动机，一般就会导致高尚的行为；反之，就会导致不良甚至邪恶的行为。所以，培育和完善财务伦理首先要提高财务伦理思辨能力，以使其能够更合理地把握自己的行为。需要运用某些伦理原则最终决定企业的财务行为在原则的推理过程中应根据环境和发生作用的领域，通过建立伦理思辨框架进行甄别。

2. 建立财务伦理的监督体系

财务伦理建设除了培养和提高伦理思辨能力以外，还需要建立财务伦理的监督体系。它是用伦理原则来观察、描述和记录财务行为主体的行为，为判断某一财务行为是否符合伦理提供客观依据。一是设立财务伦理委员会。企业对员工如果没有任何约束，那么员工就不会有责任意识。可以在企业中设立财务伦理委员会，将伦理道德这种"软"约束向"硬"约束转变，企业伦理态度从消极、被动向积极、主动转变。财务伦理委员会致力于企业伦理规则、伦理执行等方面的工作，不断推动企业开展伦理计划、声誉管理，引导企业关注"我们的财务目标是什么""财务行为的准则是什么""社会责任是什么"等伦理问题。企业通过设立财务伦理委员会，将伦理道德问题放于公司管理之中，逐步形成企业管理伦理化的发展态势。二是建立财务伦理评价体系。道德是从内在价值上自然地规范人的关系的原则，它更多地依赖人的自律而发挥作用。人们虽然具有道德好坏的评判标准，但是人性的复杂化决定了很难用简单而易操作的量化指标去度量。但是，并不能否定道德量化的作用，因为对财务道德的培养仅限于自律、教育是远远不够的，还必须通过可行的道德量化标准来加以衡量，以形成某种意义上的"硬"约束，从而约束财务行为的选择。

**【补充文献阅读】**

［1］李晨曦. 股票市场机构投资者财务伦理气氛与财务伦理冲突的实证研究［D］. 西南财经大学硕士学位论文，2011.

［2］李昕. 国有企业财务伦理与内部财务控制相关性研究. 南京航空航天大学，2009.

［3］黄娟. 上市公司财务伦理气氛与财务控制相关性的实证分析［J］. 商业会计，2012（1）.

［4］顾问等. 上市公司财务伦理气氛与公司绩效关系的实证分析［J］. 会计之友，2014（8）.

［5］李振林. 上市公司治理与财务伦理的实证分析［D］. 西南财经大学硕士学位论文，2011.

［6］陈鸿博. 我国股票市场中介机构财务伦理气氛与财务伦理冲突的实证分析［D］. 西南财经大学硕士学位论文，2011.

［7］黄明.关于管理层财务舞弊的商业伦理探讨——以辉山乳业为例［J］.金融经济，2019（7）.

［8］吴媚等.基于会计伦理强化模式的财务舞弊深析［J］.当代财会，2019（1）.

［9］陈刚等.企业财务管理中非伦理行为防范研究［J］.企业科技与发展，2018（9）.

［10］邱凯等.财务伦理：证券市场健康运行的重要维度［J］.财会月刊，2018（9）.

［11］仇雪.关于伦理道德改良与财务管理"负创新"的抑制［J］.中国国际财经，2018（9）.

［12］苏雅楠.基于伦理原则对东芝财务造假事件分析［J］.现代营销，2017（6）.

［13］李玫.企业财务伦理缺失与重新审视［J］.金融经济，2017（5）.

［14］王棣华.儒家伦理思想与企业财务管理［J］.财会信报，2017（7）.

［15］徐灿宇等.商业伦理探究——基于华锐风电财务造假的案例分析［J］.新会计，2016（8）.

［16］周丽君.万福生科造假案财务因素和商业伦理因素分析［J］.现代商业，2015（8）.

［17］谢冰.个体道德认知发展水平与财务伦理气氛对会计伦理决策的影响研究［D］.华侨大学硕士学位论文，2015.

［18］王棣华.如何用伦理之"手"协调企业财务关系？［J］.财会信报，2015（5）.

［19］谢阿红等.职业道德视角下雅百特财务造假事件的反思与启示［J］.中国乡镇企业会计，2019（1）.

［20］李亚东.财务管理人员职业道德建设探讨［J］.财会学习，2018（8）.

［21］田新民.加强财务人员职业道德建设的措施［J］.中国管理信息化，2018（7）.

# 第五节　会计伦理问题的治理框架

本节从三个方面阐述会计伦理问题的治理框架：会计人员的伦理责任；会计伦理的影响因素；会计伦理的治理框架。

## 一、会计人员的伦理责任

### （一）会计职业的特征

会计职业的特征有如下几点：一门专业知识体系；为获取必要的专业知识的一种公认的正式教育课程；控制职业准入的一种专业人士资格；一种制约从业者与客户、同事和公众之间关系的行为标准；资格确认；承担这一关系公众利益的职业内的社会责任；一个致力于提升团队社会责任的组织。

会计职业的伦理标准。所罗门修布勒认为：专业人士参与的职业是高尚的和有用的，能够激发从业者的爱与热情；专业人士的职业实务要求具有专业知识；专业人士在应用其专业知识时，应该摒弃自私的商业观，应时时刻刻牢记客户的利益；从业者应该对同行从业者忠诚，对他们一道从事的共同事业乐于提供帮助，而不应该允许任何玷污整个行业的行为；从会计职业的特征可以看出，除专业技术要求外，伦理属性是会计职业的根本特征。当一个人将自己交付给会计职业的时候，他就对会计职业做出了承诺。

### （二）会计人员的伦理责任

#### 1. 熟悉会计技术和原理，并能灵活运用

获得和掌握必要的会计知识是会计人员的个人责任。胜任工作的能力来自教育和实践经验相结合。作为一名会计人员，首先必须精通按规定应该掌握的这门学科的知识体系，而要保持这种能力，要求会计人员承诺不断学习和提高专业技术水平，这将贯穿会计人员的整个职业生涯，同时也是一名会计人员的个人约定。在所有这些约定与职责当中，每个成员应该保证自己的专业能力达到规定的水平。

#### 2. 为公众利益服务

会计人员受雇为社会公众提供专家服务。会计行业的公众是由客户、信贷供应商、政府、投资者以及其他依赖会计人员提供的服务来维持商业有序进行的人们组成的。这种依赖性赋予会计人员的责任是：为公众利益着想，而公众利益是指行业为之服务的人们和机构的共同福利。因此，会计人员有责任呈现或帮助其服务对象提供尽可能真实、准确的财务画面。会计人员就是通过这样的方式实现其职业目标的。

**【补充文献阅读】**

［1］周碧娥. 公共伦理视域下会计人员诚信问题研究［D］. 云南大学硕士学位论文，2017.

［2］王慧. 经济伦理视阈下会计人员道德风险及其治理［D］. 武汉纺织大学硕士学位论文，2015.

［3］李文辉. 基于伦理视角的会计人员财务舞弊"成本—收益"分析［J］. 财政监督，2011（4）.

［4］程华安. 从伦理视角谈会计人员财务舞弊的防范［J］. 财经界，2011（2）.

## 二、会计伦理的影响因素

会计职业的根本特征是其伦理属性，这一属性要求会计人员在进行会计决策时，要进行伦理方面的考虑，以便为那些有权了解有关组织真实财务状况的社会公众提供服务。那么，影响会计伦理决策的因素有哪些？

### （一）影响组织中个人伦理的一般因素

组织中个人伦理决策受个人道德发展层次的影响。但在一个组织工作的团队环境中，大多数人没有独立于组织压力之外的伦理决策的自由。因此，组织中个人的伦理决策又受职业道德规范、企业伦理文化这两个重要因素影响。这些因素相互关联，它们共同导致道德或不道德的行为。伦理决策的影响因素包括个人道德发展层次、职业道德规范和企业伦理文化等。

#### 1. 个人道德发展层次

组织中的伦理决策是通过个人的选择而产生的。个人道德发展层次在最终的抉择中扮演着重要角色。没有什么可以替代具有批判思考能力的个人，个体必须对自己的决定负责。

不同的个人道德发展层次会影响组织制定伦理决策的方式。国外个人道德发展层次与伦理决策之间的关系的一个调查显示：如果不良行为所得的利大于弊，公司里有 10% 的人可能会弄虚作假、欺诈或自私自利。被抓的风险越小，进行不道德活动的可能性越大。近 40% 的员工在大多数问题上遵守公司或团队的规定，这些员工注重相互依赖、相互联系和相互依从。他们最关心的是他们行为的社会意义，并想融入组织中去。另外 40% 的员工总是遵从公司的政策规章，这些人不仅对企业文化可接受行为理解透彻，而且也尽力遵守这些道德规范、道德培训、其他有关合理行为的说明。最后 10% 的员工竭力维护道德标准，主要集中在权力、职责和规章等方面。他们信奉一些价值观，认为某些在道义上正确的权利与行为是不可剥夺的。一般而言，如果发生伦理冲突时，这一类人相信自己的价值观总是正确的。该研究表明，如果公司内个人道德发展层次不同，他们在用不同的价值观决定伦理决策时，就会表现出不同的行为差异性。

劳伦斯·柯尔柏格创建了认知道德发展模型。该模型将个人的认知道德发展层次划分为六个阶段：一是惩罚和服务阶段。个人把正确定义为对规则和权力的真正服从。个人将会根据制定这些规则的人的权力而对这些规则以及对与错的标志做出回应。正确和错误与任何更高的规则或哲学没有关系，而是与掌握大权的人有关系。这一阶段通常和儿童联系在一起，但该阶段的发展信号在成人行为中也很明显。二是个人有用的目的和交换阶段。个人把能为自己需求服务的东西定义为正确的。该阶段中，个人不再只基于明确的规定或权威人物来做伦理决策。人们以对自己是否公平为基础来评价行为，因此该阶段也称为互惠阶段，这个阶段从实用的立场出发，伦理决策是基于一种你帮我，我也帮你的契约，而不是基于忠诚、感激或公正的原则。三是人与人之间相互信任、关心和遵循的阶段。个人为别人着想胜过自己。尽管动机仍然来自对规则的遵循，但是个人会为他人的福利着想。该阶段的个人，服从命令不仅仅是为自己的利益着想，同时也是设身处地为他人着想。四是维护社会系统和道德心阶段。个人考虑自己对社会的责任，而不仅仅是对其他特殊人的责任去决定什么是正确的。责任、尊重权利和维护社会秩序成了焦点问题。五是优先权、社会契约和效用阶段。个人关心对基本权利、价值观和社会法律契约的支持。该阶段的个人有一种对其他团体的责任感和承诺，是一种社会契约思想，并且意识到在某些情况下，法律观点和道德观点有可能起冲突。为了减少这种冲突，该阶段的个人把他们的决定建立在理性计算总效用的基础之上。例如，一个公司的总裁可能决定去建立一个伦理计划，因为它能作为防止法律问题的缓冲设施，而公司也将成为对社会负责的贡献者。六是普遍伦理原则阶段。应该由每个人都必须遵循的普遍伦理原则来决定什么是正确的。该阶段中，个人认为有一些在本质和结果上具有普遍性的不可剥夺的权利。这些权利、法律和社会契约能够有效不是因为某个特别的社会法律或习俗，而是因为它们是建立在普遍性的前提之上。比如公平和平等就是被看作在本质上具有普遍性的原则。处于这个阶段的个人可能更专注于社会伦理问题，他们在伦理上不依赖其他社会组织。

2. 职业道德规范

作为团体的一员，除个人道德发展层次外，在决定组织中个人的伦理行为时，职业团体的伦理认知也是最重要的因素。能影响组织中个人伦理决策行为的职业团体有正式职业团体和非正式职业团体两类。正式职业团体由个人组成，该组织有明确认可的组织结构。非正式职业团体由两个或更多人组成，有共同利益但没有明确的组织结构。职业团体对个人伦理行为的影响，主要是通过职业道德规范来进行的。职业道德规范是团队对其成员所期望的行为准则。职业道德规范有助于详细地规定团队内伦理与非伦理的行为，特别是确定违背团体期望的界限范围。这些规范有力地加强了团体成员间的团结，同时还规定了职业的作用。

3. 企业伦理文化

大多数员工识别和解决伦理问题的能力并不强，他们的动机通常是无私、自身利益和自私的混合。这是因为大部分从事经营活动的公司雇用了成千上万多元化文化的人，这些人处于不同的道德文化层次，他们对道德问题不能达成共识。

尽管公司不是有思考伦理决策能力的个人，但它是一个道德代理机构，实现一定的社会职能，对员工的行为负责，对社会负责。确保公司员工进行伦理决策的方法，就是塑造公司伦理文化，以确保员工决策的正确性。如果一个组织不对其伦理文化进行监控管理，伦理问题就会产生。企业伦理规范、重要他人的影响时企业伦理文化的两个重要方面，它们共同决定了一个企业的伦理文化，并最终促使个人对决策的伦理方面的认识和伦理决策方法的生成。

企业伦理规范。它是企业组成成员共享的价值观，描述了范围广泛的组织成员的行为，决定企业信仰、目标、规范以及用来解决问题的方法。企业伦理规范给了组织成员某种意义，并给他们提供了行为规范的尺度。如果企业制定明确的企业伦理规范，企业伦理文化就是道德文化，发生非道德行为的可能性也会减少。

重要他人的影响。重要他人是指在工作团队中有影响的人，包括管理高层、直接上级和同事等。重要他人帮助员工处理一些日常中不熟悉的工作，通过正式和非正式的方式提供建议和信息。员工通过与自己较亲密的团队成员之间的相互影响来了解企业的伦理或非伦理行为。一个与行为不道德的人有密切联系的决策者所表现出来的行为更有可能是不道德的。个人决策者与重要他人之间的距离或间隔的人事级别数目会影响伦理决策。他们之间的管理层越少，影响就会越大。重要他人的影响主要表现在对权力的服从上。权力涉及管理层对下属行为和影响的决定上。当一个人的存在能导致其他人行为发生变化，那么这个人就对其他人有权力。对权力的服从可以帮助解释为什么很多人按照上级的指示去解决伦理问题。树立反面典型而又不能管理好下属的上级对伦理行为有负面影响。他们通过五种权力影响他人：奖励权、强制权、合法权、资历权和指示权。一是奖励权涉及以投其所好的方式影响他人行为的权力，金钱、地位和晋升都是典型的奖励。二是强制权本质上是奖励权的对立面，强制权不是酬赏人做事，而是处罚某些行为，它依赖于威慑改变他人行为，因此在短期内改变他人相当有效，而长期则不然。三是合法权是个人有权力施加影响，另一些人有义务承受，该权力来自组织的授权，许多人愿意拥护行使合法权的人，尽管有时会触犯他们的信仰和价值。四是资历权源自于一个人的知识，通常来自上级对下级的信任。五是指示权直接与个人在企业或某个领域工作时间长短、受教育程度、所做贡献有关。当资历权用于控制他人或获取不正当利益时，就有可能引发伦理问题。指示权存在于当一个人认为自己的目标或目的与另一个人类似时，可能会对其他人施加影响、采取措施，使双方都能达到各自的目的。为了使这种权力发挥效用，彼此间需要相互同情。

### （二）会计伦理的影响因素

会计伦理决策作为组织伦理决策的一部分，同样受三个因素的影响：个人道德发展层次、会计职业道德规范和企业伦理文化。

#### 1. 个人道德发展层次与会计伦理决策

绝大多数财务丑闻不是由于技术方法上的错误所导致的，而是由于运用技术方面的判断错误或披露不当所导致的。有些判断是由于问题本身的复杂性而导致的，另外一些是由于违背了诸如诚实、正直、客观、应尽关注、保密性和将他人利益置于自身利益之上的承诺等道德价值观所造成的。在充满不确定性的情况下，会计人员必须十分谨慎以使其决策不会因为没有恰当遵循道德价值观而受到影响。

#### 2. 会计职业道德规范与会计伦理决策

就会计职业而言，影响会计伦理决策行为的道德规范就是会计职业道德规范。如果一名职业会计人员不能保持其按照职业规范的要求进行会计处理、披露、审计会计实务，那么他就不能提供达到委托人或雇主所期望的职业水准，从而殃及整个行业的生存和发展。会计职业协会通过制定团队准则如职业道德规范来影响会计人员行为。过去，会计界许多职业人士认为，与他们进行会计处理的专业技能相比，职业道德规范的意义不大。在很多会计丑闻中，责任被归咎于会计人员不能合理解释会计或审计的一般原则和规则。现在，由于组织的道德环境已经发生变化，同时缺乏道德也被认为是对所提供的专业服务的严重威胁，因此，产生了许多对变化了的利益关系的新的理解以及会计专业人员对自身承诺的要求。这些要求体现在会计师职业团体的相关道德规范中。

#### 3. 企业伦理文化与会计伦理决策

企业伦理文化通过个人的社会化过程影响个人伦理决策行为。个人社会化指一个人学习团体或组织所认可的合理的价值与行为方式的过程。在此过程中，个人要学习企业组织或团队的价值观和行为模式。通过社会化，员工学会如何根据自己在组织中的角色行动。会计伦理决策作为会计人员在组织内的一项决策行为，同样受企业伦理文化的影响。企业伦理文化越道德，会计决策行为也就越道德。

**【补充文献阅读】**

［1］蔡桦. 内部控制、道德认知发展对会计伦理决策的影响研究［D］. 华侨大学硕士学位论文，2016.

［2］谢冰. 个人道德认知发展水平与财务伦理气氛对会计伦理决策的影响研究［D］. 华侨大学硕士学位论文，2015.

［3］张慧祯. 会计人员财务舞弊行为的伦理因素分析［J］. 山西财政税务专科学校学报，2013（8）.

## 三、会计伦理的治理框架

会计职业的一个重要特征是伦理性。不适当的会计行为对会计职业的生存和发展造成很大冲击。会计职业界正努力做正确的事情以证明自己是值得信赖的。因此，必须为治理会计伦理问题提供全面的指导框架。

第一，设立企业伦理委员会。美国反虚假财务报告委员会认为公开上市公司应该制定并实施成文的公司行为规范。行为规范应培育一种浓厚的道德氛围，并建立开放的沟通渠道，以制约欺骗性财务报告的产生。

第二，提高管理层的伦理层次。一是通过伦理教育提高其伦理层次；二是通过伦理领导提高其伦理层次。

第三，制定会计职业道德规范。会计职业道德规范是会计从业人员必须遵循的基本职业道德规范。会计职业道德规范的目的是为了使会计师提供的服务达到可接受的质量水平，不使职业界的声誉受到玷污。

第四，外部道德环境建设。一是法律方面，二是政府监管部门，例如 SOX 法案完善了现行美国法规在处理虚假财务报表、虚假财务审计、销毁财务证据等方面的漏洞，三是舆论方面。

第五，制定企业伦理规范。企业伦理规范作为企业组织对伦理行为方面的书面形式，可让员工明白何为合理性行为或不合理性行为。由于企业伦理规范提供的组织价值观可以为会计决策制定提供一个思维框架，因此，对组织而言，形成一种可以创建、理解、培养和执行特定价值观的企业伦理规范或环境是至关重要的。这种规范可以使组织成员清楚地看到，什么是公司鼓励的行为，什么是公司禁止的行为，而且可以传达公司管理层对公司伦理的态度。

**【案例分析】"郑百文"财务丑闻**

"郑百文"的前身是郑州市百货文化用品公司，于 1996 年 4 月 18 日在上海交易所正式挂牌交易。"郑百文"称，在 1986~1996 年间，公司的销售收入增长了 45 倍，利润增长了 36 倍。1996 年实现销售收入 41 亿元，1997 年主营业务收入达到 76.78 亿元，净资产收益率为 20.7%。

然而，1998 年"郑百文"亏损 5.02 亿元。郑州会计师事务所出具了无法表示意见的审计报告，股票交易实行特别处理。1999 年，公司经营状况进一步恶化，年亏损额达到 9.57 亿元。2000 年 3 月，中报显示每股净资产为 -6.8856 元，创下了上市公司亏损之最。

2003 年，债权人申请"郑百文"破产。公司的一位财务经理曾回忆说："郑百文"其实根本不具备上市资格，为了达到上市募集资金的目的，公司硬是把亏损做成盈利报上去，最后蒙混过关。为了上市，公司曾组建专门做假账的班子，采取虚假资产、虚减负债、增加待摊费用等手段，最终骗取了上市资格。

问题：（1）本案例中，导致"郑百文"财务丑闻的因素有哪些？
（2）要避免诸如"郑百文"财务丑闻的再度重演，应从哪些方面进行治理？

**【补充文献阅读】**

［1］Sally Gunz et al.Thematic symposium : accounting ethics and regulation : SOX 15 years later［J］. Journal of business ethics，2019（8）.

［2］蔡振宁.基于公司治理结构的上市公司会计伦理治理机制剖析——以伦理制度与个体行为为一个分析框架［J］.现代商业，2012（9）.

［3］李建.基于公司治理的会计伦理二维制衡探析［J］.南华大学学报（社会科学版），2011（6）.

［4］翟胜宝.上市公司会计伦理治理及其会计政策选择研究［C］.2008年国际会计与商业会议论文集，2008.

［5］谭艳艳等.会计伦理决策影响因素研究——基于计划行为理论的检验［J］.会计研究，2012（9）.

［6］潘峰等.乐视网的会计伦理困境研究［J］.国际商务财会，2019（6）.

［7］赵团结等.会计伦理基本框架的构建探讨［J］.会计师，2019（5）.

［8］翁业莹等.会计伦理视角下对加强会计职业道德规范的研究与思考［J］当代会计，2019（5）.

［9］刘义宇.“互联网＋”下会计伦理规范研究［J］.财会学习，2017（7）.

［10］李邮.数据挖掘技术与会计伦理——基于技术伦理学内在路径的分析［D］.上海交通大学硕士学位论文，2016.

［11］段琳.经济腐败预防的会计伦理视角［J］.伦理学研究，2016（7）.

# 第五章 会计伦理决策方法

会计人员在会计实务之中，经常会遇到各种各样的伦理问题，这些问题反映了由不同会计行为所引发的社会后果之间的矛盾和冲突。当会计职业道德规范并不能直接解决职业会计人员所面临的会计伦理问题时，决策者应接受一般道德原则的指导，在会计行为引发的社会后果之间寻求一个正确、公正、公平的平衡点，以形成防护性的伦理决策。本章探讨三种会计伦理决策方法：社会责任分析法、利益相关者分析法和综合分析法。

## 第一节 社会责任分析法

本节阐述会计伦理决策的社会责任分析法，阐述了其概念和框架，并进行案例分析。

### 一、社会责任分析法的提出

企业社会责任模型由卡罗尔提出，该模型将企业的社会责任分为四个方面：经济责任、法律责任、伦理责任和慈善责任。经济责任是指企业必须营利，以维持生存，它处在金字塔的最底层，它是最基本的责任，作为一个经济组织存在的意义。法律责任是指企业必须遵守有关的法律规定，它处在经济责任的上方，它是企业经营的最低伦理要求。伦理责任是指企业在决策时，必须承担在法律之外必要的公平和公正的义务，它处在法律责任的上方。慈善责任是指企业承担社会公益性质的活动，主要包括员工志愿者活动、慈善事业捐助、社会灾害事件捐赠、奖学金计划等，它处在金字塔的最上方，是企业经营最高伦理责任。

### 二、社会责任分析法的基本框架

商业伦理问题反映了商业行为导致的不同利益主体之间的利益冲突。社会责任分析法旨在当企业人员面临决策困难时，在社会责任基本观念的指导下，提供寻求正确、公正、公平的平衡点。社会责任分析法的基本框架包括：理解道德标准；认清道德影响；陈述伦理问题；确定经济利益；考虑法律要求；评估伦理责任（个人美德；宗教命令；功利论；普遍规则；分配主义）；评估慈善责任。在社会责任分析法中，经济效益准则试图在给某些人的损害和给另一些人的好处之间找到一个平衡点，以改善整个社会的状况。类似地，法律制定的规则试图在某些人享受的权利和对另一些人的侵害之间找到一个平衡点。伦理责任准则并不要求在各种伦理责任之间寻找平衡。慈善责任则是企业将自己视为一个个体，努力实践美德伦理。

1. 理解道德标准

一个人的道德标准取决于其目标、规范、信仰和价值观。因为人们的目标、规范、信仰和价值观不同，行为规范也会不一样。人们在个人目标、规范、信仰和价值观方面的不同，是由个人的宗教、文化传统、经济状况及社会环境的不同引起的。

2. 认清道德影响

伦理问题会给一些人带来利益而给另外一些人带来损害，并且保障某些人的权利而剥夺另一些人的权利。保障或剥夺权利，以及由此造成的损益，一起构成一种道德影响。这些影响在人们面对一个道德上有争议的决策时应该考虑。因此，应该首先确定谁会得利、谁会受损，由此开始分析问题，确定解决方法。然后，确定谁将能够自由地行使权力，谁将无法同样自由地行使权力。认清道德影响就是确定决策将会对其他每个人产生什么样的影响，具体分析包括：①利益。你自己或你所在的组织当前或提议中的行动将会显著改善哪些群体的福利？集中关注可确认的群体的物质、财务或个人利益。②损害。你自己或你所在的组织当前或提议中的行动将会明显损害哪些群体的福利？集中关注可确认的群体的物质、财务或个人利益受到的损害。③权力。你自己或你所在的组织当前或提议中的行动将会确保哪些人行使权力，并且更有保障？集中关注可确认的群体权利，并区别对待。④侵权。你自己或你所在的组织当前或提议中的行动将会剥夺哪些人行使权力，或使其不那么有保障？集中关注可确认的群体权利，并区别对待。

3. 陈述伦理问题

如果列出了得到的利益与受到的损害，描述了得到的保障与被剥夺的权利，而且发现这些与个人或职业的道德标准相冲突，那么，这就是一个伦理问题。因为目标、规范、信念和价值观的不同，以及宗教和文化传统、经济和社会状况的差异会产生的道德标准的不同，可能并非每个人对伦理问题都有同样的认识。为达成一个解决方案，首先需要陈述道德问题及道德问题产生的原因。

4. 确定经济效益

在社会责任分析中，经济效益指标是对整个社会而言，即总收益减去总成本的净结果。经济效益不仅使做出的决策对公司产生的财务后果，而且包括这种决策对整个社会的所有相关成员所产生的财务后果。经济效益分析可以表述为多比少好，即用尽可能少的成本，换取尽可能多的收益。这种多比少好的方法，是一种用道德评价伦理问题的收益和损害的方法。

5. 考虑法律要求

法律要求是指社会所要求的法律。这套规则规定了在社会人际关系中对人们的行为方式的要求。法律要求人们按照某种特定的方式行动，而不只是期望、建议或请求人们这样做。法律以某种特定的方式要求人们去做某些事情，或者更通常地是要求人们不要去做某些事情。法律要求的分析方法是指，任何人在任何时候都应该遵守法律。在一个民主的社会中，法律可以说是代表了这个社会最低的道德标准。从最简单的层面来看，由霍布斯的提议可以得出这样一个规则：拥有一个稳定的社会符合每个人的利己之心，即便是人们将不得不放弃手中权力以换取稳定和秩序，因此，每个人都应该遵守法律。法律分析存在如下问题：法律要求的是最低的社会道德标准；法律要求往往是禁止性的；

法律要求往往滞后于社会道德标准的要求。因此，仅仅进行法律分析是不够的，还需要进行伦理责任评估。

6. 评估伦理责任

伦理责任是指社会中的成员对其他成员的责任。很明显，有些责任确实存在，我们不应该撒谎；否则，就不可能达成一致。我们不应该互相欺骗，否则，就不可能签订契约。一个没有一致性、没有契约的社会是不可能存在的。伦理责任的焦点在于私利和社会利益之间的权衡。伦理责任试图提出一系列规则，这些规则指出，在所有条件下，在各种情形中，什么是对社会有利的。对每个人来说，道德责任触及了正确、公正和公平。除非能够适用于所有的人，否则，一条道德标准就是没有意义的。评估伦理责任时，可以采用五条通用的规则：个人美德、宗教命令、功利论、普遍规则和分配正义。这五个伦理规则表面上并不互相矛盾，但这些伦理规则并不能被融入一个单一的逻辑整体中去。每个伦理规则都表述了部分真实，但当作判别伦理责任的工具时，每个规则都是不完全的也是不充分的。

7. 评估慈善责任

慈善责任是对企业经营的更高层次的伦理要求，体现企业对伦理理想的渴望和追求。从动态的过程来看，随着社会的发展和进步，人们对企业所承担的责任要求越来越高。承担必要的慈善责任能够展现企业较高的伦理道德层次，从长期看，对企业的持续经营和健康发展有积极的促进作用。

总之，在社会责任分析法中，经济效益准则试图在给某些人的损害和给另一些人的好处之间找到一个平衡点，以改善整个社会的境况。类似地，法律制定的规则试图在某些人享受的权利和对另外一些人的侵害之间找到一个平衡点，而伦理责任准则并不要求在各种伦理责任之间寻找平衡，慈善责任是企业将自己视为一个个体，努力实践美德伦理。

**【文献阅读】跨国公司东道国社会责任分析——以中国传统伦理为视角**[①]

**一、跨国公司东道国社会责任存在的问题**

全球化时代使企业不得不接受全球范围内的企业社会责任理念。目前，跨国公司在追求利润最大化的过程中忽视了其对东道国社会责任的履行，给东道国居民身体、生态环境及社会和谐造成了极大的损害。

（一）跨国公司经营危害到东道国居民的身体健康

消费者一般认为，大型跨国公司销售的产品质量都是上乘的值得信赖的。然而，许多跨国公司在发展中国家生产销售的产品与其在母国生产销售的产品是不同质的。他们利用其在全球的市场将许多在母国废弃的产品技术转移到发展中国家继续用于生产，把一些在发达国家市场上已淘汰的产品转移到发展中国家，对发展中国家居民的身体健康和生命安全造成了极大的危害。

---

① 闫志新. 跨国公司东道国社会责任分析——以中国传统伦理为视角 [J]. 中南财经政法大学研究生学报，2007 (6).

（二）跨国公司经营造成了东道国生态环境的污染

某些跨国公司把母国为保护本国消费者利益已经禁止销售或使用的产品投放到发展中国家市场，把可能对母国环境造成污染的产业和产品转移到发展中国家境内进行生产，然后再返销母国，对东道国的自然环境造成了巨大的污染。

（三）跨国公司经营不利于东道国的社会和谐

跨国公司为促进产品销售，往往在东道国强行推销其价值观并损害当地的价值与文化，伴随着这些价值观念而来的常常是该国文化的糟粕。

## 二、跨国公司社会责任相关中国传统伦理道德的分析

中国有着丰富的传统伦理道德，其中造就了一些特定的经营伦理模式，这一经营模式因文化的连续性影响着当代中国乃至世界跨国公司经营的伦理责任研究。

伦理要素选取了如下指标：兼爱、得人、诚、慈、义、忠、德与法、中正、天人合一。使用 SPSS 对这些伦理要素进行层级聚类分析得到古代伦理学派的伦理架构，用逐级连线的方式连接性质相近的伦理要素或新类，直至并为一类，10 种伦理要素可以分为三大类。"得人"与"慈"先聚成小类 a，然后和"兼爱"一起合并为大类 A。"法"与"德"聚成小类 b，再和"中正"聚成大类 B。"义"与"忠"聚成小类 c，"诚"和"天人合一"再聚成小类 d，然后小类 c 与小类 d 合并聚成大类 C。

## 三、跨国公司实现其东道国社会责任的策略

（一）以人为本，促进东道国的可持续发展

A 大类认为，跨国公司在全球经营过程中，要以人为本，令顺民心，取民有度，即强调跨国公司对东道国人民的生命、财产及其长远发展有着不可推卸的责任。跨国公司首先应当尊重其雇员的人权，不能利用东道国的贫困和失业率来压低其工资标准，尊重人权的指令，应当按当地风俗做一些解释和修改，但这种留于解释的余地不能用在道德上原谅触犯员工人权利的行为。跨国公司有义务生产健康安全的食品来保证东道国人民的安全，并提供足够的就业机会以保证东道国人们的生存。此外，跨国公司应该通过传播知识、技术和技能给当地雇员，或通过与东道国政府及其他相关代理人分享这些知识，为东道国的发展做出贡献。跨国公司应缴纳其公平分担的税款，而不是想办法利用政策优惠来规避税款。

（二）将跨国公司东道国社会责任理念制度化

B 大类认为，法律是用以指导社会、组织和个人行为的行为规范，是社会行为体道德伦理期望的法制化，但法律并不能覆盖社会全部伦理道德要求。强调跨国公司的社会责任，不仅是对其法律责任的补充，而且可以通过社会道德责任来判别法律责任。因此，跨国公司东道国的社会责任应该制度化，使其成为国际企业普遍遵循的法律制度。跨国公司社会责任理念中，诚信是最重要的基础。为了让跨国公司在法律规范下经营企业，承担自己应负的东道国社会责任，诚信机制的建立相当重要。一方面要建立领导人与东道国和其他社会组织的信任，另一方面要建立跨国公司与东道国社会公众的信任。跨国公司作为全球一体化的重要组成部分和推动者，能否遵守东道国的法律法规，是其在东道国一切行为的最基本准则。

（三）规范跨国公司的伦理道德责任

C 大类告诉我们：跨国公司在东道国的经营过程中要忠于诚信，以诚信的伦理态度

来履行其东道国的社会责任。跨国公司由于缺乏合适的国际背景，以及不同国家和地区间的政治、经济、文化、宗教等各个方面的差异，难免会产生伦理冲突和困境。跨国公司在经营中遇到国家间伦理问题时，国际性的伦理规范的存在是解决此类伦理困境的必要条件。对发达国家的企业而言，国际范围的协议或规范的存在有利于解决他们在经营中遇到的伦理冲突和困境；对于不发达国家而言，有利于维护他们的利益。跨国公司往往代表一种强势文化，他们可以利用实力和财富上的优势，推销其文化和价值理念，而这无疑会损害东道国的传统价值和文化。因此，只要当地文化不违背道德准则，跨国公司就应该尊重并与之相协调。

**【补充文献阅读】**

［1］陈冠宇.从企业履行的社会责任探讨管理伦理［J］.时代经贸，2019（10）.

［2］马帅超.新时代视域下企业社会责任的伦理考量［J］.党史博采，2019（7）.

［3］乔咏波等.社会责任投资与企业伦理价值观的变革［J］.江汉论坛，2019（6）.

［4］苗泽华.生态伦理与利益相关者视角下制药企业社会责任建设［J］.技术经济与管理研究，2018（3）.

［5］陈朋等.试析幸福社会与企业伦理中的企业社会责任［J］.马克思主义学刊，2017（12）.

［6］王站杰.企业社会责任对战略风险的影响——伦理决策的调节作用［J］.大连理工大学学报（社会科学版），2017（11）.

［7］王景.我国危化品企业社会责任的伦理研究［D］.湖南工业大学硕士学位论文，2017.

［8］朱念等.在华外资企业的社会责任与道德伦理失范研究［J］.南宁职业技术学院学报，2017（7）.

［9］吴克玲.亚当·斯密"利己"与"利他"统一性视角下我国企业社会责任伦理研究［D］.广西大学硕士学位论文，2017.

［10］李萍.共同责任观：企业社会责任运动的伦理基础［J］.云梦学刊，2017（3）.

［11］张溢木.企业伦理委员会促使企业履行社会责任［J］.学习时报，2016（5）.

［12］路向峰.企业社会责任的经济伦理检视［J］.伦理学研究，2016（3）.

［13］汤云飞.儒家社会责任伦理对现代企业经营管理的促进［J］.华北水利水电大学学报（社会科学版），2016（2）.

［14］建航.承担社会责任，建立双赢局面——以肯德基为例分析企业伦理行为［J］.现代商业，2014（10）.

［15］周祖城.论企业伦理责任在企业社会责任中的核心地位［J］.管理学报，2014（11）.

［16］冯军等.企业社会责任的几个热点问题及其伦理考量［J］.湖湘论坛，2013（7）.

［17］吴月等.低碳经济与企业社会责任的伦理解读［J］.衡阳师范学院学报，2013（8）.

［18］徐耀强.我国企业社会责任管理研究——基于企业道德建设视角［D］.华中师

范大学博士学位论文，2017.

[19] 吴珠才等. 基于企业社会责任的足球营销道德分析——以广州恒大与北京国安为例 [J]. 韶关学院学报，2016（12）.

[20] 刘莉. 组织道德视角下的企业社会责任发展案例研究——以盾安集团为例 [J]. 南京理工大学硕士学位论文，2016.

[21] 杨春方. 中小企业社会责任缺失的非道德解读——资源基础与背景依赖的视角 [J]. 江西财经大学学报，2015（1）.

[22] 白云. 浅析伦理道德对履行企业社会责任的影响及实现 [J]. 前沿，2013（12）.

# 第二节　利益相关者分析法

本节阐述会计伦理决策的利益相关者分析法，阐述了其基本原则和基本步骤，并进行案例分析。

## 一、利益相关者分析法的基本原则

一个企业要想顺利实现自己的最优战略目标，决策者在进行决策时，应该考虑利益相关者的利益，确保得到其主要利益相关者的支持。因此，企业决策方法必须反映对其他利益相关者，而不仅仅是对股东的受托责任。

利益相关者分析法就是要考虑企业决策对所有利益相关者的影响，而不仅仅是对股东的影响。考虑到利益相关者及其群体的复杂性，决策者在面临现实问题时，不得不调和利益相关者的共同利益和不同利益相关者的基本利益。尽管特定决策应该是所有利益相关者的整体利益得到最大改善，但仍需要对各个利益相关者的利益进行决策。在具体决策时，为了将利益相关者的整体利益和各个利益相关者的利益进行平衡，应关注以下原则：利益相关者的利益可以通过决策结果得到更好的维护；决策者应该在利益相关者之间形成对权利与责任的公平分配；决策不应该损害任何利益相关者的权利。利益相关者分析法需要运用利益、公平和权利这三条基本原则对决策带来的影响进行分析。如果一项决策可能产生总体利益，但将决策所产生的责任分摊给不同利益主体时不均衡，决策就是不公平的。或者一种决策可能导致总体净收益，而且是公平的，但如果会损害某个利益相关者的权利，决策也是不合理的；如果决策不能提供净收益，而且存在不公平性或损害利益相关者利益的情形，则该决策就是不道德的。这三条基本原则同时被满足时该决策才可被称为伦理的。总之，仅仅以一个原则为标准来检验特定伦理决策是缺乏长远目标的，而且通常会导致错误的决策。

## 二、利益相关者分析法的基本步骤

### 1. 界定利益相关者并确定其重要性

①利益相关者分析法的有效性取决于对所有利益相关者及其重要性的认识。②评判标准：合法性或影响组织的法律权利；通过媒体、政府或其他途径影响组织的能力；问题

产生的紧迫性。蒂姆·罗利提出将一系列利益相关者视为网络，并且预测在网络中谁影响谁，从而确定哪些是重要的利益相关者。

2. 分析利益相关者的利益

为了确定利益相关者的利益，需要将决策活动对利益相关者所造成的影响全部考虑进去，具体包括可直接计量的利润、不可直接计量的利润，此外，还需要考虑决策对利益相关者的未来影响，以及决策不确定性对利益相关者的影响。尽管有些收益和成本不可直接计量，也应该包括在对特定决策的总体评估中。例如，尽管决策的外部成本不可直接计量，但可以通过替代物来间接计量。将决策的未来影响纳入现实决策分析之中并不困难，有些类似于对资本预算进行的分析。未来价值将以反映未来预期利率的折现率进行折现。现在已经形成了一套完善的技术体系，将不确定性纳入特定决策的分析中，例如，可分析几种可能性，或者计算基于计算机模拟形成的估计值，所有这些期望值是特定估计值与发生概率的综合反映。

3. 分析利益相关者之间是否公平

对公平待遇的期望是每个人或每个群体都希望获得的权利。除非决策对所有利益相关者都是公平的，否则该决策就不能视为是道德的。

4. 分析利益相关者之间的权利

只有当决策不损害受其影响的利益相关者的权利以及决策者本身的权利时，这一决策才可被视为道德的。在北美，个体的或群体的利益相关者都希望享有生命、健康与安全、公平待遇、道德意识、尊严与隐私以及言语自由等权利。其中一些权利与立法一致，受法律保护，而其他权利的行使则通过习惯或通过对恶者的公众约束来实现。例如，员工和消费者的健康与安全，需要通过成义的法律、法规来维护，而尊严和隐私权利需要依据习惯维护，道德意识的培养需要依靠公众约束。

**【案例分析一】基于利益相关者理论的"滴滴出行"网约车商业伦理问题分析**[①]

1. 滴滴网约车的利益相关者分析

（1）滴滴网约车的直接利益相关者分析。

①所有者。滴滴自 2012 年成立以来，经过了多轮融资，促使其股东急增。而其本身在还未实现盈利的情况下，要想实现发展、壮大，则必须一次又一次地吮吸资本的甘露。股东带来资本，资本驱动滴滴以惊人的速度成长为出行领域的独角兽。股东对公司董事会的选举有决定权限，对公司战略决策有参与权利，而在滴滴董事会的成员中，有 50% 是股东成员，剩余 50% 中又有 40% 出身于投行，这就意味着，资本在滴滴发展的战略决策部署中，有决定性的发言权。程维曾说过："滴滴是被资本'催熟'的。"在股东以注入资本的方式参与公司决策的同时，他们也期待着注入的资本可以给他们带来丰厚的回报：股利分红是资本的最终目的。从近年来全球资本在网约车行业的一笔笔投入中，在网约车企业间一次次的"烧钱"大战中，我们不难发现，投资的背后是资本对市场的抢

---

① 武美仙.基于利益相关者理论的网约车商业伦理问题及对策研究——以滴滴出行为例［D］.太原理工大学硕士学位论文，2019.

占，是资本瓜分网约车行业巨额利润的内在推动。整个网约车市场的竞争被来自全球各地的资本推着走向疯狂的竞争，滴滴这个刚成立不久的新型企业在一轮又一轮的资本攻势下不得不一次又一次地融资，先保证生存下来，再谈发展。时至今日，被资本"催熟"的滴滴开始面临着前所未有的大调整，程维知道，滴滴只有在永葆创业初心"让出行变得更美好"，而不被资本和资本带来的各种战略合作蒙蔽双眼的情况下，在技术、服务体验、效率、成本、营销下足功夫、做足成就，才能在网约车出行领域立于不败之地。

②员工。企业员工包括高管和普通员工，公司高管参与公司战略制定，普通员工具体落实公司计划。对于滴滴来说，公司高管有董事会成员，也有一般高管，公司的主要发展方向及业务规划、业务推动、营销以及很重要的技术研发等均由高管提议，获得董事会通过后，向下传达并具体实施。公司员工直接受公司制度制约，完成上级交由的工作，并能积极主动地参与公司的发展规划。公司的普通员工与公司是从属关系，受公司约束，也在公司内部获得薪资、升职及荣誉奖励等。公司的发展对于普通员工的影响力远没有对于高管来得直接、猛烈。公司的发展一手由公司高管团队推动，公司如果发生战略性失误，高管理所应当承担相应责任。以2018年8月乐清女孩惨案为例，当乐清女孩顺风车遇难后，滴滴平台发出郑重道歉信，随后展开全面安全大整治，其中，除去新增"一键报警"、添加紧急联系人等技术功能外，还对包括顺风车业务部总经理在内的多名高管采取了免职惩罚。高管在开展制定公司发展战略，上线新业务，营销服务产品，管理公司团队等管理工作时，要树立社会责任感，有一种担当意识，即你的个人行为可能会影响到国家经济、整个行业、员工，以及国内每一个使用你们产品的群众，要对自己行为所影响到的每一位利益相关者负责，才是负责任的企业经营者。只有每一位经营者都树立崇高的道德理想，为资本、为股东负责的同时，也为社会、群众以及每一位利益相关者负责，社会才会越来越美好，我们的出行才会越来越美好。

③司机。对于滴滴软件来说，它的使用群体分为两大类：一类是司机群体，另一类是乘客群体。滴滴像一座桥梁，通过大数据分析等技术，将每位有出行需求的乘客与可以为其提供相应服务的司机链接在一起，使双方高效完成服务——消费的对接。滴滴平台对于司机有审核监管的责任，司机对平台有提供优质服务的义务。可惜，在我们的现实中，双方对各自责任义务的落实都不尽人意，频频爆出的滴滴网约车安全事件，让滴滴平台的审核监管工作饱受群众诟病、怀疑，也让群众对滴滴司机充满了不信任甚至恐惧。不可否认的是，滴滴在初期发展过程中，为了推广市场，吸收了不少不合规定的司机，也为"黑车"司机提供给了"洗白"的场所，但随着滴滴的发展，以及大调整期的到来，相信滴滴会严把司机关，坚决将恶性司机挡在平台的门外。平台对于司机，首先要严格审核，对有犯罪记录、酒驾记录的应聘司机，更要加倍留意，不适合提供服务的坚决不录用；其次要做好行程技术跟踪，随时随地掌握司机的去向；再次做好司机的奖惩激励，让服务好的司机多挣钱，鼓励司机提供优质服务；最后要及时解决乘客对司机的投诉问题。同时，平台要让司机有体面的收入，让司机免去乘客的无理要求甚至骚扰，让司机工作得有尊严、有奔头。

④乘客。滴滴乘客，一个庞大的群体，它代表着所有出行需求的人，是滴滴的核心利益相关者。通过滴滴平台获得的出行服务质量，直接关系到他们的人身安全及出行感受。

乘客在整个滴滴产业的价值链中处于最末端，这也意味着乘客权益很容易被侵犯，但同时乘客的信任与支持才能换来平台的长久发展。网约车各种安全事件的曝光，正是乘客的权益被侵犯的事例，如果平台不努力减少、制止此类事情的继续发生，最终将因为失去乘客的信任而消失在不久的将来。平台对于乘客，要做到让乘客消费得舒适，让乘客长期信任，要想做到这些，还需平台无论在技术、管理，还是司机的选拔培训中去下功夫，苦练内功，赢得乘客的信任，终将赢得市场。

（2）滴滴网约车间接利益相关者分析。

①竞争者。一是出租车。自滴滴将私家车引入平台发展为主力运力以来，滴滴就与出租车分道扬镳，尽管滴滴平台仍然可以呼叫出租车，但滴滴只是为出租车提供招租信息，并不收取信息服务费，也就是说出租车和滴滴目前仍分属两个系统，在出行市场的分割中，仍属于竞争关系。出租车依靠的是强大的政府支持与政策优势，滴滴依靠的是新技术支撑下更加高效、实惠、环保的体系架构，以及在此架构下发展起来的亿万用户。二者各有优缺点，在未来的发展中，滴滴最终需要获得政府及政策的支持。二是其他网约车平台。对于其他网约车平台来说，提供与滴滴同质化的服务，是滴滴的主要竞争对手。近年来，网约车行业的新入平台不在少数，在专车领域有神州、首汽、曹操等；在快车领域有神州、美团、高德、百度等；在顺风车领域有嘀嗒、哈喽等。专车领域来说，神州、首汽、曹操等均属于重资产配置，在合规化及管理方面更有优势。快车领域来说，美团、高德、百度均有深厚的互联网背景及实力，但同时它们可以说是"兼职"出行行业，出行并不是三家企业的主打。顺风车领域来说，嘀嗒主打顺风车，哈喽背后有阿里巴巴的支撑，同时滴滴顺风车因安全事件正在下线整改中，对于滴滴来说，二者在顺风车领域均有很强的竞争力。从目前的总体形势来看，众多网约车都还未能撼动滴滴在业界的领军者地位，但未来的发展，滴滴想要稳住市场，必须从产品、质量、安全上下功夫，才能不被超越甚至淘汰。市场的竞争是为了企业的成长，实现企业的优胜劣汰、资源的优化配置。企业要摆正自己的位置，在坚持公平竞争的前提下，在产品质量、服务质量上下功夫，方能竞争胜出。

②政府。政府作为宏观政策的制定者，企业的监管者，对企业的发展影响重大，政府政策作为辅助条件决定了网约车的市场发展环境，而企业经营也只有符合相关的法律法规才能正常进行。网约车作为交通运输界一种新型的业态，政府对其的监管经历了由逐渐加强到逐渐宽松的转变。在我国网约车的萌芽阶段，政府对网约车的监管逐渐由放任转向收紧，随着网约车与传统出租车冲突的不断升级，我国多地对网约车进行了严格的管制，这一时期，网约车的发展受到一定压制，发展速度放缓。同时，一个新业态的产生加之庞大的用户市场，推动政府针对网约车出台了两个文件，即网约车得到合法身份，意味着我国网约车管制进入相对宽松阶段。2016年两个文件出台以后，政府配套出台了一系列政策措施，规范网约车的监管。据交通部近期披露，截至2019年3月，我国已有29个省（区、市）出台了具体实施意见，247个城市出台了具体的实施细则，110多家网约车平台公司取得了经营许可。2018年以来，随着两个通知的公布，可以说网约车正在逐渐步入规范化发展的轨道。目前，网约车主要面临安全出行问题，安全是政府和企业必须共同遵守的底线。政府要加强监管责任，把安全放在首位，做好立法制规工作，完善相关法律法规，用法律来维护乘客生命财产安全、保护乘客信息安全、促进

网约车平台之间形成良性竞争；做融合发展的工作，促进包括网约车在内的整个出租汽车行业规范、有序、健康、稳定发展。同时，营造包容的市场环境氛围，对网约车这种新业态在其发展过程中出现的问题，采取趋利避害、包容审慎、守住底线的积极态度。而企业则要承担好社会主体责任，树立底线思维，明确企业为谁负责，时刻把安全放在所有经营活动的第一位，不受资本摆布，明白服务好消费者是对企业长远发展最大的贡献。

③社会压力团体。对于网约车来说，社会压力团体主要指媒体和消费者协会。媒体是继政府监督外，对企业进行监督的社会力量。消费者协会则是消费者权益的保护组织，间接对企业行为进行监督。一是媒体。在传统媒体与互联网媒体逐渐融合的时代，网约车作为一种新业态，自出现以来，就备受媒体关注。人类从多方面、多角度去获取公司经营的信息，近年来，对网约车安全事件的曝光，让群众对滴滴等网约车的质疑声再度升温，这也迫使滴滴等网约车企业开始下足功力修炼内功。对于滴滴而言，媒体的关注热度，一方面帮助滴滴扩大了市场知名度、赢得了更多的用户；另一方面也曝光滴滴安全隐患，从而影响滴滴不得不做出相应的安全整改。滴滴要在媒体的监督中，勇敢承担它的社会责任，牢记"让出行更美好"的使命，综合各方面的优势，筑牢群众出行安全防线，让媒体曝光变为媒体宣传。二是消费者协会。消费者协会是消费者合法权益的保护组织，是对企业进行社会监督的又一力量组织。它依据法律，对企业提供的商品、服务进行社会监督，保护消费者，并通过宣传，引导消费者科学消费，促进市场健康。媒体、消费者协会等社会监督力量，要与政府监督、群众监督形成监督合力，提升企业违规成本，让企业形成不敢违、不能违、不愿违的市场新形势。

④相关产业。滴滴在市场大环境中发展，必定会受到市场上下游产业发展的影响，与相关产业形成良好的合作互动是创造共赢局面的基础。一是汽车制造业。对于滴滴来说，其相关产业主要集中在上游，包括汽车零配件制造商、汽车厂商、汽服企业等。近年来，随着新能源、智能化、车联网的迅速发展，如何应用新技术推动自身企业的转型发展成为汽车制造企业面临的新课题，而滴滴在信息化新技术方面具有得天独厚的优势，与滴滴的合作对于汽车制造企业来说是信息化赋能，有利于汽车制造企业开辟新业务渠道、推动其智能化、数字化研发进程。同时对于滴滴来说，与汽车制造行业的合作，有利于滴滴业务的拓展延伸，有利于滴滴安全服务的瓶颈突破。以2018年滴滴发起成立的"洪流联盟"为例，就是滴滴主动联合相关产业，寻求以相关产业的发展来带动自身变革的战略举措。滴滴与联盟成员之间相互合作，技术共建，推动共享化、智能化和新能源化的汽车产业变革，从而追求每个企业自身的变革发展。当前滴滴在政策高压、安全考验、多方竞争的多重重压下，谋求多方合作，无疑可以推进行业更快更高效的发展，为滴滴的发展带来新的契机。二是其他产业。滴滴在其他相关产业的发展方面具有很大潜力，以市政信号灯优化、道路设计优化为例，滴滴利用其雄厚的技术实力以及对交通大数据的保有量和分析处理技术，对未来城市道路的优化、信号灯的设置等都有积极意义。未来的交通必定是大数据分析下的交通，滴滴在这方面可以有很大作为。

2.滴滴网约车存在的商业伦理问题

（1）软件设计中安全考虑不足。①软件功能安全考虑不足。开车浏览手机软件并影响到驾驶安全的司机不在少数，占到受访者的55.07%。滴滴出行APP作为一款平台类产品，虽然也是将供应商与消费者链接，但是涉及的是出行领域，出行交易的完成需要司机一边查看手机以完成接单工作，一边根据地图导航完成线下的服务，这就使得司机在行车中出现浏览手机的需要，而手机的使用在一定程度上会影响司机的安全驾驶。同时，在滴滴曝光的诸多安全事件中，滴滴平台对司乘的安全提醒都是缺位的，预防没有做到位，追踪保护没有做到位，加之事件发生中又没有及时的应急保护措施，导致一起起的安全事件相继发生。在受访的司乘中，关于安全提醒，已逐步在完善，有70.83%的乘客表示，自己出行前收到了平台发来的安全提醒，但同时提醒的实际效果是否达到了想要的目的，还需要滴滴进一步的市场调研。8.86%的司机仍表示，没有收到对自己安全的有关提醒，同时，如果造成乘客受伤，自己会受到什么惩罚也并不知情，在法律知识不是很普及的司机群体里，滴滴平台的安全提醒显得很有必要。②顺风车的设计、定位中安全考虑欠缺。进入滴滴顺风车的微信公众号，"每一段旅程都是一次奇遇"，"顺路省邮费，遇见美好"的产品广告语，包含了浓浓的社交定位，却完全没有涉及服务质量。2015年8月20日（七夕节）滴滴顺风车还为全国广大单身青年举办了一场"移动相亲盛会"。当把一项"服务"当作"社交"来做的时候，首先司机和乘客的关系变了味儿，不再是简单的司乘关系。其次顺风车的司机审核门槛大大降低，因为顺风车车主不是专职司机，只是顺路捎人，这给司机的管理造成无法逾越的障碍，因此为重大安全事故的发生埋下了隐患。顺风车在设计方面也漏洞百出，首先是如果乘客和司机聊得来，司机可以为乘客免单的功能，这将"金钱交换服务"的模式，转变成了"聊天交换服务"，这很容易对乘客做出误导，认为讨好就能享受免费的服务，而对于司机则很容易让其想入非非。其次是互相标签评价的功能，这项功能很容易被有歪心思的司机利用，专门选择晚上去接标签中有美女、知性等词汇的女性，从而给安全出行造成隐患。再次是联系方式透明的功能，不管软件是定位于社交也好，定位于绿色出行也罢，对于相互陌生的人来说，联系方式作为个人的隐私，不能随便暴露于陌生人的眼皮下，这不仅是隐私的泄露，也容易事后发生骚扰。顺风车主同路出行，降低出行成本，减少道路拥堵，节约能源，看起来可谓是多方共赢，可是任何共赢的前提都应该是大众的安全。接连的顺风车安全事故，让顺风车这个共赢的模式不得不喊停，说到底顺风车是用乘客的安全去置换了共赢或者准确地说是市场。在此次的调研中，有超过75%的乘客以及超过41%的司机均认为，顺风车车主与乘客不可以互留联系方式，当前对于顺风车的发展而言，安全才是重中之重，谁将安全做到极致，谁便赢得了市场的主动，也只有做到安全，才能真正地实现多方的共赢。

（2）司机审核培训中价值观考虑欠缺。在调研的数据中，有82.91%的司机表示自己培训过，而剩余17.09%的司机表示，平台对其并没有过培训。在培训过的司机中，41.73%未表示，培训中有关于树立正确价值观的内容。一个没有健康价值观的人是可怕的，而让一个没有健康价值观的司机为成千上万的乘客去提供出行服务，造成的后果更是不敢想象的。对司机入岗前的培训是必需的，培训是为了让司机群体认识到作为司机的使命性与荣誉性，同时培训中应该体现司机的被约束性，这种被约束性，不仅仅只有我们国家相关的法律、法规，同时也有一种健康的价值取向，一种合乎伦理的意识形态。调研数据中，有15.8%的司机表示，在接入滴滴平台做司机的审核中，并没有关于个人价值观的任何判定和要求，平台对司机的审核仅局限于身份核实，车辆核实，驾驶年龄等简单问题上，而关于具有情景模式可以预测司机价值取向的项目，并不在审核的范围内。而在司机的审核中，如果缺少了对其价值观的考量，那么一些动机不纯的司机，将会在平台上通过接单乘客而危害到公众安全。

（3）用户投诉解决不积极。企业生产出的商品或者服务，不是卖出去就了事，整个消费体验过程都要求商家必须去关注，这是对消费者权益最起码的尊重与维护。客服部门，站在消费者服务验收的最后一个环节上，如果消费者前面的体验全部满意，则不再需要客服部门提供继续服务，可一旦消费者前期的消费体验不是很满意，投诉并解决的这个环节就显得非常重要。客服对消费者的消费体验诉求本应该是及时给予答复和解决，但是，从我们调研的数据中却发现乘客的投诉满意度占比并不高，相反投诉无果却占到了40%以上，而在投诉人中，只有28.5%的人群对自己的投诉处理结果比较满意。企业对消费者及其消费体验负有直接的主体责任，从40%以上的投诉无果中，滴滴企业对于消费者人群该担的责任没有担起来，该尽的义务没有尽到位。相比乘客的超低满意度，司机的满意度要远高于乘客的满意度，这反映除了滴滴平台对待司乘两种不同的利益者群体时，更重视司机的诉求，而相对轻视了乘客的诉求，这也是由司机作为平台的核心竞争力身份所决定的。然而滴滴看似投诉解决不畅而已，却会失去乘客的信任，从而导致固有市场的丢失。

（4）定价不公平。关于浮动定价机制，在调研中只有11.67%的人群选择了"这样可以调动市场资源"，而近一半的人群认为这并不合理、也不能接受。探究人群认为不合理而不能接受的深层次原因，一方面是助长了司机加价等待的筹码，另一方面，给乘客造成了乘车的不公平。出行服务具有提供公共服务的性质，既然是公共服务就应该是服务所有社会成员的，不应该用竞价的方式才能获取出行服务这项资源。出行服务资源的公共性决定了社会成员使用该项资源的公平性。如果价格决定社会成员对该项资源的使用权限，那么所谓的公共服务又从何谈起，而滴滴公司"让出行更美好"的使命又如何完成。滴滴由于其所处行业的特殊性，导致其社会责任的特殊性，它不是服务少众，而是服务整个社会，"让出行更美好"的企业使命也是滴滴在社会责任上对社会的庄重承诺。对于滴滴的用户来说，多数是上班族，如果在上下班的高峰期要通过价格比拼才能打到车，这样不仅让乘客望价而退，也寒了乘客的心，丢失了乘客对滴滴的信任，降低了滴滴在乘客心目中的地位。企业在用户心中的地位与企业的社会担当成正比，企业越能够为人类的美好生活负责，用户越尊敬、信任它。企业勇于担当社会责任，能够促进社会大众对企业的信任与支持，而社会大众对企业的信任与支持又是企业做大做强的坚实保障。将用户利益放于第一位，将社会责任担起来，企业才能真正走得长远。

（5）逃避出行纠纷中相关责任。平台在司乘出行中发生纠纷时，往往责任定位不清，这是目前网约车行业普遍存在的现象，只有明确的责任界定才能保障好用户的正当权益。当前由于网约车是新型发展起来的行业，我国关于行业的法律法规还很不健全，监管体制也有待进一步完善。由于政府对网约车这种新业态在法规制定、政策执行及管理手段等方面还缺乏经验和系统的协调，当网约车发生司乘纠纷时，往往无明文可依。在此次的调查中，有超过一半的受访用户表示，发生司乘纠纷时，没有得到很好的解决，原因是责任不清。一个行业的健康发展离不开完善的规矩与治理，平台应该主动承担自己的社会责任，对司乘权益负责。

3. 滴滴网约车健康发展的建议

（1）增强责任意识，主动承担企业社会责任。①经营盈利。滴滴网约车在其发展中融资规模巨大，要用好股东的每一分钱，一方面不搞恶性竞争，将用户体验置于第一位，好好做产品，赢稳市场；另一方面要打造清晰的盈利模式，让企业早日实现"造血"功能。好的产品、稳定的市场、经营的盈利是对股东及其资本最好的负责。②合法合规。合法合规是滴滴经营活动持续开展的基础，要严格按照国家的法律法规以及地方的法规来开展企业运营活动，完善公司法务机制。③对所有利益相关者负责。自利益相关者理论发展以来，企业社会责任逐渐由对股东负责，转向对所有利益相关者负责。滴滴对于政府，要接受政府的管理监督；对于股东，要对其资金的安全和收益负责；对于消费者，要提供安全的商品服务；对员工，要充分考虑其地位、待遇、满足感；对社会，要绿色环保可持续发展，要回馈社会，提供就业等。滴滴要做好对所有利益相关者需求的全盘考虑。企业的可持续发展最终取决于用户的支持信赖，企业只有将用户感受放在第一位，主动承担起企业的社会责任才能实现永续发展。

（2）坚持以人为本、用户至上。①提供安全的产品。提供安全的产品要求滴滴升级软件，加强司机安全意识培训。滴滴诞生于技术革新，要应用依托新技术，创新软件服务模式，让需要司机浏览手机的频次降到最低，强化软件语音功能服务。同时，加强对司机的安全意识培训，向司机讲解使用软件中的注意事项，让司机形成开车不看手机、停车才接单的安全习惯。②提供安全的服务。提供安全服务要求滴滴严格进行司机审核管理，加强行程技术监控。严格司机审核管理，要以合规为前提，安全行驶为目的。加强行程技术监控，要通过研发新技术，增加软件跟踪、及时反馈、及时报警功能，让每一单行程暴露在监控下。③关心消费者、重视消费者。将消费者利益放在重要位置，关心消费者、重视消费者要求滴滴做好售后投诉服务。售后看似与销售无关，实质对销售的影响力度不可小觑，一个完善的售后系统，可以挽回用户对产品、品牌的信任。滴滴要加强客服队伍的建设，建立扁平化管理体制，减少中间审核环节，完善投诉处理机制，提高客服团队的工作效率，进而提高售后服务满意度。同时要加大对投诉事件的重视程度，严格做到事事有回应，不能让投诉不了了之。④维护消费者权益。维护消费者切身权益要求滴滴明确自身责任定位，完善相关保险制度。要在定位平台经营模式的基础上，对自己应该承担以及在司乘发生纠纷时可能承担的法律责任给予清晰的界定，不逃避、不推卸。只有滴滴权责的定位清晰，才能保证在司乘发生纠纷甚至生命财产受到损失时，乘客以及司机的合法权益得到很好的保护。要完善相关保险制度，为司乘权益提供更好的保障。

（3）严格司机管理，保证服务质量。司机作为平台的服务提供方，没有司机高质量的服务，就谈不上乘客的优质出行感受，所以只有严格司机的管理，把好司机质量关，不断培训司机，才能保证高质量的服务，保证平台的健康运营。①严格司机审核。严格司机管理，首先，从严格司机审核做起，设置专门的部门或岗位，在司机的招聘上更加注重道德素质的考察，审核不仅要停留在表象的人车合规、司机无犯罪、无重大交通违规等方面，也要深入司机的内心，洞悉司机心理。其次，司机不仅要有培训，更要在培训中加强社会主义价值观等正确价值取向的教育引导，开展伦理培训，要有内容，也要抓落实，让正确价值观深入司机师傅内心。②规范司机评价、奖励机制。完善对司机的管理还需要进一步规范司机评价、奖励机制，通过技术手段，对司机界存在的假评论、假评分进行遏制，让真正服务好的司机有好评价、高评分。做好优秀司机事迹宣传、表彰工作，对真正服务好的司机不仅给予精神上的奖励，如举办年度"最佳司机奖"，同时也给予相当的物质奖励，以此树立司机榜样，让合伦理、讲道德的价值取向在司机队伍里蔚然成风。③做好对投诉司机的处理。完善对司机的管理，要做好对投诉司机的处理工作。对有不良投诉记录的司机，在落实不良行为之后，该封号就封号，绝不手软。关注司机群体。完善对司机的管理，同时需要对司机进行更多关注，充分考虑司机师傅的"情绪、意见、需要"，要"尊重、关心"他们。成立"司机联盟"，畅通司机发声渠道，形成双向机制。

（4）合理定价，坚持公平原则。网约车作为出租车的一种，本身在产生之初就被赋予了公共交通行业的共同属性。因此，企业在考虑公司发展的同时，首先应该树立起服务大众、惠利大众的意识，更要将这一核心思想贯彻于企业战略的制定中。网约车作为一种公众出行的选择，其价格的制定出发点与落脚点必将是惠利大众，同时必须坚持公平原则。

（5）升级软件，守好安全红线。软件作为滴滴出行的平台，连接着司机与乘客，软件的设计必须将安全使用放在第一位，守好安全的底线，才能奠定平台发展的基础。安全红线坚决不能触碰，守好安全红线除了严格司机管理，培育优秀的司机守护乘客行程的安全外，在软件的设计过程中也要首先考虑司乘出行安全。

### 【案例分析二】基于利益相关者分析法的特定审计调整

某公司 CFO 李总正与该公司进行审计的小王和该会计师事务所的小唐展开较长的讨论，主题是关于审计外勤工作所得出的结论。

"你看，小唐，我们无法在报表上反映那么高的利润。一方面，如果我们真的按你所要求的那样，记录 150 万元的税后利润，我们的利润将比前年增长 20%，比去年增长 5%。另一方面，如果我们不进行调整，利润将与去年持平。但如果我们的利润得到如此大的增加，那么工会将会要求大幅度加薪，这样由于比同业竞争者有更高的劳动力成本，公司将不具有竞争优势，难道你真的想让这种情况发生吗？"

"但李总，你们真的获得了这么多的利润，你不能否认。"

"不，我并没有否认。但是事实上构成利润调整的所有商品都是年末的在途商品，因此，我们应将它计入下一年的收入和利润中。"

"但李总，它们均是按离岸方式销售的，因此当货物装船后，所有权已经转移到购买者身上。"

"这一点我知道，但这是我们过分热情的销售人员的一次异常行为，他们只是为了使年末数据好看一点，以便获得一个更高的委任机会。无论怎样，客户还没有检查这些货物。小唐，就这一次了，让我们将它们计入下一年度。对我们股东而言，这并不是一个很重要的数目，但是如果工会利用这个利润数，将会引发更大的问题。你知道，我们股份的40% 是被基金公司持有的，我们要确保股东能够在未来获得更高的利润和分红。我敢打赌在以后五年中股东的红利每年都会增加 40 万元。"小唐该怎么办？

1. 确定利益相关者及其利益

（1）受直接影响的利益相关者。

①希望短期出售股票的股东：他们希望记录当期这笔调整以增加公司利润、提高公司股票价值。②希望长期持有股票的股东：他们想要推迟记录这笔调整以降低劳动力成本，使公司未来利润和红利最大化。③员工：他们希望正确报告利润以便为工薪调整提供一个更高的基础。④公司管理层：他们将根据其奖金计划和他们所持有的利他主义思想，来决定是支持长期还是短期利润确定调整事项。⑤公司董事：如果不会因为许可非法行为而受到起诉，他们希望长期利润得到改善，即推迟对调整进行确认。⑥债权人、供应商及贷款人：如果劳资谈判的结果将导致更高的获利性和流动性，这些利益相关者将希望推迟确认。⑦政府管理者和证券市场监管者：他们希望准确报告利润，因为这会带来更多的税收和其他利益相关者较少的抱怨。⑧小唐和他的审计事务所：他们希望降低职业风险，而不会被罚款或丧失职业声誉。当然，他们也希望继续审计一个健康发展的客户。

（2）受间接影响的利益相关者。

①当地其他公司：他们会站在员工一边，希望能恰当处理利润的调整，以便减少社会公众的抱怨及政府监管部门的严厉监督措施。②审计行业：希望按规定记录以避免行业丧失职业声誉。

2.利益相关者利益级别的划分

决策中被确定的受影响的利益相关者的利益，可以分别就其"享有法定的权利""财务的和心理的承受能力"以及"所代表的公众可能反应"的重要性划分为不同的等级（1级代表最差的）。由表5-1可知，推迟利润的调整如果被公布后，对利益相关者法定权利的评级并不与其对决策和对公众反应的承受能力一致。而且，拥有不同利益的各个利益相关者之间的法律权力是相等的。这里的"可能的公众反应"和"承受能力"的相关度非常强，并就与政府官员、管理者和利益相关者将如何做出反应提供了一个合理的分析。因此，决策者仅仅强调利益相关者地位的合法性是不明智的。当然，必须合理地估计推迟确认利润被公开的概率。

**表5-1 利益相关者的影响分析**

| | 拥有的法定权利 | 对其承受能力的评级 | 公众可能的反应 |
|---|---|---|---|
| 现有股东：希望出售 | 是 | 3 | 低调 |
| 现有股东：希望继续持有股份 | 是 | 3 | 低调 |
| 员工：财务报告被用于谈判 | 不 | 2 | 强烈 |
| 公司管理层：取决于合同 | 是 | 3 | 低调 |
| 公司董事 | 是 | 2 | 低调 |
| 债权人、供应商、贷款人：取决于合同 | 不 | 4 | 低调 |
| 政府和监管部门 | 是 | 4 | 中等 |
| 小唐及其所在的审计事务所 | 是 | 2 | 强烈 |
| 当地其他公司 | 不 | 4 | 中等 |
| 审计行业 | 不 | 3 | 强烈 |

**【文献阅读】论明清徽商的商业道德与现代浙商伦理——基于利益相关者理论的分析** [①]

利益相关者理论认为，公司作为一种企业实体，受多种市场因素的影响，债权人、管理者和员工等公司的参与者都为公司的成长与发展做出了特殊贡献，股东并非公司唯一的所有者。

1. 利益相关者理论与徽商伦理

以利益相关者理论分析徽商的经营活动的时候，借用的只是该理论的内核，而非其外在的一切形式。结合当时的历史现实，对于明清徽商而言，其利益相关者主要包括封建政治势力、宗族社区、合作伙伴、顾客、内部员工。徽商成功的经验之一就在于很好地处理了与这些利益相关者的关系。

徽商与封建政治势力。徽商大量捐货报效封建政治势力，以解封建王朝之急。明万历年间，因国家兴作，鸿工征材，费用不足，商人吴时佐慷慨捐输30万两。明嘉靖年间，倭患猖獗。抗倭御侮成为包括徽商在内的朝堂上下的基本共识。

徽商与宗族社区。徽商用在兴修水利、修筑道路、建筑亭桥、赈灾济贫、修建祠堂、整饬族谱、购置族田、资助书院等"义举"上的财富数量相当可观。徽州地区具有完备的宗法制度和强固的宗法观念，形成崇祖敬宗、修邻睦族的良好社会风尚，"重宗义，讲世好，上下六亲之施，无不秩然有序"，族人之间相亲相爱，如同一家。受这种风气熏陶而成长起来的徽商，势必具有强烈的宗族认同感和归属感，并乐于在强宗固族中确认自我成功的价值。因此，当他们经商致富后，都愿意将部分商业利润用于宗族事务的消费中。明嘉靖年间，徽商金德清捐金600两建宗祠，捐300两请无际法师做会斋僧，两项总计耗其资本十分之一。类似的材料，在徽州方志、谱牒中俯拾可得。

徽商与侨寓地。除了资助本宗本族外，他们也积极赞助经商所在地的百姓。在扬州贾盐的徽商，积极参与当地疏浚河道、修堤筑坝、整饬交通、街肆和基础设施等工程。商人汪应庚好善乐施，以"义行"闻名于扬州。

徽商与合作伙伴。基于血缘、地缘和业缘的联系，明清徽商往往能同合作伙伴保持良好的交往关系。徽商中凡"商有余资者"，往往资助族人贾业；或委托族贾，附资经营；或族人合资经商。此外，他们依靠在各地经商的族人提供的信息，对市场需求做出准确的判断或预测；或者仰仗朝中族人，减低封建政治势力的欺凌，谋取封建政治的庇护，以求自身发展，例如在获得盐业等特殊商品的专卖权上，这点表现得尤为明显。为联络方便，徽商广建会馆、行会与公所，笃乡谊的同时，联合众商的力量，以与官府交涉商业事务等。

徽商与顾客。徽商经营察持儒道，以诚待人，如张洲"持心不苟，俭约起家，挟资游禹杭，以忠诚立质，长厚摄心，以礼接人，以义应事，故人乐与之游，而业日隆隆也"。

徽商与内部员工。胡庆余堂的职工，一般都不愿意离开，很多人都是在那里一直工作到死。凡是对胡庆余堂有过贡献的，因年老或生病无法工作的，照样发给工资，一直到他们去世。这些职工死亡后，按照工龄长短领取抚恤金。做出重大贡献的，从盈利中

---

① 童建军，刘光斌. 论明清徽商的商业道德与现代浙商伦理 [J]. 商业经济与管理，2008（2）.

抽出一份特别红利，类似于现代社会的特别奖金。徽商雇用本宗族的人为掌计，掌计类似于现代的经理人，可以代主人运营资金，以主人的名义对外营业，甚至可代主人承担诉讼活动。对于这些掌计，多数徽商都采取信任的态度，赋予这些掌计充分的自主权。仅仅在发生问题时，掌计才需要同徽商主人商谈解决。

2. 对徽商伦理的反思

通过依附、逢迎与仰攀以皇权为代表的封建政治势力，徽商的商业运作获得丰厚的政治利益。徽商江广达因捐款报效朝廷而受到乾隆的多次接见。除了政治利益，徽商也可得到可观的经济利益。以扬州盐商为例，商人在捐助之后，朝廷往往采取引盐加斤的办法予以弥补。通过与封建官员交游，徽商在提升自己的身份的同时，增强了在市场上的知名度和美誉度，扩大了徽商在市场上的影响力，提高了其在市场中的竞争力。

徽商将商业利润的一部分用作资助本宗族的子弟业儒后，其中成名而居高位者莫不仰仗徽商的利益。明嘉靖万历年间的汪道昆号称文坛"后七子"，曾官至兵部。他利用职位优势，批评"重本为末"的封建传统农商政策，主张"农商交相重"，呼吁统治者"壹视而平施之"。他们利用政治优势，致力于为徽商创造良好的商业条件。徽商"足迹几半宇内"的经营分布同徽商子弟提供的政治保护伞是无法完全分割开的。

由是观之，通过对相关利益者利益的关注，徽商扩大、提升了其经营所需要的社会资本，也提高了投资于物质资本和人力资本的收益。我们固然可以感受到徽商群体在面对利益相关者时所表现出的道德性的一面，但也可以感受到他们极具消极意义的一面。

徽商对利益相关者的关注带有被迫的色彩。长期以来，封建统治阶级所推行的抑商贱商的国策，使得商人的地位极其低下；相比较个人努力而言，政治势力对他们财富积累的影响处于绝对的优势地位。残酷的社会现实造就了包括徽商在内的商人懦弱的政治品格，他们难以形成一支独立的政治力量，更难以把握自己的经济命运。逢迎、依附和仰攀以皇权为代表的封建政治势力，是他们无法躲避的选择。

徽商对利益相关者的关注受制于特殊主义。特殊主义凭借与行为者之属性的特殊关系而认定对象身上的价值的至上性。中国传统社会是特殊主义的，在这种社会中，一切的普遍标准并不发生作用，一定要问清了，对象是谁，和自己是什么关系之后，才能决定拿出什么标准来。徽商所倡导的合作与分享理念往往受到特殊主义的宗族观念的影响。

徽商对利益相关者的关注含有自夸的成分。徽人弃农经商或弃儒从贾，常因家庭经济窘迫所致，以养父母而哺妻子。为弥补这种心理失落感，有些徽商转而"张儒"以求名，但更多的徽商则选择了通过大量社会性"义举"，表明"士商异术而同志"，渴望被人重视，得到尊重。由此，他们需要自我夸耀、自我表现。

徽商对利益相关者的关注掺杂有卑劣的目的。有些徽商不惜采取一切手段结交官员，是为了达到不正当的目的。买通官吏偷税漏税自不待言。还有一些徽商，慷慨捐助应考学子或者失落的封建官员，为的是购买以后经营所需的政治资本。

徽商对利益相关者的关注并不具有彻底性。谋利是商人的基本特性之一，在这点上，徽商也不例外。虽然徽商总体上能做到以诚信对待顾客，但他们有时候或者有些人在从事贩运活动的时候，往往利用小生产者的贫困，采用种种手段在商品地压价收货，运至销售地点又故意抬高价格抛售商品，人为地扩大商品的地区差价，牟取暴利。另外，他们也一贯把囤积居奇作为牟利生财的一个重要手段。这些从一个侧面表明他们商业伦理以及对利益相关者关注的时代局限性。

3. 徽商伦理与现代浙商伦理建设

徽商的历史经验已经从正反方向证明，只有秉持着普遍主义立场，自觉地将相关者的利益纳入自身企业发展的考量中，自觉地承担起对政府的责任、对社会的责任、对合作者的责任、对员工的责任以及对所在社区的责任等，现代浙商才可以获得更充足的精神源泉和发展动力；只有在谋求自身经济利益的同时，更广泛地关注他者的需求，才可能解决关于人生价值与金钱等终极的目标诉求，从而实现工具理性与价值理性的统一。

**【补充文献阅读】**

［1］武美仙.基于利益相关者理论的网约车商业伦理问题及对策研究——以滴滴出行为例［D］.太原理工大学硕士学位论文，2019.

［2］吕力.利益相关者差序性与企业差序伦理［J］.合作经济与科技，2018（11）.

［3］朱俊奇等.三维监管博弈：法治化、参与能力和社会伦理——食品安全监管利益相关者博弈研究［J］.安徽理工大学学报（社会科学版），2018（1）.

［4］陈仕伟.大数据利益相关者的利益矛盾及其伦理治理［J］.创新，2016（7）.

［5］黄孟芳等.基于利益相关者和企业社会责任的经济伦理建构［J］.河北学刊，2014（5）.

［6］谭文婷.基于利益相关者视角的我国公益性国有企业道德评价指标体系构建研究［D］.江西师范大学硕士学位论文，2018.

［7］房颖等.工程项目利益相关者道德风险分析与综合评价［J］.山东工商学院学报，2017（2）.

［8］韩金娥.对我国现阶段企业道德责任的思考——基于企业内部核心利益相关者［D］.云南财经大学硕士学位论文，2013.

［9］陆丹.构建有效的企业道德审计体系——基于利益相关者视角［J］.企业导报，2012（12）.

［10］孙伟等.基于道德因素的利益相关者利益主体博弈探究［C］.第十三届中国管理科学学术年会论文集，2011（10）.

［11］柯星角.基于利益相关者识别的企业营销道德评价维度研究［D］.西华大学硕士学位论文，2009.

［12］齐善鸿等.企业道德建设的构想：一个利益相关者的视角［J］.经济问题探索，2005（9）.

［13］鄢勇.管理道德的评判——基于利益相关者理论的分析［J］.科学学与科学技术管理，2003（12）.

# 第三节　综合分析法

本节阐述会计伦理决策的综合分析法，包括五问法和道德标准法。

## 一、五问法

五问法通过对五个问题的特定决策进行检查并提出质疑。当问及所有这些问题时，特定决策将会受到检验。这五个问题分别是：可获利（利益相关者的利益，通常是短期的）、合法（所有利益相关者可依法强制行使的权利）、公平（所有利益相关者的公平）、正确（所有利益相关者的其他权利）、促进企业可持续性发展（利益相关者的其他权利，它是一个可选择的问题，它能使决策过程涉及组织或决策者相关的问题）。

如果问完五个问题后，存在一个或多个负面答案，则决策者应该修改特定性为以消除或抵消负面答案。如果修正过程是顺利的，则该决策是道德的；否则，该决策因其不道德而应被放弃。即使在问完五个问题后无负面答案，决策者也应该以这五个问题为指导继续努力改善特定行为。这些问题的提问顺序不是很重要，但前面四个问题必须被问到，以确保决策者不会忽视决策影响到的重要方面。五问法框架是非常有用的，在没有很多外部化影响且决策者特别要引起对某些特定问题的关注时，有利于对问题进行有条理的思考。

【文献阅读一】基于五问法的特定审计调整

针对"基于利益相关者分析法的特点审计调整"案例分析中的小唐该怎么办，五问法需要先确定受决策者影响的利益相关者，再提出五个问题以评价这些影响是否符合道德标准。如果决策的某个方面被视为是不道德的，则应该修改特定决策以减少或消除不道德因素。

审计人员小唐提出150万元的调整将会增强客户获利能力，但遭到客户首席执行官的极力反对，并想将利润影响推迟到以后年度，以便赢得与工会的谈判优势，因为他担心工会将会利用这一利润对下一个五年的劳工合同进行修改。小唐必须决定将调整转到下一年度的建议是否符合道德标准，如果是不道德的，那他要么必须说服首席财务执行官记录这笔调整，要么出具保留意见审计报告。至于这次调整金额是否重要，并不能马上做出判断。如果它是重要的，而客户又坚持他自己的主张，小唐就只好出具保留意见。

1. 获利性

无疑，推迟150万元的利润调整，将减少当年利润并增加下一年的利润。此外，还有某种可能，即如果决策未被公开或不被工会获悉，红利会每年都增加。另外，如果决策被揭露，工会可能以所掌握的信息作为更有力的谈判筹码予以反击，从而引起对公司主管和审计人员的诉讼，政府将会对公司进行处罚或罚款。因此，公司获利性问题的结果是不确定的，对股东和审计人员而言也是不确定的。

2. 合法性

假定推迟调整的决策是在公认会计原则的灰色地带，它可能被法庭宣判为合理的。

然而，诉讼通常会涉及公司的管理层和董事以及继续承担责任的审计人员，这会引起诉讼费、专家辩护、时间投入，以及当公司要受处罚时，与其他共同过错者共同赔偿的可能性。当然审计人员可以通过出具具有保留意见的审计报告来减轻法律后果，但这样做会引起被审计公司 CFO 的反对，也可能引起其他管理人员和董事的反感，从而丢掉业务。但如果推迟确认被揭发，可能会引起法律诉讼。决策者不会因此而感到轻松，即使推迟确认处于公认会计原则边界之内并且是合法的。

3. 公平性

尽管推迟 150 万元的调整，对投资者进行投资或转移投资的决策可能并不重要，但它对员工、工会而言可能是重要的。因此，不披露当年的 150 万元的调整对这些利益群体是不公平的。如果决策被公示于众，这种不公平的处理可能导致法律纠纷，并且使公司及其审计人员和审计行业给公众留下一个不讲信誉的形象，即审计人员及行业没有为财务报告可信度提供证明从而不能保护公众的合法利益。

4. 对权利的影响

在某种程度上，当特定决策对利益相关者生命、健康、隐私、尊严等权力产生负面影响时，决策将被视为不道德。本案例中，没有生命危险，但职工的福利会受损。

5. 是否有利于公司可持续发展与成长

推迟确认的决策看起来与对公司持续性发展的影响无关。

总之，这种计划推迟确认利润调整的决策可能是合法的，但不具有获利性、公平性，且不尊重利益相关者的权利。仅考虑一年的情况显然会产生误导作用，需要进一步分析以便在多个问题上形成总结性结论。

**【文献阅读二】五问法应对注册会计师自身职业道德困境**①

五问法就是通过五个问题对特定决策进行检查并提出质疑。当问及所有这些问题时，特定的决策将会受到检验。这五个问题为：决策是否可获利，即股东可否获利（通常是短期的）；决策是否合法，即绝大多数的社会成员是否有可依法强制行使的权利；决策是否公平，即是否对所有的人都公平；决策是否正确，即所有人的其他权利是否都能用上；决策是否将促进可持续发展，这是一个可选择的问题，它能使决策过程集中在所涉及的与组织或决策相关的特定问题上。如果问完这五个问题后，存在一个（或多个）的负面答案，则决策者应该试图修改特定行为以消除或抵消负面答案。如果修正过程是顺利的，则这一决策是道德的；否则，这个决策因其不道德就应该被放弃。即使在问完五个问题后无负面答案，决策者也应当以这五个问题为指导继续努力改善特定行为。在这个理论中，为确保决策者不会忽视决策影响到的重要方面，前四个问题必须被问到。

注册会计师在执业中进行评价一个决策是否道德时，也应该问自己五个问题如表 5-2 所示。注册会计师在评价一项决策时，如果没有问好以上五个问题，很可能使注册会计师的决策进入下面几个误区：①只强调自身眼前的经济利益，局限于短期，缺乏远见。②只强调合法性，仅限于法律的制约，而无视道德的约束，在法律的周围反复打"擦边球"。

---

① 杜幕璇. 我国注册会计师职业道德问题研究［D］. 江苏科技大学硕士学位论文，2012.

③对公平、权利的制约。不能权衡好各方的权利,做出一些伤及各种权利主体公平的事情。
④利益相关者之间的相互作用产生的利益冲突。决策者所做的决策引起一些利益相关者的不满,不能实现各方利益的最大化,由于袒护和偏见,可能会导致错误的评价与决策。
⑤不能全面地考虑。忽略了任何一方面,所做的决策都是不成功的道德决策。

表5-2　进行道德决策的五个问题

| 对某项决策涉及的五个问题 | 相关事项 |
| --- | --- |
| 1.决策是否合法 | 检查相关法律法规及规章制度 |
| 2.决策是否规范 | 核对注册会计师执业准则及职业道德守则 |
| 3.决策是否公正 | 权衡社会公众、客户及会计师事务所的三方利益 |
| 4.决策是否有利 | 考虑自己的合法权益及经济利益 |
| 5.能否促进行业可持续发展 | 维护行业发展 |
| 五个问题问完,只要存在否定答案,就应当放弃此决策 | |

**【案例分析】基于五问法的投资决策分析**

张总是某公司的财务总监,该公司附属于一个小型报业集团,该集团属于尹总。最近,张总正在准备一份本公司向集团公司申请增加投资的计划,其他子公司也在准备并提交与张总同样的计划。最终,由公司的所有者尹总根据这些计划来做出决策。

尹总的经营理念是"聘用绝对合格、负责的人来管理他的子公司,并充分相信他们能使集团公司的利益增长"。因此,他一直没有建立严格控制的管理结构,也没有规定所提交计划应采用的格式和分析方法。

正因为上司如此信任,使张总觉得左右为难。如果按照公司管理层对投资项目的乐观估计去申请,那么公司肯定能获得所需资金,但项目的收益可能无法达到最初乐观的预期。如果按"最准确的预测"数据去申请,那么能否得到资金就是一个未知数。还有一点就是,公司急需上马这一新项目来维持公司的竞争地位。否则,包括自己在内的许多职员都会被解雇。

还有一个问题,虽然新项目很快就会盈利,但大概7年后会因为积存的副产品过多而导致现有库房设施不足,从而造成难以解决的清理和储备问题。如果只提交对投资项目未来5年的分析报告,那么此项目看起来就是完美无缺的。如果采用回收期法,就不会涉及7年后的问题。退一步讲,即使真正到了那时,张总也快70岁了,很可能早已淡忘了关于这件事情的一切情况,而且张总也不一定还继续在这里工作。

问题:(1)在这个案例中,谁提供资金并承担最终的风险?
　　　(2)如果采用乐观估计去申请,谁从中受益,谁从中受损?如果采用回收期法呢?
　　　(3)试用五问法和道德标准法分别进行分析评价。
　　　(4)尹总应该怎么办?

## 二、道德标准法

道德标准法直接建立在利益相关者的三个基本原则（功利主义、个人权利和公平）之上。它关注的重点比五问法更普遍，将决策者引向更广泛的基于净收益的分析，而不是将获利作为特定决策的首要考虑因素，它提供的框架更符合公司有重要外部影响时的决策。是否满足功利主义原则可通过一个问题来检验，该问题集中在成本收益分析或风险收益分析而非仅仅集中在利润上，可以通过选择道德标准法提供的方法以达到目的。

对特定决策是否尊重个人权利的检验，可着眼于决策对每个利益相关者权利的影响，以及施加影响的决策过程。例如，是否采用欺骗或操纵手段，以及某种形式的强权政策？是否存在其他的使受影响的个人不能获得相关信息的限制？是否限制他们自由选择或变更选择的权利？如果答案是肯定的，那么，利益相关者的权利并未受到尊重。与此相关的一个问题是，是否通知将要采取某项行动，就意味着得到受该行动影响的个体的赞同。通常，除非能提供全部信息，提供一定考虑时间，并且有未来的合理选择可以使其避免受到影响；否则，通知并不意味着同意。对收益和负担的公平分配也可采用同样方式用五问法处理。

伦理决策的道德标准法的道德标准有三个。①功利主义，它主张整个社会净收益最大化。它对应的特定决策问题是：行为是否使社会收益最大化并使社会损失最小化。它集中在成本收益分析或风险收益分析，而非仅仅集中在利润上。②个人权利。它主张尊重和保护个人权利。它对应的特定决策问题是：行为是否与每个人的权力一致。③公平，它主张收益和负担的公平分配。它对应的特定决策问题是：行为是否导致收益和负担的公平分配。

伦理决策的道德标准法对特定决策的可量化影响的计量方法有四种。只考虑利润或损失；运用成本效益分析法，考虑利润或损失，并考虑外部化；运用风险收益分析法，考虑利润或损失、外部化及结果发生的概率；在对利益相关者进行划分的基础上进行上述量化分析。

利用道德分析法可以解决会计决策中遇到的伦理问题。例如：在确定某项欺诈性的会计选择何时存在伦理问题时，可以采用道德分析法。会计处理中的欺诈性选择是指那些误导理性投资者和其他财务报告的使用者，并最终使其利益受到损害的会计选择。例如，虚报收入或费用，非正当地增加当年利润从而减少将来利润，以提高公司股价或增加管理层奖金。投资者在高价位上购买了公司股票而公司资产却由于发放奖金而减少，这会对股东的未来不利。

当然，有时公认会计原则允许在备选的处理方法中选择一种，这些方法有些激进，有些则较保守。例如，公司管理层可以选择不同方法对固定资产进行折旧，并计提不同的折旧费，从而对利润产生不同影响。类似地，对商誉的处理以及对建造合同收入的确认都可选择不同的会计方法。如果这些会计选择不考虑可能的影响，就不可能做到正确地对待当前和未来投资者。然而，除非有一个决定采用何种选择的有效的框架，否则，会计选择可能变得更加激进和具有欺骗性。

选择激进而无欺骗的会计处理方法时的道德标准法。利益相关者的根本利益包括福利、公平和权利。①福利。它需要考虑是否清晰和准确地报告了当前和潜在的股东利益，以及为相关经济实体提供担保的情况。②公平。它需要考虑现有及未来股东、管理者和其他利益相关者的利益是否被不公平地剥夺，并转给另外一部分利益相关者。③权利。它需要考虑利益相关者是否可以行使以下权利：强调对社会公众保持职业信用；职业标准：客观、准确、正直、完整、合理、公允披露；公认会计原则；相关会计实务指南；更全面、真实和清晰地披露；特别披露。

**【案例分析】利润该调低吗**

李总是某建筑公司的总裁，他对自己能够有效地管理公司，并使公司有序地运行感到自豪。多年来公司一直保持销售收入、利润和每股盈余以22%~25%的速度增长，他希望这种增长的趋势继续下去，因为这种状况对于公司向银行融资是十分有利的。

一天，他对公司财务总监孙总说："孙总，我们遇到了一个问题。你知道我们所奉行的是利润稳定增长的政策，今年我们完成得很好，利润超过去年利润的35%，但我们必须想点办法以便能将今年的利润降低一些为明年做一些储备。否则，别人可能会认为我们偏离了管理良好的轨道，也可能会觉得我们没有很好地处理我们的业务。但是，谁也不知道明年是不是一个好年景。我们怎样做才能回到原来的轨道呢？我们可以宣称一些建筑工程的进展并不像我们原先想的那么顺利，这样我们可以在今年的利润中对每项工程按较低的完工百分比确认收益。同时，将我们发生在A305工程和B244工程中的12.4万元的研究与开发费用全部计入当期费用。请尽快让我知道修改后的数字是多少。"

孙总该怎么办？

**问题**：（1）美国著名会计学家迈克尔·查特菲尔德曾说："倘若使用了不恰当的会计方法，就可能将投资者引入歧途。在资本市场上，资源就会被错误地配置。如果说财务报表是一种资源分配的手段，那么，相互对抗的会计方法的滥用就会导致在整个经济中低效率地分配投资资本。"谈谈你的观点。

（2）有人认为："盈余管理是在没有违法的情况下使自己的利益最大化，因此无可厚非。"你同意这一观点吗？

（3）通用公司财务主管Dammermnan认为："只要管理层始终兼顾长期和短期目标，为达到当年盈利目标而进行一次收购这种做法并没有什么不妥，只要收购有利可图。"请对此做评价。

（4）一般而言，会计信息涉及哪些利益相关者？

（5）简述会计人员在企业中的地位和角色。

**【补充文献阅读】**

［1］孙敬水等.社会责任道德标准的经济学分析［J］.江苏商论，2005（6）.

［2］王梅等.SA8000——我国出口企业要面对的"道德标准"［J］.经济论坛，2005（7）.

［3］蔡重直.中国的金融高管为什么频频"不忠"？——一个非主流的代理人道德标准讨论［J］.中国企业家，2004（3）.

［4］西蒙·伦敦等. 公司必须重视道德标准［J］. 国外社会科学文摘，2004（5）.

［5］秦永和等. 美国管理会计师职业道德标准及启示［J］. 财务与会计，2000（7）.

［6］李邮. 数据挖掘技术与会计伦理——基于技术伦理学内在路径的分析［J］. 上海交通大学硕士学位论文，2017.

# 第四部分　会计职业道德

　　本部分包括五章，阐述会计职业道德的五个问题：会计职业道德概述；财务会计人员职业道德；管理会计人员职业道德；注册会计师职业道德；内部审计人员职业道德。

# 第六章　会计职业道德概述

本章对会计职业道德的四大基本问题进行阐述：会计职业道德概述；会计职业道德的实施与变迁；会计职业道德建设；会计职业道德评价。

## 第一节　会计职业道德概述

本节概述会计职业道德的四个问题：概念、作用、性质与原则。

### 一、会计职业道德的概念

职业道德是指从事一定职业的人员在其工作过程中所应遵循的、与其特定职业活动相适应的道德原则和行为规范，同时又是整个行业对社会及其公众所负的责任与义务。

会计职业道德是指在会计职业活动中应当遵循的、体现会计职业特征的、调整会计职业关系的职业行为准则和规范。

### 二、会计职业道德的作用

会计师的两项责任：掌握会计技术和原理；为公众利益服务。会计行业是为展示组织机构真实、准确的财务画面而产生、发展起来的，这样的财务画面对许多利益相关者是非常重要的。财务报告是一种公共产品，具有社会后果。提供真实、客观、公允的会计信息，为股东、债权人、政府等利益主体提供决策信息，是会计工作的本质。桑德认为，企业契约的有效履行需要对利益相关者的贡献大小、参与方式与程度以及履约信息等进行了解，这就需要计量与监督功能的介入，对参与者在企业契约连接体中的要素贡献与权益进行界定和反映，而这正是现代企业会计的功能。会计本质决定了会计信息质量被社会公众广泛关注，提供真实、客观、公允的会计信息是社会对职业会计师所期望的主要职责和职业角色。虚假的会计信息损害那些利益相关者了解真相的利益，是一种不符合伦理的行为，构成了对会计职业真实职责的扭曲。

提高会计信息质量的技术方面的约定。会计技术约定的存在有一些不足：会计准则的灵活性，需要依靠职业判断；会计准则的滞后性。道德价值观比会计技术更重要。大多数财务丑闻不是由于技术方法错误所导致的，而是由于判断错误或披露不当所引起的。一些判断是由于问题的复杂性，另一些则是违背了诚实、正直、客观、应尽义务等道德价值观引起的。贝尔曼认为，会计在很大程度上需要用道德考虑来描述，并以道德考虑为基础，而不是技术或工具。

## 三、会计职业道德的性质

会计职业道德的本质是公司委托人、代理人和职业会计人员之间的一份隐性的公共合约，其内容是对会计人员与相关利益当事人交互行为方面的约定，明确界定职业会计人员的行为空间。具体来说，有如下几点：①公司利益相关者（特别是股东）作为委托人将经营管理的责任交给管理层，形成委托代理关系。②受雇的内部会计人员既需要向组织的管理当局提供内部受托责任信息，以支持其决策和日常管理；也需要向组织外部契约人员（利益相关者）提供能如实反映受托责任的情况。内部会计人员是对受托责任信息的认定、计量和报告，是受托责任信息报告链中的最初环节。③外部会计人员（审计师）是对受托责任的重新认定、重新计量和重新报告，是受托责任信息报告链中的最终环节。④职业会计人员（内部和外部）提供和鉴证财务报告，使委托人和代理人之间进行信息沟通，以解决逆向选择、道德风险等代理问题。因此，职业会计人员在财务报告供给链上扮演着重要角色。

会计职业道德作为一份隐性的公共合约，本身还起到了"信号显示"的作用，它是会计职业界对外就"职业信誉和质量"做出的公开承诺，也是取得外部信息、树立取得外部信任、树立会计职业形象、保持生存及竞争能力的重要手段。公众关于会计职业服务的不满意会产生期望差距，而期望差距会导致信任差距，信任差距的产生会对会计职业的生存与发展构成直接的威胁。会计界关于会计职业道德的每一步行动都是对社会公众参与的回应，是会计职业道德这一公共合约的"重签"，是一种典型的合作型社会博弈方式。

## 四、会计职业道德的原则

### （一）世界主要会计职业组织职业道德的基本原则

国际会计师联合会（IFAC）规定的会计职业道德的原则包括：诚信、客观性、专业胜任能力和应有的谨慎、保密性、职业行为。

美国注册会计师协会（AICPA）规定美国注册会计师的职业道德原则包括：责任、公众利益、诚信、客观性和独立性、应有的谨慎、服务的范围和性质。

英格兰与威尔士特许会计师公会（ICAEW）规定英国特许会计师的职业道德原则包括：诚信、客观、能力、履行（以其应有的技能，谨慎、勤勉、快速地完成他的职业工作，同时应恰当关注作为一个会员应达到的技术和职业标准）、谦恭。

中国会计师职业道德基本原则（1997年的《中国注册会计师职业道德基本准则》）。注册会计师应当恪守独立、客观、公正的原则；注册会计师在执行审计或其他鉴证业务时，应当保持形式上和实质上的独立；会计师事务所若与客户可能有损害独立性的利害关系，不得承接其委托的审计或其他签证业务；执行审计或其他签证业务的注册会计师如与客户可能有损害独立性的利害关系，应当向会计师事务所声明，并实行回避；注册会计师不得兼营或兼任与其执行的审计或其他签证业务不相容的其他业务或职务；注册会计师执行业务时，应当实事求是，不为他人所左右，也不得因个人好恶影响其分析、判断的客观性；注册会计师执行业务时，应当诚信、诚实、不偏不倚地对待相关利益各方。2002 年《中国注册会计师职业道德规范指导意见》规定我国注册会计师的基本原则包括：社会责任和公众利益、独立、客观和公正、专业胜任能力和应有的谨慎、保密性、对同行的责任。

### （二）我国会计职业道德的基本原则

第一，责任。责任是指一种职业所提供的服务是否能达到社会的期望。社会公众期望一个职业履行的职责包括：专业领域的胜任能力；提供服务的客观性；诚信、客观地处理客户事务；为客户保密；对没有按照期望标准履行职责的从业人员进行惩罚。会计师的责任是向社会提供有价值的服务，包括：对使用他们服务的所有人承担责任；对于客户和其他利益相关者给予持续关注；和同业相互合作；发展和保持所要求的专业知识和技能；维持公众的信心；履行职业自律。

第二，公众利益。会计职业服务的公众包括：客户、信贷提供者、政府、雇主、投资者、企业界和金融界，以及其他依赖会计师的客观性和诚信以维持业务正常运转的人们。

第三，诚信。诚信要求会计师在为客户保密的前提下，保持诚实和公正，并以公众利益为重，所提供的服务和公众信任应高于个人收益和利益。当缺少具体规则、准则或指南或遇到观点上的冲突时，应问自己："我所做的是一个诚信的人应当做的吗？我保持了我的诚信吗？"

第四，客观性。客观性要求不偏不倚、诚实和免于利益冲突，即按事务的本来面目去考察。客观性要求会计师在各种压力面前不能屈服，改变客观、公正的立场。

第五，专业胜任能力和应有的谨慎。专业胜任能力是教育和经验的总和。专业胜任能力要求会计师掌握资本知识和技能，并在整个职业生涯中不断学习和改进职业能力。应有的谨慎即追求卓越。应有的谨慎要求会计师尽其所能履行职业责任，关注服务对象的最佳利益，并与会计师对公众的职业责任保持一致；要求会计师细心、有效率地提供服务。

# 第二节 会计职业道德的实施与变迁

本节阐述会计职业道德的实施与变迁。

## 一、会计职业道德的实施 [①]

会计职业道德在性质上是公众与会计职业界就会计职业服务质量所达成的一份隐性的公共合约，其主要目的是在公众利益导向下对职业会计师的职业交互行为进行规范，以保证应有的职业服务质量。会计职业道德合约的动态运行过程体现在合约的签订、重签订和履行三个互动的环节上。而会计职业道德的履行可分为自我履行和强制履行两种模式。

---

① 韩洪灵，陈汉文.会计职业道德之性质与实施：契约理论视角的解说.当代财经，2007（2）.

## （一）会计职业道德的自我实施：中止交易、自我管制与声誉机制

在不完全契约理论中，使用"敲竹杠"这一术语表达有关合约方的机会主义行为。克莱因认为，"敲竹杠"现象之所以发生，是由于契约的不完全性，导致契约中的一方当事人能够利用契约的漏洞侵占另一方的利益。由于有限理性、不确定性、机会主义和交易费用，在存在专用性投资的情况下，"敲竹杠"现象总有可能发生。为了解决这个问题，有必要创立一种自我履约机制，使交易顺利进行。在现实生活中，大多数契约是依赖习惯、诚信、声誉等方式完成的，付诸法律解决往往是不得已的事情。对于会计职业道德合约来说也是如此，会计行业自我管制制度和会计师声誉机制在很大程度上就是会计职业道德合约的自我履行机制的基础。

克莱因认为，依靠私人惩罚机制界定合约的自我履行范围是可能的。就会计职业道德合约而言，这种私人惩罚由三部分组成：①直接终止与职业会计师的"交易关系"所带来的未来损失。在给定职业会计师专用性投资无法收回的情况下，终止交易关系的威胁意味着一种潜在的资本损失。②由行业自我管制机构对违反会计职业道德合约的职业会计师施以各种惩戒，从而构成一种直接的现实的损失。③与职业会计师在市场上的声誉贬值有关的损失，这种市场声誉效应导致了职业会计师在未来交易时的成本增加。声誉资本的积累以职业会计师过去的行为记录为基础，声誉记录较差的职业会计师将会减少获取未来的持续"交易"（如解雇内部会计师或更换外部会计师）。因此，通过交易关系的中止、自我管制机构的惩戒和声誉信号的传递来促使职业会计师对会计职业道德合约的履行，便是私人惩罚机制的形成过程。私人惩罚机制的重要性，就在于它能把资本成本强加在企图"敲竹杠"的职业会计师身上，它界定了会计职业道德合约的自我履行范围。除非事后的市场条件发生变化，导致职业会计师潜在的"敲竹杠"收益大于被惩罚引致的成本，否则这种私人惩罚机制在不完全契约的自我履行上就是有效的。但在现实世界中，由于职业会计师的生命周期、财富积累、行业自我管制的短视及声誉机制发挥作用的时空限制，会计职业道德合约的自我履行范围总是有限的，强制履行机制的引入在任何时期、任何职业环境中都是一种必然。

会计职业道德合约自我履行机制的另一个影响因素是会计职业道德合约本身的理性基础。当会计职业道德合约与特定时期的职业环境不吻合、社会公众与职业会计师对合约条款理解的不一致、对会计职业道德标准存在"期望差距"时，会计职业道德合约的自我履行机制的基础会受到动摇。此时，为提高会计职业道德的履行效率与效果，其解决途径有：①修正会计职业道德合约，使其理性基础被公众和职业会计师所共同理解，弥补"期望差距"；②在更大程度上使用强制履行机制，如政府加强对职业会计师的管制和会计法律制度的完善与强化。由此可见，特定职业环境中会计职业道德合约的履行效率与效果取决于职业道德合约本身的理性基础、行业自我管制的有效性、会计职业服务市场的声誉机制、政府或其他独立机构对会计行业的管制以及会计法律制度之间取得一个恰当的、互动的平衡，当这种平衡被打破时，可能导致上述一种因素或几种因素同时进行调整，以达到一种新的平衡。随着职业环境的变革，各国对会计职业道德准则的不断修订、会计职业管制框架的不断调整和会计法律制度的构建与完善的历史变迁过程就有力地说明了这一点。

### （二）会计职业道德的强制实施：独立管制、政府管制与法律责任

作为不完全契约，会计职业道德合约的自我履行范围总是存在边界，需要独立或政府管制和法律制度的强制执行作为自我履行机制的基础和补充。独立或政府管制和会计法律制度对会计职业道德合约的强制履行起到两方面的作用：其一，独立或政府管制和会计法律制度的存在加大了职业会计师机会主义行为的成本，使全体职业会计师形成一种稳定的预期，威慑力量的存在产生了一种事前的规制效应，这在客观上可能拓宽会计职业道德合约的自我履约边界。其二，独立或政府管制和会计法律制度本身作为强制履行机制，当会计职业道德合约的履行超出自我履行边界时，可以作为对自我履行机制的一种补充。

自我管制作为会计职业道德合约的自我履行机制的优点是会计师职业组织能较好地利用其专业知识优势迅速发现和裁决会员违反会计职业道德合约的行为，但其缺陷是职业会计师及其职业组织可能利用自己在关于职业服务质量的信息不对称中处于信息优势地位形成"专家专制"，以及社会公众对会计行业自我管制的尊重与信任，从而造成自我履约的失效。为此，需要引入独立或政府管制以弥补自我管制对会计职业道德合约履行的失效。由于政府管制具有强权威性、足够的强制力及作为各种利益的代表，它作为会计职业道德合约的强制履行机制较易于为社会公众和职业会计师所接受，从而降低履行成本。但政府管制作为会计职业道德合约的强制履行机制也有其缺点，政府管制机构受有限规模的限制，其与职业会计师之间关于是否违反合约的信息不对称程度远甚于自我管制机构，从而降低了会计职业道德合约的履行效率。由于独立管制机构既独立于会计行业自身，又独立于政府，在对会计职业道德合约的履行效果与效率上则介于自我管制与政府管制之间。

会计职业道德合约的实施除实施行业管制安排外，还有一个不可或缺的强制履行机制便是会计法律制度。会计法律制度作为强制履行机制，其作用在于为会计职业道德合约履行的争议提供自我履行的参照物，而不一定要直接参与每一次的合约履行争议，其效率也不在于直接带来履行成本的降低，而在于其威慑和参照作用减少了本来需要在法庭上解决，而实际上在庭外（如私人惩罚、独立或政府管制机构的惩罚）就解决了的会计职业道德合约的履行纠纷。会计法律制度通过国家机器强制执行，使会计职业道德合约的履行具有很强的他律性。

综上所述，为提高会计职业道德合约的履行效率与效果，合理的会计职业道德合约履行权配置安排应该是，对会计职业服务质量具有基础性和决定性作用的会计职业道德合约的关键条款的履行，由政府或独立管制机构享有，并保留对合约条款的修正权或合约条款修正的批准、认可权，而其他次要合约条款的履行及对职业会计师行为日常检查权则由自我管制机构享有，法院则享有最终的裁决权。当然，这种配置权安排本身也是一个动态的过程，它依赖于具体的职业环境和会计职业道德合约的自我履行范围。这种配置权安排应遵循的一个基本原则是：在会计职业道德合约符合理性的基础上，其履行需要在自我履行和强制履行机制之间达到一个恰当的平衡，否则可能意味着要对会计职业道德合约本身进行修订，进而使其履行机制运行顺畅，最大限度地保护公众利益。

## 二、会计职业道德的变迁

### （一）西方会计职业道德的变迁

萌芽期（1905年之前）。在文艺复兴时期，合伙制企业产生了；19世纪，工业企业特别是股份公司产生了。萌芽期主要采用口头合约形式，逐步形成个人的职业道德观念。

探索期（1906~1973年）。1906年特许公共会计师协会（The Association of Autho-rised Public Accountants）建立正式的道德委员会；1917年国际会计师公会发表第一份较为全面的职业道德准则，包括8条行为规则；1929年经济大危机前后，1933年和1934年制定《证券法》《证券交易法》；1939年修订会计职业道德准则，增加到15项；1972年进一步修正会计职业道德准则，由职业道德概念、行为规则、行为规则的解释三个部分构成。探索期是合约的标准化过程，职业道德准则合约逐步结构化。

发展期（1974~1995年）。1986年，注册会计师职业行为特别委员会经过三年的考察，发布《公众期望差距》报告；1988年，AICPA（美国注册会计师协会）根据报告对职业道德准则进行全面修正，并更名为"职业行为准则"，由原则、规则两部分组成，标志着以详细规则为导向的注册会计师职业行为准则已初步成形。发展期合约条款逐步具体化，逐步形成规则导向的职业行为准则。

新趋势（1996年至今）。1996年，ICAEW开始按照概念框架法修订和应用职业行为准则，并于1998年公布基本准则；2003年美国AICPA（美国注册会计师协会）的职业道德执行委员会发布《独立性准则之概念框架》，表明美国注册会计师协会行为准则也开始准备概念框架法。新趋势阶段是合约条款的概念回归过程，逐步形成概念框架法的职业道德准则。

### （二）我国会计职业道德的变迁

1992年，中国注册会计师协会依据《中华人民共和国注册会计师条例》颁布《中国注册会计师职业道德守则（试行）》。

1996年，中国注册会计师协会正式颁布《中国注册会计师职业道德基本准则》，分7章32条，分别是：总则、一般原则、专业胜任能力与技术规范、对客户的责任、对同行的责任、其他责任、附则。

2001年，中国注册会计师协会发布《中国注册会计师职业道德规范指导意见》，作为注册会计师行业的自律规则。该指导意见包括：总则、独立性、专业胜任能力、保密、收费与佣金、与执行签证业务不相容的工作、接任前任注册会计师的审计业务、广告、业务招揽和宣传、附则，共9章51条。

# 第三节　会计职业道德建设

本节主要阐述两个问题：会计职业道德建设的障碍；会计职业道德建设的路径。

## 一、会计职业道德建设的障碍

### 1. 会计职业道德的规范体系及实施机制欠完善

我国的会计职业道德的规范体系和实施机制明显缺乏系统性和完整性，主要表现在会计职业道德规范层次性不强和会计职业道德的评价机制、惩戒机制缺乏刚性两个方面。我国的会计职业道德规范基本上散见于有关会计法规之中，缺乏系统性，也即缺乏层次性，对违反会计职业道德处罚太轻或未予以处罚，使失范者有利可图，加上遵守会计职业道德规范带来的不明显收益，使不少规范者冲出禁区。因此，会计职业道德规范体制和实施机制的不完善，实际上纵容了会计职业道德的失范行为。

### 2. 会计人员管理不到位，缺乏监督检查力度

会计职业中惩治违法行为不力，纪律松弛，对职业道德优劣表现赏罚不分明，没有树立遵循会计职业道德的典范，导致会计人员产生错误认识，从而忽视了作为合格会计人员应该恪尽职守的本质，加上企业内部领导的监督检查缺乏有力手段，更容易造成企业内部会计人员的职业道德偏离，会计人员管理不到位，进而导致缺乏监督检查力度。

### 3. 会计职业道德观念薄弱和道德失范严重

在利益冲突严重发生的社会，会计人员在处理与国家和社会公众利益冲突时，不能坚持应有的原则，甚至徇私舞弊，伪造变造虚假会计凭证、会计账簿或会计报表，导致账账不符、账证不符、账实不符的现象频繁出现。当与审计人员发生冲突时，很多会计人员认为掩盖问题和应付社会及国家有关部门的监督检查是本职。

### 4. 会计人员素质偏低及职业道德教育缺乏

我国会计教育中的会计职业道德问题还没有得到高度重视，往往造成许多学生在做事时出现知识狭窄、基础不厚和能力不强的现象；在做人时出现道德水平下降、缺乏责任感等不足，加上会计人员在工作中自觉抵制不正之风的自觉性较差，受权力、职位乃至利益的影响，更容易违反会计法的根本原则。

### 5. 社会不良风气撼动会计人员自律机制

人们在追求物质利益时，个人主义、利己主义和享乐主义等观念，削弱了人们集体主义和全心全意为人民服务的思想，导致社会上丑陋的现象频繁出现，社会不良风气撼动会计人员自律机制，进而影响包括会计工作人员在内的价值取向和价值观念。

## 二、会计职业道德建设的路径

### 1. 以加快制度建设实现良好的伦理氛围来完善会计职业道德奖惩机制

借助良好的企业伦理氛围构筑促进会计职业道德建设，包括借鉴国际惯例完善会计职业道德体系，构建相应的考评和奖励机制，建立追踪记录制度及监管组织。针对违反会计职业道德行为监管不力的隐患，应借鉴国际会计惯例，完善我国落后的会计职业道德体系，尽快制定和颁布企业合并、合并会计报表、外币折算等具体会计准则。同时，必须建立和完善会计职业道德的考评机制和奖励机制，双管齐下地建立会计职业道德行为的追踪记录制度和监管组织，为会计人员打造良好的工作环境。

2. 加大监管力度，提高监管效力，以营造良好的企业伦理氛围

强化政府监管力度，完善行业自律监管，不断健全和积极借助广告媒体和社会公众的社会监督力量。财政部门不仅应积极主动地支持协会开展会计人员的自律监管工作，而且要加强会计从业人员资格证书的年检工作，保证每个会计人员及时参加会计继续教育，加强自身素质的提高，同时，要加强财政、审计、税务、监察等职能部门之间的协调管理，形成一个有力的外部监督机制，检查监督会计人员遵守职业道德的状况，最大限度地约束会计舞弊行为，对不称职或违法的会计人员进行严格的惩罚，严重者吊销会计执照。

3. 加强企业伦理下的职业道德规范建设及强化内部控制体系建设

要树立良好的会计职业形象，应发挥会计职业团体的效用，全国会计人员联合会必须制定切实可行的职业道德规范，明确会计工作人员应履行的责任和义务，使会计人员在具备优秀的职业道德品质的同时，企业内部要加强会计管理制度的建设，因为它是改善单位经营管理提高经济效益的重要方法。企业内部应该建立完善的内部控制体系，充分调动会计人员的积极性。为防止会计人员在日常工作中违反会计职业道德行为，还应该对内部员工建立考核竞争激励和约束机制，以此来提升会计工作质量和工作效率。

4. 加强会计队伍建设以全面提高企业伦理下的会计人员职业道德水平

道德比技巧和知识更重要，会计人才不仅是技术专家，还应是道德专家，职业道德教育是每一个会计人员应具备的品质和信念，会计教育不仅要传授技巧，还应灌输敬业精神和道德标准，更要重视在岗会计人员职业道德的提高。作为会计人员应该加强职业道德教育，增强使命感，并能自觉抵制社会各种不良因素的影响和干扰。

5. 以树立社会良好风气，优化企业伦理下的会计职业道德外部环境建设

树立社会良好风气可以优化良好的企业伦理氛围，良好的企业伦理氛围可以有效实施会计职业道德体系。因此，必须为会计人员创造一个法制健全制度完善的环境，净化会计职业道德环境不仅需要会计职业界努力，还需要社会各界的配合和协调，利用媒体广告和网络等宣传工具，加强会计职业道德建设的感召力和影响力。

6. 加强会计道德教育

会计道德教育是指一定社会的统治集团或统治阶层，为了培养和形成合乎自己需要的会计人才和会计道德风尚，依据一定的社会道德和会计道德规范体系，有目的、有计划、有组织地对会计人施加系统的道德影响的活动。会计道德教育具有同时性、包容性、重复性、渐进性和实践性等特征。会计道德教育的过程包括：提高会计道德认识；培育会计道德情感；磨炼会计道德意志；确立会计道德信念；养成会计道德习惯。会计道德教育的渠道包括家庭道德教育、学校道德教育和社会道德教育。家庭道德教育是养育阶段，重心在家庭；学校道德教育是训育阶段，重心在学校；社会道德教育是化育阶段，重心在社会。会计道德教育的方法包括：言教与身教；榜样与舆论；集体影响；奖惩。

7. 加强会计道德修养

会计道德修养是指会计人的人格道德和职业道德上的修养，是社会道德活动的形式之一。会计道德修养的实质是会计人在改造自己内心世界的同时，也在改造着外部世界。会计道德修养的特征包括内在性、客观性、自觉性和实践性。会计道德修养的途径包括

与改造客观世界的实践相结合、与具体的长远的社会道德和会计道德实践相结合两种途径。会计道德修养的方法有学习、立志、躬行、内省、谨独等。

### 【案例分析一】虹发公司的会计职业道德建设 ①

当今社会会计行业造假现象非常普遍，这一现象的出现证明了一些会计人员在工作的时候忽视了会计职业道德的建设。本文通过对虹发公司造假案的分析引发出当前会计职业道德存在的一系列问题，并从问题出发提出了一些相应的解决对策。

会计人员职业道德是指会计人员在工作过程中所表现出来的业务技能和技术，以及在平时的业务工作所表现出来的职业观念、纪律以及行为规范的统一。根据相关的行业行为标准规范，会计职业道德主要包括：爱岗敬业、诚实守信、廉洁自律、客观公正、坚持原则、能力过硬、服务企业经济管理以及助推经济发展。

1. 会计职业道德的特征

（1）对我国当前会计法律法规的有效完善和必要外延。众所周知，我国现行的会计法律法规是对该行业从业人员的最低要求，是不能突破的底线；会计职业品德规范对种种会计法律法规提供了必要完善和增补，是有效补位，其目的是对所有从业人员提供道德规范和职业保护，避免会计人员触碰法律底线。

（2）对会计人员工作行为的有效规范和有力约束。一切行为都是人的行为，说到底，受个人内心的支配和决定。会计行为也是由本身意念来主导的，心之所向导致行为之所向。如果会计人员私心重，追求个人私利，就会直接影响他的工作实效。

（3）完成会计工作目标的有力助推和必要保证。从会计职业的社会作用来讲，会计工作的终极目的就是为会计职业关系中的各个服务对象提供准确有用的会计信息。一个缺乏职业道德的会计人员，是绝不能达到上述目标的。同理，一支缺乏职业道德的会计队伍，也绝不能完成社会和国家赋予会计的工作任务。

（4）提高会计人员队伍素质的行业需要和社会要求。随着我国经济的快速发展和全民道德水准的提高，社会上对会计从业人员的职业素质也提出了更高的要求。仍然凭老资历说话，凭老一套办事，得过且过、故步自封的陈旧作风已经不适应社会发展的潮流了。迅速提高自身职业素质、具备较高职业道德水准是一个合格会计人员的当务之急。

2. 虹发公司案例

（1）虹发公司造假案。2013年底，在实际的亏损额度已达到1.5亿的危急情况之下，虹发公司运用一些不合理的会计手段编制出一份虚假的财务报表，报表中向公众以及股东披露公司盈利8560万元，并在下一个会计年度通过增发股票筹集到了1.5亿元资金。虹发公司为了创造其销售业绩的神话，通过虚构利润，并伪造旗下一系列产品的销售收入，使之达到5.29亿元。虹发公司还在发行股票所需上交的申请材料中伪造有关批复和相关证件，虚报数据，虚假地为公司增加了1100万元的无形资产。在2014年12月，虹发公司还对来自三个银行的银行对账单进行私自篡改，伪造虚假证据虚增银行存款2770万元。

---

① 冯丹贵.会计职业道德建设问题研究——以虹发公司为例［J］.时代金融，2016（8）.

除此之外，公司实际公开发行的总股本为 8370 万股，该公司为了提高每股收益，将总股本数改为 6696 万股。虹发公司还虚构了存货的价值，在财务报表中 2015 年的存货价值为 2.6 亿，到 2011 年猛增至 4.4 亿。虹发公司主要销售的产品为水产品，占有一定比例的销售比重，公司拥有 20 万亩的水产养殖区，其中有多少鱼多少其他的水产品，我们就不得而知了。从以上各种方面来看，虹发公司为了公司发展可谓不择手段，其造假手法之多、涉及面之广，令人触目惊心。虹发公司在各个方面都进行夸大造假虚构虚报，上述的诸多行为其最终目的就是为公司营造一个利润丰厚的可观局面，从而吸引不知情的投资者投资，募集资金聚集资本，实现少数人获利的企图。在这些少数人的眼中，公司的目的就是不择手段地赚钱，而不是把公司打造成一个切实造福人民的实体。

（2）会计职业道德建设存在的问题。虹发公司虽是个例，但从当前会计行业来看很具代表性，纵观当前会计行业的现状，主要问题有如下三点：①会计从业人员职业道德意识低下。在当前社会中，有一部分会计从业人员道德品质不佳，个人品德堪忧，因此在工作中缺乏客观公正的职业素养和精益求精的工作精神，常常在各种物质利益的诱惑或者强权的威压下放弃会计职业原则。轻则放任自流，重则与人同流合污，或出谋划策，或直接操刀，做假账，做伪证，以一己之私牺牲了国家利益，会计行为严重偏离了职业规范，最终走上违法乱纪的不归路。②会计从业人员私字当头，违法乱纪。有些会计人员受社会上"金钱至上""享乐至上"等资本主义腐朽思想影响，为一些蝇头小利就放弃了法律底线，通过收入不入账、虚报冒领等手段，贪污挪用公款；故意伪造、编造、隐匿、损毁会计资料，侵害国家、集体利益。③会计人员弄虚作假，违背会计准则。在当前的社会大环境下，部分会计人员把会计准则抛诸脑后，在这样那样的原因下弄虚作假，这样的案例层出不穷。财政部发布的对部门行业 2000 年度会计信息质量抽查公告中指出，"假凭证、假账、假报表、假审计、假评估"的"五假"问题不容忽视，其中资产不实比例在 10% 以上的单位占抽查单位的 57%。这样的事例在当前案例中占了很大比重，对会计行业以及社会的发展都产生了一定的不良影响。主要表现为：第一，违背会计的客观性原则，直接导致会计信息失真。会计人员职业道德缺失，整个行业造假账成为一种风气，必将造成会计信息的失真。就如同"文革"时期的浮夸风一般，将会对社会经济的发展造成难以弥补的损害；第二，损害会计人员自身声誉。会计职业道德缺失会损害会计人员的自身声誉，进而损害整个行业声誉。

3. 针对当前职业道德建设的解决方法

当前我国会计人员职业道德水平低下、问题多发，其原因是由多种因素互相影响所促成的，所以，加强会计职业道德建设也应该是多措并举，多方配合，以达到综合治理的效果。

（1）加强对会计从业人员的职业道德教育。要提高会计人员的职业道德水平，首先，要加强对会计从业人员的职业道德教育。可以从以下几方面着手：第一，从基础做起，在学校就让有志于从事会计工作的学生接受会计职业道德建设教育，增编有关会计职业道德建设的教材，增设会计职业道德课程，让学生在从业之前就树立起会计职业道德意识，培养他们坚守会计职业道德的自豪感和荣誉感；第二，对在职会计从业人员加强对会计职业道德相关方面的培训和考核，让会计人员充分了解会计职业道德，强化职业意识，能够按照会计职业道德规范来约束自我；第三，加强会计职业道德的社会宣传，扩大社会影响力，让全社会都了解会计职业道德，强化舆论监督和社会导向，从而形成社会威压，减少会计造假的侥幸心理，进而保证会计行为的真实可靠，形成健康良好的会计职业道德社会氛围。

（2）加强会计从业人员对与会计相关的法律、法规的学习。很多会计从业人员的违法是因为他们的不懂法不知法，他们只掌握了工作技能，却忽视了对会计法律法规的学习掌握，有些人甚至不知道违背会计职业道德将要付出怎样的代价。因此要加强会计职业道德建设就要高度重视对与会计相关法律、法规的学习。只有熟知了相关法律、法规，了解了违法违规所要付出的巨大代价，才会让广大会计从业人员警钟长鸣，就会对那些职业道德意识淡薄的从业人员形成有效震慑，从而达到促进会计职业道德建设的目的。

（3）构建良好的会计从业外部环境。首先从社会大环境出发，社会各行业各阶层各部门齐心合力，加强社会主义核心价值观建设，强化以德治国的理念，形成"诚实守信、廉洁自律"的良好风气，为会计人员职业道德建设创造良好的外部环境。司法机关加强对会计人员职业道德的法律法规建设和完善，做到不留法律死角，堵住法律漏洞，提高会计人员违法成本，形成司法威慑，用法律法规对会计人员进行有效的约束。其次，各经营企业应该注重企业文化的建设，塑造"风清气正、规范有序"的企业管理体系和工作氛围，制定切实可行的会计人员管理制度，净化会计人员工作环境，从而杜绝一切可能造成违法乱纪现象行为的发生。最后，抓紧进行会计职业教育改革，重视会计职业道德教育体系建设，探索新的职业道德教育模式，做到会计职业道德教育知识性与趣味性的统一、技能与道德的统一，为会计人员走上工作岗位打下坚实的基础。

（4）加强对会计人员职业道德的监管。首先，各经营性单位应该加强内部审计工作建设，有条件的企业和单位可以成立独立的审计部门，将审计工作独立于财务工作之外，使二者有效区分。其次，积极运用现代化的电算化技术以及绩效考核评价手段，减少审计工作中的人为主观因素，提高审计工作的真实性和可信性。再次，引进外界财务监管部门，对内部会计工作加以有效监督。充分发挥会计师事务所的作用，利用会计师事务所的人才优势和技术优势，对企业内部会计人员的行为进行有效的监督和管理。最后，建立上下联动的快速反应机制，对会计人员工作中出现的问题能够及时发现，迅速补救并有效解决，防止不良后果进一步扩大。

4.结论

会计职业道德不仅体现了在会计活动中相关会计人员须遵守的会计职业特征，而且是规范人与人之间经济关系的有力保证。它作为最主要的标准和要求，在会计人员的职业活动中制约着人们的行为。同时，它也是会计职业人员应承担的义务和责任，是他们必须要遵循的行为准则。会计职业人员在进行会计行为时的好坏也是通过它来衡量的。会计职业道德的建设势在必行，通过不同角度的分析可以看出，会计职业道德必须尽快得到加强。

现如今，会计工作的徇私舞弊现象较为严重，由于我国的法律对此方面的规范还有待提升，使其气焰越发高涨，这不仅会对企业的发展造成不良影响，更会阻碍社会发展、国家进步。为此，当务之急就是要采取一系列有效措施来应对这些问题。

在新的历史发展时期，会计从业人员的队伍需要爱岗敬业、诚实守信、服务群众、廉洁自律、奉献社会，如此人才的形成要从职业道德建设做起。相信在公平、文明、开放的大背景下，会计职业道德水平能得到大幅提升。

**【案例分析二】如何加强企业会计人员职业道德建设——以欣泰电气为例**[①]

本文以欣泰电气为例对该企业的会计从业人员的职业道德进行分析。只有加强会计从业人员职业道德建设，提升会计人员的综合素养，加强外部监督，以此来保证当前企业健康有序的发展。

1. 引言

道德一直以来都是一种传承，也是一种社会的认知，也代表着人类行为的准则和规范。当然道德也是一种对人的约束。职业道德就是对一个职业的规范，人们要根据这个职业的规则行事。单就会计从业人员而言，职业道德就是在会计工作中要遵守的各种各样的原则，也是要遵守的一种道德规范，为了防止在工作中出现不必要的过错，这也是基于会计这一行业中的重要性来决定的。从另一层面讲，道德也是人的一种意识形态，是现当代社会对社会成员行为的一种约束标准，同时也是社会公众的一种意志。这样来看，会计从业人员职业道德就是社会公众对会计从业人员行为的一种美好凤愿，所以作为会计行业的工作人员就一定要遵守，这样才能够充分体现会计这一职业的特征，在实践中逐渐调整会计职业的各种行为规范。

在我国《公民道德建设实施纲要》里提及了关于职业道德的内容，就是平常对工作上的要求，如爱岗敬业、诚实守信等，在为人民服务时要做到公平公正，具有服务群众和奉献社会的精神。爱岗敬业是面对自己的职业时做出的认真负责的态度，并且给予自己的工作满腔热爱，对于自己的本职工作有着恭敬、严肃的态度，一定要在工作中忠于职守，努力实现自己在工作中的各项指标。诚实守信是一种道德良好的体现，也是职业道德的最为根本的原则。

2. 欣泰电气会计从业人员职业道德的现状以及危害

（1）缺乏敬业精神。目前企业的会计人员自身缺乏对企业的敬业精神，并且自身的职业观念不强，有些部门的会计在企业与国家利益之间摇摆不定，并且自身的行业原则不强，经常为企业的经营者进行舞弊营私，甚至会进行假账的制作，以此来影响当前企业会计信息，从而导致整个企业自身的规则以及企业中虚假报表的填写等方面存在问题，影响整个企业自身的形成问题。

（2）道德与犯罪一念之间。当前企业会计在进行道德以及对整个企业自身，经营层次上产生既定不模糊的现象，当企业自身的会计人员在受到一些诱惑时，会发现自身利益与国家、集体的利益相违背，此时，会计人员不能用自身的职业规范来进行约束，从而导致在工作时不能进行客观公正的判断，发生造假的现象，给当前企业提供虚假信息，导致企业财务报表错误，审计过程中出现虚假信息，损害国家利益，给当前的社会带来不可预计的后果。

---

① 刘华蓉.如何加强企业会计人员职业道德建设——以欣泰电气为例［J］.知识经济，2017（1）.

（3）会计从业人员职业道德问题的危害。一般企业在进行会计信息造假时主要是通过歪曲企业自身信息来进行的。企业在会计处理过程中利用会计报表上虚增支出、虚报费用、少报收入、隐瞒利润，来逃避税收、侵占企业资产。缺失会计信息，归根到底是为了获取不正当利益，但同时会损害国家、企业的利益，使国家税收和企业资产大量流失，投资人、债权人及其他相关方的利益受损。

3. 影响欣泰电气会计从业人员职业道德的因素

（1）利益驱动，诚信缺失。目前来看，欣泰电气会计人员之所以出现诚信缺失的现象，是由于欣泰电气会计人员没有建立良好的道德观念。随着经济不断发展，会计人员会面临的诱惑越来越多，导致欣泰电气会计人员为了实现自身利益，而不坚持职业操守，从而产生会计造假。另外一个原因是会计人员服务于领导，这决定了会计在单位中所做的工作。一切听从领导安排，自己不能做主，导致会计人员提供虚假的信息，不能够秉公办事。

（2）会计职业心术不正。现在社会经济不断发展，人们的思想以及价值观随之发生变化，那么对于会计领域，随着经济发展在从业人们的道德上会有何变化呢？在经济体制改革的浪潮下，人们能够为了达到自己的利益不择手段，尤其是当自己的物质利益与他方利益相冲突时，人们为了谋求个人利益，就会出现个人主义、利己主义、享乐主义等思想，爱国主义、集体主义、全心全意为人民服务的这样的思想完全被替代。这也是出现丑恶现象的本质原因，所以不论是会计从业人员还是普通人都可能转变自己的价值观。

（3）会计人员业务水平偏低，缺乏钻研业务精神。当今社会中的会计从业人员其道德与行为严重不相符。一般情况下会计从业人员都能够明白职业道德，并且对这方面的了解是比较透彻的，能够在工作中做到爱岗敬业、诚实守信、廉洁自律、客观公正、坚持准则、提高技能、参与管理、强化服务等，但是真正工作起来却不然。对大部分会计从业人员来说，会计就是与每天的数字联系，并且与其他的职业相比较，经济收入也完全不在同一个层次，所以不能达到自己的要求，导致工作不认真负责。员工对工作的态度在上班期间就能够表现出来，例如有些人在公司坐着，但不做与工作相关的事情，而是炒股票、炒基金、做生意等，工作都积压到月底；有的人可以身兼数职，在休息时间去别的公司工作以此来谋取利益；更有甚者认为会计是最底层的工作，没有实际权力永远不能够做别人的领导，所以对自己的工作更加不上心，只是一味地想要调离；有的会计从业人员在工作的过程中发现了程序漏洞，只是做出一副事不关己的样子，依然旧事旧办；有的会计从业人员对自己的专业并不上心，只是驻足不前，对当今日新月异的变化跟不上步伐。

（4）屈从领导的压力，职业道德被迫失范。目前欣泰电气会计人员一般都是在企业管理者之下进行工作的开展，随着当前市场经济环境越来越严峻，就业压力越来越大，如果企业会计不听从领导的安排很有可能会丢失工作。正是由于这种观念导致企业在进行会计工作时违心操控，使得会计职业准则丧失。企业会计在进行造假时自身的隐蔽性强，一般检查不容易发现，导致造假现象越来越严重。

4. 解决欣泰电气会计从业人员职业道德失范的对策

（1）加大职业道德建设力度，营造良好的社会环境。在经济学中会计又可以称之为使经济性语言的一种，一般情况下会计语言就是对于投资者、债权人以及政府传递相关的信息，让其在进行决策的时候能够作为一种凭证。所以在会计从业人员一旦为达到自己的目的而制造假的信息，对于会产生的后果是无法预测的。尤其是在当今世界中，人人参股，已经有很多案例告诉我们这些虚假信息带来的种种后果。所以一定要注重对会计从业人员道德素质的再教育，不仅仅是对社会大环境的要求，对于企业内部也要构建完整的道德教育结构。本人建议，不论是大学本科或者是高中专院校，只要开展会计专业课程就必须有会计从业人员职业道德这门课程，并纳入必修课程。对于教师应该将会计从业人员职业道德寓于教学当中，做到教书育人。

（2）遵守各项制度，切实履行会计从业人员职业道德。现在对于会计这方面的法律制度已经存在，但是依照法律办事的少之又少，所以现在的会计造假事件屡屡发生，但对于处罚相对较少，除非是对国家或者社会危害极大，真正意义上违反《会计法》的会计从业人员或者领导才给予相应的行政处罚或者经济处罚，但是对于追究其刑事责任的情况几乎没有。所以我们的首要任务就是打破现有观念，加强廉政建设，对于违法违纪的行为加强惩罚力度，让会计消息能够真实有效的方法就是让其单位领导对于虚假情况给予连带责任，会计从业人员可以不负此责任。这样把所有的责任都让领导人来负，让他感到切肤之痛。但是一部分会计从业人员只是出于自己的利益对于数据造假，与现有的法律作对，对这样的一类人肯定要采取相应的制裁，与此同时，对犯罪分子的领导也要给予一定惩处，因为其触犯了监管不严的罪责。

（3）建立现代企业管理制度和与之相适应的内部控制制度。对企业内部不能够互相融合在一起的业务就派两个或多个人进行管理，这样就可以使人人在其中都有一种被限制的关系，不论出现怎样的差错都会在第一时间被发现。并且在实践过程中能够一直完善。所以内部控制制度建立之后首先要被监管，并且建立内部审计机构，其目的就是对内部控制制度的监管与考核，一定要按时对内部控制制度的执行情况进行检查与考核，及时发现不足，进行修复。对能够严格遵守内部控制制度的人员，要给予表彰和奖励，不能严格履行的人员要给予相应处罚，让员工把其作为对自己职位影响的一种标准。

（4）加大惩处力度，严格财经纪律。针对恶意造假的人，国家以及政府相关部门要对其进行相应的惩罚。在立法或者执法上都应该明确规定其造假后理应负有怎样的法律责任，这样为谋求个人利益的人能够意识到得不偿失，也会一定程度地抑制造假事件。对于造假后的民事赔偿，也应当建立一定的法律制度，这样对会计中的信息一旦有了造假消息的出现，就可以按照法律规定对其提出诉讼，获得民事赔偿。完善和建立市场退出机制应尽快落实。对于那些违反行业规则、违反信用的企业以及个人，一旦发现有失真信息的行为，可以对其进行开除处分。

**【案例分析三】会计职业道德建设——以武汉凡谷电子技术股份有限公司为例**[①]

1. 武汉凡谷电子技术股份有限公司财务造假事件介绍

武汉凡谷电子技术股份有限公司近年来致力于研发高水准移动设备,在国际上位列前茅。发展前景看似一片大好的武汉凡谷,于2017年10月11日发布公告称:由于财务信息披露不真实,证监会正立案调查。随后,武汉凡谷进行了近一个月的停牌自查。武汉凡谷财务造假是一起严重违反会计法律的恶性事件,通过虚增营业利润,严重扰乱市场经济秩序。虽然武汉凡谷此次造假是为实际控制人大额减持打掩护,是在管理者的授意下进行的违规操作,但究其根本原因,是该企业的会计人员在是非关头未能坚守职业道德与诚信,屈从权势的压力,提供虚假财务信息。

2. 会计人员缺乏职业道德和诚信的原因

（1）会计管理制度不完善、会计立法不健全。对于武汉凡谷来说,财务造假的重要原因之一是会计立法不够全面,未在具体细节问题上制定防范企业违规的措施,导致该企业钻了法律的空子。此外,该企业未能及时运行适应于目前经济状况的财务制度,导致即使有高质量的会计制度,也不过是一纸空谈,在其会计工作的实际开展中不能取得理想的效果。

（2）会计职业道德和诚信教育体系不完善。对于该企业来说,会计信息不真实的原因主要有两点,其一是由于职业道德监督体系不完善;其二是该企业对会计人员职业道德及诚信教育重视程度低。以上两点原因导致会计人员职业素养低,在利益的岔路口误入歧途。

3. 加强会计职业道德与诚信建设的措施

（1）强化会计人员的继续教育,专业技能与职业道德双管齐下。为了将武汉凡谷的财务造假事件未来再发生的可能性降到最低,相关部门应该对企业会计人员定期进行诚信和道德情况的调查,鼓励会计执业者敢于做真账、讲真话,勇于揭露造假违规事件。同时,社会应加强舆论宣传,督促会计人员诚信作业。只有这样,才能使职业道德和诚信教育在武汉凡谷未来的会计工作方面发挥出理想的效果。

（2）完善会计法律体系,加强执法力度。需要立足于我国国情,进一步完善会计法律法规体系,最大限度地降低企业违反会计法律的可能性。与此同时,执法部门要加强执法力度,对违法违纪现象持"零容忍"态度,追究每一个违规者的责任,不仅要严肃处理涉事会计人员,对相关负责人也应该一视同仁,给予相应处分,绝不给武汉凡谷提供弄虚作假的二次机会。

（3）完善监督机制,健全企业管理制度。要做到坚守职业道德,诚信开展会计工作,不仅需要从业者不断进行自我调整,提升自身觉悟,更要不断完善监督机制,强化对会计人员执业的威慑作用。目前来看,我国会计行业的监督体系还不尽健全,因此,无法形成行之有效的约束机制。基于此,武汉凡谷的会计人员堂而皇之地踏上违规作业的道路,看似营业利润暴增,企业呈现出一派欣欣向荣之景,实则是会计人员对法律法规的

---

① 陈晓雅.浅谈会计职业道德与诚信建设——以武汉凡谷电子技术股份有限公司为例 [J].现代经济信息,2019（4）.

蔑视。只在企业内部设立监督机构很可能导致监督停留在表层，不能有效防止造假现象发生。因此，外部激励机制也应该建立并完善，对会计人员及企业进行多角度、多方位监督，使会计工作透明化，从而降低会计人员舞弊的可能性。

### 【案例分析四】会计信息化时代康美药业的会计职业道德问题 [1]

2019年4月30日，康美药业曾发布公告，公告中的会计差错更正显示，2018年前康美药业营业收入、费用等方面存在账实不符的情况，并相应地调整了2017年的年报数据，但在2017年财务报中虚增货币资金近300亿元。经过调查，康美药业在其2016~2018年所披露的财务报告中，存在以下的虚假行为：首先用虚假的银行单据虚增存款；其次通过伪造业务凭证进行收入的造假；最后部分资金转入关联方账户买卖公司股票。

康美药业事件使舆论哗然，但同时也要看到康美药业事件所呈现出的问题，那就是其会计人员对会计职业道德的违背。其违背了会计职业道德内容中所要求的诚实守信和坚持准则，这两项内容要求会计从业人员应当信誉至上、拒绝虚假；始终坚持按照法律、法规进行会计核算与会计监督。而康美药业不仅大量地使用虚假伪造的业务凭证和单据虚增资产，而且触犯法律，未在相应年度的财务报告中披露控股股东和关联方非经营性占用资金，从而造成了极其恶劣的影响。正是因为会计从业人员职业道德的动摇与缺失，使得康美药业这个曾经国内市场的龙头企业、辉煌无比的商业帝国，轰然倒塌。康美药业事件应该为会计从业人员敲响警钟，警示他们在从事会计业务时要时时刻刻地坚守会计职业道德，不应动摇、违背，始终将会计职业道德牢记于心，并且付诸实际日常工作当中。

### 【案例分析五】由三个"亿元"引发的会计人员职业道德建设思考 [2]

1. 三个"亿元"的警示

第一个"亿元"：2013年1月22日上午，经浙江省绍兴县检察院提起公诉，绍兴县法院对一起挪用资金案依法作出一审判决，身兼7家公司出纳的李华英因挪用资金0.99亿元被判处有期徒刑七年零六个月。李华英从2008年3月到2011年10月，先后通过取现或转账的方式，累计挪用人民币0.99亿元。公安机关通过侦查发现，李华英挪用的资金多用于个人银行存款、炒股、投资商铺房产、基金等营利活动。

第二个"亿元"：2014年7月11日，中海集团韩国釜山公司原财务经理李克江贪污案终于一审落槌。据法院审理查明，李克江在受中海集团委派担任中海韩国釜山公司财务部经理期间，利用职务便利，虚构资金用途，私自将价值5.2亿元的公款转出用于赌博，导致公款无法归还，具有非法占有公款的主观故意，其行为已构成贪污罪，且数额巨大，情节严重。法院最终判定李克江贪污5.2亿元，挪用公款412万元，贪污罪和挪用公款罪两罪并罚，最终决定执行无期徒刑，剥夺政治权利终身，并处没收个人全部财产；违法所得一切财物予以追缴，不足部分责令退赔。

---

① 曾致骞等．信息化时代会计职业道德的探讨——以康美药业、美国安然公司为例 [J].商业会计，2020（1）.
② 吕雅曲．由三个"亿元"引发的思考——浅谈我国会计人员职业道德建设 [J].科技经济导刊，2016（33）.

第三个"亿元"：中石化江苏苏州石油分公司原财务核算部主任孙建明自2005年以来，利用职务之便贪污公款23万余元、收受他人贿赂35万余元、挪用公款1.8亿余元。2015年5月13日，南京市鼓楼区人民法院对该起职务犯罪案件作出一审宣判，孙建明被法院认定构成贪污罪、受贿罪、挪用公款罪，合并执行有期徒刑20年，并处没收财产18万元。

上述触目惊心的三个"亿元"案件带给财务从业人员除了不可思议、愤怒和痛惜之外，更多的是深思。近年来，各行各业财务人员职务犯罪呈现多发、频发的趋势，而涉案的罪名则主要集中于贪污和挪用公款，且多数案件涉案金额巨大，对社会造成了一定的负面影响。从警方对案件的分析来看，客观上是单位财务管理上出现了漏洞、内控制度存在缺陷等，但更重要的是其自身职业道德的缺失！可见，加强会计人员的职业道德建设刻不容缓。

2. 构建会计人员职业道德体系的具体措施

（1）建立健全会计人员职业道德的管理体制。我国目前实行会计人员管理体制是政府和企业双向管理标准，全责的指向性不明，管理模糊，会计不知道该服从谁。在这种情况下，会对会计人员的职业道德产生影响，听企业的还是听政府的很难选择，骑虎难下。双方都制约着自己，即使自己有一个好的职业素养，也很难展开工作，权衡他们之间的利弊就很耗费心思。因此，在经济改革不断深入的同时，也应加大对会计人员管理体制的改革。责任分配明确，管理职能清晰，该是谁的就是谁的，不可模棱两可，去除"透明的天花板"，让制度在阳光下运行，不能让权力钻了空子。只有这样才能更有效率地让会计人员展开相关工作，无后顾之忧。

（2）深入对内部审计制度的完善。内部审计也是企业内部重要的组成部分，是内部控制和制约会计的重要手段，起到一定的监督作用。由于审计工作是独立会计工作之外的一项特殊的工作，由专业审计工作人员独立进行。由于内部审计人员对企业自身有一定的了解和认识，相对于企业外部的审计人员来说，在展开相关工作方面要方便许多，无论是部门之间的认识，人员的熟知度都比企业外部的好。出现问题时可以及时调查解决，也起到一定的预防作用。

（3）加强企业内部各部门的协作能力。企业部门之间的相互对接很重要。在从事经营活动时，从最开始的分工和做到最后的汇集融合，过程就像是一个链条，每一次环节出现了差错都可能导致最后的失败。所以应该把企业的每一个部门用一个链条捆绑在一起，相互依存，互惠互利。只有这样，企业的部门之间才能相互依存，相互监督，相互帮助，形成一个良性的运作模式。

（4）加强教育，强化财务人员的廉洁自律意识。深化党的群众路线教育实践活动的效果，坚决反对形式主义、官僚主义、享乐主义和奢靡之风，强化世界观、人生观、价值观和权力观的教育，不断提高会计人员的精神情操。突出廉政风险防控，定期组织会计人员开展各类警示教育活动，使其牢固树立遵纪守法、廉洁奉公的意识。

**【文献阅读一】会计职业道德教育的内涵分析与模型研究**[①]

现在，我国的会计信息失真已经由会计问题演变成了社会问题，会计丑闻时有发生，它已经对市场经济秩序和企业管理造成了严重威胁，直接损害着国家利益和公众利益。弄虚作假首先涉及的是会计职业道德问题。所以，在会计职业道德教育方面我们应该有所作为。

**一、桑恩道德决策综合模型**

桑恩（1998）提出了一个包括品行等道德理论方面的四个因素组成的道德决策综合模型。这四个内部因素（心理活动过程）一起构成了可视的行为模式。①道德反应灵敏度。审时度势，实事求是，充分考虑采取的各种行为将对有关各方的影响程度。设想事件的因果关系，以及意识到业已存在的现实道德问题。②道德判断。根据自己的道德意识，判断哪一种行为是最公正的。③道德动机。采取道德行为的方式，自己的责任程度，采用道德价值形式对其他价值形式的估价，以及个人对道德后果所承担的责任。④道德特征。恪守职业道德，勇于坚持原则，克服麻痹思想，抵制诱惑，履行约定，认真贯彻执行为道德目标而设立的详细的日常工作程序。

根据现行的品行道德理论，个人是其品行完全个性化了的道德行为决策者。品行的拥有和实践将趋于增强决策者完全实践其道德价值判断标准的倾向和嗜好，品行增加了个人根据自己的道德判断标准而采取行动的可能性。个人性格的奇妙之处在于：反复的行为就构成了基本性格。个人的智慧（智商）与外在的暗示（暗指）有着千丝万缕的联系。因此，桑恩道德决策综合模型的两个基本分类是道德发展（在确认道德问题的是非曲直方面而采取的被认可的行动，并且思考这些问题直到得出了结论或者找到了解决的办法为止）和品行（能够使意念变成现实的道德性格、道德动机和刻意的道德行为），这些因素组成了品行道德理论，从而衍生出完整的组合模型（见图6-1）。

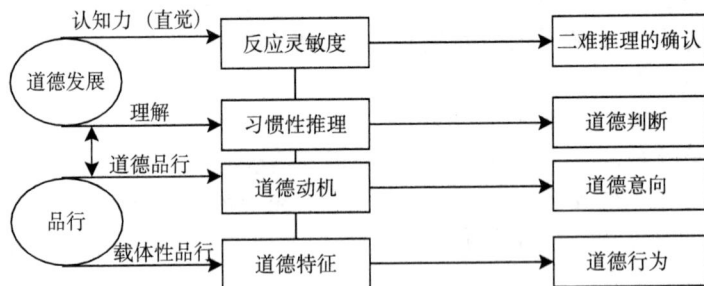

**图6-1 桑恩道德决策综合模型**

图6-1表明道德发展和品行共同作用于道德行为。道德发展是指对处理一种事态（或者二难推理）和习惯性推理（或者理解问题）的能力，并且获得解决问题的办法以及最终达成一项道德判断之具有道德内容的全过程的反应灵敏度。同样，品行包括道德动机

---

[①] 梁水源.会计职业道德教育的内涵分析与模型研究［J］.会计研究，2006（11）.

（即描述一个以他人利益为先的个人意愿）和道德特征。此外，品行的过渡性内容还包括两个组成部分：道德品行和载体性品行。所谓道德品行是指那些符合某个个人直接关心他人的性格的特质表现。因此，图6-1显示的是道德品行下的道德动机。所谓载体性品行是指完成品行任务的载体，它会使一个人在追求目标结果的极大成功方面的可能性更大。所以，个人的道德性格是他的载体性品行的一种反映，恰当的直觉即认知力活动（包括对道德问题的反应灵敏度和习惯性推理）导致了道德判断和道德行为。桑恩将此与导致道德行为的品行结合在一起，认为代表他人利益行为的道德意向是一种道德品行。而载体性品行包括诸如勇敢和顽强之类的气质，将有助于个人实现其道德意向。

图6-1中"理解"与"道德品行"之间有一个双向箭头，其意思是这两个概念具有相互作用、相互影响、相互联系的性质。虽然与认知发展理论不具兼容性，但是这种联系的性质在很大程度上反映了一个人的品行、道德及伦理规范的程度。它使品德高尚的人同时拥有两者：对于什么是"善"的理解和对于"行善"的祈望。因此，拥有综合的、条理化的、因果关系清晰的、有发展前景的、正确的知识是必要的，即个人对于道德两难推理事件因果关系的理解、对于"行善"的祈望以及高尚行为能力的培养与提高是十分必要的。因此，按照桑恩道德决策综合模型的框架将道德研究的理论予以分析，能深入了解此模型与理论方面的差异，以便更准确地定位会计职业道德教育方面存在的问题。另外，本文也支持一个形象生动的观点：使用热心劝告和树立道德模范人物的方式，在会计专业的学生中来强化道德动机。

**二、道德发展**

就桑恩道德决策综合模型的内容而言，反应灵敏度和习惯性推理是道德发展的组成部分，因此，本文将主流观点植入此模型，从而将其分为以下两大类。

（一）反应灵敏度

当道德行为决策者确认一种特殊形势将要影响他人利益从而需要进一步确认事件的道德价值取向时，他的道德决策程序就启动了。一个人在采取道德行为之前，他一定会意识到道德问题已经是客观存在了，即他知道自己行为的善恶对错。实验研究表明，毕业生在特定的专业环境（比如，注册会计师在职业行为规则面前已经暴露出大量的道德问题）下，已经领会到或感知到会计专业的道德问题出现的概率要大大超过其他经济类专业，其性质也更加严重。但是，他们与其他经济类专业的学生所选择的趋利行为并不存在实质性的区别。新闻媒体曝光会计丑闻中的道德问题是必要的，但仅仅如此还远远不能够提高学生的反应灵敏度。我们的目的是要改变学生的道德行为，美国的流行观点和经验是在学生学完了《中级财务会计》以后，才有必要开设职业道德课程。把职业道德课程与以前学过的伦理知识相互结合起来，在加速道德修养的成熟方面是特别有效的。

美国道德专家哈耶克认为，良好的社会不是简单地依赖于在政府所提供的法律框架内追求私利，而应该依赖于一套复杂的法律、道义传统和行为规则的框架，这个框架（当然包括职业道德）为大多数社会成员所理解和认同。我国在封建社会的时候就不是政教合一的统治方式，宗教始终处于次要地位；我们共产党人也是无神论者，不信仰神灵、真主、上帝等，现在也认为共产主义是遥远的，我们树立的助人为乐的典型——雷锋是不能够解决伦理和道德问题的。由此看来，一些中国人的精神世界除了财神之外是一片荒芜，所以他们的道德反应灵敏度会大打折扣。我国目前没有会计职业道德课程，只有基础课《职业道德教育》。陈祺等人（2005）的调查结果是，80.1%的在校学生没有学习过会计职业道德课程；83.4%的学生不了解会计职业道德规范。建议用职业伦理学与经济伦理学替代现行的《职业道德教育》，组织编写会计职业道德教材。按照如下顺序开课：先开伦理学，然后会计职业道德课程与会计专业课同步开。这样，在专业课的课堂上和课后作业练习上，就可以帮助学生发现和研究专业工作中的道德问题，提高反应灵敏度，强化良好的道德品行。这样把学生提升到一个高起点上，使之养成会计专家思路和职业高手的特点。从而更容易给他们传授专业知识，增强其道德意识，提高其职业道德判断的能力。

（二）习惯性推理

桑恩道德决策综合模型中道德发展的第二个因素是习惯性推理。它导致了道德判断，并且是这个模型中的批判性的思维因素，从而上升为大学教师和会计师最为关注的因素。传授习惯性推理的几种方法已经在有关文献（道德发展心理学、典型心理理论、案例分析、职业规则和品行理论）中大为倡导，由此也足见其十分重要。这里我们需要区分两个概念：规范道德（应该做什么）和行为道德（事实上人们是如何进行道德决策的）。几个世纪以来，哲学家们已经调查研究了有关好坏对错的问题，所以他们的理论是典型的行为道德。所有发展型的心理学家更为关注的是发现人们实际上是如何做出道德选择的，而不是类似于一个人应该做什么的哲学问题。

会计职业道德教育的基本理论提供了典型的规范道德理论，是会计职业道德应用理论的基础。其内容一般包括：利己主义理论、功利主义理论和实务论。讲解这些理论对于学生是有益的。因为他们在专业课学习过程中会遇到这些理论方面的具体问题。但是他们却不能对这些理论去进行必要的实践。例如，我们的学生在《西方经济学》课堂上会接触到亚当·斯密的理论，从而使他们有可能错误地推导出一个结论：代表个人利益的行为不仅是允许的，而且常常是有益于社会的，因为个人做事可以使社会利益最大化。我们从利己主义的观点和思路来看，亚当·斯密关于个人利益驱动行为的假设是一个典型的假设，他既不是做了一个规范陈述（比如，人的行为是为了自己的利益），也不是做了一个实验报告（比如，人的行为的确是为了自己的利益）。同样，教师也向学生讲述功利主义概念，可是也没有让学生去照着做。又如，会计师和会计学教授经常将成本利润法诉诸他们的讨论和各种问题的评估之中。功利主义思想停留在结果证明手段的理论区域之内，但是这些东西在逻辑上是与"一个人应该投身于收益大于成本的事情上去"的观点是等价的。

伦理学中的义务论，从另一方面关注道德责任、权利和行为，并且检测行为本身，而不仅仅检测行为的结果。学生在会计专业课堂上被灌输了义务论的概念，因为会计工作强调的是原则（比如，配比原则、收入确认原则）和正确的记账方式，并不考虑其后果如何。传授这些典型的会计理论的潜在问题在于老师给学生留下这样的印象：他们（学生）与会计工作是非常相称的，即他们总是客观公正的。更糟的是，学生可以认可（或者处于）这种理论的独立性、实用性的氛围（中），并得出结论：各个专业理论和与之相邻的理论都是独立存在的、不相称的、无关联的。由此可见，如果老师把这些理论传授给学生，同时就应该向学生解释每个理论的前提条件、实践意义、强点和弱点，例如，一般认为利己主义是一个不合乎道德的概念，那么自我牺牲行为（当有理由这样做的时候）被要求也就无可厚非，因此寻求为大多数人产生最大利益的功利主义者就没有办法保护少数人的利益。这样推理，一个逻辑的功利主义观点就可以认为重建奴隶制是合理的，因为在生产力高度发展的今天仅仅需要极少数奴隶去劳动即可。所以，习惯性推理非常容易误导学生。

### 三、品行

桑恩道德决策综合模型中的第二个大问题是品行，其中包括两个因素：道德动机和道德特征。现在分别叙述如下：

#### （一）道德动机

道德品行是描绘一个人不顾自身安危而直接关心他人利益的性格特征，而道德动机则是一种采取道德行为，并把道德价值放在其他一切价值的首位，对道德后果负责任的一种责任程度。把这两个因素融为一起，就是：个人的道德动机具体反映在他的道德行为上。一般而言，道德享赋丰富的人比道德享赋缺乏的人更容易诱发道德行为。现代美国伦理学和心理学教授高夫认为，热心劝告学生以及读者要对日常生活中的个人道德负责任，并要培养最终导致个人成功和掌握自己命运的品行性格特征。所以，到达道德高境界的路径是：思想—行为—习惯—性格—命运。高夫论证了道德特征和心理性格的关系，他承认心理学家的断言"个人性格在一生中是不会改变的"是正确的。但是，如果仅仅因为个人的特征是可塑的，从而就断言"道德也是可变的"，显然是片面的、错误的。所以他强调了道德特征的四个要点：①你与其他人一样有能力决定你从事什么职业，即"应该"也"能够"高于你的"本性"；②你从事的任何职业，从你的人性上而言，存在着不可逃脱的道德范畴；③你有天赋和能力去选择向"善"的方向发展；④总之，当涉及你属于哪一类人的时候，你自己和你们最终决定了你的命运。高夫在他的书中，通过各种论点和事实，继续充实和完善这些主张，并且集中在"通过有道德内涵的行为，我们会变得更善"这个中心论断上。高夫鼓励读者和他的学生多做善事，因为品行来自良好习惯，多做善事会导致道德特征的进化。

按照高夫的思路，会计老师应该让学生自觉尝试，并逐渐向其灌输从事会计职业的自豪感，并且希望实践职业道德具体化了的最高理想。同时，高夫也激励他的读者和学生成就必要的品行，提高生活质量；会计学院（系）要热心劝告学生在会计工作中培育必要的品德（例如，客观、公正、诚实、廉洁、讲真话、敬业）。当培养学生的会计职业道德时，范例教学、大力宣传会计英雄是一个行之有效的道德传授方法。老师要精选那些思想和道德内涵丰富、原则性强的最好的实例。这些实例一定要体现诚实、廉洁、公正等会计师领域里公认的、富有道德实践性的本质内涵。因为行为完全符合道德标准的会计英雄为学生提供了一个效法的典范，并且当学生面临道德挑战的时候，就可以激励他们采取同样的行为。使学生在今后的职业生涯中能够达到自律的境界。所谓自律就是会计工作者在独立工作、无人监督或者难以发现舞弊的环境下，仍能坚持自己的道德观念，依靠个人的良心和内心信念的力量，按照道德规范严格约束自己的行为，"久在河边站，就是不湿鞋"，这是会计职业道德中的最高尚的道德动机，它来自正确的价值观和人生观。

另外，个人品德修养的追求只有在一个适合其存在的社会里才是可行的。会计专业的学生首先遇到的是一个大学氛围与会计职业相互作用的环境，会计学院（系）的小社区变成了一个培养品德的王国。在这个王国里老师领导着学生，学生观察着老师在做什么，师生相互适应并且积极改善这个环境。如果学生注意（或领会）到他们的老师在关心他人且诚实地直率地生活着，他们将会理解并且心照不宣地以同样的方式生活。如果学生意识到老师的成就是通过幕后的不守诺言的、坑害他人（包括学生）的、不自觉地完成教学与科研任务等方式取得的，他们就会无视老师的一切说教而败坏伦理道德。所以，榜样的力量是无穷的。道德榜样在品行培养中起关键作用，因为它来自这些具体的个人在职业活动中自然流露出来的优秀的道德品质，而不是来自居高临下的盛气凌人的空洞无物的说教。身教重于言教，教师自身修养及人格的完善对学生人格的培育具有潜移默化的影响，其深远影响绝非通过职业道德课程进行职业道德观念灌输所能达到的。

教师可以充分考虑桑恩道德决策综合模型中的前两个因素（道德反应灵敏度和道德判断），利用二难推理来帮助增强学生的敏感性和推理技巧。这就需要采用马克思主义唯物辩证法，对比与辨析地、从正反两个方面入手，既可以引用会计工作方面的先进事迹，因为正面榜样将强化学生的职业英雄自豪感和增强他们的效法英雄的动机；也可以引用会计师在实际工作中犯错误的实例，因为它可以提供给学生一些在他们的道德行为方面避免犯类似错误的抵制动机。例如，可以列举媒体上曝光的会计师的不道德行为及其后果，强化和提高学生的辩证分析能力和有效发现道德问题的能力。所以，正反两方面的教育是对立统一的关系。惩治腐败是不够的，涵养品行是必要的。就是说，仅仅依靠清除腐败来培养品行就如同仅仅依靠铲除杂草来栽培玫瑰一样不现实。惩治腐败的最好办法之一是用诚实信用的优良品行挤掉腐败。

（二）道德特征

桑恩道德决策综合模型中的第四个因素是道德特征，它导致了道德行为。根据认知发展规律的原理，个人的道德特征影响他的意愿和与他的道德意识相符合的行为能力，综合分析这四个因素（道德反应灵敏度、道德判断、道德动机、道德特征）之间的关系表明：个人的道德特征反映了他的载体性品行。

勇敢是成就载体性品行的关键因素，勇敢可以使人由道德意向发展为道德行为。把勇敢确定为道德实践的核心，起源于"我们必须时刻准备敢于冒客观存在于理想境界道路上的任何风险"。其实，勇敢是我们中国人最需要提倡的。中国传统文化的沉淀内涵之一是屈从，过去，"忠孝节义""三纲五常"的核心是只讲领导权而不讲是非对错和真理的，而现在的中国企业里，由于《会计法》并没有赋予会计人员以职业判断的法律责任，一般遇到了问题就"请示领导"，因此更多情况下，既不需要职业判断也不需要坚持原则。这是因为会计人员完全在单位负责人的控制之下，单位领导独立享有人事权、分配权，而会计人员只有工作权，具有天然的从属性，至于领导的对错，会计人员就只有建议权而没有决策权。在这种传统文化影响深远及体制转轨的现代社会里，让会计人员坚持道德规范最需要的是勇敢。其他的载体性的品行，例如，顽强也是会计职业道德教育方面的由道德意向转变为道德行为的重要目标，其中包括道德行为"上档次"的变化。这些目标尚不能赋予会计老师以左右学生好坏行为的魔力。的确，这四个因素大概都已超越了会计老师的能力。老师通过增强道德反应灵敏度、道德推理和道德动机来促使学生的道德行为"上档次"，但是学生一定要自己迈出那最后一步才行。为此，学生必须要有载体性品行（如勇敢、顽强、坚忍、毅力、不屈不挠），这样的品行是可以通过实践和重复来获取的。同时，个人在教育氛围的社区中被认可、准许和鼓励也是十分必要的。所以会计教师应该尽一切努力来提供一个充满爱心的、相互帮助的、富有教育氛围的社区。其结果是，大学培养出来的人才在会计领域里是以品学兼优为起点而开始工作的。

近年来，阿姆斯特朗等人提倡向学生传授品行事宜，同时，反对试图强加品行。例如，按照教育方式对品行可以分类，品行是取得事业成功的重要手段，品行是可以认知的、可以练习的，但是却不必试图将品行强加在学生头上；相反，品行教学是刻意增加学生对品行的理解。同时还建议，在会计职业道德教育中适宜使用品行伦理理论，并描述了这个理论中的相辅相成、相互作用的基本条件和基本特征：普遍可以接受的品行、一个充满活力的社会、完整的道德判断标准、道德榜样。另外，我们需要讨论和区分会计专业中的品行与教育学所讲的品行的不同点。会计专业的品行是与会计法律制度人性化（即诚实、信用、仁慈、利他主义、廉洁、公正、可靠等）联系在一起的。强调会计专业中品行的作用，需要把品行教育融入财务会计教学中，耳濡目染、潜移默化，使会计专业学生的道德水平逐渐"上档次"。

## 【文献阅读二】会计制度、公共领域与会计职业道德 [①]

### 一、问题的提出

企业会计职业人员直接受托于管理当局从而间接受托于企业的外部利益各方，如所有者、债权人等，因此就要面对多方的利益冲突。并且，为了使受托关系中固有的信任得以保持，会计职业人员对利益的考虑还要遵循如下优先权选择：首先是社会公众，其次是职业界，再次是雇主，最后才是单个职业人员的利益。这样，从会计职业人员的个人利益开始到社会公众的利益，与其个人的相关度就越来越低，社会公众的利益就容易被自利的个体职业人员所忽略，甚至受到侵害。同时，会计制度由于本身存在公共领域为相关各方的会计寻租提供了便利。那么，如何规范会计行为以保证会计职业人员提供的会计信息不损害社会公众的利益？会计制度存在的公共领域又对会计职业道德提出了什么要求？两者是何关系及怎样建立会计职业道德体系？这些问题都值得进一步深思。

### 二、会计制度的配置格局与公共领域

会计制度是用来规范会计事项的规则。本文将会计制度分为原则性规定和规则性规定两个部分。原则性规定是会计核算必须遵循的符合会计目标的原则性要求，体现结果理性，可操作性差；规则性规定是根据原则性规定的要求，进行会计处理的具体规范，体现程序理性，可操作性强。同时，两者相互联系，原则性规定对规则性规定形成指导，

---

① 吴水澎，刘启亮.会计制度、公共领域与会计职业道德［J］.会计研究，2005（11）.

并融于其中。规则性规定的制定，以原则性规定为指导，并体现原则性规定的要求。

会计事项是指发生在会计主体的生产经营过程中，能引起会计要素增减变化的事项。根据具体会计规则是否对会计事项做出相应的处理规定，可以将会计事项分为两类：一类是确定性处理会计事项，另一类是指不确定性处理会计事项，是指会计制度中的规则性规定没有对其业务处理程序做出明确规定的事项，它需要根据原则性规定来寻求处理方法。后者主要包括：①由于不符合成本效益原则，已在实践中存在而会计制度没有将其纳入具体会计规则规定之中的事项（以下简称不确定性处理会计事项一）。如1993年以前，我国企业存在业务招待费的情况还不是很普遍，当时的会计业务处理就没有明确规定企业的业务招待费开支进入哪一项费用，由企业根据情况作相应处理。②会计制度尚未预见到的、程序性规定没有对之做出相应业务处理规定的新出现的会计事项（以下简称不确定性处理会计事项二）。如债务重组准则颁布前发生的债务重组事项。于是，针对会计事项，就形成如图6-2所示的会计制度配置格局。

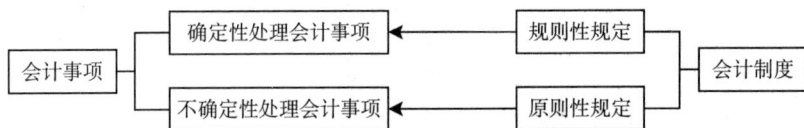

图6-2　会计事项与会计制度的配置格局

对于确定性处理事项，如发出存货的计价方法，就存在着可供选择的多种方法。在这个选择范围内，会计职业人员可以根据公司的偏好、对风险的估计等来决定采用哪一种方法。这是规则性规定存在的"公共领域"。对于不确定性处理会计事项，如债务重组准则颁布前债务重组事项的处理，就只能根据原则性规定、职业判断等来进行。这时，会计职业人员就有很大的选择空间，可按他们自己的偏好、公司的盈利状况等来决定业务处理的方法，它只要符合原则性要求就行。这些会计处理方法的可选空间，就是原则性规定存在的公共领域。

对于确定性处理会计事项，如果从技术层面考虑，是可以避免"公共领域"存在的，但这样将导致高昂的制度制定成本（交易成本），不符合成本效益原则，因而存在"公共领域"。对于不确定性处理会计事项一，是由于不符合成本效益原则，因而存在"公共领域"。即对此事项做出明确规定的交易成本大于对此事项做出明确规定所带来的收益。对于不确定性处理会计事项二，则是因为人的有限理性，会计制度不能预见将来的一切会计事项，从而导致会计处理方法存在"公共领域"。

由此可见，会计制度存在"公共领域"，是由于制度制订者的有限理性和交易成本的约束所致（两者也可能相互影响）。当然，将其称为会计制度公共领域，则是针对会计制度的受约束者而言的，它实质上是一种未明确界定的制度状态。实践表明，会计制度公共领域具有如下特征：①公共领域是一个永续的、动态的过程。因为会计制度的制定或修订过程表现为原有公共领域的缩小、消除和新的公共领域的产生。②由于会计信息具有经济后果，且公共领域属于未明确界定的制度状态，因此，各方会利用公共领域寻租，通过博弈形成分配格局而无既定租金分配机制。③在公共领域，会计信息由管理当局提供机制设计，使他们具有利用公共领域进行盈余管理的"抢先"角色优势，但并不具有垄断的强势。④在公共领域的行为由于缺乏明确的事前标准因而具有不可证实性，只能实施非正式的私人惩罚机制来约束参与者在制度公共领域里的机会主义行为，如投资者预期到管理当局的盈余管理行为而降低其股价预期等。

### 三、会计职业道德机制：基于会计制度与公共领域的分析

由于会计制度存在公共领域，这就意味着作为会计信息生产标准的会计制度存在功能边界，在公共领域里会计制度的技术规范功能无法发挥作用，从而留下了人为的操作空间。而且，由于会计信息具有经济后果，作为契约集合的企业，当会计信息与具体的契约联系时，会计信息就具有利益转移的功能。这样，一旦管理当局、股东、债权人等各方存在利益冲突时，会计职业人员就会陷入一个尴尬的境地。基于会计制度自身特征和社会公正的需要，这就需要一种约束制度来规范在会计制度公共领域的行为。其实，这种制度就是会计职业道德。柯武钢和史漫飞将职业道德视为自生自发的内生性规则，作为一种隐性的制度来约束人的机会主义行为。但对它与显性制度的关系、两种约束机制间内在的功能耦合关系却没有涉及。我们试图在会计领域厘清这些问题。

如同会计制度一样，会计职业道德也是用来约束会计职业人员等机会主义行为的隐性制度，以便于人们形成稳定的预期。一般的制度由于具有明确的事前标准而具有可证实性，可以通过引入第三方（如法院等）来实施正式的强制性惩罚机制，以维护制度的效力，如事中的监管、事后的司法救济等，从而形成制度约束机制。而在会计制度的公共领域，因无明确的事前标准则需通过会计职业道德来规范人们的行为。且在规范过程中，由于职业道德事前标准的不明确而具有不可证实性，无法引入中立的第三方来"判决"，只能实施非正式的私人惩罚机制，如拒绝和其交易、影响其声誉等，才能保证职业道德机制的有效运行，从而形成职业道德机制。至于究竟选用哪一种方式来约束会计行为，则取决于实施这两种规范机制的运行成本。由于有限理性和交易成本，会计制度的制定、完善和运作需要成本，如达成一致意见的协调成本、制定成本、第三方机构的建立及运行成本等；职业道德的建立也需要成本，如道德信息披露机制的建立成本、宣传成本、教育培训成本等。如果通过会计制度机制约束会计行为的成本低于通过职业道德机制约束的成本，那么，就选择会计制度机制方式，反之，则选择职业道德机制方式。其均衡点就在两种机制成本的均衡点上。这无疑界定了会计制度存在的边界，也确定了会计制度公共领域的范围。

必须指出的是，会计制度和公共领域存在此消彼长的动态关系。这使得会计制度和职业道德既有替代性的一面，又有互补性的一面。就替代性的一面来说，行为者的信誉等职业道德越高，会计制度的公共领域就可以越大，会计制度约束的空间就可以缩小；反之，会计制度越完善，其公共领域就越小，诚信等职业道德的作用就越小。就互补性来说，会计制度和职业道德相互促进。一方面，由于会计制度公共领域的始终存在，对行为者的约束就需要会计制度和职业道德同时起作用，缺少任何一方都不行；另一方面，会计制度越完善，行为者进行机会主义的公共领域就越小，行为者就越道德。此外，维护会计制度的正式惩罚机制与保障职业道德的非正式惩罚机制也存在相互促进的关系，

因为两种惩罚机制要大体均衡,这才便于人们形成稳定的惩罚预期。如果两种机制不均衡,势必导致人们选择惩罚力度不够的机制来作为其进行机会主义行为的"偏好机制",结果就会导致两种约束机制协调失衡。如由于诚信等道德机制的非正式惩罚机制不完善,我国的上市公司利用各种方式,通过会计准则存在的公共领域进行盈余管理来寻租。

两种约束机制的互动变迁关系和两种惩罚机制的相互影响如图 6-3 所示。这也表明了会计制度和会计职业道德的同等重要地位,同时,也定位了会计职业道德机制的功能角色,即会计职业道德机制和会计制度机制同是维护会计领域秩序的基本机制。

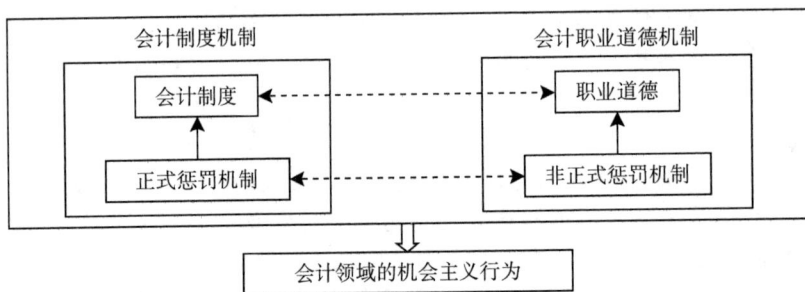

图 6-3　两种约束机制的关系

### 四、会计职业道德建设：基于主、客观职业道德理论的分析

会计职业道德是一种自律机制。会计职业道德自律机制从本质上讲是会计从业人员集体意志和责任的具体要求,而不是某一会计从业人员个体的行为和意志要求。它以或多或少地牺牲会计从业人员个体利益为前提的,以整体利益的原则和规范为善恶标准,来调节会计从业人员个体利益和职业整体利益的矛盾。而自律按其动因可划分为"外律"和"内律"两类。外律就是以外在的规定(如会计人员职业道德准则)作为参照物,通过外力的推动而进行的自我约束或控制,是被动的和不自觉的;内律就是没有具体规定作为参照物,而是通过加强自身的修养而产生的内在需求、自觉自愿地进行自我约束或控制。外律是自律的初始阶段,内律是自律的高级阶段。

根据"外律"和"内律"的关系,借鉴客观诚信与主观诚信,我们将会计职业道德分为客观职业道德和主观职业道德。客观职业道德是一种强加给会计职业人员的行为义务。它具有以下特点：①它是一种强加给主体的具有明显道德内容的行为义务;②这种行为义务要求除了为保护自己的合法利益之必要外不得损害他人的利益;③评价主体行为的尺度不是当事人自己的,而是一个客观的标准;④这种客观性不排除对主体故意和过失等主观因素的考虑;⑤这种客观标准由社会中等的会计行为的对比构成;⑥在寻求可适用的道德标准时,应考虑主体实施行为的社会背景。主观职业道德则是主体对其行为符合会计职业道德内容的个人确信。它也具有以下特点：①它是主体对其行为符合职业道德的个人确信;②这种确信尽管是主观的,但从主体产生它的过程来看,它是合理的,反映了会计职业的集体意志和责任;③主体在形成这种确信时尽到了注意义务,未发生故意和过失;④主体的这种确信可就其自己的情势发生,也可就与他有关的他人的情势发生;⑤这种确信决定了主体的行为；⑥职业道德体系因为主体的这种确信赋予其行为以有利的待遇。客观职业道德和主观职业道德统一于会计职业道德中。客观职业道德由于着眼于会计行为的外部标准以中等的会计行为为起点，体现社会公众、职业界等各方利益主体的要求；主观职业道德由于着眼于会计职业人员的内心状态以至善的职业道德追求为目标，体现会计职业人员内心的道德情操。

这样，我们可以根据主、客观职业道德理论来构建会计职业道德规则体系。相对于客观职业道德，我们可以按中等职业道德标准将其制度化，建立具有可操作性的正式的会计职业道德准则，使其具有明确的事前标准而引入准强制的非正式惩罚机制，在统一的会计职业组织里设立道德裁决机构，并将处理信息公开化、透明化。同时，考虑会计职业人员职业道德的内环境，在公司的治理机制中应嵌入有利于会计职业人员执行道德机制的环境，在董事会下设立道德委员会等，建立职业会计人员的申诉机制，避免仅从会计职业人员个体角度来强调会计职业道德以维护公众利益而形成"孤岛现象"；考虑到会计职业人员的外环境，可通过舆论媒体等形成和维护一种健康道德文化的支持性系统，尤其是处于经济转型期的中国。当然，上述机制对会计职业界来说是一种自律机制，但对个体会计职业人员来说，则是一种外律行为。

对于主观职业道德，我们可以从高位标准的要求来培养和宣传会计职业道德情操，并与企业道德文化等相融合，倡导会计职业人员追求至善的会计职业道德理想。当然，这种职业道德情操要反映社会公众对会计职业整体的利益和责任要求，并体现于会计职业道德规则的一般原则中。当然，这对会计职业人员个体来说，是一种内律行为。

基于上述分析，对于当前的会计职业道德建设，提出如下简要建设思路：①在公司的治理机制中建立支撑会计职业道德的支持性系统，并纳入年度财务报告的审计体系中审计并一同披露；在社会中通过舆论媒体等形成和维护一种有利于健康道德文化的支持性环境。②建立会计职业人员的职业道德体系，如建立会计人员职业道德准则，准则包括体现主观职业道德的会计职业道德一般原则和体现客观职业道德的职业道德程序性规定和应用指南。同时，建立会计职业人员的行业组织，设立准强制的非正式惩罚机制——职业道德裁决委员会，对不道德的会计职业行为及时做出处罚并将其信息公开，为非正式惩罚机制提供信息基础等。

## 【文献阅读三】论会计职业道德建设的实施机制与制度创新 ①

会计职业道德建设的组织实施是一项复杂的系统工程，应通过制度创新，采取自我修养与外部监督相结合，宣传、教育与检查惩戒相结合，行业自律与舆论监督、政府监管相结合，以德引导会计行为与以法规范会计行为相结合等形式，发挥政府部门、行业组织、企事业单位、新闻媒体以及社会公众等方面作用，形成齐抓共管的局面，以培养会计人员、注册会计师的职业情感、职业道德观念，引导和规范会计从业行为，使"诚信为本、操守为重、坚持准则、不作假账"成为广大会计从业人员的行为准则。

---

① 冯卫东，郑海英. 论会计职业道德建设的实施机制与制度创新 [J]. 会计研究，2003（9）.

## 一、建立和完善相关法律支持和保障体系，推进会计职业道德建设的实施

良好会计职业道德氛围的形成、巩固和发展，需要会计职业道德教育，也需要强有力的会计法律制度的支持和保障。推进会计职业道德建设的实施，就是要通过综合运用经济、法律和行政等手段，把会计职业道德建设与会计法制建设紧密结合起来，把提倡与反对、引导与约束结合起来，为会计职业道德建设提供强有力的法律支持和政策保障。

第一，将会计职业道德核心内容吸收到会计法律制度之中。会计职业道德与会计法律制度有着共同的目标、相同的调整对象、承担着共同的责任。两者应在内容上相互渗透、相互转化、相互吸收。会计人员良好的职业道德的形成是一个长期、渐进的过程，离不开严明的会计法律制度、正常的会计工作秩序、良好的会计从业环境和会计职业道德教育。在规范会计行为中，虽不能完全依赖会计法律制度的强制功能而排斥会计职业道德的教化功能，但在当前我国社会主义市场经济秩序尚不规范、会计信息普遍失真的情况下，需要靠会计法律制度的强制力作用。此外，还应该把会计职业道德的核心要求，如诚实守信，吸收到会计法律制度中。

第二，建立会计职业道德评价体系，形成会计职业道德他律机制。通过构建会计人员、注册会计师、会计师事务所、单位会计工作信用档案制度和全国会计人员从业情况计算机网络系统，并实现地区之间信息互联互通，将会计人员流动、晋升、晋级、聘任专业技术职务、表彰奖励以及对违法违纪处罚、吊销会计从业资格证书的信息在网络和新闻媒体上予以公布，使遵守会计职业道德的会计人员得到褒奖，有不良行为的会计人员付出代价，从而引导和规范会计从业行为。

第三，建立和完善会计职业道德奖惩机制并不是一个独立的社会现象，它渗透在政治、经济、法律等社会各个方面。《会计法》规定："对认真执行本法，忠于职守，坚持原则，做出显著成绩的会计人员，给予精神的或者物质的奖励。"我国现有1200万会计人员，在这庞大的会计队伍中，蕴藏着许多爱岗敬业、诚实守信、坚持准则的先进人物和动人事迹，应根据《会计法》的规定，进一步总结和完善先进会计工作集体和先进会计人员评优表彰制度，发现典型，树立模范，定期表彰奖励一批在会计职业道德建设中涌现出的先进典型，并授予荣誉称号，以发挥先进典型的带头作用。总结和完善会计人员颁发荣誉证书制度，鼓励会计人员爱岗敬业、忠于职守。通过制度创新，严格考核奖惩，把思想引导与利益调节、精神鼓励与物质奖励、惩戒与处罚结合起来，形成良好的会计职业道德情感和抑恶扬善的社会环境，为会计人员遵守会计职业道德提供一个良好的从业氛围。

第四，建立会计职业道德教育体系。会计职业道德教育是指对会计人员和潜在会计人员进行有目的、有计划、有组织的道德教育活动。会计职业道德教育体系可以包括三个方面：一是对潜在会计人员的职业道德教育，即对大、中专院校的会计专业的在校学生进行职业道德教育；二是岗前职业道德教育，即对进入会计职业前会计人员进行的会计职业道德教育；三是对会计人员继续教育，即对已进入会计职业、注册会计师职业的会计人员、注册会计师进行的继续教育，包括会计人员自我教育和修养。会计职业道德教育是提高会计职业道德水平的一种方式和主要途径。会计人员作为特殊从业人员，既要有良好的业务素质，也要有较高的职业道德水平。在目前，我国存在会计人员职业道

德水平不高、专业胜任能力较低、法制观念不强现象的情况下，有必要借助外部力量，如行政措施，以推动和强化会计人员职业道德教育和专业培训，使会计人员不仅认知会计职业道德规范，而且逐步将会计职业道德规范转化成自身的思想观念，并指引和约束自身的行为，提高职业道德自律能力，形成良好、稳定的道德品质。

**二、建立会计行业自律与惩戒机制**

建立和完善会计行业自律性惩戒机制，需要在会计职业组织中设立职业道德委员会和仲裁委员会，配备一定的专职人员，同时聘请一些兼职专家，专司职业道德规范的制定、解释、修订、实施和仲裁之职。

会计职业道德惩戒程序可分以下几个阶段：①调查、分析和确认事实。会计职业组织中的职业道德委员会可以根据报纸、杂志、电视等新闻媒介所发布的信息，有关政府部门的有关公告以及会计人员、注册会计师个人或其他单位、个人的投诉、举报等，进行调查。查明事实真相以后，就需对事实进行分析，确认这些事实是否具有违反职业道德规范的性质。②确定适用规则条款会计职业道德委员会在确认事实的基础上，还需进一步分析确定职业道德规范的适用条款。③做出决定。这是实施职业道德惩戒的决定性阶段，决定包含的具体处罚类型有行政性谴责、指令有关注册会计师或会计人员参加一定时数的继续教育课程、暂停或撤销注册会计师资格、取消会员资格、在新闻媒体上公布受处分的注册会计师名单或会计人员名单、所属会计师事务所或所属单位、地址、事由等。职业道德委员会做出的决定具有以下特点：一是强制性，其会员必须遵守执行。二是应形成正式的书面文件，不能是口头的。三是具有稳定性，非经制度认可的程序不得随便加以改变。四是职业道德委员会所做出的决定应有规范的格式。每一份决定都应包括案由，争议的事实和理由，认定的事实、理由及适用的规则条款，决定的处罚类型，有关人员署名、职业道德委员会印章等。④执行决定。它是指运用职业道德规范处理具体职业道德案件的终结环节。执行决定必须注意以下几个方面：一是及时将职业道德委员会的决定通知相关人员及单位。二是由专门的部门负责对决定的执行。三是检查执行效果，应由职业道德委员会对执行决定情况进行后续检查，以保证执行效果。

**三、推动企事业单位建立内部控制制度和奖惩机制**

目前，我国企事业单位会计人员不讲会计职业道德，违法犯罪的案件屡见报端，其中一个重要原因就在于企事业单位没有严格的内部控制制度和奖惩机制。单位建立内部控制制度是《会计法》明确规定的法定要求。《会计法》规定，各单位应当建立、健全本单位内部会计监督制度。《会计法》同时对单位内部会计监督制度提出如下原则要求：①记账人员与经济业务事项和会计事项的审批人员、经办人员、财物保管人员的职责权限应当明确，并相互分离、相互制约；②重大对外投资、资产处置、资金调度和其他重要经济业务事项的决策和执行的相互监督、相互制约程序应当明确；③财产清查范围、期限和组织程序应当明确；④对会计资料定期进行内部审计的办法和程序应当明确为了促进各单位的内部会计控制建设，财政部根据《会计法》的规定，又陆续发布了若干个《内部会计控制规范》。此外，企事业单位还应建立单位奖惩机制，对爱岗敬业、积极参与单位经营管理、锐意改革、坚持准则的会计人员进行奖励，并作为晋升、晋级、聘任专业技术职务的重要依据，使会计人员在潜移默化中提高职业道德素质。

#### 四、构建财政部门推动，社会各界配合，齐抓共管的监督机制

会计职业道德的实施是一项复杂的系统工程，需要政府部门及社会各界积极参与《会计法》规定，财政部门管理全国会计工作《注册会计法》规定，财政部对注册会计师、会计师事务所和注册会计师协会进行监督指导。会计职业道德观念的形成和维系，会计从业环境的净化，同样也离不开社会舆论的监督强化。社会舆论监督，有利于形成诚实守信的社会氛围。此外，宣传、教育、文化部门，工会、妇联组织以及社会各界应当积极参与，各尽其责，相互配合，把道德建设与业务工作紧密结合起来，纳入目标管理责任制，制定规划，完善措施，扎实推进，形成合力，才能使外在的会计职业道德要求转化为会计人员内在的职业道德品质，使会计人员具有良好的职业道德品质，爱岗敬业、诚实守信、坚持准则，自觉地履行应尽的职业义务，保证会计信息的真实性和完整性。

**【补充文献阅读】**

［1］高欣瑜 . 会计职业道德现状及体系建设［J］. 中外企业家，2020（1）.

［2］毕思苇 . 新时期如何加强会计职业道德建设［J］. 纳税，2019（11）.

［3］王忠军 . 会计职业道德建设的思考［J］. 中国商论，2019（8）.

［4］邓艳萍 . 论会计职业道德特征与建设途径［J］. 中国乡镇企业会计，2019（8）.

［5］韦雪等 . "互联网＋"背景下会计职业道德建设研究［J］. 辽宁科技学院学报，2019（8）.

［6］万兰 . 新时期加强企业会计职业道德建设的路径研究［J］. 纳税，2019（7）.

［7］苏啸啸等 . 会计职业道德建设的问题及解决措施［J］. 审计与理财，2019（7）.

［8］杜良莉 . 会计职业道德建设问题研究［J］. 财经界，2019（7）.

［9］李居英 . 会计职业道德建设的问题与对策［J］. 山西财经大学学报，2019（4）.

［10］陈晓雅 . 浅谈会计职业道德与诚信建设——以武汉凡谷电子技术股份有限公司为例［J］. 现代经济信息，2019（4）.

［11］胡娟娟 . 多元智能理论视域下企业会计职业道德建设的路径［J］. 河北企业，2018（6）.

# 第四节　会计职业道德评价

本节主要阐述会计职业道德评价的四个问题：含义、理论前提、对象和方法。

## 一、会计职业道德评价的含义

会计道德评价是指在会计道德活动中人们依据一定的会计道德原则、规范，对他人或自身的会计道德行为和品质做出的是非善恶的价值判断与评论。

会计道德评价的特征有四个：它是一种主体性活动；它是一种预见性活动；它是一种实践与认识之间的中介性活动；它是一种调节活动。

会计道德评价的主要形式有社会评价形式和自我评价形式两种。社会评价形式是从

一定的社会角度来考察现实会计活动中的道德现象，尤其是会计人的会计道德行为和品质，并做出善恶是非的价值评定。它是借助外在力量来评论、制约和调节会计道德的行为。自我评价形式是会计人根据自身的会计道德信念对自己的行为或行为动机所进行的一种会计道德社会价值的判断与评估。它依靠会计人内在的力量即内心的会计道德信念来认识、评价和调节自己的行为。

会计道德评价具有多个作用：具有判明会计人的会计道德行为、品质的善恶是非的作用；具有将会计道德由他律转化为自律的作用；具有教育与培养会计人道德品质的作用；具有形成良好的会计道德风尚的作用。

## 二、会计职业道德评价的机制

### 1. 加快会计诚信体系建设

当前会计职业道德评价机制最紧迫的任务是要建立可量化、具有可操作性的会计信用评级制度，通过严格执法、加大违规处罚力度，建立企业、中介机构和会计人员的诚信档案等，促进会计职业道德建设。中国注册会计师协会也发布了《行业诚信建设实施纲要》和《中国注册会计师职业道德规范指导意见》，将职业准则细化和可评价化，对注册会计师如何保持职业独立性和专业胜任能力、杜绝不规范收费行为等内容做了具体规定，引导并推动地方注协和会计师事务所因地制宜地开展行业诚信建设。所有这些必将大大推动我国会计诚信建设的步伐，但我们还有必要使评价体系的应用与实际情况逐步协调，以达到不断完善的目的。

### 2. 建立会计职业道德跟踪监测与考核制度

制定一套可操作的评价标准，根据不同时期、不同情况、不同特点，兼而采用社会舆论、传统习俗、量化考核等定性与定量的评价方法，使会计从业人员的职业道德状况自始至终置于社会有关方面的督导之下。正确判断会计职业道德意识所处的阶段，保证有关职业道德规范的实施，并及时发现会计职业道德状况的新动向。完善会计职业道德考核制度，对道德评价结果，应使用奖罚手段、榜样示范，参照会计职业道德的相关准则，激励先进、鞭策落后，以推动会计职业道德建设不断向前发展，从制度上确保会计人员进入会计行业时已受到严格的会计职业道德机制的约束。

### 3. 不断完善会计职业道德评价体系建设

在建立与完善会计职业道德教育评价机制的同时，应做到两个结合：①自我评价、本单位评价与用户评价、社会评价相结合的"四位一体"的评价方式，以自我与内部评价为基础，外部（用户、社会）评价作支撑，特别发挥社会评价的作用，这会有利于评价机制的有效运行。②评价机制与激励机制、利益导向机制相结合。为使评价的作用充分、持续地发挥，对评价结果要给予正面的鼓励支持，同时要贬邪抑恶。各单位和会计人员管理部门应制定会计职业道德奖惩办法，体现评价、激励与利益相结合。

## 三、会计职业道德评价的对象

### （一）会计道德行为

会计道德行为是会计人的自主性行为，它是受会计人意志支配的自觉性行为，它是与他人利益和社会利益相关的行为。

会计道德行为的过程。它是现实社会中最基本的一种会计道德活动现象，是受会计人的意识控制的一个动态发展过程。

会计道德行为的形式包括道德的会计行为和不道德的会计行为。

会计道德行为的选择。①它指会计人在一定道德意识支配下，在不同道德价值行为之间进行取舍的一种特殊的会计道德活动。②选择的动机是在几个动机中选择体现着最高道德价值的动机。③选择的目的与手段是选择善的和好的目的及相应的手段。④理智与情感：情感适应于理智，服从于理智。

### （二）会计道德品质

会计道德品质具有普遍性、独特性、稳定性和相关性等特征。

会计道德品质由会计思想品质、会计情感品质、会计意志品质和会计进取品质构成。其中，会计思想品质是指信念和理想；会计情感品质是指诚信和关爱；会计意志品质是指坚韧和刚毅；会计进取品质是指竞争和开拓。

会计道德品质的形成与发展。主客观因素是会计道德品质形成与发展的前提条件；会计道德原则规范的确立，是会计道德品质形成与发展的关键；会计道德实践是会计道德品质形成与发展的重要基础。

## 四、会计职业道德评价的方法

### 1. 自我评价法

它是会计从业人员对自己在会计职业工作中是否遵守职业道德而进行的总结和评判。自我评价是一种内在的、自觉进行的评价方式，主要靠内心信念起作用。它使人们对会计职业道德行为的必然性和正当性做出合理的解释，使会计从业人员在道德评价中形成一种自知、自尊、自诚的精神，从而成为会计人员对其行为进行自我调整的巨大精神力量。自我评价在会计职业道德评价中占有重要位置。根据会计职业道德基本规范的要求，设计出会计人员"自我评价表"，表 6-1 依据会计职业道德基本规范设置八项自我评价内容，再根据每项内容的具体要求设计了多项具体指标，该表通过会计人员自我评价对其进行职业道德约束，形成自知、自尊、自诚的精神。

表 6-1　会计职业道德自我评价表

| 分类 | | 评价内容 | 自我评价 | | | | |
| --- | --- | --- | --- | --- | --- | --- | --- |
| | | | 优 | 良 | 中 | 及格 | 差 |
| 爱岗敬业 | 1 | 正确认识会计职业，树立爱岗敬业精神 | | | | | |
| | 2 | 热爱会计工作，敬重会计职业 | | | | | |
| | 3 | 安心工作，任劳任怨 | | | | | |
| | 4 | 严肃认真，一丝不苟 | | | | | |
| | 5 | 忠于职守，尽职尽责 | | | | | |

续表

| 分类 | 评价内容 | | 自我评价 | | | | |
|------|------|------|------|------|------|------|------|
| | | | 优 | 良 | 中 | 及格 | 差 |
| 诚实守信 | 6 | 做老实人，说老实话，办老实事 | | | | | |
| | 7 | 保密守信，不为利益所诱惑 | | | | | |
| | 8 | 职业谨慎，信誉至上 | | | | | |
| | 9 | 数字求实 | | | | | |
| 廉洁自律 | 10 | 树立正确的人生观和价值观 | | | | | |
| | 11 | 公私分明，不贪不占 | | | | | |
| | 12 | 遵纪守法，尽职尽责 | | | | | |
| | 13 | 大公无私，努力奉献 | | | | | |
| 客观公正 | 14 | 端正态度 | | | | | |
| | 15 | 依法办事 | | | | | |
| | 16 | 实事求是，不偏不倚 | | | | | |
| | 17 | 保持独立性 | | | | | |
| 坚持准则 | 18 | 熟悉准则 | | | | | |
| | 19 | 遵循准则 | | | | | |
| | 20 | 坚持准则 | | | | | |
| 提高技能 | 21 | 具有不断提高会计专业技能的意识和愿望 | | | | | |
| | 22 | 具有勤学苦练的学习精神和科学的学习方法 | | | | | |
| 参与管理 | 23 | 熟悉财经法规和相关制度，提高业务技能 | | | | | |
| | 24 | 熟悉服务对象的经营活动和业务流程 | | | | | |
| 强化服务 | 25 | 服务意识 | | | | | |
| | 26 | 服务要文明，质量要上乘 | | | | | |

2. 内部评价法

它是指会计部门对会计从业人员的职业道德行为进行评价的活动方式，它主要通过内部的考核评分、工作效率评价、对比评价、追踪评价等方法，对会计从业人员进行较为详尽的评价。这种评价方法的可操作性比较强。

3. 外部评价法

外部评价法是指财政部门、社会组织或外部人员对会计从业人员的职业道德行为开展评价的活动方式。

（1）社会舆论就其内容和性质来说，可划分为政治舆论、文艺舆论、宗教舆论和道德舆论等。道德舆论与其他社会舆论相互联系，相互补充，是会计人员职业道德社会评价最重要、最基本的方式。要有效运用各种舆论工具、加强舆论监督，形成浓厚的道德舆论氛围，使身体力行社会主义思想道德的人受到社会舆论的大力肯定和褒扬，使背离社会主义思想道德的行为受到社会舆论的批评乃至谴责，营造"守信光荣、失信可耻、无信堪忧"的社会舆论环境。

（2）传统习俗是指人们在社会生活中长期形成的一种相对稳定的、习以为常的行为倾向，并成为一定群体的传统习惯和社会风俗。传统习俗评价法，即以道德行为是否符合传统习俗作为评价标准，裁决人们行为的善与恶，适合传统和习惯的做法就是善的行为，否则就是恶的行为。

（3）政府部门评价是由财政、税务、审计、监察等部门对会计人员遵守职业道德的情况进行检查、评价。采用电脑随机抽样的方法，确定受查单位会计人员的工作，对有问题的人员做出相应的处理。建立会计人员诚信公布栏，进而评价该单位的信用等级。

（4）中介机构评价是由会计师事务所等社会中介服务机构对会计人员职业道德行为进行评估。他们负责对各单位的会计资料及有关情况进行审计、验资和其他业务工作。注册会计师是会计工作社会评价的一支重要力量，它通过执行业务来维护社会公众的利益和投资者的合法权益，对促进社会主义市场经济的健康发展起着相当重要的作用。

（5）客户评价是外部评价法的重要方式。因为客户作为旁观者，较易对会计行为做出客观、公正的评价。具体可采用以下两种方法：一是深入客户进行调查研究，调查方法主要有问卷调查、与客户座谈两种；二是制定客户监督制度，如建立公开举报制度、设立举报电话和意见箱、制定工作人员守则、以醒目的方式唤起客户的注意、评选出优秀的会计人员等。

**【补充文献阅读】**

［1］李扬等. 浅谈会计职业道德评价体系［J］. 纳税，2017（4）.

［2］厉花. 对医院会计职业道德评价的思考［J］. 中国国际财经，2016（9）.

［3］杜应菲. 关于完善会计职业道德评价的探讨［J］. 品牌，2014（12）.

［4］孙晓囡. 会计职业道德的评价方法［J］. 经济研究导刊，2014（3）.

［5］孙白杨. 基于模糊分析法的会计职业道德评价体系构建［J］. 财会通讯，2010（11）.

［6］雷鹏飞. 完善会计职业道德评价机制的若干探讨［J］. 商场现代化，2010（4）.

［7］翟克华. 会计职业道德评价中的从众效应分析［J］. 财会月刊，2007（8）.

［8］邱吉福. 会计职业道德的问卷调查及分析［J］. 会计之友，2007（7）.

［9］陈景峰. 会计职业道德评价方法探讨［J］. 财会通讯，2007（6）.

［10］李鑫. 谈会计职业道德的评价与考核［J］. 财会月刊，2007（5）.

［11］王晓翔. 会计职业道德评价方法简介［J］. 财会月刊，2007（4）.

［12］李彦等. 会计职业道德评级方法初探［J］. 重庆工学院学报，2006（1）.

**【思考题】**

国际会计师联合会下设的会计师国际道德准则理事会于 2009 年 7 月发布修订的《职业会计师道德守则》有哪些新变化？

## 【案例分析一】重建职业会计人员道德文化

社会道德问题，特别是商业道德、职业道德问题，近年来愈发成为公众关注的焦点。随着改革与开放的深入，理论界、政府的监管部门以及企业界都逐步形成了一个共识，那就是要建设一个健康的、有活力的市场经济，必须尊崇诚信原则。缺乏诚信，经济运行的成本会极其高昂，甚至根本无法运行。在一个欺诈和舞弊盛行的社会中，弱者得不到公平，坦诚者最容易受到伤害。因此，建立一个以诚信为基础的市场经济是社会公众的共同期望。

中国传统文化的主导力量——儒学，一向倡导诚信原则，中国人也曾以礼仪之邦自诩，但在当前改革开放的大背景下，中国道德文化的重建则是一项极其困难的工作。困难的根源在于，市场并不自发地趋于诚信，市场期待以诚信为基础，而驱动诚信的力量主要来自于，至少在经济转型的初期主要来自于外在市场的公众力量。这种力量必须和一定的体制相结合才能真正地驱动道德文化的重建。因此，脱离社会结构及其发展趋势的道德说教不大可能真正发挥作用。

以职业会计人员为例，职业会计人员的道德建设问题必定和相应的法律法规、行业制度、企业制度建设乃至公司治理这类问题相交织，而在社会现实中不大可能以单纯的道德问题或职业道德问题出现。因此，在当前国家会计学院的职业道德课程开发过程中，采取了先开发案例，通过案例来发掘职业会计人员所面临的困境，逐步重建职业会计人员道德文化基础的方式。

诚信问题只是全部道德问题中的一小部分，职业会计人员也只是从事商业活动的人员，甚至只是专业人员中的一小部分，但我们所讨论的问题却涉及道德问题中最核心的部分。这些对于会计人员来说成为致命的道德困境的问题，对于其他专业人员乃至一切从事商业活动的人员来说也都可能是难以回避的、迟早要面对的问题。

## 【案例分析二】诚信会计有点难 [①]

我曾在报纸上读到一条新闻：有位会计大学毕业生应聘到一家企业上班，因不愿做假账，几次上岗，又几次下岗，最终落到没人愿意聘用他。笔者也曾看到一幅漫画：某厂问应聘者的第一句话是：你会做假账吗？

我们不是提倡会计诚信，做诚信会计吗？但诚信会计还真的有点难，说说我的故事吧。多年前，我曾在一家单位担任二级会计，有一次厂长将一大笔不合理的开支直接让现金会计列入费用报销，我在记账时发现后，对此提出质疑，但终究无人理睬。后来我又向有关部门反映，上面来人调查了两次，也还是不了了之。不久，我被挤出会计科，一张介绍信把我送到下属商店干现金会计。说是做现金会计，又不安排我的工作，让我

---

① http://www.doc88.com/p-411726566123.html.

整天闲着没事干。我想不通，维护《会计法》的尊严，按会计制度办事，做一名诚信会计，有什么错呢？然而，不管你有没有错，这样的处理，你就是犯了"错误"。那段时间，没人敢跟我说话，怕领导误认为与我同流合污。难熬、苦闷、孤独、难言之痛一齐袭上心头。

后来我调到新单位，本以为做诚信会计可能不再"难"，谁知，现实却让我觉得更加"难"。在任总账会计期间，每到月底，单位财会负责人都要求事先将正常核算的利润或亏损的实际数字给他，他到厂长那里请示汇报后，再根据领导意图"摆"利润，亏损了先挂摊销，利润多了又要加大成本。对这种由领导来定利润的做法，我持有不同意见，便写了篇《岂能由承包者说了算》的文章在某会计杂志上发表了，单位财会负责人看到此文章后，拿着杂志向领导汇报，说这简直是无法无天。从此，领导对我另眼相看。弄到这个地步，就有好心的领导劝我说："会计核算，企业有厂长利润，到局里就是局长利润，有的地方还有市长利润，谁不要个面子，想想以前你做成新会计的遭遇，总不能因为诚信再丢掉饭碗吧。"是啊，我要解决自己的衣食住行，还要养家糊口。人家知道你是个麻烦人物，谁还敢要你去做会计啊，真是难得糊涂！

可是现实真的能糊涂吗？如今，我供职的这家国有企业，由于造假，出现了令人啼笑皆非的局面。开业30年了，领导换了好几任，利润表月月盈利，资产负债表中的所有者权益年年保值增值，但眼下却濒临破产。为何？会计报表上虽从未出现过利润赤字，但实际已亏损上千万元。银行要债没钱还，生产经营又没资金，这样的情况是谁惹的祸？以我的切身体会，做诚信会计是有点难，但不管有多难，还是要坚持"诚信"不动摇。诚信无价，尽管由于社会环境复杂，但随着社会的发展和法制的健全，不讲诚信，不但会受到舆论的谴责，还必将受到法律的制裁，会计也是如此。

尽管做诚信会计有点难，作假者可能一时风光无限，诚信者也许会吃些眼前亏，甚至会受些委屈和磨难，但诚信会计的精神支柱不倒，他们任何时候都是一个正直向上、光明磊落的会计人。

**问题：**（1）如何看待会计职业道德的灵魂"独立、客观、公正"？

（2）案例中"我"的检举适当吗？

**【案例分析三】坚守诚信有饭吃**

时下，业界流传着一句话：天下三百六十行，行行都比会计强！是说会计这个岗位不重要？不是；是指会计这个岗位干活多？不是；是指会计这个岗位待遇低？更不是！说白了，就是会计人工作不好做！

1997年，中专毕业的我与一家私营企业老板签订了用人合同。当时，老板拍着我的肩头说："小老弟，只要好好干，老兄我亏待不了你！"老板与我父亲般年纪，如此称兄道弟，一下把我"俘虏"了，我的泪水只差没掉出来，使劲点了点头说："放心吧，经理，今后看俺的！"

那个单位的账目并不复杂，凭着我的课本知识和实习经验，再加上我夜以继日玩命地干，全套账目被我整理得有头有序，各项活落也是板上钉钉，老板的问题我也能对答如流。老板像发现了千里马般不断"添水加料"——没有试用期，3个月后我就被提为会计科长。

然而，正像我刚进厂时有人给我的提醒——这里的会计不好干，当我理顺账目升为科长之后，麻烦接踵而至。第一次是一笔7.8万元的家具款，我如实打进电脑下到账上，被老板发现了。他说："你怎么能这么下账呢？这让税务部门知道了得缴多少税啊？"第二次是购进一批木材，我如实填报了工商行政管理申报表，被老板一把夺过去撕了，说："你怎么这么傻呢？这木材是晚上卸的货，让工商部门知道了得罚多少款呢？"第三次……到这时我才明白，下账怎么下，全是老板说了算，会计依附于老板，是被老板拨弄的一根草。那年年底，正当老板被镇里授予"先进企业"而上台领奖时，我却带上铺盖卷儿走上了再就业之路。

第二年，我又费尽周折应聘到一家冶炼厂任会计。应聘那天我就与老板讲明：在这里请允许我遵守职业道德，让我按事物的本来面貌下账，否则我做不来。老板拍拍我的肩头说："这不是天经地义的吗？冶炼厂就喜欢这样的会计。"上半年，一切进行得比较顺利。可下半年，麻烦随着经营加快而增多。先是一批价值15万元的铸件被一个个体户买走，经理当时拿着买方的一张白条找我，让我开一张收据让买方下账。我说应当开增值税发票，经理说："都是个体户交易，开啥子正规发票呢？"我问："要让税务部门查出来怎么办呢？"他说："天塌下来地接着，有我呢！"我看经理不容置疑的面孔，就违心地开出了一张售货收据。经理嘿嘿笑着说："年轻人到底脑子活。"又一次，经理递给我几本账本说："很多单位都有两本账，上面检查拿出一本，自己实际控制一本。"我一听心里就明白老板要搞两本账，就说："老板，你这样会毁了厂子的，不能啊！"经理却说："要想发，账本俩儿；要想富，工商税务找出路。要不咱厂100多号人，找谁要饭吃？"听到这里，我坐不住了，说："要长久经营，就要走正路，《会计法》不允许这样干！"经理一听勃然大怒，一拍桌子说："是我领导你，还是你领导我？！《会计法》怎么了？还不是活人去执行！"

无须再辩驳了，我站在那里只觉得天昏地暗。天呐，会计这活儿咋这么难干呢！两个单位的经历十分雷同：要么你就得像面团，任厂长经理揉来搓去，根本无诚信可言；要么你就辞职不干，做一个洁身自爱的清高人士。然而，清高不能当饭吃，我将何去何从？

正当我举棋不定的时候，国税局查出了冶炼厂15万元货款偷漏增值税的问题，在厂里引起了轩然大波。我作为替罪羊以"不服从领导，目无法纪，弄虚作假"为借口被厂方开除。正当我有口难辩、情绪差到极点之时，国税分局的一名负责同志和得利斯集团纸业公司总经理李树华亲自来到我家，登门邀请我到纸业包装公司工作。原来，国税局的同志因了解我两次当会计的经历，便向李经理推荐了我。

来到纸业包装公司，我才发现自己如鱼得水。我以诚信为本，挡住了各种虚假和浮华，以真实信息向领导班子汇报，领导班子在此基础上每每做出正确决策。从1998年至今，公司的规模扩大了3倍，效益扩大了10倍，产品不但满足国内市场，还出口东南亚地区，成为诸多城市的大型纸业公司。每年公司被评为"先进纳税企业""优秀民营企业"的时候，经理总是在公司大会上说："公司能有今天，多亏有一个诚实守信的好会计。"真的，在纸业公司5年的工作经历，加上我经常接触到大批企业、部门的会计，我的感受是：诚信会计可能要受点挫折，但社会认可的还是诚信会计，诚信会计到哪里都有饭吃！

**【案例分析四】百家会计师事务所诚信宣言**

为贯彻落实第九届人大五次会议，中央提出了"切实加强社会信用建设，逐步在全社会形成诚信为本、操守为重的良好风尚"的要求，推动全国会计师事务所和注册会计师牢记执业责任，恪守职业道德，提高执业质量，提升全行业的社会公信力。2002年12月27日，"百家会计师事务所《诚信宣言》提倡座谈会"提出如下宣言：

一、认真学习和实践"三个代表"重要思想，牢记"诚信为本、操守为重、坚持准则、不做假账"的警训；

二、遵守《中华人民共和国注册会计师法》和《中国注册会计师独立审计准则》等法规，规范执业，勤勉尽责，以应有的职业谨慎态度发表意见；

三、在承接和执行业务时，考虑自身的专业胜任能力，不接受超出自身专业胜任能力的业务委托；

四、遵守公平、公开、公正竞争原则，不借助于部门或个人的干预接受指定性业务；

五、与同行保持良好的工作关系，不以竞相压价或其他不正当手段争揽业务；

六、坚持以质量求生存，以信誉求发展，加强会计师事务所内部质量控制，提高执业质量，增强风险意识和抵御风险能力，建设以"诚信"为核心的事务所文化；

七、努力学习和借鉴国际同行的先进经验，适应我国加入WTO的新形势、新要求；

八、以独立、客观、公正的师风、所风、行风，赢得企业与社会对会计师事务所依法执业的理解、支持，推动执业环境的进一步改善以及政府、企业、注册会计师行业之间"诚信链"的拓展与延伸。

**【案例分析五】财务总监委派应由"虚"到"实"**

多年的实践告诉我们，建立现代企业制度离不开财务总监委派制。财务总监委派制通过在深圳和上海等地的试点已初见成效，但是，我们不能认为财务总监委派制就是一种完美无缺的监督机制，国有企业在今后的改革和发展中还会遇到许多目前难以想象的问题，因此要求我们必须不断地改进和完善这一制度。

首先，要改变财务总监权威性不够的现状。目前我国采用的财务总监委派制是由深圳、上海等地的国有资产经营公司或国资委根据本地区的情况，参考国际经验提出的，在这些已经采用财务总监委派制的地区，通常有一个《国有企业财务总监工作实施细则》，在"实施细则"中，虽然对财务总监的职权作了明确的规定，似乎职权无所不包、非常之大，但给人重点不突出、难以落实到位、十分抽象的感觉，使财务总监在企业的地位不明确，不可避免地出现财务总监在履行其职责时权威性不够、难以操作和不能充分有效行使职权的状况。因此，如果我们要在国有大中型企业实行财务总监委派制，国家就要考虑以法律或法规形式来规范财务总监的职责和权限，这样才有利于发挥财务总监对国有企业的监督作用。

其次，要发挥财务总监委派制外部监督与内部监督有机结合的作用。财务总监委派制是对企业的一种外部监督，财务总监以国家所有者代表人的身份进入企业，向所有者负责，独立行使财务管理监督权。因此，在对企业进行监督的过程中，财务总监将会以客观、公正的态度对国有资产的权益负责，防止企业为了局部利益而侵蚀国有资产。同时，财务总监委派制又具有内部监督的职能，财务总监是国有企业的专职管理人员之一，他们不仅要监督企业的财会人员提供真实、准确、可靠的会计信息，还要积极参与企业的各项决策与经营管理工作，为企业出谋划策。被委派的财务总监应不仅有丰富的财务会计工作经验，而且要对被委派单位的生产经营情况十分熟悉，这样有利于发挥其长处，从而为企业的财会和经营管理工作当好参谋。

**【案例分析六】以诚信审计人生**

我大学毕业，被分配到一大型国有企业财务处成本核算组担任记账员。对组织上的这一分配，我当时心里不服。一个堂堂大学会计专业毕业生，来记如此简单枯燥的成本账，岂不是大材小用了！而事实是，第一个月末，在那本成本账面前，在师傅的谆谆告诫下，我低下了"高昂"的头。

我所在的国有企业，下属单位有20多个，那时，还没有划小二级核算单位，20多个下属单位的费用全部集中在厂财务处报销、核算。为了明确责任，也为了避免考核费用发生情况，财务处除为这20多个下属企业设立了费用总账外，又另设了一本更明细的辅助账，即对每个单位发生的费用按明细项目（差旅费、办公费、探亲路费等将近20多个明细项目）设辅助账。月末对账时，辅助账上20多个单位发生的费用余额总计要与费用总账上的合计数相符。我上班后第一个月末对账的情况，现在回忆起来还宛如昨日。那时，我按照师傅的要求，先将每个单位的费用发生额合计数加总，用铅笔写在"本月合计"一栏里，再将20多个单位的"本月合计"总计起来，用这个数去与总账上的费用"本月合计"核对，核对上了，说明记账无误。我想，我记的账肯定是没有问题的，然而事实并非如此。第一次核对，差1万多元，查！第2次核对，差几百元，查！第三次核对，差角分尾数，又查！第四次核对，辅助账合计数比费用总账合计数少1分钱。我查了很多天了，报表组因为要报送报表也来问我要数字。我自认为辅助账只不过起一个参考作用罢了，差几分钱又不影响生产，就自作主张地将其中一个单位的费用尾数4分改为5分，以使之与总账分毫不差。不想，分管我的师傅是个极其认真、极其负责的人，她来问我这个月的账有没有核对上，我不假思索地回答她："对上了，没问题。"但当她说你把你这个月的账拿出来看看时，我心里就有些忐忑了。我知道师傅从事了几十年的会计工作，已练就了一双非常锐利的眼睛，对数字又特别敏感，任何差错都瞒不过她。在我把账本递到她手上的时候，我已做好了挨批评的准备。当师傅把我的账"扫描"了一遍后，问题就出来了："动力车间合计数明显不对呀，尾数加总应该是4分，怎么变成了5分呢？你是怎么与总账对上的？"我开始无言，之后就解释，说理由，再之后就等着师傅"数落"。不想，师傅的"数落"让我终生难忘，又宛如警钟，在我耳边时时敲响。

她说："说起来1分钱是小事，但小事可以化大。在会计工作中，记错账，算错账，是大忌，而想当然，改数字，就是大忌中之大忌了，这是一个非常严肃的问题，也是一个职业道德问题。你今天改1分钱，明天也许就会改1万元，这明摆着是记假账、做假账。对于一个会计人员，这样的事不能做。你想想，刚参加工作就有这样的想法，这样的做法，以后遇到的困难和问题会更多，你怎样去面对？人生是不能做假账的，因为每个人的人生簿上，倘若做了一笔假账，相应也就少了一笔真账。做会计，就要以'真实'

为尺子来衡量你的一生，这样才能无悔。"师傅说完，就按照她的经验，利用一个下午的时间，从两千多张凭证中"大海捞针"般把我那笔记错的凭证找了出来。之后，又让我用正确的更正方法更正，并在更正过的地方工工整整盖上我的私章。

随着时间的流逝，我也知道了关于师傅更多的故事。有一年，在向上级主管部门报送报表的时候，厂领导为了完成上级部门下达的全年指标，全额获得来年的拨款，让财务处将利润做大了 50 万元。师傅想前想后，在全局报表会审会上将这事"抖搂"了出来，单位领导因此受到批评，来年的全额拨款也成了泡影，师傅也成了"永远的助师"。又有一次，多年的同学、朋友拿来一张不合法的发票来财务处报销，被当稽核员的师傅拒绝了，从此同学、朋友变成了永远的陌路人。在师傅退休那天，师傅说，自己是 20 世纪 50 年代的中专毕业生，做会计工作几十年了，得罪过领导，得罪过同事，得罪过朋友，到退休了都不能"混"上个会计师，很冤！但想想自己在会计岗位上几十年，没报销过一张不合法的发票，没做过一笔假账，没填报过一份含"水分"的报表，于己于人，于集体于国家，都问心无愧，足矣！

听到师傅的这些话，我不禁想起古之圣贤关于诚信的至理名言。关于"诚"，孟子云："诚者，天之道也；思诚者，人之道也。"孟子想要告诫人们的是，"诚"是顺应天道与人道的基本法则。关于"信"，《论语》如此记载："子贡问政，子曰：'足食，足兵，民信之矣。'子贡曰：'必不得已而去，于斯三者何先？'曰：'去兵'，子贡再问：'必不得已而去，于斯二者何先？'子曰：'去食。自古皆有死，民无信不立。'"可见，孔子认为在治理国家这样的大事方面，即使失去"兵""粮"，也没有失"信"于民可怕。关于"诚信"，《管子·枢言》讲："先王贵诚信。诚信者，天下之结也。"意思是诚信是团结人心、凝聚人心的可靠保证。

师傅则告诉我，作为一名会计工作者，"诚信"是根本，是一把有刻度的尺子，只有处处用"诚信"衡量自己，才可换来无悔人生。

### 【案例分析七】会计快乐指数

2002 年 4 月 15 日，在由中共中央组织部和国家会计学院联合举办的中央管理的国有重要骨干企业总会计师培训班上，提到"会计快乐指数"，引起与会人员极大兴趣。

参加会议的中国人民大学的一位博士提出，应当研究快乐、诚信、人的寿命三者之间的关系，总结归纳出一个计算"快乐指数"的具体表达公式，大量事实告诉我们，诚信与市场占有成正比，诚信与人的寿命成正比。因此，诚信不仅在 CPA 行业，在全社会都具有巨大的经济价值，对整个人类，也都具有巨大的延续生命的社会价值。如同杨淑琴说的：不诚信的钱，拿了不愉快，会让人"愁煞"，缩短生命；诚信的钱，拿了"开心"，延长寿命。

开心 = 快乐，其计算公式为：（诚信 × 市场）=（快乐）的平方……

### 【案例分析八】美国世通公司财务失信欺诈案

2002 年 6 月 25 日，美国惊曝"假账第一大案"。排在美国电话电报公司之后的全球第二大电信巨头"世界通信"公司承认，仅 2001 年 1 月到 2002 年 3 月底，将 38 亿美元的经营支出列在资本支出账户上，从而将公司巨额亏损一跃转为盈利 15 亿美元，也就是说"世界通信"公司虚报盈利 38 亿美元。"世界通信"公司造假信息公布后，其股东狂抛"世界通信"公司股票，股价大跳水，一路跌破 1 美元以下。次日上午纳斯达克证券市场宣布"世界通信"公司股票暂时停牌交易。"世界通信"公司曾经是华尔街的宠儿，鼎盛时期年收入超过 350 亿美元，股票价格高达 64 美元，公司市值曾达到 1800 亿美元。与"世界通信"公司相比，安然公司四年虚报近 6 亿美元盈利只能说是个小错误，因而"世界通信"公司财务失信欺诈案成为美国，乃至世界历史上最严重的最大财务欺诈案，对全世界资金股票市场产生巨大冲击，其恶劣影响大大超过"9·11"事件和安然事件。

世通公司的一个内部审计员叫辛西亚·库珀，在一次例行审计中发现公司财务中有故意造假行为的证据，她向当时的首席财务官报告，而首席财务官其实就是参与欺诈的人之一，他让库珀停止审计，但库珀又向审计委员会的主席报告。在美国公司审计委员会包含独立董事，他们不受雇于公司，所以库珀女士越过高管将内幕报告给审计委员会，于是调查扩大了，发现了超过 30 亿美元的假账。

丑闻曝光以后，世通公司不得不裁员 17000 人，2001 年 7 月 21 日，公司被迫申请破产保护，美国历史上迄今为止最大的破产案由此产生。7 月 30 日，世通公司被纳斯达克摘牌。随后，美国司法当局以欺诈罪逮捕了首席财务官沙利文和总审计师迈尔斯。8 月 8 日，公司在内部审计中再次发现，追溯到 1999 年，公司还有一笔 33 亿美元的错账，这样，世界通信公司的财务丑闻涉及金额增加到 70 多亿美元；目前公司的股票价格已由 1999 年的 64 美元跌至 9 美分，跌幅达 99.8%，资产总额也由 1153 亿美元跌至现在的 10 亿美元左右，跌幅达 99.1%。

在世通事件中，正是内部审计师首先发现了问题。内部审计制度在美国大中型企业中，已经出现了半个多世纪，一开始是一项检查错误、纠正财务弊端的传统财务审计，之后，又发展为管理审计，近几年又发展为以风险管理为核心的风险导向审计。这一次，美国纽约证券交易所出台的所有上市公司必须建立公司内部审计制度这一措施，目的就在于杜绝假账的产生。但人们也在怀疑，内部审计人员毕竟是公司的职员，与公司的关系是雇佣关系，与公司的利益是一体的，账目的真实性依旧会是一个谜。

世通公司财务失信欺诈案成为继安然事件之后再次打击投资者对美国股市信心的重磅炸弹。安然公司做假账出笼后，美国一些大公司违规行径纷纷暴露在阳光下——会计行业有安达信、普华永道等公司（都是世界会计行业的领头雁），金融行业有美林证券、波士顿银行等世界级的投资银行，高科技行业有朗讯公司、Network 公司、施乐公司等。作为世界上金融市场的榜样，最具有创新力的美国企业却不停地欺骗投资者，使投资者的信心屡屡受挫。一家企业垮掉并不足惧，可怕的是投资者对所有企业、对整个社会的信用深感疑虑，因为害怕欺骗将不敢再投资，世界经济将持续低迷不振。这些公司违信倒闭为人们留下的思考是，信用缺失的现象正日益恶化，已成为全球经济令人担忧、不容忽视的难题。这再一次证明美国的公司管理模式也并非完美，美国式的资本主义市场经济制度还是存在制度性缺陷的。企业信用缺失给社会所带来的恶果是一个沉重而不可逃避的顽症。企业如不诚实守信，就会断送生存的根基，不仅危害世人，最终必是玩火自焚。同时警示我们，中国在建设社会主义市场经济体制过程中，还有很多规章制度需要健全。如果忽略市场经济的本源——诚信问题，就等于建大厦于沙丘之上，必定摇摇欲坠。人无信不立，企业无信不长。诚信缺失给国家和企业造成极大损失，已成为中国企业发展的巨大障碍。在市场经济中，诚信是最有力的竞争手段。追求利益是企业经营的前提，但如果没有健全的信用体系，就会出现企业因追求暴利而损害公共利益，最后招致自身失败的悲剧。

问题：（1）美国世通公司财务失信欺诈案爆发的原因是什么？

（2）美国世通公司财务失信欺诈案对我们有何警示作用？

### 【案例分析九】公生明，廉生威——一位上市公司 CFO 的职业抉择

刘新华曾任某上市公司财务总监，一个极普通的会计人，在近 10 年的财会工作中，他恪尽职守，勤奋敬业，甘于清贫，淡泊名利。

现年 35 岁的刘新华，在其担任上市公司财务经理和财务总监的这些年里，多年的职业生涯使他树立了一个职场信念：没有人能打败你，能打败你的只有你自己，无论对个人还是对公司而言都是如此，必须从自身做起，廉洁自律、诚实守信、坚持原则。他最欣赏的一句话就是"会计人员要有一双透射的眼睛，要知道数字背后是什么，这就需要不断了解企业的运营，了解企业的战略，并结合企业战略制定财务战略，转而达到提升企业的目的"。

刘新华供职的上市公司是一家历史悠久的大型国有企业，但公司的产品质量与国外的同类产品有很大的差距。产品的重要原料有 80% 靠进口，自己生产的原料质量达不到国内重要大客户的要求。这种原料依赖进口的生产方式产生了多种弊病，主要在于：一是原材料价格昂贵，导致成本居高不下，在市场中价格没有竞争优势；二是进口原材料的产量波动也会对其产品造成直接影响。

根据目前的情况，股份公司如果要生存下去，就必须进行原材料自行生产，进行技术改造，提高原料质量，以达到进口原材料的水准，这样不但可以满足自身需要，也可以销售给同行业的其他依赖进口原材料的企业，从而抢占市场份额。

很显然，如果进行技术改造，企业就得投入大量的资金，而且相应的生产设备也要靠进口，并且在技术上需要专家指导。股份公司虽然在目前的情况下还不至于亏损，但是企业现金流不充足，技术改造的大量资金要从银行贷款，同时每年的贷款利息也是一笔很大的支出。

这个重大决策从某种程度上讲可能是企业唯一的生存之路，但同样也可能使企业败走麦城，陷入困境。一旦技改投资失败，那对企业来讲就是灭顶之灾，也许从此就一蹶不振，更不要说发展了。这个重大的决策要经过各部门和领导层的反复讨论，但在很大程度上需要真实的财务数据的支持，财务数据是决定是否进行投资和技术改造的重要依据。

然而这个重大的决策却在匆忙之中由企业上市后的第一批领导层做出了。当在第二批领导层接手时这个决策的失误就已经显山露水了，企业因此而走上亏损之路。第一批领导眼看企业已经深陷泥潭便走的走、溜的溜，在危难之际，第二批领导层匆忙上任。

作为第二批领导层中的一员，刘新华上任以后开始认真分析公司目前所处的境况：

股份公司所需设备是从国外进口的二手设备，公司高层对这个项目所需资金估计不足，两年内已经陆续投入两个亿，两年的资金利息让企业不堪重负。同时随着国际市场的变化，当企业在大张旗鼓地进行技术改造投入时，国外已经停止生产这种产品了，也就是说这些产品基本属于淘汰品种，受到国外大环境的影响，国内市场对这种产品的需求也急转直下。

刘新华根据对企业目前状况的分析，清楚地意识到企业所处的困境，其主要在于：

一是，如果继续投入，至少还得需要一个亿的资金，企业除了再次举债贷款以外，就只能寄希望于其他投资者的加入。

二是，根据目前的情况，企业有没有必要继续进行投入？投入后生产出来的产品是不是能够替代自身进口的需要？在成本方面是否有优势？考虑到公司现在的情况，前途很渺茫——2001年的经济环境十分艰难，公司产品价格下降，市场低迷，公司要想在近期内实现扭亏为盈的目标不但有巨大的压力，而且几乎是不可能的。

三是，如何才能化解这越来越沉重的资金利息？公司的财务风险极高，严重影响到公司的持续经营能力，同时公司还为下属的子公司提供担保，一旦被担保的子公司不能偿还到期债务，银行提起诉讼，则公司有可能破产。

四是，企业生产出的一批过渡性产品达不到要求，无论从哪方面相比都与同类产品有很大的差距。生产出来的产品卖不出去，但是企业又不能停止生产，因为机器设备停止生产后重新启动的成本更大。产品不断生产，又不断积压，且已购买客户又因质量问题陆续退货，企业的仓储费用也不断增加。

五是，公司的产品具有一定的时效性，有效期不能超过六个月，即如果企业的销售状况不好，这些滞销的存货还得提一笔数月不小的存货减值准备金，况且企业这些滞销的存货平均已超过半年了。

从上述分析可以看出，企业实际上已经陷入了一个死循环——用自己的原材料生产出来的产品质量达不到客户要求，则不断生产、积压；国外原材料进口价格攀升，用进口原材料生产的产品，成本增大，但企业为了维持生存，保证现金流，又不得不亏本出售，生产越多，亏损就越多。

总之，企业寄希望的技术改造非但没有给企业带来一条光明之路，反而把企业引入了一个死胡同。还有一个更大的压力，那就是公司已经有一年亏损了，如果再亏损一年就会转入ST企业。在这种情况下，只有良好的年度报告会使投资者增加信心，对公司的股票价格产生有利的影响。

刘新华思考了很久，意识到也许只有进行重组还能给企业一条生路，但是根据公司目前的情状，巨大的债务和投资失误造成的巨大亏空会让人退而止步，要想吸引资金期待重组有很大的难度。众人皆知，国有企业资产负债率极高的原因是银行为企业最大的债权人，即使重组能成功，所得到的资金首先要偿还高额的银行债务，为保证现金流，企业还得继续追加投入。

当这些问题摆在面前的时候，企业即将面临会计师事务所的年报审计，尽管一份明晰、详尽的年度报告在中国还属罕见，但不能否认的是年度报告的数字仍然是决定企业价值的核心要素，也能够决定社会公众对其的信任度。如果按真实的数字进行披露，就势必影响投资者的信心，最直接的就是造成公司的股票大幅下跌，而且极有可能跌破面值。

管理层在财务报告上的欺诈通常是由于"渡过困难期的需要"。他们把股份公司所处的这个困难期看成是暂时的，相信获得相应的贷款或者通过其他方式获取资金，就能帮助企业顺利渡过这个困难期，而且本年度的虚假利润可以由以后的盈利来逐步消化掉。

由于企业的前身是国有独资，公司的决策是由一个人或少数几个人垄断把持，内部控制存在着严重的缺陷。第二批领导从企业的利益出发，同时也为了其自身利益，开始要求财务部门在数字上做一些文章，也就是掩饰一些东西，达到粉饰报表的目的。

于是公司的总经理将刘新华找来语重心长地对他说："新华，你是公司的老员工了，对公司应该很有感情，公司对你也不错，培养了你，也曾经送你出去学习深造，现在公司遇到了困难，我们是不是都应该为公司出一把力呢？而且你和你爱人都在这个公司，你也不愿意看着公司就这么垮了吧，公司垮了，对你的家庭也是最为不利的。"

显然公司领导希望刘新华在今年的企业年度报表上做文章。刘新华当然对公司当前面临的困境十分清楚，他对企业也很有感情，自从大专毕业后他就被分配到公司从事财务工作，一干就是十多年，加上爱人也是公司的员工，这个公司可以说是他半个家。但在工作中他已经养成了客观、严谨的工作态度，诚实可靠、有责任感的工作作风与职业道德，这些都自动驱使他去增产节约、开源节流、廉洁自律、奉公守法，但并没有教会他如何去舞弊造假。

在经过反复细致的痛苦思考后，他对总经理说："我对公司是很有感情的，公司的现状摆在眼前，我也一直在认真思考，但是很难。你看，我手里的借款合同就有整整89份之多，总计金额近几个亿，几个亿啊，我拿在手里心里都发慌，这些全是欠国家的钱，每天都有银行打电话追着要钱，那种尴尬与狼狈就不必说了，我现在与那过街的老鼠又有什么区别？现在我只要一听到电话铃声，心里就发慌。我认为现在我们的首要问题是如何真正让企业摆脱困境，而不是在财务上做文章以骗取社会信任。"

刘新华一边说心里一边想：巧妇难为无米之炊，要想达到决策层的目的，唯一的方法就只有进行财务造假，编造虚假利润从而获得一份虚假的业绩。

听了刘新华的话，老总的脸色特别难看，他站了起来，大声说道："你知道吗，你的态度和决定将会关系到企业的生死存亡！不要被公司暂时的困难所吓倒，如果公司能够挺过今年这一关，就会东山再起，所有这些有点不合理的东西都会得到更正。你们年轻人就是没有经历过大风大浪，一遇到困难就打退堂鼓，这点困难算什么呀？我知道你的能力，只要在报表上面做做文章，一切问题不就迎刃而解了吗？"

刘新华心里特别矛盾，如果公司挺不过今年，那么就会被沦为PT类公司，甚至有退市的威胁，同时这也将影响到他的前途和家庭的命运，而且不可否认的是摆在他面前的还有一份相当大的诱惑——如果能在报表上做做文章，那么他就会得到一份不菲的收益，非但自己的位子依然会稳如泰山，而且家庭的环境也会得到改善。

但刘新华也深刻认识到，一个上市公司的财务报告是面对社会公众的，它应该呈现出充分的透明度。公司数据如果不实，就会对投资人和债权人造成损害，从而使广大的中小投资者蒙受更大的损失。如果他按照决策层的要求去做，这不但违背他做人的原则，而且也违背一个会计人应有的职业道德准则。显然公司的老总也找他的爱人谈了话，爱人回到家里对刘新华说："你应该好好考虑一下，我们两个人都在一个公司，如果我们两人都丢了工作，那么孩子读书怎么办？而且老总说了这些都是暂时性的困难，他说已经联系好了，马上就有新的投资人加入，只要能顺利渡过这个困难期，所有的亏损就可以消化掉，他说根本就没有什么风险，是你的胆子太小了。"

听了爱人的话，刘新华叹道："我何尝不为自己的利益和家庭的利益打算，但是，你知道吗，老总说在报表上做做文章，实际上就是要我做假账，你和我都不是小孩子，应该分得清什么是对，什么是错。任何做假都是违背实事求是精神的，违背了实事求是的精神，也就丧失了作为一名合格会计人员最起码的职业道德和行为准则。难道你要我一辈子都活在痛苦的煎熬之中，时时刻刻等着被揭穿的那天吗？"

刘新华彻夜未眠，直到天色越来越亮。从夜晚到白天，转眼之间已经是烈日当空了，这个世界渐渐苏醒并开始忙碌起来。刘新华依然呆坐着，他一夜未眠，却毫无倦意，就在此时他终于下定了决心。早晨一上班，他就向董事长提交了辞职报告，并委婉地劝告说："我认为公司应该想办法真正地走出困境，而不仅仅在报表上作秀，业绩不是做出来的，纸是包不住火的，希望老总能好好考虑考虑，我就言尽于此。"

刘新华走了，离开了他工作多年的公司，离开了让很多人眼红的位置，带着他会计人的信念和执着走了……在刘新华的身上折射出了会计人正直诚实的本性：在他的血液里，有着公正、独立、诚信的会计精神，有着刚直不阿、廉洁自律的情操。诚信社会正是靠无数个刘新华牺牲了个人的利益逐步建立、完善起来的。

**问题：**（1）您认为刘新华这样做值得吗？理由何在？

　　　　（2）CFO 的道德操守与专业技能哪个更重要？当两者处在矛盾冲突之中时该如何取舍？

### 【案例分析十】会计法律制度与会计职业道德的相互作用 [①]

某股份有限公司（集团）原董事长、法人代表李某因涉嫌提供虚假财会报告罪，被司法机关依法予以追诉。此前，该公司其他涉嫌犯罪的相关责任人已分别被司法机关依法追究刑事责任。该公司巨额亏空及造假事件 2000 年 10 月经新华社披露后，中国证监会立即组织力量展开调查。经中国证监会查明，该公司上市前采取虚提返利、少计费用、费用跨期入账等手段，虚增利润 1908 万元，并据此制作了虚假上市申报材料；上市后三年采取虚提返利、费用挂账、无依据冲减成本及费用、费用跨期入账等手段，累计虚增利润 14390 万元。

另外，还存在股本金不实、上市报告书重大遗漏、年报信息披露有虚假记载、误导性陈述或重大遗漏等问题。该公司的行为已触犯了《中华人民共和国刑法》第一百六十一条之规定，涉嫌提供虚假财会报告罪，李某作为公司的董事长、法人代表负有直接责任，应当依法予以追诉。

中国证监会还发现原某会计师事务所签字注册会计师违反有关法律、法规，为该公

---

① http://wenku.baidu.com/link? url=yxU_S07IIlSv_zU6ckR3Fy5KMXQoJYvPHmHZUs9-pUaW0v4w3mwIRPJq6L6HEm0b8q5H0AIo3qrMxy4HX3hj5u8x-gWShYnGVRPn21ukPgO.

司出具了严重失实的审计报告。2001 年 9 月 27 日，中国证监会根据有关证券法规对该公司及有关中介机构违反证券法规的行为做出行政处罚；对涉嫌犯罪的主要责任人员，依法移送公安机关追究其刑事责任。当地公安局于 2001 年 9 月对该公司涉嫌提供虚假财会报告罪立案侦查，查明：1997 年底，该公司各分公司把 1997 年的报表报到集团公司财务处，财务处主任都某把公司 1997 年报表显示严重亏损的情况报告给董事长李某。李某当面指使都某必须完成 1997 年董事会下达的指标，为 1998 年公司配股做好准备，报表退回去重新做。

为此，李某还专门召集分公司会议，会上李某要求各分公司必须完成 1997 年董事会下达的利润指标，呆账不能显示出来，预提返利全部入账，并要公司财务处主任都某督办。会后都某按照李某的指示，让财务处会计周某把 1997 年的报表退回家电分公司，家电分公司主管会计按照财务处的要求让家电各部再做虚假报表，与董事会下达的指标一致，同时向家电公司的财务经理杨某汇报。

杨某认为这样下去公司会亏空更大，就会同副经理给董事会写了一个报告，交给了总经理卢某，卢某于 1998 年 2 月初同都某一起到深圳去向董事长李某汇报。李某不听汇报，指示公司财务报表必须与董事会下达的利润指标一致。按照董事长李某的要求，家电公司重新做报表，造成某公司财会报告虚假。现已查实，该公司家电分公司 1997 年底第一次上报的财务报表中显示当年亏损 15429.9 万元，重新制作的财务报表显示盈利9369 万元。某会计师事务所签字注册会计师对上述不实视而不见，为该公司出具了严重失实的审计报告。该公司依据重新制作的财务报表向社会公开披露。

分析：会计行为的规范化不仅要以会计法律、法规作保证，还要依赖会计人员的道德信念、道德品质来实现。在现阶段，由于各种原因、各种思想观念同时存在，影响、冲击着人们的思想，会计职业道德不可能成为每个会计人员自觉遵守的行为规范。因此，一方面，会计职业道德中的基本行为规范需要会计法律规范予以保障。这就要求把会计职业道德中最起码的要求用会计法规的形式固定下来，使之成为强制性的、普遍的行为规范。另一方面，会计法规与其他法律一起严肃有力地打击经济犯罪活动，显示法律的威力，同时有助于对广大会计人员的职业道德教育，有助于会计职业道德舆论的开展和效果的提高。会计人员在履行会计法律义务卓有成效时，可受到不同形式的奖励；在没有履行会计法律义务时，会受到不同形式的处罚。这对培养高尚的会计职业道德，促使会计人员自觉形成和遵守会计职业道德习惯都具有重要作用。该案例中的某股份有限公司事件是一起严重违反法律、道德的会计处理事件，该公司虚报盈利，骗取在股市的配股权，使广大股民蒙受重大损失。该公司的会计人员违反依法理财的职业道德，屈从权势的压力，做了假账，提供给社会虚假的财务信息，最后害人害己，血的教训值得广大会计工作者深思。

**【案例分析十一】诚实守信是遵守会计职业道德的基本要求**

2003 年 8 月，某公司因产品销售不畅，新产品研发受阻。公司财会部预测公司本年度将发生 800 万元亏损。刚刚上任的公司总经理责成总会计师王某千方百计实现当年盈利目标，并说："实在不行，可以对会计报表做一些会计技术处理。"总会计师很清楚公司本年度亏损已成定局，要落实总经理的盈利目标，只能在财务会计报告上做手脚。总会计师感到左右为难：如果不按总经理的意见去办，自己以后在公司不好待下去；如按照总经理意见办，对自己也有风险。为此，总会计师思想负担很重，不知如何是好。

问题：根据《会计法》和会计职业道德的要求，分析总会计师王某应如何处理，并简要说明理由。

提示：总会计师王某应当拒绝总经理的要求。因为总经理的要求不仅违反了《会计法》第四条"单位负责人对本单位的会计工作和会计资料的真实性、完整性负责"，第五条"任何单位或者个人不得以任何方式授意、指使、强令会计机构、会计人员伪造、变造会计凭证会计账簿和其他会计资料，提供虚假财务会计报告"，也违背了会计职业道德中的会计人员应当诚实守信、客观公正、遵守准则的要求。

## 【文献阅读一】会计信息失真的道德分析 ①
### 一、会计道德缺失的原因
（一）外部因素

1. 社会伦理道德滑坡的影响

虚伪欺诈的社会习气难免会对会计工作者产生不良影响，作为经济信息提供部门的会计，为了单位或个人的利益不可避免地会丧失诚信原则，进行造假，会计信息失真具有了宏观背景环境。反过来，虚假的会计信息又会进一步助长虚伪的歪风，削弱了原本薄弱的社会伦理道德体系。

2. 缺乏有力的道德规范引导

市场经济需要道德的支持，这种道德不同于封建时代的"存天理，灭人欲"的假儒学。但是这种假儒学深深地影响着我们现代的中国人，基于自身利益的考虑，人们习惯于服从领导权威，不敢也不愿表露自己的内心感受，"言行不一""心口不一"成为一种生存方式，缺乏主体性的人成为了外在道德的奴隶，道德规范则失去了约束力，人们将走向真诚的反面，导致虚伪产生，会计主体普遍也会在实务中遵循这一规律而放弃客观真实的原则。

3. 不规范的政府行为促使企业追求短期化效应

政府的经济职能及其行政职能相交叉的特性会产生政府经济行为的非市场依托，政策具有模糊性和非延续性，企业经营过程中难以追求长远利益。为适应不规范变化的政府行为，企业领导人进行短期化经营，进而放弃诚实守信的道德准则，在会计报告上弄虚作假，企业的市场价值判断与利益的体现时常被动地依政府行为调整，会计信息随之失真。

4. 中介机构监管不力

我国在推行会计年度报表审计制度，但是企业报表的真实性仍值得怀疑，进行社会会计监督的会计师事务所、审计师事务所为了稳定客户，拓宽业务，在相关法规执法不严、处罚力度不够的情况下，违背会计职业道德，丧失了其客观公正的立场，忽略了其社会责任，出具虚假的证明，为企业做假账提供便利，成为会计造假的保护伞，进一步造成

---

① 雷又生等.会计信息失真的道德分析［J］.会计研究，2004（4）.

了会计职业道德滑坡。

（二）内部因素

1. 单位负责人存在道德风险和逆向选择

会计人员在单位中需要听命于单位领导，也就使得会计职业道德从属于领导权威，会计工作质量受到单位负责人的严重影响。然而目前单位领导人的道德水平因受社会环境的影响，也不容乐观，存在着道德风险和逆向选择的问题。道德风险反映在会计上即为单位领导对会计工作要求不高，疏于管理，造成账务混乱、信息失真；与之相比，领导的逆向选择给会计信息失真造成的影响是主要的，绝大多数信息失真来源于此。领导者为了自己的利益而损害相关利益群体的利益，指使会计工作者做假账，提供虚假的信息以蒙骗相关利益群体。

2. 会计人员陷入"囚徒困境"

会计人员在单位具有天然的从属性，使得其职业道德从属于领导的权威，当两者发生摩擦或冲突时，会计人员陷入困境，如果不执行领导指令，会受到领导的打击报复，甚至失去工作；执行作假指令，违背道德，触犯规定，却可能从单位获益，会计人员陷入博弈论中的"囚徒困境"，两种力量对比的结果是：会计人员一般会选择执行领导指令，进行造假，这逐渐成为一种普遍的社会现象，会计道德规范的实际空间越来越小，一些单位在招聘会计人员时，直接问应聘人员是否会做假账。

3. 治理结构不合理，企业丧失操行

在企业的内部治理上，董事会成员多为企业内部高级管理人员，外部董事很少，监事会形同虚设，不能形成较好的监督制约机制，致使权力集中在董事长手中，权力失去了有效的控制。为了企业或个人的利益，在外部监督不健全的情况下，董事长控制下的企业便放弃其应遵守基本的道德准则，弄虚作假，企业丧失了其操守，反映在会计工作上即为会计职业道德缺失，会计信息失真。

## 二、会计道德缺失解决的途径

1. 明确新的道德准则，建立新的市场道德体系

我们需要审视原有的道德观，在原有体系的基础上扬弃，抛开假儒学的不良影响，吸取真正儒学的精髓，构建适应市场经济发展的新的道德体系，它应以诚信原则作为其核心，包括负责、敬业、诚信和尊重别人，承认在不影响社会上其他人利益的情况下，人有追求物质利益的权利。作为核心的诚信原则适用于一切社会生活领域。我国在构建市场道德的时候，须注意诚信的动态性和层次性，使其能够与经济发展互动，并能够指导各层次的道德规范，作为会计领域也应该修订新的以保证、提高会计信息质量为目标、诚信为本的职业道德规范。

2. 严格执法和监管，缩小道德自由空间

为纠正会计造假现象，需要对道德自由空间进行恢复或更新，其中有效的手段之一便是加强法规建设和强化社会监督。有时作为社会监督机构的会计师事务所和审计事务所也为会计造假提供方便，这也说明在监督上力度不够，处罚不严，有必要加强事务所的管理，严肃执法，提高要求，加大对违规事务所和会计师的处罚力度，迫使其保持客观公正，做到诚信为本，从而促进企业会计职业道德的归位。

3.改善管理体制，明确责任，克服领导短期化行为，促使道德回升

在会计信息提供上，不遵守诚信原则的会计造假增多，少数求真务实的反而会吃亏，经济秩序会变得混乱。改变此状况的出路在于政府要带头认真遵守市场规则，不制定违背市场规则的规定；在行使职权时客观公正，不能既当裁判又当运动员；在发挥其经济管理职能时多采用间接调控的手段，减少直接干预，理顺企业、政府、社会之间的关系，恰当地运用法律杠杆，严惩违规者，营造讲究诚信的氛围。造成会计信息失真的主要原因是内部控制失衡和权责不明所造成的领导短期化行为，为解决此类问题，需要健全内部监督机制和强化领导的责任意识。也有必要建立一个促使领导者从内心不愿造假的机制，激发领导追求长远利益，而不是看重眼前利益，道德的缺失就是短期化行为的反映。

4.建立健全会计职业道德监督评价机制

针对违反会计职业道德行为监管不力的隐患，有必要建立和完善会计职业道德的考评和监督机制。①建立以行业自律为主的会计职业道德管理机构。会计职业道德在管制上，应实行行业自律与政府行为的统一、协调。政府管理的重点主要是利用法规对造成严重后果的会计职业者依法追究其法律责任，在会计领域加大执法力度，行业自律解决各种违规会计操作问题。目前可以考虑在中国会计学会下设立道德委员会，专门负责会计职业道德问题。②注重会计职业道德的追踪评价。会计职业道德评价是根据会计职业行为道德规范，会计组织或社会其他组织和个人对会计从业人员或企业的行为进行道德或不道德的评价，以达到扬善惩恶的目的。它对广大会计从业人员来说，是一种无形的精神力量和重要的行为约束方式，是促使道德力量发挥作用的必要环节。我国可以对全国持证的会计人员建立道德行为档案，对在各类检查中提供虚假会计信息的单位和个人进行登记，以采取相应措施；对企业建立起一套诚信评价体系，评价监督企业的诚信状况，并及时在媒体上予以曝光，借助公众的舆论加强会计职业道德建设。

【文献阅读二】会计职业道德的失范与重塑 [①]

会计职业道德的失范是指会计职业规范的缺乏或者丧失。改革开放以来，伴随着经济体制改革的不断深入，会计改革充满了生机和活力，取得了前所未有的丰硕成果。与此同时，由于种种原因，旧有的会计行为规范模式在一定程度上被否定或遇到严重破坏，逐渐失去对会计人员的约束力，形成会计职业道德规范权威失落。

一、会计职业道德失范的现状

事实表明，以会计信息失真现象为其突出表现的会计工作存在的问题，确实折射出会计人员职业道德存在严重滑坡。

（一）少数会计人员职业道德败坏、沦丧，主动违法犯罪

有的会计人员个人利益膨胀，故意伪造、变造、隐匿、毁损会计资料，监守自盗，利用职务之便贪污、挪用公款、以身试法。某事业单位女会计许某，在其担任会计兼出纳的10年中，利用各种各样的手段贪污公款7272万元，是某省很大的一宗经济案件，许某已被判处死刑。这种严重的违法犯罪行为虽然是少数会计人员所为，但也的确反映

---

① 韩传摸，郝景昭.会计职业道德的失范与重塑［J］.会计研究，2002（5）.

出在改革开放后的市场经济条件下，在会计队伍中确有一些人职业道德沦丧，走上犯罪的道路。

（二）相当一部分会计人员会计职业道德严重欠缺

会计职业道德的严重欠缺表现在进行会计职业活动中，相当一部分会计人员违反了会计职业道德规范，具体表现是：

1. 违反实事求是、客观公正的道德规范

实事求是、客观公正是会计职业道德规范中最重要的道德规范，而恰恰在这一规范上存在的问题具有普遍性，造成大面积的会计信息失真。围绕这一问题的焦点集中在，当单位负责人授意会计人员提供虚假会计信息时，会计人员是否坚持实事求是、客观公正的职业道德规范。

2. 不熟悉法规，遵纪守法的意识淡薄

他们缺乏职业理想和敬业精神，不关注、不学习会计法规，就更谈不上遵纪守法、依法办事了。有的会计人员思想上竟然没有会计职业道德的概念，这是现实中会计职业道德思想基础的严重扭曲。

3. 缺乏钻研业务，精益求精的精神

现实中不少会计人员缺乏基本的业务素质，会计工作拖拖拉拉、频于应付差事。他们业务知识贫乏或知识老化，对会计准则、会计制度知之甚少，专业技术能力较差，职业胜任能力明显不够。业务素质的低下，还表现在工作中缺乏精益求精的精神，记账不符合规范，账簿混乱、账账不符、报表挤数的现象，在不少单位是司空见惯的。实践中由于会计人员业务不熟，而出现会计信息失真的情况也并不少见。这些都大大降低了会计工作效率和会计工作质量，违背了职业道德的要求。

## 二、会计职业道德严重滑坡的原因

（一）社会不良风气对会计人员职业道德的影响

1. 历史造成的问题未得到根本解决

五十年代浮夸风和"文化大革命"中实用主义、颠倒黑白、弄虚作假思潮的影响在延续，遇到市场经济环境，又迅速膨胀，使会计信息服从所谓的"政治"需要，会计人员无力阻拦，随波逐流，表现出职业道德的滑坡。

2. 利益驱动的负面影响

在会计领域遇到了经济发展与道德进步"二律悖反"的困惑。在建立市场经济体制的过程中，人们在追求物质利益时，个人主义、利己主义、享乐主义等剥削阶级意识抬头，而爱国主义、集体主义、全心全意为人民服务的思想却在削弱。在分析会计信息失真原因时所讲的"利益驱动"就是这种价值观念变化的一种负面效应。例如，在下岗失业和违反原则做假账的两难选择中，多数会计人员选择了按单位负责人意见做假账，表现了追求最基本的自身经济利益，反映出会计人员的职业道德的失范。

3. 会计职业道德规范体系不完善，违反会计职业道德的处罚苍白无力

职业道德的违规行为惩治不力、缺乏职业道德自律组织和对道德优劣表现赏罚不明，我国1993年修正后的《中华人民共和国会计法》对违法会计行为的制约缺乏强制性和操作性，客观上不利于制约违法会计行为的滋生蔓延，又使会计人员在抵制违法会计行为

时缺乏法律保障。正像有的会计人员对弄虚作假的授意、指使、强令而承认自己行为有失职业道德时所说，法律都管不了的事，我们的道德更无能为力了。

（二）单位负责人的不良道德影响

会计人员是单位内部的会计从业人员，是受聘、受雇于其所在单位的工作人员，其衣、食、住、行、任免、奖惩、升迁均依靠其在单位的任职及任职的业绩。在过去，赋予会计人员"双重身份"，使他们既是单位的工作人员，又是代表国家的工作人员，会计人员的任免并不完全决定于单位负责人，还要受上级主管部门的约束，这在计划经济条件下是适应的，也起到很好的作用。但是，在建立社会主义市场经济体制的过程中，在人事制度、劳动工资制度的改革中，这种"双重身份"就行不通了，他们同独立、公正执业的注册会计师不同，没有在单位之外、之上的独立执业地位，他们的工作完全在单位负责人的领导、管理之下，单位负责人拥有充分的用人权，会计人员在单位的地位具有天然的从属性，这使得其职业道德在单位会计工作中，能否发挥作用，和作用大小，也就不可避免地具有了从属性，从属于所在单位的文化层次及其单位负责人的道德水准。这种从属性往往不以会计人员的主观愿望为转移，而且这种从属性对会计人员自我职业道德修养提出更高的要求，也就是要求会计人员要具有比以往更高尚的职业道德境界，才能使职业道德充分发挥作用，而不少会计人员却很难做到这种程度。因此新《会计法》特别强调对违法行为要追究单位负责人的责任是非常正确的。

（三）会计人员的道德素质偏低

会计人员在做出违法违纪会计行为时，一般都在职权范围内，又出于主观故意，主动而为，反映出会计人员自身道德素质偏低。其形成的原因，固然也有社会风气和单位负责人道德水平的影响，但与教育不够有很大关系。

### 三、走出黑洞，重塑会计职业道德

（一）确立会计职业道德重塑的指导思想

1. 会计职业道德重塑要与社会主义市场经济相适应

会计职业道德产生于一定的经济基础之上，必须适应社会主义市场经济的需要。一方面，它针对市场经济体制建设过程中出现的消极思想和行为，提出一些道德准则来矫正和规范，以维护社会主义市场经济秩序。另一方面，市场经济条件下的企业是独立、自主、具有平等权利的经济实体，其目标是谋求企业价值最大化。因此，会计职业道德建设应考虑这些方面的要求。

2. 会计职业道德的重塑要与会计目标相适应

传统的企业会计目标主要为国家宏观经济管理提供经济数据，由此出现了会计机构、会计人员受国家之托，对本单位实行会计监督。现代企业的会计目标已经有包括国家在内的股东、债权人的需求，会计职业道德建设应考虑兼顾各方利益的问题，以较好地实现会计目标。

3. 会计职业道德的重塑要与会计管理体制相适应

在会计制度管理体制方面，由传统体制下管得过死、过细，转变为管住基本的、重要的，给企业更多的会计政策可选择性。这些都会对会计职业道德的发展产生积极的影响。

4.会计职业道德的重塑要与会计人员的素质相适应

由于我国整体经济水平不高,人们的道德境界参差不齐,会计人员的素质不尽如人意。会计职业道德的建设必须从会计人员素质的实际出发,防止形成脱离实际的高不可攀的道德准则。

5.会计职业道德的重塑要与国际惯例接轨

会计职业道德是带有强烈经济性色彩的经济道德,会计职业道德不像那些带有强烈阶级色彩的道德规范一样完全依附于阶级的变迁,而主要依附于历史继承性和经济规律,在各阶级不断的变迁中,保持自己的相对稳定性。国际上那些合理的、有益的会计职业道德规范,应大胆吸收,为我所用。

(二)建立会计职业道德规范体系

会计职业道德规范体系包括会计职业道德的基本原则、基本规范和行为指南。

会计职业道德的基本原则是会计职业道德规范体系的核心和主导,是规范体系中的最高层次,对规范体系其他层次的内容具有指导作用。会计职业道德的基本原则就是在会计职业活动的范围内,调整和处理会计职业关系的根本准则和总体要求,它对于会计职业道德基本规范和行为指南具有统率和根本指导意义。①社会利益原则。它是以社会利益为出发点,在处理个人利益与社会利益的关系时,强调社会利益高于个人利益。在强调社会利益高于小团体利益的同时,并不否定小团体利益、个人利益的合理存在,社会利益原则要求人们在保证社会利益的前提下,把社会利益、小团体利益和个人利益有机结合,得到较高程度的统一。会计职业道德规范中的客观公正、依法办事都是社会利益基本原则的具体体现。②会计信息质量原则。会计职业道德应以追求会计信息质量为根本原则,不断调整和纠正影响会计信息质量的种种会计行为,来维系会计职业活动中的职业关系和会计活动的正常进行,进而维护正常的社会经济秩序。会计职业道德规范中的客观公正、实事求是、坚持准则都是讲求会计信息质量基本原则的具体体现。③职业谨慎原则。它是指职业会计师在会计职业活动中应具有严谨的精神和保持慎重的态度。会计职业道德规范中的职业胜任能力、精益求精的工作精神、廉洁自律、保守秘密、钻研业务提高技能等,都是职业谨慎原则的具体体现。

会计职业道德基本规范是规范体系的中心和主干部分,是对会计职业道德行为的基本要求和基本的行为规范,是基本原则的具体体现,并对会计职业道德行为指南具有指导作用。

会计职业道德行为指南是依据基本规范的要求,针对具体的会计职业行为所提出的具体做法和具体要求,行为指南应具有很强的可操作性。

(三)完善会计职业道德的奖惩机制

1.建立会计职业道德监管组织

监管组织的建立根据我国的实际可以分两步走,在目前条件尚不具备时,先在中国会计学会下组建会计职业道德委员会,这一步近期相对容易做到,但权威性稍差。然后待条件成熟时,建议充分发挥市场经济条件下行业协会组织的作用,单独组建中国会计协会,权威性较高,负责全国会计职业道德的监管。

2.建立会计职业道德行为的追踪记录制度

建议结合会计证的年度检查，对全国的持证会计人员进行注册登记，建立道德行为档案。对在各种财政、审计、税务检查中，提供虚假会计信息的会计人员进行量化记分，在会计证年检时根据档案记录采取相应的措施。

## 【文献阅读三】会计职业道德的自律机制[①]

### 一、会计职业道德自律机制的要素

会计职业道德自律机制要素是指保证会计职业道德自律机制正常运行，发挥其职能作用的基本构成要件和因素。其基本内容应包括会计职业道德自律管理机构、自律管理法律及制度、自律目标及标准、自律功能效果反馈及效应机制、自律环境及自律运行能力等内容。

第一，会计职业道德自律从本质上看，从来就不是职业会计人个体的事情，而是职业整体的自律，因此，要实现这种集体自律，建立健全相应自律管理机构就是首要的基本的任务和内容，它是实现自律的基本组织保证。

第二，会计职业道德自律组织如何建立及如何开展工作、职业会计人如何进行职业道德自律都要有规章制度来遵循，因此，会计职业道德自律需要有一系列相应法律、法规和制度，自律实际上是职业会计人的自我约束，没有规章制度，自律作用是极其有限的。

第三，会计职业道德自律目标是指人们力求于会计职业道德自律机制运行过程结束时实现的预定目的或结果，它是自律机制设计的出发点和归宿点，也是自律机制效率的评价标准和依据。

第四，会计职业道德运行系统是一个开放系统，其社会职能同其所处外部因素的社会职能之间密切地联系，许多会计法规常借助会计职业道德评价、教育等实现其调节功能，会计职业道德自律则往往协助会计法规及其他法规的认可和支持实现其调节功能，这种会计职业道德自律功能复杂性要求在确定其自律机制时要做出特殊的安排，在强调自律功能的同时要注意发挥会计职业之外的制约和监管。

第五，自律效应是指其目标预定值和实际值之关系，目标实现值与目标预定值相当即为正效应；反之，目标实现值与目标预定值不相关即为负效应。事实证明，很多时候会计职业道德自律机制效应状况不仅同其内部机制是否优化有关，而且同外部机制是否优化有关，因此，要保证其正效应，避免负效应，除保持正常的内部自律机制之外，还应使其有一个正常的外部机制。

第六，会计职业道德自律机制在一定程度上依赖于其所处的外部会计及经济机制环境，如全社会性的道德教育状况，职业会计人普遍的职业道德水准等，不仅同自身的内部机制有关，而且同它与该社会经济、政治、文化等构成的外部机制有关。会计职业道德自律机制运行能力，是指这种自律机制运行中内部各要素的机理和功能之间的联系和作用，这种运行能力在其特定条件下具有相对稳定的客观规律性，也就是说，会计职业道德的自律能力在一定条件下有其限度，既不可能无限制地扩大，也不可能无限制地缩小。

---

① 《会计人员职业道德与自律机制研究》课题组．会计职业道德的自律机制［J］．会计研究，2001（1）．

上述会计职业道德自律机制要素是相互联系、相互制约的一个整体，只有这些要素都具备并且都能发挥其应有作用，会计职业道德自律机制才可能得以正常运行并取得预期效果。

## 二、会计职业道德自律机制运行

会计职业道德自律机制运行是指会计职业道德自律机制各构成因素发挥应有作用及各要素间相互作用的过程。在这个过程中，会计职业道德的他律性转化为自律性，表现为会计职业人及其自律组织的行为动因由原来的外在约束转换为内在约束，由外在导向转换为内在导向，即转换为自律者自己的意志约束。

1. 会计职业道德自律目标机制

会计职业道德自律机制基本运行目标就是完善整体会计职业道德和职业会计人个体道德并使其两者有机统一。整体会计职业道德的完善包括整体会计职业道德自律机制的结构层面、要素及其整体的最佳状态，会计职业道德自律机制的反映功能和调节功能的最优化，并由此显现出会计职业道德关系协调和谐，会计职业道德风尚健康纯正。会计职业人个体职业道德的完善以高度道德责任感为核心，包括自我职业道德认识、道德选择、道德控制、道德评价等能力的完善，以及会计职业道德行为和品质水平达到高尚境界。

要保证会计职业道德自律机制基本目标的最佳实现，自律机制必须具有并能顺利发挥以下四个方面的功能：第一，目标决策功能，即保证会计职业道德自律运行目标对各个不同取向的目标的绝对支配作用和主导作用；第二，目标控制功能，即通过自律机制的基本目标部分具体化，使其内含于各个个体、级次的具体目标中，并随这些目标的实现而最终得以实现；第三，目标协调功能，即在某种具体目标因过度膨胀或冲动而有悖于总体目标时适时施加影响和干扰；第四，目标校正功能，即保证预定自律目标的实现值，能顺应外部条件和自律运行过程本身的变化得到有效校正。

2. 会计职业道德自律管理体制

《会计法》规定：财政部主管全国的会计工作。县级以上地方各级人民政府行政部门管理本地行政区域内的会计工作。这规定了会计工作由财政部门主管并明确在管理体制上实现统一领导，分级管理的原则。自然也包括对会计职业道德的管理。从其性质上看，就会计职业道德管理而言，这种管理兼有政府管理和会计行业自律管理的双重性，这种管理体制安排具有明显的权威性和强制性等优点，但是从过去的工作情况看，主要进行的会计职业道德的建章立制和在职教育工作自律性不强，有待进一步完善，有必要在财政部会计司领导下建立我国专门的会计职业道德自律组织。

3. 会计职业道德自律管理的法规

会计职业道德自律管理规章制度应包括会计职业道德自律规范和要求、自律组织建设规章制度、自行检查规章制度等内容。自律性规范力的强弱取决于两个因素：一是规范本身在多大程度上反映了客观规律的要求，是否有助于会计人员及自律组织达到预期的目标；二是会计人员本身的素质与修养，包括业务能力与道德修养。一般来讲，会计人员的素质越高，对规范的理解也就越深刻，就越能够自觉地遵守规范的要求。

4. 会计职业道德自律功能机制

会计职业道德自律的反映功能和调节功能，在会计工作中表现为会计人员及其组织的自律能力和方法，这种能力和方法来源于会计人员长期实践中经验的积累和升华，而经验的传播可以通过教育方式或个人经验或习惯的直接传授。会计人员需要把他律性规范与自律性规范的阵容、要求结合起来，在社会允许的范围内去追求会计职业的尽善尽美，积极主动地去探求自律功能才是积极可取的态度。会计职业道德自律功能机制能否正常运行还有赖于会计职业道德自律效应机制能否发挥应有的作用。会计职业道德自律效应机制的主要内容应包括：效应评价机制、效应反馈机制、目标或标准修正机制。当会计职业道德自律机制开始运行后，要有一种机制能够及时、准确、全面对自律效应做出科学合理的评价，对产生正效应者要及时给予恰当的表扬，总结经验推广；而对于产生负效应者要及时给予纠正，总结教训；效应评价机制的核心是评价指标及评价标准体系的建立。

5. 会计职业道德自律环境机制

会计工作是一种社会经济管理工作，会计资料是一种社会资源，会计人员是社会人、经济人中的一部分，只有在从事会计职业工作时，他才是一个职业会计人。因此，会计职业道德自律机制的建立一方面要尽可能适应特定环境的要求，另一方面要求社会要尽可能为会计职业道德自律提供更适宜的内外环境条件，在发挥会计人员及组织职业道德自律主导作用的同时，还要充分发挥业务主管部门、政府财政部门以及之外的其他管理部门的监管作用，还要动员全社会都来支持、关心、理解会计工作，构造一种良好的社会氛围，会计职业道德自律机制才能真正发挥其应有的作用。

【思考题】

1. 谈谈你对会计职业道德性质的理解。

2. 有人认为：内部会计人员对社会公众没有责任，因此，也没有必要遵循会计职业道德。谈谈你的观点。

3. 会计职业道德对内部会计人员与注册会计师同等重要吗？

4. 会计职业道德行为有什么特性？怎样激励与选择会计的道德行为？

5. 会计职业道德检查与评价的标准是什么？如何开展会计职业道德的检查与评价？

6. 会计职业道德修养为什么要坚持实践原则？有何方法提高会计职业道德修养？

7. 会计职业道德品质有哪些特点？怎样锤炼与发展会计职业道德品质？

8. 会计职业道德境界有多少层次？一个会计人员的会计职业道德境界如何升华？

9. 简述会计职业道德思想历史发展的分析思路。

10. 我国古代会计职业道德思想的主要内容包括哪些方面？

11. 潘序伦先生会计职业道德思想是怎样形成的？

12. 立信会计精神对我国会计职业道德有何影响？

13. 我国现阶段会计职业道德状况如何？

14. 国外会计职业道德要求有哪些基本内容？

15. 有人说："社会公众对医生、律师和会计人员这类专业人士的行为的期望完全不同于对销售经理或人事经理这样的非专业人士的期望。"谈谈你的观点。

16. 会计职业道德基本原则仅仅是针对注册会计师制定的吗？内部会计人员应不应该

遵循这些基本原则？

17. 有人说："除非职业界能够清楚地理解其所承担的责任，否则他们将不能始终如一地以一种负责任的方式来解决他们面临的主要问题，其结果将会导致他们所提供的服务不能满足社会的需求，做出的决策也会使其职业遭受来自各方的批评，甚至使整个职业处于被取代的境地。"谈谈你的观点。你认为会计职业对哪些公众承担责任？承担什么样的责任？

18. 会计人员如何做到勤俭理财？

19. 为什么说爱岗敬业是会计工作的内在要求？

20. 为了积极参与企业经营管理的全过程，会计人员应做好哪些参谋工作？

21. 会计人员应如何正确核算经济业务，提高会计信息质量水平？

22. 会计人员应如何把握会计监督工作的重点，增强监督工作的有效性？

23. "不做假账"有何现实意义？

24. 会计职业的社会道德规范主要包括哪些内容？

25. 诚信教育与会计职业道德教育的差异何在？

26. 会计信息质量的主要特征有哪些？其对防范会计假账有何作用？

27. 针对我国会计职业道德教育的现状，提出符合我国国情的加强会计职业道德教育的政策建议。

28. 会计责任的范围包括哪些？

29. 注册会计师的审计责任主要是什么？

30. 我国注册会计师职业道德问题的防范措施？

31. 请阐述会计职业道德与会计法的关系。

32. 中国证监会在组织对 A 上市公司进行检查时发现以下事实：某年，A 公司由于经营管理和市场方面的原因，经营业绩滑坡，为了获得配股资格，A 公司主要领导人贾某便要求公司财务总监郑某对该年度的财务数据进行调整，以保证公司的净资产收益率符合配股条件，否则财务部门人员全部换岗。郑某组织公司财务人员易某以虚假营业额、隐瞒费用和成本开支等方法调整了公司财务数据。甲公司根据调整后的财务资料于第二年的 10 月申请配股并获得批准发行。

根据题意回答以下问题：

（1）该公司会计人员违背了（　　　）要求。

A. 爱岗敬业　　　　B. 客观公正　　　　C. 提高技能　　　　　　D. 诚实守信

（2）题中表述的事件中，存在违法和违背会计职业道德要求的人员有（　　　）。

A. 贾某　　　　　　B. 郑某　　　　　　C. 上级主管单位　　　　D. 易某

（3）按《会计法》规定，可给予相关的处罚是（　　　）。

A. 由县级以上人民政府财政部门予以通报

B. 对 A 公司给予 5000 元以上 10 万元以下的罚款

C. 对相关的领导人或直接负责人处以 3000 元以上 5 万元以下的罚款

D. 对其中的会计人员，由县以上人民政府财政部门吊销会计从业资格证书

（4）按《会计法》规定，单位负责人贾某（　　　）。

A. 有授意、指使他人编制虚假财务会计报告的行为

B. 构成犯罪的，应追究刑事责任

C. 不构成犯罪的，应给予行政处分

D. 不构成犯罪的，可处以 5000 元以上 5 万元以下的罚款

33. 某公司因技术改造，资金周转困难，需向银行贷款 3000 万元。公司总经理对财务主管李某说："现在公司资金紧张，急需向银行贷款，提供给银行的会计报表一定要漂亮一点，请你负责技术处理一下。"李某开始感到很为难，心想自己是公司财务部主管，对公司的财务状况和偿债能力十分清楚，做这种处理是很危险的。在总经理的反复开导下，李某认为，公司领导对他十分照顾，自己面前的职位就是总经理提拔的，并加了薪，现在公司有难处，应该知恩图报，况且自己身为会计师，做一些技术处理应该不会有太多的难点。李某于是编制了一份漂亮的会计报告，获得了银行 3000 万元贷款。

根据题意回答以下问题。

（1）会计职业道德观念的教育，应包括的内容有（　　　）。

A. 普及会计职业道德基础知识，是会计职业首先教育的基础

B. 应首先广泛宣传会计职业基本常识，使广大会计人员懂得什么是会计职业道德

C. 懂得一旦违反会计职业道德，除了受到良心和道义上的谴责外，还会受到行业惩戒和处罚

D. 规范的内容是爱岗敬业、诚实守信、廉洁自律、客观公正、坚持准则、提供技能、参与管理、强化服务

（2）会计工作的好坏除会计人员的职业能力素质外，更重要的是会计人员（　　　）。

A. 会计法掌握的程序　　　　　　B. 会计知识的更新能力

C. 会计实务操作能力　　　　　　D. 职业道德素质

（3）作为会计主管李某，违背了（　　　）要求。

A. 坚持准则　　　B. 参与领导　　　C. 爱岗敬业　　　　　D. 诚实守信

（4）诚实守信的基本要求是（　　　）。

A. 做老实人，说老实话，办老实事，不搞虚假

B. 敬业谨慎，信誉至上

C. 保守秘密，不为利益所诱惑

D. 不偏不倚，保持应有的独立性

34. 某集团公司财务部组织系统内的会计人员进行会计法律制度与会计职业道德教育的座谈会，以下是有关会计人员的观点：

小贾认为：会计法律制度与会计职业道德都是会计人员所要遵守的规范，会计法律制度与会计职业道德本身没有多大区别，而国家统一的会计制度是会计人员必须要熟练掌握的，因为会计的技能都是通过统一的会计制度来熟练运用的。

小肖认为：本人是出纳岗位，整天与钱打交道，只要钱不出错，自己的工作就算是对得起工资了，出纳工作本身也没有多大出息，什么提高技能等都与自己的工作无关，本次会议参不参加都无所谓。

小王认为：会计职业道德固然重要，但是为了单位的利益，在不违反会计法律制度

的前提下，就是违背了会计职业道德也没事。更何况，《会计法》规定，单位负责人对单位会计资料的真实性、完整性负责。如果单位负责人要求违规处理财务账目，自己就没有必要说服、规劝，甚至检举揭发。

根据题意回答下列问题：

（1）关于会计法律制度与会计职业道德的关系，下列正确的是（　　　）。

A. 有着共同的目标、相同的调整对象　　　B. 性质不同、作用范围不同

C. 实现形式是一致的　　　　　　　　　　D. 在内容上相互渗透、相互重叠

（2）小肖的观点违背了（　　　）的要求。

A. 爱岗敬业　　　　　B. 廉洁自律　　　　C. 客观公正　　　D. 提高技能

（3）小王的观点违背了（　　　）的要求。

A. 参与管理　　　　　B. 坚持准则　　　　C. 服务群众　　　D. 廉洁自律

（4）廉洁自律的基本要求是（　　　）。

A. 公私分明　　　　　　　　　　　　　　B. 不贪不占

C. 树立正确的人生观　　　　　　　　　　D. 遵纪守法，尽职尽责

**【补充文献阅读】**

［1］李颖. 会计职业道德存在问题及对策分析. 云南社会主义学院学报，2013（3）.

［2］邓会文. 市场经济条件下会计职业道德建设探析. 内蒙古财经大学学报，2013（3）.

［3］王梅华. 论上市公司审计舞弊原因及治理——基于注册会计师法律道德维度的分析. 吉林化工学院学报，2013（10）.

［4］沈丽波. 当前会计从业职业道德问题研究. 长春金融高等专科学校学报，2013（3）.

［5］兰香. 社会责任导向型企业道德审计评价指标体系研究. 财会通讯，2011（10）.

［6］齐善鸿，王寿鹏. 企业道德管理的制度化与道德审计. 财经问题研究，2008（7）.

［7］张章潮. 职业思想道德修养对企业财务内部控制有效运行的作用. 财经界，2013（30）.

［8］欧阳春花. 内部控制环境与会计人员职业道德. 财会通讯，2012（11）.

［9］崔恒岚. 传统道德典范对财务管理者的现代启示. 当代经济，2011（20）.

［10］李猛猛，吴云. 审计人员职业道德现实思考——以中小型会计师事务所为例. 财会通讯，2013（7）.

［11］张勇，何涛. 审计文化中的人性、道德与独立性研究. 会计之友，2012（31）.

［12］理查德·钱伯斯. 强有力的道德指向：内部审计人员的核心品质. 肖竞（译）. 中国内部审计，2012（7）.

［13］贾适. 关于财务舞弊审计的若干思考. 财政监督，2011（18）.

［14］申娣琳. 税收道德对税收遵从影响的研究述评. 财政监督，2013（8）.

［15］曾致骞等. 信息化时代会计职业道德的探讨——以康美药业、美国安然公司为例［J］. 中国商论，2020（1）.

［16］翁业莹等. 会计伦理视角下对加强会计职业道德规范的研究与思考［J］. 当代

会计，2019（5）.

［17］杨智超.基于契约理论的会计职业道德培养研究［J］.纳税，2019（3）.

［18］汪刚龙.会计职业道德缺失与内部控制失效的联动关系与治理措施［J］.财经界，2019（3）.

［19］程向荣.会计环境对会计职业道德的影响研究［J］.纳税，2018（11）.

［20］张雯.心理契约对会计职业道德的影响研究——基于对A上市公司的分析［D］.华中师范大学硕士学位论文，2018.

［21］许康娇.会计职业道德行为的作用机理及优化控制研究［J］.中国国际财经，2018（4）.

［22］赵忆忆.会计职业道德推理能力对会计决策中道德意图的影响研究［D］.南京理工大学硕士学位论文，2018.

［23］柴鑫涛等.基于解释结构模型的会计职业道德要素层次分析［J］.企业改革与管理，2018（2）.

［24］崔芳.心理资本对会计职业道德水平影响研究［D］.西安外国语大学硕士学位论文，2017.

# 第七章　财务会计人员职业道德

本章从财务会计人员职业道德概述和财务会计人员职业道德规范两个方面阐述财务会计人员职业道德。

## 第一节　财务会计人员职业道德概述

本节阐述了财务会计人员职业道德的四个问题：财务会计人员的职责及财务会计人员职业道德的内容、现状与提升。

### 一、财务会计人员的职责

从财务会计的历史演变中可以看出，为外部会计信息使用者提供可靠的有关企业过去资本运动的信息一直贯穿始终。财务会计人员的职责包括：①编制财务报告以反映企业资本运动。②监督企业资本运动。因为财务会计工作的主要职责就是收集、加工和输出信息，作为信息收集及信息输入起点的是原始凭证的审核与记账凭证的填制。而对于原始凭证的审核，首先就要审核原始凭证所反映的经济事项的合理性和合法性。

### 二、财务会计人员职业道德的内容

财务会计人员职业道德是指财务会计人员在进行财务会计活动、处理财务会计关系时应当遵循的、体现财务会计职业特征的、协调财务会计利益关系的职业行为准则；是满足社会需要、承担社会责任、履行社会义务的总体要求；是财务人员的基本执业规范。

遵纪守法是每个公民必须履行的义务，随着社会各项改革的深化，不同社会主体之间，个人与集体之间，眼前利益与长远利益之间，不可避免地进行利益调整，有时也会出现各式各样的矛盾，只有遵纪守法，才能维护各个方面合法的经济利益，才能维护良好的社会经济秩序。

诚实守信包括诚实和守信两个方面的内容。所谓诚实就是不虚假。所谓守信就是讲信用，不失信于人。诚实守信就是不虚假、守信用，说什么就是什么。诚实守信是职业道德的精髓。

客观公正，即会计信息正确与否，不仅关系到微观决策，而且关系到宏观决策，做好会计工作，不仅要有过硬的技术本领，也同样需要实事求是的精神和客观公正的态度，否则，就会把知识和技能用错了地方，甚至参与弄虚作假或者串通作弊。

奉献社会。奉献社会就是要履行对社会、对他人的义务，把自己的知识、才能、智慧等毫无保留地、不计报酬地贡献给公众、贡献给社会。具有社会意识、具有社会责任感是自我价值实现的表现。奉献社会是职业道德的出发点和归宿。

## 三、财务会计人员职业道德的现状

一是社会环境冲击财务人员的道德防线，部分会计人员职业道德已严重滑坡。首先是长期以来，传统的以应试为核心的教育方式造就了一部分人；其次是改革开放带来的不良社会风气影响了一部分人；最后是传统的依附型管理模式强迫了一部分人。财务人员与企业的关系已完全由过去的半独立转为依附关系。因而，会计法制观念淡薄、假造凭证、账表进行假审计、假评估、账外设账、转移国家资产、偷逃税收、粉饰业绩已成为公开的秘密。

二是单位负责人和财会人员自身素质影响会计职业道德。首先是单位领导人有侥幸心理。尽管新《会计法》强调了"单位负责人对本单位的会计工作和会计资料的真实性、完整性负责"。但有的单位负责人为了升官发财，不惜牺牲自己的人格，利用会计监督严重弱化和法律惩治违法力度不够的现实，违法干预会计工作，授意、指使、强令篡改会计数据来粉饰业绩。其次是财务人员的从众心理。在现时复杂的环境中，拜金主义、贪污腐败等社会毒瘤侵蚀着每一个人，对于那些个人素质低下的财务人员而言，他们职业道德的基石很容易被击垮，最终成为单位领导的傀儡，成为社会的败类。最后就是单位负责人与财务人员的依附心理。

三是会计人员的职业道德素质偏低、业务不精、法律意识不强。会计职业道德是会计职业界应当遵守的行为规范，目前会计人员的职业道德和专业水平尚难承受其相应职务的抗风险能力，有的会计人员墨守成规，不求上进，缺乏钻研业务、精益求精的精神，缺乏职业理想和敬业精神，他们的业务知识贫乏或知识老化，专业技术水平低，无法按照新规定开展工作，同时他们不学法、不懂法，对会计准则、会计制度也知之甚少。他们既谈不上遵纪守法，更不能依法办事了。

四是法律监督机制不完备，会计规范体系不完善。在日常工作中，经常出现有法不依、执法不严、违法不究的现象，造成企业法律意识淡薄，削弱了企业自我约束能力，目前会计监督、审计监督等监督标准不统一，在管理上各部门各自为政，造成各种监督不能有机结合，不能从整体上有效发挥监督作用。满足国家宏观调控和市场运行需要的会计管理体系还没有形成、会计规范体系也不完善。国家的宏观调控和市场运行的微观利益的差异在很大程度上诱发了社会上造假的产生。对违反会计职业道德的处罚力度不大，使得违反会计法规的成本低廉且能给违法者带来巨大的利益，导致会计职业道德失范。

## 四、财务会计人员职业道德的提升

### 1. 培育诚实可信的社会职业道德氛围

会计人员要诚信为本，操守为重，坚持准则，不做假账。经营者和会计人员进行会计造假，也有社会不良风气影响的因素，在一定程度上是不良风气在会计信息方面的反映。加强单位负责人、会计人员和其他有关人员思想品德修养和职业道德教育，做到爱岗敬业，廉洁奉公，坚持原则，依法办事，客观公正，实事求是地反映各项经济业务，大力培育诚信无欺、信誉至上、遵纪守法的社会风尚。还要采取措施制定行业诚信建设纲要，进一步完善独立审计准则，加强职业道德和专业技能的教育、培训，广泛开展诚信宣传等，塑造会计师行业诚信理念和独立客观公正的职业形象，赢得政府和社会公众的信赖。

2. 加强单位负责人的会计职业道德建设，追究造假单位负责人责任

新《会计法》第四条明确规定：单位负责人对本单位的会计工作和会计资料的真实性、完整性负责。明确了负责人为会计信息真实性、完整性的第一责任人，加大了单位负责人的责任。所以明确单位负责人为会计责任主体，也就抓住了问题的关键。只有单位负责人认识到对本单位会计工作和会计资料的真实性、完整性所承担的法律责任，才能促使单位负责人重视会计工作，加强会计管理，并采取有效措施保证会计资料真实、完整，不再授意、指使、强令会计机构、会计人员做假账。

3. 加强会计人员的职业道德素质教育

第一，应加强会计人员法制法规教育，提高职业道德水平，培养会计人员职业道德情感，树立会计职业道德信念，同时要注重提升会计人员自我修养，将法律的外在约束和道德的内在约束结合起来，做到诚信为本、操守为重、坚持原则、不做假账。第二，要组织会计人员认真学习、贯彻、执行《会计法》《会计基础工作规范》《企业会计制度》等有关法规、制度，提高自觉执行各项法律、法规和内部规定的自觉性，增强法律意识、纪律意识。第三，要加大对会计失信行为的处罚力度，使其造假的预期成本大于其造假的收益。对会计人员的违法违纪行为，或知情不举、一同作弊，除追究责任外，按规定取消其专业技术资格。第四，要加强会计人员的继续教育制度，提倡会计人员终身教育的观念，切实提高素质，积累经验，更新知识，严格履行法定责任，忠于职守，适应现代经济发展的需要。第五，要继续完善会计人员从业资格制度和专业资格考评制度，严格确定具备哪些条件才有资格从事会计工作，具备哪些条件才能担任总会计师。一是通过从业资格认定，提高会计行业人员整体水平；二是通过专业资格考评，促使会计人员加强学习，提高素质。

4. 建立和完善内部控制制度，重塑会计职业道德建设

内部控制体系是指各级管理部门在内部产生相互制约、相互联系的基础上，采取的一系列具有控制功能的方法、措施和程序，并进行规范化、标准化和制度化，而形成的一整套严密的控制体系。它的主要内容包括组织机构控制、职务分离控制、授权批准控制、人员素质控制、信息质量控制、财产安全控制等。加强内部控制制度是实现自我约束、自我控制的重要手段。

5. 健全和完善内部会计管理制度，强化会计职业道德建设

内部会计管理体制是指各单位根据国家会计法律、法规、规章制度，结合本单位经营管理特点和要求，而制定的旨在规范单位内部会计管理活动的制度、措施和方法。它的主要内容包括：内部会计管理体系；会计人员岗位责任制度；财务处理程序制度；内部牵制制度；稽核制度；原始记录管理制度；定额管理制度；财产清查制度；财务会计分析制度，等等。这些管理体制的制定要与其会计职业道德建设相适应，要由传统体制下管得过死、过细，转变为管住基本的、重要的，给各单位更多的会计政策可选择性。

# 第二节　财务会计职业道德规范

本节从内容、要求和原则三个方面阐述财务会计职业道德规范。

## 一、财务会计人员职业道德规范的内容

1996 年财政部在发布的《会计基础工作规范》第二章第二节规定了我国财务会计人员职业道德，具体规定如下：

第十七条　会计人员在会计工作中应当遵守职业道德，树立良好的职业品质、严谨的工作作风，严守工作纪律，努力提高工作效率和工作质量。

第十八条　会计人员应当热爱本职工作，努力钻研业务，使自己的知识和技能适应所从事工作的要求。

第十九条　会计人员应当熟悉财经法律、法规、规章和国家统一会计制度，并结合会计工作进行广泛宣传。

第二十条　会计人员应当按照会计法律、法规和国家统一会计制度规定的程序和要求进行会计工作，保证所提供的会计信息合法、真实、准确、及时、完整。

第二十一条　会计人员办理会计事务应当实事求是、客观公正。

第二十二条　会计人员应当熟悉本单位的生产经营和业务管理情况，运用掌握的会计信息和会计方法，为改善单位内部管理、提高经济效益服务。

第二十三条　会计人员应当保守本单位的商业秘密。除法律规定和单位领导人同意外，不能私自向外界提供或者泄露单位的会计信息。

第二十四条　财政部门、业务主管部门和各单位应当定期检查会计人员遵守职业道德的情况，并作为会计人员晋升、晋级、聘任专业职务、表彰奖励的重要考核依据。会计人员违反职业道德的，由所在单位进行处罚；情节严重的，由会计证发证机关吊销其会计证。

## 二、财务会计人员职业道德规范的要求

### 1. 潜在冲突的处理

潜在冲突产生于受雇的会计师直接受托于经理人员，又间接受托于股东、债权人等利益相关者。当经理人员与利益相关者各方的利益不一致时，会计人员不可避免地陷入道德冲突。潜在冲突的本质是管理层的利己动机。财务会计人员的应对方法是，在一般情况下，应优先支持其所在组织合法且符合道德标准的目标以及为实现这些目标而制定的规则和程序。但不应该因此而违反法律、违反职业道德规则和准则、应用不道德或非法的盈余管理策略、向外部审计人员说谎或对审计人员进行误导、在严重歪曲事实的基础上签名或与此声明有关联。

### 2. 信息的披露

信息披露的基本要求：完整、诚实、专业地表述财务信息，使其能够被理解。信息

真实披露具有重要意义，它能降低信息不对称，压缩代理人的不当行为空间，减少委托人的委托风险，促进企业契约的履行效率和社会资源的优化配置。财务会计人员的应对方法是，向上级、审计委员会、其他负责的机构或者职业组织寻求建议，甚至在必要的时候寻求法律援助、辞职。

### 3. 专业胜任能力

专业胜任能力非常重要，只有具备专业能力才能完成社会公众托付的任务。专业胜任能力的要求是持续地保持专业胜任能力和不能宣称自己拥有本不具备的专业知识或经验。财务会计人员的应对方法是：收集有关的问题并确认问题之所在；确定问题所涉及的基本原则；明确受到影响的各方；确定在整个冲突的解决过程中需要涉及哪些人；考虑行动方案和与之相关的结果；决定并评估你的行动。

### 4. 财务利益

财务利益指由于财务会计人员受雇于组织内部，由于工作的原因而不可避免地知悉一些商业秘密。最常见的是财务会计人员为了获得个人利益或者帮助他人获得利益，而运用手中所掌握的对股票价格有重大影响的内部信息。财务利益包括：会计人员或其近亲属参与了奖金计划，而奖金计划的数额受到会计人员决策的影响；会计人员或其近亲属直接或间接持有组织的期权，而这些期权的价值受到会计人员决策的影响；会计人员或其近亲属直接或间接持有组织的期权，而这些期权已经或马上要到达约定的执行期。财务会计人员的应对方法是：仔细评估这些威胁，并采取相应的防范措施将威胁降至可接受的水平。

### 5. 馈赠与接受馈赠

馈赠威胁的重大性程度取决于提供馈赠的性质、数额以及其背后的动因。在判断一项馈赠是否重大、是否有可能导致不道德行为时，必须站在合理的、知情的第三方的角度，这样会计人员才有可能得出这一馈赠是否属于一个正常商业过程的一部分，而且不会对职业会计师遵守职业道德原则产生威胁。如果评估结果表明威胁是重大的，那么会计人员就不能接受这种馈赠。特别严重的应将这一行为告知组织的高层管理人员，或者通知第三方如馈赠方的雇主。提供馈赠是指会计人员出于各种原因向其他组织或个人提供馈赠，试图影响对方的判断或者决策，甚至想通过馈赠的方法获取商业秘密。如果这种压力来自组织内部，那么会计人员应该首先在组织内部进行沟通，或在必要的时候向组织外部进行求助，如果还不能解决问题，可以向组织提出辞职。

### 6. 支持专业同行

会计人员，特别是有权管理他人的会计人员，应充分重视他人在会计问题上形成并保持自身专业判断的需要，并以职业方式解决意见分歧。对于专业同行的支持不应仅仅局限于组织内部，而应该将其扩展到包括财务会计人员与注册会计师之间，以及不同单位的财务会计人员之间的相互支持。

### 7. 保密义务的特殊考虑

保密义务的内容：未经授权或法律强制要求，会计人员不得对外披露其在工作中获取的秘密信息；不得利用这些秘密谋取个人利益或为他人谋取利益；告知并监督下属的活动，保证他们保守了相关的秘密。保密义务与公众利益责任的冲突：严格保密性要求并不符合包括社会公众在内的一部分社会公众的利益。会计师的应对：离开所在组织；向外部组织报告；留在组织中直到舞弊行为暴露。

8. 其他

财务会计人员职业道德规范的基本原则还包括礼貌、廉洁自律等。

## 三、财务会计人员职业道德规范的原则

尽管各国财务会计人员职业道德规范稍有不同，但都包括以下主要内容。

1. 精通业务、胜任工作

这是会计人员首先应具备的职业道德。会计人员应达到相应的专业技术标准，这种技术标准是不同层次的会计人员所具备的能力水平；会计人员应通晓并遵守国家、专业团体及本公司的相关规定；会计人员应勤勉敬业，以积极的态度去工作。

2. 保持公正

公正是指会计人员在履行职能时，应摒弃个人私利，避免各种可能影响其履行职能的利益冲突。这是根据会计人员在企业中所处的特殊地位提出来的。可能影响会计人员履行其职能的因素既有经济性的也有非经济性的。会计人员在履行职务时，应力争使自己做到不徇私情，秉公办事，应将企业利益置于个人利益之上。

3. 保守企业秘密，不以非道德手段获取他人秘密

由于会计人员在企业中的特殊地位，使得他们可以掌握企业大量的资料和信息，有些属于商业秘密，除非获得授权，这些秘密是不可外泄的。在很多企业，员工的工资及奖金是保密的，为避免引发各种矛盾，会计人员也应遵守这种规定。同时，会计人员不得以不道德的手段去获取他人的秘密。当然，保密也有例外情况，例如对提供审计服务的外部注册会计师，他们在提供审计服务时，有权获得为满足审计所必需的各种资料。

4. 提供客观的信息，并予以充分揭示

这要求企业会计人员对需要反映的经济事项的判断和表达，应当给予客观的立场，以客观事实为依据，实事求是，不得有意歪曲，以求某种特定结果的发生。

总之，财务会计人员职业道德规范都规定：财务会计人员有义务对其服务的组织、他们的职业组织、公众和他们自己保持道德行为的最高标准。坚持这些原则是帮助会计人员实现财务会计或管理目的的重要保证。财务会计人员不仅自己应遵守这些原则，同时也不能无视组织中其他人违背原则的行为发生。

【案例分析一】账务处理

爱特公司是一家服装公司。公司几年前开始营业，目前有员工45人。尽管公司管理层认为公司还有很大的潜力，但公司正面临着债务危机。几家供货商已提出爱特公司如不在一个月内还债，他们就停止供货。

公司的老板李总要求公司的财务主管小陈准备一份用于向银行申请贷款的财务报表，贷款将用于清偿现有的债务和取得额外的供货。公司希望通过这笔贷款不仅能帮助公司渡过危机，并且在两年内使公司开始盈利。

小陈准备好报表，并交给李总审阅。次日，小陈刚到单位，就被老板叫到办公室。

李总指着资产负债表问，为什么把一笔 16 万元的应付票据放在负债项目中，他认为这笔钱属于他个人的投资，而不是负债，他要求小陈在几个小时内必须按他的要求重做报表，以便他能按时与银行谈判。

小陈回到办公室，找出与应付票据有关的记账凭证，这份文件手写于黄色的法律文件上。上面写明这笔钱由当地三位投资者向爱特公司提供，每年年底公司向投资者支付 10% 的利息，这笔支出在利润表上以利息费用表示，并要求在 5 年内还清本金。李总和三位投资者都在文书上签了字。

小陈拿着手中的文书找到李总，表示她认为这笔钱应该作为负债反映。李总不同意这种看法，他认为这笔钱是由他本人从投资者那里搞来的资金，而且，如果财务报表上这笔资金仍以负债表示，银行将不会给予任何贷款。没有钱，公司就要倒闭，包括小陈在内的所有员工就面临失业。

小陈告诉老板，她不同意更改报表。李总表示他理解和尊重她的工作，但他必须为全体员工考虑。最后李总让他的秘书重新打印了一张报表，按他的要求把 16 万元作为他个人的投入资本。他决定向银行提供这张修改过的财务报表。

问题：（1）如果用修改后的财务报表去申请贷款，谁将从中受益？谁将受损？

（2）这种做法是否符合内部会计人员的职业道德规范？小陈该怎么办？

### 【案例分析二】星星公司的会计账务处理

小唐是星星公司的财务主管，他刚收到公司 2005 年的年报，并为此感到烦恼。原来几星期前，是他把准备好的年报及说明交给了公司总裁，在说明中他指出公司 2005 年度的净利润比上一年降低了 6.3%。但现在他发现，在公司总裁给股东的年报中，净利润被宣布为比去年增长 4.3%，这是因为公司总裁把年报中 1.45 亿元的预收账款计为 2005 年的销售收入，而这些预收账款本应属于 2006 年第一季度的销售收入。

总裁告诉他，这是公司董事会的决定。董事会不想让股东失望和不安，而且 2006 年对公司来说是一个好年景。总裁告诉小唐不要担心，因为明年的预期收入会补上顺差，股东们不会失去任何东西。

该案例表明，企业内部会计人员在实务工作中，面临着许多伦理问题。

### 【案例分析三】从东芝财务造假事件看会计主体职业道德假设 ①

2015 年上半年，日本东芝公司被曝光存在虚报利润的财务造假行为，这是自 2001 年的安然事件以来，世界范围内又一起引起人们极大关注的财务丑闻。

1. 东芝公司财务造假事件

据媒体报道，2015 年初日本金融监管机构曾警告东芝公司可能存在会计违规行为。针对这一警告，东芝公司随即组织第三方机构展开调查，并最终发现该公司自 2008 年起的 6 年间，在历经前后 3 任社长的过程中，不正当使用完工百分比法，采取推迟确认损失的手法，累计虚增 1500 多亿日元利润。

---

① 徐令东．从东芝财务造假事件看会计主体职业道德假设［J］.交通财会，2015（11）.

调查结果显示，这一事件是由于公司高层管理人员过于追求利润，在较大的经营压力下向公司内部施加不正当影响力造成的，是公司内部共同参与的集体造假行为。日本媒体形容这是一个违反公司治理框架和内部控制程序的、全公司集体参与的会计违规行为。这一在日本国内被称为"不正会计"的财务造假行为使得东芝公司这一日本"明星"企业遭受巨大打击：公司内部，高层管理人员大量辞职，内部相关责任人员也受到严厉处罚；公司外部，不仅使公司名誉严重受损，而且很有可能面临着投资者的赔偿诉讼请求。除此之外，日本国内也有意见认为，目前仅限于公司内部范围处罚措施的力度显然不够，因此有必要追究公司高层管理人员的刑事责任，并取消东芝公司的上市公司资格。

针对这一事件发生的原因，有分析认为公司的内部监审机制并没有发挥应有的作用，也有分析认为是外部审计机构的客观独立性受到影响，并且外部审计机构的工作质量在相对较大的工作量面前显得力不从心。当然，大多数意见认为东芝公司的高层管理人员大权独揽，使得原本完善的公司治理结构发生了改变，使其丧失了应有的作用，这一观点也得到了调查结果的支持，东芝公司内部人员反映很难抵抗来自公司上层的压力。

2. 东芝公司财务造假事件引发的思考

上述事件说明，尽管会计在理论和实务方面经过长期的发展，各项操作准则和规范不断得以完善，然而在实际的工作中，企业在高层管理人员不正当经营目标的压力下，在会计人员职业操守得不到有力坚持的条件下，提供的会计信息会有较大可能发生人为失真。

企业并不是虚拟存在的，它由担负不同职责的人员构成，这些人员，尤其是高层管理人员及会计人员的主观意志往往代表了企业作为一个会计主体的主观意志。而会计是一个确认、计量和报告的过程，这一过程离不开人的主观判断，企业的主观意志对会计的影响是客观存在的，甚至会起到决定性作用，东芝公司的财务造假事件恰恰说明了这一点。

很多研究和实务工作都对会计人员自身的职业道德进行过阐述和约束，但东芝公司的财务造假事件再次提醒我们：企业作为一个会计主体，其整体的职业道德水平对会计信息质量的影响是根本性的。对于根本性的因素，应当从根本性的层面进行研究和定位，即从会计基本假设理论进行。因此，会计主体道德假设应当纳入会计基本假设的理论内容。

3. 会计基本假设及其作用

会计假设是对会计存在的客观环境做出的合理假设，是会计工作和会计研究的基础和前提。会计假设虽然是人为制定的，但它并不影响会计本身的客观性，相反，正是由于会计假设的存在，一些会计一般原则的确立才有了事实性的依据，会计的确认、计量和报告才更具有客观性。

我国《企业会计准则——基本准则》明确规定："企业应当对其自身发生的交易或事项进行会计确认、计量和报告。企业会计确认、计量和报告应当以持续经营为前提。企业应当划分会计期间，分期结算账目和编制财务会计报告。企业会计应当以货币计量。"这就是目前的会计基本假设：会计主体假设、持续经营假设、会计分期假设和货币计量假设。

会计基本假设理论为某些会计一般原则的确立奠定了基础：会计主体假设使所有会

计一般原则有了依附的主体；持续经营假设是流动资产和固定资产划分及不同计价方法产生的根本依据，结合货币计量假设，使历史成本原则成为资产计价的一种重要形式；会计分期假设产生了会计本期和非本期的划分，以便合理确定定期收益，进而产生了权责发生制原则、配比原则、合理划分收益性支出与资本性支出原则；会计分期假设也使得持续经营假设具有技术上的可操作性，二者共同作用为一贯性原则、可比性原则、及时性原则提供了切实的客观依据。

4. 会计主体道德假设的必要性

不同于以上，类似于实质重于形式原则、相关性原则、谨慎性原则和重要性原则等一些会计一般原则的确立，并没有得到目前会计基本假设理论直接有力的支持，其理论基础和理论依据较上述一些会计一般原则而言相对薄弱，而它们恰恰又是会计一般原则的重要组成部分，对于会计信息质量有着不可替代的重要作用。与此同时，这几项会计一般原则具有一个共同特点：其实际的执行效果高度依赖会计主体的职业道德，依赖企业高层管理人员的主观意志和会计人员的职业判断，因此，这几项会计一般原则需要一个主观意识方面的理论支撑。从会计的实际工作角度而言，会计基本假设的"假设"本身具有不可替代的约束作用，失去假设条件存在的客观环境，会计一般原则的执行以及会计确认、计量和报告都将失去可以信赖的基础，会计信息质量也将大受影响。而会计信息是对企业财务状况、经营成果和现金流量的全面反映，企业经营者利用会计信息可了解自己的经营效果，做出合理的评估和预测；企业权益人利用会计信息可了解经营者受托经济责任履行情况；其他利益相关者利用会计信息可做出合理的投资决策。倘若会计主体违背了职业道德，就容易造成会计信息的失真，使得会计信息的使用者遭受误导和损失。

会计基本假设不是一成不变的，由于其本身就是会计人员基于客观事实做出的总结归纳，随着经济、社会环境的不断变化，会计基本假设理论也需要不断地发展。结合上述分析，会计基本假设的理论应当包含会计主体道德假设。

5. 会计主体道德假设的内容

会计主体道德假设是指假定会计主体在会计的确认、计量和报告过程中能够始终坚持基本的职业道德和敬业精神，不弄虚作假，保持对会计准则和规范的敬畏之心，严格认真执行各项规章制度，合理利用各项需要职业判断的会计政策等，从维护会计信息客观真实性的原则出发，合理估计、谨慎确认、准确计量、客观报告，并且能够自觉、主动接受内外部监督。具体而言，会计主体道德假设主要包括以下几方面内容。

（1）假定企业各层级人员能够坚持职业道德，以诚信为本，不弄虚作假。企业高层管理人员能够正确树立企业经营目标，并通过合理合法手段实现，尊重会计人员和会计工作，不以主观意愿影响会计工作。会计人员能够坚持会计职业操守，勇于担当，能够正确对待、处理各种影响和压力，确保会计工作的客观性。同时，会计人员要爱岗敬业，不做假账，保持会计工作的准确性。

（2）假定企业各层级人员认真遵守各项财务会计的准则规范等制度，熟记于心，严格执行，使各项规章制度存在即有效，切实发挥其应有的作用。财务会计的规章制度是指导财务会计工作的基本依据和制度基石，会计主体不会为实现经营目标而置法律法规于不顾，视会计工作为数字游戏，任意加减、处理，肆意违反规定，以"人治"代替"法治"。

（3）会计核算的过程离不开人为的主观判断，即使对于同一经济业务事项，不同的人也会有不同的观点和看法，进而有不同的处理意见。同时，这一过程也需要人为对于结果尚不确定的交易和事项做出判断。因此，需要假定会计人员对诸如此类的会计政策选择及变更、会计估计确定及变更等事项，能够认真分析客观经济环境和企业自身实际情况，依据科学性、客观性、谨慎性、连贯性等原则，做出最合乎实际的判断。

（4）假定会计主体能够自觉接受内外部监督，不断完善管理。企业能够足够重视公司治理结构中的内部监督程序和组织结构，保持内部监督的客观性，不断提高自我免疫能力。同时，企业还能自觉接受社会监督和政府监督，切实发挥外部监督的独立性作用，强化约束管理。

会计主体道德假设不仅应当作为会计基本假设的内容之一，为会计信息质量奠定理论基础和必要条件，更应当成为企业实际工作中切实遵守的行为准则，保持会计工作的严肃性和可信度。

**【思考题】**

1. 小王被任命为一家非营利组织的财务经理。现在该组织面临一个问题，就是没有办法留住好的人才。董事会要求小王制订一个薪酬计划以解决这一问题。在制订过程中，小王得知自己的薪酬也将按照这一计划进行调整。经过小王的调研，他认为要克服组织面临的困难必须增加薪酬奖励的幅度。

问题：这其中是否涉及财务利益？如果你是小王，该如何避免这一财务利益可能造成的影响，并取信于董事会呢？

2. 一个包装供应商邀请一家公司的会计人员去某个旅游胜地免费度假。该供应商正在参加这个公司新业务的招标活动，但在发出邀请时他没有提到这一情况。会计人员不是那个供应商的私人朋友，他担心供应商会向他询问有关其他竞争对手的投标情况。该会计人员是否可以接受邀请？为什么？

**【补充文献阅读】**

［1］刘洋，余黎君.财务人员职业道德的经济人模型及其归类分析［J］.现代财经，2004（2）.

［2］毛志忠.道德还是规则：美国财务欺诈的经济学释义［J］.财贸经济，2003（9）.

［3］杨丽娜.会计职业道德教育在财务会计课程教学中的体现［J］.财会学习，2018（6）.

［4］潘湛明.对财务会计中的职业道德教育的思考［J］.科技风，2016（1）.

［5］鲜义龙.财务会计具备职业道德的必要性分析［J］.财经界，2015（7）.

［6］刘忠华.试论财务会计人员职业道德建设［J］.科技视界，2014（1）.

［7］温定英.再谈加强财务会计人员职业道德建设的问题［J］.内蒙古科技与经济，2013（2）.

［8］王敏.职业道德在财务会计领域中的作用［J］.现代经济信息，2012（11）.

［9］高原.财务会计具备职业道德的必要性分析［J］.现代商业，2010（5）.

［10］张婉.试论财务会计人员职业道德教育［J］.濮阳职业技术学院学报，2006（8）.

［11］赵瑾.加强财务会计职业道德建设［J］.国外建材科技，2006（1）.

［12］马忠达.坚持职业道德的核心地位是财务会计的内在要求［J］.宁德师专学报（哲学社会科学版），2006（1）.

# 第八章 管理会计人员职业道德

本章从管理会计人员职业道德概述和管理会计人员职业道德规范两个方面阐述管理会计人员职业道德。

## 第一节 管理会计人员职业道德概述

本节从管理会计人员的职责与管理会计人员职业道德的内容两个方面阐述管理会计职业道德。

### 一、管理会计人员的职责

管理会计人员的职责是对内提供信息作为管理会计的基本目标，使其职责与财务会计有所不同。管理会计人员的职责包括三个方面。

一是协助企业管理人员做出预测和决策。在预测和决策中，管理会计人员的主要作用就是充分利用其所掌握的丰富资料，进行严格的定量分析，以协助管理层提高预测和决策的科学性。

二是协助管理人员履行计划管理职能。计划是以企业经营决策为基础，根据决策程序选定经营目标，拟定实现目标的具体方法。以长期决策为基础编制的计划为长期计划，以短期决策为基础的计划为短期计划。长期计划和短期计划的编制，是企业管理人员的一项重要职能。管理会计人员负责提供有关财务收支方面的数据，在编制企业预算时，对长期计划附以长期预算，对短期计划附以短期预算。

三是协助企业管理人员履行控制职能。管理会计人员通过对预算的执行帮助管理人员履行控制职能。管理会计人员通过把全面预算分解为责任预算，落实到各责任中心，通过记录、分析、对比预算的执行情况，找出实际与预算差异的原因；再利用责任会计制度，分清责任，明确业绩，评价和考核各个责任中心及其有关人员的工作成果，使责任和权利在责任中心有机地结合起来；最后企业管理当局根据反馈的信息制定改进措施，以保证计划目标的实现。

### 二、管理会计人员职业道德的内容

管理会计师的职业道德活动表现在道德评价、道德教育和道德修养三方面。职业道德评价是使职业道德标准和原则得以贯彻，并转化为行动的保证；职业道德教育是铸造优良职业道德品质的熔炉，是形成良好职业道德风尚的重要措施；职业道德修养则是管理会计师本身进行自我修炼的过程，它直接关系到他们自身品质的形成。

### 1. 职业道德评价

评价的对象是其职业道德行为或行动，具体包括：会计师之间和社会对他们的职业道德行为的评价；他们对自己的职业道德行为的评价。管理会计师职业道德作用的发挥主要是依靠其职业道德评价来实现的。我国管理会计师职业道德评价的标准有：是否遵守职业道德标准；其行为是否有利于企业及社会经济的健康发展；是否促进了管理会计工作的有效开展。在进行职业道德评价时，既要看其行动是否纯正，又要看其职业活动的效果是否良好。

### 2. 职业道德教育

职业道德教育是根据管理会计师工作的特点，有目的、有组织、有计划地对其进行系统的职业道德训练，促其形成优良的职业道德观念，履行好职业道德义务。这一系列活动都可以看成是管理会计师职业道德教育的重要组成部分。职业道德教育的重要性表现在：一是形成优良的职业道德观念，调整好自身的职业行为；二是促进管理会计师参与社会行为的调整过程，对其他管理会计师提出道德要求和进行道德评价；三是发挥好管理会计师的职能作用。优良的职业道德品质的形成离不开职业道德教育，整个职业及社会道德风尚的改善也需要职业道德教育。从职业道德品质的形成和要求来看，把职业道德认识和职业情感转化为职业道德行动是很有必要的。规范化的职业道德行为训练是关键，即要在晓之以理、动之以情的基础上，对他们导之以行，并持之以恒，以形成良好的职业道德习惯。要形成牢固的职业道德习惯，就需要不断地教育和练习，需要增强职业道德意志，培养良好的职业道德情操，达到较高职业道德境界。只有这样，职业道德教育才算完成了自己的历史使命。

### 3. 职业道德修养

职业道德修养是管理会计师自我道德教育和修炼的过程，它直接关系到他们自身职业道德品质的形成。职业道德修养和评价紧密相连，前者通过后者来实现。职业道德评价的深入开展可以促使职业道德修养的提高。职业道德修养与职业道德教育是相辅相成的，只有当职业道德修养水平真正提高了，教育目标才算实现。职业道德修养同时也是职业道德教育的重要组成部分。如何不断提高管理会计师职业道德修养水平？首先，要不断进行实践，在实践中完善自己的人格。其次，要不断地同落后的道德观念做斗争，在斗争中不断提高自身职业道德修养水平。再次，要不断地开展批评与自我批评，这样既可以提高自身的职业道德修养水平，也可以提高他人的职业道德修养水平。最后，要加强"慎独"训练，即严格的自我要求，培养强烈的职业道德情感，坚定自己的职业道德信念，并且在克服"贪"和"欲"方面狠下功夫。做到人前人后都认真负责，恪尽职守，不断提高自身的职业道德境界。

# 第二节 管理会计人员职业道德规范

本节阐述了管理会计人员职业道德规范的四个方面：作用、内容、标准和完善。

## 一、管理会计人员职业道德规范的作用

道德是社会这种群体生活方式的一种反映，它来源于人类社会的集体生活，并约束人们的行为。但仅仅有这种反映即道德准则与规范是远远不够的，还需要配备好的制度环境来使它全面地贯彻与执行下去，只有这样才能真正用于指导与规范人们的行为。在现实中，我们的管理过程存在很多问题，比如一套先进的管理方法不能得到很好的执行，从而也就达不到预期效果，这是为什么？不是那套制度存在问题，而是我们的执行过程有漏洞，有些人员没有受到职业道德的约束，没有认真贯彻执行，造成了资源浪费。因此，构建我国管理会计职业道德规范才是当务之急。

1. 管理会计人员职业道德规范是培养高素质管理会计人才进而促进管理会计发展的重要措施

我国管理会计发展水平落后，整体而言，管理会计人员在知识结构层面以及职业道德知识体系等方面都落后于财务会计人员，而管理会计的发展又没有受到足够的重视，致使已经从事以及即将从事管理会计的大部分人员都缺乏主动去重视学习和增强自身能力以及提高道德水平的动力，造成管理会计从业人员能力差以及道德水平低的恶性循环，给管理会计行业带来了难题。为解决这一难题，注重管理会计人员职业道德建设显得至关重要。加强管理会计人员职业道德建设，不仅可以让管理会计人员及时了解熟悉国家制定的各项财经法规、方针、政策，使他们严格贯彻执行和遵守经济法、会计法、证券法、税法、审计法等相关法律制度，强化法律意识，提高自身修养，也可以培养他们实事求是、严肃认真、一丝不苟、行为端正、办事高效的作风，最终把他们培养成为"德、能、勤、绩、廉"多方面发展的高素质人才，为管理会计的发展带来生机活力，摆脱管理会计目前多种困境，使其逐渐被人们关注、重视，促进整个管理会计分支的快速发展。

2. 管理会计人员职业道德规范是企业加强内部管理经营，实现利润最大化的必然要求

加强管理会计人员的职业道德建设，使管理会计人员遵守会计职业准则，不弄虚作假，为企业管理者提供正确、客观、合理的会计信息，无疑会使管理会计在企业内部真正发挥其重要作用。①为企业经营决策者提供正确有效的预测分析和规划经营目标信息以及有效地直接参与企业的经营管理活动。管理会计能够根据企业的实际情况以及未来可能出现的各种状况，结合经济规律的作用和经济条件的约束，选择合理的方法和模型，在加工企业财务会计信息的同时，可以从各种不同的渠道取得信息，并进行加工、整理，对企业的销售水平、成本、利润以及资金的变动水平和趋势做出正确合理的预测，为企业经营决策者提供有用的销售预测、成本预测、利润预测以及资金需要量预测等各方面预测信息，使企业经营决策者最终可以做出正确有效的预测分析和制定企业合理有效的规划经营目标。同时，管理会计能够积极主动地参与企业的经营管理过程，正确地提出

和评价决策方案，在帮助企业各级管理者做出正确决策的同时，它已经将自己置身于决策计划过程，直接参与了企业的经营管理活动。②对经营活动进行有效的事中控制。管理会计人员通过加工、整理各方面信息，为企业制定科学合理的各项经营管理目标后，为保证预定目标的实现，在生产经营过程中进行严密的跟踪和监控，及时发现执行过程中的实际活动与计划发生的偏差以及没有考虑到的突发因素，进行分析更正，改进管理工作，确保管理经营活动按照既定的目标合理有序进行。③有效进行正确的业绩考核和评价。通过建立责任会计制度，在企业内部各部门明确责任的前提下，逐级考核责任指标的执行情况，找出业绩之所以没有达到目标的原因和不足，进行科学考核和业绩评价，实施奖惩制度，对未来工作提出改进措施，逐渐降低企业的经营成本，为企业的经营管理活动提供有益的帮助。

3. 管理会计人员职业道德规范是维护市场经济秩序正常运行的重要方面

市场经济是信用经济，没有了信用，市场经济也就不能长久正常地运行下去。虽然管理会计服务的对象主要是企业内部，表面上不会如财务会计从业人员职业道德缺失对市场经济的影响那样明显和严重，但是管理会计人员若是职业道德缺失，就不能为企业管理经营者提供正确的管理经营信息，势必会因为管理经营不善，造成企业发展方向的错误，给企业带来成本提高等危害企业生存的危机，最终可能会导致企业为生存发展而在财务方面弄虚作假、偷税漏税，甚至采取不正当手段竞争，这些状况的出现都会影响到市场经济的正常运行。因此，注重管理会计人员的职业道德建设也是重中之重。

## 二、管理会计人员职业道德规范的内容

第一，能力方面：应不断地提高知识及技术水平，使专业能力始终保持在适当的水平上；应根据相关的法律、规章及技术标准来履行职业责任；通过对相关可靠的信息进行恰当分析后，完成完整清晰的报告及建议书。

第二，保密性方面：对在工作过程中所获得的机密性信息，除非得到许可或依法应予披露，否则不能予以披露；对下属人员在工作过程中所获得的机密性信息应予以适当提醒，监督他们的活动以保证机密性；无论是本人还是通过第三者，都不准以在工作过程中所获得的机密性信息来谋取不道德或不合法的利益。

第三，廉正方面：避免实质上或表面上的利益冲突，对存在冲突的当事人要加以疏导；避免参加会对其按照道德准则履行职责产生偏见的活动；拒绝接受任何影响或看起来会影响他们行为的礼物、恩惠；不准以积极或消极的方式暗中破坏组织的合法及合乎道德的目标；交流受欢迎及不受欢迎的信息、职业判断及主张；参加或支持任何有损职业信誉的活动。

第四，客观性方面：公正客观地交流信息；充分地披露可能影响使用者对报告、评论及建议书的理解程度的相关信息。

第五，解决道德纠纷方面：管理会计人员在辨别不道德的行为及解决道德冲突方面，可能会遇到困难，面对重要的道德问题时，管理人员应遵循与解决这类冲突有关的组织内的规章制度。如果这些规章制度不能予以解决，管理会计人员可以考虑以下方案。除非主管人员也似乎卷入了这类冲突，否则应同主管人员讨论这些问题，并及早提交给较

高层次的管理部门。如果在首次提交后，不能获得合理的解决方案，应提交给更高层次的管理部门。如果主管人员是主要负责人或相当于这样的职务，那么执行委员会、董事会、信托委员会、审计委员会及业主都是可以接受的审核权威。同比主管人员更高层次的人员的接触，应假定主管人员并未卷入冲突，并且最初仅就主管人员的知识技能方面进行研究。和中立客观的顾问对相关的问题进行秘密讨论，理解可能的行动方案。如果经各个层次的人员审核后，道德冲突依然存在，管理会计人员在没有其他可选择方案的情况下最好辞职。同时给组织内一名代表提交一份信息备忘录。除了以上的合法规定外，和不受雇于该组织的个人或权威人士交流这些问题也被认为是不合适的。

## 三、管理会计人员职业道德规范的标准

### 1. 尽职尽责，勤奋工作

管理会计工作是一项内部会计管理工作，国家尚没有明确要求，企业领导也不一定很清楚其工作的性质和内容。这就要求管理会计师恪尽职守，努力工作，保质保量地完成自己的工作任务。把自己的工作与企业的命运联系起来，清醒地意识到其意义和责任，创造性地开拓工作领域，不要安于现状，要不断掌握管理会计及其他方面的新理论、新知识，刻苦钻研业务，把管理会计理论转化为实践。管理会计师要与内部各个层次、部门的人打交道，工作时要任劳任怨、认真负责，以得到他人的理解和支持。管理会计是一项技术性很强的工作，没有强烈的责任心和事业心是很难完成的。因此在职业道德方面只有坚持高标准、严要求，才能开展好这方面的工作。

### 2. 当好参谋，参与管理

管理会计的主要职能就是参与管理，参与企业的预测、决策、计划、控制、分析和考核，其职责也就是参与管理，当好参谋。管理会计师应当积极主动地为企业领导出谋划策，帮助企业有关部门解决经营管理中的各种难题。参与管理不是一句口号，各种预测、方案制订、方案优选、计划组织、分析考评等要做许多工作，要占用大量时间和精力。只有树立崇高的社会责任感，才能真正当好参谋，参与到企业经营管理的各项工作中去，为企业、为社会增收节支，提高经济效益和社会效益。

### 3. 客观公正，科学管理

管理会计工作也是一项社会活动，要与人打交道。要想企业员工万众一心、团结奋斗，内部各种管理会计信息、措施和手段就要客观公正，坚持科学管理原则。如果管理会计人员不具备诚实公正的品格，不具备科学求实精神，将会给企业带来极大的负面影响。工作中对人对事要做到公正客观，来不得半点虚假和不公正。这样才能得到大家的信任与支持；否则就会在激烈的市场竞争中被淘汰。要本着科学求实的精神，以事实和科学的力量去说服人、引导人，真正发挥好参谋的作用，真正体现出会计参与管理的效益。

### 4. 遵纪守法，严守秘密

管理会计师应当严格遵守国家的各项法律制度，与各种违法违纪现象做斗争，在金钱和利益方面保持清醒的头脑，做到廉洁自律。管理会计师对企业内部的各种活动了解得比较多，有的属于企业的机密，应当严格保守。应具有较强的保密意识，不能随便发表一些不宜公开的看法或信息。有些信息如果需要披露，应当得到授权或

批准。

5. 厉行节约，讲求效益

应将此作为义不容辞的职责，用最少的消耗为企业和社会创造更多的物质财富和精神财富。要经常深入现场、深入实际，调查研究，为实现企业经济效益和社会效益动脑筋，出主意，多拿出好方案。

6. 支持改革，坚持真理

管理会计师应当站在改革大潮的前列，支持改革。世界经济正向着一体化的方向发展，传统的经济管理体制、传统的会计模式有许多不适应经济一体化的地方。管理会计师作为企业的高级管理人员，如果因循守旧，不支持改革，就会成为企业发展的障碍。管理工作中会经常遇到是非问题，在大是大非面前，应当敢于坚持原则，坚持真理。

## 四、管理会计人员职业道德规范的完善

1. 企业应对职业道德控制规范进行培训

一种好的制度与规范要想真正有成效，必须得到好的配套系统的支持，尤其是道德这种很难准确对它进行有效监督的规范，想轻易地得到员工认可，出现企业所想要的道德行为更是一个难题。因此好的职业道德规范系统要想真正起到约束人们行为的作用必须建立起一整套相配合的规范，形成一个系统。其中员工培训就是一个重要的环节，它是制定规范后的第一个环节，直接影响着以后规范运行结果的好坏，即员工能否对该套制度或规范有全面认识与理解的环节。加拿大管理会计准则没有忽略这一点，该准则6200号准则认为，企业应该对自己的员工进行道德规范培训，以帮助他们更好地理解规范的有关内容，进而确保道德控制规范的有效运作。并且认为道德规范培训应该能使员工获得以下四种道德技能：辨认道德难题的能力；在遇到道德难题时，仔细思考并做出适当反应的能力；以自信不担心报复地做出决定的能力；对组织已制定的道德规范做出承诺的勇气。这四种道德技能实际上全面地概括了解决道德问题的过程。第一种能力是当遇到问题时，员工可以分辨出问题的性质，是属于原则问题（即根据法律依据能判断是非的问题）还是属于道德问题（无法律依据或根据法律依据不能判断是非的问题），不同的问题要采取不同的方法来解决。第二种能力是当员工判断出问题属于道德问题时，如何做出符合道德的行为的能力，即这种行为要符合企业道德，而不是个人道德。第三种能力实际上包括两层含义：一是员工自身要有与错误行为斗争的勇气与信心；二是员工要对企业监督或领导部门充满信心，确信自己的行为能得到保护，从而做出正确的行为选择。第四种能力是说员工要对企业做出承诺，遵守职业道德规范。员工们只有真正拥有并掌握这四种能力，才能将企业道德规范这种外在约束真正变成员工自身的内在约束，才能使企业职业道德规范真正贯彻下去，并达到预期效果。

2. 建立考评机制

要想使企业职业道德规范长期发挥作用，必须努力建立起一个具有长效机制的、有利于职业道德规范约束的优良考评机制，把考评结果作为对员工奖惩、选拔、晋级加薪等的重要内容，通过优良的考评机制来强化职业道德规范的约束性，只有这样才能真正保持职业道德长久的生命力。

3. 制定管理会计职业道德控制规范应从两方面进行考虑

加拿大管理会计准则 6200 号的主要内容是道德控制系统，目的是描述一个道德控制系统的范围和构成要素，认为忽视道德规范的组织会产生法律责任和商誉丢失的风险，并且指出高级主管们如未能成功地为他们服务的组织制定出一套合理的道德标准，将面临个人责任的风险。它实际上是从两个角度来阐述道德规范重要性：一是从组织角度，二是从个人角度。一个组织首先要制定出适合本组织、本行业特点的道德系统，并在实践中认真且全方位地去执行，保证组织系统有效运行。但在让组织人员遵守制定的道德系统的同时，组织本身也应该遵守自己的道德规范。比如国内的许多企业虽然没有明确的道德规范，但在公司规章中都会写到本公司职工应保守公司机密、以顾客为中心、时刻想着为公司的整体利益服务等，这实际上就是该企业的道德规范，只是没有形成系统而已。另外，企业本身却存在着严重的道德缺位，在规章中都没有规定出对企业本身的道德规范。因此，企业在制定道德规范系统时，必须从这两个方面来进行全面规范，在这样一个前提下，国内企业的当务之急，不是要研究如何构建企业的道德系统，而是要在制定好的有关规范职员道德与行为的规章基础上，补充一个规范企业本身道德行为的制度，使企业与职员真正处于平等的地位，这样才能使现有的道德与行为规范真正地贯彻下去。如果一个企业完成了上述过程，并很好地实践了，可以再进一步制定出一套专门的道德规范系统，来完善自己的管理工作体系。

4. 管理会计职业道德控制规范的制定具有特殊性

在加拿大管理会计准则中，它指出两个需要注意的问题：第一，关于道德的标准不可能制定成一个普遍适用的规范，因为每个企业由于其行业与企业文化的不同，造成了对道德理解程度和内容的不同。在制定行业道德规范时要考虑行业工作的特点与不同，不能照抄照搬其他行业的道德控制规范；在制定企业道德标准时要从企业角度出发，把企业自身的特点和所处行业的特点结合起来，只有这样才能制定出全面准确的且符合自己的道德控制规范。第二，由于各国文化的不同，道德标准也不可能在每个国家都适用。对于那些大型组织尤其是跨国组织来说，不能只制定一套道德控制规范，而应该就不同国家、不同地区的具体情况与实际分别制定不同的道德控制规范，这样才能使道德控制规范真正适合每一位员工，才能使它真正发挥作用。

## 【文献阅读】美国管理会计人员职业道德规范

美国内部会计人员的职业道德规范体现在美国管理会计师协会颁布的《管理会计师职业道德行为规范》中。该标准是管理会计和财务管理从业者对公众、职业界、自己服务的组织以及对自己承担义务，恪守伦理行为的最高标准。为明确这一义务，美国管理会计师协会为管理会计和财务管理从业者颁布了以下的伦理行为标准。在国内和国际坚持这些标准，必须实现管理会计的客观性。管理会计和财务管理的从业者不得实施与这些标准相背离的行为或容忍自己机构中其他人实施这种行为。

1. 能力

管理会计和财务管理的从业者负有以下责任：不断提高知识和技能以使专业胜任能力保持在适当水平；履行职业责任时遵守相关法律、法规和技术标准；对相关的和可靠的信息进行适当分析后提供完整明确的报告和建议。

2. 保密

管理会计和财务管理的从业者负有以下责任：不得披露在工作中获取的机密信息，除非得到授权或有法律义务。告知下属对工作中接触到的机密信息要妥善保密并监督其活动，以便使保密工作万无一失；无论是个人，还是通过第三方，均不得为不符合伦理的或违法的利益而利用或看起来正在利用工作中获取的机密信息。

3. 诚信正直

管理会计和财务管理从业者有以下责任：避免实质上或形式上的利益冲突并将潜在利益冲突通报有关当事各方；禁止任何可能导致自己按伦理标准履行职责的能力发生偏差；拒绝接受任何能影响或看起来会影响自己行为的礼物、好处或款待；禁止积极或消极地破坏组织实现其立法的和伦理的目标；承认并标明职业局限性及其他局限性，若这些局限性将妨碍做出负责任的判断和成功地执行某项活动；就有利和不利信息、有利和不利的执业判断或意见进行交流；禁止从事或支持任何致使本行业蒙羞的活动。

4. 客观性

管理会计和财务管理的从业者有以下责任：公正客观地交流信息；充分披露任何可能影响预期使用者对所提供报告、评论和建议的理解的相关信息。

**【补充文献阅读】**

[1] 夏大慰. 职业道德是管理会计人才能力框架的基础 [J]. 中国总会计师，2018（7）.

[2] 龚健. 管理会计职业道德规范之我见 [J]. 商，2014（7）.

[3] 布日格勒. 管理会计人员职业道德建设研究 [J]. 中国管理信息化，2013（2）.

[4] 孟宪芹等. 关于管理会计职业道德控制规范的思考——加拿大6200#管理会计准则的启示 [J]. 科技信息，2006（12）.

[5] 王棣华. 论管理会计的职业道德 [J]. 连云港化工高等专科学校学报，2001（6）.

# 第九章 注册会计师职业道德

本章从注册会计师职业道德概述和注册会计师职业道德规范两个方面阐述注册会计师职业道德。

## 第一节 注册会计师职业道德概述

本节主要阐述注册会计师职业道德的五个问题：注册会计师的职责及注册会计师职业道德的含义、作用、现状与原因、提升。

### 一、注册会计师的职责

#### （一）注册会计师职业的发展历程

总体来看，注册会计师职业的发展经历了几个比较典型的历史阶段。

1. 从 1844 年到 20 世纪初

该阶段，注册会计师职业主要在英国发展。应该作为注册会计师职业的发源地，其审计对 19 世纪的欧洲、美国、日本等都产生了重要影响。在此期间，注册会计师的工作主要停留在查账验资业务，审计目的是查错防弊，保护企业财产的安全完整，审计方法是详细审计，审计报告的使用人主要是企业的股东。

2. 从 20 世纪初到 20 世纪 30 年代

在这一阶段，注册会计师发展的中心转移到美国。注册会计师的审计对象由会计账目扩大到资产负债表，审计的目的是通过对资产负债表数据的审查来判断企业的信用状况，审计方法开始从详细审计转向抽样审计，审计报告的使用人为股东和债权人。

3. 20 世纪 30~40 年代（经济危机后）

审计对象扩大到所有对外公布的会计报表及其相关财务资料，审计目的是对会计报表发表审计意见，审计报告使用人扩大到股东、债权人、证券交易机构、税务机关、潜在的投资者。审计规范开始制定，审计业务开始走向标准化和规范化。

4. 20 世纪 40 年代后

跨国公司的空前发展，带动了注册会计师跨国发展。客户范围和业务量的扩大、会计师事务所不断进行合并，最后产生了"八大"国际会计师事务所。审计规范进一步完善，审计理论体系建立了起来。注册会计师业务扩大到包括代理纳税、代理记账、参与可行性研究等管理咨询业务。

#### （二）我国注册会计师职业的发展

新中国的注册会计师事业发展始于 20 世纪 80 年代。1981 年，在上海成立了恢复注册会计师制度后的第一家会计师事务所——上海会计师事务所。1988年底，中国注册会计师协会成立，1993年颁布了我国第一部注册会计师的专门法律——《注册会计师法》。1995年，财政部会同审计署批准颁布了第一批《中国注册会计师独立审计规范》，这使中国注册会计师事业进一步走上规范化、制度化、标准化的轨道。注册会计师的执业范围由仅为外商投资企业提供查账、验资服务，到为上市公司、集团公司、国内企业等各类企业提供审计、验资、清算、税务咨询、资产评估、管理咨询、培训等多种服务。

**（三）注册会计师的职责**

随着商品经济的发展而发展，逐步从主要对企业所有者负责演变成对整个社会负责。

一是审计上市公司的财务报表。社会已为注册会计师创立了角色任务，即审计上市公司的财务报表，这就要求注册会计师根据可获得的证据确定被审计公司是否依照会计规范进行财务事项的确认、计量、记录和报告。尽管管理咨询业务正成为注册会计师的一项主要工作，但审计上市公司的财务报表仍然是注册会计师的最重要的职责。

二是针对财务报表是否公允反映公司财务状况而发表意见。作为社会会计报告合法性、真实性的社会公证人员，注册会计师具有社会监督的性质。这种职业的主要作用在于提高会计报表信息的可靠性和可信性，使投资者、银行以及各级政府等利益相关者据此作出正确决策，促进资金市场的正常运转。

## 二、注册会计师职业道德的含义

注册会计师职业道德是注册会计师职业界成员在其执业过程中因其执业活动所引起的道德现象以及由此归纳出来的道德理论与道德规范的总称，是一般道德行为观念在注册会计师职业中的具体运用或特殊表现，是适用于注册会计师整个行业的、具有注册会计师角色特征的道德规范。我国《中国注册会计师职业道德基本准则》将注册会计师的职业道德定义为：注册会计师职业品德、职业纪律、专业胜任能力及职业责任等的总称。

## 三、注册会计师职业道德的作用

1. 昭示行业道德水准，提高行业社会公信力

美国注册会计师协会在解释其制定注册会计师职业道德准则的原因时说："通常，那些依赖注册会计师的人士感到难以评价审计人员的服务质量。然而，他们有权要求这些审计人员合格、正直。跨进会计职业界的人士，即被认为承担了坚持会计原则，积累专业知识和改进工作方法、遵守职业道德和技术标准的义务。"注册会计师职业道德即是向公众表明的注册会计师的专业品质，制定注册会计师职业道德规范则是希望能以此博得公众的广泛信任与支持，更好地开展执业活动，为社会各界服务。

2. 树立精神信条和专业原则

审计法规为注册会计师的执业活动提供了一个法律准绳，明确了何种行为是违法的，是要受到法律制裁的。为了行业的发展，注册会计师不能仅仅做到不犯法、不犯错，他们更需要知道自己该怎么做，如何能做得更好，而这些问题却是审计法规所回答不了的。注册会计师的执业活动需要有职业道德来作为其精神上、道义上的指导与支撑，使他们能够以明确的信念处理和协调各种关系，更好地完成独立审计工作。否则，注册会计师

在面对纷繁混乱的现实时，便会失去理念、迷失方向。

3. 对审计法规进行必要的补充

注册会计师在执业过程中，为了保证执业质量，必须对其行为进行规范。其中，有些可以通过法律规范的形式作出，有些则不能。对于那些不能通过法律形式进行规范，但又有必要做出规定的事项，就只能通过职业道德规范来加以要求。例如，审计法规能够限定审计人员必须做什么和不能做什么，却不能说明注册会计师应该以怎样的精神状态和风貌去工作。注册会计师的精神状态和风貌只能由注册会计师职业道德提出。

## 四、注册会计师职业道德的现状与原因

### （一）现状

（1）审计造假。主要表现为：不遵守职业道德，审计报告不真实；部分注册会计师与一些上市公司合伙造假，导致一些投资者被骗；追求片面的成本降低，不履行合法的程序，导致审计造假。

（2）无力而为。部分注册会计师承接超越自己能力的业务，更有甚者，在工作中会计师不进行有效的指导与监督，导致工作质量下降，导致被审单位会计信息出现隐患问题。

（3）竞争无序。为了追求审计收入，部分会计师事务所不采取合法的竞争手段，如任意降低收费标准；使行业和地区受到行政干预；与相关部门进行收益分成式业务合作等。

（4）泄露秘密。部分注册会计师有意泄露客户的商业秘密从而谋取个人利益。

（5）收费标准不合理。注册会计师收费标准的主要依据是参与人员层次的高低、工作量的大小、服务性质等，但在工作过程中，往往服务成果大小决定了收费标准，而且发表不恰当的意见，从而谋取更多的收费。

（6）执业不规范。在执业过程中，随意性和依赖性往往是注册会计师工作中的最大弊端，不能独立、客观、公正地执业，蔑视职业道德的约束。

### （二）原因

1. 外部原因

（1）缺乏独立性。

注册会计师职业赖以存在并得以不断发展的信条和灵魂就是"独立性"，独立性是注册会计师行业的最主要特性，也是保持其职业操守的根本所在。注册会计师职业一旦丧失了独立性，其审计结果的客观性和公正性就会受到人们的广泛质疑，审计所具有的鉴证职能也将荡然无存。因此，如何保持甚至不断地提高独立性就成为注册会计师职业道德规范的重要方面。然而，在我国，由于受到外部环境因素的制约，注册会计师普遍缺乏独立性。注册会计师职业群体在社会地位、职业操守等方面的局限性，影响了注册会计师实质上的独立性，这是导致注册会计师职业道德缺失的根本原因所在。

（2）缺乏有效的监管机制。

当前我国对注册会计师行业还缺乏一种有效的监管机制，对注册会计师执业过程中的违法违规行为的打击力度不够，难以起到应有的震慑作用，容易引发更为严重的财务信息失真和审计造假问题。目前，我国政府和行业主管部门对于那些因提供虚假审计报

告，或者与被审计单位联合造假、徇私舞弊等违法违规的审计行为，其处罚对象虽然有涉及会计师事务所和注册会计师个人，但其处罚的力度较小，而且大多是以行政处罚为主，一般不注重民事赔偿。在这种情形下，注册会计师因审计造假而受到查处和责令赔偿的概率较低，即使被发现，其受到的处罚力度也较小，使造假成本仍然远远地低于造假的收益。

（3）注册会计师职业道德准则欠规范。

我国自 1997 年 1 月 1 日起就正式实施了《中国注册会计师职业道德基本准则》，但该准则只是总纲，还不完善，没有具体的操作规范。因此，我国的职业道德准则并没有得到有效的执行。

2. 内部原因

（1）缺乏正确的道德观，见利忘义。

对于注册会计师个人而言，主要表现为缺乏正确的职业道德观，为了追求个人私利而有意违规和违法，缺乏最基本的职业操守和责任感。这正是现实中有不少注册会计师在执业过程中不注重执业质量、不遵守职业道德、弄虚作假、出具虚假审计报告的主要原因。有的事务所为了赚钱，采取支付佣金、业务分成，或有收费等办法拉关系、拉项目，什么业务都接，注册会计师不具备专业胜任能力也敢签字。注册会计师承接了难以胜任的业务，就可能给客户乃至社会带来危害。

（2）过度竞争。

在注册会计师行业，过度竞争，特别是低价格的竞争，会严重影响注册会计师的独立性，降低其服务的质量。为了在低廉的收费中保持一定的利润空间，事务所愿意支付的审计成本必然降低，这样注册会计师在审计过程中就会减少甚至省略必要的审计程序，简化甚至放弃谨慎性这一注册会计师最基本的职业操守。

（3）资格认定忽视职业道德要求。

由于我国对注册会计师资格认定的方式存在着缺陷，有关部门往往只重视其是否掌握了相关的业务知识，而对其职业操守的关注甚少，致使注册会计师队伍中存在职业道德素质不高的人员。

（4）注册会计师自身专业水平不够强。

我国注册会计师的专业水平存在严重的分化，而且相对集中。业务水平和经验丰富的资深一流注册会计师为数少而且主要集中在各地的大会计师事务所，而传统的应试选才体系在促使注册会计师年轻化的同时也导致了普遍的经验缺乏、专业胜任能力不强。

# 五、注册会计师职业道德的提升

## （一）完善外部环境

### 1. 相关法律法规的完善

对于注册会计师而言，职业道德是注册会计师法律制度正常运行的社会基础和思想基础，注册会计师法律制度是促进注册会计师职业道德规范形成和遵守的重要保障。当务之急就是要进一步修订和完善《证券法》《注册会计师法》及其实施细则，并尽快出台中介机构法律责任的有关规定，以便从立法上明确和界定中介机构的一系列相关问题，减少注册会计师法律责任中的不确定性因素，真正形成人人平等、统一透明的法律制度。在《注册会计师法》的修订上，也要注意与时俱进，也就是要根据当前不断变化的形势和注册会计师的执业环境，对现行的《注册会计师法》中那些已经明显过时的规定予以修订。如按照现行《注册会计师法》的规定，会计师事务所的组织形式主要有有限责任制和合伙制。实践证明，有限责任制形式有很多不足，其中很突出的一点就是使很多出具了虚假、不实审计报告的会计师事务所及其注册会计师逃避追究。同时，根据我国目前仍然缺位的民事赔偿机制，投资者因虚假信息而导致的损失却无法得到相应的赔偿。而推行合伙制则有助于建立健全注册会计师违约或违法民事赔偿机制，使会计师事务所及其注册会计师能进行自我监督，保证审计质量，维护证券市场的正常运行。同时，要不断地加强执法力度和违法、违规行为的处罚力度，对于注册会计师的违法违规行为应坚决予以打击，以体现法律的威慑力，起到规范注册会计师行业和提高注册会计师职业道德水平的作用。

2. 技术、监管方面的完善

①通过不断地加强对注册会计师及其他相关辅助人员专业知识和技能的培训，以提高执业人员的专业水平和执业能力。近年来，我国注册会计师队伍已经开始呈现出专业化、知识化和年轻化的趋势，但由于历史的原因，仍然有不少注册会计师的业务素质不高，不具备执业所必需的理论和技术，不能适应审计业务的现实需求。当务之急就是要进一步严格控制注册会计师行业的资格准入机制，这里的资格包括从业资格、执业领域资格、合伙人资格等。要进一步加大对注册会计师后续业务和职业道德培训的投入，并通过提升教育手段，改进培训方法，以提升培训的效果，最终达到提高注册会计师整体职业道德水平的目的。②加强对注册会计师职业道德执行情况的监管。对注册会计师职业道德执行情况的监管是提高注册会计师职业道德水平的一个重要因素，而目前我国的注册会计师协会对注册会计师职业道德的遵循情况，还没有设立专门的监管部门，也没有制定有效的监管措施进行监督。有必要在中国注册会计师协会和各地方注册会计师协会设立职业道德监管机构，以保障监管部门的专业性和权威性。通过建立健全注册会计师职业道德监管制度，对注册会计师个人职业道德行为实施必要的强制措施，有助于改善目前以清理整顿、年度检查为主的监管措施。此外，通过采用注册会计师职业道德水平追踪制度，建立注册会计师职业道德信用档案，有助于保持注册会计师提高职业道德水平的外在压力。③加强政府监管和行业自律相结合的监管模式。由于市场机制发育不完善和市场失灵并存，会计师事务所承接业务往往受到各种行政权力的不当干预，加之当前的司法体制还存在着一定程度的不完善之处。在此背景下，应根据形势变化逐步由以政府监督为主转变为政府监管和行业自律相结合的监管模式。为此，既要突出政府监管的主导地位，又要避免政府各职能部门因职责不清而导致的对注册会计师行业的无效监管。具体监管时，应由财政部牵头，联合有权对注册会计师行业行使检查监督的部门，如证监会派出机构、财政部派出机构、审计、工商、公安等部门，组成联席会议，建立联席会议制度，定期或不定期地召开会议，交换、沟通和协调行业监管信息，联合开展检查工作，共同开展对上市公司的信息披露、会计师事务所及注册会计师的独立性及执业质量、违法造假案件等的监督检查及处理处罚，形成一个务实、协调、有效的监管网络。当然，

这种以政府相关部门为主的监管模式仅仅是应时之需，今后应该随着我国社会主义市场经济体制的不断完善和注册会计师行业的不断发展，逐步向以行业自律为主的监管模式转变，但这种政府监管和行业自律相结合的监管模式将会存在较长的一段时间。④加强注册会计师职业团体的建设。职业团体是注册会计师职业道德的信誉载体，注册会计师个人通过参加注册会计师职业团体就获得了相应的职业地位，注册会计师个人的不道德行为往往会损害整个注册会计师职业团体的声誉，并间接地损害职业团体内其他注册会计师的利益，这也就是个体与组织的关系。注册会计师职业团体为维护自身的声誉和形象，就会自觉地加强对内部从业人员职业道德水平的培养，并不断加大对内部从业人员不道德行为的惩罚力度，促使每个注册会计师都能增强对职业道德的重视程度。因此，加强注册会计师职业团体的建设，能够不断地增强注册会计师行业的凝聚力，有助于促进整个注册会计师行业职业道德水平的提高。

### 3. 执业环境的完善

良好的执业环境是保障注册会计师客观、公正执业的必要外部条件，而要想形成一个相对较为完善的注册会计师执业环境，目前当务之急就是要改革会计师事务所的管理体制。会计师事务所要真正地成为既独立于政府，又独立于社会经济组织的社会中介机构，要真正地实行现有的会计师事务所同挂靠单位在行政、人事和业务上的彻底脱钩，使其在形式上和实质上都保持独立性，真正地成为社会公众利益的维护者而不是某一机构或企业的代言人。为此，需要防范地方保护主义等不正当的竞争行为，让会计师事务所真正成为市场经济的重要组成部分，成为市场竞争的参与者和维护者，并在平等、公开、公正的市场竞争中求得自身的发展。

### （二）加强软件建设

#### 1. 加强注册会计师诚信机制的建设

诚信是注册会计师安身立命的根本所在，因此，注册会计师职业道德建设中很重要的一个方面就是要不断地加强诚信机制的建设，而诚信机制的建立至少要做好以下工作：①通过宣传与教育，使全行业充分认识到诚信的重要性，并逐步形成诚信者受尊重、不诚信者遭鄙视、人人讲诚信的行业良好氛围，以提高注册会计师的自我价值感，强化行业诚信意识和诚信水平。同时，应在注册会计师的岗前培训和后续教育中，把诚信教育作为一项重要的培训内容。②强化法律法规在诚信制度建设中的功能和作用，通过法律法规的强制性来建立诚信为本的行业秩序。还要设计一套科学适用的注册会计师和会计师事务所职业道德评价体系，加强行业诚信监督和评价工作，并把诚信评价纳入注册会计师和会计师事务所年检制度当中。同时，要建立注册会计师和事务所的诚信档案。③重点加强行业协会监管，广泛开展同业互查工作，以及时发现问题和解决问题。

#### 2. 加强对注册会计师职业道德的教育

主要通过系统有效的宣传教育方式，使注册会计师认识到职业道德规范学习的重要性。通过多样化的手段和方式系统地传播、阐释注册会计师职业道德规范。如通过引导良好的大众舆论，以最大限度地影响注册会计师从业人员的职业道德观念，使其逐步深入注册会计师的思想深处，从而改善其认识标准，确立符合道德规范的世界观、人生观和价值观。宣传教育的手段可以多样化，既可以通过报纸、电台、电视等大众媒体，还可以采用公益广告、城市塑像、组团宣传等方式进行，并且着重应从正面进行宣传，因为这样宣传的效果相对会更好。

3. 加强会计师事务所内部控制机制的建设

健全有效的会计师事务所内部控制机制是保证事务所执行客观、公正审计的前提，也是促使会计师事务所及其审计人员按照职业道德准则的要求执业的基础。为此，需要不断地健全事务所的内部质量控制制度等内部管理机制，通过严格的内控，加强对执业活动各个环节的质量和诚信管理，从而规范审计行为，最大限度地消除和防范各种可能出现的弊端和风险。还需要通过有效的内部牵制等制度安排，减少甚至杜绝注册会计师与被审计单位管理层之间的同谋行为。

4. 提高事务所的独立性

独立性是注册会计师执行审计鉴证业务的灵魂，也是注册会计师所具有的社会公信力的根源所在。独立性要求注册会计师在审计过程中保持超然独立的身份，并坚持"独立、客观、公正"的原则，站在中立者的立场，对被审计单位的会计报表发表审计意见。

5. 提高注册会计师行业的门槛

进一步完善行业准入与禁入制度，严把行业入门关，效仿美国可以先逐步提高注册会计师考试门槛，不仅从学历水平上，还要从思想道德方面进行考察，从根源上力争减少各方面素质不过硬的人。

# 第二节　注册会计师职业道德规范

本节阐述注册会计师职业道德规范的四个方面：含义与职能；发展历程；框架；原则与规则。

## 一、注册会计师职业道德规范的含义与职能

注册会计师职业道德规范是指注册会计师在执业时所应当遵循的道德规范，包括在职业品德、职业纪律、专业胜任能力以及职业责任等方面所应当达到的行为标准。注册会计师职业道德建设对于规范注册会计师的道德行为、提高职业水平和维护良好的职业形象有重要意义。

注册会计师职业道德规范的职能体现在两个方面：一是降低谈判、签约、诉讼等交易成本，维护注册会计师的职业形象；二是为其会员的预期行为提供指导。

## 二、注册会计师职业道德规范的发展历程

### （一）国外注册会计师职业道德规范的发展历程

注册会计师职业道德规范是注册会计师在执业时所应当遵循的道德规范，包括职业品德、职业纪律、专业胜任能力以及职业责任等方面所应达到的行为准则。在过去的100年间，注册会计师职业对于维护资本市场进而维护整个社会的运转发挥着重要作用，注册会计师遵守的职业道德规范也经历了不同的发展阶段。

1905 年及以前是职业道德观念阶段，当时主要通过个人的道德观念或口头形式来调整注册会计师与社会公众之间的关系。

1906~1973 年是结构化的职业道德规范阶段，起点是 1906 年职业道德委员会的建立。1917 年第一份较为全面的职业道德规范合约生成了；大危机前后是政府催生阶段；1973 年第一份立体结构的职业道德规范合约规定了职业道德概念、行为规则和行为规则的解释。

1974~1996 年是规则导向的职业道德规范阶段。20 世纪 70 年代一系列审计失败案，导致美国国会参众两院都要求重新建立会计职业监督制度。美国注册会计师协会（AICPA）为了避免政府部门对行业监管的全面介入，向国会提出了允许保持行业自律监管的要求。AICPA 提出了一整套自律监管机制，并于 1977 年成立公共监督委员会。1983 年，AICPA 成立了注册会计师执业行为特别委员会。1988 年，AICPA 对职业道德规范进行了全面修正，更名为职业道德规范，包括职业道德规范的原则和职业道德规范的规则。

1996 年至今是概念框架法的职业道德规范阶段。20 世纪 80 年代末至 90 年代初，英国发生了一系列财务舞弊和审计合谋案。为此，英格兰及威尔士特许会计师协会（ICAEW）于 1996 年开始按照概念框架法修订和应用职业道德规范。这种方法强调注册会计师要按照概念框架法对基本原则加以应用。目前，英国政府、欧洲会计联合会和国际会计师联合会已经基本认可了 ICAEW 建立在概念框架法下的职业道德规范。

### （二）我国注册会计师职业道德规范的发展

我国注册会计师制度在 20 世纪 80 年代才得以恢复。其后十余年中，并没有制定和颁布有关执业行为和道德操守的规范，只是依据《中国注册会计师条例》中的有关条款予以指导。1988 年中国注册会计师协会成立，1992 年中国注册会计师协会颁布了《中国注册会计师职业道德守则（试行）》，并于 1996 年颁布了《中国注册会计师职业道德基本规范》，2002 年颁布了《中国注册会计师职业道德规范指导意见》，作为注册会计师行业的自律规则，对个人会员和团体会员提出要求。

## 三、注册会计师职业道德规范的框架

### （一）美国注册会计师职业道德规范的基本框架

在美国，审计行为的规范化程度较高。就美国注册会计师职业来说，注册会计师必须执行至少三种道德规范：美国注册会计师协会颁布的职业道德规范，各州注册会计师协会制定的职业道德规范，各州会计局制定的职业道德规范。其中，美国注册会计师协会的职业道德规范最为全面，其职业道德框架包括四个部分。

一是职业道德概念。它是 AICPA 职业道德部通过的原则性文件，是职业道德规范的理想标准。它共有五个基本概念，即五个道德原则：独立、客观和公正；一般标准和技术标准；对审计客户的责任；对同行的责任；其他责任和实务。

二是行为规范。它规定了可以接受的职业行为的最低水准。目前有 13 条守则，每条守则都是强制性的。只有经 2/3 以上的美国注册会计师协会会员通过后，才能修改有关守则。

三是行为规范解释。它规定了行为规范的范围和适用性。目前共有 28 条行为规范解释。尽管"行为规范解释"不是强制性的道德标准，但它要求注册会计师必须说明任何背离"行为规范解释"的理由。

四是道德裁决。它说明了行为规范和行为规范解释在具体情况下和案件中的应用。道德裁决都是由注册会计师协会职业道德部发布的，现在已发布了大约 200 项裁决。裁决同"行为规范解释"一样,不具有强制性,但要求注册会计师必须说明任何背离的理由。

## （二）中国注册会计师职业道德规范的主要框架

中国注册会计师职业道德规范由《守则》《基本规则》《指导意见》组成，其中，守则包含 40 个条例,分属 7 章。《基本规范》包括总则、一般原则、专业胜任能力与技术规范、对客户的责任、对同行的责任、其他责任及附则等共 7 章 32 条。《指导意见》分为两个层次：一是基本原则，二是具体要求。基本原则包括注册会计师履行社会责任,恪守独立、客观、公正的原则，保持应有的职业谨慎，保持和提高专业胜任能力，遵守独立审计规范，履行对客户的责任以及对同行的责任等。具体要求包括独立性，专业胜任能力、保密、收费和佣金、与执行鉴证业务不相容的工作、接任前任注册会计师的审计业务以及广告、业务招揽和宣传等。

### 【政策导读】中国注册会计师职业道德规范指导意见

#### 第一章　总则

第一条　为了规范注册会计师职业道德行为，提高注册会计师职业道德水准，维护注册会计师职业形象，根据《中华人民共和国注册会计师法》和《中国注册会计师职业道德基本准则》，制定本指导意见。

第二条　注册会计师应当遵守职业道德准则，履行相应的社会责任，维护社会公众利益。

第三条　注册会计师执行审计、审核和审阅等鉴证业务，应当恪守独立、客观、公正的原则。

第四条　注册会计师应当保持应有的职业谨慎，保持和提高专业胜任能力，遵守独立审计准则等职业规范，勤勉尽责。

第五条　注册会计师应当履行对客户的责任，对执业过程中获知的客户信息保密。

第六条　注册会计师应当与同行保持良好的工作关系，配合同行的工作。

#### 第二章　独立性

第七条　注册会计师执行鉴证业务时应当保持实质上和形式上的独立，不得因任何利害关系影响其客观、公正的立场。

第八条　可能损害独立性的因素包括经济利益、自我评价、关联关系和外界压力等。

第九条　会计师事务所和注册会计师应当考虑经济利益对独立性的损害，可能损害独立性的情形主要包括：与鉴证客户存在专业服务收费以外的直接经济利益或重大的间接经济利益；收费主要来源于某一鉴证客户；过分担心失去某项业务；与鉴证客户存在密切的经营关系；对鉴证业务采取或有收费的方式；可能与鉴证客户发生雇佣关系。

第十条　会计师事务所和注册会计师应当考虑自我评价对独立性的损害，可能损害独立性的情形主要包括：鉴证小组成员曾是鉴证客户的董事、经理、其他关键管理人员或能够对鉴证业务产生直接重大影响的员工；为鉴证客户提供直接影响鉴证业务对象的其他服务；为鉴证客户编制属于鉴证业务对象的数据或其他记录。

第十一条 会计师事务所和注册会计师应当考虑关联关系对独立性的损害，可能损害独立性的情形主要包括：与鉴证小组成员关系密切的家庭成员是鉴证客户的董事、经理、其他关键管理人员或能够对鉴证业务产生直接重大影响的员工；鉴证客户的董事、经理、其他关键管理人员或能够对鉴证业务产生直接重大影响的员工是会计师事务所的前高级管理人员；会计师事务所的高级管理人员或签字注册会计师与鉴证客户长期交往；接受鉴证客户或其董事、经理、其他关键管理人员或能够对鉴证业务产生直接重大影响的员工的贵重礼品或超出社会礼仪的款待。

第十二条 会计师事务所和注册会计师应当考虑外界压力对独立性的损害，可能损害独立性的情形主要包括：在重大会计、审计等问题上与鉴证客户存在意见分歧而受到解聘威胁；受到有关单位或个人不恰当的干预；受到鉴证客户降低收费的压力而不恰当地缩小工作范围。

第十三条 当识别出损害独立性的因素时，会计师事务所和注册会计师应当采取必要的措施以消除影响或将其降至可接受水平。

第十四条 会计师事务所应当从整体上维护其独立性。维护独立性的措施主要包括：会计师事务所的高级管理人员重视独立性，并要求鉴证小组成员保持独立性；制定有关独立性的政策和程序，包括识别损害独立性的因素、评价损害的严重程度以及采取相应的维护措施；建立必要的监督及惩戒机制以促使有关政策和程序得到遵循；及时向所有高级管理人员和员工传达有关政策和程序及其变化；制定能使员工向更高级别人员反映独立性问题的政策和程序。

第十五条 在承办具体鉴证业务时，会计师事务所应当维护其独立性。维护独立性的措施主要包括：安排鉴证小组以外的注册会计师进行复核；定期轮换项目负责人及签字注册会计师；与鉴证客户的审计委员会或监事会讨论独立性问题；向鉴证客户的审计委员会或监事会告知服务性质和收费范围；制定确保鉴证小组成员不代替鉴证客户行使管理决策或承担相应责任的政策和程序；将独立性受到损害的鉴证小组成员调离鉴证小组。

第十六条 当维护措施不足以消除损害独立性因素的影响或将其降至可接受水平时，会计师事务所应当拒绝承接业务或解除业务约定。

### 第三章 专业胜任能力

第十七条 注册会计师应当通过教育、培训和执业实践保持和提高专业胜任能力。

第十八条 注册会计师不得宣称自己具有本不具备的专业知识、技能或经验。

第十九条 注册会计师不得提供不能胜任的专业服务。

第二十条 在提供专业服务时，注册会计师可以在特定领域利用专家协助其工作。

第二十一条 在利用专家工作时，注册会计师应当对专家遵守职业道德的情况进行监督和指导。

### 第四章 保密

第二十二条 注册会计师应当对在执业过程中获知的客户信息保密，这一保密责任不因业务约定的终止而终止。

第二十三条 注册会计师应当采取措施，确保业务助理人员和专家遵守保密原则。

第二十四条 注册会计师不得利用在执业过程中获知的客户信息为自己或他人谋取

不正当的利益。

第二十五条 注册会计师在以下情况下可以披露客户的有关信息：取得客户的授权；根据法规要求，为法律诉讼准备文件或提供证据，以及向监管机构报告发现的违反法规行为；接受同业复核以及注册会计师协会和监管机构依法进行的质量检查。

第二十六条 在决定披露客户的有关信息时，注册会计师应当考虑以下因素：是否了解和证实了所有相关信息；信息披露的方式和对象；可能承担的法律责任和后果。

## 第五章 收费与佣金

第二十七条 在确定收费时，会计师事务所应当考虑以下因素，以客观反映为客户提供专业服务的价值：专业服务所需的知识和技能；所需专业人员的水平和经验；每一专业人员提供服务所需的时间；提供专业服务所需承担的责任。

第二十八条 在专业服务得到良好的计划、监督及管理的前提下，收费通常以每一专业人员适当的小时费用率或日费用率为基础计算。

第二十九条 专业服务的收费依据、收费标准及收费结算方式与时间应在业务约定书中予以明确。

第三十条 如果收费报价明显低于前任注册会计师或其他会计师事务所的相应报价，会计师事务所应当确保：在提供专业服务时，工作质量不会受到损害，并保持应有的职业谨慎，遵守执业准则和质量控制程序；客户了解专业服务的范围和收费基础。

第三十一条 除法规允许外，会计师事务所不得以或有收费方式提供鉴证服务，收费与否或多少不得以鉴证工作结果或实现特定目的为条件。

第三十二条 会计师事务所和注册会计师不得为招揽客户而向推荐方支付佣金，也不得因向第三方推荐客户而收取佣金。

第三十三条 会计师事务所和注册会计师不得因宣传他人的产品或服务而收取佣金。

## 第六章 与执行鉴证业务不相容的工作

第三十四条 注册会计师不得从事有损于或可能有损于其独立性、客观性、公正性或职业声誉的业务、职业或活动。

第三十五条 注册会计师应当就其向鉴证客户提供的非鉴证服务与鉴证服务是否相容做出评价。

第三十六条 会计师事务所不得为上市公司同时提供编制会计报表和审计服务。

第三十七条 会计师事务所的高级管理人员或员工不得担任鉴证客户的董事（包括独立董事）、经理或其他关键管理职务。

## 第七章 接任前任注册会计师的审计业务

第三十八条 后任注册会计师在接任前任注册会计师的审计业务时不得蓄意侵害前任注册会计师的合法权益。

第三十九条 在接受审计业务委托前，后任注册会计师应当向前任注册会计师询问审计客户变更会计师事务所的原因，并关注前任注册会计师与审计客户之间在重大会计、审计等问题上可能存在的意见分歧。

第四十条 后任注册会计师应当提请审计客户授权前任注册会计师对其询问做出充分的答复。如果审计客户拒绝授权，或限制前任注册会计师做出答复的范围，后任注册会计师应当向审计客户询问原因，并考虑是否接受业务委托。

第四十一条　前任注册会计师应当根据所了解的情况对后任注册会计师的询问做出及时、充分的答复。如果受到审计客户的限制或存在法律诉讼的顾虑，决定不向后任注册会计师做出充分答复，前任注册会计师应当向后任注册会计师表明其答复是有限的。

第四十二条　如果审计客户委托注册会计师对已审计会计报表进行重新审计，接受委托的注册会计师应视为后任注册会计师，而之前已发表审计意见的注册会计师则视为前任注册会计师。

第四十三条　如果后任注册会计师发现前任注册会计师所审计的会计报表存在重大错报，应当提请审计客户告知前任注册会计师，并要求审计客户安排三方会谈，以便采取措施进行妥善处理。

**第八章　广告、业务招揽和宣传**

第四十四条　注册会计师应当维护职业形象，在向社会公众传递信息时，应当客观、真实、得体。

第四十五条　会计师事务所不得利用新闻媒体对其能力进行广告宣传，但刊登设立、合并、分立、解散、迁址、名称变更、招聘员工等信息以及注册会计师协会为会员所作的统一宣传不在此限。

第四十六条　会计师事务所和注册会计师不得采用强迫、欺诈、利诱或骚扰等方式招揽业务。

第四十七条　会计师事务所和注册会计师在招揽业务时不得有以下行为：暗示有能力影响法院、监管机构或类似机构及其官员；做出自我标榜的陈述，且陈述无法予以证实；与其他注册会计师进行比较；不恰当地声明自己是某一特定领域的专家；做出其他欺骗性的或可能导致误解的声明。

第四十八条　会计师事务所和注册会计师进行宣传时，不得有以下行为：利用政府委托或特别奖励谋取不正当利益；当会计师事务所将其名称、地址、电话号码以及其他必要的联系信息载入电话簿、信纸或其他载体时，含有自我标榜的措辞；当注册会计师就专业问题参与演讲、访谈或广播、电视节目时，抬高自己及其会计师事务所；当会计师事务所通过新闻媒体发布招聘信息时，含有抬高自己的成分。

第四十九条　会计师事务所可以将印制的手册向客户发放，也可以应非客户的要求向非客户发放，但手册的内容应当真实、客观。

第五十条　注册会计师在名片上可以印有姓名、专业资格、职务及其会计师事务所的地址和标识等，但不得印有社会职务、专家称谓以及所获荣誉等。

......

# 四、注册会计师职业道德规范的原则与规则

## （一）注册会计师职业道德规范的基本原则

1. 独立原则

独立性是指完全诚实、公正无私、无偏见、客观认识事实、不偏袒。独立性一般分

为实质上的独立性和形式上的独立性。实质上的独立性又称为精神状态、一种自信心以及在判断时不依赖和不服从于外界的压力和影响。实质上的独立性是指注册会计师在发表审计意见时其专业判断不受影响，公正执法，保持客观和专业怀疑。形式上的独立性是指会计师事务所应避免出现重大失误，使得拥有充分相关信息的理性第三方推断其公正性、客观性或专业怀疑受到影响。形式上的独立性指注册会计师必须与被审计单位或个人没有任何特殊的利益关系。

《注册会计师独立性概念框架》（2000 年）指出：独立性是指注册会计师不受那些危机或按理性预期会危及其做出无偏见审计决策能力的压力及其他因素的影响。

独立性的性质：①独立性是一种行为约束。②独立性是一种价值观约束，注册会计师及其事务所都应当尽量保持和发展自身的价值，故而他们对独立性的遵守是来自一种由内而外的动力。③独立性是一种程序公平，其目标是支撑信息使用者对财务报告过程的信赖以及提升资本市场效率。

独立性的制度框架：公司治理结构中增加审计委员会，改善审计委托关系；进行披露管制，抑制管理当局施压；完善事务所组织结构、明确责任合约安排；加强行业监管，提升独立性；强化法律责任，增强威慑与惩戒作用。

独立性的损害。可能损害独立性的因素包括：经济利益、自我评价、关联关系和外界压力。①可能损害独立性的经济利益包括：与审计客户存在专业服务收费以外的直接经济利益或重大的间接经济利益；收费主要来源于某一审计客户；过分担心失去某项业务；与审计客户存在密切的经营关系；对审计业务采取或有收费的方式；可能与审计客户发生雇佣关系。②可能损害独立性的自我评价包括：审计小组成员曾是审计客户的董事、经理、其他关键管理人员或能够对审计业务产生直接重大影响的员工；为审计客户提供直接影响审计业务对象的其他服务；为审计客户编制属于审计业务对象的数据或其他记录。③可能损害独立性的关联关系包括：与审计小组成员关系密切的家庭成员是审计客户的董事、经理、其他关键管理人员或能够对审计业务产生重大影响的员工；审计客户的董事、经理、其他关键管理人员或能够对审计业务产生直接重大影响的员工是会计师事务所的前高级管理人员等。④可能损害独立性的外界压力包括：在重大会计、审计等问题上与客户存在意见分歧而受到解聘威胁；受到有关单位或个人不恰当的干预；受到客户降低收费的压力而不恰当地缩小工作范围。

独立性的维护。当识别出损害独立性的因素时，会计师事务所和注册会计师应采取必要的措施以消除影响或将其降至可接受水平。会计师事务所对独立性的维护分为两个层面：一是从整体上对独立性的维护，二是在承办具体审计业务时对独立性的维护。①从整体上维护独立性可以采取的措施包括：会计师事务所的高级管理人员重视独立性，并要求审计小组成员保持独立性；制定有关独立性的政策和程序，包括识别损害独立性的因素、评价损害的严重程度以及采取相应的维护措施；建立必要的监督及惩戒机制以促使有关政策和程序得到遵循等。②在承办具体审计业务时，会计师事务所维护其独立性的措施包括：安排审计小组以外的注册会计师进行审核；定期轮换项目负责人及签字注册会计师；与审计客户的审计委员会或监事会讨论独立性问题；向审计客户的审计委员会或监事会告知服务性质和收费范围；制定确保审计小组成员不代替审计客户行使管理决策或承担相应责任的政策和程序；将独立性受到损害的审计小组成员调离审计小组。

### 2. 客观原则和公正原则

客观原则是指注册会计师对有关事项的调查、判断和意见的表述，应当基于客观的立场，以客观事实为依据，实事求是，不能掺杂个人主观意愿，不为委托单位或第三者的意见所左右；在分析问题、处理问题时，不以个人的好恶、成见或偏见行事，避免影响事实的客观性。贯彻客观性原则，要求注册会计师在执业中必须一切从实际出发，注重调查研究，做到审计结论有理有据。

公正原则是指注册会计师应当具备正直、诚实的品质，公平、正直、不偏不倚地对待有关利益各方，不以牺牲一方利益为条件而使另一方受益。

### 3. 胜任能力和技术规范

作为一名注册会计师，只有具备较强的业务能力和高水平的职业判断能力，才能提供高水平的专业服务。

第一，不得从事不能胜任的业务。职业道德规范禁止注册会计师承担和从事他所不能胜任或不能按时完成的任务；同样，如果某项业务整个会计师事务所的审计人员都无法胜任或不能按时完成，那么会计师事务所就应当拒绝接受该项业务的委托。

第二，注册会计师对助理人员和其他专业人员的责任。会计师事务所从事的大部分业务都需要业务助理人员参加，某些特殊的业务往往需要聘请其他专业人员进行协助，注册会计师要对其助理人员和其他专业人员的业务能力进行评价，看其是否能胜任工作；在职业业务之前，需要根据项目的性质、时间、范围和方法等对助理人员和其他专业人员进行必要的培训。

第三，接受后续教育。随着社会的发展，知识更新周期的缩短，注册会计师的业务领域日益拓展和深化，新问题层出不穷，注册会计师应适应时代的要求，不断地接受后续教育，更新知识，发展专业技能。

第四，保持应有的职业谨慎。不得宣称自己具有本不具备的专业知识、技能或经验；对有关业务形成结论或提出建议时，应当以充分、适当的证据为依据，不得以其职业身份对未审计或其他未审计事项发表意见；不得对未来事项实现程度做出保证。

国际会计师联合会对专业胜任能力的规定：①承担如下义务：将职业知识和技能维持在一定的水平上，以保证客户获得合格的职业服务；遵守适用的技术和职业标准，以勤勉的态度提供职业服务。②运用职业知识和技能做出正确的判断：获得专业胜任能力；保持专业胜任能力。③采取措施以确保在其职业能力范围内的下属人员得到适当的培训和监导。④应当使客户或其他使用者认识到审计服务的内在局限性，以避免对其所发表的意见进行错误的理解。

中国注册会计师协会对专业胜任能力的规定：第十一条，注册会计师应当保持和提高专业胜任能力，遵守独立审计准则等职业规范，合理运用会计准则及国家其他相关技术规范；第十二条，会计师事务所和注册会计师不得承办不能胜任的业务；第十七条，注册会计师对审计过程中发现的违反会计准则及其他相关技术规范的事项，应当按照独立审计准则的要求进行适当处理；第二十一条，在利用专家工作时，注册会计师应当对专家遵守职业道德的情况进行监督和指导。

美国注册会计师协会的技术规范规则对专业胜任能力的规定：规则202和规则203；会员在执行审计、复核、代编报表、管理咨询、税务或其他业务时，应遵循理事会指定团体颁布的标准。

4. 保密原则

保密原则的重要性：它是注册会计师履行职责的基础和前提。只有注册会计师获取了与客户企业财务报告有关的所有信息，才能充分利用其业务技能对客户的财务报告做出公正客观的鉴证意见，恰当地维护客户的利益进而保护其他社会公众的利益。

5. 或有收费规则

或有收费是指收费金额依据服务的结果或效果而定，除非取得特定的结果或效果，否则不收费。

美国注册会计师协会的相关规定：注册会计师不得以或有收费为基础，为客户执行职业服务（如财务报表审计或复核、代编财务报表、对预测性财务信息进行检查），或者从客户处收取这种费用；不得以或有收费为基础，为客户编制原始的或调整后的应税利润或应退税款。

我国关于注册会计师或有收费的规定：《中国注册会计师职业道德基本准则》第二十一条、《中国注册会计师职业道德规范指导意见》第三十一条。除有关法规允许的情形外，会计师事务所不得以或有收费形式为客户提供鉴证服务。除法规允许外，会计师事务所不得以或有收费方式提供鉴证服务，收费与否或多少不得以鉴证工作结果或实现特定目的为条件。

6. 前后任注册会计师的关系

美国注册会计师协会于1975年发布《前后任审计人员之间的联系》，用来调整注册会计师同行之间的关系。

中国注册会计师协会在《中国注册会计师职业道德基本准则》第六章"对同行的责任"中规定：注册会计师应该与同行保持良好的工作关系，配合同行工作；注册会计师不得诋毁同行，不得损害同行利益；会计师事务所不得雇用正在其他会计师事务所职业的注册会计师；注册会计师不得以个人名义同时在两家或两家以上的会计师事务所执业；会计师事务所不得以不正当手段与同行争揽业务。

7. 广告与招揽行为

美国注册会计师协会规定：公开执业的会员不得以在某种程度上是虚假的、误导的、欺骗性的广告或其他招揽形式获取客户。禁止使用强迫、欺诈、骚扰的招揽行为。

中国注册会计师协会规定：注册会计师及其所在事务所不得采用强迫、欺诈、利诱方式招揽业务；注册会计师及其所在会计师事务所不得对其能力进行宣传以招揽业务。

8. 佣金规则

美国注册会计师协会规定：会员不得以支付佣金的手段争取客户，也不得因向客户介绍他人的产品或业务而收取佣金。

中国注册会计师协会规定：注册会计师及其所在会计师事务所不得以向他人支付佣金等不正当方式招揽业务，也不得向客户或通过客户获取服务费之外的任何利益。

### （二）注册会计师职业道德规范的规则

对客户的责任。注册会计师应当在维护社会公众利益的前提下，竭诚为客户服务，职业道德规范规定了注册会计师对客户所负的特殊责任：①按时按质完成委托业务。注册会计师应当恪守业务约定书中的各项规定，在委托单位提供了必要条件的前提下，在规定的时间内，按专业标准的要求高质量地完成委托业务。②保密的责任。注册会计师应当对执业过程中知悉的商业秘密保密，并不得利用其为自己或他人谋取利益。但是保密原则不能成为注册会计师拒绝按专业标准要求揭示有关信息的借口，也不能以此为由拒绝出庭作证或拒绝注册会计师协会和主管财政机关对其进行调查。③不能按服务成果的大小决定收费的高低。除有关法规允许的情形外，会计师事务所不可采用或有收费形式为客户提供审计服务。会计师事务所收费的多少应当以服务的性质、工作量的大小、参加人员层次的高低等为主要依据，按照协会规定的标准合理收取费用。

对同行的责任。它是指注册会计师、会计师事务所在处理与其他注册会计师、会计师事务所的相互关系时所应遵循的道德标准。注册会计师应与同行保持良好的工作关系，配合同行工作。注册会计师行业内部能否保持一种良好关系，将会影响到整个注册会计师职业界在公众中的形象和声誉。各会计师事务所之间应确立"以质量求信誉，以信誉求发展"的宗旨，团结协作，共同维护本行业的职业道德和职业声誉。对同行的责任主要有以下两点：会计师事务所可以跨地区、跨行业执行；前任注册会计师应支持和配合后任注册会计师的工作。

业务承接中的职业道德。①统一接受委托。注册会计师执行的各项业务，应由会计师事务所统一接受委托。注册会计师及其他有关人员不得以个人名义承接业务。②双向自愿原则。会计师事务所与委托单位之间的业务委托关系，应实行双向自愿选择的原则，不得以任何方式限定或干预委托单位对会计师事务所的选择或会计师事务所在业务承接上的自主权。③不得通过广告宣传招揽业务。会计师事务所不得在电台、电视台、报纸、杂志等新闻媒体上直接或间接地对其能力进行广告宣传以招揽客户。④招揽业务禁止的行为。会计师事务所和注册会计师在招揽业务时不得有以下行为：暗示有能力影响法院、监管机构或类似机构及其官员；做出自我标榜的陈述，且陈述无法予以证实；与其他注册会计师进行比较；不恰当地声明自己是某一特定领域的专家；做出其他欺骗性的或可能导致误解的声明。

**【案例分析一】李总该辞去委托吗**

A银行是一家中等规模的金融机构，其管理当局在行业内享有良好的声誉，不过其首席执行官（也是重要股东）最近迁居到了外地。他每周返回A银行总部待两三天以便监督银行的主要业务。

近来银行盈利水平下降，管理层已开始对逾期贷款进行重新审查。这样做的目的是使银行能够及时发现存在的问题，而不像以前那样简单地把未付利息加计到本金中，从而得到一个新的贷款本金。另外还有一些关于变更会计政策以使得其不太保守的议题也正在讨论中。

A银行的审计师事务所的合伙人李总开始对该银行财务报表的公允性审计意见的风

险予以关注。在刚开始进行审计的几天里，已有证据显示不良贷款准备金提取比例过低。他约见了银行的首席执行官和财务副总经理来商讨这个问题。在约谈过程中，李总被告知高级管理人员已注意到准备金过低的问题，不过他们不打算提高准备金提取比率，因为这样做会降低报表利润，他们已经联系到一家企业，为其租赁提供保险，以保证这些设备在租赁期内免遭受地震等自然灾害所造成的损失；另外，对到期不能归还的贷款也购买了保险。这样，任何由于贷款违约所造成的损失都将由保险公司赔偿，所以他们觉得没有必要提高贷款准备金，或是披露保险协议的内容。

李总听完了这个解释后表现出对 A 银行管理当局的关注，但他们态度强硬。由于 A 银行是事务所的一个大客户，所以李总决定寻求张总的意见。张总是他所在事务所的高级合伙人，负责对会计处理进行评级及相关的风险评估。张总和李总讨论后决定，最好的办法是辞去这一委托业务并当面与客户说明原因。

晚餐后，张总在机场等候回家的航班，他碰巧遇到了刘总。刘总在另外一家会计师事务所中担任同样的职务，他也要回家而且看起来心情不错。在飞机上，刘总无意中透露出他可能会争取李总事务所的老客户 A 银行。

问题：（1）李总该怎样做？辞去委托还是继续服务？

（2）如果继续服务，李总的会计师事务所将面临什么样的道德危机？

## 【案例分析二】A 会计师事务所的审计

A 会计师事务所成立于 1987 年 8 月，是由某部委下属的两个科研机构各自出资共同组建而成的。成立以来，A 事务所管理混乱，所承接的验资、查账业务很多都没有履行必要的程序，工作底稿不完整，不经过实地盘点和资信调查就随意开具验资报告，业务质量极差。B 公司一案，将其存在的问题彻底曝光。

1992 年 7 月，盛夏的某城爆出一条消息：B 新型材料建筑公司为了减缓市场上建材紧俏、供不应求的局面，准备大幅度扩展其生产规模。扩展后，年生产能力将增加150%，其建材市场的供给将相应增加 18%，从而能够有效地降低价格，缓解市场压力。为了扩大生产，B 公司准备公开向市场筹集资金 7.5 亿元，用于购置厂房设备及流动资金的投入。该集资款年利息为 22.7%，两年后分三年还清本息，每年偿还额为本金的 1/3及相应利息。

面对如此之高的集资利率，许多市民挡不住诱惑，纷纷拿出自己多年的积蓄作为集资款投入 B 公司，B 公司也很快办好了各项法律合同和手续，并不惜重金在市场上通过新闻媒介大肆宣扬这次集资的安全性和高回报性。无疑，这些宣传吸引了更多的投资者。截至 1992 年 9 月底，7.5 亿元款项已顺利地筹足，9100 万名投资者翘首盼望早日领到丰厚的回报。

根据集资声明，自集资款 7 个月后，B 公司将完成扩展任务，将新生产设备投入使用。但是，到了 1993 年 6 月，B 公司的建材产品供给量非但没有增加，反而略有下降趋势。据该公司职员讲，他们公司从未有任何扩大生产的迹象，生产设备也没有增加一台。这是怎么回事呢？一些有头脑的投资者禁不住替自己的钱捏了一把汗。有的投资者打电话或写信向 B 公司总经理孙总询问此事，答案是：上级审批部门办事太慢，要盖无数个公章后才能买地、买设备，B公司自己也很着急，但力不从心。

时间又过去了5个月。11月，更多的投资者问询此事，得到的答复还是原来的话。这种搪塞之辞令人们疑惑了，也愤怒了。不少投资者直接闯进公司总经理办公室。孙总总是以安抚政策来劝慰他们，口头保证立即去找上级部门解决审批问题，然后马上去订购生产线。

1994年春节过后，孙总的谎言不攻自破了。此时，一些报纸上突然出现了B公司的公告，其内容大致是说，审批已通过，订购的生产设备马上就要安装并投入使用。同时，作为对投资者的酬谢和歉意，东方公司将把原来的集资利率上调0.1个百分点，达到22.8%，并保证将按期归还本息。

根据当时签订的集资协议，B公司应于集足款项后每年由注册会计师进行一次验资公证，并将证明书提交给投资者，因而1993年9月底及1994年底均应由注册会计师进行验资。1993年9月底，B公司以审批未获批为由免了验资。到1994年9月底，B公司既然已声明厂房设备已解决，即使未投入生产，这些固定资产也应接受验资。可事实是，B公司根本没有购置任何厂房设备，根本不打算将集资款用于扩大生产规模，所以他们只能想方设法骗取一份验资报告。

1994年9月28日，B公司副经理郑总打电话给A事务所四分所所长魏总，约定第二天下午，两人在四分所会面商谈此事。魏总一开始犹豫不决，借口怕担风险不太愿意承接此业务。郑总奉孙总的指示，不断地增加筹码，承诺说事情一成，将有重金酬谢。双方最终达成了一个价格，并初步拟订了行动方案。

10月3日上午，魏总与该所成员小王去B公司实地了解情况，两人走马观花地看了一圈，便被邀请去吃午饭，并接受了一份礼物。次日，小王与另一位四所成员小蒋奉魏总的派遣来到B公司，确定业务内容是"对1994年9月末B公司的权益进行审核确认，并出具报告"。B公司财务经理唐总提出，因为不少人对他们的实力表示怀疑，公司很希望当天就能拿到这份证明他们实力没有问题的报告，所以请四所再临时派一位成员过来参加工作，三人立即根据B公司提供的账表开始工作。午饭之后，也就是大约审查了四个小时的账表之后，由小王起草报告，草稿经小蒋、小刘、唐总和郑总核实后，又送给孙总过目，孙总对此报告表示基本满意，并提出两个地方应再加一些所谓的润饰。小王按其意思修改了一下，将报告打印校对后，已是晚上7点钟了。唐总又陪着小王、小蒋和小刘吃了一顿饭，塞给每人加班费150元，并派车送三人回家。

次日即10月4日，B公司副经理郑总带着几十份打印好的审验报告和空白转账支票来到四分所，并向魏总提出要求加盖注册会计师的印章和A会计事务所的公章。魏总按照郑总的意思在他带来的几十份验资报告上均加盖了印章，同时收取6.8万元。这是当时规定的收费标准的19倍。

10月5日，一些新闻媒介上刊出了B公司的验资报告，同时，一些主要投资者也接到了B公司散发的报告复印件。投资者原本对B公司的资信有很大怀疑，此时拿到了盖有注册会计师印章和A事务所公章的报告，也就不再怀疑什么，只是盼望生产线赶快上马，一年后能获取回报。

然而，善良的投资者们并不知道，他们的7.5亿元集资款正被B公司的一些上层人物大肆挥霍着。孙总、郑总、唐总等人都分到了一部分钱，他们用这笔钱为自己购置住宅、高级音响、家具和珠宝，并把剩余的钱以其亲属的名义存入银行，以避嫌疑。

1995 年初，B 公司的骗局历时两年半后，终于败露了。A 会计师事务所四分所的魏总同孙总一起走向了法庭的被告席。

问题：（1）A 会计师事务所及其相关审计人员违反了注册会计师职业道德规范的哪些规定？

（2）如果你是一名注册会计师，有客户要求你为其出具一份验资报告，并向你暗示他们实质上并无资产因而真正需要的是虚假报告，你会怎样对待这家客户？

## 【案例分析三】中诚会计师事务所的不忠诚

1993 年前后，连续发生了北京中诚会计师事务所出具虚假验资报告等三大案件，涉案的会计师事务所和注册会计师均受到了严厉处罚，震惊了会计行业内外，于是注册会计师的职业道德、廉洁自律摆到了会计师事务所的重要议事日程上来，同时也得到社会各界的充分关注。

1992 年 6 月至 1993 年初，曾负债累累的北京市长城机电科技开发产业公司（以下简称长城公司）总裁沈太福，以签订技术开发合同为名，以 24% 的高额年息为诱饵，向社会非法集资。长城公司在短短 8 个月的时间内，集资总金额竟然逾 10 亿元之多，10 多万名群众受骗上当，酿成新中国成立以来罕见的经济大案，在国内外产生恶劣影响。

事实上，这个所谓机电科技开发产业公司，既无经营，也无开发，沈太福本人也无任何这方面的技术专长。他所做的不过是把骗来的巨款据为己有，大肆挥霍，金钱铺路，打通关节，这是沈太福惯用的手段。而有关注册会计师在这个大案中也扮演了极不光彩的角色。事件发生的经过大致是这样的：

长城公司原是科技人员沈太福注册 30 万元创办的，该人曾获得过科技奖。长城公司相关会计人员（该会计人员最后也被判刑 15 年）给沈太福出主意，大意是说怎样才能赚更多的钱，而且是大手笔的钱。他对沈提议，现在社会都流行集资，公司应该通过大量地筹集资金才能既快又多地赚大钱。

现在这个社会谁还会嫌钱多呢？会计人员的话自然是说到沈太福的心坎上去了。于是几个人一合计，做什么呢？最后，商量的结果是做假科技合同。

于是长城公司开始制作科技开发合同，每人可投资 5000 元以上，每月按 2% 给予投资回报，年利率 24%，投资人可以随时撤销合同。经过大肆宣传，短短两个月就集资 10 亿元。有人为了集资甚至托银行购买科技合同，引起了银行的关注。时间久了一系列问题逐步暴露出来，一些投资者开始要收回集资款。

面对银行的关注和投资者的不信任，公司面临着被投资方收回资金的压力和威胁，长城公司的相关人员立刻找到北京中诚会计师事务所，谎称北京长城公司要到香港经营，需事务所出具资信证明。为了顺利拿到证明，长城公司很爽快地拿出一张空白支票让中诚会计师事务所自己填写审计费用。

也许是很少遇到这样不需要讨价还价的客户吧，当时的细节我们并不清楚，但清楚的是,面对这样的诱惑,该会计师事务所将一个中介机构应具备的职业道德抛弃在了一边。

就是这样一项资信证明的业务,北京中诚会计师事务所收取了长城公司 10 万元的审计费用,自然是拿人手短、吃人嘴软,既然收了这笔钱,那就该答应为其出具虚假验资报告。至于这 10 万元的数字是长城公司填的,还是会计师事务所填的,已经不重要了,区区的 10 万元就蒙蔽了一个中介机构应有的良知。

北京中诚会计师事务所在收下 10 万元审计费用后,派三名注册会计师到长城公司进行验资。在此期间,三名注册会计师中午被长城公司相关人员请到烤鸭店吃烤鸭,在吃饭的同时又收取了长城公司备下的随身听礼品。一直到晚上 7 点钟三名注册会计师才做好工作底稿,他们每人又加收了 100 元加班费。

长城公司要了 100 份验资报告发给了各个省的相关投资者。沈太福还召开新闻发布会,称人民银行干扰民营企业,并声称要起诉人民银行。最后引发国家干预,追查长城公司的非法集资活动,北京中诚会计师事务所被强制解散,几名注册会计师被注销资格,所长也被追究了责任。

为了金钱,为了得到更多的报酬,北京中诚会计师事务所和相关的会计师出卖了作为中介机构和中介人员应有的职业道德和良心,置国家的法律于不顾,一步一步地走上了助纣为虐、违法犯罪的道路。

### 【案例分析四】"四大"的危机与"救赎"

1. 德勤逐利导致丑闻不断

近两年,德勤所经之处,留下一路废墟。2005 年德勤因为主动配合上市造假,为古井贡逃税达 5910 万元人民币,而被国家审计署点名。在中国香港德勤也卷入多家公司丑闻。创维公司就是在德勤帮助下伪造会计记录而上市,中国香港廉政公署和中国香港会计师公会均表示德勤负有直接责任。尽管德勤全球 CEO 白礼德在接受媒体采访的时候摆出一副无辜的样子,认为德勤也是科龙事件的受害者,但德勤因为"科龙事件"而信誉扫地已是不争的事实。

2. 普华永道职业操守在哪里

2006 年 5 月 10 日,日本监管部门勒令普华永道(PwC)的日本公司中央青山停止为大型企业客户审计服务两个月,起因在于,其在为化妆品公司嘉娜宝的审计中存在欺诈行为。嘉娜宝 2005 年 3 月表示,截至 2004 年 3 月前的五年中,其中四年的盈利将改为亏损,因为在此期间,公司前经理人员夸大销售收入,隐藏费用支出,多报了大约 2100 亿日元的盈利。而普华永道已被逮捕的三名前员工也承认,在这五年时间内为嘉娜宝做假账。

普华永道在中国也同样遭遇了麻烦,由于在审计时为了图省事,而没有亲自进行"函证"这一道对于注册会计师来说最简单也是最基本的程序,普华永道未能发现 G 外高桥 2 亿元资金被其公司内部员工挪用。试问"函证"这一道审计过程中最基本的程序都不能尽责,又谈何"职业操守"呢?

3. 安永不实报告别有用心

安永 5 月初在其美国总部发布的不良资产报告也为其带来了不小的麻烦,该报告称中国目前的不良资产达到了 9000 亿美元，并有进一步上升的趋势，参与该报告中国部分写作的北京分公司合伙人罗德曼在没有亲自调研的情况下，引用了瑞银集团对中国不良资产的估计数字，该数字与中国官方公布的统计数字相差甚远，由此引发了中国政府部门的极度不满。

尽管安永及时做出道歉并撤回了报告，但有一点可以肯定，在中国，安永不仅是工商银行的审计师，同时在中国不良资产市场上，也在为各大投资公司提供尽职调查服务，安永这份报告的用意是希望以发布报告的形式吸引更多的潜在客户。

4. "自我救赎"

就在普华永道因嘉娜宝事件受到日本监管部门惩罚后不久，日本注册会计师协会就号召旗下成员向中央青山 PwC（Pricewaterhouse Coopers）（普华永道日本分公司）伸出援助之手，并警告称，如果有哪家公司试图从这家身陷困境的公司挖走客户或员工，该协会将采取严厉措施。日本注册会计师协会的表态凸显出这样一种担忧：倘若人们对中央青山 PwC 失去信心，那么安达信垮台的悲剧就有可能重演。

事实上，"四大"之间尽管在业务上存在竞争关系，但是在行业内部已经形成了非常稳定的相互支撑关系，一荣俱荣，一损俱损。美国的一项调查显示，2004 年发生的 396 起更换会计师事务所的案例中有 2/3 的情况是放弃"四大"而改聘中小事务所。如果再出现一个"安然"，则必将打破现有的平衡，从而成为"四大"不能承受之重。《鲍曼会计报告》曾经预测，由于无休止地追求业绩增长和规模扩张，这些巨型会计师事务所的内部协调能力已经到了极限，国际巨型会计师事务所在 20 年后将不复存在。

反观国内，"四大"在中国的崛起虽然不过是 20 世纪 90 年代初刚刚开始的事情，但是它们已经远远超越了比它们更熟悉本地环境的国内会计师事务所，席卷了中国几乎所有大型金融机构和企业集团的会计业务。尽管丑闻不断，但是无论是政府还是企业，仍然津津乐道于"四大"的权威、专业和国际化背景，本土会计师均以被"四大""收编"作为最终极的渴望，大华、天健的易帜无不流露出国内会计师行业面对这场实力极不对称的国际竞争的无奈和悲凉。

## 【案例分析五】注册会计师要以维护社会公众利益为己任

财政部前部长金人庆在出席中国注册会计师协会第四次全国会员代表大会时向与会代表强调，注册会计师执业活动与公众利益息息相关，广大注册会计师一定要以"诚信为本，操守为重，坚持准则，不做假账"为座右铭，正确处理好个体利益与社会公众利益的关系，时刻牢记所肩负的社会责任，要以维护社会公众利益为己任。

金人庆在讲话中充分肯定了注册会计师行业 20 多年来的发展建设成就，并指出，在今后的一段时期，注册会计师事业的建设与发展，要认真贯彻落实党的十六大精神、《中共中央关于完善社会主义市场经济体制若干问题的决定》和科学发展观，以诚信建设为主线，以维护公众利益为宗旨，加强行业建设与改善执业环境并重，开放国内市场与走向国际市场并举，体制创新和技术创新并进，全面提升行业的社会公信力和市场竞争力，为我国社会主义市场经济体制的发展完善和经济社会的全面进步服务。

他提出，要通过各方面的努力，力争用五年左右的时间，基本建立起一种符合行业发展规律和我国社会主义市场经济要求的行业管理体制，基本打造出一支在质量和数量上能够满足我国经济和资本市场发展战略，以及现代企业制度需要的执业队伍，基本形成一套质量和风险控制严格、竞争有力有序的会计师事务所内部管理科学机制。

作为行业自律管理组织的中国注册会计师协会成立于 1988 年，在对注册会计师、会计师事务所的服务、监督、管理和协调，以及促进行业健康发展等方面发挥了重要作用，并已加入国际会计师联合会、亚太会计师联合会等行业国际性组织，在国际会计审计领域也发挥着越来越重要的作用。

近年来，注册会计师行业提出了以诚信建设为主线的工作思路，加快了行业自律管理体制建设步伐。为充分体现注册会计师行业维护社会公众利益的宗旨和开门办会的思想，中国注册会计师协会第四次全国会员代表大会的正式代表中，除了行业代表外，还吸收了有关政府部门、行业组织、企业、科研院校等方面的代表，以参与和监督行业的各项工作。

### 【案例分析六】安然与安达信不诚信自毁前程

2001 年，美国华尔街明星企业纷纷倒闭，道琼斯股票指数、纳斯达克股票指数和标准普尔 500 种股票指数屡创新低，股市投资者损失惨重，公众信心接连遭受打击。2001 年 1 月，曾在《财富》杂志全球 500 强名列第七的美国能源超级大企业安然企业对外公布：企业 1997～2000 年度虚报盈利 5.91 亿美元，增列 6.28 亿美元负债，此举直接导致投资者信心崩溃。在不长的时间内，安然企业股价从最高超过 90 美元，股票市价过 630 亿美元，一路狂跌至不足 1 美元，连续 30 个交易日其股价徘徊在摘牌底线的 1 美元之下，安然企业股票被摘牌。同年 12 月 2 日，安然企业正式向纽约联邦地方法院申请破产保护，破产清单所列资产达 631 亿美元。安然企业破产后，其受害者遍及全球。安然企业股票投资者损失惨重，血本无归；贷款给安然企业的华尔街金融企业、欧亚各银行承受至少 50 亿美元损失；美国著名的信用评级企业——标准普尔，估计与安然企业债务相关的证券商遭受 63 亿美元损失。

安然企业破产倒闭，使全球五大会计师事务所之一、创立于 1913 年的安达信国际会计企业碰到巨大麻烦，遭遇严重诚信危机，进而引发全球会计行业强烈"地震"。从安然企业成立之始后的 16 年里，安达信一直担任安然企业的独立审计师。在 2001 年会计年度安达信的业务收入为 93.4 亿美元，其间有 5200 万美元的收入来自安然企业，而这其中 2700 万美元是管理咨询业务收入，只有 2500 万美元才是审计鉴证收入。很显然，安达信担任安然企业的独立审计师可谓扮演了双重角色：外部审计师和内部审计师，因此，安达信的审计失去了独立性，无法做到公正。正如美国《商业周刊》评论员所说："一只手做账，另一只手证明这只手做的账。"这样，怎能不出假账？

2001 年 12 月，安达信的 CEO 约瑟夫·贝拉迪诺在国会作证确认，安达信对安然企业的财务会计问题处理上判断失误。在收到美国证券交易委员会调查安然企业财务与会计违规问题传票后，2002 年 1 月 10 日，安达信发表简短声明，承认其负责安然企业审计工作的前主审计师大卫·邓肯曾召开过一个紧急会议，组织人员迅速销毁上万份与安然破产有关的文件，而邓肯则说他是接到安达信的律师的指令后做的。销毁文件的做法违反了会计业内最基础的审计原则。美国司法部以"妨碍司法调查罪"将安达信告上法庭。美国休斯敦联邦大陪审团裁定安达信销毁安然文件、妨碍司法调查罪名成立。令人吃惊的是，美国两大申请破产的美国环球电讯企业和"世界通信"企业的独立审计师也是安达信。1999 年安达信由于为客户做假账，而被罚款 1.17 亿美元。2000 年，安达信在对美国废品处理企业的审计中因违反美国一般公认会计原则和不正当行为，美国证券交易委员会处以美国废品处理企业与安达信共同承担 4.57 亿美元的罚款。

总之，安达信的诚信缺失导致近百年美名毁于一旦，最终自毁前程，自取灭亡：美国东部时间 2002 年 8 月 31 日安达信国际会计企业正式宣布退出审计行业，这家拥有 89 年辉煌历史的世界著名会计企业因为"安然事件"付出了丢掉诚信的昂贵代价——被迫黯然关门。到底是什么原因致使中外企业巨子造假成风与欺诈盛行呢？美国经济学家赛斯拉·布克认为，从 20 世纪 90 年代以来，美国大企业的高管人员薪酬暴涨，在过去的 15 年间，大企业 CEO 平均年工资增幅为 866%，而同期工人平均年工资增幅为 63%。许多企业经理层唯恐失去既得利益，接受并采用"无商不奸"的本质与做法，放弃商业经营中最核心的诚信根基，不择手段编造企业业绩。因此，企业失德行为产生的表面原因好像是社会经济环境不佳、法律不健全、执法不从严、惩处不得力，无法约束人们的各种不良行为；实际上，根本原因则是人们的道德标准下滑，真假、善恶、美丑、忍狂、好坏、是非、忠奸等界限模糊，无法约束人们的不良心灵，进而导致不道德行为。也正如国际会计师联合会前总干事约翰·格热那尔所说的，"我们所有的人都已意识到会计这个职业现在正处在相当大的压力之下。最近的财务危机始于美国，但是其影响却是全球性的。它使我们受到很多谴责——缺乏企业管理和内部控制、会计和审计准则不足、无效的企业模式以及会计师和审计师自身的问题等。然而我经常想，最终的罪魁祸首不正是职业道德的沦丧吗？"布克明确指出，我们要像保护每时每刻要呼吸的空气和每天要喝的水一样保护我们今日社会中无处不在的商业诚信道德。当商业诚信道德受到彻底的损害之后，犹如一个人患上了不治之症，这个社会也完了，没治了。美国乔治敦大学商业道德系主任乔治·布伦凯特介绍说，近若干年来，美国很多大学的商学院给学生灌输的思路是：为了大量赚钱，可以不择手段、不计代价、不讲方式，在物质利益的驱动下也不必顾虑任何社会责任和任何诚信道德规范。连续不断的企业造假案不能不引起中外大学的商学院（包括管理学院）对教学思想的全面反思——应该在狠抓专业技能教育的同时，高度重视商务管理的诚信道德教育，并把诚信道德教育放在首位。

　　问题：（1）安然破产倒闭与安达信黯然关门的根本原因何在？
　　　　　（2）请结合安达信兵败安然的案例，谈谈你对注册会计师审计独立性的认识。

**【案例分析七】美国注册会计师协会职业道德原则**

职责：在履行作为专业人员的责任时，会员应该在所有活动中保持敏感的职业和道德判断。

公众利益：会员应承担起为公众利益服务的责任，并要赢得公众的信任，履行自己的专业承诺。

正直：为保持并扩大社会公众对此职业的信任，会员须在履行其所有职责时都保持高度的正义感。

客观与独立：在履行其专业职责时，会员应保持客观性以避免利益冲突的发生。公共领域作业成员在提供审计和其他鉴证服务时，无论在实质上还是在形式上都应该保持独立性。

应有的谨慎：会员应该遵守其职业技术准则和道德标准，力求不断提高胜任能力和服务质量，应尽其所能，解除职业责任。

服务的范围和性质：公共领域作业成员应该依据职业行为规则来确定所要提供的服务范围及其性质。

### 【案例分析八】蓝田股份财务丑闻中的审计

蓝田股份公司于1996年6月上市，现已退市。鼎盛时期的蓝田股份，曾被誉为中国农业第一股，创造了中国农业企业的蓝田神话。然而，如此高利的背后却隐藏着巨大的漏洞，蓝田股份堪称中国上市公司财务造假的高手。

1999年10月，证监会处罚蓝田股份数项违规行为，而此时，蓝田股份的审计事务所沈阳华伦会计师事务所依然为其造假大开绿灯，出具不真实的审计报告。该事务所的一位负责人在2002年1月接受证券时报记者采访时说："蓝田资产不实的问题，当时我们也不清楚，我们提出要求做评估，并且按照评估的意见加以认定。至于虚报利润，我们并不是专家，鱼塘到底有多少鱼，到底能卖多少钱，我们只能借助专家的评估、预测。我们当时去的时候，也要求公司做评估，后来我们是在专家的评估判断后才签的字。"他还委婉地指出："事情很显然，蓝田造假之所以到现在被查出来，是公司造假隐蔽，还是另有其他原因，并不像想象的那样，让审计师一进去，就可以把所有问题都发现。如果公司从头到尾都作假的话，发现是很难的。对于我们，本身认定不了的东西，我们找专家了，也找评估机构了。除此之外，我们还能做什么？"

不容否认，蓝田股份大量的交易是通过现金交易来进行的，采取坐收坐支的办法，审计师难以从收款的角度验证收入的真实性，而对面积达300余万亩的洪湖里的水产品存货进行盘点，也极其困难。但审计师在蓝田股份的财务丑闻中没有任何责任吗？

本案例涉及审计人员在财务丑闻中的责任，注册会计师在审计过程中，究竟有什么样的责任？他们应遵循哪些职业道德？

### 【案例分析九】美国注册会计师协会职业道德规范

1. 职业道德原则

它是对注册会计师应当具备的品质做出的一般性规定，包括责任、公众利益、正直、客观和独立、应有的谨慎、服务的范围和性质。职业道德原则表明了注册会计师承担的责任，也反映了职业道德的基本信条。这些原则要求，即使牺牲个人利益也要履行职业责任，坚持正确的行为。

2. 行为规则

美国注册会计师协会的章程要求，会员应当遵守《职业道德守则》中的规则，并对偏离规则的行为做出合理的解释。如果说职业道德原则是注册会计师的理想行为，则行为规则就是注册会计师行为的最低标准，具有强制性。

3.行为规则解释

由于经常有会员就某一具体规则提出问题，因而就有必要对行为规则做出公开的解释。美国注册会计师协会职业道德部成立了一个主要由执行公共业务的执行人员组成的委员会，由委员会对行为规则做出解释。在解释最终定稿之前，要向职业界征求意见，虽然解释不具有强制性，但会员要在纪律检查听证会上证明背离解释的正当理由。

4.道德裁决

道德裁决是美国注册会计师协会职业道德部执行委员会根据一些具体的实际情况做出的解释，也是行为规则及其解释在具体情况和案件中的应用。同行为规则解释一样，道德裁决不具有强制性，但要求会员说明任何背离的理由。

**【案例分析十】"立信"对内伦理道德管理——"大智慧"审计失败** ①

2016年7月，中国证监会对上海大智慧有限公司（以下简称大智慧）和立信会计师事务所（以下简称立信事务所）做出行政处罚决定，这在资本市场上引起了很大的骚动。（大智慧是股票市场上炙手可热的牛股之一，市场知名度高。）立信事务所是我国国内排名前四的大所之一，其对大智慧公司的审计失败案例引发人们重新审视会计师事务所的内部道德伦理管理。本文对立信—大智慧审计失败的案例进行深入研究，分析立信事务所审计失败的内部原因，最后提出了对于立信会计师事务所内部伦理道德管理方面的对策和建议。

1.立信事务所简介

中国著名会计师潘旭伦先生于1927年在上海创办立信会计师事务所，是中国最早、最具影响力的会计师事务所之一。立信事务所依法独立承担注册会计师业务，其有证券期货相关业务资格。2010年，立信事务所获得首批H股审计资格。2010年12月，改制为中国首家特殊普通合伙会计师事务所。

2.大智慧公司审计失败案例分析

（1）案情经过。

上海大智慧公司成立于2002年，于2011年在上海证券交易所上市，但是在2012年就遭遇了2.67亿元的巨额亏损。但在2013年，它实现了全年盈利。不过，好景并不长。2016年，证监会在对大智慧公司进行调查后，对大智慧公司做出处罚决定，指出2013年，大智慧利用虚构利润、提前确认收入等手段，将2013年的利润扭亏为盈、令人疑惑的是，立信事务所为何未能发现大智慧财务舞弊，从而导致审计失败？是注册会计师的无心疏忽，还是与大智慧串通的蓄意财务欺诈？

（2）立信事务所审计失败的内部原因。

①审计人员缺乏独立性。《注册会计师职业道德准则》规定，审计人员必须遵循诚信、独立、客观和公正原则。然而到2013年时，立信事务所与大智慧公司已经合作了四年，并且参与审计大智慧项目的审计人员几年来没有发生改变,使注册会计师缺乏独立性。

---

① 窦园园."立信"对内伦理道德管理——"大智慧"审计失败［J］.中国管理信息化，2020（1）.

这是事务所内部管理不善造成的。

②审计人员未保持应有的职业怀疑。大智慧公司将通过从营销活动中收集的客户活动资金确认为2013年软件销售收入。但实际上，这种活动的实质是营销活动，属于非经营性基金。此外，大智慧公司还利用广告服务框架协议和虚假的广告资源消耗排期表，在相关合同尚未履行完成的情况下，串通客户要求其配合伪造项目验收单据和验收日期，以虚增服务收入及利润。立信事务所在对大智慧公司的这一违规行为进行审计时，只是简单抽查了一些原始资料，却没有对这些资料进行判断和分析。立信事务所在对银行电子回单进行审计抽样时，抽到注有客户注明"打新股资金"的异常银行电子回单复印件，但审计人员却并未引起警觉，也没有保持合理的职业怀疑，而是以该错报金额重要性水平较低为由没有实施进一步的审计抽样。但根据大智慧公司2013年的财务报表与往年财务报表的对比不难发现，大智慧公司2013年财务报表存在明显异常，注册会计师理应通过分析程序等风险评估程序发现这些异常，并调整对重要性水平的判断。通常来说，企业销售规模的扩大在带来收入增长的同时往往伴随着销售费用或管理费用的增加，大智慧公司2013年的营业收入增长了128.46%，但营业成本有所下降，营业收入增长与销售管理成本增长存在较大差距，这应该引起注册会计师的专业怀疑。此外，大智慧公司2013年第四季度的营收也明显异常。报表数据显示，大智慧公司第四季度的收入占全年收入的比重接近40%。这对于大智慧公司这个销售没有明显季节特征的公司而言，是非常不合理的。通常来说，临近财务报表日财务数据出现异常、大幅波动很可能表明被审计单位存在舞弊风险，尤其是营业收入等重要科目。显而易见的是，立信事务所在审计过程中未能保持职业怀疑、审计人员并没有对发现的异常电子回单保持警觉，对重要性水平的运用也未遵循审慎原则，从而未能发现大智慧公司财务报表中的重大错报。

（3）审计人员未保持勤勉尽责的职业态度。

应付职工薪酬通常是公司成本费用中比较重要的科目，而年终奖又是公司应付职工薪酬的重要组成部分。企业年终奖的发放是大多数企业的惯例，也是年末福利的重要表现形式，发放时间通常集中在年底。大智慧公司2013年的财务报表显示，随着大智慧公司业务的不断扩张，大智慧公司2013年的应付职工薪酬却明显下降。与此相对应的是，在立信事务所关于应付职工薪酬科目的审计底稿中，却没有记录表明立信事务所的审计人员执行过有关应付职工薪酬期后事项的审计程序，这就说明立信事务所审计人员并没有关注到大智慧公司年终奖发放的异常，也没有对应付职工薪酬期后事项实施审计程序，因而也未能发现大智慧公司少记成本费用的错报。

3. 立信事务所内部伦理道德管理的问题

通过对案例的梳理和分析可以发现，造成大智慧公司2013年财务报表审计失败的原因是方方面面的，但是立信事务所有着不可推卸的责任，尤其是在内部伦理道德管理方面。

（1）审计人员的执业能力不高。在审计业务中，审计的成败在很大程度上取决于审计人员的经验和能力。由于我国审计业起步较晚，注册会计师在会计师事务所人员构成中所占比例较低，经验丰富、水平较高的注册会计师所占比例更低、职业能力低下的员工在实践中不可避免地会出现非故意的失误。但立信事务所盲目追求收入，忽视了对员工的继续教育。

（2）员工的职业道德培训缺失。立信事务所的审计人员，片面地追求收入，形成了怕失去客户的错误认识；另一方面，他们在工作中缺乏应有的专业精神，不遵循必要的工作程序，降低了审计质量，增加了审计失败的风险、然而立信事务所内部对于员工职业道德的培训寄希望于职业院校，而忽视入职后的培训，他们认为个人能力和企业利益才是最重要的，因此员工职业道德培训缺失导致员工在审计工作中出现了很多问题。

（3）立信事务所内部缺少统一的价值观。价值观就像路标，如果公司内部缺少统一的价值观，公司里的每个人都按自己的路标办事，必然会出现重大问题。国外知名企业深刻认识到统一价值观的重要性，其出现问题的概率远小于国内知名企业。例如，德勤在《道德与职业操守准则》中明确指出："价值观凝聚了德勤有限公司的员工，构建了共同的文化。这些价值观是我们的基石，确保我们始终做正确的事情，继续获得公众的信任，履行我们对客户的责任，实现相互承诺。"对于立信事务所而言，在其内部建立统一的价值体系是一个亟待解决的问题。

4. 解决立信事务所内部伦理道德管理问题的建议

（1）制定企业伦理规范。制定企业伦理规范，目的是规范事务所处理与顾客的利益关系的行为，重点是突出事务所的责任，强调事务所的自我约束。它还应包括企业的经营理念、价值观和道德理想。只有企业具有高尚的精神追求，才能使员工长久地保持道德责任感，从而把自觉遵守伦理道德变成为员工的内在需要。

（2）建立严格的奖励和追究惩罚制度。对严格遵守企业道德规范的员工给予奖励，对维护企业道德形象做出重大贡献的员工给予奖励、对违反企业道德规范的员工，要根据情节和后果进行查处。

（3）提高事务所员工的执业素质。员工的专业素质不是一期一夕就能培养出来的，而是需要长期的学习和积累，这就需要一个完整的员工培训体系。要全面提高员工的职业素质，不仅要注重对专业知识的掌握，还要培养员工的职业道德和相关专业能力。因此，员工培训的内容应包括道德素质、专业知识和专业技能。就道德素质而言，主要包括诚信、客观、公正和责任感。员工的专业知识不仅应涵盖会计、审计、财务管理、法律、税务等基本专业知识，还应包括信息技术、管理等方面的一些辅助知识，使企业员工适应当代审计市场的需要。专业技能是指员工在工作中必备的能力，如持续学习、自我管理、沟通和团队合作的能力。同时，企业要重视培训的效率和效果，努力提高每一位员工的业务能力。

5. 结语

企业伦理在构建和谐社会中起着不可或缺的作用。加强企业道德建设，有利于树立共同发展理念，适应经济转型。有利于抵制腐败，纠正社会不良风气。有利于净化社会环境和市场经济环境、有利于推进道德文化建设和思想改造、有利于突出伦理道德在管理中的监督作用、更有利于形成个人、企业、国家整体环境的诚信。企业不仅要承担一定的社会责任，还要承担道德建设的责任。

## 【案例分析十一】辉山乳业管理层财务舞弊的外部审计伦理探讨 [①]

2017年3月24日，辉山乳业因为管理层财务舞弊导致资金链断裂，致使股价跳水大跌，其背后所隐藏的商业伦理问题，令人深思。本文以辉山乳业为研究对象，基于财务舞弊手段和舞弊动机，分别从管理层和第三方审计的角度对其存在的商业伦理问题进行了深入分析，并针对该类问题提出了可供解决的思路。

### 1. 概念

根据关国审计准则第99号公报，舞弊是指导致财务报表出现重大错报的故意行为。我国独立审计准则进一步对"故意行为"进行了具体诠释：由管理层、治理层、员工或第三方实施的采用欺骗手段获取不当收益的行为。由此可见，管理层财务舞弊，是指管理层主导的，为了追逐个人利益，采取欺诈行为来掩盖企业财务管理中的真实问题，达到美化财务指标及财务报表的目的的现象。

### 2. 案例背景

辉山乳业，成立于1951年，是一家一直秉承"打造中国最信赖乳品品牌"理念的辽宁民营企业。辉山乳业致力于乳品行业全产业链的发展模式，其业务涵盖了种植牧草、饲养奶牛、奶制品加工、奶制品销售等。2013年，辉山乳业在港股上市，其首次公开募股金额高达13亿关元，成功跻身香港消费品行业有史以来IPO募集金额前三甲，其市盈率甚至一度超过了蒙牛、伊利、光明等乳品行业领先品牌，成为了乳品行业的一匹黑马。

2016年，关国著名做空机构Muddy Water、对辉山乳业连续发布了两份做空报告，称辉山乳业至少从2014年起就存在虚增资产、虚假披露财务报表的嫌疑，并且辉山乳业债务压力颇大，其实际市值已接近于零。辉山乳业随即发布公告，保证公司财报不存在任何虚假和误导性陈述，并且大股东立即增持股份维持股价平稳。然而，2017年，Muddy Waters的预言得到验证，辉山乳业因资金链断裂紧急召开债权人会议，由于消息的泄露，3月24日，辉山乳业股价出现断崖式下跌，最大跌幅超过90%，是港股市场上单日跌幅之最。之后，其债权人中国银行对辉山乳业进行审计，发现其大量单据造假。2017年5月，辉山乳业被调出港通股名单。

### 3. 管理层财务舞弊动机

（1）美化财务报表。对于当代企业来说，尤其是上市公司，其财务舞弊的最主要动机是为了美化财务报表，以提高企业知名度，招募资本和获取资本市场溢价收益。其中，企业利润和现金流量往往是上市公司的主要"包装"对象。

（2）融资的压力。企业财务舞弊，通常也表明该企业处于资金周转困境，急需通过财务造假来拓宽融资渠道，缓解资金压力。自2013年上市以来至2016年9月，辉山乳业的固定资产规模就从83.70亿元增长到201亿元，扩张了近1.4倍。同时，从辉山产品的市场售价来看，其价格通常低于蒙牛、伊利等品牌，且为了扩大销售，经常采取打折促销等方式，因此，辉山乳业实际毛利率很可能不如企业财报所披露的那样高。急速的资产扩张和不高的盈利水平，使得辉山乳业对资金的需求逐渐加大，资产负债率也迅速上升。由此可见，辉山乳业的偿债压力逐年增大，而其再融资空间却在不断缩小。同时，

---

① 黄明.关于管理层财务舞弊的商业伦理探讨——以辉山乳业为例［J］.金融经济，2019（7）.

结合辉山存在的大量售后租回及大股东股权质押，可以认为辉山正在积极地寻求新的融资渠道来解决短期内即将到期的大量银行贷款。因此，通过虚增利润、夸大资产、掩盖关联交易等行为能够虚构辉山乳业的偿债能力，帮助企业拓宽融资渠道，缓解资金压力。

（3）追逐个人利益。上市公司掩盖关联交易，转移资产，往往是实际控制人为了追逐个人利益，对上市公司实施的掏空行为。考虑到公司存在严重的利润造假行为，其实际控制人杨凯很可能未能从辉山乳业中获得可观回报。

（4）第三方监管不力。发现管理层财务舞弊，虽然不是第三方审计的目标，却是注册会计师需要引起高度警惕的领域。一些企业舞弊之所以没被发现，原因之一往往是第三方审计机构的懈怠甚至同流合污。辉山乳业的审计机构是国际四大会计师事务所之一——毕马威。值得注意的是，辉山乳业的财务总监在加入辉山之前，正是毕马威沈阳办公室的合伙人之一。

4.财务舞弊中的商业伦理问题

（1）管理层存在的商业伦理问题。财务管理目标设置不合理。企业是经济社会不可分割的一部分，企业的发展能够推动经济的增长和人们收入的提升，反之，企业的不道德行为会侵蚀社会资源和人民财富。企业过分追求短期利润，就容易衍生出财务单据造假、关联方利益输送、推迟计提资产减值、虚构收入、压低成本等一系列财务舞弊行为。社会责任感薄弱。企业成长到一定规模，其商业活动产生的经济利益或者经济损失越大，影响范围越广，它对社会的经济影响也就越大。内部权利失衡。经济学中最为重要的一个假设就是人都是理性人，即每个人都会利用身边的资源去追逐最大的利益。因此，在企业治理中，我们经常会设置权力平衡机制，通过权力相互制约，来约束管理者的个人逐利行为。杨凯夫妇对辉山集团拥有绝对的控制权。内部权利的失衡使得辉山乳业成为杨凯的一言堂，个人利益被置于企业利益之上。

（2）注册会计师存在的商业伦理问题。未获取充分、适当的审计证据。注册会计师在审计过程中应当就高风险领域或信息不对称领域，设计科学的具体审计计划，实施恰当的审计程序，并获取充分适当的审计证据，这是中国审计准则对注册会计师提出的基本要求。显然，辉山乳业的审计机构，毕马威事务所并没有就相关事项获取充分、适当的审计证据以出具恰当的审计结论。未保持绝对的独立性。在执行审计事务时，保持独立性是审计结论客观公正的重要保证。注册会计师缺乏独立性，会因关系密切对其审计范围、职业判断造成巨大的阻碍，导致其偏向于相信被审计单位的说辞，满足于表面数据，而缺少深挖真相的动力。辉山乳业的财务总监和独立非执行董事前期均在毕马威会计师事务所有过相当长的执业经历，因此，在审计过程中存在相当高的独立性风险。

5.基于商业伦理的财务舞弊防范建议

在辉山乳业舞弊案中，辉山乳业和第三方审计机构均负有不可推卸的责任。从商业伦理的角度出发，分别从企业管理层和注册会计师角度对于如何有效防范管理层舞弊提出了建议。

（1）建立有责任、有担当的企业文化。企业文化是企业的灵魂，是企业管理层到员工保持一致行动的旗帜，是维持企业长远发展的不竭动力。积极向上的企业文化能潜移默化地培养管理层和员工的社会责任感和担当意识，消极懈怠的企业文化会导致人浮于事，阻碍企业前进的步伐。管理层应当带头起到有责任、有担当的示范作用，在企业内部至上到下形成有社会责任感的良好氛围，真正做到回馈社会，乃至带动社会经济发展。管理层可以定期举办服务社会的义务活动，或者积极向社会公众收集企业服务或产品方面的建议并及时改正，保持与社会公众的良好互动，培养自己服务群众的良好意识，避免出现自私自利的行为。

（2）制定科学合理的财务管理目标。企业管理层应当立足更加长远的目光，综合考虑企业盈利、社会声誉、长期的投资回报率等多种因素，设定科学合理的财务管理目标。在该目标的制定过程中，企业不仅应当将企业自身利益考虑进来，更应当将股东、债权人、政府、供应商、员工等多方利益集体纳入目标制定范围内。在当前的经济环境中，没有一个企业是一座独立的孤岛，每一个企业都处于一个利益环环相扣的生态圈中，企业只有尽最大努力，使得生态圈中的利益相关者都能取得或维持既定利益，各方的商业关系才能保持长久稳定，企业也能实现可持续发展。

（3）建立企业内部权力平衡机制。从企业规章制度上来看，建立一套有效的、科学的内部权力平衡机制对于管理层财务舞弊有着很强的约束作用，对于管理层财务舞弊，存在的最大问题是管理层对于企业的控制权过大，在企业内部有绝对的话语权。对于这种情况，企业首先应当完善董事会决策机制来对管理层执行权进行制约。比如增加独立董事和职工代表董事在董事会中的席位，慎重考虑独立董事和职工代表董事的建议，增加独立董事和职工代表董事投票权权重等。但是在大部分企业中，尤其是民营企业，存在着大量董事长兼任总经理的情况，因此董事会对管理层实际上缺乏制约作用。因此，除了董事会，企业还应当考虑是否设置监事会、职工代表大会和内部审计部门，通过自我监督、定期自我审查的方式，来防范管理层可能出现的财务舞弊行为。

（4）加强企业法制建设。管理层实施财务舞弊有时候是因为法制意识的薄弱，为了个人利益，觉得即使犯罪法律处罚也不会太重或者认为可以蒙混过关，而抱有侥幸心理。因此，企业应当定期对管理层进行深刻的普法教育，并通过讲解其他违法企业的案例来起到警示作用，使得管理层对于财务舞弊的后果有更清晰的认识，提高其犯罪成本，来达到预防财务舞弊的目的。

（5）在审计过程中保持职业怀疑态度。对于注册会计师来说，在执行审计业务时，不应当依赖过去审计业务的经验和对管理层的信赖，对于高风险和可能发生舞弊的领域都要引起高度的怀疑。此外，注册会计师应当尤其对企业内部提供的数据保持高度警惕，对于数据信息不一致的还可以通过函证、重新计算、重新执行等方式挖掘其深层次的原因。有时，注册会计师还可能因为专业知识受限，而被管理层的解释说服，这时，注册会计师应当充分利用专家工作来对其说辞的合理性进行验证。

（6）在审计过程中保持独立性。会计师事务所合伙人担任被审计单位高管，或被审计单位高管后从事审计机构审计事务的，都会对注册会计师的独立性产生巨大的不利影响。由于这种不利影响的范围往往会涵盖多个高风险领域或多个会计科目，从而造成整体审计报告的失真。因此，对于该类事项注册会计师尤其要引起高度注意。为在审计过程中保持独立性，会计师事务所可以通过将利益相关者调离审计组，由审计项目组以外的注册会计师审核，甚至拒绝承接该审计业务等方式来保证自身的独立性。

**【思考题】**

1. 独立审计人员的道德行为应包括哪些内容？

2. 独立审计人员除了必须严格守法外，还必须采取哪些有效对策尽可能避免法律诉讼？

3. 你怎样理解"诚信是注册会计师职业的灵魂"？

4. 独立审计人员应如何保持专业胜任能力？

5. 独立审计人员在承接业务时如何认真承担审计责任和义务？

6. 目前市场上对于会计师事务所收费的高低有认识上的分歧，请谈谈你的看法。

7. 如何认识注册会计师事务所之间的平等竞争？

8. 试论注册会计师如何在执业过程中追求卓越。

9. 如何理解注册会计师的保密性原则？

10. 你认为注册会计师的独立性和专业胜任能力哪个最重要？

11. 你如何看待前后任注册会计师之间的联系？

**【补充文献阅读】**

［1］林雪真等.注册会计师职业道德的研究［J］.辽宁经济，2019（10）.

［2］耿旭宁.审计失败中注册会计师职业道德遵循情况分析［J］.广西质量监督导报，2019（8）.

［3］王伟东.注册会计师职业道德分析［J］.中国中小企业，2019（8）.

［4］陈欣恬.我国注册会计师职业道德建设问题与对策［J］.海峡科学，2019（7）.

［5］毛晓娟.注册会计师审计职业道德问题探究［J］.财会研究，2019（4）.

［6］刘卓.浅谈我国注册会计师职业道德现状、成因分析以及改善措施［J］.财会学习，2019（2）.

［7］李娇.注册会计师职业道德研究——议 CPA 诚信危机［J］.企业科技与发展，2018（3）.

［8］张窈嘉等.注册会计师职业道德相关问题研究［J］.纳税，2017（11）.

［9］万洪要.注册会计师职业道德问题分析［J］.财经问题研究，2016（12）.

［10］赵旭等.提升注册会计师职业道德水平研究［J］.新经济，2015（11）.

［11］刘静君.我国注册会计师职业道德建设探析［J］.当代会计，2015（11）.

［12］薛改霞.审计职业道德的失范与体系重构——以我国 CPA 审计为例［J］.决策探索，2019（6）.

# 第十章　内部审计人员职业道德

本章从内部审计人员职业道德概述和内部审计人员职业道德规范两个方面阐述内部审计人员职业道德。

## 第一节　内部审计人员职业道德概述

本节从含义与内容、现状、意义与提升四个方面阐述内部审计人员职业道德。

### 一、内部审计人员职业道德的含义与内容

内部审计职业道德是在长期的内部审计实践活动中形成的、内部审计从业人员应当遵守的各种行为规范的总和，是对内部审计从业人员的道德意识、道德修养等所作的基本要求。内部审计职业道德应涵盖敬业爱岗、正直廉洁、客观公正、保守秘密、好学进取五个方面。

第一，敬业爱岗是内审人员的职业定位，是做好内审工作的前提条件。内审人员应热爱自己所从事的本职工作，维护职业的尊严，忠于职守，自觉地承担本职业对社会和企业的责任和义务。

第二，正直廉洁是为了保持审计的独立性。在审计过程中，由于不言而喻的原因，被审计单位会对审计工作施加种种影响，包括利益的诱惑。作为审计人员，应头脑清醒，始终记住判断只有一个来源，即审计证据。内审人员应当遵守国家法律、法规，遵守《审计法》《中国内部审计准则》及中国内部审计协会制定的各项规定；应当诚实、勤奋并负责地完成各项内审工作；应当自觉地抵制非法金钱与福利的诱惑；不得获取任何可能有损职业判断利益；不得从事损害国家利益、组织利益和内部审计职业荣誉的活动，保持廉洁。

第三，客观公正是内审工作的基本准则。内审人员在获取审计证据的过程中，必须牢牢把握证据的客观性、相关性、有效性、证明性和充分性；在对审计事项进行分析、判断的过程中，必须坚决避免被审计对象和有关利害关系的干扰，也不受个人好恶的影响；在反映审计查证事实的过程中，应当不偏不倚地对待有关利益各方，在做出审计结论的过程中，必须严格按照法律、法规和规范性文件衡量是非，客观评价。

第四，保守秘密是内审工作的职业纪律。审计取证必须得到被审计单位的配合，确保被审计单位不向你隐瞒任何重要的事实和情况，只有这样，你才能作出恰当的审计结论。内部审计过程不可避免地会接触到企业的商业秘密等，而要获得被审计单位全力配合，

内部审计人员就必须诚实守信，替被审计单位保守秘密。

第五，好学进取是内审人员胜任内审工作的保证。内部审计人员应当保持和提高专业胜任能力，应当接受后续教育。内部审计人员入职时，必须具备一定的教育背景和一定的专业知识、专业经验；缺乏这些就无法提供服务，更无法提供高质量的服务。内部审计人员入职后还必须接受后续教育，以保持和提高专业胜任能力。内部审计人员的职业能力除了专业能力外，还应具有较强的人际交往能力，妥善处理好组织内外相关机构和人士的关系。内部审计人员需要具备人际交往能力，是为了便于开展工作。

## 二、内部审计人员职业道德的现状

目前，企业内部审计职业道德建设进展得并不十分顺利。从企业内部审计人员自身而言，对职业道德建设的认识尚显不足，对于企业内部审计职业道德建设的重要意义并没有充分的重视。从我国企业内部审计人员的总体情况而言，总体的职业道德水平偏低，与国际上一些发达国家相比还存在着不小的差距。

造成上述现状的原因很多，既有法规层面的原因、企业层面的原因，也有内审人员自身的原因。从法规层面而言，我国对于内部审计人员的职业道德，缺乏符合我国实际情况的职业道德规范准则。由于内部审计同国家审计以及社会审计相比具有一定的特殊性，对于内部审计职业道德的规范也应单独制定准则进行规范。从企业层面而言，主要体现在企业对于内部审计重视不足，并没有充分认识到市场经济条件下内部审计对于企业发展的重要作用，许多企业的内审人员还没有从财务部独立出来，独立性尚不能得到保证，在这样的背景下，讨论如何加强企业内部审计职业道德建设更是无从谈起。从内审人员自身而言，审计职业道德的建设与内审人员自身的价值取向和价值观念有着极其重要的关系，特别是在市场经济条件下，对于内审人员在审计过程中的独立性、公正性以及客观性提出了新的更高的要求。

## 三、内部审计人员职业道德的意义

1. 加强企业内部审计职业道德建设，有助于提高内审人员的专业水平

职业道德在一定程度上可以影响专业水平，这一点同样适用于企业内部审计。企业的内部审计人员尽管在专业水平上参差不齐，个别人员可能专业水平并不很高，但只要具有良好的审计职业道德，必将促进他们独立学习专业知识，从而迎头赶上；相反，企业的内部审计人员即使具有良好的专业水平和实际操作能力，如果审计职业道德缺失，同样会在审计工作中栽跟头。从这个意义上而言，加强企业内部审计职业道德建设，可以间接提高企业内部审计人员的专业水平。

2. 加强企业内部审计职业道德建设，有助于更好地满足企业内部审计职能

企业内部审计具有监督职能、控制职能、评价职能以及咨询职能。加强企业内部审计职业道德建设，提高内部审计人员的职业道德水平，有助于更好地满足上述职能。加强企业内部审计职业道德建设，必然使企业内部审计更加公正、客观，控制和评价的结果更加准确，咨询的结果更加权威。从这个角度而言，企业内部审计自身的职能对加强企业内部审计职业道德建设提出了新的更高的要求。

**3. 加强企业内部审计职业道德建设，有助于保证内部审计的质量，规避审计风险**

内部审计的质量需要多方面的共同努力才能够得到保证，加强职业道德建设，主要是从内审人员这一环节入手，是保证内部审计质量的重要一环。只有每一名内审人员都以高度负责的态度和敬业精神来完成审计工作，内部审计的质量才能够得到保证。而高度负责的态度和敬业精神需要通过加强企业内部审计职业道德建设来实现。内部审计风险同其他类型的风险一样，是不可能完全消除的。但是，内部审计风险完全可以通过加强企业内部审计职业道德建设来进行规避或减轻。加强企业内部审计职业道德建设，可以使企业内部审计人员树立风险防范意识，最大限度地规避审计风险。

## 四、内部审计人员职业道德的提升

**1. 建立和健全内部审计行业制度**

设计良好且运行有效的制度能够确保审计实务的客观公正，可以依靠外在制度规范的强制力发挥作用。一系列内部审计相关制度和准则的出台，使得国内内部审计制度体系得到了进一步发展，但要满足当前纷繁复杂的经济活动需要还是远远不够的，尤其是对内部审计职业道德规范的相关要求还需要逐步完善。

**2. 加强内部审计诚信制度建设**

应构建内部审计人员普遍认可接受的审计诚信和职业道德行为规范，培育一种以守信为荣、以欺诈为耻的职业道德观，在企业中随时监控和评价组织的道德风气。

**3. 加强审计人员质量控制建设**

一是严格的雇用前测试，即企业应选拔、聘任具有专业胜任能力的人员从事内审工作，内审人员应具有符合审计项目所要求的专业知识和胜任能力。二是建立内部审计人员自身素质与业务水平提高制度，定期进行职业道德教育和专业知识培训，确保内审人员能随时补充更新相关知识，及时掌握先进的内审方法和技术，不断增强审计技能。三是提升内部审计人员的职业责任感，建立健全岗位责任制。实行审计项目负责制，规定具体项目负责人、主审及一般审计人员的相关责任。

**4. 建立内部审计职业道德的评估体系**

要有完整的考评指标体系，注重各个指标所得结论的辩证分析，通过指标体系对所得综合结论反复验证，也可以采用问卷调查、自述报告、建立数学模型综合考评等方式进行，定期签发审计职业道德报告。

**5. 建立内部审计激励约束机制，充分利用规范与惩戒的作用**

为了考核内部审计人员的业务水平，激励内部审计人员的工作热情，在企业中应结合自身特点制定一套工作质量考核标准，包括审计职业道德、审计程序规范、审计风险管理、审计工作效率和审计效果等。在公司审计委员会的统一组织下，对内部审计人员及其审计业务质量进行定期评比考核。根据考评结果对审计工作成绩显著、质量优秀的特定审计项目和表现突出的内部审计人员予以精神和物质奖励。对违反审计职业道德规范、审计制度准则、审计工作程序，有重大工作过失或谋取不当利益的审计人员进行责任追究，情况严重的可以吊销其从业资格，必要的情况下进行职业禁入。对已取得国际注册内部审计师资格（CIA）的人员，应将对其工作表现的评价奖励或处罚报送地方内部审计协会备案，从全行业的角度激励和约束内部审计质量的提高。

## 第二节　内部审计人员职业道德规范

本节从意义、内容和改进三个方面阐述内部审计人员职业道德规范。

### 一、内部审计人员职业道德规范的意义

内部审计人员职业道德规范是内部审计人员职业行为的标准。内部审计人员职业道德是指内部审计人员的职业素质、品德、专业胜任能力及职业责任的总称。内部审计是组织内部一种独立、客观的监督、评价活动，其目的是通过对组织的经营活动及内部控制的适当性、合法性和有效性进行审查、评价，促进组织目标的实现。内部审计是专业性较强的职业，这一职业的复杂性，使外部人员难以对内部审计过程做出评价。职业道德规范的建立是内部审计职业取得外界理解与支持的必然要求。相对于组织内部其他人员而言，内部审计人员是以一种独立、公正的"裁判"身份出现，对经营活动及内部控制进行独立审查、评价的。因此树立和维护内部审计人员的职业形象，是维护内部审计工作的权威性、顺利开展内部审计活动的关键。《内部审计人员职业道德规范》是内部审计职业规范体系的重要组成内容。它从职业道德行为的角度对内部审计人员的职业素质、品质、专业胜任能力等各方面提出了严格的要求，保证内部审计人员能够独立、客观地进行内部审计活动，确保内部审计作用的发挥，促进组织目标的实现。

### 二、内部审计人员职业道德规范的内容

内部审计人员在履行职责时，应当严格遵守中国内部审计准则及中国内部审计协会制定的其他规定。中国内部审计协会作为内部审计行业的自律性团体，负责制定中国内部审计准则及其他内部审计的规定。中国内部审计准则包括内部审计基本准则和内部审计具体准则。内部审计准则的制定是在参考了国际内部审计师协会所颁布的实务标准的基础上，结合考虑我国的经济情况及内部审计工作的实际情况制定的，具有一定的科学性、现实性和前瞻性。它对内部审计工作各个环节以及专门问题做出了原则性的指导，既有可操作性，又有一定的灵活性。它是内部审计人员在实施内部审计活动时必须遵循的执业标准。严格遵守内部审计准则等规定，是内部审计人员履行职责的首要要求。

内部审计人员不得从事损害国家利益、组织利益和内部审计职业荣誉的活动。内部审计人员作为组织经营活动和内部控制的监督者与评价者，应保持自身的诚实、正直，忠于国家、忠于组织、维护职业荣誉，不能从事有损国家利益、组织利益和内部审计职业荣誉的活动。

内部审计人员在履行职责时，应当做到独立、客观、正直和勤勉。这是从事内部审计职业所必须具备的基本条件。独立是指内部审计人员应当独立于审计对象，与之不存在任何可能的潜在利益冲突，不能负责被审计单位的经营活动和内部控制的决策与执行。

只有保持独立性，才能使内部审计人员做出客观、公正的评价，也才能使内部审计结果为使用者所信。客观是指内部审计人员不受外来因素的影响，根据事实，公正、无偏地做出判断和评价。它和独立性密不可分，是审计人员在进行内部审计活动时应坚持的一种精神状态。正直是指内部审计人员应能明辨是非，坚持正确的行为、观点，不屈服于压力，按照法律及其职业要求做出判断和评价。勤勉是指内部审计人员应勤奋工作，以减少因疏懒而带来的错误、疏忽和遗漏，降低审计风险。

内部审计人员在履行职责时，应当保持廉洁，不得从被审计单位获得任何可能有损职业判断的利益。从被审计单位获取利益，会使内部审计人员的独立性、客观性受到损害，内部审计人员对被审计单位所作审查和评价的公正性、客观性不可避免地都会受到怀疑，从而与组织的利益相背，甚至带来损害。

内部审计人员应当保持应有的职业谨慎，并合理使用职业判断。内部审计人员在实施内部审计活动时，应保持谨慎的态度。根据所审查项目的复杂程度，合理使用职业判断，运用必需的审计程序，警惕可能出现的错误、遗漏、浪费、效率低下和利益冲突等情况，还应小心避免可能发生的违法乱纪的情形。对于审查中发现的内部控制不够有效的环节，应提出合理、可行的改进措施。应有的职业谨慎只是合理的谨慎，而不是意味着永远正确、毫无差错，内部审计人员只能是在合理的程度上开展检查和核实的工作，而不可能对所有事项都进行详细的检查，内部审计工作并不能保证发现所存在的问题。

内部审计人员应当保持和提高专业胜任能力，必要时可聘请有关专家协助。内部审计人员必须拥有实施内部审计活动所必需的知识、技能和其他能力。内部审计人员应当具备的专业知识主要是指会计、审计、管理、税收、相关法规等方面的专业知识，以及与组织的经营活动相关的业务知识。内部审计人员所掌握的专业知识应足以发现组织经营过程中已存在的或潜在的问题，并提出解决问题的建议。此外，内部审计人员还应当具备出色的口头与书面表达能力，以有效地完成审计活动，并将审计结果清楚地表达出来。当所审查的事项需要运用到某些特定领域的专业知识，而这些领域又超出了内部审计人员的知识范围和专业能力时，应当聘请相关的专家协助。所聘请的专家可能来自组织的外部，也可能来自组织内部的其他部门或机构。

内部审计人员应诚实地为组织服务，不做任何违反诚信原则的事情。内部审计是组织经营管理过程中的一个重要环节，是为了促进组织目标的实现而服务的。内部审计人员应当尽职尽责、诚实地为组织服务，不能违反诚信原则，从事有损于组织的活动。

内部审计人员应当遵循保密性原则，按规定使用其在履行职责时所获取的资料。内部审计工作的性质决定了内部审计人员经常会接触到组织的一些机密的内部信息及资料，内部审计人员应当对这些信息及资料进行保密，不能滥用，要防止它们泄露而给组织带来损失。内部审计机构应制定严格的审计档案管理制度，限制无关人员对审计档案资料的接触。

内部审计人员在审计报告中应客观地披露所了解的全部重要事项。内部审计人员有责任将审计过程中所了解的重要事项如实进行反映，否则可能使所提交的审计报告产生歪曲或使潜在的风险不为组织的管理层所重视。在内部审计活动中，内部审计人员对于发现的一些可能会对组织产生某些重大影响，但是又没有足够充分的证据表明一定会产生影响的事项，应当客观地在审计报告中进行披露，但不能随便得出结论。

内部审计人员应具有较强的人际交往技能，妥善处理好与组织内外相关机构和人士的关系。内部审计工作的性质决定了内部审计人员经常需要与组织内外不同机构和人士进行接触、交流与沟通。内部审计人员的工作需要去揭露被审计单位的错误或不足之处，因此，内部审计人员与被审计单位之间具有潜在的冲突。处理好与被审计单位人员之间的关系，增加交流与合作，可以减少被审计单位的抵触情绪，减少工作阻力，对于顺利开展内部审计工作具有良好的促进作用。另外，内部审计是为组织服务的，与组织管理层以及被审计单位以外的其他部门和人员保持良好的人际关系，也是提高服务质量、促进组织目标实现的必然要求。

内部审计人员应不断接受后续教育，提高服务质量。内部审计工作与组织经营管理的各个方面紧密相连，内部审计人员的知识结构和专业水平不能只限于一个狭窄的范围之内，而应广泛涉猎，吸取多方面的知识。而且内部审计人员身处新经济时代，各类知识的更新与发展很快，只有不断学习，接受后续的教育，才能保持良好的专业水平，胜任内部审计工作。

## 三、内部审计人员职业道德规范的改进

1. 应将内部审计人员职业道德规范纳入内部审计准则框架之中

按照国际惯例，职业道德规范是内部审计准则框架的构成之一，并在内部审计准则的框架中居于最高层次，具有法定约束力。我国理应把内部审计人员职业道德规范纳入内部审计准则框架之中，这并非简单的文字游戏，而是昭示了内部审计人员职业道德规范的重要性，它与内部审计基本准则一样，是内部审计机构和人员开展内部审计活动时应当遵照执行的，在内部审计职业规范中，均属于强制性的规范。

2. 对于违反职业道德规范的内部审计人员应有相应处罚的规定

《审计机关审计人员职业道德准则》第十六条规定：审计人员违反职业道德，所在审计机构根据相关规定给予批评教育、行政处分或者纪律处分。国际内部审计师协会明确提出：凡是违反道德规范者，将依协会的规定予以处理。而且即使在行为准则中没有做出规定，但这种行为是不能接受的，也要给予处理，违规人员必须接受。鉴于此，中国内部审计协会应参照国际内部审计师协会、国家审计的做法，对违反职业道德规范的内部审计人员做出相应处罚的规定，这不仅有利于内部审计队伍的建设，也将促进内部审计职业化的发展。

3. 合理运用其他相关的职业技术规范也应在规范中加以强调

内部审计是通过审查和评价经营活动及内部控制的适当性、合法性和有效性来促进组织目标的实现。因此其审计对象的复杂性并不亚于社会审计活动，所以内部审计人员不仅要遵守中国内部审计准则及中国内部审计协会制定的其他规定，还应该合理运用其他相关的职业技术规范。对此，内部审计职业道德规范应加以强调。

**【政策导读一】第1201号——内部审计人员职业道德规范**

**第一章　总则**

第一条　为了规范内部审计人员的职业行为，维护内部审计职业声誉，根据《审计法》及其实施条例，以及其他有关法律、法规和规章，制定本规范。

第二条　内部审计人员职业道德是内部审计人员在开展内部审计工作中应当具有的职业品德、应当遵守的职业纪律和应当承担的职业责任的总称。

第三条　内部审计人员从事内部审计活动时，应当遵守本规范，认真履行职责，不得损害国家利益、组织利益和内部审计职业声誉。

**第二章　一般原则**

第四条　内部审计人员在从事内部审计活动时，应当保持诚信正直。

第五条　内部审计人员应当遵循客观性原则，公正、不偏不倚地作出审计职业判断。

第六条　内部审计人员应当保持并提高专业胜任能力，按照规定参加后续教育。

第七条　内部审计人员应当遵循保密原则，按照规定使用其在履行职责时所获取的信息。

第八条　内部审计人员违反本规范要求的，组织应当批评教育，也可以视情节给予一定的处分。

**第三章　诚信正直**

第九条　内部审计人员在实施内部审计业务时，应当诚实、守信，不应有下列行为：歪曲事实；隐瞒审计发现的问题；进行缺少证据支持的判断；做误导性的或者含糊的陈述。

第十条　内部审计人员在实施内部审计业务时，应当廉洁、正直，不应有下列行为：利用职权谋取私利；屈从于外部压力，违反原则。

**第四章　客观性**

第十一条　内部审计人员实施内部审计业务时，应当实事求是，不得由于偏见、利益冲突而影响职业判断。

第十二条　内部审计人员实施内部审计业务前，应当采取下列步骤对客观性进行评估：识别可能影响客观性的因素；评估可能影响客观性因素的严重程度；向审计项目负责人或者内部审计机构负责人报告客观性受损可能造成的影响。

第十三条　内部审计人员应当识别下列可能影响客观性的因素：审计本人曾经参与过的业务活动；与被审计单位存在直接利益关系；与被审计单位存在长期合作关系；与被审计单位管理层有密切的私人关系；遭受来自组织内部和外部的压力；内部审计范围受到限制；其他。

第十四条　内部审计机构负责人应当采取下列措施保障内部审计的客观性：提高内部审计人员的职业道德水准；选派适当的内部审计人员参加审计项目，并进行适当分工；采用工作轮换的方式安排审计项目及审计组；建立适当、有效的激励机制；制定并实施系统、有效的内部审计质量控制制度、程序和方法；当内部审计人员的客观性受到严重影响，且无法采取适当措施降低影响时，停止实施有关业务，并及时向董事会或者最高管理层报告。

### 第五章 专业胜任能力

**第十五条** 内部审计人员应当具备下列履行职责所需的专业知识、职业技能和实践经验：审计、会计、财务、税务、经济、金融、统计、管理、内部控制、风险管理、法律和信息技术等专业知识，以及与组织业务活动相关的专业知识；语言文字表达、问题分析、审计技术应用、人际沟通、组织管理等职业技能；必要的实践经验及相关职业经历。

**第十六条** 内部审计人员应当通过后续教育和职业实践等途径，了解、学习和掌握相关法律法规、专业知识、技术方法和审计实务的发展变化，保持和提升专业胜任能力。

**第十七条** 内部审计人员实施内部审计业务时，应当保持职业谨慎，合理运用职业判断。

### 第六章 保密

**第十八条** 内部审计人员应当对实施内部审计业务所获取的信息保密，非因有效授权、法律规定或其他合法事由不得披露。

**第十九条** 内部审计人员在社会交往中，应当履行保密义务，警惕非故意泄密的可能性。

内部审计人员不得利用其在实施内部审计业务时获取的信息谋取不正当利益，或者以有悖于法律法规、组织规定及职业道德的方式使用信息。

### 第七章 附则

**第二十条** 本规范由中国内部审计协会发布并负责解释。

**第二十一条** 本规范自 2014 年 1 月 1 日起施行。

**【政策导读二】《国际内部审计专业实务框架》职业道德规范**

**简介**

国际内部审计师协会（IIA）的《职业道德规范》目的是促进内部审计职业道德文化的发展。

内部审计是一种独立、客观的确认和咨询活动，旨在增加价值和改善组织的运营。它通过应用系统的、规范的方法，评价并改善风险管理、控制和治理过程的效果，帮助组织实现其目标。

《职业道德规范》对于内部审计职业必要而又适用，它是内部审计对治理、风险管理和控制作出的客观确认被信任的基础。《职业道德规范》拓展了内部审计的定义，包括两个主要部分：一是与内部审计职业和内部审计实务相关的原则，二是描述内部审计师行为规范的行为规则。这些规则有助于将上述原则运用于实践中，目的在于指导内部审计师的道德行为。

"内部审计师"指协会会员、IIA 职业资格的获得者或申请者以及那些在内部审计定义范围内提供内部审计服务的人。

**适用性与执行**

《职业道德规范》既适用于提供内部审计服务的个人，也适用于提供内部审计服务的团体。

对于违反《职业道德规范》的协会会员、IIA 职业资格的获得者或申请者，将根据协会的规章和制度予以评价和管理。在行为规则中没有提及的特殊行为，如果其无法被接受或有损信誉，协会会员、IIA职业资格获得者或申请者将接受纪律处罚。

### 职业道德规范原则

#### 原则

内部审计师应运用并信守以下原则：

①诚信。内部审计师的诚信确立信用，从而为信任其判断提供基础。

②客观。内部审计师在收集、评价和沟通有关被检查活动或过程的信息时，要显示出最高程度的职业客观性。在作出判断时，内部审计师不受其个人喜好或他人的不适当影响，对所以相关环境作出公正的评价。

③保密。内部审计师尊重所获取信息的价值和所有权，没有适当授权不得披露信息，除非是在有法律或职业义务的情况下。

④胜任。内部审计师在执行内部审计业务时能够使用所需要的知识、技能和经验。

#### 行为规则

①诚信。内部审计师：应当诚实、勤恳并负责地开展工作；应当遵守法律，按照法律及职业要求进行披露；不得蓄意参与非法活动，或参加有损于内部审计职业或其所在组织的行为；应当遵守并协助实现组织的法律和道德目标。

②客观。内部审计师：不应参与可能损害或被认为会损害其公正评价的活动或关系，包括参与与组织利益相冲突的活动和关系；不能接受可能损害或被认为会损害其职业判断的任何物品；应当披露已知的，如果不予披露、可能会歪曲检查工作报告的所有重大事实。

③保密。内部审计师：应当谨慎利用和保护履行职责过程中获取的信息；不应当利用信息谋取私利，或者以任何有悖法律规定或有损组织法律和道德目标的方式使用信息。

④胜任。内部审计师：应当只从事与其所具备的知识、技能和经验相适应的服务活动；应当依据《国际内部审计专业实务标准》开展内部审计服务；应当持续提高专业能力和服务的效果、质量。

**【补充文献阅读】**

［1］刘记伟.企业内部审计人员职业道德规范建设分析［J］.现代经济信息，2019（6）.

［2］章捷.我国上市公司内部审计人员职业道德问题研究［D］.南昌航空大学硕士论文，2018.

［3］段亚楠.浅谈我国内部审计人员职业道德现状［J］.当代会计，2018（11）.

［4］陈桂云.内部审计人员职业道德建设的缺位与补位［J］.决策探索，2018（2）.

［5］柴美越.内部审计人员的职业道德建设工作研究［J］.现代交际，2017（6）.

［6］潘德宝.内部审计职业道德及审计压力——来自国际内部审计师协会知识共同体组织（CBOK）的全球调查报告［J］.中国内部审计，2017（5）.

［7］魏宁.试分析内部审计人员的职业道德建设［J］.企业导报，2016（2）.

［8］常艳兵等.论内部审计人员的职业道德建设［J］.山东工业技术，2015（12）.

［9］裴华．职业道德规范下内部审计领导的七项品质探讨［J］.新经济，2015（7）.

［10］郑海兵．浅谈内部审计人员的职业道德［J］.商场现代化，2015（5）.

［11］赵晓健等．内部审计职业道德与商务伦理风险研究［J］.当代经济，2015（4）.

［12］田民浩．浅议内部审计人员职业道德问题及对策［J］.中国内部审计，2014（8）.

# 参考文献

［1］王海明.伦理学原理［M］.北京：北京大学出版社，2009.

［2］周祖城.企业伦理学［M］.北京：清华大学出版社，2007.

［3］陈汉文.企业伦理与会计职业道德［M］.北京：经济科学出版社，2005.

［4］许艳芳.会计伦理学导论［M］.成都：西南财经大学出版社，2010.

［5］王海明.伦理学导论［M］.上海：复旦大学出版社，2009.

［6］魏英敏.新伦理学教程［M］.北京：北京大学出版社，1993.

［7］唐凯麟.中国伦理学名著摘要［M］.长沙：湖南师范大学出版社，2001.

［8］戴维·弗里切.商业伦理学［M］.杨斌等译.北京：机械工业出版社，1999.

［9］莱奥纳多·布鲁克斯著.商业伦理与会计职业道德［M］.刘霄伦等译.北京：中信出版社，2004.

［10］罗纳德·杜斯卡等著.会计学伦理［M］.范宁等译.北京：北京大学出版社，2005.

［11］劳秦汉.会计伦理学概论［M］.成都：西南大学出版社，2005.

［12］叶陈刚.商业伦理与会计职业道德［M］.大连：东北财经大学出版社，2004.

［13］李红.会计伦理［M］.上海：上海财经大学出版社，2012.

［14］张俊民.商业伦理与会计职业道德［M］.上海：复旦大学出版社，2008.

［15］上海国家会计学院.商业伦理与CFO职业［M］.北京：经济科学出版社，2011.

［16］李志斌.国外会计伦理教育：现状与启示［J］.会计与经济研究，2013（3）.

［17］叶晓霖.基于会计伦理的会计政策选择分析［J］.商场现代化，2013（16）

［18］刘光英，马玉林.会计师事务所证券业务伦理冲突及化解［J］.财会通讯 2013（5）.

［19］谭艳艳，汤湘希.会计伦理决策影响因素研究［J］.会计研究，2012（9）.

［20］王平.简论会计伦理研究的进展——兼论当前我国会计伦理缺失的原因［J］.财经政法资讯，2012（6）.

［21］吴芝霖，邵鹏斐.注册会计师伦理鉴证服务研究——基于食品安全视角［J］.财会通讯，2012（9）.

［22］靳惠.度伦理与会计准则制定［J］.会计之友，2012（9）.

［23］黄娟.MPAcc《商业伦理与会计职业道德》实践性教学索［J］.商业会计，2012（5）.

［24］苏文兵，周齐武.审计伦理测量及中美大学会计专业学生审计伦理水平的比较［J］.审计与经济研究，2011（6）.

〔25〕李志斌.会计伦理学论体系构建研究〔J〕.上海立信会计学院学报，2011（4）.

〔26〕李建，肖祥敏.基于公司治理的会计伦理二维制衡〔J〕.南华大学学报（社会科学版），2011（3）.

〔27〕王双云.中西方会计伦理思想的源流比较及启示〔J〕.湖南师范大学社会科学学报，2011（3）.

〔28〕李文辉.基于伦理视角的会计人员财务舞弊"成本效益"分析〔J〕.财政监督，2011（4）.

〔29〕喻昊.企业伦理的数据媒介：企业社会责任会计〔J〕.重庆科技学院学报，2010（21）.

〔30〕陈国辉，崔刚.会计学的伦理诉求：方法论视角〔J〕.重庆理工大学学报，2010（9）.

〔31〕金光日.基于责任伦理导向的企业财务伦理探讨〔J〕.财会通讯，2013（8）.

〔32〕苗月新.浅析基于关键性财务指标的营销伦理评价体系构建〔J〕.财务与会计，2012（2）.

〔33〕伍娟.伦理视角下企业财务管理问题及对策〔J〕.财会通讯，2011（5）.

〔34〕郘恺，周瑀.试论企业财务伦理理论框架构建〔J〕.财会通讯，2010（6）.

〔35〕程文莉.基于企业伦理的公司财务信息质量研究〔J〕.会计之友，2008（24）.

〔36〕郭立田，张旭蕾.企业财务伦理的架构与培育〔J〕.会计之友，2008（4）.

〔37〕王擎.我国资本市场的财务伦理缺失分析〔J〕.财经科学，2006（8）.

〔38〕王晓薇.利益相关者理论与企业财务管理目标〔J〕.财会研究，2006（6）.

〔39〕张娟.浅析财务监督伦理规范的形式合理性〔J〕.财会月刊，2005（1）.

〔40〕王棣华.财务管理伦理学的基本问题〔J〕.财政监督，2004（3）.

〔41〕李心合.儒家伦理与现代理财〔J〕.会计研究，2001（6）.

〔42〕沈梅琼.浅谈审计伦理与信用——基于安然事件思〔J〕.中国外资，2010（10）.

〔43〕杨帆，何建民.注册会计师企业伦理鉴证业务浅析——基于现代审计功能拓展〔J〕.财会通讯，2008（10）.

〔44〕孙婷.谈商业伦对审计执业的影响〔J〕.财会月刊，2007（12）.

〔45〕裴敏，谭希培.我国现代内部审计制度的伦理学思考〔J〕.企家天地，2007（5）.

〔46〕王慧，刘爱东.制度伦理视角下独立审计信用监管机制研究〔J〕.审计与经济研究，2007（1）.

〔47〕孟宪宇.企业伦理审计的主体及方法初探〔J〕.北京广播电视大学学报，2005（3）.

〔48〕孙智君，苏灵.儒家经济伦理学与审计者的行为抉择〔J〕.湖北审计，2003（12）.

〔49〕王学龙.网络经济条件下审计的"伦理关系"独立〔J〕.财政监督，2002（1）.

〔50〕华金秋.美国注册会计师的企业伦理服务及启示〔J〕.当代财经，2001（3）.

〔51〕包强.论审计独立性中的"伦理关系"的独立〔J〕.山西财经大学学报，1999（4）.

〔52〕朱为群.财税法的伦理价值及其实现〔J〕.经济与管理评论，2013（4）.

［53］冷琳.基于契约的税收筹划伦理特征探讨［J］.财会通讯，2012（11）.

［54］张益静.中国市场经济背景下诚信纳税的伦理问题浅析［J］.中南林业科技大学学报（社会科学版），2012（4）.

［55］牛文浩.我国房产税试点的经济伦理意蕴［J］.成都理工大学学报（社会科学版），2012（4）.

［56］薛为昶.市场经济、企业、税收与伦理［J］.淮阴工学院学报，2011（4）.

［57］杨杨，杜剑.浅议和谐税收的伦理精神［J］.生产力研究，2010（1）.

［58］姚轩鸽.税收伦理问题初探［J］.阴山学刊，2009（4）.

［59］畅小翠.社会契约伦理与纳税人意识［J］.山西农业大学学报，2008（1）.

［60］李建伟.税务伦理初探［J］.湖南税务高等专科学校学报，2007（1）.

［61］黄洪，严红梅.经济伦理视角下的税收公平［J］.广西财经学院学报，2006（6）.

［62］黄振华，杨琼.消费税调整中的伦理学思考［J］.中国职工教育，2006（9）.